CAPITALISME ET RÉVOLUTION

Du chaos marchand à la raison écomuniste

5-7, rue de l'Ecole-Polytechnique, 75005 Paris

www.editions-harmattan.fr

ISBN : 978-2-343-17457-0
EAN : 9782343174570

André Prone

CAPITALISME ET RÉVOLUTION

Du chaos marchand à la raison écomuniste

Nouvelle édition
revue et augmentée

L'Harmattan

Du même auteur

Poésies
LE SILENCE ET LA VIE, 1986 – Saint-Germain-des-Prés
CENT POÈMES POUR LA PAIX, 1987 – Le Cherche Midi, ouvrage collectif, Préface de Bernard Clavel
L'HEURE PAÏENNE, 1989 – Le Temps Parallèle Éditions
CLAIR DE FEMMES, 1992 – Poésie Amitié Provence Éditeurs
ÉMOTION CONTINUELLE, 1994 – André Louis Éditions
SECRÈTE CHAIR, 1995 – Éditions Florilège
INSOLENTE suivi de *Ainsi soit dit*, 1997 – L'Harmattan
CLAMEUR D'EXIL suivi de *Madrigal*, 1999 – L'Harmattan
L'ÉTERNELLE ABSENCE, 2001 – Éditions du Gril, Belgique
CET UNIVERS-LÀ, 2010 – Éditions Aléas
COLLECTION ÉcoLivres, 2011 – Le Luy de France :
– BONHEUR FERTILE
– BEL AMOUR suivi de *Instants fragiles et Fantaisie*
– L'OCÉAN DE TOI suivi de *Commune présence*
– TURBULENT SILENCE
– FULGURANCES
– VOICI L'HOMME suivi de *Vertige*
– IL NE TIENT QU'À NOUS
– MUR
COULEURS LIBERTÉ, 2013 – Alter Éditions
ANTHOLOGIE DES CHANTS TERRESTRES, 2014 – Le Luy de France, Préface de Paul Van Melle
– LE MESSAGER suivi de Clair-obscur, 2017 – L'Harmattan

Récits
LE SOLEIL LEVANT, 1987 – Le Méridien, Préface de Raymond Jean
L'HOMME DE PLUME, 2013 – Alter Éditions

Fiction romanesque
AMANDA, 1992 – Alter-ego Éditions

Essais
L'ESPACE CLOS, 1997 – Éditions Florilège
L'HUMANITÉ RETROUVÉE, 2007 – Le Luy de France
LA RECONQUÊTE DU PARTAGE, 2009 – Éditions Aléas
POUR SORTIR DU CAPITALISME *Éco-partage ou communisme,* 2012 – *Coauteur* – L'Harmattan, Préface d'Yvon Quiniou

LA FIN DU CAPITAL, *Pour une société d'émancipation humaine*, 2014 – L'Harmattan,
Préface de Samir Amin
MANIFESTE DE L'ALTERNATIVE ÉCOMUNISTE, *Dans le prolongement de la pensée marxienne*, 2014 – France-Libris
POUR UNE CRITIQUE DE LA MARCHANDISATION, *Société, Santé, Environnement*, 2015 – L'Harmattan, Préface d'André Tosel
MARCHÉ–MONDE OU ÉCOMUNISME, 2016 – L'Harmattan
LA RAISON OU LE CHAOS, 2017 – L'Harmattan, Préface d'André Tosel
LES CHEMINS DE L'ECOMUNISME, 2018 – L'Harmattan, Préface d'Yvon Quiniou
L'AUTRE VOIE POUR L'HUMANITE, 100 intellectuels s'engagent pour un post-capitalisme (livre collectif), 2018 – Éditions Delga
LA RÉVOLUTION EST POSSIBLE, à paraître, 2019 –Éditions Delga

Ouvrages scientifiques
LES QUARTZ DE LA PROVENCE OCCIDENTALE, 1980 – S.l.n.d. Éditeur
L'ANALYSE TEXTURALE ET MICROSTRUCTURALE DES SOLS (Exemple pédologique du Nord-Est de la Thaïlande), 2003 – PUP Éditeur, Préface de Roland Poss

Je rends ici hommage à mon camarade et ami André Tosel
disparu subitement le 14 mars 2017

L'histoire de toute société jusqu'à nos jours
n'a été que l'histoire de lutte de classe.

Karl Marx et Friedrich Engels

Prologue général

Avant de vous présenter l'organisation et la structure de cet ouvrage, permettez-moi un petit aparté. Nous savons tous ce que l'on doit aux enseignements théoriques de portée universelle et le long travail de recherche présenté ici à partir de l'analyse de l'ensemble des sociétés marchandes (chef/guerrier, maître/esclave, sacré/profane, travailleur/capital) pourrait bien apporter, sans prétendre à l'universalisme, quelques éclairages inattendus sur notre situation historique. Sur un autre plan, la future poussée de la révolution quantique, notamment l'imminence de l'unification des quatre forces fondamentales régissant la physique : *La théorie du tout,* va vraisemblablement bouleverser notre rapport à la connaissance. De plus, sans verser dans la science fiction, la téléportation de particules élémentaires, déjà en cours, la perspective de fabriquer dans un avenir proche l'ordinateur quantique et le développement exponentiel de l'intelligence artificielle nous projettent vers un monde informationnel dont il est difficile, même en s'appuyant sur de subtiles expériences de pensée, d'imaginer l'entière réalité. Si tout cela tombait entre les m

ains du seul capital, alors les désastres que ce dernier est déjà en capacité de générer en seraient bien évidemment décuplés.

Lévi-Strauss ne croyait pas si bien dire lorsqu'il nous parlait dans *Race et histoire* de possibilités imprévues, dont chacune, quand elle apparaîtra, frappera toujours les hommes de stupeur, du progrès qui n'est pas fait à l'image confortable de cette « similitude améliorée » où nous cherchons un paresseux repos, mais qui est plein de ruptures (...). D'où la nécessité de mettre en œuvre une stratégie révolutionnaire où le peuple est à la manœuvre et une recherche scientifique non inféodée au capital pour aller vers des progrès authentiquement humains. Car ce qui est en question, c'est la nature et l'étendue du pouvoir capitaliste, aussi bien dans le domaine économique, politique, scientifique, idéologique, et son poids sur toute l'humanité lorsque la base des transformations émancipatrices n'est pas assez nourrie par la lutte des travailleurs et cède le pas aux forces classistes du capital. Mais ne nous y trompons pas. Même si la situation donne à penser que les idées néolibérales progressent un peu partout dans le monde, alors que cela touche avant tout les couches moyennes, les cadres supérieurs, le patronat (petit et grand), les commerçants et les artisans (tous adeptes du jeu électoral), ce qui importe, c'est que la majorité des forces populaires et de la jeunesse la plus impactée par la crise, sans condamner foncièrement le capitalisme, conteste de plus en plus les partis politiques, voire la validité du suffrage universel. Là se trouve sans doute la base d'un profond chamboulement des représentations politiques et sociales en cours que nous aurions tort de sous-estimer. Certes, l'histoire éclairera toujours le présent, mais la transformation du présent ne doit pas échapper à tous ceux qui travaillent à déchiffrer l'histoire.

Par ailleurs, l'écriture de ces essais nous aura au moins appris que le savoir partagé et la praxis de la raison commune sont tout aussi importants que le partage collectif de la production des biens et des services. Enfin, disons que la marchandisation du livre et la critique sans appel du système capitaliste par un scientifique s'essayant à l'investigation historique et philosophique expliquent sans doute la tentative de jugulation de toute idéologie novatrice par les gardiens de l'orthodoxie. Mais les temps vont changer. Le livre subversif reprendra pied et science théorique et philosophie matérialiste, destinées à terme aux retrouvailles, avec leurs prometteuses critiques idéologiques, politiques, sociales, sociétales et humaines, permettront à nouveau à la philosophie d'accéder au statut expérimental et à la science d'acquérir la dimension philosophique que lui interdit encore un académisme désuet. Quant à ces incursions en des terres historico-philosophiques, le plus souvent peu familières aux scientifiques, elles sont plus redevables à un parcours militant qu'à une anticipation sur ces retrouvailles entre science et philosophie. C'est donc grâce à cette expérience de la lutte des classes qu'a pu s'accomplir la mise en perspective de tout cet ensemble philosophique et politique. Mais venons-en au cœur de l'ouvrage *Capitalisme et Révolution : du chaos marchand à la raison écomuniste,* qui rassemble, remanie et précise les six essais précédents, écrits entre 2005 et 2017.

Après *l'Espace clos* écrit en 1985 – placé en préambule de l'ouvrage pour souligner que notre théorie de partage et de raison était déjà en gestation, et que nous avions déjà perçu l'amorce du déclin du capital et du « socialisme réel » –, lorsque j'entrepris d'écrire *L'Humanité retrouvée* en février 2005, j'étais loin de penser que ce travail deviendrait le *livre I* d'une longue recherche sur la compréhension historique des rapports sociaux et des relations humaines dans le prolongement de la pensée marxienne et que celle-ci déboucherait sur un nouveau paradigme : l'*Écomunisme.*

Je pressens la réserve de certains historiens – notamment celle de mon ancien collègue et ami de l'après 68, feu Michel Vovelle – à la lecture de ce *livre I* qui, dégagé de toute dimension normative, prend à contre-pied la chronologie historique traditionnelle consistant en un séquençage par époque : Préhistoire, Protohistoire, Antiquité, Moyen Âge, Temps modernes, Époque contemporaine, pour s'en tenir à une historicité privilégiant des concepts : *égal et différent, limite et compréhension de l'échange, inexistence et omniprésence de la valeur, commerce, pouvoir, rituels et divinités*, ainsi qu'à un déploiement révélateur d'une intentionnalité proprement déterministe et erratique : *L'ordre civilisateur, Le temps des créations, des annonciations, des objections, des révolutions, des exterminations, des libérations, de l'expansion, du déclin* et *L'humanité retrouvée.* Ce livre ne prétend donc pas à une histoire des civilisations, mais s'attache à découvrir pourquoi, quasiment à toutes les étapes de l'aventure humaine, domine le monde de la marchandise et en quoi il est incontournable, afin d'atteindre le véritable progrès, de s'appuyer sur l'action souveraine et consciente des peuples, ainsi que sur une nouvelle praxis nourricière et refondatrice des luttes de classe.

Assurément, il fallait une certaine dose d'impudence ou de conviction, en simple commentateur d'histoire que je suis, pour oser s'aventurer sur un terrain pareillement miné. Et pourtant, à y regarder de plus près, et quelles qu'en soient les limitations, ce travail rend compte d'un mouvement général que l'on pourrait rattacher à la fameuse idée de Marx *d'un monde à l'envers*. Mais ce monde à l'envers, devenu à cause de l'émergence du capitalisme industriel – et plus encore aujourd'hui avec la mondialisation – une totalité, n'est que le fruit contaminé de la même substance qui le constitue : la marchandisation. Cela germe au paléolithique, avec la production d'outils en série, et éclôt dès la révolution néolithique prolongeant la chasse et la cueillette par l'activité agraire et pastorale. C'est de ces temps que seront posées progressivement les bases de l'échange – et plus tard du commerce – qui aboutiront au pouvoir des chefs garants des rituels et des divinités permettant le début de *L'ordre civilisateur*, lequel introduit toutes les séquences des autres temps que propose *L'Humanité retrouvée*. Ainsi, l'omniprésence d'une marchandisation générant la classification de l'homme à travers ce qu'il produit, formalise déjà le prix de son travail et cela bien avant que la théorie de la valeur ne soit magistralement définie par Marx dans *le Capital*.

Le temps des créations et celui *des annonciations,* qui viennent juste après, sont en fait des temps superposés que l'on peut comprendre comme une sorte de superstructure de déification et d'ostentation des sociétés divinatoires mercantiles – dynastiques, impériales ou royales – égyptiennes, chinoises, indiennes, grecques, romaines, etc., et plus tard, des sociétés religieuses marchandes, bouddhistes, hindouistes, judaïques, chrétiennes, musulmanes ; temps que nous pourrions comparer à la construction sociétale du monde capitaliste contemporain, en particulier à travers le gigantisme architectural abritant les temples de la consommation – hyper ou méga surfaces – devenus en quelques décennies ceux d'un Dieu unique, exclusivement marchand.

Mais comme tout temps englobant conduit à *l'objection*, tous ces présupposés des actions d'antan annonçaient déjà leurs schismes et autres survenues de pensées plus rationnelles incarnées par les raisonnements discursifs des grands penseurs de l'Antiquité et plus tard par les Lumières et la Révolution. Preuve était donc faite, *a contrario* de la révolution marxiste-léniniste de 1917, que la première d'entre toutes, 1789, est bien la conséquence de la marchandisation plus qu'elle n'est réductible à la seule émergence du capital et à l'omnipotence de la royauté.

Un autre aspect me frappe en tentant d'approfondir ce travail historique des rapports sociaux et des relations humaines amorcé par ce *livre I*, à savoir la dimension plus continue que soudaine de la « barbarisation moderne ». Si l'on prend la deuxième guerre mondiale avec ses 60 millions de morts – mise à part l'épisode nazi comme pure *barbarie* – nous constatons que les conflits régionaux, qui lui sont postérieurs, représentent à ce jour près de 28 millions de morts, soit quasiment la moitié de ce tout (dans ce même livre, chapitre XII : *Le temps de l'expansion*, j'en ai recensé environ 10 millions pour la seule période allant de 1991 à 2003). Je veux dire par là que lorsque nous avançons l'idée d'un possible recours par le système capitaliste à un 3ème conflit mondial pour dégonfler sa propre crise, nous omettons d'analyser son parcours comme un processus permanent de barbarisation au même titre que la marchandisation. Dans l'histoire des relations humaines, les guerres – tout comme les colonisations – ne sont que le continuum de ce *fétichisme de la marchandise* dont la dimension paroxysmique ou cyclique s'exprime avec d'autant plus d'abjection que ce dernier entre en crise. Mais un autre aspect à propos de la pertinence de ce séquençage historique interpelle : l'accélération des contradictions du système marchand tel que le définit Marx et qui nous renvoie à cette image insolite des demi cercles chevauchants dont le rayon est d'autant plus petit que l'on se rapproche du temps présent et dont le nombre augmente d'autant plus qu'ils se situent après la naissance du capitalisme. Dans ces chevauchements, non seulement chaque nouvel antagonisme contient une partie de ceux qui précèdent, mais la durée de leur cycle se réduit au fur et à mesure que le productivisme profiteur s'intensifie et que se complexifient les techniques et les sciences dont l'accélération et le changement de nature (surtout depuis la révolution informationnelle instrumentalisée par le capital), laisse entrevoir une irréversible contraction implosive, à la manière d'un *big bang* à l'envers.

Enfin, une dernière réflexion sur ce *livre I* avant d'en venir à ceux qui suivent. Il s'agit du problème de la liberté ou plutôt de cet autre temps dont je parlais : *la libération ou les libérations*, principalement des mœurs et des colonies et peut-être plus encore de son antonyme non analysé en tant que tel dans *L'Humanité retrouvée* : l'aliénation. Paradoxalement, c'est à partir de cette notion de liberté que ce *temps des libérations* – puis celui *du déclin* –, dans lequel nous sommes encore aujourd'hui, va puiser sa nouvelle tentative de pérennisation, bien qu'à terme il ne puisse qu'avorter. C'est également en ces temps de pseudo liberté qu'apparaît l'idée du *Capitalisme de la séduction* et de l'*idéologie du désir* avancée par notre ami Michel Clouscard et que son fameux *tout est permis mais rien n'est possible*, qui renvoie dos à dos libéralisation et aliénation, prend sa pleine dimension en ce moment précis de l'histoire du capitalisme.

Toutefois, qu'il me soit permis une petite digression avant d'en venir au livre II. La « révolution technologique », rendant possible dès cette époque la production inédite d'objets en série, si elle est bien la base matérielle à partir de laquelle se « régénère » le profit, transforme dans un même mouvement les rapports de classes à l'objet à travers le surconsumérisme orienté. Le capitalisme déploie une nouvelle stratégie en ce sens qu'il asservit la totalité du sujet. Le prolétaire est non seulement réduit à une dimension marchande en tant que créateur de valeur, mais, de surcroît, il en devient esclave à travers le fétichisme des marchandises aliénantes qu'il produit – bien qu'il ne puisse en consommer qu'une infime partie. C'est-à-dire celles ne répondant pas ou plus aux besoins fondamentaux des hommes et des femmes mais qui, sous l'apparence de libertarité et de frivolité, élargissent progressivement leur condition d'aliéné. L'urgence de sortir au plus tôt de cette condition est soulignée par le culte de la « liberté » accompagnant présentement l'idéologie marchande en une suite cruelle de ruses et de tromperies. Car pour que l'homme soit enfin libre, il faut supprimer les barrières de l'exploitation capitaliste matérialisant la marchandisation qui borne son corps et son esprit. Nouveau prêt-à-porter du système, le travestissement du mot « liberté » accroît sa dénaturation à travers la symbolique d'objets tels que l'antenne parabolique, le téléviseur, l'ordinateur, les jeux vidéo, l'iPad, l'iPhone, etc., en apparence exclusivement pratiques et ludiques – et de ce fait anodins – mais en réalité fortement imprégnés de symboles aliénateurs. Voilà sans doute le commencement d'une nouvelle société initiatique à la civilisation marchande dont l'imposture consiste à travailler l'inconscient individuel en vue d'affaiblir la lutte des classes et de pérenniser le capital. Cependant, les contradictions générées par cette surmarchandisation productive et informationnelle mondiale ne s'arrêtent pas aux portes de la pseudo liberté et franchissent le seuil de transformations tout aussi inquiétantes, touchant le cœur même des rapports sociaux sur lesquels nous reviendrons.

Découvrons à présent le *livre II* de ce cycle général publié en 2009 sous le titre *La reconquête du partage* – partage, précisons-le, compris non comme résultant d'une foi, mais d'une fonction révolutionnaire fondamentale. La thèse principale de ce livre est d'opposer de façon irréductible la concurrence et le partage, de telle sorte que l'homme marchandisé en perçoive toutes les conséquences pour lui-même et l'ensemble des travailleurs et qu'apparaisse salutaire, pour se désaliéner du capital, l'idée d'une révolution maîtrisée. En d'autres termes, une révolution tirant les leçons de la tentative avortée du « socialisme réel » et s'appuyant principalement sur les concepts de raison raisonnable et d'inter-pouvoir, conçus comme outils de débordement de la démocratie pipée que nous impose encore le capital. Ainsi, en stimulant l'action collective et la volonté de vivre sans attendre à l'intérieur même du système tout le possible de l'idéal du partage par la voie pacifique – malgré les ruses du capital –, se construit sa matérialité vers un *avenir retrouvé*. Par ailleurs, ce livre démontre que la marchandisation du monde résulte bien d'un long conditionnement historique. Et le partage (à l'instar des Jarawa, ce peuple autochtone des îles Andaman , vivant dans la forêt qui leur apporte tout le nécessaire, partageant tout sans hiérarchie depuis plus de 35 000 ans et victimes aujourd'hui d'un ethnocide criminel), principalement de notre instinct naturel.

Venons-en au *livre III*, *l'Écomunisme* : qui reprend la 1ère partie de l'ouvrage coécrit avec mon camarade et ami Maurice Richaud : *Pour sortir du capitalisme*. Précisons tout d'abord que le concept d'écomunisme a pu être élaboré grâce à l'analyse progressive des cycles socio-historiques et technologiques de l'histoire du capitalisme et aux errements du pseudo communisme entrepris dans les livres I et II. À présent ces essais se complètent et chacun élargit la dimension de l'autre tout en éclairant la compréhension des mécanismes intrinsèques au capitalisme et la nécessité d'en sortir. Le premier chapitre se veut une réponse aux nouveaux enjeux de classe d'un capitalisme contemporain en crise généralisée, précédée d'une synthèse reprenant les bases du développement de l'idée communiste en tant que rêve des opprimés et des premiers mouvements du prolétariat, ainsi que leur réalité à travers le communisme primitif et l'expérience interrompue du « socialisme réel » englobant les leçons à en tirer pour ouvrir un nouveau cycle de combat afin de changer la société. Les chapitres suivants précisent l'origine et l'essor du capitalisme, la trahison social-démocrate ou l'insuffisance de l'écologie politique. Ils nous montrent l'impasse du réformisme et l'impossible transformation du système capitaliste en dehors de toute idée de révolution : c'est-à-dire la suppression des rapports de classe, le changement des rapports de production et de coopération, l'abolition de la propriété privée et de toutes les pratiques de marchandisation. Enfin, et juste après avoir défini le néologisme qui forme le mot *écomunisme*, nous revenons sur l'intersubjectivité capitalistique qui a su digérer la contestation socialo-libertaire porteuse de l'idéologie du futile et du désir décryptée par Michel Clouscard, pour en arriver, par glissements successifs, à ce que je qualifie d'*enjeu parabole* qui donne à croire aux travailleurs, en lieu et place de la lutte des classes, à l'accessibilité future de la grande illusion consumériste. Quant au concept d'*écomunisme*, il introduit l'idée de la mise en commun des biens et des services reformulant les préceptes du communisme avancé par le marxisme à partir de trois axiomes principaux : la notion de progrès vraiment utile à l'homme, le paradigme de l'égale différence et le réapprentissage du partage. Concernant le premier axiome, disons que l'opposition entre évolution et progrès tient au fait que si l'une est absolue, l'autre est relatif. Cela signifie qu'une avancée technologique ne devient progrès que si elle répond à un besoin essentiel de l'homme – par exemple, participer à son maintien en bonne santé ou améliorer la gestion de l'impact humain sur le milieu naturel. Pour le deuxième axiome, est avancée l'idée que l'égale différence doit permettre à tout être humain d'adhérer au principe d'égalité tout en affirmant sa différence, non dans la concurrence haineuse qui nous sépare des autres, mais dans la coopération fraternelle qui nous relie positivement à eux. Ainsi, puisque égalitarisme et égale différence ne sont pas équivalents, déployer ses aptitudes dans une société qui reconnaît la place de l'individu parmi le collectif est plus opérationnel et valorisant que celle dans laquelle domine un collectivisme niveleur et uniformisateur. Enfin, concernant le troisième axiome, et bien que l'aptitude au partage soit innée chez l'homme (comme nous l'avons souligné dans le livre II *La reconquête du partage*), il est nécessaire que sa fonction, partiellement dénaturée par le marché-monde, soit restimulée par un réapprentissage. Cela permet non seulement d'en améliorer la pratique, mais de concevoir la révolution maîtrisée non comme un évènement spontané, mais comme la progression d'apprentissages issus de la mise en commun de biens et de services eux-mêmes liés à l'enchaînement d'évènements collectifs fraternels stimulés.

Passons à présent au *livre IV*, *La fin du capital : Pour une société d'émancipation humaine*, publié en 2014, lequel approfondit, dans sa première partie, ce cycle de recherche sur les contradictions et l'élargissement de la marchandisation capitaliste. Notamment à partir d'une analyse marxienne des crises structurelles et, plus précisément, celle qui nous préoccupe aujourd'hui, ainsi que les ruses, avec leur part d'ombre et de cruauté mises en œuvre par le capitalisme tout au long de son histoire pour tenter de les contourner. Quant à sa deuxième partie, consacrée au cycle en cours de la crise structurelle généralisée et à la collecte scrupuleuse et objective des données économiques, politiques et sociales sur l'état du monde, à partir desquels l'idée de *la fin du capital* peut être avancée, elle introduit l'annonce d'un contre-cycle – qui en est sa juste négation – nommé *Nouvelle phase historique*, nous invitant à rechercher, dans les prémices d'une conscience sociale organisée et élargie, une voie d'émancipation humaine post capitaliste en devenir dans laquelle s'inscrit l'écomunisme.

Nous en arrivons au *livre V* : *Pour une critique de la marchandisation : Société, Santé, Environnement*, car c'est bien à travers l'analyse chronologique d'une marchandisation qui prétend dépasser un passé arriéré, mais bloque en réalité toute alternative d'avenir, que ce système peut être spécifiquement condamné. Ainsi, apparaît comment les concepts de société, de santé et d'environnement, sont pré-inscrits dans la contradiction de la négativité du capitalisme. C'est aussi grâce à cette critique que l'on peut comprendre pourquoi il est inutile d'attendre d'un système qui détruit la vraie nature des liens sociaux, qui promeut la compétitivité de l'hyper-rentabilité du profit, qui empêche l'épanouissement d'un éco-partage pionnier, une quelconque activation pacifique et prospère des incalculables potentialités humaines. En cela, tous les îlots de résistance ou propositions écologistes animées par le respect de la vie n'ont de sens que s'ils remettent en cause la nature même du capital. Ainsi, en choisissant parmi tous les aspects de la dénaturation de la condition humaine ceux qui sont au cœur même du fétichisme de la marchandise et sensibilisent le plus l'individu, la critique du capitalisme s'en trouve élargie. Enfin, c'est en évaluant dans la première partie de l'ouvrage *Les dégâts de la révolution culturelle techno-économique libérale* sur l'intégrité de l'homme et de la nature que l'on peut comprendre comment s'entremêlent les contradictions générées par le capitalisme et en quoi leur prise en compte en tant que cofacteurs des nouveaux rapports sociaux vient complexifier la lutte des classes. Quant à définir les conditions sociales, économiques et politiques à travers lesquelles celles-ci se déploient, l'élargissement de notre analyse aux questions d'art, de culture et d'éducation, démontre en quoi les rapports capitalistiques sont modifiés. En soutenant que la culture naît de la relance du désir d'être, d'agir et de penser singulièrement et collectivement – à l'unisson de Spinoza et de Rousseau – et implique une vraie démocratie, la nature du désir éclairé par la raison et la nécessité d'en concevoir une nouvelle éthique prenant à contre-pieds l'idéologie pernicieuse, marchande et aliénatrice, du désir/profit capitaliste, deviennent essence profonde de notre véritable nature humaine. Voilà pourquoi nous pouvons répondre à la dimension désireuse de l'homme sans porter atteinte au bonheur des autres et concevoir, à partir de l'analyse du réel, tous les éléments majeurs à surmonter pour construire une société de refondation du progrès prise en charge par les travailleurs eux-mêmes.

Nous voilà parvenu au livre VI : *La raison ou le chaos,* qui vient clore l'élaboration de cette vaste fresque théorique. Ce livre approfondit la philosophie écomuniste comprise non comme l'expression d'une vérité, mais comme la somme d'éléments véritables, propices à la démonstration d'un développement historique permettant l'opposition de la Raison et du Chaos pour construire une éthique et une nouvelle praxis. Philosophie d'une démonstration se distinguant d'une interprétation qui a un caractère incertain et conjectural, hors du conflit des transformations subjectives. Démonstration qui accepte le raisonnement contraignant et entend faire de la Raison le seul arbitre de la réalité ; qui cherche à établir la vérité par la seule force de la raison. C'est-à-dire celle qui se suffit à elle-même quand elle nous dit à travers Spinoza : « *On pense [...] que l'esclave est celui qui agit par commandement et l'homme libre celui qui agit selon son bon plaisir. Cela cependant n'est pas absolument vrai, car en réalité être captif de son plaisir et incapable de rien voir ni faire qui nous soit vraiment utile, c'est le pire esclavage, et la liberté n'est qu'à celui qui de son entier consentement vit sous la seule conduite de la Raison.* » D'un côté, la démonstration du déroulement chaotique du monde, celui qui a eu le plus d'impact néfaste sur la quasi-totalité de l'humanité et, paradoxalement, la plus grande pérennité « historique », et de l'autre, celle de la raison vivante qui confère à l'apprentissage du « Vivre autrement maîtrisé » la forme expérientielle d'un écomunisme révolutionnaire qui se veut étape d'une émancipation universellement humaine et praxis d'une raison commune à la recherche de l'éthique du désir.

Voici donc centralement résumé l'ensemble d'un ouvrage qui tend à démontrer que si la planète sur laquelle on vit est pleine de dangers, le capitalisme est sans doute plus périlleux que les risques telluriques. Et c'est en apportant les preuves de sa nature ravageuse que l'on peut assimiler sa terrible histoire au chaos. Car non seulement le capital ne cesse de piller la planète et d'exploiter les hommes et les femmes de tous les continents, mais taraudé par ses propres crises, il utilise tous les stratagèmes pour parvenir à ses fins, n'hésitant pas à pratiquer la politique de la terre brûlée. Cela est d'autant plus déroutant qu'il a été capable, malgré sa tare indélébile, d'inféoder progressivement une partie du monde du travail à ses objectifs de marchandisation. Mais la dimension de la crise actuelle est telle que si les peuples ne s'en mêlent pas vraiment, le capitalisme n'hésitera pas à « purger » une nouvelle fois par la guerre et le fascisme son propre marasme. Voilà pourquoi *Capitalisme et Révolution* s'attache à montrer que la seule action révolutionnaire susceptible d'endiguer ce système mortifère ne peut être autre que celle qui anticipe un futur prenant racine dans une société écomuniste qui cultive l'idée du partage et des biens communs. C'est quand la cupidité et la soif de forfanterie du capital atteignent leur paroxysme et peuvent conduire à l'anéantissement du monde vivant, qu'il devient urgent et utile de contrecarrer de façon nouvelle et durable sa prétendue légitimité. C'est quand ce système est en capacité de tourneboulер presque toute l'histoire de l'humanité qu'il importe de replacer au devant de la scène l'idée salutaire de Raison. Ainsi donc, notre postulat prétend que l'on ne peut changer la société capitaliste sans changer le sens que l'on donne à la vie et que pour y parvenir, la raison raisonnante est nécessaire mais non suffisante. Il faut y ajouter les luttes de classe nourries par la *raison raisonnable* de l'écomunisme porteur d'une nouvelle phase historique. Changer l'homme par la sagesse *écomuniste*, cela revient à transformer notre rapport à l'autre et à la nature et à œuvrer pour une Révolution capable de cheminer vers une forme d'*émancipation universellement humaine*. Là se trouve la quintessence d'un ouvrage qui entend bousculer les consciences et revenir au fondement même de l'idée d'humanité.

Après avoir récapitulée et précisée la part de chaque livre constitutif d'un tout qui recherche, à travers la chronologie des éléments socio-politiques et économiques fondamentaux de l'histoire humaine, comment peut se construire une critique globale et sans appel du capitalisme d'hier et d'aujourd'hui et comment peut se structurer une inédite lutte des classes mise en mouvement par une nouvelle praxis dans le prolongement de la pensée marxienne bouleversant le concept de révolution contre un système prédateur en déclin pour aller vers l'écomunisme, il m'a semblé opportun d'approfondir deux questions insuffisamment traitées dans l'élaboration de ce travail : *le lien entre la recherche du bonheur commun et la question de la pauvreté* d'une part, et concomitamment, *la notion d'objectivation des divers processus conduisant à la société écomuniste*.

En ce qui concerne la pauvreté et bien qu'aucune définition ne fasse consensus, nous nous sommes appuyés didactiquement sur la linéature de l'Organisation des Nations Unies selon laquelle : « *La pauvreté peut être définie comme la condition dans laquelle se trouve un être humain qui est privé de manière durable ou chronique des ressources, des moyens, des choix, de la sécurité et du pouvoir nécessaire pour jouir d'un niveau de vie suffisant et d'autres droits civils, culturels, économiques, politiques et sociaux.* » Cela n'a pas empêché la plupart des littérateurs de n'en retenir que l'approche monétaire au prétexte que l'approche non monétaire en serait trop aléatoire. Ceux-ci prétendent que l'individu étant seul maître dans la construction de sa fonction d'utilité et l'évaluation de ses choix, une définition basée sur des comparaisons de bien-être à un niveau préalablement défini et économiquement approximé par une variable monétaire, en l'occurrence le PIB (Produit Intérieur Brut) est plus explicite. Ainsi définie, la pauvreté se réduit à une non possession de ressources monétaires au motif que, dans un système de marché, le revenu et la dépense sont seuls capables de rendre compte de la satisfaction individuelle. Nous voyons tout de suite l'intention manichéenne de la seule prise en compte de la variable monétaire pour définir ce concept. En effet, pourquoi occulter l'ensemble des rapports sociaux à la source de toute condition humaine, si ce n'est à vouloir gommer la responsabilité du système capitaliste qui réduit les travailleurs à l'indigence à travers l'exploitation et condamnent les exclus du travail à l'errance et l'hyper pauvreté ? Certains idéologues cherchent des réponses alternatives qui prennent en compte d'autres indices moins dissociant que le PIB. Je pense aux valeurs spirituelles bouddhistes que prétend mettre en œuvre le royaume du Bhoutan, nommées Bonheur National Brut (BNB), lesquelles lui servent de guide pour établir ou rétablir le développement du pays, à savoir : tenter de concilier l'économie, le social et l'environnement tout en développant une plus forte résilience qui permette à la société de résister aux crises et de s'adapter aux changements climatiques, par exemple, en accroissant la solidarité et en promouvant la gratuité de la santé et de l'éducation pour tous. Ou encore à Med Jones, président de l'*International Institute of Management*, qui propose de mesurer quantitativement le bonheur à partir de sept facteurs : l'économique, l'environnement, la santé physique, la santé mentale, le bien être au travail, le bien-être social, la santé politique, chacun de ces critères étant évalué individuellement après enquêtes et analyses statistiques sur le nombre de plainte au travail, agressions divorces, maladies graves, usages d'antidépresseurs, etc. Pour d'autres, le bonheur n'est pas quantifiable et sa projection ne peut reposer que sur des mesures qualitatives. D'autres, enfin, imaginent une société sans monnaie fondée directement sur les ressources et une comptabilité qui les prenne en compte et cela sans recourir au chiffrage en argent, troc ou retour à l'autarcie ; une société dans laquelle, en contrepartie d'un travail, on obtiendrait une carte permettant de faire valoir des « *droits universels* » susceptibles, en répondant à nos besoins, d'éradiquer la pauvreté et de promouvoir le bonheur individuel et collectif. Même à supposer que nous puissions avoir quelques empathies pour les adeptes de ces conceptions, le fait qu'ils optent, dans le développement de leur projet, quasiment tous pour une société de liberté, d'écologie et de post-croissance sans dogmatisme capitaliste ou marxiste, porte à s'interroger sur la nature du changement qu'ils proposent. Quelle est donc concrètement la société qu'ils appellent de leurs vœux ? Car l'objectif de la liberté et de l'écologie, le capitalisme y prétend. Quant à la post-croissance, même si nous pouvons en discuter l'idée, la récession générale qui couve, consécutive à l'impossibilité pour le capital de maîtriser sa crise de surproduction, pourrait bien nous y mener sans détours. Enfin, une société sans capitalisme, on peut imaginer ce que c'est, quant à celle sans marxisme, quasiment, on y est. Alors je ne vois pas vraiment à quoi ces protagonistes aspirent, ou plutôt si, je suppose que pour eux, malgré leur boniment en faveur de la bonne intention, sortir du capitalisme n'est pas à l'ordre du jour bien que ce système soit le moteur même de la pauvreté. En effet, comme nous l'avons précédemment souligné, la notion de pauvreté dépend étroitement des rapports de production qui préexistent dans la société capitaliste et pérennisent les luttes de classe. D'autre part, non seulement le PIB ne peut prétendre à lui seul mesurer la pauvreté, mais celle-ci ne saurait se réduire aux seules contingences économiques. On peut être pauvre d'éducation, de justice, de partage, de socialité, d'amour, de fraternité, de liberté, d'égalité, de culture, d'art, de créativité, de rationalité, de raison raisonnable, de santé, d'accès au logement, à l'hygiène, aux ressources naturelles, etc. Tous ces manques cumulés, conditionnent la notion de bonheur et renvoient à l'idée de révolution pour en sortir et donc à la nécessité de la *désaliénation générale de la marchandisation absolue* empêchée par le capital et l'État bourgeois qui imposent la plus-value générée par le surtravail et la concurrence comme éléments structurants de la société. Ainsi, se surimposent aux nouveaux modes de production, rendus possible par la révolution technologique et informationnelle, de nouveaux rapports sociaux, dont le principal moteur demeure toujours le profit et la marchandise, mais auxquels s'ajoute la volonté du capital de gommer la conscience de classe des travailleurs en mettant en œuvre un matraquage idéologique qui cherche à transformer la nécessité du bien commun en une consommation de masse assumée, écartant principalement les vrais producteurs de la satisfaction des besoins humains fondamentaux. En d'autres termes, relativement à la masse totale du capital productif, les travailleurs ont non seulement une part de la valeur produite de plus en plus petite à se partager, mais leur propre concurrence devient de plus en plus forte, le chômage s'accroît et la partie des biens utiles qu'ils produisent ou les services susceptibles d'assurer la satisfaction de leurs besoins essentiels diminuent au détriment de la production consumériste de l'hypertechnologie surmédiatisée qui affaiblit progressivement leur conscience de classe en même temps qu'elle détruit le fragile équilibre environnemental. De plus en plus dépendants de l'appropriation privée et orientée des moyens de production et d'échange et de leur détournement exclusif au profit du capital mondial et de la marchandisation absolue, ils devront donc mener le combat sur des bases idéologiques et politiques nouvelles pour ouvrir la voie à la désaliénation générale et parvenir à la Révolution maîtrisée à laquelle l'ensemble du peuple et les militants les plus aguerris doivent travailler. Ce constat nous permet de comprendre pourquoi il est nécessaire d'associer le concept de pauvreté à celui de lutte des classes et la question du bonheur commun à la nécessité de révolution. Faut-il en conclure que dans une société sans classe où l'exploitation de l'homme par l'homme est bannie, la question de la pauvreté ne se poserait plus et celle du bonheur commun serait résolue ? Et n'est-ce pas dans l'idéal *écomuniste*, qui tente d'appréhender l'ensemble des contradictions à l'origine des rapports sociaux dans et hors les rapports de classe, que réside la réponse ? Car c'est bien en affirmant qu'évolution et progrès ne sont pas synonymes, qu'égalitarisme et égale différence ne sont pas équivalents, ou encore en démontrant comment l'acte de partage stimulé par le réapprentissage et la raison peut nourrir la recherche du bonheur commun, que nous pourrons éradiquer la pauvreté – telle que nous venons de la définir – liée aux modes de production/consommation imposés par le capitalisme du tout marchand aujourd'hui.

Approfondissons à présent la question des processus conduisant à la société *écomuniste*. Certes, en nous interrogeant sur ce que pourrait être la dimension concrète des rapports humains à l'intérieur d'une révolution maîtrisée, mais aussi en posant la question de la faisabilité d'une voie révolutionnaire pacifique défiant la violence rattachée quasi inéluctablement à l'idée de révolution. Concernant la question de la violence, celle-ci a été suffisamment étudiée par notre ami Labica pour qu'il ne soit pas nécessaire de le faire à sa place. Il suffit de redire avec lui : « *En règle générale, la violence, qu'elle soit individuelle ou collective, surgit de la souffrance. La donner comme un choix, c'est cacher sa source. Les « partisans de la violence y sont acculés par un destin qu'ils n'ont nullement élu. S'agissant singulièrement des dominés, il est de la dernière indécence de leur imputer une violence dont toute l'histoire prouve qu'ils sont les premières victimes (...) La violence de l'opprimée est libératrice, celle de l'oppresseur est brutalité (...) Elles ne sont pas inscrites dans leur nature. Les leur impose la puissance répressive de l'ordre établi. Si l'alternative était possible, il ne fait pas de doute que la voie pacifique serait préférée.* » Tout est clair. Alors pourquoi s'entêter à chercher une voie pacifique pour révolutionner le monde ? Disons que la voie armée n'ayant pas fait ses preuves dans la durée, le recul historique de la société qu'elle avait engendrée face au capital laisse les travailleurs dans l'échec et l'incompréhension. Cependant, tenter d'utiliser la voie pacifique pour sortir du capitalisme n'a de sens que s'il est possible d'établir un rapport de force favorable à l'action de masse face aux tenants de la barbarie qui n'entendent pas nous en laisser le choix. Cela revient à chercher à se donner les moyens de retrouver un niveau de conscience de classe général nourri par la raison permettant la réussite d'une révolution en dehors de la vraie violence générée par la mondialisation. Ce n'est donc pas aller à l'aventure que de le faire à partir de nouvelles formes de luttes et de coopérations dans la quotidienneté des rapports de production et des rapports sociaux, surtout après l'avancée de *la révolution culturelle techno-économique libérale* et la stagnation de l'action collective. Mais soyons francs ! La réussite d'une telle démarche n'est nullement garantie. Cependant, s'appuyer sur l'organisation du peuple aguerri pour mobiliser l'ensemble des travailleurs et non sur la verticalité sclérosante d'un parti unique aux stratégies de sommet, faire vivre l'égale différence et le réapprentissage du partage, pratiquer la solidarité de classe tout en refusant de cautionner le consumérisme de masse de l'avancée marchande régressive, conforter une nouvelle éthique du désir, mettre en œuvre sans attendre les nouveaux principes de l'école corrélative, tout en oeuvrant à l'articulation d'une praxis de l'être en commun qui se fait praxis d'une raison commune, cela n'est-il pas le meilleur moyen de faire vivre la voie pacifique et d'aller vers un vrai changement de société ? Quant à définir dans le détail ce que pourrait être concrètement le résultat de cette *Révolution maîtrisée*, c'est une histoire dont les tenants et les aboutissants auront du mal à être objectivés, même en ayant recours aux subtilités dialectiques, dans la mesure où ils dépendent les uns des autres et ne présentent pas, dans l'immédiat, une réelle dimension matérielle.

Pour en revenir au bien fondé d'un débat entre voie pacifique et voie armée, celui-ci est d'autant plus justifié que la société d'aujourd'hui présente toutes les apparences du progrès à travers la mise en œuvre de technologies pourtant grandement aliénatrices, et de l'autre, les famines, la misère, la torture, les guerres, les exterminations ethniques. Bref, toutes les formes d'une souffrance massifiée qui côtoie l'opulence d'une minorité malfaisante. Tout cela est connu et mille fois décrit, mais la vérité qui se cache derrière cette insupportable réalité est d'autant plus indécente que l'humanité est arrivée à un stade de développement qui permettrait d'en finir avec la pauvreté. Le premier acte de la mise en œuvre de la société *écomuniste* sera donc de travailler à supprimer tous ces maux imputables au seul capitalisme. Néanmoins, il nous faudra réexaminer la question de la classe ouvrière (même élargie au concept de travailleur collectif) qui s'était toujours définie historiquement comme classe exploitée, mais se présente désormais comme classe victime du marché. La nuance est de taille et prouve, s'il en est besoin, que le long travail de sape et de déconstruction entrepris par le *capitalisme de la séduction* et *l'enjeu parabole* a partiellement réussi à désorienter les travailleurs. Malgré cela, la demande de changement de plus en plus grande des peuples paupérisés en regard de l'étalage des richesses auxquelles ils n'ont pas accès, donne à penser qu'une *Révolution maîtrisée* par la voie pacifique mérite d'autant plus d'être avancer que leur révolte qui gronde sans conscience organisée est vouée à l'échec et au massacre.

Tout aussi problématique est la question de la militarisation géostratégique d'une partie de plus en plus grande de l'économie, tant au niveau national qu'international, et la quasi absence de vrai contrôle du commerce des armes rendant la situation mondiale d'autant plus instable que la crise structurelle, avec son cortège néofascisant, s'approfondit. Dans ce cadre, la déstabilisation orchestrée d'un reliquat « communiste » en Corée du Nord et de l'ensemble du Moyen Orient à travers le fanatisme religieux et autres intégrismes islamiques, pourraient bien être le terreau à partir duquel le capital construit, en même temps que la néofascisation du système politique, la visée d'une nouvelle confrontation mondiale pour se sortir de sa crise généralisée. Mais la confrontation pourrait venir aussi de l'actuelle visée interventionniste de l'impérialisme américain en direction des pays socialisants d'Amérique latine, comme nous pouvons le déplorer au Venezuela. Prendre en considération tout cela, c'est aller à l'opposé du recours à la « troisième voie » type social-démocratie et autres calembredaines de la « nouvelle gauche », ou des thèses staliniennes dont Lukacs nous démontre qu'elles n'avaient pas plus représenté l'alternative à la démocratie bourgeoise que la bourgeoisie ne représente l'alternative au stalinisme. Si le triomphe de ces anathèmes contre le capital commence à avoir du plomb dans l'aile, les bruits de bottes et la tentative de manipulation de conscience humaine par le capital, nous oblige à dire combien il est urgent d'en sortir. Par ailleurs, la Commune a déjà apporté la preuve que la classe ouvrière ne peut prendre possession de la machine de l'État telle qu'elle est et la faire fonctionner à son propre compte. Quant aux révolutions type bolchevick : apostasie, révisionnisme, ennemi intérieur ou intrusions capitalistes, preuve est faite aussi, comme nous l'avons précédemment souligné, que lutte armée et dictature du prolétariat peuvent conduire jusqu'au pouvoir, mais pas à la maison du communisme. Toutes ces leçons de l'histoire ne nous permettent plus de laisser planer le doute : la voie pacifique et la démocratie représentent, en l'état, le meilleur moyen et la finalité de la nouvelle révolution.

Jusqu'alors, on a mis le citoyen et le travailleur au service du capitalisme ou du « socialisme réel » dirigé par le haut, à présent nous devons rétablir la souveraineté populaire organisée en nous attaquant directement à la propriété privée du capitalisme au cœur même de la marchandisation généralisée en dehors des seules considérations électoralistes et d'alliances politiques. La question n'est plus seulement d'annuler les barrières entre public et privé ou de savoir si l'on perd nos bastions les plus solides : la gare, la poste, l'école, l'hôpital, la maternité, etc., mais de réanimer le processus de démocratisation par de là l'idée d'une meilleure gestion substituable à l'action politique et sociale des travailleurs et des citoyens eux-mêmes. La mise en œuvre d'une lutte des classes économe en dommages collatéraux pour les travailleurs et les citoyens, s'appuyant sur un réapprentissage du partage révolutionnaire et la praxis d'une raison commune en dehors de toute considération marchande, mais ne reniant pas pour autant les actions politiques et syndicales susceptibles de subvertir la marchandisation absolue, ainsi que tous les autres moyens juridiques et constitutionnels à notre portée, pourrait alors devenir la pierre angulaire du grippage de fond de l'économie libérale en même temps que la valorisation de nouveaux objectifs de production et d'échange préfigurant une transition *écomuniste* à l'intérieur même du système capitaliste en déclin.

Non seulement rien ne nous interdit de mettre en route cette nouvelle stratégie révolutionnaire, mais elle est le plus sûr moyen pour le peuple et les travailleurs de reconnaître, à travers ces nouvelles relations de partage et de production utiles, quels sont les besoins nécessaires et les solidarités profitables au développement du meilleur avenir possible pour l'ensemble de l'humanité et l'indispensable remédiation environnementale. Si cette recherche de démocratisation sans fin, ces luttes pour sortir le travail du marché de l'emploi et la mise en oeuvre d'un partage non marchand organisé s'appuyant sur l'idée de raison, se transforment peu à peu en pratique de masse et conscience de classe, alors la victoire des travailleurs et des travailleuses sur le capital devient possible. À n'en point douter, sortira de ces expériences la richesse des tendances et contre-tendances mettant en exergue les contradictions ou les surdéterminations du système que l'on combat et celui que nous essayons de mettre en place. C'est pourquoi il n'est pas nécessaire de chercher à décrypter pas à pas ce que pourrait être ce processus révolutionnaire. Les *vade-mecum* ou les recettes n'appartiennent pas à la dialectique politique ; quant au programme de la Révolution, il n'existe que dans les actes.

Cela ne nous empêche pas de réfléchir à quelques pistes sur ce que pourrait être la phase d'objectivation de la révolution maîtrisée. Mais avant de nous y essayer, une première remarque s'impose. Le maximum de citoyens et de travailleurs mobilisables étant déjà passé, selon la stratégie que nous proposons, par la phase d'*inter-pouvoir* dans laquelle le réapprentissage du partage non marchand nourri par la raison en serait le moteur, les conquêtes économiques, sociales et politiques de l'après révolution maîtrisée ne se poseraient pas dans les mêmes termes que si nous avions à les mettre en œuvre à la suite du « *Grand soir* ».

D'autre part, nous ne partirions pas de rien pour organiser prioritairement et de façon plus globale la nouvelle production agricole et industrielle respectant les équilibres biosphériques, ou pour couvrir les besoins de nourriture, de logement, de santé, d'éducation, de connaissance, de culture, d'art, de socialité, etc., bref, pour créer les conditions d'une existence débarrassée des famines, des pandémies, des oppressions, de la *non-culture*, de l'indignité et de l'exploitation capitaliste. La pratique des luttes, le réapprentissage du partage et la praxis d'une raison commune, nous auraient sans doute déjà permis en ces domaines quelques réalisations concrètes et éclairages nouveaux. Il en irait certainement ainsi de la nature du pouvoir politique, de la transformation et l'abolition progressive de l'État, des rapports de coopération entre toutes les nations. Sur ce dernier point, il demeure pertinent de penser que le niveau national soit encore pendant une assez longue période l'espace territorial le mieux à même, avec le niveau local et départemental, d'assurer la cohésion des échanges nécessaires entre tous les acteurs, citoyens et travailleurs, permettant d'amplifier la construction des bases de développement productif et des rapports sociaux aptes à assurer le partage sans discrimination aucune des richesses nouvellement produites. Concernant le niveau international, il interviendrait surtout pour assurer les coopérations et les échanges de matières premières, la synergie des luttes contre le capitalisme et la dégradation environnementale, la préservation des ressources naturelles, la meilleure maîtrise des risques naturels et, bien évidemment, tous les échanges scientifiques, médicaux, éducatifs, culturels, artistiques, philosophiques, politiques et sociaux, indispensables au maintien d'une paix universelle. Quant à aller plus loin dans la recherche projective des tenants et des aboutissants de cette *Révolution maîtrisée*, cela me semble relever du domaine d'une réflexion théorique de moindre intérêt. Pour autant, cette tentative d'objectivation des divers moments de la future Révolution, en tant que recherche du bonheur collectif et son lien avec le concept de pauvreté, conforte l'idée d'extension de la matrice *écomuniste* au *paradigme de désaliénation générale de la marchandisation absolue* dont nous avons déjà parlé. Ce paradigme, qui est amplement développé dans *l'épilogue général de l'ouvrage*, étayera donc la trame globale des six livres que comprend *Capitalisme et Révolution.* Mais, pour être plus complet, nous y ajouterons l'idée de *Fondement d'une nouvelle praxis comme axe central de la philosophie écomuniste*. En effet, pour parfaire la trame de notre large analyse théorique, il semble indispensable de revenir sur la question de *La pratique*. Car comment prétendre à l'écomunisme si nous ne changeons pas notre compréhension du devoir faire et du pouvoir faire dans l'idée de transformation concrète du réel par la raison ?

Pour conclure ce prologue général, disons que le contexte idéologique, sociétal, politique, économique, social, productif et culturel, conditionne l'ampleur des luttes et les stratégies d'ajustement pour jeter les bases d'une révolution démocratique et écologique en des formes inusitées qu'il conviendra collectivement de retravailler. Malgré l'actuelle absence d'un nouvel internationalisme à reconstruire et au sein duquel la mise en réseau de toutes les forces anticapitalistes pourrait concrètement s'organiser, malgré le poids de la crise et de la guerre idéologique entreprise à l'échelle mondiale par les forces du capital, les moyens technologiques de production, comme nous l'avons déjà souligné, ont atteint en quelques décennies un tel niveau de développement que l'exigence démocratique et la nécessité de répondre aux vrais besoins des travailleurs et au respect de l'environnement naturel, certes encore insuffisamment animés par une réelle conscience de classe, ne feront que grandir dans tous les pays. Toutes ces réalités nous montrent que la souveraineté populaire dispose aujourd'hui d'un nouveau champ d'action révolutionnaire susceptible de faire sauter le verrou du capitalisme permettant d'avancer avec maîtrise et raison vers un monde *écomuniste* dans lequel le mouvement d'auto émancipation humaine pourra enfin pleinement s'exprimer. Oui ! Il est désormais possible de combattre la marchandisation absolue à l'origine de la présente aliénation de masse et de gravir ensemble toutes les marches qui mènent à la désaliénation générale. Dans le fond, si nous avions à caractériser en deux axiomes principaux le *Capitalisme et la Révolution*, nous pourrions dire qu'il s'agit pour l'un *de l'envie de posséder et de conquérir par la guerre* et pour l'autre, *de l'envie de partager et de s'émanciper par la raison.*

PRÉAMBULE

Amorce d'une théorie déjà ouverte sur l'idée de partage et d'émancipation

L'espace clos

La dignité de l'humanité est entre vos mains.
Schiller

Ce court essai, écrit en 1985 et publié en 1997, ne fait pas expressément partie de Capitalisme et Révolution. *Si nous l'avons placé en* préambule *de cet ouvrage, c'est uniquement pour permettre au lecteur de resituer la pensée de l'auteur dans ce qui deviendra plus tard la théorie écomunisme et la praxis de la raison commune, tout en découvrant en filigrane, les prémices de la chute du communiste étatique et la duperie du capital séducteur.*

Ne pourrait-on pas écrire simplement comme nous viennent les mots ? Pourquoi les enfermer dans un cadre ? Écrire comme peindre est un cri. Le peintre a pourtant tout essayé : élargir l'espace en d'imposants tableaux, accrocher ses couleurs aux plafonds des plus célèbres lieux de culte ou de culture. Ces cris, ainsi jetés, furent souvent très beaux. Mais ils ne pouvaient déchirer l'espace clos dans lesquels ils étaient enfermés. Plus audacieux, quelques avant-gardistes soixante-huitards ont cherché des espaces encore plus grands. Ils ont peint d'immenses fresques, parfois très touchantes, sur l'extérieur des murs. Tout d'abord, ils ont commencé par investir ceux des Universités, puis, plus aventureux, ceux des concentrationnaires cités dortoirs dont certaines ont dû être rasées tant le mal vivre s'y était imprégné. Qu'importe ! Intérieur ou extérieur, l'espace est toujours un espace clos.

Le progrès des sciences et des techniques donna un moment à penser que le problème pouvait être enfin résolu : la photographie par satellite nous renvoyait, impressionnante de définition, les images de la Terre avec ses océans, son atmosphère, ses continents. Mais si d'aventure un peintre embarqué dans une station spatiale eût pu embrasser la beauté fulgurante de la Terre d'un seul regard, sa consciente affliction d'une vision picturale insaisissable autant que sa joie orbitale en auraient été selon moi décuplées. Car l'art quel qu'il soit n'est que l'expression d'une vaine tristesse et, paradoxalement, d'une certaine joie.

L'écrivain devant sa page blanche est face à la même douleur, la même extase fuyante. Comment sortir du cadre ? La désobéissante déraison serait-elle la clé d'un autre possible ?

J'ai vu des peintures d'une déchirante beauté faites par des hommes ou des femmes que l'on avait – ou qui s'étaient progressivement aliénés. Sortaient-ils pour autant du cadre ?... Il n'y a pas d'imaginaire aérien. Il n'y a que des imaginaires clos. Clos dans l'espace défini par l'histoire sociale qui a porté jusqu'ici notre vie ; clos dans l'espace chronologique cérébral de notre humanitude poussé à chaque étape vers une sorte d'ordonnancement du progrès ; clos dans l'acte d'écriture en tant que forme évolutive et figurée de signes convenus pour exprimer notre pensée ; clos dans la stylistique, dans la (ou non) mélodie des mots que l'on emploie pour exprimer notre pensée dans une forme poétique ; clos dans notre environnement culturel et social ; clos dans les hiérarchies, dans l'intolérable ségrégation des hommes qui ont du mal à s'accepter différents ; clos dans les modes, les groupes de pression, les pouvoirs, les lobbies, l'exploitation humaine, l'argent… Alors quels chemins emprunter pour espérer atteindre l'espace d'un autre possible hors de toutes ces prisons ? Peut-être simplement en livrant sans fard la profondeur de notre humanité avec l'intime conviction de devoir sortir de ce système de classe qui aliène et humilie tout en apprenant à forger notre conscience collective aux feux des contradictions de la vie. Pourquoi devrions-nous toujours briller dans ce que l'on entreprend ? Briller d'intelligence, de certitude, d'interrogation, d'originalité, de tristesse, de fantaisie, d'humour… que sais-je encore ? Briller. Toujours briller. Les modestes individus dont j'essaie d'exprimer ici le désarroi seront-ils irrémédiablement condamnés au silence ? Non ! Je ne justifie en rien la médiocrité. D'autres s'en chargent pour moi. Ils en ont même fait le théâtre de leur concurrentielle et profiteuse comédie : que « le faible » rejoigne « le fort » afin qu'il puisse à son tour écrire, conférer et, pourquoi pas, diriger. Des moyens colossaux sont mis en œuvre pour lui vendre du rêve, pour lui permettre de croire qu'il fera un jour partie des « forts ». Sacrés farceurs et pauvre imbécile. Cependant, des milliers d'aspirants gagneurs font régulièrement la queue devant les points de vente des billetteries : loto, derby, quarté, tiercé et autres jeux de dupes. Autant de modes d'embellissement subjectif qui sont censés rendre plus supportable le triste quotidien d'un peuple pourtant en quête d'une autre vie.

Les religions nous promettent le « bonheur » dans l'au-delà à condition, bien sûr, de les embrasser. Plus contraignantes que le jeu, leurs frasques nous restituent la même tonalité : faire croire pour faire rêver, souffler le chaud et le froid, nous droguer à leur éternel certifié. Telle est la dimension garantie de l'improbable épopée. Rechercher le bonheur dans je ne sais quelle collectiviste et égalitariste rationalité n'est pas non plus de mise. Cultiver les différences autant que l'égalité me paraît autrement enrichissant. Le nivellement par le bas, que la quasi-totalité de « nos » idéologues prétendent combattre, est bien l'apanage des sociétés dites libres. La magnificence de la fausse liberté capitaliste est cependant très attractive pour la grande masse des Ducon-Lajoie.

La pluralité, plus que le pluralisme, a pris le pas sur la culture appauvrie par la loi du nombre : des milliers de fois plus « d'artistes » et de médias qu'au siècle dernier sur l'unique (ou presque) registre du consensualisme libéral font plus de dégâts culturels que mille millions de palefreniers. La pluralité américano-anglophile ne nous offre d'autre choix que l'inculture. Mais la faiblesse devient force en deçà d'un certain seuil de pauvreté (quand bien même celle-ci ne serait qu'intellectuelle). Voilà pourquoi les capitalistes qui supervisent le « troupeau » déploient tant d'efforts consensuels pour démobiliser, façonner, canaliser, mouler, afin de juguler la conscience de classe et pérenniser une société où la majorité des « faibles » et la minorité des « forts » sont condamnés à s'autoreproduire. La grande duplicité de ce système fallacieux, c'est de donner à croire que le dernier des exploités peut théoriquement accéder un jour au camp des puissants. L'ultralibéralisme fonde sa démarche sur le bien-être de tous par l'enrichissement de quelques-uns à partir d'un profit librement accaparé et chichement redéployé. Quelle mascarade ! La duperie réside dans l'acceptation du cadre, les valeurs dominantes du fondement de se modèle économique et politique étant d'une abominable inhumanité : loi du marché, concurrence, finance, propriété privée.

À certaines époques, ces points « d'équilibre » ont éclaté, cédant le pas à la révolution. La plus marquante d'entre toutes, la Révolution d'Octobre, a permis d'inverser le cadre et non de le supprimer. Nous sommes passés de l'État bourgeois d'autoreproduction et de coercition à la dictature bureaucratique et prolétarienne d'autocensure. Globalement, ce système autoritaire a créé de nouvelles contraintes. Sont-elles plus ou moins déstructurantes que celles déjà à l'œuvre dans les pays capitalistes ? L'erreur serait justement de vouloir comparer. Disons que les objectifs du nouveau système se sont déplacés sur d'autres espaces. On ne fait pas le « bonheur » en lieu et place des individus. Pas plus que les individus sont en capacité d'accéder au « bonheur » par leur seule individualité. Tout d'abord parce que le bonheur est un état qu'il convient de définir. Ensuite, parce que l'individu ne peut s'épanouir que dans l'enrichissement collectif des individualités partagées. La prise en compte des différences individuelles, la somme des intelligences plurielles, irradiantes, doivent nourrir l'enrichissement collectif. Pour que ces potentialités éclatent, éclaboussent le monde de leur force émergente, il faut qu'elles puissent sortir du cadre, qu'elles inscrivent leur projet dans un mouvement d'émancipation réellement humain. Peut-être sommes-nous à l'orée de cette phase qualitativement nouvelle où les individus, plus conscients de leurs capacités créatives, de leurs droits, du sens commun de leur vie, feront de la fraternité et du partage un espace ouvert à conquérir. Certes, l'émancipation humaine trouve en face d'elle d'innombrables forces profiteuses que le mouvement de l'histoire a toujours combattues sans réussir à ce jour à s'en libérer. Le fond commun demeure le même : que le plus fort gagne.

Des idéologues se sont appuyés et s'appuient encore sur les « lois » de la nature pour justifier le racisme et pérenniser les classes sociales. C'est pourquoi je le dis expressément tout de go : la justification du racisme et de l'exploitation de l'homme par l'homme par les « lois » de la nature est un acte de terrorisme. L'environnement naturel créait des zones d'équilibre où chaque espèce doit, pour survivre, défendre, parfois âprement, son territoire, mais les loups, pour carnivores qu'ils soient, ne se mangent jamais entre eux. Cet équilibre cruel et sauvage n'en demeure pas moins symbiotique et le plus grand massacre des animaux revient à l'homme et non à la nature. Pour approcher cette inhumanité que j'explore, je dirais même que le plus grand massacre de tous les innocents est encore le fait de l'homme. Sans doute sentez-vous poindre dans ma quémandeuse investigation l'ode d'une volonté utopique. Mais ne faut-il pas une part d'utopie dans toute aventure humaine pour avancer ? Loin d'être une aliénation, l'utopie donne une dimension fraternelle à notre futur en même temps qu'elle favorise notre prise de conscience réflexive. Qu'on le veuille ou non, l'homme a besoin de se reconnaître dans un idéal, dans un projet collectif. C'est dans son aspiration légitime à changer la vie que jaillit la source féconde de l'utopie. C'est pourquoi il nous revient de dégager un avenir sachant que chaque étape nouvelle nous rapproche toujours plus de l'humanité. Il nous faut fustiger les idéologues qui se donnent pour un constat, les idéologues de la fin du sens moral, de la fin des valeurs collectives. C'est-à-dire ceux qui prônent la domination des marchandises sur celles des valeurs humaines.

À présent, je voudrais tenter d'élucider une dernière chose avant de clore cette amorce narrative sur notre culture et notre humanité. Qu'en est-il du talent ? Que je sois compris. Je ne veux commenter ici ni la réflexion de Picasso : *« L'art lave notre âme de la poussière du quotidien »,* ni celle de Gide : *« L'art naît de contrainte, vit de lutte, meurt de liberté ».* Plus prosaïquement, je dirais : malgré les bouleversements technologiques et scientifiques, l'appropriation de l'art et du savoir demeure profondément élitiste. Voilà pourquoi nous devons accorder une plus grande place à l'épanouissement des capacités de chacun afin d'enrichir les capacités de tous et tordre le cou à cette idée surannée qu'il y a Culture et culture. La culture ouvrière accumulée des siècles durant sera-t-elle toujours condamnée à la relégation, à l'instar des pots de fleurs des Grands Salons Elyséens tenus d'agrémenter le piteux protocole en dehors d'une réelle dimension florale ? Ne faudrait-il pas que chaque être puisse déployer toutes les facettes de sa personnalité parmi les autres, dans un système où l'égalité des chances prendrait le pas sur la ségrégation des savoirs, indépendamment des sottes distinctions, sans qu'il soit nécessaire pour lui de briller parmi les « forts » ? L'important n'est-il pas que l'homme s'exprime ?

Sans doute est-ce pour cela que dans ce monde marchand le concept de talent est particulièrement réducteur. Ce faisant, je ne prends pas fait et cause pour les « talentueux » contre les « profanes ». Je veux simplement souligner que chacun est faible ou fort en quelque chose. Mais force est de reconnaître que la société profiteuse subordonne l'homme au profit ? De surcroît, tout indique qu'elle n'a pas encore achevé son parcours d'avilissement et de tyrannie et qu'elle maintient les exploités en état de totale dépendance. La vraie liberté se trouve dans l'expression non bâillonnée de l'humain. C'est-à-dire hors de l'espace clos que nous impose le capital. Et si j'éprouve autant d'émotion et d'humilité devant l'œuvre d'un peintre naïf que devant le plus beau des Rembrandt, c'est que l'espérance et la fraternité s'y trouvent profondément enracinés. Le vieil analphabète face au tableau noir d'une école improvisée africaine me touche tout autant que le plus beau poème d'Éluard. Il est là pour nous dire à sa façon : *« J'existe pour créer et je vis pour aimer ».*

Marseille, août 1985

LIVRE I

L'Humanité retrouvée

Y a-t-il sur le globe des contrées dont la nature ait condamné les habitants à ne jamais jouir de la liberté, à ne jamais exercer leur raison ?

Condorcet 1793

Avant-propos

Les sciences de la terre et de l'environnement, à la base de mon travail universitaire rythmé au fil des jours par les luttes sociales, m'ont ouvert à la nécessaire compréhension de l'évolution des sociétés à travers la diversité des cinq continents. Depuis lors, en quête d'un ouvrage de synthèse se dégageant d'une dimension normative et dont la seule ambition serait d'offrir au lecteur une chronologie réflexive sur le mouvement de l'humanité, je n'ai trouvé que des lectures parcellaires, parfois hermétiques, et s'adressant le plus souvent à des spécialistes. J'ai donc décidé d'en entreprendre la rédaction.

Loin de moi l'idée de retracer l'histoire des civilisations. N'étant pas anthropologue, cela ne ferait qu'affadir la diversité des connaissances anthropologiques déjà accessibles à tous. Disons simplement qu'un parti pris globaliste, hors de toutes contingences partisanes et aux antipodes d'une spécialisation technicienne, m'a poussé à rechercher dans les tribulations de la civilisation de l'ordre son intentionnalité historique et à tenter de comprendre dans ses barbares « conquêtes » les signes tangibles du déclin annoncé.

Pour ce faire, j'ai pris à contre-pied la chronologie historique traditionnelle qui consiste en un séquençage par époques : Préhistoire, Protohistoire, Antiquité, Moyen Âge, Époque moderne, Histoire contemporaine. Pour m'en tenir à une historicité privilégiant des concepts : Égal et différent, Limite et compréhension de l'échange, Inexistence et omniprésence de la valeur, Commerce, pouvoir, rituels et divinités. Et une intentionnalité humaine au cours de son long chemin évolutif : L'ordre civilisateur, Le temps des créations, des annonciations, des objections, des révolutions, des exterminations, des libérations, de l'expansion, du déclin, pour en arriver enfin à un temps intentionnel non atteint à ce jour, mais espéré : *L'Humanité retrouvée.*

Cette manière singulière de faire de « l'analyse socio-historique », nous permet de comprendre pourquoi l'homme s'est plus construit autour de « valeurs » marchandes et de sa peur de mourir, qu'il ne s'est nourri de valeurs humaines et des bons rapports de son vivant avec la sentinelle de l'éternelle absence. Et que pour se libérer des fers du fétichisme de la marchandise, il doit travailler à l'émergence d'une nouvelle liberté qui n'est autre que sa propre émancipation.

I
De l'aube de l'humanité à la civilisation de l'ordre

Égal et Différent, qu'est-ce à dire ? Pour éclairer la question, évoquons tout d'abord la notion d'évolution de l'espèce humaine, même si le terme *évolution* se découvre d'autant plus chargé de significations qu'il introduit contradic-toirement des rapports de dépendance et de transformation. S'il est bon de croire au berceau africain de l'espèce humaine et à sa propagation ramifiée à travers l'espace et le temps, alors, il semble établi que ses immenses et connexes potentialités mentales, activées par sa migration à travers les continents, aboutissent à des modes d'évolutions inhérents à son propre parcours et à ses échanges avec l'altérité. Cependant, nous devons dépasser la notion de race, scientifiquement inusitée (bien qu'apparaissent de dangereuses dénégations), pour prétendre apporter un éclairage pertinent sur la redoutable question du comment on peut être égal et différent ? Préalablement, tentons schématique-ment d'exprimer ce qui fonde l'unité de l'espèce humaine au-delà de son caractère biophysiologique ou de sa propension à la sociabilité. Exception faite de la prohibition de l'inceste qui, selon Claude Lévi-Strauss, est *« la règle des règles de l'universalité de la culture sur la nature »,* est-il paradoxal d'observer que l'autre caractère universel de l'espèce humaine se retrouve dans sa quête d'éternel tout autant que dans sa peur de mourir ? Ce lien questionnant et craintif s'unifie dans le « *d'où viens-je et où vais-je ?* » L'incompréhension de la mort autant que l'attachement de l'homme à la vie ont sans doute forgé cette convergente idolâtrie pour une entité qui le dépasse. Le trait d'égalité marquant des êtres humains est donc bien cette interrogation universelle sur leur devenir. Cependant, mise à part le fanatisme religieux qui pousse ses adeptes à faire don de leur vie en sacrifiant celle des autres, les croyances ouvrent un doute sur le type d'accueil *post mortem* qui attend chaque individu. De l'invite « aux mérites » des bouddhistes à la pénitence et au pardon des chrétiens, l'incertitude demeure quant à la sublimité de l'appel. Si le paradis n'est pas ouvert aux mécréants, toutes sortes de subtilités s'offrent aux pécheurs pour atteindre le royaume des cieux. Mais le croyant dans sa quête d'éternel a figé sa spiritualité et s'est donné en pâture à d'hypothétiques prophètes. Ici s'arrête l'interrogative convergence métaphysique sur l'égalité d'un devenir.

La fixation d'une spiritualité religieuse n'a cependant pas entamé la quête subliminale des hommes pour toutes sortes de progrès, à commencer par la création d'outils et bien plus tard par des objets d'échange. Mais là où Rousseau perfectionnait l'embellie des hommes primitifs, au point de les voir « *sains, bons et heureux et jouissant entre eux des douceurs d'un commerce indépendant* », s'étend en réalité un monde asservi par des sociétés marchandes hiérarchisées. Car il est un autre trait marquant qui peu à peu semble s'être imposé aux sociétés humaines : l'obscur fétichisme de la marchandise socialisée. Cependant, la recherche congénitale d'un autrement manuel et intellectuel fut non seulement porteuse de différenciation pour celles et ceux qui créaient, mais plus encore pour le groupe d'accueil auquel ils se rattachaient. Ainsi se sont creusées et se creusent encore les inégalités des savoirs et les savoir-faire au point d'engendrer féodalités et impérialismes. Paradoxalement, ces connaissances nouvelles, loin de se cantonner à la giration dans le groupe, poussaient à l'extension par le simple jeu d'accession aux multitudes perspectives qu'elles ouvraient. De là à dire que l'évolution humaine engendre l'asservissement par sa volonté d'agrégation transformante, il n'y a qu'un pas.

Alors comment expliquer l'évolution de l'homme sans prendre en compte sa propension à l'accroissement et à l'annexion ? Si, comme nous pouvons le supposer, la différenciation et le rythme d'évolution de l'espèce humaine résultent essentiellement de son confinement ou non dans des milieux naturels où l'interaction et l'échange avec les autres groupes étaient quasi inexistants, pour autant ses potentialités équivalentes et évolutives existent intrinsèquement. Tout comme l'influence du milieu naturel, la facilité ou la difficulté d'échange avec l'ensemble des autres groupes humains déployant leur ingéniosité à travers le monde furent les éléments majeurs de la spécification du caractère culturel et social des entités humaines. Tous les groupes se sont approprié le langage, mais le foisonnement et la complexification de ce dernier n'ont d'égal que la spécificité historico-sociale et la diversité des espaces géographiques qui l'ont porté. Et même si une discontinuité fondamentale paraît s'établir à partir de signes convenus formant l'écriture, pour transmettre la connaissance, l'homme qui ne la possédait pas, fut néanmoins en capacité de le faire à travers l'oralité.

L'évolution ne serait donc pas seulement cette continuité du monde vivant, cette dérivation par filiation des formes animales et végétales, mais aussi une volonté de transmission entre toutes les formes de vie qui se meuvent dans le milieu qui leur est offert. Ainsi, l'homme évoluerait tout autant que la variété de l'espace qu'il colonise nourrit son expansion. Le passéisme peut toujours ouvrir un romantisme ou une nostalgie, rien n'arrête le progrès – ou plutôt la progression – car l'arrêt du mouvement, c'est la mort. Des choix imposés par l'interaction de la nature sur sa capacité d'échange sont nés les chemins spécifiques à son humanisation. C'est parce qu'à chaque étape historique s'est ouverte à l'homme la vivifiante diversité des contingences terrestres qu'il a pu, en explorateur accompli, déployer peu à peu la pluralité de ses talents. La diversité naturelle engendra la diversité humaine, car les épreuves pour assurer sa survivance n'appelaient pas les mêmes réponses selon que les individus étaient soumis à la rudesse des steppes ou à de verdoyantes prairies. Toutefois, même si le perfectionnement de ses outils semble être relié à cette contingence naturelle, aussi prégnante sur le développement de l'homme fut la quête d'un au-delà à travers son imaginaire audacieux.

C'est parce qu'ils ont cru à la perfection et à leur perfection que les hommes imaginant Dieu s'identifient à lui et croient reconnaître dans l'autre (celui qui ne lui ressemble pas) l'imparfait. Sans doute est-ce pour cela que certains biologistes des comportements nous donnent comme établi le fait que les rapports entre les êtres vivants ne sont que des rapports de force. S'il en allait ainsi, alors, raison de plus pour chercher ce qui, dans la différence, fonde l'égalité. Pour fondamentales que soient les sciences, tant que la diversité humaine ne sera pas perçue comme la part de l'autre en nous et réciproquement, aucun changement dans notre conflit quasi instinctif avec la différence ne sera durablement accompli. Mais si les hommes parviennent un jour à accepter l'idée qu'ils ne créeront jamais plus que ce que le milieu qu'ils colonisent leur permet, alors leur propension naturelle au développement acceptera humblement qu'il n'y a pas de perfection, puisqu'à chaque conquête d'un nouveau milieu, ils devront aussi en partager la part avec les autres et avec la nature qui les environne, sachant que cette part, loin d'être uniforme, est la résultante de toute la diversité. Comme l'ensemble de la vie terrestre, l'homme social n'existe pas en lui-même, il n'est que le résultat de ses interactions au milieu naturel et à sa capacité d'échange avec l'autre. Cette interdépendance construit son évolution sociétale et l'ouvre à la dimension cosmique du possible. Ainsi, l'altérité, à travers l'échange, devient sa différence vitale et son égalité.

L'Univers a ouvert la dimension du possible mais la vie n'est apparue qu'à la faveur des échanges entre quatre éléments chimiques majeurs : le carbone, l'oxygène, l'azote et l'hydrogène. L'eau liquide est aussi un élément indis-pensable dans la mesure où elle facilite les réactions chimiques à partir de ces éléments de base pour former des molécules organiques. La vie n'existe pas en soi, elle n'existe qu'à travers l'interaction de ces éléments chimiques de base dans un milieu aqueux. Les échanges sont avant tout combinaison et l'infinité des combinaisons porte à croire à l'infinité des échanges. L'échange présuppose le don et donc la reconnaissance de ce avec quoi il prétend échanger ; il indique une volonté et une confiance ; il accepte par avance les conséquences de l'essai. Les échanges élémentaires suivent la même règle, ils ouvrent sans contrainte la combinaison de tout ce que la complexité chimique est en mesure de combiner. L'échange universel n'exprime pas de valeur : il consent.

À l'orée de l'humanité, *homo sapiens* n'échange pas que ses sourires, sa gestuelle, sa sexualité ou son début d'oralité, il partage sa nourriture ; ses échanges matérialisent sa socialité. Le partage du bien commun, fruit de la chasse ou de la pêche, est à la fois don et nécessité. L'échange entre les hommes primitifs a, entre autres, pour objectif d'offrir et de recevoir pour la survie de tous ; il conceptualise la différente égalité. La conscience primitive de l'homme construit sa socialisation à partir de l'autre : de leurs échanges naît et se modèle l'intention. Comprendre l'échange, c'est aussi en cerner sa « limite », non dans celle présupposée de son altérité, mais à travers sa fonctionnalité qui n'est que l'organisation d'un possible. Si l'échange entre les hommes au cours des siècles a perdu son essence profonde, la cause n'en revient pas à la « limite » de l'échange, car l'humanité n'a pas épuisé et n'épuisera vraisemblablement jamais la dimension du possible, mais à l'abandon pur et simple de la reconnaissance de sa différence en l'autre comme vitale égalité. En transformant l'échange (qui est don) en valeur, l'homme s'est mutilé car l'altérité, comparé au produit de sa récolte ou de son travail, n'est plus perçue comme l'essence de son égale différence, mais comme l'opportunité d'une valeur d'échange.

La colonisation par l'espèce humaine d'un milieu ou d'une niche écologique et sa dissémination à travers tous les continents expliquent les contingences et les succès de son évolution et de ses rapports à l'échange. En milieu fermé et hostile (forêt tropicale par exemple), l'homme est plus dépendant de la nature et il apparaît que ses relations sociales sont plutôt de type rapport d'échange : il n'y a pas entre eux de hiérarchie. Dans les milieux ouverts, accueillants et variés (milieux tempérés de moyenne montagne, par exemple) où l'homme évolue plus librement, les contraintes de la nature et son attachement à l'autre sont moins grands : ses rapports sociaux semblent plus hiérarchisés. La complexité des situations pousse à la prudence, d'autant que l'ensemble des différenciations dans l'évolution des sociétés humaines est loin d'être parfaitement connu, mais ces différences existent, et sans prétendre à leur entière reconnaissance, quelques traits majeurs nous sont présentement acquis. La biodiversité, la douceur climatique, l'abondance des ressources nécessaires au développement de la vie (eau, couvert végétal, fruits, gibiers, animaux aquatiques, etc.) ont joué vraisemblablement un rôle important dans la sédentarisation progressive de certaines peuplades, ainsi que dans leur apprentissage pastoral et agricole. Pastoralisme et agriculture sont, à n'en point douter, les leviers à partir desquels l'homme transforme non seulement son rapport à la nature mais son rapport à l'altérité. Plusieurs facteurs opèrent pour accompagner cette transformation, à commencer par la complexification et l'accroissement des savoirs et des techniques. Mais de leur multitude émerge un facteur primordial : la nourriture vitale que l'homme à présent récolte n'est plus seulement la nourriture d'échange collectif que la nature lui fournit, elle devient, par l'effet de la culture, un produit.

Ainsi, par son travail social, l'homme ouvre la porte à ce caractère encore énigmatique du produit qu'il convertira plus tard en marchandise. La valeur du produit agricole résultant du travail n'a absolument rien à voir avec sa nature physique, le cultivar, c'est seulement un rapport social déterminé des hommes entre eux qui revêt ici pour eux la forme nouvelle d'un rapport des choses entre elles. Comme l'ont décrit Marx et Engels : « *Ce qui intéresse tout d'abord pratiquement les échangistes, c'est de savoir combien ils obtiendront en échange de leurs produits, c'est-à-dire la proportion dans laquelle les produits s'échangent entre eux. Dès que cette proportion a acquis une certaine fixité habituelle, elle leur paraît provenir de la nature même des produits du travail. Il semble qu'il réside dans ces choses une propriété de s'échanger en proportions déterminées comme les substances chimiques se combinent en proportions fixes. Le caractère de la valeur des produits du travail ne ressort en fait que lorsqu'ils se déterminent comme quantités de valeur. Ces dernières changent sans cesse, indépendamment de la volonté et des prévisions des producteurs, aux yeux desquels leur propre mouvement social prend ainsi la forme d'un mouvement des choses, mouvement qui les mène, bien loin qu'ils puissent le diriger.* ». À cette période de l'humanité se joue sans doute, bien au-delà de la conquête du feu, qui avait pourtant déjà marqué une étape décisive dans son évolution, le choix à partir duquel l'homme méritera ou pas son appellation d'*Homo sapiens* (homme sage en latin).

La valeur ne représente pas pour l'homme qu'une valeur numérique, sans quoi il pourrait être félicité car, pour la bonne application des mathématiques, il est bien pratique de mesurer une grandeur. En dehors de cet axiome, la valeur en soi n'existe pas. Elle n'est que le produit de la création d'un homme qui, imaginant la valeur marchande, a perdu en la créant la profondeur de son humanité. Par extension, ou en conséquence, il inventa la bravoure guerrière qui caractérise selon lui la valeur d'un soldat, d'une chose, d'une personne ou d'un « bien ».

La valeur et ses comparatifs subjectifs inventés, l'homme n'est plus seulement cet être naturel et ouvert à l'échange consentant et conscient, il transfère, à travers sa production, le prolongement de son moi à un « produit ». En accordant à la création d'objets une valeur d'échange, il ne perçoit pas que c'est la part de l'autre en lui, son égalité, qu'il s'apprête à renier. De ce fait, la valeur commerciale n'est pas seulement ce lien de commodité de l'échange, c'est la négation de l'égalité de l'autre en nous. En la conceptualisant, l'homme marchandise non seulement sa propre production mais lui-même. De ce rapport marchand nouveau vont dépendre tous les autres rapports : rapports de force, rapports spirituels, rapports de création, rapports de droit, rapports guerriers, etc. Au fil du temps, l'omniprésence de la valeur économique va s'étendre à toutes choses. Pour s'en convaincre, il n'est qu'à chercher aujourd'hui dans une encyclopédie le concept de valeur pour comprendre qu'il n'est quasiment de valeur que la valeur économique.

Toute l'analyse discursive à propos de la valeur : valeur d'usage, valeur d'échange, valeur d'une marchandise, fondement de la valeur, analyses des valeurs, valeurs mobilières, valeur du droit des obligations… tourne exclusivement autour de l'intérêt économique à l'égard de la théorie de la valeur et exclut de son champ son contenu philosophique, voire apologétique, car il risquerait d'entraîner la confrontation sur un débat d'ordre idéologique que les détenteurs du capital ne souhaitent en aucun cas entamer. Cela explique sans doute pourquoi les économistes « classiques », en véritables techniciens de l'économie, prétendent ne pas référencer les bases pratiques de leurs analyses à une idéologie tout en s'appuyant sur le libéralisme pour asseoir leurs piètres théories. Ils sont passés maîtres dans l'art de la litote : « idéologie je vous oublie un peu », sous entendu « je pense quand même à vous ». Leur théorie de la valeur, qui n'est rien d'autre que la théorie des prix relatifs, en classifiant le prix des différents biens fabriqués par l'homme, marchandise la part de l'homme dans la valeur de ceux-ci. L'homme malgré lui devient marchandise et pour la produire il doit aliéner une part de lui-même à un prix. De même que la différence entre le prix de revient et le prix de vente dégage le bénéfice, celle entre le travail de l'homme et le profit formalise la valeur. En conséquence, c'est bien le temps de travail socialement nécessaire qui détermine la valeur, et toutes les marchandises ne sont que le résultat du travail d'un homme déshumanisé malgré lui. Ainsi, progressivement, la valeur estime un certain prix : valoir cher ou pas cher, valoir son pesant d'or, ne rien valoir, valoir bien un détour ou en valoir la peine, valoir autant qu'un autre et enfin, se valoir. Qu'elle soit d'un sujet ou d'une chose, tout dans la valeur peut donc s'évaluer. Vaillant et valeureux, valable, valablement, en valeur absolue ou en valeur relative, tout devient mesurable dans l'être ou bien l'objet, son *alter ego* échangé.

Qui hésite aujourd'hui quand en droit seulement l'esclavage est banni, à vouloir bien se vendre pour pouvoir bien manger, à souligner ses mérites, savoir les présenter sous l'angle avantageux afin d'être connu d'un très large public et se mettre à l'abri des plus vitaux soucis ? Qui hésite à faire fructifier son avoir, ajouter de la valeur à ses biens, faire le compte exact des valeurs déclarées ou mettre au point la plus-value de l'art, porter un toast au portefeuille des valeurs, travailler un vers non pour sa valeur poétique mais pour en capitaliser le plus grand nombre de pieds… marchandise je suis, marchandise je vais, à ta noble valeur, te conter mes secrets.

Le sujet valait bien quelque humour, même si, dans sa quête frénétique de la valeur, allant même jusqu'à inventer la contre-valeur commerciale ou la non-valeur d'une terre qu'il juge impropre à toute marchandisation, dévalorisant un jour ce qu'un lendemain viendra valoriser, l'homme moderne a vendu son âme à la valeur ajoutée. Mais toute aussi omniprésente qu'elle soit, la valeur ne lui rapporte rien, puisqu'elle n'existe pas.

Le commerce, qu'il soit indépendant, de détail, de demi-gros, de gros, qu'il soit la pratique de quelques individus, d'un groupe, d'un État ou d'un Empire mondialisé, est, et sera toujours, la marque de l'asservissement de l'homme à un marché. *« La propriété, c'est le vol »* est arrivé à proclamer Proudhon dans l'intention de montrer que le travail est seul productif alors que le profit du propriétaire est un véritable « droit d'aubaine », qu'il espérait faire disparaître grâce au crédit. Outre que le crédit est devenu « l'amant » de la propriété, Proudhon ne parvint pas à déclarer : « et c'est le commerce qui engendre la propriété. »

Si le commerce a envahi rapidement et quasi globalement la plupart des communautés, il est toutefois intéressant de noter qu'il y eut historiquement des sociétés dans lesquelles on trouve des formes plus élevées que l'économie traditionnelle, par exemple la coopération, sans qu'existât l'argent sous une forme quelconque. L'argent et l'échange marchand qui le conditionne n'apparaissent pas ou peu à l'intérieur de communautés singulières, mais seulement à leurs frontières dans leur commerce avec d'autres. Comme l'ont souligné

Marx et Engels : « *Il est erroné de placer l'échange marchand au centre des communautés en tant qu'élément constitutif à leur origine (...) Quoique l'argent apparaisse très tôt et joue de tous côtés un rôle, il n'en est pas moins dans l'Antiquité, en tant qu'élément dominant, l'apanage de nations unilatéralement déterminées, de nations commerçantes.* » Et même s'il convient de dire qu'il existe de nos jours des communautés tribales qui n'en sont toujours pas au stade de la possession, globalement, le commerce est devenu le ciment des échanges de l'ensemble des nations développées ou non. Cependant, si la possession de certaines tribus ne fut pas toujours synonyme de propriété, la possession est bien le constituant juridique de la propriété. L'argent a certes existé historiquement avant l'existence du capital, avant l'existence des banques et avant l'existence du travail salarié et, de ce point de vue, on peut dire que des catégories plus simples ont pu exprimer des rapports dominants d'un tout moins développé ou, au contraire, des rapports subordonnés d'un tout plus développé, mais l'argent s'introduit déjà comme le moteur des rapports d'échange entre les individus. Par le commerce, l'homme n'accède pas seulement à la possession de biens, mais à leur accumulation.

Si l'on sait aujourd'hui attribuer à la plus-value dégagée du travail salarié les traits fondamentaux de l'histoire de l'accumulation capitaliste, pour autant, le commerce, qui en est le corollaire, est loin d'être perçu comme le chancre de l'humanité. Sans doute faut-il chercher dans la confrontation de l'homme avec les forces de la nature, la naissance de ses forces productives, et attendre que leur développement ait atteint une base adéquate pour que le commerce, la production, l'échange des besoins vitaux, conditionnent réellement la structure des différentes classes sociales. L'extension du commerce s'est opérée à partir de sociétés plus complexes qui ont asservi progressivement d'autres formes de société qui, elles, l'étaient moins. En passant de l'échange à la valeur des biens, l'homme accède inéluctablement à l'accumulation des biens, et de cette accumulation naît la notion de pouvoir qui lui reste attachée. Si l'on s'en tient à une définition lapidaire, le pouvoir serait la « faculté de faire ». Si, par dérision, j'osais écrire une épitaphe, j'ajouterai « des morts ». Pour beaucoup, le pouvoir est avant tout synonyme d'autorité et représente dans l'inconscient collectif ce qui permet à un acteur social d'exercer le commandement ou le droit de se faire obéir.

Pour qu'il y eût des chefs, il fallut bien des guerriers. Et pour qu'il y eût des guerres, il fallut bien quelque part qu'existassent d'autres chefs avec d'autres guerriers. Mais cela ne nous dit pas pourquoi il y eut des chefs et moins encore des guerriers. Pour désigner un chef, ne fallait-il pas qu'ils se sentent menacés, et, pour se sentir menacés, ne fallait-il pas qu'eux-mêmes représentent une menace pour les autres, sinon pourquoi les auraient-t-ils menacés ? De cette réflexion apparemment simpliste se dégage pourtant l'évidence : si deux personnes se menacent, c'est que l'une et l'autre se sentent menacées. L'homme un jour s'est donc senti menacé par lui-même car concernant les autres menaces du monde, sans vraiment les comprendre, il ne pouvait que s'y conformer.

Si l'homme a fait souche au même « berceau évolutif », pourquoi eût-il été agressif envers les autres sinon pour préserver la seule chose dont il ne pouvait se passer : sa propre vie ? La *Guerre du feu* eût pu nous en donner la clé, mais si belle soit la légende, elle ne fait pas la vérité. Il semble bien plus probable que l'homme évoluant en peuplades ramifiées ait été contraint de défendre pour survivre un territoire que ses frères de disette convoitaient comme lui. Cela n'est en rien contradictoire avec le fait que l'agrégation du groupe pour assurer sa subsistance poussait plutôt à son accroissement numérique. Ainsi, de conquête en conquête, des peuplades affamées passaient du statut de gagnant à celui de perdant. Malgré leur violence, ces combats n'avaient rien de sanguinaire, seule l'exigence de survivance comptait. Il est tout aussi probable, comme dans le règne animal, que parmi tous ces gagnants l'un d'entre eux montrant plus de vaillance ou de dextérité ait progressivement conduit le groupe à le distinguer.

L'homme primitif ne tuait donc pas son semblable par cruauté, la peur et la faim seulement l'habitaient. La conquête d'un territoire n'accordait à n'en point douter d'autre choix aux vaincus que la fuite. Peut-être est-ce ainsi que la migration humaine également s'opérait. Néanmoins, sans croire un seul instant que l'homme primitif ait été conciliant ou qu'il ait dû sa suprématie à une exceptionnelle qualité de droit divin, il faut bien constater qu'existèrent (et existent encore) des peuples assez paisibles pour ne pas guerroyer. À quoi attribuer cette différence ? La notion de paix nous en donne probablement la clé : la paix n'est pas la fille de la peur et moins encore celle de la faim. Pour qu'il y eût entente, il fallut le concours d'un milieu suffisamment protecteur qui, par son équilibre et son abondance, ouvrit à l'homme les portes du « bonheur ». L'expression populaire : « c'est le paradis sur terre », que l'on entend parfois à propos de certaines divisions de l'Océanie, perd ici son sens suranné. Cette hypothèse infirme, s'il le fallait, l'idée selon laquelle l'homme est intrinsèquement mauvais.

La protection d'un groupe par la clémence d'un milieu ou par celle d'un chef ne lui ouvre pas pour autant les portes de l'éternité. Plus se développent son organisation sociale et sa maîtrise partielle des éléments naturels, plus l'homme primitif prend conscience de ses peurs. Comme tout être vivant, il est mortel, et la mort l'inquiète autant par la souffrance qu'elle induit que par son incongruité. La fuite n'y peut rien et le chef lui aussi est touché. Il n'a alors d'autre choix pour se libérer de ses angoisses que d'inventer de nouveaux intercesseurs ; rituels et divinités sauront-ils l'apaiser ?

À l'image de deux animaux ensemble dans une cage ne pouvant s'échapper (prêts toutefois à se combattre pour extérioriser leur agressivité), l'homme, prisonnier de son anéantissement mais incapable dans son espace clos d'affronter la mort en combat singulier, a créé le rituel pour y remédier. En effet, les premières inhumations reconnues jusqu'à présent remontent à l'homme de Neandertal, il y a environ 150 000 ans. Aussi, le rituel de mort, acte essentiellement collectif, fonctionna-t-il comme la tentative d'exorcisation d'un changement qui pouvait ébranler sa conception même et par conséquent, la viabilité de l'ordre immuable dans lequel il vivait. De cet immatériel représenté naîtront plus tard toutes les frasques des rites et des divinités qui inscriront dans ces futures rencontres la marque des terribles épopées de l'homme. Telle la faim engendrant le chef et l'incompréhension de la mort les rituels et les divinités, le commerce, transcendant les biens, s'offrit l'argent en nouveau dieu. Chef, Rite, Devin, Argent, tous les ambassadeurs du pouvoir étaient déjà nommés quand l'ordre civilisateur advint.

L'ordre civilisateur est attaché à civilisation comme l'arbre à la terre. Alors pourquoi dit-on que la civilisation est un ensemble de caractères propres à la vie intellectuelle, artistique, morale et matérielle d'une nation ou d'une société ? Si cela est, alors « civiliser » pourrait bien signifier « faire sortir de l'état primitif». L'interrogation vaut d'autant plus le détour qu'il semble hasardeux de chercher plus de civilité dans les sociétés modernes que dans celles prétendument pri-mitives. J'en reviens donc à la dernière phrase du paragraphe précédent : *« Chef, Rite, Devin, Argent, tous les ambassadeurs du pouvoir étaient déjà nommés quand l'ordre civilisateur advint. »* Car c'est bien le développement de ces pré-ceptes qui fondera pour l'essentiel les civilisations dont nous allons parler.

Tenant entre ses mains les paradigmes de sa « primitive évolution », l'homme eut recours au chef de l'ordre pour gouverner, au rite de l'ordination pour administrer les sacrements de l'ordre, à l'ordre divin pour élever les temples et à l'ordre de l'argent pour accréditer la valeur de ses biens. Certains philosophes imaginent à tort que l'époque antique fut celle des divers pouvoirs de l'irrationalité et de l'imagination, ignorant le plus souvent l'objectivité des inventions techniques et des savoirs concrets. Leur quête mythique d'un éternel ne doit pas occulter la nécessité des apports logistiques. Toutes sortes de connaissances objectives (calcul, géométrie, astronomie, etc.) étaient nécessaires à la sublimité de l'art divinatoire. À chaque étape de son développement, y compris à celle de l'hyper développement d'aujourd'hui, l'humanité doit mixer savoir pratique et savoir théorique pour avancer. La question du développement de la civilisation de l'ordre n'est donc pas à rechercher dans l'affrontement de deux formes de connaissance, mais dans la conséquence de leur mise en œuvre interactive au bénéfice exclusif d'une minorité. Seul l'objet fini, c'est-à-dire l'architecture concrète de l'Acropole, procure joie, grandeur et harmonie, mais sa majestueuse apparence ne donne pas à voir tout ce qu'il fallut de souffrance ouvrière et de douleur pour parvenir à nous combler. Ce que l'homme moderne retient de la culture et du savoir objectif, c'est la forme achevée du message et non tout ce qu'il présuppose de conditions contingentes pour l'accomplir. Nous louons les penseurs de l'Antiquité : Aristote, Platon et bien d'autres, en tant que génies créateurs de l'humanité, comme si, tout ce que durent endurer les esclaves, support de leur vie, n'existait pas.

Découvrir l'histoire de l'humanité dans sa complétion, et non dans sa construction, revient à voir l'image satellitaire de la planète sans se référer au collectif humain à l'origine du satellite qu'il a produit. Si l'on revient au terme

« civilisation », la création du mot d'origine française, entre 1756 et 1766, découvre une bien singulière particularité : outre qu'il se rapporte à l'esprit des Lumières, il s'accorde à une philosophie nouvelle de la nature et de l'homme fondée sur l'idée de progrès. La notion de civilisation incline ici à policer (rendre son lustre et son éclat) et à instituer. Ainsi serait civilisé le peuple organisé qui avance dans la vie avec politesse, alors que les peuples « sauvages », sans institution, ne seraient que des misérables.

Civiliser, « policer », renvoient à un état social contre lequel Rousseau s'élève dès 1750 : « *Mais si j'entends bien ce terme de misérable, c'est un mot qui n'a aucun sens, ou qui ne signifie qu'une privation douloureuse, et la souffrance du corps et de l'âme ; or, je voudrais bien qu'on m'expliquât quel peut être le genre de misère d'un être libre dont le cœur est en paix et le corps en santé. Je demande laquelle, de la vie civile ou naturelle, est la plus sujette à devenir insupportable à ceux qui en jouissent.* » L'apparente contradiction entre être civilisé et sauvage n'a de fondement que dans la mesure où l'évolution de chacun est ou non liée à un ordre social hiérarchisé, c'est-à-dire à l'ordre des quatre piliers : Chef, Rite, Devin, Argent. La civilisation commence quand les sociétés ont acquis les moyens dysharmoniques de la subordination du faible au fort, quand, guidé par son esprit mercantile et son savoir, l'homme peut classifier sa socialité. Ainsi, la civilisation ne serait que le continuum de la suprématie du chef sur le guerrier, puis celle du chef et du guerrier sur l'esclave et l'acceptation par tous du rituel et du devin guérisseurs d'angoisses ; la puissance et la gloire étant l'apanage des seuls acclamés ; civilisation de l'élu des dieux et de ses pairs, civilisation de l'exclusion concentrique : hors du cercle (l'esclave) et du cercle vers le centre (le peuple) et dans le point noir du centre (sénateur, prêtre, roi et empereur). Civilisation castratrice, aliénatrice, mais présentant un degré de plus en plus haut de caractères particuliers (institution politique, administrative, fortune publique et personnelle, culture littéraire, artistique, scientifique, religieuse), offrant toutes les apparences de la marche en avant d'un ordre économique, technique et social vers le progrès.

Ainsi, croire que nous entrons aujourd'hui dans l'ère du choc des civilisations seulement parce que l'antagonisme entre les peuples porte sur le territoire, l'ethnie, la culture et la religion, c'est admettre du même coup que le fonctionnement des sociétés marchandes reposeront toujours sur les rapports de l'homme à l'argent, ce qui revient à justifier *de facto* l'exploitation de l'homme par l'homme. Par ailleurs, la plupart des consensualistes constatent que les sociétés partagent des valeurs de base : les croyances selon lesquelles tuer est mal, ainsi que les institutions de base comme la famille, ce qui les regrouperait en une sorte de civilisation universelle. Outre le fait que vivre au sein d'une seule et même civilisation ne saurait se réduire à une sorte de moralité minimale reposant sur un concept aussi tendancieux que celui du bien et du mal, cela revient à occulter (et pour cause) deux autres paradigmes fondamentaux de la soi-disant civilisation universelle : le culte du chef et celui de l'argent. D'autres prétendent que le terme de civilisation occidentale désigne ce que les sociétés civilisées ont en commun, comme les villes, la culture et l'écriture qui les distingueraient des sociétés primitives et barbares. C'est l'esprit Davos, forum de l'économie mondiale : une seule langue (l'anglais), une seule foi (l'individualisme et l'économie de marché), une seule loi (la suprématie militaire garante de la « démocratie » politique). Piètres philosophes et dangereux idéologues qui, niant la dynamique des différences, placent l'Occident au centre de l'histoire de l'humanité.

Sans doute serait-il préférable de parler « d'entité culturelle évolutive » plutôt que de parler de civilisation, à moins que nous acceptions d'en redéfinir le sens et reconnaissions enfin le caractère superfétatoire d'une classification dont le fondement n'est autre que la reconnaissance d'une suprématie économique, technologique et culturelle, sur l'immense diversité des potentialités humaines.

Pour en revenir aux temps anciens, redisons que la civilisation fut surtout celle de la guerre, des mythes, des pouvoirs et des soumissions, dans laquelle, les paradigmes sociétaux, rattachés aux dogmes des représentations déistes, furent opératoires pour engendrer la « grandeur » des mondes imaginés et, plus sûrement, l'aliénation des hommes. C'est pourquoi les principales traces que nous lèguent les civilisations antiques sont monumentales, à l'image d'un pouvoir divin imaginé, puis imité, où tout y semble grandiose.

II
Du temps des créations au temps de l'expansion

Le temps des créations de quoi ? Des dieux ? Ils étaient dans l'esprit humain depuis longtemps. Des armées ? elles n'avaient pas attendu ce temps pour opérer. Du nouveau progrès de l'argent et du commerce ? sans doute. Des monceaux d'innombrables injustices ? sûrement. Mais, plus encore que tout cela, la création de chefs-d'œuvre monumentaux que la civilisation de l'ordre fit naître de l'Asie au Moyen-Orient et de l'Occident au Nouveau Monde. Cependant, la vraie nature de l'intentionnalité créatrice de ce temps est d'autant plus difficile à cerner que la connaissance concrète de sa chronologie demeure imprécise.

Aucun observateur ne peut prétendre avoir décrit la nature des créations d'une civilisation donnée sans chercher à relier ses pratiques ou ses institutions à l'ensemble des autres civilisations. De même, les rapports entre l'organisation sociale, les activités économiques et les systèmes de valeur d'une civilisation donnée, ne peuvent se comprendre qu'à travers son interaction, voire son interdépendance, avec les civilisations qu'elle concurrençait. Cela vaut non seulement pour cette période que les historiens qualifient d'Antiquité : les civilisations grecques, romaines ou égyptiennes, mais pour toutes celles des autres contrées. Indépendamment des aspects culturels et sociaux qui les différencient et les stimulent, un trait commun les unifie : elles constituent toutes un empire, un royaume, un État. À la civilisation de l'ordre correspond la création monumentale de l'ordre. Tant pis pour l'ordre, serions-nous tentés de dire, si autant de beauté est offerte. Et pourtant !

Il n'y a pas un avant et un après dans l'art créatif. Seule est décelable la lente et constante évolution technique essentiellement liée à un stade de développement économique, social et culturel. L'intérêt porté ici au gigantisme de l'art n'est pas seulement relié à une esthétique. Il s'attache à l'intentionnel et au possible, à la volonté de puissance et de gloire, à la transcendance interrogative et asservissante, à la quête éperdue du devin. Jusqu'à une période contemporaine, l'art n'eut d'autre mobile que de servir l'utile, la puissance et le divin. Même l'art pariétal n'était pas figuratif mais transfigurateur. L'art monumental est donc une des formes les plus achevées de la mise en œuvre des quatre piliers de la civilisation : chef, rite, devin, argent. Il représente l'intentionnalité la plus marquante de l'identification de l'homme à l'Éternel et au pouvoir.

Rappelons une fois encore que la reconstitution des conditions de vie et de l'évolution sociétale de l'homme, depuis son origine à nos jours, se fait à partir de la mise en perspective d'un temps que nous pourrions qualifier de commode. Temps de la préhistoire : de l'origine de l'homme jusqu'à l'apparition des premiers documents écrits, soit presque toute l'ère quaternaire jusqu'à l'âge des métaux, c'est-à-dire environ 2000 ans av. J.C. ; ce qui revient à dire que toutes les entités culturelles à travers le monde (et elles sont nombreuses) qui n'ont pas accédé à l'écriture sont toujours des sociétés préhistoriques. Puis est venu celui de l'histoire, classé en quatre périodes : l'ancienne, jusqu'à la mort de Théodose en 395 ; le moyen âge, jusqu'à la prise de Constantinople par les Turcs en 1453 ; les temps modernes, jusqu'à la Révolution française en 1789 ; l'époque contemporaine, de 1789 à nos jours.

Tout aussi discutable que ces chronologies classificatrices est donc notre « *temps des créations* ». Mais il ne s'inscrit pas uniquement dans une temporalité historique, il tente de déceler, au-delà de la matérialité que l'homme de l'Antiquité nous lègue, une véritable intentionnalité humaine. Ce que j'appellerais, faute de mieux, « une finitude de l'intention ». Car plus ces œuvres sont grandiloquentes, plus grandiose est le rite qui invite à la prosternation et plus puissant en est le divin qu'elles prétendent incarner. L'homme antique ne nous transmet pas seulement la beauté de son art, mais la transposition de l'idée qu'il se fait du Puissant. Ici, la force de l'œuvre se joint à l'inéluctable traversée de la mort vers un éternel transcendant. Comment imaginer alors parvenir à une telle cohérence intentionnelle si l'incongruité du trépas n'avait pas appelé toutes les sociétés humaines à la ritualisation de la mort à travers la perte du chef de l'ordre et de ses assujettis pour se prémunir, pendant la vie terrestre, de la cruauté des dieux et pour se préparer, à travers une clémence consentie, à l'accueil de l'au-delà radieux ? Le chef a besoin de l'ordre pour l'accomplissement du rite, le rite a besoin du temple pour l'accomplissement du devin, le divin a besoin de la soumission du peuple pour son accomplissement, le peuple a besoin du chef et du temple pour l'accomplissement du divin. Quant à l'art monumental, il a besoin d'argent, de force et de créativité pour donner à voir à l'homme et au divin.

Lorsque l'on tente une histoire croisée de l'Antiquité, on est frappé par la similitude des intentions, autant que par la diversité des réalisations. Dans la Bretagne ancienne, vers 3000 ans av. J.C., une population venue de la péninsule ibérique a édifié le long de la côte ouest d'énormes mégalithes. En Mésopotamie, la période sumérienne, vers 3500 à 2000 ans av. J.C., se développe à partir de la prépondérance temporaire de cinq dynasties : Kish, Ourouk, Akkad, Lagash, Our, et fait place vers 2000 av. J.C. aux dynasties Amorrites, puis Kassites, vers 1500 av. J.C. Ces dynasties coexistent avec l'Égypte pharaonique, période thinite vers 3000 av. J.C., jusqu'à la dynastie décadente aux environs de 1200 av. J.C. Elles coexistent pour partie, en ce qui concerne l'Asie mineure, avec l'ancien et le nouvel empire hittite vers 2000 av. J.C. à 1200 av. J.C, mais aussi avec les civilisations de Mari et de Ras Shamra au Moyen-Orient, vers 2500 à 2000 av. J.C., ou avec celles d'Extrême-Orient, civilisation de l'Indus en particulier, vers 2500 av. J.C.

Qu'il s'agisse de la Bretagne ancienne avec les mégalithes de Stonehenge ou de la Mésopotamie avec les tombes d'Our, les stèles de Naram-Sin, les tours à étages, les statues de Goudéa, qu'il s'agisse des grandes statuaires et grandes pyramides, puis des tombeaux de la vallée des rois en Égypte, des tombes de Byblos au Moyen-Orient, des ruines de Mohenjo-Daro et Harappa en Extrême-Orient, qu'il s'agisse des ruines de la civilisation mycénienne ou égéenne, durant cette période plurimillénaire où l'homme s'adonne à l'art du grand et du beau, tout concourt au culte du chef et des dieux, tout est ordre, guerres, commerce : Tout est gloire.

Comme la période précédente, celle qui suit (environ 1200 av. J.C. jusqu'à l'apparition de la chrétienté : Assyrie, Perse achéménide, royaume de Nabatène, Égypte hellénistique, Grèce, Rome antique, Chine et Inde) inscrit son patrimoine architectural et culturel dans l'axe monumental d'un esprit humain déterminé et raffiné. D'Assourbanipal sur son char aux temples d'Héra, des temples doriques et ioniques d'Héraclite et Pythagore à ceux d'Olympie d'Eschyle, Sophocle, Euripide et tous les autres, en passant par les tombeaux de Pétra, les palais de Ninive, de Sargon II, de Persépolis, du Colisée de Rome au temple de Palmyre jusqu'à la grande statuaire de Chine ou les bouddhas géants de la vallée de Bamiyan, tout rappelle la domination de l'homme, tout s'élève à la puissance des dieux. Bien plus tardivement, vers 600 à 1400 ap. J.C. (sans doute à cause de l'influence du milieu géographique de la végétation amazonienne – aridité de la Pampa, etc., qui cloisonna les foyers culturels de la civilisation précolombienne), le gigantisme et la beauté des temples et des pyramides en ces contrées n'eurent rien à envier à la période Antique.

L'art monumental s'appuie sur l'ordre, mais aussi sur la guerre pour satisfaire son énorme besoin de main-d'œuvre et de financement. Bien que la guerre n'ait pas attendu « *le temps des créations* » pour commencer, la période qui nous occupe, profondément imprégnée par la mythologie, nous pousse à examiner ses formes, ses causes et ses effets, à la lumière de la polémologie. Selon Gaston Bouthoul, à qui l'on doit cette définition, l'idée de la guerre remonte aux mythologies qui lui accordent une place considérable et selon lesquelles il s'agit d'une activité honorable que les dieux pratiquent, encouragent et protègent. Dans l'Ancien Testament, Dieu apparaît souvent comme le « Dieu des armées ». Les Grecs la considèrent fréquemment comme faisant partie de l'ordre providentiel. Seule la philosophie chinoise ne semble pas s'être appliquée à en exalter les vertus. Si Hegel voit la guerre comme un mal nécessaire qui prendra fin avec la réalisation de l'« esprit absolu », si certaines théories sociologiques l'analysent comme un phénomène normal ou encore résultant de la cruauté instinctive de l'homme, il est plus sûr de l'attribuer au développement technique, marchand et à l'irrationalité de ces sociétés. Pour Marx, les classes dirigeantes détournent le peuple de la lutte des classes en lui suggérant des passions nationales ou religieuses qui s'expliquent par des antagonismes économiques. Si la guerre est essentiellement un phénomène collectif qui comporte aussi des éléments subjectifs, telles l'intention et l'organisation, elle demeure avant tout au service des idées et des intérêts du groupe dominant qui la conduit. Bien que soumise à des règles particulières selon les époques, elle est toujours sanglante, destructrice, aliénatrice et profondément condamnable. Elle suppose une accumulation préalable de moyens (et donc une technique et des armes adaptées), inscrivant sa trajectoire dans la volonté d'aliéner tous les autres à son projet déiste et marchand afin de hâter la réalisation de ses immenses créations architecturales.

Comme il a été souligné, l'art monumental n'est pas qu'architectural. Par son apologie onirique, il dépeint le monde des légendes et des mythologies. Il transcende la réalité en appendice du « Haut » : les dieux sont puissants, les rois et les empereurs sont forts et l'écrit pour le dire doit être grand et beau. C'est le temps des premiers textes connus, temps du théâtre et des grandes tragédies, temps des grands philosophes, des poètes, des historiens. Les courants littéraires majeurs et les pièces dramaturgiques trouvent leurs origines durant cette période. C'est aussi le temps des poètes légendaires : Orphée, Linos, Musée. Les aèdes parcourent les cités et les palais, dont l'un d'eux, Homère, doté de plus de génie, nous laisse *l'Iliade et l'Odyssée.* C'est la période attique des chants de Dionysos, des histoires d'Hérodote, de l'éloquence du sophiste Gorgias, et les grandes œuvres hellénistes et romaines, avec la poésie épique d'Apollonios de Rhodes, la dramaturgie de Lycophron de Chalcis et les grammairiens Zénodote d'Ephèse, Aristophane de Byzance et Aristarque. C'est aussi la naissance de la littérature latine, influencée par les Grecs et les Étrusques, du théâtre de Rome avec Naevius, des historiens célèbres comme Tite-Live et tant d'autres.

Il en va de même pour la civilisation de l'Indus avec la littérature védique, première étape de la littérature sanskrite avec les hymnes composés par des familles brahmanes et dédiés par elles à un dieu spécifique : Mitra, Varuna, Indra, etc. Puis, la grande période classique des littératures indiennes, patronnée par la dynastie Gupta (320 ap. J.C.) qui favorisa les belles lettres et joua un rôle important dans le développement hindouiste futur. Leur panthéisme, l'émotivité passionnée qui y déferle, eurent une influence fondamentale sur toutes les formes d'expression de l'art et préparèrent les grands poètes dramatiques entretenus à la cour des empereurs. Les œuvres épiques, lyriques et théâtrales de Kalidasa, sont là pour nous le rappeler. Les autres civilisations ne sont pas en reste : les hiéroglyphes, enfin déchiffrés par Champollion, qui nous livrent les épopées égyptiennes, et les manuscrits enluminés de la période précolombienne, sont d'une symbolique prégnante.

Pour comprendre la nature profonde du « *temps des créations* », on ne saurait occulter la dimension fondamentale des Jeux. Dans son livre : *Les jeux et les hommes*, Roger Caillois remarque fort justement que « *les règles sont inséparables du jeu sitôt que celui-ci acquiert (...) une existence institutionnelle. À partir de ce moment, elles font partie de sa nature. Ce sont elles qui le transforment en instrument de culture fécond et décisif.* » Celles-ci représentent selon Caillois les formes élémentaires de « *l'agôn* : *Tout groupe de jeux (...) comme compétition, c'est-à-dire comme un combat où l'égalité des chances est artificiellement créée pour que les antagonistes s'affrontent dans des conditions idéales, susceptibles de donner une valeur précise et incontestable au triomphe du vainqueur.* » Les jeux d'Olympe et les sacrifices, accompagnés de processions en Grèce, ou ceux des Arènes dans l'ancienne Rome, tout comme ceux des sociétés précolombiennes (jeux du vertige ou de la balle), structurent autant le groupe qu'ils ne le mortifient ou le ravissent. Mais ils ne se cantonnent pas uniquement à la dimension athlétique ou guerrière, ils poussent à abandonner la volonté, à travers l'*aléa*, à la dimension du destin ; ils corrompent. Tout jeu suppose, sinon l'illusion, du moins un univers clos, conventionnel, parfois fictif. Il ne conduit pas à déployer une activité, mais pousse à nous conduire en personnage illusoire : c'est la *mimicry* proposée par Caillois. L'*ilinx* étant une autre forme de jeu qui repose sur la poursuite et le vertige, elle consiste à détruire en un instant la stabilité de la perception et inflige à la conscience une sorte de panique voluptueuse.

Plus utile encore à connaître est la situation du commerce durant cette période. Chronologiquement, on imagine que le troc des temps préhistoriques précède le commerce de l'Antiquité, alors qu'au Néolithique l'économie villageoise de production a laissé des traces sur de grandes distances et que des stocks de lames brutes de silex suggèrent la présence d'un réseau commercial. À l'époque de l'économie familiale, le commerce se limite plutôt à l'échange de quelques produits rares : sel, métaux, et parfois tissus, qui complètent l'agriculture et l'élevage de subsistance. Avec l'économie urbaine apparaissaient les marchés où l'on vient vendre l'excédent. L'artisan se spécialise dans les métiers de charpentier, forgeron, corroyeur etc. ; il vend ce qu'il fabrique ; c'est un artisan commerçant. En Orient, s'organisent les souks, alors que la Grèce et Rome ordonnent leur marché autour de grandes places rectangulaires. Pour satisfaire leurs grandes ambitions architecturales et organisatrices, les empires et les royaumes ont besoin d'importer les produits qui leur font défaut. Les Crétois ravitaillent l'Égypte en bois du Liban, en vin, en huile, en parfums ; ils transportent le cuivre de Chypre et l'étain des Cassitérides. Les Phéniciens multiplient les comptoirs en Méditerranée orientale. Athènes exporte des armes et des vases et importe du blé de la Thrace, du papyrus de l'Égypte, des bronzes d'Étrurie. Des aires commerciales se rejoignent et se fondent ; on utilise la monnaie, et « les services » qu'offrent les banques aujourd'hui sont déjà connus des Romains. Le commerce à grande distance de l'Occident vers l'Asie, déficitaire, est rééquilibré par des exportations de métaux précieux. Même si le transport par route se heurte à des difficultés (on ignore l'art du ferrage des chevaux) et le cabotage demeure limité, la masse des échanges marchands est considérable et structure la volonté de puissance et domination des civilisations du « *temps des créations* ».

Mais n'oublions pas le peuple. Car il fut la véritable cheville ouvrière sans laquelle aucune création n'aurait pu voir le jour. Si l'on sait, depuis la découverte de cités ouvrières structurées à proximité des pyramides, que les Pharaons tenaient en grande estime leurs constructeurs, ou que le Roi Darios rémunéra les ouvriers attachés à la construction de Persépolis, peu de choses nous sont connues de la vie générale des peuples *du temps des créations.* Tout ce que l'on peut en dire, c'est qu'ils étaient soumis à l'ordre établi. Néanmoins, leurs fréquentes révoltes, souvent réprimées dans le sang, sont là pour montrer la dureté de leurs conditions de travail et la précarité de leur espérance de vie. Quant à la civilisation Hindou, la division en castes faisait des intouchables de véritables parias, alors que dans les civilisations précolombiennes, seul le peuple martial, c'est-à-dire militaire, était vraiment considéré.

L'esclavage est encore moins enviable. Il s'attache irrémédiablement à la civilisation des hommes comme une marque indélébile. Quasiment général, il se distingue de la période primitive. Il tue l'étranger comme l'ennemi et institutionnalise le statut héréditaire de l'être privé de liberté. La guerre fut la grande pourvoyeuse d'esclaves. Les vaincus étaient à l'entière merci des vainqueurs. Néanmoins, les premiers esclaves furent d'abord les non-combattants : vieillards, femmes et enfants. Ils bénéficiaient le plus souvent de la grâce tout en demeurant sous la dépendance totale du nouveau maître. Pour les civilisations antiques, l'esclave, c'est l'étranger, l'infidèle, et plus que tout autre le Noir évoluant dans des sociétés tribales techniquement moins avancées. L'esclave est donc originellement un mort en sursis ou un butin, qui alimente un marché florissant dans lequel, soumis au maître, il fut bien souvent le producteur et la monnaie.

Mais qu'en allait-il de la femme ? Pour Engels, dans son livre : *L'origine de la famille, de la propriété privée et de l'État*, le premier conflit entre les sexes a lieu lors du passage de l'état sauvage à l'état civilisé. Inconnu jusqu'alors dans toute la préhistoire, ce dernier coïncide avec le développement de la monogamie, dont l'auteur fait une critique radicale. Le premier antagonisme de classe résulterait donc de l'oppression du sexe féminin par le sexe masculin. Penser la situation de la femme dans l'Antiquité, c'est aussi se confronter au problème de l'altérité. Or, l'homme, le mâle civilisé, a abandonné son *égale différence* sur l'autel de ses échanges marchands et à l'aune de ses guerrières épopées. La femme est devenue son bien affectif et sexuel autant que sa reproductive identité : l'homme veut un fils pour lui succéder. Certes, son degré de dépendance ou de soumission est différent selon qu'elle est esclave ou libre, épouse légitime ou concubine, et confrontée ou pas à la polygamie. Et bien que la femme libre de la dynastie aztèque paraisse d'un rang plus élevé que celle des autres civilisations, puisque c'est par les femmes que se transmettent le sang et l'hérédité dynastiques, globalement, leur statut inférieur par rapport à l'homme est de même nature.

Le temps des annonciations est marqué par quatre évènements majeurs qui préfigurent la rupture à venir : le temple de Salomon, la naissance du bouddhisme, les doctrines de Lao-tseu et de Confucius et la naissance de la chrétienté. Le temps des déités fait place au temps des religions révélées. Quelques siècles plus tard, l'islam viendra compléter l'avènement. La mutation annoncée est sans doute le fruit d'une lente gestation. La plupart des rituels du judaïsme et du christianisme furent empruntés aux civilisations minoennes et hellénistes, tout comme le rituel bouddhiste emprunta au brahmanisme et au chamanisme.

Ce terme « rituel », nous l'avons déjà souligné, désigne un ensemble de comportements très standardisés et extrêmement répétitifs, incluant tous les préceptes communs des cérémonies profanes ou sacrées : petits ou grands gestes récurrents qui deviennent obligatoires, même pour un seul individu, renforçant le sentiment d'appartenance au groupe social. De même que les divinités apparaissent très anciennes, il est étonnant de découvrir que certaines, issues des peuples indo-européens, indiens, germaniques, grecs, voire romains, bien que portant des noms différents, se correspondent. Certes, ces civilisations guerroient pour établir, préserver ou élargir leur empire ; certes, leurs armées souvent formées d'esclaves ou d'ouvriers (qui constituaient le petit peuple « libre ») payent un lourd tribut aux royaumes des chefs, mais la soif de gloire qui les opposent n'a d'égal que la valeur des trésors qui les rassasient. Et bien que les divinités protectrices accompagnent les guerriers, ce n'est pas en leur nom que se battent leurs chefs. Pour l'illustrer, il n'est qu'à évoquer la dynastie achéménide ou les civilisations précolombiennes qui acceptent que les vaincus conservent leurs dieux et leurs coutumes.

L'affrontement s'appuie sur le rituel et le mythe, mais le fondement concret de sa motivation est d'ordre territorial, subordonné et marchand. Avec l'apparition progressive du mysticisme annonciateur : Moïse, Bouddha, Jésus, puis plus tard Mahomet, les rapports de l'homme à l'éternel changent et ouvrent la voie à la recomposition des Empires et des États. L'ordre religieux devient par nécessité plus conquérant et supplante parfois l'ordre du chef et de l'argent. Toutefois, la naissance de la religion révélée ne saurait occulter la philosophie humaniste, certes encore en développement, mais tout aussi décisive, qui traverse ce temps ; c'est cette nécessité interrogative de la pensée qui nourrira l'athéisme. À sa suite, la vie sociale s'organise sur des bases nouvelles et voit la naissance de la démocratie politique dans la Grèce Antique, même s'il s'agit d'une citoyenneté sous tutelle réservée à une élite. Se développe également l'esprit scientifique et l'idée se fait jour, selon Héraclite, de l'unité du monde maintenue par *Dikê* (la Justice) de toutes les choses soumises à un perpétuel changement, qui aboutira plus tard à la théorie du mouvement universel. Face à la rationalité naissante, sur laquelle nous reviendrons, Platon affirmera alors la nécessité de soumettre la pensée à une exigence de vérité inscrite dans l'ordre même du discours, ouvrant la voie au concept de *logos* : la parole est alors plus simple à dire, puisqu'elle manifeste, à travers ce qu'elle dit, un ordre et une organisation.

Ainsi, la naissance des religions annonciatrices, tout en traversant une époque contradictoire, révèle une rupture ou une mutation par rapport aux concomitantes entités divinatoires préexistant depuis la nuit des temps. Alors en quoi se différencient-elles du fait religieux originel ? Certains sociologues adoptent le terme de *viabilisation* du sacré pour définir ce phénomène, c'est-à-dire l'ensemble des procédures doctrinales, culturelles et organisationnelles par lesquelles on assure ses voies d'aller et ses voies de retour à l'expérience du sacré. D'autres suggèrent ceux *d'administration* ou *routinisation*, qui impliqueraient une nuance péjorative. Quoi qu'il en soit, nous pouvons distinguer les *religions de la nature,* qui accompagnent rituellement les diverses conduites de la vie, de l'amour, de la mort, justement nommées : « rites de passage ». Les *religions de la cité*, consécutives à la religion d'une fédération, d'un État ou d'un Empire (comme celles introduites dans l'Antiquité gréco-romaine par les cultes à mystères), tendent alors à dédoubler une religion dominante en y distinguant une religion des dominateurs, qui peut être refusée, et une religion des dominés, qui peut être acceptée, celle-ci épousant alors la conscience nationale et ses fondements culturels. Les *religions de l'univers* répondent à l'hypothèse d'une société humaine universelle : bouddhisme, christianisme, islam, avec la particularité du judaïsme qui se confond avec celui du peuple élu de Dieu.

Deux éléments fondamentaux caractérisent la mutation que le terme « *religions de l'univers* » ne peut à lui seul expliquer. Le premier concerne l'identification de Dieu ou de l'Esprit par son intercesseur désigné : Moïse, Bouddha, Jésus, Mahomet. Le deuxième réduit la spiritualité au seul dogme révélé par l'intercesseur. Non seulement l'Éternel devient entité unique et universelle, mais sa parole révélée ne peut s'interpréter qu'à partir de celle du prophète.

Bien que nous soyons tentés de percevoir une tendance réductrice comparée au foisonnement de l'ensemble des religions divinatoires plus anciennes, cette globalisation exprime cependant une réelle évolution du rapport de l'homme à la spiritualité. En focalisant sa foi sur un seul Dieu ou un seul Esprit, l'homme progresse dans sa quête de la connaissance spirituelle sans imaginer les conséquences de cette nouvelle idolâtrie sur les autres croyances : les schismes que ne manqueront pas d'engendrer ce nouveau dogmatisme et la marginalisation de tous ceux que rien ne prédispose à y adhérer. Le phénomène religieux universel atteste de son caractère humain et de sa dynamique sociale. Il distingue autant la société qui le fonde que les individus le fabriquant. Par sa fonction ordonnatrice, il centrifuge l'intégration sociale, il porte la société vers un tout : chaque groupe, chaque individu, qui entre en religion, devient acteur de cette histoire universelle. Mais il créait également, par sa diversité d'interdits, une régression conceptuelle qui empêche l'adepte d'explorer le sens concret de toute les dimensions de la vie. Gardien de l'ordre établi, « *opium du peuple* » pour Marx, ou inversement clef de voûte d'une cohésion sociale et d'un « *point oméga de l'avenir humain* » pour d'autres, le phénomène religieux intègre l'homme à la société ou le désintègre. Qu'il favorise la soumission ou fomente la révolte (voire la révolution), qu'il s'intériorise ou s'extériorise, il connaîtra essors et déclins jusqu'à ce qu'une nouvelle mutation culturelle balayant millénarismes et messianismes ouvre grandes les portes à une nouvelle utopie.

Tant que les civilisations divinatoires adhéraient à l'irrationnel par le biais de la mythologie, tout demeurait ouvert, et il est fort probable que la dimension foisonnante des dieux eût moins fortement pesé face au développement des sciences que la religion révélée. Mais, paradoxalement, c'est aussi en partie grâce à l'âpreté du combat contre l'obscurantisme religieux que va pouvoir se déployer le courant rationaliste incarné plus tard par les Lumières. La religion universelle ne fait qu'un avec l'esprit dogmatique. Par conséquent, elle ne pouvait déboucher sur autre chose que la pratique de l'autorité. C'est sans doute pour cela qu'elle ne remet pas en cause les paradigmes existants de l'État, de L'Empire et de la Royauté. Sans aller jusqu'à dire que la religion universelle fut pensée comme pérennisation des pouvoirs en place, force et de constater qu'elle n'en deviendra pas moins dans l'histoire leur allié objectif. Aucun des prophètes, personnages réels comme Mahomet, ou supposés tels, comme Moïse, Jésus ou Bouddha, n'a remis en cause le marchandisage du monde. Même si dans les évangiles Jésus chasse les marchands du temple et loue le Père d'avoir révélé son règne aux tout-petits. En commandant l'obéissance aux autorités constituées, il accepte le pouvoir et le commerce comme fondement de toute société, même s'il rajoute : « *Ne vous réglez pas sur leurs actions.* »

Les trois religions monothéistes et le bouddhisme ne remettent pas en cause l'argent et ses présupposés, pas plus qu'ils ne sanctionnent l'ordre établi ou (bouddhisme un peu à part) ne désapprouvent l'acte de guerre quand il est « nécessaire ». Moïse et son peuple guerroient avec les rois des Amorrites et des Moabites pour traverser leur territoire et Mahomet pense que les musulmans peuvent et doivent utiliser la force quand c'est possible car l'islam est réaliste. Pour le judaïsme, la guerre peut même devenir « guerre sainte qui purifie définitivement le peuple élu pour la fin des temps ». Les religions universelles ouvrent aussi la voie à l'idée de punition si la transgression de L'Esprit divin est avérée. La mauvaise conscience morale devient alors si difficile à supporter pour le croyant que l'on devra user de subterfuge pour se procurer une sorte de « *certificat d'innocence* ». C'est le sens du péché.

L'art divinatoire prédisait simplement l'avenir, les religions universelles annoncent ostensiblement le royaume de Dieu ou l'Esprit des illuminations. Refusant de s'ouvrir au désaccord et à la différence, leurs adeptes eurent du mal à accepter que l'autre ait la liberté de penser autrement. Mais, avec la culture et les savoirs en marche, allait commencer un nouveau temps.

Le temps des objections s'oppose aux affirmations et aux dogmes en cours et correspond bien à la présente étape de notre chronologie intentionnelle. En dehors du temps « commode », qui tente de fixer une historicité, notre temporalité déploie son devenir dans et à partir de ce qui précède. Si bien que ce que l'on décrit comme une mutation, n'est qu'une volonté de transmission de toute une série de changements, que les acteurs de ce temps n'ont pas la possibilité de percevoir comme éléments majeurs de leur propre devenir. Ainsi en va-t-il de toute l'histoire de l'humanité. Si nous pouvions percevoir à travers les contemporanéités du présent les subtilités profondes de nos transformations, alors nous décèlerions dès aujourd'hui ce qui changera dans nos présupposés et nos actions demain. Comme nous l'avons précédemment souligné, alors que les religions révélées annonçaient les schismes religieux, l'émergence de la pensée logique invitait à la rationalité. Leur chemin faussement parallèle ne les prédisposait pas forcément à l'antagonisme. Le classicisme helléniste a nourri tout autant la chrétienté que les Lumières, tout comme le védisme a ouvert la voie aux paroles du Bouddha et de Confucius. Dans ces temps, l'esprit des contraires a trouvé son chemin dans le développement historique des peuples, bien que leurs oppositions n'eussent pas pour objectif la remise en cause des barrières, apparemment infranchissables, qui font encore obstacle à l'éclosion de sociétés différentes utiles à tous.

Le grand schisme d'Occident divisa l'Église de 1378 à 1417, période durant laquelle il y eut plusieurs papes à la fois, alors que le schisme d'Orient avait déjà séparé l'Église catholique romaine et les Églises de la « communion orthodoxe » depuis les positions doctrinales du patriarcat œcuménique de Constantinople en 1054. L'islam ne fut pas en reste, et des schismes apparurent en son sein dès les premières années. Le bouddhisme connut des divisions tout aussi douloureuses : l'hinayana originel (Petit Véhicule) est réformé en mahayana (Grand Véhicule), puis le tantrisme prend forme au VIe siècle de notre ère avec un ensemble de textes, les *tantras,* qui se distinguent par ses méthodes propres à la réalisation des rapports entre l'homme et l'univers. L'expansion du bouddhisme indien à Ceylan vers 250 av. J.C, et en Chine au début de notre ère, par la route du Turkestan, puis en Corée et en Asie du Sud-Est vers 372, au Japon au VIe siècle et au VIIe siècle au Tibet, subit parallèlement un déclin dans sa patrie d'origine, l'Inde.

Mais pour en revenir à l'esprit de raison, les premiers philosophes, environ six cents ans av. J.C., ont tenté de comprendre le monde sans faire appel à la religion, à la révélation ou à la tradition. Ils constituent le fondement de ce que l'on appelle aujourd'hui la « pensée rationnelle ». Depuis le fameux « *De quoi sont faites les choses ?* » de Thalès au « *Tout s'écoule* » d'Héraclite, ou encore le « *Chacun ne se fie qu'à son expérience* » d'Empédocle, nombreux furent les contradicteurs de ces temps qui, bien longtemps après Socrate, maître de l'interrogation : « *Si tu veux suivre mon avis tu feras peu de cas de Socrate et beaucoup de la vérité* », ont approfondi ou pourfendu l'œuvre inachevée. Pétri de philosophie grecque, Saint Jean fut le premier à relier le « *Tout devient rien n'est* » de Platon, ou encore « *L'âme est multiple, elle est tout, et ce qui est en haut et ce qui est en bas jusqu'à contenir toute vie* » de Plotin, à la tradition judéo-chrétienne. Comme quoi il y eut tout au bout de la lignée qui commença avec Thalès et s'acheva avec Platon de quoi concilier la sagesse et le mythe. Il faudra attendre Aristote et son fameux « *J'aime Platon mais j'aime encore plus la vérité* » pour voir se développer une philosophie qui part de l'observation et de l'expérience plutôt que de la pensée abstraite. Peut-être est-ce à partir de son fameux « *Tous les hommes par nature désirent savoir* » qu'Aristote ouvre un véritable schisme dans la pensée des détenteurs du culte de l'ordre, du commerce et de la piété.

Comprendre les raisons des forces d'objection qui traversèrent l'histoire pendant un temps quasi aussi long que celui qui vit naître les annonciations, c'est repérer du même coup la volonté d'affranchissement des pesanteurs historiques qui fondent l'héritage conscient des sacro-saintes civilisations. Mais nous verrons aussi que ce temps porte en lui de nombreuses contradictions. Dressant entre elles des barrières apparemment infranchissables, les religions universelles, fortes de leur souveraineté, ont tenté d'imposer leur loi bien au-delà des limites géographiques configurant leur matrice impériale. Et même si l'effondrement de l'empire romain fait éclater le continent européen en nations, des tentatives de reconstruction d'empires jalonneront l'histoire de l'après. À ce stade, l'objection n'est donc pas à rechercher dans la configuration géographique favorable aux grands flux migratoires des peuples venus du fond de la Germanie, les Vandales arrêtés par l'aridité du Sahara, ou dans l'autre sens, les cavaliers ommeyades passant Gibraltar et remontant l'Espagne pour venir se heurter à Poitiers aux guerriers de Charles Martel, ou encore les Vikings découvrant le Groenland et le Labrador grâce à leurs drakkars – car ce ne sont sommes toutes que des conquêtes de territoires –, mais dans l'espace commun que créaient ces zones d'échanges plus ou moins propices à l'émergence de communauté d'intérêt ayant pour fondement le commerce, la langue, la culture et la religion. Ainsi se constitue le phénomène national déjà en germe dans l'empire romain, tout en masquant les volontés hégémoniques des nouveaux rois, toujours tentés par la reconstitution de superstructures impériales (quel prince d'Europe ou d'Orient n'a pas rêvé un jour de devenir César ?). Les schismes religieux sont la conséquence de ces morcellements, même si la papauté (pouvoir suprême par excellence), à l'essor chaotique depuis Saint Pierre, avait pour but de les éviter. Malgré sa puissance, le pouvoir temporel du pape a montré sa limite et ce sont bien les rapports de pouvoir et d'argent qui, au cours de l'histoire des nations, l'ont toujours emporté.

Depuis des millénaires, des communautés de mémoire fondées sur l'espace géographique, la langue, et plus tard l'écriture, ont élaboré des rituels, des pratiques politiques et économiques façonnant leurs traditions et leurs mœurs. Mises à part certaines peuplades évoluant dans des biotopes naturels relativement isolés, toutes les autres ont construit leur développement sur ce que j'appellerais des conceptualités : *chef, rituel, devin, argent*. Ces paradigmes inventés n'existaient pas intrinsèquement dans la nature humaine ; sans doute est-ce pour cela qu'ils ont été rattachés à la « civilisation ». Ils n'entamèrent en rien les différenciations construites par des regroupements objectifs liés à la nécessité fondamentale de subsister. Fortement dépendante elle-même des capacités humaines à maîtriser ou non la pression du milieu naturel, cette nécessité de subsistance a autant favorisé l'échange, c'est-à-dire la mise en commun des expériences de l'ensemble des groupes humains constitués, qu'elle n'a provoqué leur dislocation.

Plus la maîtrise des éléments naturels s'accroissait, plus les nécessités vitales cédaient le pas – par la possibilité d'accumulation des biens – à la volonté d'accaparement. Cette dialectique infernale, qui se poursuit encore de nos jours, prit un tour plus singulier lorsque vint *le temps des annonciations*. La progression de l'humanité vers le salut, tel que la concevaient les religions, accomplissait la réalisation sur terre de la Cité de Dieu. Voilà pourquoi leur désir de pouvoir et d'accaparement coïncidait avec celui des cieux. Mais la réalité historique ne se laissa pas facilement enfermer dans ces dogmes. Et pendant que l'Église élevait au rang des hiérarchies surnaturelles les futurs souverains, se creusait le monde des objections et de l'émiettement du pouvoir, car concrètement les peuples souffraient et les savoirs rationnels grandissaient.

Dieu patron et bon-papa révélé par les prophètes avait besoin de temporalité. Avant, le roi incarnait les dieux, à présent Dieu incarne le Roi. La patrologie des théologiens créa la formule « *Père de l'Église* » et passa très vite du droit canon au droit du patronage qui se poursuivra bien plus tard sous la forme nouvelle du patronage social. Redoutant les troubles qui marquent la fin des empires mérovingiens et carolingiens, nombreux sont les petits propriétaires qui cherchent la protection d'un homme puissant dans la continuité de la tradition romaine ou germaine du patronage. Ainsi s'instaure progressivement un monde féodal qui fonde ses liens de dépendance sur les « ruines de l'État » que certains souverains s'empresseront de reconnaître, tout en s'abstenant d'actes hostiles envers ces nouveaux vassaux, à condition qu'ils leur prêtent serment de fidélité. Au-delà de l'acte symbolique d'inféodation, qui consiste au transfert d'un bien ou d'un droit d'un seigneur à son vassal, la féodalité engendra des transformations culturelles et sociales que le passage de l'hérédité à l'aliénabilité du fief ne peut à lui seul expliquer. À l'intérieur de ce cadre apparemment rigide, l'essor des nouvelles structures sociales, caractéristiques du monde seigneurial, va faire émerger une hiérarchisation des titres et des fonctions, qui constituera plus tard la noblesse insérée à nouveau dans des liens de dépendance plus étroits avec la royauté.

Cependant, face aux fantômes de la routine, s'élevaient des « cultes » plus « radicaux » encore contre l'ignorance et la superstition : ceux de la science et de la raison. Ni Luther ni Calvin ne furent en mesure d'en contenir le flot malgré leur virulente condamnation (aux côtés des Églises) des travaux de Copernic : « *Cet insensé cherche à renverser la science astronomique tout entière ; or les saintes écritures nous disent que Josué commanda au Soleil, non à la terre, d'arrêter sa course* », s'éleva Luther, et Calvin de renchérir : « *Qui se hasardera à placer l'autorité de Copernic au-dessus de celle du Saint-Esprit ?* » Peut-être simplement l'évidence de l'observation scientifique, puisque Guillaume d'Ockham nous invite dès le XIVe siècle à regarder les choses telles qu'elles sont. On trouve aussi durant cette période les fondements de profonds changements sociétaux brillamment portés par une kyrielle de savants et de penseurs, mues par le mouvement de l'histoire. De l'Europe du Nord à l'Europe centrale et orientale, la liste de ces nouveaux préceptes est bien longue. Ce qui carac-térise sans doute la science moderne, c'est cette volonté de vérification de la théorie par une confrontation directe de la réalité au moyen de l'observation et de la mesure, c'est ce besoin de sortir la théorie du moule trop étroit de la discussion et de l'argumentation. Ptolémée plaçait déjà la terre au centre de l'univers, mais peu à peu cette théorie fut remplacée par l'héliocentrisme que Copernic ne publia qu'à la fin de sa vie craignant les foudres de l'Église. Kepler, qui étudia la théologie avant de s'intéresser à l'astronomie, établit l'orbite elliptique des planètes. Et le géant de Pise, Galilée, père de la science moderne, fut jugé pour hérésie par l'Inquisition en 1632, confondu d'avoir affirmé que la terre est en rotation sur son axe et que, d'autre part, elle tourne autour du soleil. Sa fameuse apostrophe « *Et pourtant elle tourne* » retentit encore comme un cri de la science face à l'obscurantisme. La théorie du mouvement et de l'attraction universelle, publiée en 1704 par Newton, permettra d'expliquer qu'une force gravitationnelle maintient le mouvement orbital des planètes autour du soleil. Bien que son mécanisme d'horlogerie de l'Univers soit bientôt détrôné par la relativité restreinte d'Einstein, cette vision du monde va transformer les formes de la pensée traditionnelle. Premier matérialiste moderne, Hobbes avança l'idée qu'on peut tout expliquer en termes de matière et de mouvement, alors que Descartes, un des plus grands de son temps, mathématicien de génie, découvre qu'il avait reçu dès ses premières années *« (...) quantité de fausses opinions pour véritables.* » Par son application de l'algèbre à la géométrie, son *Discours de la méthode* en (1637) ouvre la voie au rationalisme qui influença de nombreux philosophes dont Spinoza, Leibniz et Kant.

L'étendue de la pensée humaine ne porte pas aux mêmes entendements selon que l'on se nomme Locke, Berkeley, Hume, Burke ou futurs penseurs des Lumières. Ceux que l'on nomma les « empiristes » n'étaient somme toute que des réactionnaires. Le fait que leurs principes dominèrent largement la philosophie du monde anglophone éclaire à plus d'un titre le débat que suscite encore le libéralisme aujourd'hui. Libéral suprême, Locke (1667) estime que : « *Ce qui nous donne le droit à la propriété est avant tout l'effort qu'on y a consacré, puis à partir de là, notre liberté de faire ce que bon nous semble avec ce qui nous appartient.* » Il a contribué plus que tout autre à établir les fondements de la « démocratie » libérale. En ce sens, on peut dire qu'il est le principal inspirateur de la Constitution des États-Unis.

États-unien irlandais, Berkeley (1710) pense que nous ne pouvons appréhender directement que le contenu de notre propre conscience, tout en affirmant que l'existence de ce contenu mental est causée par des choses d'une nature fondamentalement différente auxquelles nous n'accéderons jamais : les objets matériels. Sceptique et modéré, Hume, pense que « *l'habitude est le grand guide de la vie humaine* » alors que « *la raison est l'esclave de la passion.* » Il faudra attendre le théoricien et politicien anglais, Burke (1765), pour que s'exprime le conservatisme intégral.

Au XVIIIe siècle, les nouveaux modes de pensée, fondés sur la science de Newton et la philosophie de Locke, furent largement diffusés, mais une nouvelle classe d'intellectuels, libres en religion et exigeants en politique, voit le jour. Sous la plume de Voltaire et de Diderot, les dogmes de l'Église et de l'État sont sapés à la base, et s'élabore, sous leur impulsion, un radicalisme révolutionnaire encore actif à notre époque. Étudiant à « *la lumière de la raison* » l'esprit de la nouvelle science et de la philosophie libérale, Voltaire découvre l'effet destructeur d'une Église catholique despotique et d'un État corrompu. Bien qu'à l'instar de Locke, il pense qu'un changement sans violence est possible, il sera considéré quasi unanimement comme « le parrain » de la libre pensée révolutionnaire. Diderot, philosophe, auteur politique et génie universel, terminera sa vie avec cette apostrophe : « *le premier pas vers la philosophie, c'est l'incrédulité.* » Son but principal fut de « *changer la façon commune de penser* » et à plus d'un titre, il y réussit. La rédaction de l'Encyclopédie, qu'il dirigea, eut un retentissement international incommensurable. Avec Rousseau s'ouvre l'idée de l'exigence du sentiment et de l'égalité : *« Il n'y a point de perversité originelle dans le cœur humain. »* Son postulat étant que l'homme était né bon, mais que le fait de vivre en société le corrompait, et qu'engagé dans un processus de civilisation, il ne pouvait plus revenir à l'état primitif ; c'est en quelque sorte en changeant la civilisation que son instinct naturel reviendrait. Son fameux « *Liberté Égalité Fraternité* » marquera pour bien longtemps l'esprit de la Révolution à venir. Avec la philosophie allemande du XVIIIe siècle s'ouvre l'ère de la métaphysique. Kant pense que la loi morale suppose la liberté, l'immortalité et l'existence de Dieu : « *Du bois tordu de l'humanité, rien de droit ne peut jamais être façonné* », alors que le jeune poète Schiller s'attache à la liberté de l'âme comme moyen de s'élever au-dessus de la condition mortelle.

Le temps des objections ne se limite pas à l'Occident, et bien que l'histoire des civilisations soit interactive, il était difficile de traiter concomitamment Orient et Occident. De la division de l'Empire Gupta en Inde en 470 jusqu'aux massacres des Gengiskhanides par les Eleutes en 1452, il n'est pas aisé de relier ce temps aux « objections ». Mais, si l'on intègre le schisme majeur que représente l'introduction du bouddhisme réformé au Japon et au Tibet entre 552 et 630, alors nous trouvons des similitudes. Il est vrai aussi qu'*a contrario* de l'Europe, en Inde, et dans une certaine mesure au Japon, nous assistons à la centralisation d'un grand nombre de petits États locaux. Les T'ang en 623 achèvent de reconstituer l'unité chinoise, le premier Empereur Khmer advient en 877 et l'Empire ottoman s'empare de Constantinople en 1453. Famines, guerres, complots, soumission des femmes et des enfants, ont émaillé ces temps et, malgré les apparences, convergentes sont bien les deux traditions dominantes de l'Occident et de l'Orient. Certes, les grandes religions, tels l'hindouisme et le bouddhisme, ne présentent pas de manière aussi marquée que le christianisme, fondé sur l'histoire, une croyance selon laquelle certaines choses se sont réellement passées. Elles aussi racontent leur épopée à partir de la vie de leur fondateur, mais pour ce qui les concerne, la vérité tient plus dans les doctrines philosophiques de la religion que dans la vérité de l'histoire qui les a portées. Même si Dieu n'est pas nommé, il est sous-tendu dans la philosophie hindoue : « *Il est ineffable et au-delà de la pensée... il ne peut être connu qu'en devenant lui* » et y compris dans la philosophie du Bouddha : « *Heureux qui a surmonté son « soi » (...) qui a atteint la paix (...) qui a trouvé la vérité* » ; Érigène Scot ne parle-t-il pas lui aussi de la « *divine connaissance de soi* » ? Toutes les religions convergent vers cet universalisme qui donne à croire « à l'illumination ou à l'au-delà ». Que l'on dise comme la Bhagvad Gîtâ : « *En vérité pour qui est né, la mort est certaine et certaine la renaissance pour qui est mort* », ou que l'on croit à « *la résurrection des morts* » de Jésus, la ritualisation de la mort, dont nous avons déjà parlé, prend en quelque sorte ici « une forme achevée ». Quant au Nouveau Monde, sa conquête eut pour corollaire le massacre des populations autochtones. Si les colons américains exterminent la quasi-totalité des tribus amérindiennes et parquent les survivants dans ces mouroirs à culture, qu'ils nommeront « réserves », les colonisateurs australiens « plus subtils » déclarent l'Australie terre inhabitée. À leurs yeux, la population indigène n'existait pas. Nous savons aujourd'hui que les Aborigènes australiens étaient environ 400 000 à l'arrivée des colons en 1788 et qu'en Tasmanie plusieurs milliers furent exterminés. Il faudra attendre 1967 pour que les Aborigènes aient droit à la simple citoyenneté australienne alors qu'ils peuplaient ce continent depuis plus de 50 000 ans.

La colonisation eut aussi pour corollaire la réhabilitation de l'esclavagisme le plus sordide. Certes, l'esclavage n'est pas seulement l'apanage de ce temps. Nous avons déjà vu que la qualité d'esclave s'attache à l'homme comme une marque indélébile de la civilisation. Dès lors, l'esclavagisme noir s'érige en système et donne lieu à de véritables razzias, alimentant un abominable marché négrier. C'est sous l'influence de l'évêque Las Casas que Charles-Quint accorde la première concession de *traite* des noirs en 1516. La traite des nègres, ce contrat infâme où « *l'un marchande ce qui n'appartient à personne et l'autre vend la propriété de la nature* », cet acte criminel doublé de racisme, est bien, avec les autres génocides de l'histoire, le crime suprême contre l'humanité. L'esclavage et la traite concernèrent près de quarante millions de personnes à travers le monde et firent plusieurs millions de morts. Les conquérants de l'Amérique centrale et l'Amérique du Sud, *a contrario* de la traite négrière, et alors qu'ils en massacrèrent un grand nombre, n'ont pas entrepris de réduire à l'esclavage les Indiens, même si ces derniers furent *de facto* asservis. Ces explorations spoliatrices eurent des conséquences terribles, non seulement pour les peuples qui vivaient depuis fort longtemps sur ces terres et qui avaient construit leur propre organisation, mais aussi sur l'ensemble du monde prétendument civilisé qui les avait annexés. L'histoire n'a pas encore fait le tour du génocide de ces peuples au nom de la civilisation « du bon droit et de la pacification » et il demeure comme une plaie ouverte au solde des États colonisateurs.

Le temps des objections n'avance pas au même rythme selon qu'on se trouve en Europe du Nord ou au fin fond de la Mandchourie. Et, indépendamment du rythme civilisationnel, il semble bien que pour qu'un mouvement évolutif se crée, objecter à l'ordre établi demeure la première nécessité. Certes, objecter ne signifie pas révolutionner, pour que l'idée de transformation s'inscrive durablement dans la conscience des peuples, il faudra encore de longues années de maturation ; plusieurs siècles parfois ont été nécessaires. Le désir profond d'Aristote de connaître le monde à partir de l'observation et de l'expérience a dû macérer longtemps avant de libérer les sucs propices à l'objection des dogmes « immuables » qu'imposèrent bien plus tard les détenteurs des « vérités révélées ». Et il fallut plus de temps encore pour qu'à partir des présupposés de la science moderne s'introduisent les nouveaux développements de la pensée rationnelle établissant les ferments révolutionnaires d'une histoire portée par le peuple.

Le temps des révolutions. Si l'on en croit les historiens, les « révolutions » ont jalonné l'histoire depuis qu'existent des peuples « civilisés ». Alors comment se fait-il que quelques-unes seulement nous viennent immédiatement à l'esprit ? C'est sans doute parce que les autres n'étaient que des révolutions de palais. Mais, comme nous le verrons plus loin, elles n'affectent pas uniquement l'ordre économique, social ou moral d'une société, elles touchent aussi les idées, les mœurs, les arts et le fond culturel. Du point de vue sociologique, l'origine et le sens des révolutions peuvent être regroupés en trois catégories. *L'arbitraire des valeurs* : il concerne la hiérarchie adoptée par une société quelle qu'elle soit : guerrière, religieuse, politique ou économique ; cette hiérarchie serait instable et mise à mal par la prééminence d'une valeur portée par le mouvement de résistance des autres. *L'arbitraire des institutions* : il touche aux normes qui règlent les rapports politiques et économiques entre les groupes ; ces règles décident aussi des modalités de conjonction entre les sexes, la façon d'élever les enfants, de s'habiller, etc. *Les contraintes de la rareté* : c'est-à-dire les trois biens les plus désirables des hommes qui sont rares par nature et doivent être partagés : les richesses, le pouvoir et le prestige. Pour reprendre une analyse encyclopédique, il va sans dire que si les raisons de changer la condition humaine n'existaient pas, il n'y aurait pas de révolution *: « En effet, si étaient possibles une seule hiérarchie de valeurs, une seule manière d'instituer, un seul partage (ou si l'abondance était instaurée, ce qui reviendrait au même), il est évident qu'il n'y aurait plus ni histoire ni diversité culturelle, que la condition humaine serait la répétition indéfinie et que personne ne pourrait concevoir la possibilité de passer à une autre situation à travers un projet révolutionnaire.»*

En 1920, dans *Le gauchisme : maladie infantile du communisme*, Lénine pense pouvoir dégager une loi fondamentale de la révolution : « *La loi fondamentale de la révolution, confirmée par toutes les révolutions et notamment par les trois révolutions russes du XXe siècle, la voici : pour que la révolution ait lieu, il ne suffit pas que les masses exploitées et opprimées prennent conscience de l'impossibilité de vivre comme autrefois et réclament des changements. Pour que la révolution ait lieu, il faut que les exploiteurs ne puissent pas vivre et gouverner comme autrefois. C'est seulement lorsque « ceux d'en bas » ne veulent plus et que « ceux d'en haut » ne peuvent plus continuer de vivre à l'ancienne manière, c'est alors seulement que la révolution peut triompher.* » Cependant, pour séduisante que soit « la loi fondamentale » de Lénine sur la révolution, sa « prédiction » semble sur un point optimiste : le triomphe. Il eût été plus prudent d'écrire : « c'est alors seulement que la révolution peut avoir lieu ». La révolution durablement triomphante ne peut venir que de l'apprentissage éclairé de tout un peuple travailleur exprimant sa volonté collective de sortir définitivement du cadre de la société marchande capitaliste. Quant aux révoltes, insurrections, rébellions et autres soulèvements donnés comme synonymes de révolution, nous ne saurions les confondre avec les conditions politiques, philosophiques et organisatrices qui la rendent possible, même si elles surgissent des tréfonds de la condition humaine.

Pour parvenir à une telle transformation dans l'histoire des sociétés, tout événement radical ne saurait suffire à atteindre l'irréversibilité souhaitée s'il ne s'accompagne pas aussi d'une prise de conscience salutaire quant à la nécessité d'un combat de classe organisé. Retenir une définition des révolutions en dehors de ce cadre, c'est prendre le risque de placer sur le même plan la Révolution d'Octobre et une puissante révolte paysanne ou les manigances d'un théocratisme prônant l'avènement d'un nouvel ordre national. Tout aussi erroné serait de considérer comme révolutionnaire le remplacement par la force d'un régime se réclamant du conservatisme par un autre régime conservateur ou un régime libéral par un régime se revendiquant d'un libéralisme plus social. Si la révolution trouve sa limite en dehors des luttes de classe, en réalité, nous voyons bien que son vrai fondement est de permettre au peuple tout entier la prise durable et transformante du pouvoir contre l'ordre établi.

C'est au nom d'une conception différente que certains historiens tendent à considérer le changement constitutionnel et l'affirmation du capitalisme de développement qui s'est produit en Angleterre entre 1642 et 1649 comme une révolution, et une autre plus glorieuse encore entre 1688 et 1689. Certes, le parlement s'opposa au Roi ; certes, la « *Déclaration d'indulgence* » accorda la liberté du culte aux catholiques dissidents et aux protestants et leva leur interdiction d'accéder au service public et à l'armée ; certes, la « *Toleration Act » de 1689* ouvrit des libertés plus larges que dans les autres pays. Mais en quoi le peuple fut-il associé à ces changements et en quoi l'esprit de classe révolutionnaire vint-il nourrir ces réformes ? Les réformes anglaises et la constitution des États-Unis d'Amérique furent surtout nourries par les idées ultra libérales de Locke. Insistons néanmoins sur le fait que si révolutions et réformes résultent bien de contingences sociales, politiques et économiques, leur développement dépend aussi des philosophies qui les supportent : sans la philosophie hellèniste point de notion de démocratie, sans les empiristes anglais point de libéralisme, sans l'esprit des Lumières point de droits de l'homme, sans le marxisme point de « socialisme réel ». Mais, à l'exception de la philosophie marxiste, toutes les autres (avec leur ascension et leur déclin) s'appuyèrent essentiellement sur la bourgeoisie pour surmonter les obstacles idéologiques, culturels et religieux qui se dressaient encore devant elles. À présent, nous comprenons pourquoi notre « *temps des révolutions* » commence seulement avec la Révolution française.

Georges Lefebvre en définit deux pôles, vengeance du ciel ou volonté des hommes : « *Pour certains, c'est le temps de l'apocalypse, celui où le ciel se retire comme un livre qu'on roule, où les rois de la terre, les grands, les capitaines, les riches, les forts se cachent avec leurs esclaves dans les cavernes et sous les rochers des montagnes ; pour d'autres (...) la terre n'était pas condamnée à être une vallée de larmes. Le bonheur réalisable par la Liberté, L'Égalité et la Fraternité, transformerait l'Homme dans le sens voulu par Dieu. Des hommes ont cette croyance. Ils vont entraîner le plus grand nombre. Ils accepteront de sacrifier leur vie à une aventure collective qui est œuvre de régénération humaine. L'ancien régime avilissait le sujet, les temps nouveaux libèrent le citoyen, et son inclination naturelle le porte au Bien. La vertu triomphera.* » Dans ce cas, misère du peuple et esprit d'égalité furent-ils les moteurs de la Révolution et la bourgeoisie son accouchement ? Si l'on en croit Tocqueville à propos de la bourgeoisie, elle connaissait « *une position d'autant plus insupportable qu'elle devenait meilleure (...)* » Dans son ouvrage « *La Révolution française 1789-1799* », Michel Vovelle nous dit à propos de l'Ancien Régime et la Révolution : *« La révolution a eu l'ambition de détruire la féodalité (...) La crise sociale de l'Ancien Régime est une contestation fondamentale de l'ordre établi. »* Et, plus loin encore : « *Elle* (la Révolution française) *confronte à la volonté collective de faire naître un homme nouveau, « régénéré ». Mais peut-on changer les hommes en dix ans ? Dans ses succès comme dans ses échecs, l'expérience révolutionnaire de 1789 reste l'une des plus fascinantes à suivre, ne serait-ce que parce qu'elle est seule, à ce jour, à avoir réussi à œuvrer dans la durée, nous livrant tout un système de valeurs et une brassée de rêves – que l'on peut appeler anticipations – sur lesquels nous vivons toujours.* »

Ainsi, nous pouvons distinguer 1789 des mouvements insurrectionnels d'inspiration libérale qui ont touché les grands États d'Europe occidentale ou d'Europe centrale en 1848 dans la chronologie du *temps des révolutions* ? Bien qu'ils aient modifié ou tenté de modifier la nature des régimes politiques en place, leurs revendications furent surtout d'ordre national. Ce que certains historiens qualifient de « printemps des peuples » (février-mars 1848), affecte aussi bien l'Italie, l'Allemagne et l'Autriche-Hongrie. En ce qui concerne la Grande-Bretagne ultra libérale ou la Russie autocratique, elles échapperont à ces événements. Quant à la France, confrontée elle aussi à un problème d'ordre national, elle connaîtra les barricades et la puissance populaire qui gronde, mais les trahira en se tournant vers l'idéologie libérale et religieuse pour restaurer la République. Il faudra attendre 1871 pour qu'elle retrouve le vrai chemin de la révolution du peuple et de la classe ouvrière.

Le 18 mars 1871 commence donc la Commune. Cette avant-gardiste et dramatique période (que d'aucuns qualifient de « tentative d'implication révolutionnaire ») est le résultat de la politique ultra libérale d'un second Empire fondé sur l'ordre, le profit, l'industrialisation, la paupérisation massive des travailleurs, mais aussi sur l'opposition consciente et organisée d'une classe ouvrière puisant sa force dans les idées nouvelles d'un marxisme récemment structuré et de la flambée d'une intelligentsia libérale positiviste et anticléricale. Comme Marx l'écrira plus tard : « *La Commune, c'était la première révolution dans laquelle la classe ouvrière était ouvertement reconnue comme la seule qui fût encore capable d'initiative sociale (...) Le Paris ouvrier, avec sa commune, sera célébré à jamais comme le glorieux fourrier d'une société nouvelle. Le souvenir de ses martyrs est conservé pieusement dans le grand cœur de la classe ouvrière.* »

Mais pour mieux comprendre *le temps des révolutions*, il semble essentiel de rappeler les bouleversements industriels qui ont eu lieu à la même époque. Le profit capitaliste, constitué par la valeur du travail productif qu'il s'accapare indûment (la plus-value), génère la concentration des capitaux en un nombre de plus en plus restreint d'entreprises, alors que s'accroît la masse des travailleurs spoliés. Fondé sur le commerce, la libre entreprise et la propriété, ce système, sans doute le plus injuste et le moins humain que les civilisations aient généré, est le cœur du *temps des révolutions*.

Sans doute est-ce à la fois la guerre contre le Japon, très impopulaire chez les bourgeois, les ouvriers et les paysans, et la crise sociale et économique génératrice de la première grève générale, qui ont conduit à la révolution Russe de 1905. Le Tsar Nicolas II, en choisissant la répression (plus de mille morts et des milliers de blessés en réponse aux « 140 000 travailleurs » défilant au cri de : « À bas l'autocratie »), avance sa destitution. Les grévistes, loin de reculer, gonflent leurs rangs jusqu'à 440 000. Et les grèves redoublent d'intensité. Le Tsar accepte l'idée d'une représentation nationale mais, comme le dira Lénine, « *le prolétariat lutte, la bourgeoisie se faufile vers le pouvoir.* » Pour transformer le mouvement en révolution, le congrès du parti ouvrier social-démocrate de Russie d'avril 1905, préconise la grève politique de masse et l'organisation de comités paysans révolutionnaires, ainsi que l'armement des ouvriers en vue de l'insurrection. La grève lancée en octobre devient générale : étudiants, intellectuels, ingénieurs et même médecins s'y joignent. Le Tsar, terrifié, lance sa répression policière, alors que les premiers soviets bolcheviks se créent, et bien que les mencheviks soient majoritaires, la grève insurrectionnelle prépare ses premières barricades. Mais l'armée réussit à morceler l'insurrection et à arrêter une partie des dirigeants bolcheviks. En dépit de son échec, la révolution de 1905 servira de répétition générale pour 1917.

Le caractère proprement médiéval de la situation politique et économique (malgré l'industrialisation montante, avec sa classe ouvrière combative au cœur des villes), la dictature nobiliaire, la police, l'armée, l'Église orthodoxe totalement inféodées à la famille impériale, la misère rurale, la mortalité infantile, les famines, l'arriération culturelle, l'entrée dans la première guerre mondiale de l'Empire russe et la lutte des classes avec l'idéologie marxiste-léniniste, sont les racines vives de la révolution de 1917. Après de terribles péripéties, depuis l'abdication de Nicolas II, la formation d'un gouvernement provisoire, la répression contre les bolcheviks, l'appel à l'insurrection, Lénine est élu au Conseil des commissaires du peuple en octobre 1917. Ce que nous appelons parfois le « modèle d'Octobre », ou la première révolution d'octobre, n'était pour Lénine, son principal instigateur, que le prélude d'une révolution internationale ; voire une révolution permanente comme le préconisait Trotski. Mais Staline, porté au pouvoir, avancera l'idée de révolution socialiste par étapes, avec les prolongements que l'on sait. La Révolution d'Octobre restera néanmoins comme le symbole moderne d'une espérance socialiste portée par les peuples du monde entier, indéniablement utile à toute l'histoire de l'humanité, mais aussi comme une tragédie profondément douloureuse sur laquelle nous reviendrons.

En Chine, c'est l'effondrement de la dynastie mandchoue sous les coups des idées libérales, introduites par les étudiants de retour d'Europe, et la contestation de la bourgeoisie s'appuyant sur les marchands du Sud et les communautés chinoises de l'Asie du Sud-Est, qui permirent l'avènement de la République chinoise. Sun Yat-Sen, fondateur du parti Guomindang en devient le Président en 1911. Il cède la place au général Yuan Shikai qui obtient l'abdication du dernier empereur, puis revient d'exil en 1917 et constitue un gouvernement dans le Sud. Entre le 4 mai 1919, date à laquelle se déclenche à Pékin une agitation étudiante contestant le protectorat japonais et la proclamation par Mao Zetong de la République Populaire de Chine, il va s'écouler un peu plus de vingt ans. La conquête des masses paysannes par le parti communiste chinois s'effectue grâce à des réformes agraires qui limitent l'usure et les loyers et par l'enrôlement dans leurs troupes de ceux qui n'ont pas de terre. Dès 1935, Mao Zedong devient le maître incontesté du parti et développe un appareil bureaucratique sur les masses rurales de l'épopée militaire en vue d'établir six grandes régions politiques et militaires qui lui laisseront plus tard le rôle d'idéologue en chef. C'est donc deux bureaucraties distinctes qui vont s'affronter après la proclamation de la République Populaire le 1er octobre 1949 : l'une émanant des cadres de l'industrie et de la production, et l'autre issue des couches paysannes formant l'armée. Chang Kaïchek s'étant réfugié à Taiwan avec les débris de ses troupes, la transformation de l'armée populaire de libération en armée régulière permanente était devenue nécessaire. La Révolution chinoise fut facilitée par le matériel récupéré de l'armée du Guomindang désagrégée et celui fourni par l'URSS à la suite du pacte d'alliance sino-soviétique en 1950.

Si l'on regarde du côté du « Nouveau Monde », le temps des révolutions se confond avec celui des colonisations. Les empires coloniaux deviennent une réalité idéologique vers la fin du XIXe siècle, mais la vieille Europe n'avait pas attendu ce temps pour coloniser l'Amérique. Pour définir ce « Nouveau Monde », on peut partir du Canada qui est la première colonie française de peuplement malgré la résistance acharnée des Indiens dispersés à travers une immense étendue, puis la victoire des Anglais en 1759 après de nombreuses péripéties et l'installation de la couronne britannique pendant plus de cent ans. Mais, malgré la guerre avec les États-Unis en 1812 qu'entraîne leur tentative d'invasion du Canada, seule une vague conscience de nationalité naîtra chez les citoyens. Ni les révoltes de 1837-1838, consécutives à une grave crise économique, ni celle des métis franco-indiens en 1885, n'aboutiront à une transformation profonde des institutions établies par les conservateurs ou les libéraux alternativement au pouvoir, même si certains historiens parlent parfois de « Révolution tranquille ».

Les États-Unis connaissent globalement la même évolution. Après la fondation des premières colonies de peuplement (1608) entreprises à partir de l'Angleterre, celles-ci font appel à des Polonais, des Allemands, puis aux huguenots français, aux Hollandais, Danois, Norvégiens, Suédois, ainsi qu'aux protestants d'origine ibérique et aux Juifs. Les Noirs sont importés par les négriers commerçants, d'abord hollandais, à partir de 1619, puis anglais, alors que le massacre des Indiens se systématise bien qu'ils ne constituent pas un grand danger compte tenu de leur retard technique. Ils seront parqués dans des réserves et maintenus dans un état de déchéance physique provoquée par l'alcool et les maladies malgré leur farouche volonté de résistance contre le nouvel ordre établi. Dans cette société coloniale où la féodalité n'a jamais existé, il y a des riches, des pauvres, des nobles et des roturiers comme partout ailleurs, mais les avantages de naissance sont faibles et le puritanisme imprègne l'atmosphère. Après la fuite en 1776 des représentants de la Grande Bretagne et la paix de Paris en 1783, la République fédérée des États-Unis voit le jour. Il faudra attendre 1787 pour que les États ratifient une nouvelle Constitution libérale et le 30 avril 1789 pour que le premier Président soit élu. Certes, la guerre de sécession (1861-1865), entre les « abolitionnistes du Nord » et les « esclavagistes du Sud », marquera une profonde divergence entre ceux pour qui l'esclavage est un mal qui s'oppose aux principes du christianisme et ceux qui voient dans l'esclavagisme un mal nécessaire ; certes, la lutte pour le droit des femmes, la reconnaissance des syndicats, la réforme de l'enseignement, des prisons, des asiles pour malades mentaux, constitueront des avancées indéniables. Mais de vraie révolution, point à l'horizon.

L'Amérique latine, quant à elle, a été conquise par les Espagnols vers 1519, car le Portugal s'intéressait surtout aux Indes orientales et c'est presque par hasard que le Brésil lui échut en partage. Nous ne reviendrons pas sur le débarquement de Cortés, puis de Pizarro au Mexique, ni le massacre par leurs hommes des brillantes civilisations aztèques et incas. Les systèmes coloniaux espagnol et portugais se ressemblent d'autant plus qu'ils sont regroupés sous la même couronne. Prétextant l'esprit de croisade, mais surtout animés par la soif de l'or, ils n'en convertirent pas moins les Indiens « à la vraie foi » et firent tout pour les assimiler à la civilisation du monde méditerranéen. Ces derniers résistèrent à la colonisation, selon la fameuse formule : « *J'obéis mais je n'accomplis pas* », sans toutefois parvenir à se libérer du joug des conquistadors. L'économie qui en résultera, organisée dans un cadre strictement colonial et mercantile, tournée vers la métropole et non en vue d'un développement interne, nourrira les idées révolutionnaires. Bien plus tard, la colonisation par les États-Unis radicalisera le mouvement libéral national cubain qui, craignant de connaître le même sort que le Guatemala, conduira au soulèvement populaire sous l'impulsion de Fidel Castro et d'Ernesto Guevara, pour aboutir à la révolution socialiste et marxiste de 1958.

Même en tenant compte du Cuba d'aujourd'hui, le temps des révolutions n'a engendré aucun modèle capable de remettre en cause de manière durable et définitive l'économie de marché. Mouvement historique complexe, et à bien des égards porteur d'espoir pour les peuples, il semble fermer une page plutôt que d'ouvrir un avenir. Pourtant, la voie du changement de société pour abolir le mur de l'argent, du pouvoir et des superstitions, n'est pas définitivement bloquée, bien au contraire. D'autres forces agissantes et transformantes appuyées par l'idéologie nouvelle des travailleurs et des peuple combatifs sont déjà en marche, mais nous devons les faire grandir. Seules subsistent la cruauté des exterminations, dont nous allons parler.

Le temps des exterminations ne commence pas à l'orée de ce que les historiens nommeront plus tard « la première guerre mondiale », car l'homme guerrier n'en était pas à son premier essai, disons plus doctement : il s'y enfonce. D'une temporalité relativement brève à l'échelle de l'humanité (plus d'un demi-siècle), les exterminations n'en sont que plus terrifiantes et ne compte pas moins de deux guerres mondiales, quatre autres liées à la décolonisation, trois génocides (parmi lesquels l'holocauste), l'utilisation de la bombe atomique et plusieurs dizaines de millions de morts. On eût pu croire sortir un jour de ces terribles plaies, voir enfin ce sordide fléau éradiqué, sentir l'homme assez sage pour en contenir le flot, mais *le temps des exterminations* n'était point révolu et nous vivons encore sous l'emprise de sa durable agonie. Par quel mécanisme sociétal en est-on arrivé à cette indicible horreur et cette inhumanité ? Car ce sont bien les causes de notre « humanité perdue » qu'il s'agit ici d'analyser.

Si la chronologie historique a son utilité, l'intérêt en est plus restreint pour comprendre le lien de causalité entre déroulement de la guerre et fondement de l'extermination. Tout au plus y découvririons-nous l'enchaînement des batailles, l'ampleur des combats, la mise en œuvre des différentes stratégies militaires, la comptabilité des victimes, les *scénarii* barbares des génocides, l'acte héroïque des résistants et de tous ceux que l'atrocité des combats a broyés ou le déroulement des redditions et la joie de quelques peuples libérés. Mais nous n'y trouverons pas la quintessence des actes de barbarie, le signifié et le signifiant de la guerre, le pourquoi du dérèglement de la soi-disant civilité. Pour nécessaire qu'elle soit, et au-delà des lacunes que comporte fatalement tout développement synthétique, l'imperfection est de mise, car comment parler des guerres sans en comprendre les causes ? C'est pourquoi il importe de définir leur fondement : les guerres et leur corollaire l'extermination, sont le résultat du marchandisage des sociétés par lequel passe la mise en concurrence économique, territoriale et culturelle que le capitalisme exacerbe par son exploitation de classe et dont le but, parfois non avoué, passe aussi par le refus de la différence et leur nourrissage par un pouvoir d'État hégémonique conforme à l'idéologie politique et/ou religieuse des représentations capitalistiques du monde. Mais le premier acte d'extermination de ce temps n'ouvre pas son forfait sur la guerre, il touche à un domaine encore occulté aujourd'hui. Je veux parler de cet acte félon de l'Occident qui, cherchant à réglementer la navigation sur l'ère de libre-échange du Congo et du Niger, accorda à la conférence de Berlin (novembre 1884- février 1885) la possession pour trente ans du Congo à titre personnel au tristement célèbre roi des Belges, Léopold II. En une vingtaine d'années d'incurie, notamment à partir de l'exploitation du caoutchouc, les compagnies privées déléguées sur place assurent au monarque une fortune colossale en réduisant à l'esclavage des millions de Congolais. L'économie de pillage fondée sur le travail forcé, y compris des femmes et des enfants, a été poussée jusqu'à l'inconcevable pour atteindre les quotas de production fixés par les quarante compagnies privées, assistées par le gouverneur belge, l'armée et la passivité de certaines congrégations religieuses. L'emprisonnement et l'enchaînement des femmes dans des cages de bois, comme gage du rendement de leurs maris ouvriers esclaves, les viols, la technique de l'enfilade pour économiser le nombre de balles destinées à les assassiner, sont autant d'horreurs à mettre au compte des colonisateurs. Les travaux de plusieurs historiens (Université d'Oxford, de Bruxelles, de Louvain et d'ailleurs) ont estimé à environ dix millions le nombre d'esclaves qui ont péri durant toute cette période coloniale.

Le premier grand génocide de l'Asie occidentale se déroule, quant à lui, dans l'ancien royaume d'Anatolie partagé entre la Turquie, l'URSS et l'Iran. Ce pays montagneux, occupé par les Hittites et les Assyriens, puis par les Haïkans (ou Arméniens) depuis le Ier millénaire av. J.C, entre sur la scène historique au temps des Mèdes et des Perses vers 600 av. J.C. avant d'être englobé dans l'empire d'Alexandre le Grand. Depuis le début du XIXe siècle, l'Occident et la Russie réclament des réformes pour les Arméniens, appelés alors « chrétiens de Turquie », qui n'aboutiront qu'à de vagues promesses et au massacre de Sassum (1894), au carnage d'Adana (1909) et à l'extermination systématique de plus d'un million et demi d'Arméniens (1915-1918), puis à l'exode massif des survivants. L'État turc refuse encore d'assumer ce génocide et le fait (pourtant avéré) de l'accaparement par l'Empire ottoman de richesses liées à la capacité de développement d'un peuple industrieux et la volonté d'éradication de toute une culture et d'un passé singulier considéré comme « illicite » parce que non conforme à l'esprit musulman.

Presque dans le même temps survint la première guerre mondiale (1914-1918). L'origine du conflit serait à rechercher, selon certains historiens, dans l'état de tension de la situation internationale au cours des crises au Maroc et aux Balkans qui venaient de secouer l'Europe. Plus sûrement, ces conflits mettent en jeu et en question les nations et les nationalismes en fonction desquels s'est construite l'Europe, ainsi que les polémiques, les scandales, les affaires, les énormes profits issus des empires coloniaux qui ont ravivé les vieux conflits de souveraineté territoriale et surtout, la nécessité de « purger », par une guerre mondiale qui fera plus de 15 millions de morts, la première grande dépression du capitalisme industriel des années 1873 à 1890.

Le temps d'une nouvelle génération et dix ans après la grande crise structurelle du capitalisme en 1929, l'ère de la deuxième guerre mondiale (1939-1945) s'ouvrait. Les prémices de cet affrontement généralisé sont ressenties dès la guerre civile d'Espagne de 1936-1939. Celle-ci verra l'Italie fasciste et l'Allemagne nazie se porter aux côtés des phalanges et des forces nationales du général Franco contre la jeune République « intronisée » par le front populaire le 16 février 1936 et appuyée par les brigades internationales venues d'Europe et d'ailleurs. Elles auguraient des atrocités à venir dès l'ignoble bombardement aérien de la ville de Guernica, perpétré par les Heinkel 111 allemands de la légion Condor le 26 avril 1937 où 2000 civils trouvent la mort. Outre les mécanismes propres à ce terrible conflit, l'exterminisme qui s'y développe prend une dimension jamais égalée dans toute l'histoire de l'humanité. Si la deuxième guerre mondiale n'a pas de lien direct avec l'antagonisme latent entre l'Occident et l'Orient, « terme de l'histoire » pour les uns, « histoire anhistorique » pour d'autres (plagiant Hegel), et si la théocratie chinoise sous le joug du Japon, et celle de l'Inde sous celui de l'Angleterre, ne pouvaient réellement s'exprimer, pour autant, la dimension coloniale et impérialiste de ce conflit est loin d'être absente. L'Afrique, déjà sous l'emprise de l'Europe, connaît même un épisode guerrier à l'orée de ce temps lorsque l'Italie mussolinienne envahit l'Éthiopie en 1935 et « triompha » des troupes du Négus en 1936. Le sol colonial fut non seulement le théâtre d'affrontements sanglants (guerre d'Afrique et du Moyen-Orient : front terrestre de Libye et d'Égypte en 1940, de Benghazi, Tobrouk, Syrie en 1941, etc.), mais une réserve de peuples asservis dans laquelle puisera sans vergogne l'Europe occidentale pour se libérer du joug nazi. Un des autres ressorts de la guerre se trouve dans la naissance et l'essor du fascisme en Italie. Le terme *fasci,* « faisceaux », issu de grévistes révoltés en 1893-1894 contre des conditions de travail inhumaines dans une Sicile abandonnée par le gouvernement de Rome, contribue au développement de l'idéologie socialiste. Celle-ci sera dévoyée en 1914 par l'agitateur Benito Mussolini, directeur du principal quotidien socialiste l'*Avanti*, abusant le peuple italien par son hostilité à une participation dans la guerre qui oppose les grandes puissances, alors qu'il soutiendra peu de temps après une ligne directement contraire, prêchant la grandeur de l'Italie dans la guerre aux côtés des Empires centraux. Le mouvement fasciste (soutenu par l'armée) prend sa forme définitive et ouvre la voie dès 1929 à une des plus sordides et sanglantes épopées de l'aristocratie et de la grande et petite bourgeoisie italienne. Cette idéologie, qui exalte la réconciliation des hommes par le travail sous la conduite d'un chef ayant la main mise sur tout l'appareil de l'État tout en niant l'antagonisme des classes sociales, donnera lieu à de nombreuses imitations : Espagne, Portugal, Grèce, Amérique latine, etc. Ne pouvant pas puiser dans l'histoire trop récente de la nation italienne les symboles nécessaires à son idéologie, le fascisme italien ira les chercher dans la Rome antique, alors que le concept nazi de race puisera les siens plus loin encore, s'appuyant sur l'histoire pourtant mal connue des Aryens. Le racisme idéologique, le fascisme, le nationalisme, le nazisme, la crise du capitalisme et l'impérialisme sont les causes de la deuxième guerre mondiale. Cependant, le national-socialisme, incarné par Hitler, fait siens ces paradigmes mais ne les invente pas : ils sont déjà inscrits dans l'histoire des civilisations tout comme l'argent, le pouvoir et la religion qui les fondent. L'idéologie raciste et l'antisémitisme qui la nourrit ne cherche pas seulement à démontrer l'infériorité de certaines races ou d'individus, qu'elle qualifie de sous-hommes, elle veut les exterminer. Mais le scientisme totalitaire n'était pas qu'au cœur de l'Allemagne. Dès 1912, le Français Alexis Carrel, prix Nobel de médecine, pouvait écrire : « *Aujourd'hui, il est indispensable que les classes sociales soient de plus en plus des classes biologiques. Les individus doivent monter ou descendre au niveau auquel le destine la qualité de leurs tissus et de leur âme. Il faut faciliter l'ascension de ceux qui ont les meilleurs organes et le meilleur esprit. Il faut que chacun occupe sa place naturelle (...)* » Qu'il prenne ses sources dans les lois de la transmission génétique de Mendel, dans les recherches sur l'inégalité des races de Gobineau, dans l'idée d'infériorité congénitale de Renan, dans le populisme conservateur allemand, dans la biotypologie hygiéniste ou eugéniste du docteur Toulouse, dans la stérilisation scandinave ou la régénération « tranquille » d'un Gonthier, etc., le racisme est la pire des barbaries que l'homme n'ait jamais engendrée. Mais les Turcs et les Kurdes musulmans qui perpétrèrent le génocide arménien ou le Président des USA, ses comparses et les pilotes qui larguèrent sur Hiroshima et Nagasaki les deux premières bombes nucléaires, étaient-il moins cruels que les nazis ? Il est vrai que l'élimination des Juifs par les nazis puise son horreur non seulement dans les camps de concentration, mais dans la planification programmée et implacable de l'extermination totale d'un peuple. La deuxième guerre mondiale s'est s'achevée avec « pour solde de tout compte » plus de 60 millions de morts, dont 30 millions pour les seuls Soviétiques. C'est donc au cœur même de la civilisation occidentale que l'exterminisme connut son apogée.

Drôle de paix que cette fin de deuxième guerre mondiale. Le déchirement des nations « victorieuses » pour se partager ces « débris d'empires reconstitués », à grand renfort de traités et au plus grand mépris de l'histoire des peuples, ouvrait déjà la porte aux conflits du Moyen-Orient et des Balkans, dont les États sont les lâches témoins, ainsi qu'aux affrontements en Asie et en Afrique dont nous allons parler.

Un grand nombre d'historiens ont l'outrecuidance de placer en 1930 (date de la création du parti communiste indochinois par le futur Hô Chi-Minh) l'origine de la première guerre d'Indochine, comme si cette guerre n'était pas la résultante de la colonisation. L'exigence nouvelle de la France de conserver la Cochinchine ouvrit la rupture avec Hô Chi-Minh et déclencha la guerre de 1946-1954. Le renfort des armées de Mao Zedong, victorieuses des troupes de Tchang Kaï-chek, et l'absence d'assistance militaire des États-Unis, alors engagés en Corée dès 1950 et sur laquelle la France comptait, ont précipité la défaite. En juillet 1954, les troupes du général Giap engagées à Diên Biên Phu firent chuter les bataillons français, conduisant aux accords de Genève qui consacraient la République démocratique du Nord Vietnam. Le nombre de morts s'élevait à plus de 100 000 du côté des forces de l'union française et vraisemblablement plus 150 000 du côté Vietminh, et l'on comptait de part et d'autre plus de 200 000 blessés.

Deux ans après ces accords, l'engagement des États-Unis au Sud Vietnam aux côtés du despotique Président Ngô Dinh Diêm contre les forces du Viêt-minh ouvrit la seconde guerre d'Indochine. Elle s'achèvera en 1975 quand les forces révolutionnaires nord-vietnamiennes entreront à Huê et à Saigon. Au même moment, les forces du Pathet Lao s'imposent dans tout le Laos et les Khmers rouges prennent Phnom Penh. Toute la péninsule indochinoise était dévastée et meurtrie. Au total, plus de deux millions d'Asiatiques seront tués et des centaines de milliers d'autres blessés, alors que les pertes américaines sont évaluées à 60 000 tués et 305 000 blessés. Le nombre de morts des deux guerres d'Indochine s'élève à environ deux millions et demi et presque autant de blessés. La proportion de civils asiatiques concernés par cette hécatombe est considérable et les infirmités, touchant aussi bien les hommes, les femmes que les enfants, la destruction chimique des villes et des villages, l'éradication des forêts et la dégradation des sols, représentent une terrifiante et durable calamité.

Tout comme la conférence de Potsdam préparait la guerre d'Indochine, la ligne de démarcation du 38e parallèle entre les vainqueurs de la seconde guerre mondiale anticipait déjà celle de Corée. Les désaccords entre les représentants soviétiques et américains, ainsi que le projet d'élection générale sous le contrôle de l'ONU, poussent l'assemblée populaire à proposer un projet de constitution englobant tout le pays en avril 1948, ratifiée par les députés le 10 septembre : la République démocratique de Corée était née. Elle fut reconnue dès le 12 octobre par l'URSS et les pays d'Europe de l'Est, alors que les Américains continuèrent à soutenir l'administration illégale de la zone sud, mise en place en 1945 par le général Hodge épaulé par l'ultra conservateur Li Seung-man. Suite à la sauvage répression des forces de gauche de la zone Sud par le régime policier de Li Seung-man, son parti est battu aux élections de mai 1950, mais refuse d'en tirer les conclusions. Le dimanche 25 juin, 5 divisions nord-coréennes franchissent le 38e parallèle vers le Sud et le 5 juillet, les forces navales américaines débarquent à Pusan, appuyées dès le 30 par le rapatriement de ses divisions stationnées au Japon, renforcées par les détachements anglais, canadiens, néo-zélandais, sud-africains, australiens, puis français, belges, néerlandais, thaïlandais, colombiens, éthiopiens, philippins, grecs et turcs, avec l'aval de l'ONU. La relève de MacArthur (partisan d'une victoire décisive sur la Chine) par le Président Truman et le manque d'unanimité de l'ONU, conduisent à rechercher une solution politique et à fixer une ligne de séparation en novembre 1952, pour aboutir à la signature de l'armistice de P'anmuncom le 27 juillet 1953. Les pertes de la guerre de Corée sont énormes. Côté sud, environ 500 000 morts et près de 500 000 blessés, et autant côté nord, auxquels nous devons ajouter près d'un million de pertes (blessés ou tués) côté chinois. Au total, cette terrible guerre aura coûté aux belligérants de tous bords un million et demi de morts et autant de blessés, sans compter les pertes civiles, encore difficiles à estimer aujourd'hui.

Nous en arrivons à l'Algérie dont l'histoire coloniale est à ce point ignoble qu'elle en deviendra un véritable cas d'école. Du débarquement français en 1830 (époque de Charles X) à l'occupation restreinte du temps de Louis-Philippe en 1837, en passant par la conquête en 1840, l'Algérie sous la IIIe République vers 1870, la création de l'association des ulémas vers 1936, la création du Parti Populaire Algérien en 1944, le soulèvement du Constantinois le 1er mai 1945, la valse des différents partis politiques algériens interdits de 1946 à 1954 (date à laquelle se constitue le Front de Libération National algérien), il s'écoulera exactement cent vingt-quatre ans. Plus d'un demi-siècle de soumission et d'absence de mêmes droits aux autochtones que ceux octroyés aux colons français (alors que 170 000 Algériens avaient été enrôlés sous les drapeaux en 1914-1918 et plus de 500 000 en 1946), la torture élevée au rang de nécessité, humiliant à jamais victimes et bourreaux, ont lourdement pesé sur la guerre d'Algérie. Combien de soldats, de civils, de part et d'autre des deux rivages de la Méditerranée, ont payé de leur vie, de leur intégrité physique ou psychique, cette injustifiable colonisation ? Sur les 50 000 soldats français stationnés en Algérie en 1954, portés à 400 000 peu de temps après, les 13 000 puis 71 000 harkis, supplétifs recrutés par l'armée française, les quelques milliers de combattants algériens de l'insurrection du premier novembre 1954, les 500 000 soldats du FLN en 1958, les millions de civils présents sur le théâtre militaire, plus de 450 000 personnes ont péri et des milliers d'autres furent torturés, blessés, ou faits prisonniers, auxquels on se doit d'ajouter les 50 000 morts du soulèvement du Constantinois.

Suite à ces recensions, le chiffre faramineux de 100 millions d'hommes, de femmes et d'enfants, tués, blessés, torturés, prisonniers, est vraisemblablement dépassé pour l'ensemble des guerres qui eurent lieu entre 1914 et 1962. Ce temps est bien celui des exterminations. Ce sentiment d'horreur qui nous prend à la découverte de ces actes de guerre au nom de l'impérialisme, du nationalisme, du racisme nazi et du colonialisme (qui en est le miroir ancien), nous renvoie à ces mots d'Aimé Césaire écrit en 1950 : « *Le très humaniste, très chrétien bourgeois du XXe siècle, porte en lui un Hitler qui s'ignore.* »

Mais *le temps des exterminations* ne se limite pas aux deux guerres mondiales, même si elles en sont, si j'ose dire, « le joyau ». Point d'orgue de la société libérale qu'il prétendait abhorrer, le nazisme a produit le crime froid, calculateur et lâche contre l'humanité au nom de la race, alors que le « socialisme réel », héritier de l'humanisme des Lumières, nous a pour une grande part libéré du joug nazi, même s'il n'a pas totalement libéré l'ouvrier de ses chaînes et généré des camps de travail méprisables. La réponse à la désaliénation générale ne se trouve donc pas uniquement dans la mise en œuvre d'une idéologie marxiste, mais dans la recherche patiente et continue de tout ce qui peut contribuer de près ou de loin à faire reculer en nous les quatre piliers de la civilisation de l'ordre : Chef, Rite, Devin, Argent. Or, loin d'apaiser ses peurs, l'homme civilisé connaît la haine dans l'accumulation des biens et la soumission de l'altérité à ses désirs. Le refus de reconnaître à autrui sa différence salvatrice et son égalité l'empêche de libérer tous les sucs humanitaires qui dorment en lui. Pour autant, il n'a nul besoin d'ascètes, de saints ou de « vertueux surhommes » pour évoluer. Il est donc encore temps de troquer le moule aliénant de la « civilisation de l'ordre » contre celui de la reconquête du partage. Quand nous nous souviendrons que l'humanité n'est pas qu'une mosaïque de communautés ou de langues, ni un assemblage d'entités géographiques, ni le partage du monde par les péripéties guerrières de l'histoire, alors elle nous apparaîtra pour ce qu'elle devrait être : l'espace unique et ouvert du désir véritablement humain d'être ensemble. *Le temps des exterminations* eût beau contraindre les esprits et les cœurs, décimer et asservir des millions d'êtres humains, découper de nouvelles frontières propices à l'affrontement idéologique entre les deux superpuissances nucléaires à venir, les peuples opprimés qui survécurent au chaos allaient ouvrir sous peu la voie à un nouveau temps qui fut également celui des génocides et des conflits, mais aussi celui des libérations.

Le temps des libérations est-il un temps de mise en liberté ? Oui si on étudie les années soixante jusqu'au tout début des années 1990 à l'aune de toutes ces luttes ouvrières, étudiantes, féministes qui agirent bien au-delà de l'Occident comme catalyseur des transformations sociales et des mœurs. Mais on ne saurait le limiter à ces seuls mouvements, car se développèrent durant la même période les « aubes de la liberté avortée » au Chili, au Portugal, au Nicaragua, et dans d'autres régions du monde, ou encore, et surtout, tous les mouvements de libération nationale, parfois très meurtriers, sans oublier, bien sûr, leurs lots de massacres par l'ennemi de classe. Il nous faudra analyser aussi l'implosion du bloc de l'Est : séisme inattendu de l'histoire de l'humanité, regretté par beaucoup de travailleurs et espéré par le capital, qui marqua une rupture profonde à la fin de ce temps.

Faut-il retenir ces clichés rimbaldiens : « *Changer le monde, changer la vie* » ou bien encore ces propos avant-gardistes : « *Plus je fais l'amour, plus j'ai envie de faire la révolution. Plus je fais la révolution, plus j'ai envie de faire l'amour* », qui tendraient à nous faire croire qu'enfin la « révolution culturelle » habitait la Sorbonne en 1968 ? Si le mouvement étudiant portait bien en lui la contestation de certaines valeurs de l'ordre bourgeois : famille, autorité, travail, morale sexuelle, le contrôle de la raison sur la passion, et même le savoir, il serait plus judicieux de l'analyser pour ce qu'il a réellement généré, c'est-à-dire le recul d'une répression culturelle aliénant l'éros refoulé par la société de profit et le milieu familial conservateur, dont la plupart de ces jeunes étaient issus. De plus, prenons garde d'ignorer que si la famille bourgeoise est une fabrique de structures mentales conservatrices, elle est aussi le fondement des structures économiques et capitalistiques et leur reflet idéologique. Ce que l'on appelle communément le mouvement étudiant de mai 68 n'apparaît pas vraiment porteur d'un idéal révolutionnaire. Il fut l'expression concrète du rejet d'une autorité hiérarchique mais, malgré son verbiage outrancier, il n'était pas confronté au capital et aux symptômes annonciateurs de la crise contemporaine des régimes coloniaux contraints d'opérer des concentrations transnationales pour rentabiliser leurs capitaux.

Cependant, nous ne pouvons ni limiter 68 à la contestation étudiante (car les travailleurs étaient le cœur de la bataille sociale), ni la réduire à un phénomène franco-français. Aux États-Unis, dès la fin des années 50, puis en 1964 et 65, mais aussi en 1968, la contestation partielle du système capitaliste (en particulier les actions antiracistes de soutien aux mouvements noirs, la lutte contre la dépendance de l'université aux grands trusts et la guerre du Vietnam) conduit le pouvoir à arrêter environ 800 manifestants en 1964 et à dissoudre en 1968 les organisations étudiantes « SPD » (Students for a Democratic Society).

En République Fédérale Allemande, l'opposition étudiante porte essentiellement sur la remise en cause publique des cours et la création d'une « Université critique » en 1967. Sa radicalisation s'appuie sur une tactique de provocation du pouvoir afin de révéler sa nature autoritaire, et vise le rigorisme sexuel, la notion d'autorité, la technocratie, les *mass media*, mais s'ouvre également à des expériences d'habitats collectifs.

Durant la même période, en Italie et en Espagne, l'agitation estudiantine rejoint parfois dans la rue les luttes ouvrières, mais dépasse rarement le stade corporatiste, alors qu'au Brésil les affrontements avec la police et les interventions de l'armée contre les ouvriers et les étudiants sont essentiellement d'ordre économique et conduiront à la fusillade de São Paulo en 1967. Quant au mouvement étudiant mexicain, il eut à subir une répression sanglante de la part de la police et de l'armée, faisant plus de sept cents victimes au cours d'un meeting le 2 octobre 1968.

En Indonésie, le génocide anticommuniste, perpétré par une fraction de l'armée et les milices islamiques, soutenue par la CIA, débuta en 1965 et continua bien au-delà de 1968, portant à plus d'un million le nombre de victimes. N'oublions pas qu'en 1965 le PKI indonésien, fort de plusieurs millions d'adhérents, était le 3ème parti communiste du monde et constituait l'une des principales forces de libération de la République d'Indonésie directement impliquée dans le combat contre la Malaisie soutenue par l'Occident. La censure à propos de ce génocide se poursuit encore de nos jours.

En Thaïlande, la crise économique et sociale (amplifiée par l'utilisation de ce pays par les Américains comme base arrière du conflit vietnamien), l'interdiction par l'assemblée en 1972 de toutes activités jugées nuisibles, conduiront aux émeutes étudiantes de 1973 réprimées dans le sang et à un affrontement sans merci avec la guérilla communiste thaïlandaise.

Au Japon, la fusion entre le mouvement des étudiants et la fraction avancée des travailleurs entraîna de nombreux combats de rue, leur permettant parfois de tenir la police en échec.

Dans les pays de l'Est, l'opposition étudiante, taxée par les autorités de « houliganisme », n'aura qu'un faible retentissement à l'Ouest. À l'exception du mouvement étudiant Tchécoslovaque de l'hiver 1967 ou de la création du Parlement étudiant de Prague et des conseils académiques en janvier 1968, puis leur participation active « aux printemps de Prague » la même année, les autres mouvements seront plutôt faibles. L'URSS ne compte qu'une manifestation d'étudiants en janvier 1967 contre l'arrestation des rédacteurs de la revue *Phénix,* les étudiants de Yougoslavie luttent pour une autogestion véritable et ceux des universités polonaises ouvrent de simples clubs de discussion ; la répression exercée par les pouvoirs en place contre « ces fauteurs de troubles », en a, bien entendu, limité la portée.

Certains trouveront dans tous ces mouvements sociaux et sociétaux ce « *malaise dans la civilisation* » que Freud percevait dans la répression des pulsions de vie : « *Le bonheur n'est pas une valeur culturelle (...),* ou plus exactement dans cette vérité que recherche plus ou moins confusément, selon Lacan, la révolution culturelle : « *C'est la liberté de désirer qui est un facteur nouveau, non pas d'inspirer une révolution, c'est toujours pour un désir qu'on lutte et qu'on meurt, mais de ce que cette révolution veuille que sa lutte soit pour la liberté du désir.* » D'autres chercheront plutôt du côté de chez Marx ce lien de causalité entre plus-value et rapports de domination, ou dans la loi de la valeur et la loi idéologique qui se manifestent par la hiérarchie des pouvoirs et la hiérarchie des salaires. Mais il est aussi important de noter qu'une révolution anti-hiérarchique n'exclut ni le combat pour la liberté du désir, ni celui pour la suppression de l'ordre répressif. Cette aliénation du désir, impliquée dans l'essence de la sexualité, trouvait sa source dans l'idéologie conservatrice de la classe dominante et la libération de la femme en était souvent le centre.

Mais, avant d'aborder la situation de la condition féminine, relevons cette ambiguïté qui subsiste au cœur des institutions : puisque la liberté individuelle s'acquiert semble-t-il par la loi, pourquoi les lois s'intéressent-elles si peu à la femme s'agissant de liberté ? Sans remonter à la féodalité où la femme servile n'a de juge que son maître et la femme noble (lorsqu'elle est veuve) de nouvel époux que celui choisi par son suzerain, la déclaration de 1789, dans sa globalité, et ce jusqu'à son dernier article 17 sur l'inviolabilité du droit de propriété, n'apporte aucune réponse à l'injuste condition féminine. De fait, mais ce n'est pas propre au seul statut de la femme, l'évolution de la condition féminine a toujours été liée à l'évolution sociale et à celle des mœurs et a de tout temps eu besoin de la lutte pour se concrétiser. Pas plus que le droit d'égalité n'impliquait dans la Révolution française un droit de partage des richesses, le statut d'égalité de la femme n'implique aujourd'hui un droit de regard des travailleuses et des travailleurs dans l'entreprise.

Le mouvement social de ce temps, fondé en grande partie sur l'anti-autoritarisme par une majorité de jeunes, a ouvert la voie à la naissance de revendications sociétales nouvelles, que nous pourrions appeler culture des minorités et de la marge, dans lesquelles se retrouvèrent homosexuels, féministes, écologistes, régionalistes et gauchistes. Tous ces « mouvements de libération » tendaient à une reconnaissance égalitaire de la moitié du genre humain et des minorités. La société bourgeoise et puritaine, qui voulait les stigmatiser, était confortée dans ses *a priori* par certains de leurs comportements provocateurs, même si ces derniers seront porteurs à terme de concrètes avancées. Sans vouloir stigmatiser l'aspect « électrochoc » de certains mots d'ordre : « *la révolution s'arrête à la cuisine* » ou encore : « *il y a plus inconnu que le soldat inconnu : sa femme* », ce qui reste essentiel dans l'acquis de ce mouvement, au-delà de l'obtention des lois sur l'avortement et, plus tard, le mariage homosexuel, c'est son rôle éclairant pour transformer le « ghetto » de la femme en valeurs fondatrices de nouveaux rapports homme-femme et femme-société, ainsi qu'un regard différent sur l'homosexualité. La lutte pour la libération des femmes touchait donc à la fois à la dimension citoyenne, sexuelle, sociale et juridique.

Pour en venir à « ces aubes de la liberté avortée » dont nous parlions plus haut, il convient de les resituer dans le contexte néo-colonial ou colonial des années 1970, car il éclaire les raisons de ces singulières expériences démocratiques mieux encore que ne pourrait le faire la simple narration. Si l'on prend l'exemple du Chili, il faut décrire tout d'abord le rôle majeur des États-Unis, via la CIA, pour comprendre toute l'étendue de la conspiration. Ces derniers n'ont pas misé ici sur une politique colonialiste classique, mais sur une politique plus insidieuse encore : le contrôle des pays néo-colonisés par gouvernement fantoche et CIA interposée en vue de piller leurs ressources énergétiques et minières au détriment de leur propre développement. Malheureusement, cette politique était (et est toujours) pratiquée par d'autres États, ex-empires coloniaux pour l'essentiel, à commercer par la France. La plupart des pays à travers le monde, dont le sous-sol recèle d'importantes réserves énergétiques et minières ou dont la situation géostratégique permet d'établir une base militaire dissuasive ou d'intervention, sont les victimes de ces insupportables hégémonies. Il en va des pays du Moyen-Orient comme de ceux d'une partie de l'Afrique et de l'Amérique latine. Quant au Chili, il cumulait trois dimensions causales : première réserve mondiale de cuivre, vieille tradition coloniale et putschiste et un front populaire fraîchement reconstitué. C'en était trop pour que les Américains ne s'en mêlent. Lorsque Salvador Allende, soutenu par la coalition des gauches, est élu Président de la République en 1970, la CIA, appuyée par les trusts internationaux, ITT (International Telephone and Telelegraph), Anaconda, Kenne-cott, n'en était pas à sa première tentative de déstabilisation du mouvement démocratique chilien. Si bien que lorsqu'elle fomenta le putsch militaire du traître Pinochet contre le gouvernement Allende (coupable d'avoir nationalisé les aciéries, les mines de cuivre, de fer et de charbon), concrétisé par le bombardement du palais de Moneda le 11 septembre 1973, elle était, si je puis dire, déjà riche d'une solide expérience. Les milliers de morts, disparus ou torturés, que la DINA (police politique chilienne) épaulée par la CIA ont sur la conscience, n'empêchent pas les États-Unis de refuser de reconnaître publiquement leur participation à l'assassinat d'une démocratie légitime.

Au Nicaragua, tous les minerais (or, cuivre, argent), bien qu'exportés vers les États-Unis et d'autres États, n'étaient pas véritablement le cœur des convoitises américaines qui avaient d'ailleurs commencé, en rivalité avec la Grande-Bretagne, depuis 1838. Sous la dépendance totale des grandes compagnies américaines, le pays s'enfonce dans la crise structurelle : précarité rurale, pauvreté urbaine, analphabétisme à plus de 60 %, mortalité infantile élevée, entraînant quelques guérillas sporadiques. Les spéculations foncières éhontées de l'oligarchie en place, l'état d'extrême pauvreté du pays, poussent à une grève générale appuyée par la guérilla sandiniste qui tourne à l'insurrection, laquelle sera matée par le chef de la garde nationale qui n'est autre que le fils de Somoza. Obligés par la pression internationale, les États-Unis suppriment l'aide militaire aux somozistes et en juin 1979, alors que le pays est transformé en un immense champ de bataille (près de 50 000 tués et 150 000 blessés), les sandinistes et quelques modérés forment un gouvernement. Le nouveau pouvoir rétablit toutes les libertés, entreprend la reconstruction du pays et nationalise les biens de la famille Somoza : coton, café, canne à sucre, banques, ainsi que l'essentiel du commerce extérieur. Situé parmi les pays non-alignés, et composé de marxistes, de catholiques adeptes de la théorie de la libération et de modérés, il sera trahi une nouvelle fois par les États-Unis qui œuvrera à la reconstitution d'un front armée contre les sandinistes pour le faire chuter et par Jean Paul II qui condamnera sans appel la théorie de libération. Ainsi le Nicaragua reviendra pour un temps sous le giron des Américains.

D'autres pays d'Amérique latine ont eu à souffrir de l'interventionnisme des États-Unis, à commencer par la Bolivie, dont l'économie peu diversifiée est fortement dépendante des richesses de son sous-sol, en particulier les mines d'étain (deuxième producteur mondial) nationalisées dès 1952 lors de la révolution dirigée par le civil Victor Paz Estensoro. L'intervention des Américains en 1964 pour soutenir la commercialisation du minerai (alors que ce sont les barons américains de l'étain qui contribuent à l'effondrement des cours) provoque d'importantes concessions : dénationalisation, virage politique à droite et de nombreuses dissensions internes entraînant la chute de Paz Estensoro par le général René Barrientos. L'arrivée au pouvoir du général Ovando Candia, favorable à la lutte contre l'emprise des États-Unis, conduit à nationaliser la *Gulf Oil Co.* et les mines d'étain. Mais ces mesures inquiètent une partie de l'armée qui porte au pouvoir une junte tentant de canaliser les aspirations de gauche et accepte la création d'une assemblée populaire chargée d'élaborer un projet de cogestion ouvrière et d'occupation des terres par les paysans pauvres, tout en mettant fin à ce processus. En 1971, un coup d'État porte alors au pouvoir l'ancien attaché militaire à Washington, Hugo Banzer, vigoureusement anticommuniste, qui rassure les États-Unis en indemnisant les sociétés américaines touchées par les nationalisations. La boucle était bouclée.

Au Salvador, paradis de l'oligarchie terrienne, surnommé le « pays des quatorze familles » où pauvreté, répression, racisme, fraude électorale, sont élevées au rang d'institution, une opposition radicale marxiste, créée vers le milieu des années 1970, doit faire face à des groupes para-policiers d'extrême droite. L'engrenage de la violence, suscitée par la répression qui s'abat sur les forces révolutionnaires, conduisent l'Église catholique et les chrétiens-démocrates à soutenir un coup d'État en 1979, fomenté semble-t-il par une junte militaire modérée, qui dissout toutefois la police supplétive et invite les sociaux-démocrates et les communistes à participer au gouvernement. En 1980, après une grave crise politique, presque tous les membres du gouvernement démissionnent et l'archevêque de San Salvador, O. Romero, favorable aux réformes, est assassiné par l'extrême droite quelques jours plus tard. Cet acte terroriste suscite le regroupement des masses dans une coordination révolutionnaire politique et syndicale appelant à la grève générale. Le Salvador ne cessera pas alors de s'engager dans un cycle infernal d'opposition et de répression que les États-Unis ne feront qu'attiser.

L'interventionnisme n'épargna pas non plus la Colombie. Déchirée depuis 1960 par une lutte interne qui oppose les forces révolutionnaires (FARC et ELN) à une oligarchie corrompue épaulée par les États-Unis et acoquinée à des groupes para-militaires qui pratiquent l'assassinat des personnes soupçonnées de sympathie avec la guérilla, ce pays, à régime parlementaire, dispose de ressources naturelles convoitées par les compagnies étrangères. Déjà, de 1940 à 1950, l'extermination des partisans du mouvement d'opposition libéral populaire de Jorge Eliécer Gaitan (lui-même assassiné en 1948) avait été couverte par les gouvernements conservateurs. Si la méthode de rançonnement des prisonniers politiques, utilisée par les FARC, est condamnable, elle s'inscrit néanmoins dans ce cadre formel de démocratie corrompue faisant appel à l'élimination systématique des opposants. Le silence de la « haute société » colombienne, de la haute hiérarchie de l'Église catholique, et le silence des médias, face à cette « criminalité légale », contribue à la permissivité de cette chaîne ininterrompue de violence.

Le Portugal et sa dictature « oubliée » aux confins de l'Europe, forge son histoire au cœur d'un immense et sanglant Empire colonial : occupation de Madères en 1419, des Açores en 1427, du Cap-Vert en 1457, puis du Brésil en 1500 ; vaste Empire qu'il s'étendra en Afrique : Angola et Mozambique (formés de grands territoires côtiers, de réservoirs à esclaves et de riches perspectives extractives), et à la Guinée-Bissau. Il maintiendra longtemps des comptoirs en Extrême-Orient : Macao en Chine, l'île Timor en Indonésie et le territoire de Goa en Inde. Le Portugal était aussi pétri de vieilles traditions nationales et l'importante immigration des masses travailleuses vers l'Amérique du Sud facilita l'émergence d'un mouvement fasciste inspiré par l'Italie mussolinienne, l'Espagne et l'intégrisme catholique, permettant l'arrivée au pouvoir en 1928 du dictateur Antonio Salazar. Il dirigera le pays jusqu'à sa « mort cérébrale » en 1968 et fut remplacé par le dictateur Marcelo Caetano jusqu'en 1974, année où un courant militaire radical et révolutionnaire, soutenu par le parti communiste portugais (sorti de la clandestinité), les mouvements Trotskistes, les anarchistes, les socialistes et les masses populaires, renverse la dictature et met fin aux guerres coloniales qui avaient ruiné et ensanglanté le pays. Ce mouvement victorieux, connu sous le nom de révolution des œillets, est un des rares acte de transformation démocratique épaulé par des militaires (persuadés de l'iniquité coloniale), qu'un large soutien d'une jeunesse et d'un peuple en réaction contre la guerre viendra légitimer dans son intervention. Le vaste processus de transformations sociales et économiques qui s'en est suivi, en particulier le program-me de nationalisation des secteurs clés de l'industrie et du commerce, sera dévoyé par la future République présidée par le socialiste Mario Soares. Quant aux mouvements de libération nationale d'Angola, du Mozambique et de la Guinée-Bissau, ils connaîtront après leur indépendance, en plus de leurs malheurs coloniaux, de terribles guerres fratricides.

L'ampleur de ces mouvements est essentiellement liée à trois visions contradictoires de l'évolution coloniale : la vision anglo-saxonne, qui préconise de garder les frontières artificielles tracées lors du partage arbitraire des territoires par les pays colonisateurs en opérant le relais des cadres européens par les élites africaines occidentalisées à partir d'une « indépendance sous tutelle » ; la vision française de « l'idéal assimilateur », notamment exprimée par De Gaulle à la conférence de Brazzaville en 1944 ; et enfin, la vision portugaise de soumission des peuples colonisés à l'état fasciste colonisateur. À titre d'exemple, pour l'Afrique, les conflits les plus violents, comme nous l'avons déjà souligné, eurent lieu en Angola, au Mozambique et en Guinée-Bissau entre les mains des Portugais. La décolonisation de l'Afrique, hormis le Liberia (1847) et l'Égypte (1922), a commencé en 1951 avec la Libye, colonie anglaise, et s'est achevée aux Îles Seychelles, colonie française, en 1976. Pour montrer l'importance de l'Empire colonial africain de l'Europe, citons les pays qui ont accédé à l'indépendance : 1960 – Cameroun, République Centrafricaine, Congo Brazzaville, Congo-Kinshasa, Dahomey, Gabon, Haute-Volta, Côte d'Ivoire, Madagascar, Mali, Mauritanie, Niger, Nigeria, Sénégal, Somalie, Togo ; 1961 : Sierra Leone, Tanganyika ; 1962 : Algérie, Burundi, Rwanda, Ouganda ; 1963 : Kenya ; 1964 : Malawi, Zambie ; 1965 : Gambie ; 1966 : Botswana, Lesotho ; 1968 : Guinée équatoriale, Île Maurice, Swaziland ; 1972 : Timor ; 1974 : Guinée-Bissau ; 1975 : Angola, Îles du Cap-Vert, Comores, Mozambique, Sao Tomé ; 1976 : les Îles Seychelles. La liste est impressionnante.

Mis à part le monstrueux massacre en 1975 des populations civiles du Cambodge par les Khmers rouges du sinistre Pol Pot, d'autres mouvements de libération, sans aller jusqu'au génocide, ont tourné le dos à l'histoire. La Birmanie, par exemple, qui semblait s'orienter en 1962 vers « la voie socialiste » s'est tourné finalement vers un régime militaire, autoritaire et corrompue. À l'opposé, en Argentine, une junte militaire se lance en 1973 vers une « réorganisation nationale » faisant appel à des capitaux étrangers (essentiellement américains) et place la torture et l'assassinat politique au cœur même de l'appareil d'État. En septembre, celle-ci ose même déposer un projet de loi faisant obligation aux « disparus » de se présenter devant le juge, faute de quoi, passé un délai quatre-vingt-dix jours, ils seront considérés comme étant décédés.

En Grèce, le conservatisme (1953-1963) fait place à un coup d'État de l'union du centre (1963-1965), lui-même balayé par un complot de la réaction en 1966, lequel ouvre la voie à la dictature des colonels deux jours avant l'ouverture de la campagne électorale le 21 avril 1967. La junte suspend onze articles de la constitution, multiplie les arrestations d'opposants, établit la censure, dissout les associations, muselle les syndicats et ira jusqu'à tirer sur la foule suite à la cérémonie du 5e anniversaire de la mort du centriste Papandhréou au cimetière d'Athènes.

Bien qu'il soit difficile de rendre compte de l'ensemble des mouvements et conflits au cœur du *temps des libérations,* nous ne saurions oublier le problème palestinien. Alors que les Britanniques avaient installé une administration militaire, puis civile, en Palestine, dont le mandat, confié par la Société des Nations, consistait, entre autres, à faciliter l'immigration des Juifs sans porter atteinte aux droits des Palestiniens. En 1939, une politique contraire, limitant l'immigration juive et la vente des terres, fut instituée. En 1947, la Grande-Bretagne remettait la Palestine entre les mains de l'ONU et le 29 novembre était votée la résolution 181 (jamais appliquée) qui prévoyait un État juif, un État arabe et une zone « sous régime international particulier ». Commencée en 1945, une nouvelle immigration juive, appuyée par une organisation terroriste sioniste déjà structurée militairement, comptait environ 560 000 personnes en 1947 et occupait près de 55 % du territoire palestinien. Le 14 mai 1948, les Anglais se retirent, et l'indépendance de l'État d'Israël est proclamée. Les troupes des États arabes entrent alors en Palestine, mais l'armée sioniste, soutenue par l'Occident, chasse les Palestiniens de leur territoire. Le conflit israélo-palestinien ne faisait que commencer. Malgré les péripéties guerrières : guerre des 6 jours, en 1967, guerre du Kippour, en 1973, qui consacre la victoire de l'armée israélienne tout en poussant le conseil de sécurité de l'ONU à compléter les résolutions 181 et 242 de 1967 (selon lesquelles la paix au Proche-Orient passe par le retrait des forces israéliennes des territoires occupés et par la résolution 338 qui réaffirme la nécessité d'une « paix juste et durable au Moyen-Orient »), malgré les actes de résistance forcenée des Palestiniens sous la conduite de l'OLP et de Yasser Arafat, qui entre à l'ONU en tant qu'observateur : « *Je suis venu avec une branche d'olivier et une arme à feu... Ne laissez pas la branche d'olivier tomber de ma main* » et obtient le droit du peuple palestinien à l'autodétermination et à l'indépendance en 1974, ni l'arrivée de Jimmy Carter en 1977, ni les accords de Camp David avec l'Égypte en 1978, n'empêcheront l'annexion du Golan par les Israéliens en 1981 et les massacres de Sabra et Chatila en 1982. Pas plus que les accords de paix libano-israélien de 1983 ou le retrait d'Israël du Liban en 1985, ainsi que la première guerre du golfe en 1990, la conférence de Madrid de 1991, l'arrivée de Rabin au pouvoir, les accords d'Oslo de 1993 (conduisant à la reconnaissance mutuelle d'Israël et de l'OLP et l'administration des territoires de Cisjordanie et Gaza par une autorité palestinienne), ceux de Gaza-Jéricho, le prix Nobel de la paix pour Arafat, Peres, Rabin de 1994, les nouveaux accords d'Oslo de 1995, l'élection d'Arafat comme président de l'Autorité palestinienne en 1996, l'accord d'Hébron de 1997 et celui de Charm el-Cheikh en 1999, ne seront en mesure d'imposer la souveraineté d'un État palestinien. Ni les pourparlers de Taba en 2001, ni la « feuille de route » du quartet (États-Unis, Russie, Union européenne, Nations unies) en 2002, ni l'accord non officiel de Genève en 2003, ni le retrait partiel des colonies de la bande de Gaza en 2004 et sa restitution en 2005, ni la mort d'Arafat, ni l'élection du Président Mahmoud Abbas en 2006, ne pourront dissuader alors le peuple palestinien d'élire une majorité islamique au parlement. Face au sentiment d'abandon et d'injustice ressenti au plus profond des Palestiniens et de la communauté arabe en général, les privations et le dénuement dans lequel est plongé tout un peuple, ainsi qu'une jeunesse palestinienne sacrifiée, les terribles et sanglants attentats qui frappent encore de part et d'autre, nous ne pouvons que condamner sans appel l'incroyable lâcheté de la communauté internationale, et surtout les États-Unis, tout au long de ce dramatique et durable conflit.

Le Moyen-Orient fut aussi le siège d'un autre affrontement que certains ont nommé « première guerre du Golfe ». Prenant prétexte de la sécurisation de la région de Bassorah et de la restitution des îles du détroit d'Ormuz, annexées par le Shah en 1971, Saddam Hussein, au pouvoir depuis 1979, inquiet de l'arrivée de Khomeyni et des objectifs de la révolution islamique, attaque l'Iran le 22 septembre 1980. En dépit de sa puissance militaire, l'Iraq s'enlise et décrète un cessez-le-feu en 1982, mais c'était sans compter sur la radicalisation de l'Iran, dont l'objectif affiché est de remplacer le régime iraquien par une République islamique et qui mobilise dans la guerre jeunes gens et vieillards, renforçant son armée de plusieurs dizaines de milliers de combattants. Dès 1981, les deux armées avaient besoin de nouveaux équipements de guerre. Israël, la Syrie, la Libye et certains pays socialistes, fournirent l'Iran ; la France, l'URSS, l'Égypte et les États-Unis, approvisionnèrent l'Iraq. En 1983, la Chine, via l'Arabie saoudite, fournit également à l'Iraq du matériel militaire et des chars. Après de meurtriers combats qui stabilisent le front aux frontières initiales, un accord est signé en août 1990, laissant sur le champ de bataille plus d'un million de morts. Les attaques systématiques des installations pétrolières affaibliront l'économie des deux camps et conduiront Téhéran à contrôler la navigation maritime dans le Golfe, amenant les Américains à placer les navires koweïtiens sous pavillon des États-Unis. Cette guerre régionale, en apparence « improductive », préfigure le conflit international qui interviendra peu après dans le Golfe.

J'en viens à présent à cette phase finale de l'Empire soviétique et des autres États de l'Est qui devait bouleverser les équilibres géopolitiques du monde. Les prémices du dérèglement profond de ces pays se font sentir bien avant la soi-disant « révolution » roumaine de 1989. Elles étaient même bien antérieures à la fameuse *perestroïka* de Gorbatchev de 1986. Nous pourrions au moins les faire remonter à l'intervention militaire soviétique pour écraser le mouvement réformateur tchèque du printemps 1968 et en 1979, puis à la guerre d'Afghanistan qui en fut l'accélérateur, et enfin, au capital fossoyeur. Quant à la chute du mur de Berlin, elle marque plus par sa dimension symbolique que par l'ampleur de la contestation des travailleurs de RDA. À l'exception de la Pologne, qui a fait l'objet d'une lutte interne à travers le mouvement *Solidarnosc* dans les années 1980, aucun des autres pays du bloc de l'Est (Tchécoslovaquie, Hongrie, Bulgarie) n'a véritablement donné lieu à de profonds et massifs mouvements populaires pour obtenir des changements pourtant majoritairement souhaités. L'année 1989 demeure l'année clé à plus d'un titre. Non seulement parce qu'elle marque l'effondrement de la plupart des pays du bloc de l'Est, mais parce qu'elle enregistre la rupture même du système communiste. Gorbatchev remplacé par Boris Eltsine à la tête de la Communauté des États indépendants, l'URSS meurt sans combat le 25 décembre 1991, alors que l'Allemagne réunifiée depuis 1990 et les autres pays du pacte de Varsovie tournaient déjà leur regard vers le modèle capitaliste. Cas à part, mais on ne peut plus dramatique, la Yougoslavie non alignée et collégiale de l'après Tito (mort en 1980) s'entre-déchira pour le partage du pouvoir et ouvrira plusieurs conflits (impliquant la Serbie, le Kosovo, la Croatie, la Slovénie) annonçant les futures guerres balkaniques. Enfin, l'Albanie, solitaire depuis sa rupture avec la Chine en 1977 et « veuve » après la mort de son dictateur Enver Hoxha, perdra son statut de République populaire socialiste en avril 1991. L'échec des pays communistes résulte non seulement des sordides déviances du stalinisme, mais du marxisme-léninisme tout entier, conçu comme modèle centralisateur sous la houlette d'un Parti unique limitant l'expression concrète des travailleurs.

Le temps des libérations qui s'achève peut paraître contradictoire. D'un côté, tous ces mouvements pour se libérer du joug colonial ou fasciste, de l'autre, ceux qui eurent pour finalité le retour à un capitalisme que des travailleurs avant eux avaient combattu au péril de leur vie. Hormis l'épisode militaire factieux grec, argentin, brésilien et chilien, tous ces mouvements avaient bien pour mobile d'assurer, en même temps que leur reconnaissance, leur libération économique, politique et culturelle. Si l'épreuve des ans nous apprend que *le temps des libérations* fut pour tous une grande illusion, doublée parfois d'une dramatique situation de crise, pire encore que celle connue dans ces pays impactés, cela ne signifie pas que son dénouement était par avance voué à l'échec. Le fléau que fut le colonialisme côtoya l'implosion du système soviétique qui, malgré ses drames humains et sa déviante dictature bureaucratique, laisse un vide dans l'espérance du combat ouvrier contre le capital. Quant à ses anciens satellites, ils se trouvèrent broyées par le capitalisme qui portait grand intérêt à ses travailleurs qualifiés afin de faire pression sur les salaires de ceux de l'Ouest. Peut-être trouverons-nous quelques couleurs à ces mouvements sociaux et sociétaux soixante-huitards et à ceux des années 1970 (féministes ou à la marge) qui permirent, bien qu'ils soient parfois décriés, le recul de mœurs bourgeoises éculées. Certes, il n'y eut pas véritablement rencontre entre luttes estudiantines, féministes régionalistes et combat communiste, tout au plus existait-il une résonance commune contre l'État bourgeois. La volonté de changement s'exprimait bien de part et d'autre, mais leurs attentes et leurs objectifs de lutte n'étaient pas de même nature.

Comme l'ont montré avant lui les autres temps de l'histoire, le temps des libérations a vu l'affrontement de deux idéologies. Passant de la guerre froide à la guerre plus feutrée des pseudo-concessions, au bout du compte, la chute attendait l'une d'elles. Tel un vieux lion malade, le grand Soviet du chant international entonné à plein poumon par les peuples du monde entier est mort sans véritable combat. Quant aux pays qui s'accrochent encore au dirigisme, ils semblent eux aussi bien fragiles et il y a fort à parier qu'ils ne résistent pas à terme à la tragédie de la mise en œuvre de préceptes marxistes-léninistes erronés. Sans doute l'idéal communiste demeure-t-il intact dans le cœur et la pensée de beaucoup d'hommes et de femmes à travers le monde, mais, dans l'immédiat, peut-on encore croire à des luttes de masse pour son avènement ?

Le temps de l'expansion est-il synonyme d'expansionnisme sans limite du capital ? Non ! parce que pendant ce temps, déclin et crises allaient se profiler. Durant cette période, des « conflits internes », en apparence régionaux, n'ont pas eu un retentissement à la mesure de leur réalité idéologique, économique et géostratégique. La révolution iranienne et la prise du pouvoir afghan par les talibans ne semblaient pas concerner l'Occident. Les États-Unis eux-mêmes, bien qu'indirectement visés et particulièrement impliqués, n'en perçurent pas vraiment la portée – sinon, il n'y aurait pas eu d'Irangate et/ou de talibans à la tête du gouvernement Afghan après le départ des Soviétiques. Cependant, c'est bien avec l'intégrisme islamique que le temps de l'expansion du capital mondial – qui l'a instrumentalisé – eut et a encore à s'affronter.

Après la chute du bloc de l'Est, le capitalisme ne se trouvait-il pas contraint d'exclure tout ce qui pouvait entraver son expansion pour trouver des débouchés à sa crise d'accumulation ? Mais en ces années 1990, une chose est sûre : tous les grands médias de l'époque ne ménageaient pas leur peine pour nous en persuader. La crise économico-politique sans précédent des pays de l'Est (qui a conduit à la chute du communisme et à la régression de l'armée soviétique) poussait même certains d'entre eux à avancer la thèse d'un désarmement général. Maintenant que le libéralisme va pouvoir se développer sans entrave, vous allez voir ce que vous allez voir ! Mais, mieux informé que quiconque de l'état économique et social de la planète, l'impérialisme américain savait très bien où placer le curseur. Si l'équilibre du monde prôné par les médias était, selon leurs dires, imminent, pour autant, les grandes puissances capitalistes, à commencer par les États-Unis, firent en sorte, et pour cause, d'empêcher l'interdiction générale de tout essai nucléaire. Voilà pourquoi il faudra attendre six ans encore pour qu'un traité très limité sur le sujet soit signé à New York le 24 septembre 1999. Preuve était donc faite que les visées expansionnistes, loin de s'assagir, se trouvaient exacerbées par ce nouveau contexte géostratégique et que l'arme nucléaire faisait partie de la panoplie nécessaire au maintien du nouvel ordre économique mondial. La Chine et l'Inde ne donnaient-elles pas les premiers signes d'une croissance sans précédent ? Les pays de l'Est « en errance provisoire » n'étaient-il pas une cible d'autant plus facile que les États-Unis les travaillaient au corps depuis bien longtemps ? D'une façon générale, tous les pays jusqu'alors sous l'influence soviétique, de l'Afrique noire au Maghreb en passant par l'Amérique du Sud et tout le Proche et Moyen-Orient, sans oublier l'Asie centrale et l'Asie du Sud-Est, n'allaient-ils pas entrer à terme dans le giron américain ? Répondre à la question aujourd'hui peut paraître facile, car nous pourrions aisément démontrer combien ce qui était considéré à l'époque comme des allégations est devenu réalité.

En fait de paix et de désarmement, le premier acte du « capitalisme libéré » fut la guerre du Koweït que tous les « démocrates » tentent encore « vertueusement » de justifier aujourd'hui. En France, et à travers le monde, bien mince fut le front du refus. La deuxième guerre du golfe engagea une coalition de 34 États soutenue par l'ONU contre l'Iraq envahisseur du Koweït durant l'été 1990.

L'opération « tempête du désert », comme la nommèrent les États-Unis, entraîna la libération militaire du Koweït, faisant entre 130 000 et 50 000 morts (selon les sources) côté irakien, plus 60 000 blessés, et environ 2000 morts et plusieurs milliers de blessés côté coalition, Koweït compris.

Pas plutôt l'opération « tempête du désert » terminée qu'un autre front est ouvert en juin 1991 par l'armée fédérale yougoslave en Slovénie qui veut faire sécession. Malgré le retrait des forces fédérales en juillet, les autres républiques : Croatie, Macédoine, Bosnie-Herzégovine, suivent le mouvement. La Serbie demande que les minorités serbes de Croatie et de Bosnie aient le droit à l'auto-détermination et puissent rester dans la République socialiste de Yougoslavie, mais tout cela se solde par une sanglante guerre civile. Il faudra attendre mai 1993 pour que le conseil de sécurité de l'ONU crée « six zones de sécurité » en Bosnie. Le 21 novembre 1995, les présidents serbe, croate et bosniaque, signent les accords de Dayton qui entérinent le partage de la Bosnie en deux entités. Quatre ans de guerre totalisent 200 000 morts, plusieurs milliers de blessés et 2,7 millions de réfugiés. Mais en 1998, le conflit se déplace vers la province serbe du Kosovo habitée par une majorité albanaise musulmane qui affiche depuis 1992 des visées séparatistes. La police serbe, puis ses forces spéciales, occupent le Kosovo et s'opposent à l'armée de libération des Kosovars. L'OTAN décide alors d'intervenir et des frappes aériennes contraignent les Serbes à entamer les pourparlers de Rambouillet, mais ils rejettent tout accord de séparation. Le 23 mars 1999, les forces de l'OTAN bombardent la Yougoslavie. Le retrait de l'armée serbe du Kosovo, ainsi que la démilitarisation du front de libération kosovar, ont lieu sous l'égide de l'ONU.

En cette triste année 1991 s'ouvre également une terrible guerre civile en Afrique occidentale : la Sierra Leone, dont le contrôle des riches zones diamantifères aiguise les appétits des factions rivales qui veulent accaparer le pouvoir. État d'urgence, tentatives de coup d'État, exécutions sommaires, pression internationale pour l'organisation d'élection libre, intervention militaire extérieure (asiatique et britannique), mercenaires privés sud-africains, n'empêcheront pas la guerre civile de perdurer jusqu'en 2002 malgré les cessez-le-feu, les pressions économiques, les interventions et résolutions du Conseil de sécurité des Nations Unies. Le terrible bilan : environ 200 000 morts et plusieurs milliers de personnes blessées ou mutilées volontairement, enlèvement de filles réduites à l'esclavage sexuel, jeunes garçons transformés en enfants soldats, plus de 2 millions de personnes déplacées, n'est pas sans rappeler la situation du Libéria voisin. Depuis la fin de la guerre civile, de nombreux enfants travaillent toujours dans les mines de diamants dans des conditions inhumaines et près de vingt mille enfants de moins de 15 ans sont séropositifs.

C'est aussi en 1991 que l'État socialiste éthiopien est remplacé, à la suite de violents affrontements, par un régime républicain libéral. La victoire des troupes érythréennes parachève la lutte commencée trente ans plus tôt pour l'indépendance de l'Érythrée, laquelle sera effective à partir de 1993. Cinq ans plus tard, une guerre éclate entre les deux pays. Elle durera jusqu'en 2000, faisant environ 100 000 morts et réduisant à la famine des milliers de personnes. C'est encore en 1991 que s'intensifie la guerre en Somalie créant une telle désorganisation que les écoles cessèrent d'exister. Les violents combats, menés de façon continue entre des clans rivaux, dureront jusqu'en 1992 et conduiront à la rupture des lignes d'approvisionnement, précipitant la population dans une terrible famine qui fera plus de 300 000 morts. En décembre 1992, les États-Unis envoient des troupes rapidement relayées par les casques bleus qui devront se retirer en 1995 face à l'échec des négociations. Sans représentant officiel, la Somalie est encore le siège de violents combats.

C'est aussi au cours de l'année 1991 que le général Omar el-Béchir cumule les fonctions de Président, Premier ministre et Chef des forces armées du Soudan, appliquant la charia, la lapidation et l'amputation dans tout le pays. La guerre civile a duré une vingtaine d'années et a fait près de 2 millions de morts. Elle a aggravé la famine endémique qui sévit en période de sécheresse et a conduit à déplacer plus de quatre millions d'habitants du Sud vers le Nord ou dans des pays voisins déjà affaiblis : Éthiopie, Kenya, Ouganda. En 2004, le conflit s'étend à tout le Darfour où les populations sont victimes des milices arabes et des bombardements du gouvernement musulman de Khartoum. On compte environ 30 000 morts et plus d'un million de personnes déplacées, dont 200 000 d'entre elles sont encore massées dans des conditions précaires à la frontière tchadienne et attaquées par des bandes armées qui violent et assassinent en toute impunité.

Une lueur d'espoir apparaît tout de même en cette dramatique année 1991. En Afrique du Sud, ce vaste territoire saigné à blanc par l'un des pires épisodes coloniaux de l'Europe conquérante, le gouvernement raciste de Pretoria est contraint d'abolir l'apartheid. La légalisation du parti communiste, de l'ANC et de tous les mouvements noirs, ouvre la voie en 1994 aux premières élections multiraciales qui portent Nelson Mandela à la présidence du pays. La sagesse du Président et de l'ensemble des forces de libération des peuples noirs a permis d'éviter la guerre civile et de construire progressivement la réconciliation malgré les énormes difficultés sociales, économiques et raciales, qui demeurent.

L'éclaircie sera de courte durée. Dès 1992, l'Algérie est le siège d'une vague de violence et de terrorisme à la suite d'une expérience de démocratisation électorale avortée. Le refus du gouvernement de valider l'entrée des islamistes dans le champ politique ensanglantera tout le pays pendant plus de dix ans et coûtera la vie à plus de 200 000 personnes, dont de nombreux journalistes, intellectuels, simples civils, agents de l'État et groupes armés islamiques (GIA).

La même année s'ouvre le conflit tchétchène. Profitant de la crise soviétique de 1991, un coup d'État mené par le général Djohar Doudaev promulgue l'indépendance de la Tchétchénie qui entre en rébellion en 1992 avec la toute nouvelle Russie. Mais le « laxisme » de Moscou conduit le régime de Doudaev à créer ses propres infrastructures civiles et militaires à partir des fonds fédéraux et à se rapprocher des mouvements islamistes afghans et d'autres pays, ce qui débouchera sur une guerre fulgurante déclanchée en 1994 par la Russie. Véritable bourbier, malgré la prise de Grozny, on déplorera d'énormes pertes humaines, des tortures, des viols, et autres exactions. Ce conflit va considérablement obscurcir le nouveau front de l'Est. En 1996, un accord de « paix » entérine cependant le *statu quo* de la Tchétchénie, rebaptisée entre temps « République Islamique d'Itchkérie ». Mais une deuxième opération militaire est lancée dès 1999. Elle conduira à une gouvernance directe de la République tchétchène par Moscou.

En 1993, deux pays du Caucase, l'Arménie et l'Azerbaïdjan, que les frontières tracées par les Soviétiques avaient englobée dans l'Azerbaïdjan et qui sont devenus républiques indépendantes depuis l'effondrement de l'URSS en 1991, s'affrontent à propos de la région du Haut-Karabakh, peuplée essentiellement d'Arméniens, entraînant le déplacement de population dans les deux camps et de nombreuses victimes.

En 1994, un drame éclabousse le Rwanda. Le 6 avril, les présidents rwandais et burundais meurent dans un attentat d'avion atteint par un tir de missile. Un gouvernement intérimaire, dirigé par l'ex-Premier ministre Jean Kambanda, couvre l'assassinat de personnalités politiques perpétré par des extrémistes hutus, qui mettent à exécution le projet d'éradication des Tutsis et des Hutus modérés. Ces massacres, qui ont fait plus d'un million de morts, ont été reconnus comme l'un des quatre génocides du XXe siècle par les institutions internationales. En 1996, le Rwanda, allié à l'Ouganda, prétendant vouloir venir à bout des Hutus réfugiés au Zaïre, considérés comme arrière base des forces génocidaires, envahit le Zaïre. En 1996, la première guerre du Congo, qui trouve ses origines dans la colonisation belge et le génocide rwandais de 1994, engage côte à côte les réfugiés tutsis rwandais qui vivent au Congo depuis les années 1960 et l'armée rwandaise, burundaise et ougandaise, alliées aux forces de résistance de Kabila. Ce dernier, menacé par diverses minorités régionales et une forte opposition se revendiquant de l'ex-Président du Congo, Patrice Lumumba, aide les groupes militaires extrémistes hutus, ayant pris part au génocide et installés dans des camps au Congo oriental avec 2 millions de réfugiés, à attaquer les Tutsis rwandais et les Banyamulenges congolais. Une coalisation composée des forces gouvernementales du Rwanda, du Burundi et de l'Ouganda, associée aux forces de libération de Kabila, renverse Mobutu malgré le soutien américain. En 1998, un deuxième conflit dont l'enjeu, au-delà des problèmes ethniques, porte essentiellement sur le contrôle des ressources naturelles du Congo (cuivre et cobalt notamment), donne lieu à la plus grande guerre panafricaine de l'histoire contemporaine. Dix pays (Congo, Rwanda, Ouganda, Burundi, Angola, Zimbabwe, Namibie, Tchad, Libye, Soudan) et une trentaine de groupes armés sont impliqués. La compétition pour le contrôle des ressources pousse même à l'affrontement les forces anti-Kabila entre elles. Bien qu'il ne s'agisse pas véritablement d'une guerre conventionnelle, compte tenu de la multiplicité des groupes militaires peu organisés principalement engagés dans le combat, en 2005, le nombre de morts s'élevait à environ 4,5 millions, dont beaucoup ont succombé à la famine ou à la maladie.

Toujours en 1996, malgré les accords d'Oslo II, signés en 1995, le climat de défiance résultant du refus israélien d'évacuer la ville d'Hébron, le retard du retrait de Gaza et Jéricho, l'assassinat du Premier ministre Itzhak Rabin par l'extrême droite, alimentent les désillusions palestiniennes et provoquent les attentats du Hamas et la riposte israélienne. L'opération « raisins de la colère » contre le Liban, le plan du Grand Jérusalem, capitale réunifiée de l'État d'Israël et le tunnel de l'esplanade des Mosquées, entraînent une vague de protestations et de répressions qui feront plusieurs centaines de morts. Le cycle infernal attentat/riposte se poursuit encore de nos jours et radicalise le conflit. Le démantèlement partiel des colonies israéliennes de la bande de Gaza, la construction du mur de la honte, la participation au pouvoir des islamistes en Palestine, affaiblissent à nouveau le processus de paix.

Au cours de l'année 1997, en Afghanistan, pays déjà ruiné par dix sept ans d'intervention soviétique, les Talibans, encadrés par des groupes islamistes étrangers et soutenus par l'armée pakistanaise, qui a l'aval américain, s'emparent du pouvoir et instaurent un État fondé sur la stricte application de la charia. Ce régime fanatique, particulièrement discriminatoire à l'égard des femmes, va se retourner, avec l'appui de Ben Laden, contre les États-Unis, son allié de toujours. Les hostilités entre groupes régionaux et factions rivales pour l'accès au pouvoir ont déjà fait des milliers de morts et plongé les populations civiles dans un état de dénuement accablant.

Alors que la première guerre civile du Libéria commencée en 1989 avait déjà coûté la vie à 150 000 personnes et généré environ un million de réfugiés, en 1997, l'arrivée au pouvoir du dictateur Charles Taylor déclenche une nouvelle guerre civile. L'origine de ces guerres est à rechercher dans le conflit ouvert dès 1960 entre les proaméricains (qui avaient accordé les concessions d'exploitation des gisements de fer aux multinationales principalement américaines) et les partisans d'un pouvoir autochtone indépendant. En 2003, alors que les combats entre factions belligérantes risquaient de provoquer une tragédie humaine compte tenu du chaos engendré par un désordre ouvrant une zone de non droit et une sorte de suicide collectif, la force du maintien de la paix de la CEDEAO contraint Taylor à l'exil au Nigeria. Comme pour le conflit de Sierra Leone, le sort tragique des enfants soldats, les atrocités qu'ont connues les populations civiles, en particulier les femmes, victimes des bandes armées rebelles, des voyous et des milices, donnent à réfléchir sur le rôle de l'ONU dans le règlement de ce conflit qui aura duré plus de 14 ans. L'élection à la présidence, en octobre 2005, de l'ancienne économiste de la banque mondiale, Ellen-Johnson-Sirleaf, satisfait les appétits des multinationales dans ce petit pays dévasté et meurtri.

En 1998, et malgré la formation d'un gouvernement d'unité nationale en 1997, l'Angola s'engage dans un nouveau et violent conflit laissant à sa suite des milliers de personnes sans abri et plusieurs milliers de morts. Le décès en 2002 du leader historique de l'UNITA, Jonas Savimbi, ouvre une ère pleine d'incertitudes, compte tenu de la profondeur des luttes internes qui sévissent dans le pays depuis 1975 ayant fait près de 1,5 million de morts. Tout comme l'Angola, l'ex-colonie portugaise Guinée-Bissau sera le siège de nombreux conflits entre factions rivales durant les années 1990. Toujours en 1998, le pays est confronté à une guerre civile opposant les partisans du gouvernement à une junte militaire auto-proclamée. En 1999, malgré l'aide des troupes de Guinée Conakry et du Sénégal, l'armée renverse le Président Vieira, accusé d'avoir vendu des armes à la junte militaire.

En 1999, la Côte d'Ivoire connaît ses premiers soubresauts lorsque l'ancien parti du Président Houphouët-Boigny perd sa suprématie et que le Président Bédié, du parti démocratique (PDCI), instaure une réforme de la propriété foncière bénéficiant aux seuls Ivoiriens de souche et met en place une réforme constitutionnelle l'autorisant à se maintenir au pouvoir jusqu'à l'âge de 75 ans. Il est renversé par le général Robert Guéï. Ce dernier propose une nouvelle Constitution adoptée par référendum qui ouvre l'accès à la Présidence aux seuls candidats nés de parents ivoiriens. Guéï, élu Président de la République, les partisans de Laurent Gbagbo prétendant être arrivés en tête du scrutin, s'affrontent à la garde prétorienne et aux partisans de Ouattara revenus sur le champ des opérations. Laurent Gbagbo, proclamé Président, n'apaise pas les tensions envenimées par des élections législatives houleuses et des élections municipales gagnées par les partisans d'Ouattara. La tentative de coup d'État de septembre 2002, les assassinats contre des personnalités politiques, les exécutions sommaires, débouchent sur la guerre civile et amènera 10 000 casques bleus de l'ONUCI, parmi lesquels se trouvent 4600 soldats français, à s'interposer entre les belligérants. Le cessez-le-feu d'octobre 2002 n'empêchera pas des mouvements rebelles organisés d'intervenir à l'Ouest de la Côte d'Ivoire depuis le Libéria (lui-même en proie à de sinistres combats) faisant plusieurs milliers de morts.

Encore en 1999, dans une autre région du monde, le conflit du Cachemire prend une tournure inquiétante après l'accès « officiel » à l'arme nucléaire de l'Inde et du Pakistan. Des troupes de combattants, soutenues par le Pakistan, s'emparent des positions stratégiques au Nord du Cachemire et seules les pressions internationales (États-Unis et ONU) permettent d'éviter *in extremis* une nouvelle guerre. La « guerre froide », qui s'installe entre les deux camps, fait écho au cycle de manifestation/répression/terrorisme qui porte à 20 000 ou 30 000 le nombre de morts dans l'État indien du Jammu-et-Cachemire.

Au Népal la guerre du peuple d'inspiration maoïste fera plusieurs milliers de morts. Commencée en 1996 dans le but de renverser la monarchie parlementaire, qui refuse d'appliquer les réformes agraires promises en 1990, elle s'intensifiera en 1999 et parviendra à asseoir son contrôle dans plusieurs parties du territoire.

En 2000, toujours en Asie, d'intenses combats engagent plus de 30 000 soldats issus des troupes gouvernementales dans la région de Jaffna au Sri Lanka. Depuis 1985, selon les sources sri lankaises, 20 000 rebelles tamouls et 16 000 soldats de l'armée régulière auraient trouvé la mort. S'ajoutent à cela les milliers de blessés et l'exode de plus d'un demi million de Tamouls du Nord, les massacres, les viols et l'enlèvement des populations civiles, sans compter la répression s'abattant sur tous ceux qui tentent de faire circuler l'information.

En 2001, un magistral coup de tonnerre va retentir dans le monde entier : l'attaque du sol américain par des terroristes islamistes à partir d'avions civils transformés en terrifiantes bombes humaines. Cet attentat fit 3000 morts, provoqua l'écroulement des deux tours du World Trade Center, endommagea 25 autres bâtiments et occasionna de sérieux dégâts au Pentagone. La couverture médiatique sans précédent et l'émoi international grandiloquent que suscita cet événement, sans parler des polémiques et des suspicions au sein même du Congrès américains sur l'origine et la prévention de ces attentats, furent suivies, quelques mois plus tard, de l'invasion de l'Afghanistan par les États-Unis, lequel sera désigné comme le siège opérationnel d'Al-Qaïda. Appuyé par l'Alliance du Nord, le régime taliban est renversé fin 2001. En 2004, un gouvernement élu, ayant à sa tête le Président Hamid Karzaï, marionnette des USA, institue une République Islamique qui tente de réorganiser petitement le système éducatif et de santé alors en miettes. Mais les droits des travailleurs et les droits humains, notamment ceux des femmes, ne cessent d'être bafoués. Corruption, violence, répression et pauvreté sévissent toujours dans ce pays déstructuré et les combats des groupes armés talibans redoublent d'intensité.

Après l'invasion de l'Afghanistan, un cycle de terreur, surtout dirigé contre les populations civiles, va frapper plusieurs pays : Tunisie, Pakistan, Yémen, Indonésie, Kenya, Arabie saoudite, Turquie, Maroc, Espagne, Grande Bretagne, Irak. Cela s'ajoute aux pays ou ville frappés avant le 11 septembre 2001 : New York (1993), Arabie saoudite (1995-1996), Kenya et Tanzanie (1998), Yémen (2000). Le 19 mai 2002, après vingt-quatre ans de résistance à l'occupation indonésienne, le Timor-Oriental accède à l'indépendance. Mais avant de se retirer, les militaires et les milices détruisirent plus de 75% des infra structures du pays.

En 2003, prétextant au mépris du droit international la guerre contre le terrorisme et contre la soi-disant menace d'armes de destruction massive, les Américains se lancent à l'assaut de Bagdad avec l'aide de leurs supplétifs britanniques et plusieurs autres pays européens. Cette vision manichéenne du monde poussa (et pousse encore) Washington à affirmer « *qui n'est pas avec nous est avec les terroristes* », alors que tout le monde sait aujourd'hui que l'Irak n'était ni le sanctuaire du terrorisme, ni celui des armes de destruction massive. La stigmatisation puis l'attaque d'autres États du golfe, Libye et Syrie, révèle, s'il en est besoin, les visées impérialistes des États-Unis. La politique américaine, qui tendait à criminaliser ces pays parce que possesseurs d'importantes richesses pétrolifères et présentant un intérêt régional géostratégique, s'apparente au terrorisme d'État. Qui peut croire aujourd'hui que c'est au nom de la démocratie que la puissante Amérique a bombardé et a envahi ces États et s'apprête encore à frapper demain ?

La liste des guerres et des massacres de ces seize dernières années est froide et longue mais elle ne saurait prétendre à l'exhaustivité. Nombreux sont les conflits régionaux qui auraient pu s'y ajouter. Le conflit palestinien entre bientôt dans sa soixante-dixième année. Et significatifs sont ceux, d'Afrique ou d'ailleurs, qui ont dépassé les trente ans. Non seulement la plupart de ces conflits n'ont pas encore trouvé le chemin de la paix, mais d'autres parties du globe sont en passe de s'embraser. Le bilan est terrible. Et il ne vous aura pas échappé qu'après l'effondrement du bloc de l'Est, pour la seule année 1991, six guerres ont éclaté. Si l'on en comptabilise (ô le poids des mots !) les victimes seulement pour 1991, on obtient près de 3 millions de tués, et si l'on totalise l'ensemble des 27 conflits recensés, on atteint le chiffre provisoire d'environ 10 millions de morts, autant de blessés, et sans doute plus encore de personnes déplacées. Si la majorité de ces massacres, hormis pour le Rwanda, ne relèvent pas du génocide (selon la définition proposée par le juriste international Raphaël Lemkin en 1944), l'indifférence dans laquelle la plupart d'entre eux se déroulèrent ne se sépare pas d'une forme de déstabilisation des États à visée générale qui doit grandement nous interpeller. Les deux guerres mondiales et les génocides du siècle dernier chamboulèrent les consciences par la terreur insupportable et la disparition brutale de millions de personnes parfois privées de simple sépulture. Mais aujourd'hui, nous assistons à une lente banalisation et désacralisation de la vie humaine qui mérite, comme le suggère le philosophe Georges Gastaud, le terme *d'exterminisme*. Certains auteurs nous rappellent que l'ère impérialiste et la pensée raciste ont généré un expansionnisme colonial sanglant, sans pour autant dire que notre époque prépare et accomplit des massacres tout aussi répugnants, qu'elle habille cependant de morale chrétienne et de démocratie.

Pour répandus que soient les guerres et les conflits du temps de l'expansion, d'autres évènements ont profondément marqué ce temps. La richesse du monde industrialisé et la pauvreté de la plupart des nations du tiers-monde se sont encore accrues depuis la révolution l'informatique et la robotisation. Ce que certains économistes nomment la troisième révolution industrielle, dont le développement résulte pour l'essentiel des retombées de la technologie militaire et spatiale engendrées par la guerre froide, modifie profondément le rapport de l'homme au travail et accroît la compétition des gains de productivité à la source de la mondialisation. N'est-il pas éclairant de lire, de l'aveu même du directeur du Bureau européen du Fonds monétaire international, Flemming Larsen : « *L'économie mondiale offre un contraste saisissant. Le niveau et la qualité de vie s'améliorent constamment dans les pays industriels ainsi que dans certaines économies émergentes. Ils stagnent dans bon nombre des pays les plus démunis, notamment africains. Certains affichent même une régression. L'écart de revenus entre riches et pauvres n'a jamais été aussi grand (...)* » ? Le « darwinisme libéral mondial » a réussi à doubler le nombre de pauvres de la planète en trente ans.

Voilà pourquoi tout cela nous fait dire qu'il est fort probable que l'expansion capitaliste va, à l'instar d'une énorme masse en mouvement que la force d'inertie n'a pas encore réussi à stopper, se redéployer dans un temps limité, bien que sa régression ait déjà commencé. Par ailleurs, ses structures ont évolué pour accompagner la globalisation des marchés. La mise en place de l'Union européenne incarne ces objectifs supranationaux. Mais, comme nous l'avons vu, le système marchand n'avait pas attendu la globalisation des marchés pour bâtir des empires et asseoir son expansion. Il s'était simplement appuyé sur les paradigmes fondamentaux de la civilisation de l'ordre : *chef, rite, devin, argent.*

Tout comme les temps précédents, *le temps de l'expansion*, à la fin du XXe et à l'orée du XXIe siècle, qui devait, selon les dires du capital, ouvrir une ère d'abondance et de paix, n'apporta en fait que désolations et calamités comme le montre cette longue suite de guerres et d'accaparements honteux des richesses des pays colonisés et exploités. Et même si le poids économique et la puissance militaire des États-Unis et leurs acolytes pesaient encore lourdement sur la situation mondiale durant cette période, leurs interventions guerrières à répétition laissaient entrevoir la fragilité du système et annonçaient la crise généralisée sans précédent du système capitaliste dans laquelle nous sommes encore aujourd'hui.

Le temps du déclin du libéralisme mondial est déjà perceptible. Parmi les thèses avancées, se trouve une sorte de controverse : les uns, pensant (un peu à l'instar de Marcuse) que le capitalisme, consécutivement à ses réussites et confronté à d'immenses forces de résistance, disparaîtra à l'apogée de son développement, alors que d'autres, imaginent qu'il sera surtout victime de ses propres échecs.

L'heure du bilan est plus proche que les magnats de ce monde ne le pensent, et si la résistance mondiale ne s'égare pas au populisme qui guette ou pire encore au néofascisme embusqué, elle nous révélera, à partir de l'histoire, toute l'ampleur de leurs crimes cachés. Le livre de Michel Henry : « *La Barbarie* », malgré le fait que le procès à la science dans l'affrontement entre culture et savoir m'apparaît toujours globalement infondé, a le mérite de nous faire percevoir le mécanisme machiavélique du tout informationnel et de son acharnement nihiliste contre toute valeur en dehors de l'apologie du profit : « *Après l'objectivisme unilatéral de la science, s'impose celui des médias qui arrache l'homme à lui-même, produisant à chaque instant le contenu venu occuper son esprit, autorisant une manipulation idéologique sans précédent, sans limites, interdisant toute pensée libre – toute « démocratie » –, condamnant toute relation personnelle réduite à des manifestations extérieures (...)* » Mais heureusement, comme l'affirmait Marx en son temps : « *la pensée est un mode de vie* » et ce mode de vie, pour agréable qu'il soit à une infime minorité, est de moins en moins supportable à la grande majorité des individus. À cette contradiction irréfragable le capitalisme pourrait bien succomber.

La question cependant reste ouverte car l'empoisonnement des consciences par la société libérale influe sensiblement sur les comportements. Le rejet du système ne naît pas mécaniquement de l'amplification du nombre des exclus ou de l'accroissement effréné de la paupérisation des peuples, puisque concomitamment s'opère l'adhésion d'une frange non négligeable d'individus idéologiquement acquis au système concurrentiel individualiste à laquelle il convient d'ajouter la masse grandissante des victimes écervelées. Seul le mouvement de l'histoire nous dira s'il eût fallu ajouter à la nécessaire activation démocratique et combative de l'agonie capitaliste, la révolution armée des peuples qui n'en supportaient plus la survie.

Parmi les « deux étoiles nouvelles » au firmament du libéralisme mondialisé, l'une d'elles, la Chine, pourrait venir bousculer quelque peu l'ordre établi. Non qu'elle soit plus redoutable que d'autres à cause de sa démographie (de ce point de vue l'Inde et l'Afrique offrent à terme plus de potentialité) ou de l'étendue de sa géographie, mais par la nature même de son organisation politique. Hypocritement, certains médias s'interrogent sur la survivance du communisme dans la Chine « moderne », hésitant entre le plaisir que leur procure son entrée dans l'OMC (Organisation Mondiale du Commerce) et leur anticommunisme viscéral. Manquent-ils à ce point de connaissances objectives sur la réalité de ce pays pour hésiter à qualifier son régime de capitalisme dictatorial avancé ? Dans une certaine mesure, le « capitalisme ordinaire » est déjà dépassé, et quand bien même il s'ingénie à grignoter progressivement tous les progrès imposés par la lutte des peuples aux « démocraties » libérales, il lui sera difficile de rivaliser avec ce nouveau système dirigiste et consumériste. Sur un point cependant la balance penche encore largement en faveur de l'impérialisme américain : la puissance militaire. Mais est-il réaliste d'endiguer le flot montant d'un pays continent de près de 1,5 milliards d'habitants sans prendre le risque prévisible de connaître en retour de graves dommages collatéraux ? En ce sens, on peut dire que la guerre économique sans précédent (en partie amorcée) que vont se livrer les deux futures superpuissances du monde : États-Unis et Chine, laissent ouverte la possibilité aux « forces civiles non militairement combattantes de tous les continents » de développer des luttes sociales, politiques et idéologiques, tout aussi inédites. Cela n'exclut pas définitivement le recours légitime à la lutte armée si une dictature fasciste et raciste prend le pas sur l'ordre social et pseudo démocratique actuel d'un ou de plusieurs États. Les puissances capitalistes prétendent que la grande menace pour le monde occidental vient du terrorisme islamique. Si les attentats bien réels qui ont été commandités à travers le monde pèsent sur la sécurité quotidienne des populations, il est vain de chercher parmi ces velléitaires instigateurs des paradigmes fondamentalement différents de ceux du marché libéral. Modes culturels et dogme religieux mis à part, le modèle qu'ils souhaitent instaurer est tout aussi imprégné de pouvoir et d'argent que la civilisation occidentale qu'ils prétendent combattre. Le commerce et la propriété privée, à la source de bien des maux, est, pour les Républiques islamiques qu'ils soutiennent, au cœur même de leur précepte religieux. Ce qu'ils offrent plus précisément comme alternative, c'est plutôt une sorte de capitalisme « embelli » par un communautarisme rythmé par le temps des prières et identifiable selon des coutumes vestimentaires, alimentaires et familiales strictes, dans lequel l'adversaire déclaré, « l'État de droit », cède la place à une organisation sociétale inspirée par un ordre messianique et dogmatique. Mais ce renouveau intégriste n'affecte pas seulement l'islam. C'est un phénomène franchement contemporain qui s'observe dans toutes les sociétés dans lesquelles prévalent des religions dominantes, tel le judaïsme, la chrétienté, l'hindouisme, le bouddhisme etc. Ce qui le caractérise, c'est le rejet de toute réforme démocratique de l'État. Et plus encore, de tous les mouvements sociaux qui pourraient mener le combat pour changer la société. La recrudescence des islamistes trouve sa source dans le malaise social que font peser les États inféodés au marché mondial à des populations de plus en plus écartées du système. Et auxquels, l'émule intégriste offre à la communauté musulmane des services sociaux et de solidarité ressentis comme une possibilité de survivance et de dignité. Ainsi qu'a pu l'écrire Immanuel Walter Stein : « *Loin d'être archaïques, ils posent le problème de l'avenir. Mais de quel avenir s'agit-il* ? » Combattre l'hégémonie libérale est un tout, et si spécifiques que soient les Républiques islamiques en marche à travers le monde, si attractives que fussent leurs solidarités effectives envers les nombreux laissés-pour-compte des populations immigrantes, tout indique que leur marginalité apparente est conjoncturelle et qu'il importe, tout en respectant leur identité religieuse, de les englober dans le moule déclinant de l'économie de marché. Le déclin mesurable de l'hégémonie mondiale n'est pas un simple processus cyclique entamé à l'apogée de la puissance américaine. Il s'inscrit dans la dimension plus profonde et décisive de plusieurs changements fondamentaux.

Le premier volet, dans l'analyse chronologique que nous faisons de ces changements, sans pour autant leur accorder un ordre de priorité, permet d'observer qu'une des nécessités du capitalisme, et ce depuis le XIXe siècle, est d'apprivoiser « *les classes dangereuses* », classes prolétaires souvent concentrées dans les grandes métropoles et que le régime soviétique, jusqu'à leur récente implosion, contribuait peu ou prou à canaliser. Alors que la concentration capitaliste pousse à la mondialisation des marchés et donc à la circulation toujours plus grande des flux de main-d'œuvre et des capitaux, le principe imaginé par le « libéralisme triomphant » pour neutraliser l'action des masses : suffrage universel, nationalisme, colonialisme et racisme concomitant, est mis à mal par la nécessité grandissante de mettre en place des institutions et des organismes supranationaux.

Le deuxième volet de ces changements, toujours en lien avec la concentration capitaliste et la gestion des flux de main-d'œuvre, se caractérise par un mouvement organisationnel contradictoire qui induit à la fois un regroupement des forces productives dans d'immenses mégapoles et une déruralisation qui lui est consécutive, limitant du même coup la pépinière intérieure de nouveaux travailleurs moyennement qualifiés et facilement exploitables qu'exige l'essor de la révolution technologique. Largement majoritaire il y a encore quelques décennies, la population rurale mondiale s'établit à environ 40% et descendra sous peu à moins de 20%. Et si rien n'est entrepris pour en ralentir le cours, il est à craindre que les capacités de production agricole, malgré tous les moyens qu'apportent la mécanisation et la recherche, soient insuffisants pour répondre aux besoins vitaux des populations. Indépendamment de l'inquiétante décroissance des populations rurales, la culture intensive, pratiquée à grande échelle par les pays agricoles développés, montre ses limites et la dégradation des sols à laquelle elle conduit pourrait être, à l'échelle de l'humanité, quasi irréversible. L'autre versant de ce second changement prend naissance dans le déficit chronique de main-d'œuvre bon marché qu'exigent les pays développés, lesquels trouvent une réponse à bon compte dans l'immense réservoir extérieur de main-d'œuvre engendré par le sous-développement endémique de pays soumis il y a peu de temps encore à la colonisation et/ou à des États autoritaires corrompus. La demande, qui porte essentiellement sur les tâches manuelles et répétitives : bâtiment, travaux publics, aménagement du territoire, montage à la chaîne, etc., se trouve être rapidement saturée par l'arrivée massive en Occident, au péril de leur vie, de ces populations démunies qui n'ont d'autre choix que d'occuper ces emplois, accélérant la dérégulation du marché du travail en raison d'un patronat peu scrupuleux (encouragé par le laxisme des États) qui les emploie « au noir », bloquant ainsi non seulement leur possibilité d'intégration, mais accroissant du même coup la précarité endémique de leur pays « d'accueil ». Corrélativement, une autre politique s'organise à partir de l'immigration choisie de salariés qualifiés des pays peu développés, permettant au capitalisme de peser sur les salaires des travailleurs nationaux socialement plus exigeants au risque d'affaiblir plus encore les pays d'origine qui ont investi pour les former. Les contre-performances de l'ensemble de ces politiques sont d'autant plus fortes que les « pays d'accueil » ne parviennent pas à réguler le flot de ce que j'appellerais : « l'immigration de survie ». L'Australie et le Canada, par exemple, adeptes « forcés » de cette politique, sont, si l'on peut dire, beaucoup moins perméables compte tenu de leur situation géographique. Par contre l'Amérique du Nord, et surtout l'Europe, plus exposées à l'infiltration de ces populations, soit par l'immensité de leur espace frontalier et la proximité des pays à fort potentiel d'immigration (cas des États-Unis), soit par l'histoire coloniale qui génère encore des liens de dépendance vis-à-vis des pays ayant atteint un niveau de sous-développement parfois alarmant ou par la porosité même des territoires ouverts légalement aux ex-pays du bloc de l'Est (cas de l'Europe), mettent en place de coûteux systèmes de contrôle. Enfin, une nouvelle politique de surexploitation s'organise à partir de la délocalisation des emplois productifs ou de services, avec la complicité des États nationaux de pays en voie de développement ou ex-pays du bloc de l'Est, dans lesquels les niveaux de salaires sont bien inférieurs à ceux pratiqués en Occident et où la protection sociale et la sécurité au travail font parfois défaut. L'ensemble de ces dérégulations ne vont pas sans générer de nombreuses contradictions, au premier rang desquelles se trouvent l'accroissement global du taux de chômage et de la charge de travail, la prolongation de l'âge légal de la retraite, la remise en cause des acquis sociaux, la crise du logement, l'insécurité des personnes et des biens, la résurgence du racisme. Pesant globalement sur la confiance des États nationaux, ce changement fondamental créait un sentiment de frustration et un profond désarroi chez la plupart des populations concernées, amorçant à terme le rejet d'un système libéral inéluctablement condamné.

Le troisième volet s'observe à partir du niveau des salaires différés, engagés à satisfaire des exigences sociales que la lutte des travailleurs avait progressivement imposées aux États industrialisés, sans nécessairement impacter le processus d'accumulation du capital. Or, cette pression, à laquelle aucun pays développé ou non développé n'échappait, même si elle s'exprime encore par le désir des populations d'accéder à l'éducation, la santé, le logement social, voire le maintien ou le développement des services publics, a baissait. Cela conduit les États, surtout ceux des pays occidentaux où la résistance existe encore, à laisser croire que la protection sociale est la cause de l'endettement public, alors qu'ils répugnent à faire supporter aux plus riches le réajustement de l'impôt et que leur refus de relever le niveau des salaires est grands. Mais, contraints par les mesures qu'ils se sont fixées au niveau international pour limiter leur taux d'endettement, ils se lancent à présent dans un processus de démantèlement et de privatisation de ces services, au risque de mécontenter principalement les couches moyennes qui constituent pourtant l'essentiel de leur base politique. En ce qui concerne le Tiers monde, non seulement ces objectifs sont abandonnés par le fait que les mouvements de libération d'obédience marxiste ou communiste, épaulés par l'Union Soviétique, se sont effondrés, mais par les pressions que le FMI fait peser sur les nouveaux régimes libéraux, engendrant une telle déstructuration sociale et économique, que les coûts globaux qu'ils représentent, sont engloutis à des seules fins spéculatives ou de maintien de l'ordre.

Le quatrième volet de ces transformations fondamentales se découvre dans l'ampleur des dégâts engendrés par le pillage des ressources naturelles des pays du Quart monde, principalement ceux du continent africain, et l'abandon de l'agriculture de subsistance au bénéfice d'autres types de culture (par exemple le coton) dont le cours, artificiellement maintenu au taux le plus bas, entraîne en même temps que l'exode rural une dépendance alimentaire que ne sauraient combler les ONG. Les dommages collatéraux résultant des guerres fratricides post-coloniales, l'introduction du libéralisme dans des pays à niveau de qualification et d'équipements particulièrement faibles, sont terriblement coûteux en vies humaines et en assistance humanitaire globale, conduisant à un potentiel de destruction tel, que ces États subissent une désagrégation proche de « la libanisation ». Pour faire face à ces dépenses de maintien minimum de la survivance des populations dangereusement appauvries, le capitalisme prend à contre-pied les méfaits de la circulation informationnelle qui risque de ternir son image de « bon apôtre » en pilotant indirectement, à partir d'une propagande émotionnelle sans borne, la plupart des associations caritatives et humanitaires, chargées d'adoucir les terribles effets de son marché mondialisé. Ce type de méthode, largement relayé par chaque État, s'applique également à des pays émergents ou industrialisés pour venir en aide aux exclus permanents ou temporaires du capitalisme : clandestins, SDF, et plus récemment les personnes précarisées ou frappées par la cherté des loyers et les bas salaires, voire tout simplement pour prendre en charge les dépenses de recherche médicale qu'ils refusent d'assumer. C'est ainsi que l'appel au bénévolat et aux dons sous toutes les formes se multiplie, plaçant ceux-là mêmes qui pensaient faire véritablement œuvre utile dans une situation perplexe (en France, les bénévoles des *restos du cœur*, par exemple, sont passés de quelques milliers de repas servis aux plus démunis à plusieurs millions en l'espace de quelques années).

Le cinquième volet de ces changements concerne le dérèglement des équilibres naturels qu'une industrialisation et un arsenal militaire chimique, biologique, nucléaire, mal maîtrisés, auxquels s'ajoutent le développement sans précédent de matériel d'équipement ou de transport individuel à fort potentiel de pollution, contribuent à aggraver, accréditant la thèse d'une catastrophe écologique annoncée. Les diverses initiatives internationales (protocoles de Kyoto et de Rio sur la réduction de 6% des émissions de gaz carbonique à l'échelle mondiale et « l'agenda 21 » pour prendre en charge l'utilisation des ressources en eau, veillant particulièrement sur l'approvisionnement des pays pauvres) ne sont que des mesures hypocrites. Le rapport de l'ONU établit qu'une stabilisation du climat exigerait une réduction de 60 à 80% des gaz à effet de serre et 25 millions de personnes, dont 20 millions d'enfants des pays pauvres, meurent encore chaque année à cause de la pollution ou de la pénurie d'eau potable à l'échelle planétaire. Par ailleurs, la logique qui consiste à se décharger d'une partie de nos problèmes de déchets sur le dos des pays du Tiers monde ne fait qu'aggraver le problème. Les Pays industrialisés se retrouvent face à une contradiction supplémentaire majeure : soit ils prennent véritablement le problème à bras le corps en débloquant des fonds et en s'engageant dans la réorganisation globale de l'activité économique et sociale au risque d'ouvrir un conflit avec le processus de l'accumulation capitaliste, soit ils continuent à biaiser et aboutiront inéluctablement à la dégradation croissante de la planète.

Le sixième volet de ces profonds changements concerne l'effort de guerre sans précédent que la super-puissance américaine, soutenue par ses acolytes de l'OTAN, est tenue de consentir pour maintenir son taux d'approvisionnement énergétique et s'assurer de la suprématie des ressources minières, maritimes et agricoles. Malgré le passage quasi général du système de conscription à celui d'engagé volontaire, afin de limiter les dépenses et surtout de s'assurer d'un interventionnisme, d'un professionnalisme et d'une obéissance sans limite de son armée, la guerre d'Irak semble être le contre-exemple d'une telle stratégie. Le déclin militaire est également perceptible à la façon dont les États-Unis et les autres pays industrialisés entreprennent la destruction du matériel de guerre (navires, avions, engins terrestres) pour cause d'obsolescence, allant même jusqu'au sabordage sans dépollution préalable des plus grands porte-avions du monde, sans parler des sous-marins à propulsion nucléaire. L'autre effet indirect de ces politiques militaires est l'accroissement significatif du taux de chômage des jeunes en âge d'accomplir leur service militaire, que l'abandon de la conscription n'occupe plus durant au moins une année et ne contribue plus, comme c'était le cas par le passé, à l'acquisition d'un niveau de formation minimum.

Le septième volet recouvre les problèmes de l'endettement des États qui se manifeste concrètement dans les déficits budgétaires et de la balance commerciale ou de la balance des paiements avec des conséquences réelles au plan international, mais surtout celui des ménages dans les pays industrialisés et plus encore sans doute dans les pays émergents. Le taux d'endettement des ménages pour la France a atteint le niveau record de 66% en 2006 et la durée de la dette, notamment dans l'immobilier, court sur la quasi-totalité de la vie. L'accroissement exponentiel de cet endettement est en partie lié à la profonde crise immobilière qui affecte la plupart des pays capitalistes dont les investissements dans le logement social, dramatiquement inférieurs à la demande, ont fait grimper le prix global des loyers privatifs, mais aussi, pour une bonne part, à l'investissement massif des plus fortunés dans « la pierre » face à l'incertitude globale des marchés financiers. Le même mouvement est observé pour l'or, « valeur-refuge » par excellence, dont le cours a significativement grimpé ces dernières années. Quant au déficit colossal des finances publiques américaines, ou d'autres pays, qui n'a d'autre but que de financiariser l'accumulation du capital, il ne cesse d'augmenter. Jamais la dette des États et des ménages n'avait atteint le niveau et l'ampleur que nous leur connaissons aujourd'hui à l'échelle mondiale. Ce changement fondamental, dans la gestion capitalistique du crédit, est lourd de conséquence pour l'avenir des peuples et des pays surendettés.

Le huitième et dernier volet de ces changements fondamentaux touche aux valeurs culturelles, sociales et collectives, dont la contribution encore récente au renforcement des liens sociaux indispensables au développement humain, ont été relayés par une déculturation de masse et une apologie forcenée de l'individualisme, accompagnées d'une attaque sans précédent contre l'utilité de l'action des organisations collectives et plus particulièrement des syndicats de salariés. Si l'on prend l'exemple des États-Unis, malgré la subordination du mouvement syndical au bipartisme capitaliste, il faisait preuve, notamment dans l'industrie, d'un certain dynamisme jusque dans les années 1980. Aujourd'hui, le poids de la dette, le net ralentissement de la croissance et la perte du *leadership*, plus particulièrement dans le secteur de l'automobile et de la sidérurgique, la politique de déréglementation massive, surtout dans le secteur des transports, mettent à mal non seulement la politique d'accords syndicats-entreprises, mais ouvrent la voie au slogan d'une politique d'attaque brutale des syndicats par l'administration américaine. Dans le domaine de « l'industrie du divertissement » (à quelques exceptions près), la promotion de la médiocrité et l'encouragement d'une culture nombriliste, parfois violente et forcément égoïste, sont la règle. Les formes les plus intolérantes de crédulité religieuse sont glorifiées jusqu'au niveau des États. De même, l'attaque de l'administration Bush contre la théorie de l'évolution et les résultats de la recherche sur l'environnement témoignent de cette volonté mesquine et décadente d'une « élite » capitaliste de plus en plus liée à la spéculation boursière et à d'autres activités marchandes de nature essentiellement parasitaire. Ce monde matériel, paradoxalement superstitieux, chargé de régression sociale, de stagnation, de violence et de refus délibéré de la vraie vie, malgré le rayonnement apparent que lui confère encore sa puissance en déclin, accroît sa propre barbarie. Pour ne prendre que ce trait marquant, ô combien décisif, de l'acculturation qu'entreprend aujourd'hui le libéralisme forcené, Michel Henry nous montre bien ce qui touche aux racines profondes de la société : « *Quand celle-ci s'aliène dans la communication et l'existence technomédiatique, elle ajoute à notre société matérialiste le trait de l'hébétude en même temps qu'elle porte à la culture son dernier coup (...) La liberté, la liberté fondamentale et essentielle, « la clé de voûte de toutes les autres », c'est la liberté de la presse, la liberté de l'information, c'est-à-dire en vérité la liberté des médias et ainsi de l'existence médiatique elle-même, la liberté sans limite d'abrutir, d'avilir, d'asservir.* »

Certes, notre approche énumérative des changements fondamentaux du capitalisme au cours de ces dernières années est forcément perfectible. Mais elle n'a d'autre but que de contribuer à saisir un mouvement que la connaissance éparse des éléments concrets isolés ne permet pas toujours d'appréhender. Pour autant, la mise en forme de quelques-uns de leurs effets n'est pas inutile. La crise du capitalisme n'affecte pas seulement le secteur industriel, le parasitisme économique ou l'augmentation des inégalités sociales, mais touche à la maintenance ou au développement des infra-structures vitales : transport ferroviaire, routes, ponts, digues, barrages, réseaux électriques, canaux maritimes, aviation civile, etc. Une illustration en est donnée par l'ouragan Katrina qui est venu à bout des digues de la Nouvelle-Orléans, laissant des centaines de milliers de personnes dans le plus parfait dénuement, alors qu'il était parfaitement connu des autorités américaines que des travaux d'endiguement plus conséquents auraient permis de mieux garantir la protection des populations civiles. Comme nous avons pu le voir, la « décrépitude » du capitalisme affecte également des domaines jusqu'alors partiellement épargnés (éducation, santé, vie culturelle, associative, intellectuelle et artistique), et s'accompagne d'une attaque en règle contre les droits démocratiques. Depuis le dernier soubresaut de la légalisation sur l'avortement par la Cour Suprême en 1973, non seulement aucune réforme élargissant les droits fondamentaux n'a vu le jour aux États-Unis, mais pèse sur eux l'ombre nouvelle de normes légales au bénéfice exclusif d'une oligarchie bornée, ignorante et avide. Certains trouveront mon propos trop centré sur la situation américaine, mais avons-nous vraiment le choix ? Quoi de fondamentalement différent, mis à part l'effondrement du bloc de l'Est, sur le rôle prépondérant de l'Amérique dans les affaires du monde depuis le fameux discours de Léon Trosky en 1924 : « *Camarades, quiconque souhaiterait discuter du sort de l'Europe ou du prolétariat mondial ou essaierait de le faire sans tenir compte de la puissance et de l'importance des États-Unis, ferait dans un certain sens un bilan sans consulter le maître. Car le maître du capitalisme mondial, comprenons le bien, c'est New York, avec Washington en tant qu'instrument étatique. » ?* Mais, comme a pu le souligner le conservateur endurci Brzezinski, « *L'Amérique a besoin de regarder en face une nouvelle réalité mondiale d'importance capitale : le fait que la population du monde entier connaît un réveil politique sans précédent dans son ampleur et son intensité et qui a pour résultat que la politique du populisme est en train de transformer la politique du pouvoir.* » En effet, si l'ère des « capitaines d'industrie » n'est pas totalement révolue, l'élite dirigeante à travers le monde change de composition et les premiers de liste investissent plus volontiers dans les activités spéculatives alors que d'autres n'hésitent pas à flirter avec les pires mafias. Certains d'entre eux ont même pu accéder à la tête de l'État : c'étaient des populistes (votre vision monsieur Brzezinski n'était pas erronée). Parmi les autres effets perceptibles du capitalisme déclinant, le triptyque « mafia, drogue et politique » doit être souligné. Si l'on prend l'exemple de l'Asie du Sud-Est, Martial Dassé, dans « *Les réseaux de la drogue dans le triangle d'or* », nous montre les complicités des gouvernants et des militaires avec ce type de mafias. En Birmanie, où des guérillas et bandits organisés opèrent, leur trafic est couvert grâce aux pseudo-légitimations politiques ou directement par les militaires, alors qu'en Malaisie, Singapour, Philippines et Thaïlande il est de fait toléré, voire banalisé par les gouvernements. La drogue rapporte avant tout des devises, et les actions engagées par les États à usage international ne sont en réalité que des faux-semblants. Les USA, qui défendent leurs intérêts commerciaux ou stratégiques dans cette région du monde, se contentent de plates dénonciations, alors que la CIA s'appuie parfois directement sur des groupes de narcotrafiquants pour des raisons géopolitiques. Parallèlement à la diversité de ce que l'on nomme habituellement la « criminalité traditionnelle ». Et qui touche depuis toujours les pays des divers continents, se développe une forme de criminalité qui prend racine dans ce que l'on pourrait appeler « les nouveaux usages socio-politiques » affectant plus ou moins directement une partie de la classe dirigeante, lesquels ne sont pas sans incidence sur les milieux institutionnels : police, justice, média. Leur développement ne concerne pas uniquement les anciens pays du bloc de l'Est, au premier rang duquel la Russie peut être distinguée, ni certains États africains, du Moyen-Orient ou d'Amérique latine, mais également la plupart des pays européens et ce, bien au-delà de la seule Italie. La meilleure définition que l'on pourrait donner de ce nouveau phénomène mafieux se trouve contenue dans cette citation empruntée à Umberto Santino : il s'agit « (...) *d'un système de violence et d'illégalité ayant pour fin l'accumulation du capital et l'acquisition et la gestion de positions de pouvoir, se servant d'un code culturel et jouissant d'un certain consensus social. Les organisations criminelles sont au centre d'un bloc social « transclassiste », qui va des politiciens liés aux mafieux, aux experts financiers qui veillent sur les opérations de blanchiment et d'investissement de l'argent sale, en passant par les avocats en permanence au service de la mafia, jusqu'aux dealers et vendeurs de cigarettes de contrebande.*

La fonction dominante à l'intérieur d'un tel bloc social qui pourrait tourner autour de quelques centaines de milliers de personnes est exercée par des sujets légaux et illégaux qui peuvent être définis comme bourgeoisie mafieuse. »

En guise de prémisse

À l'heure du déclin potentiel du capitalisme mondialisé, il n'est pas étonnant que soient mis en œuvre, malgré la façade de légitimité morale et juridique qu'il prétend afficher, des moyens et des méthodes d'une extrême violence, dont la dérive mafieuse et la guerre d'Irak sont les principales illustrations. Les ruses éventées de l'histoire ne transforment pas l'Empire capitaliste décadent en géant : voué à disparaître, il en est que plus dangereux aujourd'hui. Au-delà du déclin annonçait, comme nous a permis de le découvrir l'intentionnalité chronologique de l'histoire, à chaque étape transitoire l'amorce temporelle d'un profond changement n'a pas réussi à rejeter la part d'aliénation déstructurante de la civilisation de l'ordre, tout en concentrant une part toujours croissante de savoir théorique et de savoir-faire technique. Des préceptes religieux, philosophiques et scientifiques nouveaux, ont accompagné et parfois précédé ces transformations. Passant d'une mythologie déiste multiforme aux religions monothéistes, la phase nouvelle d'annonciations, comme celles qui l'avaient précédé et celles qui suivent, semble toujours s'appliquer à la recherche d'une certaine globalisation. Cela fut le cas également pour les sciences fondamentales : ne recherche-t-on pas aujourd'hui encore à unifier les lois de l'infiniment grand et de l'infiniment petit ?

Le temps des créations, cherchant à travers une architecture colossale et raffinée à « attendrir » les dieux et satisfaire le Roi, fut aussi, à sa manière, unificateur. Seul le temps des objections, sans doute trop affecté par le traumatisme du morcellement des empires, a opté à son début pour une organisation plus éclatée. Mais il commit l'erreur, après ce bref moment de bifurcation, d'entrer à nouveau dans le monde globalisant des royautés. Le temps de la barbarie a perdu la dignité humaine en se livrant à la recherche d'une race pure et indivisible. Le temps des révolutions n'a pas dérogé à la règle de l'universalisation et même le temps des libérations, en apparence fragmentaire, a tenté à sa manière de réunifier les valeurs perdues à l'espace aliénant des colonisations. Quant au temps de l'expansion, par essence englobant, il a tenté d'imposer l'ordre du capitalisme mondial, et même si le déclin qui nous occupe présentement cherche dans sa concurrentielle identité le maintien de sa profonde unité, pour autant, l'échec qui le guette passera lui aussi, comme l'ensemble des autres temps historiques, par une phase de désagrégation.

Ces mouvements récurrents de l'histoire interpellent. Et l'on est tenté de se demander pourquoi s'acharner à l'unification sociétale puisque chaque temps de profonde transformation n'a jamais réussi durablement à s'imposer. Peut-être qu'au-delà de l'apparent recommencement du mouvement de l'histoire se cache une évidence qui nous échappe : n'est-ce pas plus fondamentalement le déclin de la civilisation de l'ordre qu'il nous est donné tout simplement d'observer ?

L'Humanité retrouvée est un but à atteindre, mais si quelques signes de changements politiques semblent poindre à l'orée du capitalisme déclinant, en particulier l'arrivée au pouvoir de ces gouvernements socialisants au Venezuela, au Brésil, au Chili, en Bolivie et ailleurs, je pense sincèrement, d'une façon plus globale, que la démystification de l'idéologie dominante n'est pas encore à l'ordre du jour.

L'évolution sociétale de ces trente dernières années a démenti tous les espoirs suscités jadis par les mouvements de libération nationale, le système communiste et même, pour certains, le réformisme international. Les partis sociaux-démocrates ont joué leur rôle historique de trahison des classes sociales les plus défavorisées et l'Union Soviétique que l'on pensait, malgré l'inqualifiable dérive autoritaire, toujours animée par la volonté de combattre le capitalisme, n'était en fait, malgré la rhétorique révolutionnaire, qu'un avatar de la social-démocratie. Quant au modèle communiste maoïste, seul son sectarisme dictatorial est resté. En substituant la stratégie de la révolution prolétarienne des années 1920 à celle de la solidarité des mouvements de libération nationale tiers-mondiste pour l'autodétermination des peuples, le modèle communiste a fonctionné comme une sorte de force réformiste de stabilisation.

Le capitalisme, quant à lui, pur produit de la civilisation de l'ordre, s'est reproduit moins facilement que la fin de la guerre froide ne le laissait espérer. En ce sens, on peut dire que le dépérissement global du léninisme est plutôt une mauvaise nouvelle pour le libéralisme dominant. Grandement responsables de l'effondrement de « l'Empire communiste », les apparatchiks du bloc de l'Est ont su tirer leur épingle du jeu en précipitant leur pays vers le libéralisme pur et dur. Mais s'il est vrai, comme le notent certains observateurs, que la montée des exigences démocratiques et sociales des peuples de tous les pays se heurte inéluctablement à la déstructuration sociétale et à l'autoritarisme du marché triomphant, alors, il est possible d'imaginer que le capitalisme perde progressivement ce soutien paradoxal des mouvements antisystèmes qui croyaient encore il y a peu à la possibilité concrète d'obtenir par la lutte une amélioration graduelle de la situation sociale. Si l'hypothèse se vérifie, cette tonalité politique nouvelle, associée à la perte de crédibilité de plus en plus grande du bipartisme capitaliste (un coup la droite, un coup la gauche, ou un coup les démocrates, un coup les conservateurs, ce qui est sensiblement du pareil au même), pourrait ouvrir le champ à de profonds changements. Cependant, dans le capitalisme d'aujourd'hui, deux modèles en apparence antinomiques s'opposent : le libéralisme se parant des habits de la modernité, et le néofascisme endossant le costume ancien d'un populisme d'autant plus attractif que la société est déstructurée. Par conséquent, les forces dites « de progrès » vont se trouver confronter à des luttes prenant la forme de deux systèmes radicalisateurs. Une donnée importante risque de jouer en faveur du sillon fascisant. Jusqu'alors, le processus continuel de raffermissement de l'État comme structure légitime et efficace obtenait peu ou prou l'adhésion du plus grand nombre, mais sa désagrégation annoncée, liée comme nous l'avons vu à la nature même du déclin capitaliste, change quelque peu la donne. Incapable de répondre aux demandes économiques et sociales des population, tant la suprématie du marché affaiblit sa marge de manœuvre, sa légitimité ne cesse de s'effriter et le sentiment d'insécurité grandit. S'installe alors une sorte de logique parallèle qui combine à la fois l'autoritarisme, l'exclusion sociale, l'économie souterraine, la corruption et l'accélération de la privatisation sous toutes ses formes, accentuant plus encore la décomposition des structures étatiques et ouvrant la voie à ce que l'on pourrait appeler une « société de débauche ».

Dans ce contexte, le « multiculturalisme », plutôt bien toléré dans les pays industrialisés ayant ouvert largement leurs portes à l'immigration pour maintenir leur taux de profit, se trouve confronté à la marginalisation progressive de ces populations, victimes premières d'un taux de chômage croissant, que le capitalisme, malgré le recours massif à la flexibilité et la précarité du travail, est incapable de maîtriser. Il en résulte que la résurgence d'un nationalisme non pas strictement national, car il n'a aucune foi dans l'avenir, mais craintif et frileux, anti-étatique et en fin de compte raciste (blanc contre les autres), est toujours possible. La phase singulière qui est la nôtre, marquée par la confrontation des rapports capitalistes liés à la mondialisation, n'est pas qu'une simple accentuation des phénomènes de transnationalisation économique, politique, culturelle et sociale. Elle se nourrit des « nouvelles possibilités » offertes par une machinerie technologique de plus en plus complexe où les inventions techniques rivalisent parfois d'inutilité. Pourtant, sur le plan économique, les tendances de dérégulation structurelle ne sont pas fondamentalement différentes malgré le poids toujours plus grand de la globalisation. Ce qui change aujourd'hui, même si l'information est tronquée, c'est la rapidité avec laquelle se déploient les processus de déstructuration (délocalisations de la production par exemple) qui fait que les travailleurs et les syndicats sont très sévèrement impactés. Malgré les « habits neufs » que le libéralisme emprunte à la glorification actuelle du marché, laissant croire, comme l'idéologie emblématique des Lumières, que nous assistons en direct à un nouveau et merveilleux récit moderne du progrès, nous sommes en fait confrontés à la recrudescence du conservatisme le plus traditionnel. Ce qu'il conviendrait de connaître, car il semble bien que l'avenir qui suivra reste ouvert, c'est la charge anti-capitaliste réelle qui demeure intacte dans la conscience des masses, et d'autre part, au-delà des idéologies matricielles du libéralisme et du « socialisme réel », s'il nous sera possible de sortir un jour des prétentions bellicistes de la civilisation de l'ordre qui a régné sur le monde jusqu'ici.

Dans ce sens, Michel Henry pathétiquement se trompe lorsqu'il croit découvrir que nous entrons dans la barbarie principalement à cause de l'hyper développement d'un hyper savoir qui forme « la science », laquelle menace, selon lui, les fondements du cycle prospère des civilisations et des spiritualités :

« Certes, ce n'est pas la première fois que l'humanité plonge dans la nuit. On peut même penser que cette aventure amère lui est arrivée bien des fois et c'est la gorge serrée que l'historien ou l'archéologue relève les traces d'une civilisation disparue. Mais une autre toujours prenait la suite. Sur les ruines des sanctuaires anciens s'élèvent de nouveaux temples plus puissants ou plus raffinés. Les campagnes que les systèmes d'irrigation à l'abandon ont transformées en marécages pestilentiels sont un jour ou l'autre drainées et asséchées de nouveau, une agriculture plus prospère s'y installe. Ainsi pouvait-on se représenter l'histoire sous une forme cyclique. À chaque phase d'expansion succède celle du déclin, mais là ou ailleurs, un nouvel essor se produit, portant plus loin le développement de la vie. Celui-ci apparaît plus global. C'est conjointement que s'appuyant l'une sur l'autre et s'exaltant l'une l'autre, les forces sises en l'homme se déploient : activités économique, artisanale, artistique, intellectuelle, morale, religieuse vont ensemble et, quelle que soit celle que privilégie l'interprète, il constate cette éclosion simultanée des savoirs pratiques, techniques et théoriques dont le résultat s'appelle Sumer, Assour, la Perse, L'Égypte, la Grèce, Rome, Byzance, le Moyen Âge, la Renaissance. Là, dans ces « espaces » privilégiés, c'était chaque fois la tonalité des valeurs qui font l'humanité qui s'épanouissaient en même temps. Ce qui se passe sous nos yeux est bien différent. Nous assistons depuis le début de l'ère moderne à un développement sans précédent des savoirs qui forment la « science » et revendiquent d'ailleurs hautement ce titre. Par là on entend une connaissance rigoureuse, objective, incontestable, vraie. De toutes les formes approximatives, voire douteuses, de connaissances et de croyances, ou de superstitions, qui l'avaient précédée, celle-ci se distingue en effet par la puissance de ses évidences et de ses démonstrations, de ses « preuves », en même temps que par les résultats extraordinaires auxquels elle a abouti et qui bouleverse la face de la terre. Un tel bouleversement, malheureusement, est aussi celui de l'homme lui-même. Si la connaissance de plus en plus compréhensive de l'univers est incontestablement un bien, pourquoi va-t-elle de pair avec l'effondrement de toutes les autres valeurs, effondrement si grave qu'il met en cause notre existence même ? » L'hyper développement matérialiste « des sciences » au détriment de la culture, que Michel Henry a proposé comme interprétation de la crise irréversible de la civilisation moderne, n'en est qu'un versant subsidiaire, ses fondements principaux n'étant rien d'autre que l'aboutissement des paradigmes fondateurs de la civilisation elle-même. La barbarie n'est pas dans la science mais dans le capitalisme. C'est parce que le mouvement de la vie lui-même pousse chaque fois la globalisation d'un système à une adaptation annonciatrice de transformation qu'il est permis de croire, malgré l'horreur de l'histoire, en la capacité humaine à maîtriser collectivement son devenir.

Si nous avons pris le parti de découvrir les causes et les conséquences les plus négatives de l'histoire des civilisations, c'est pour nous apprendre à lutter contre ce dont l'humanité risque le plus de mourir : la marchandisation. Pour autant, si le côté sombre de l'histoire a toujours dominé, de petites tâches de couleurs continuent à persister dans l'immense grisaille. Les philosophies qui ont traversé les siècles se sont interrogées sur les principes fondamentaux que nous tenons habituellement pour certains. Toutes, à leur manière, ont grandement contribué à nous ouvrir à cet étonnement que l'homme porte au monde social et à l'univers qui l'entoure. Prétendant parfois ne pas fixer de règles pour mieux analyser « les jugements communs » ou faire émerger de la pensée rationnelle ce ferment de raison qui a toujours fait défaut à l'humanité, rien, dans la relation s'établissant entre le monde abstrait et concret, n'est parvenu à ouvrir l'homme – au-delà de son impulsion naturelle du désir, de ses espérances et de ses craintes – à cette compréhension utile que la condition humaine exclusivement adossée à l'individualisme et la concurrence, cultive ses seules faiblesses. Non dans l'esprit de définir ce qui est le bien ou le mal, ou de chercher dans la faute toujours possible les ferments d'une rédemption, mais tout simplement dans l'acceptation que s'il n'y a pas, comme le suggère Rousseau, *« de perversité originelle dans le cœur de l'humain »*, au moins y a-t-il dans l'activité économique et sociale imposé par le marché montant, une part d'abjection que l'on ne peut tolérer. À sa naissance l'homme n'est pas la page blanche que les poètes se plaisent parfois à imaginer. Il est le fruit de l'évolution de toute l'espèce humaine et si un potentiel d'imperfection existe, il n'est pas pour autant prédestiné. Si la principale faiblesse des philosophies, exception faite du communisme, est de proposer un avenir qui ne remet pas en cause la civilisation capitaliste elle-même, toutes s'essaient à trouver les bases d'un nouvel ordre englobant où l'homme, tel un Dieu, tend à la perfection. *Heureux qui a surmonté son « Soi » (...)* nous dit Gautama Bouddha. Peut-être ! Mais plus heureux encore celui qui aura appris à découvrir dans l'égale différence collective et le partage, la paix de tous. Si le concept essentiel du manifeste du parti communiste de Marx et Engels : « *De chacun selon ses capacités à chacun selon ses besoins* », est parfois rassurant en tant qu'utopie, l'idée de Marx selon laquelle « *l'histoire se répète : une première fois comme tragédie, une deuxième fois comme comédie* », a déjà été jouée semble-t-il au moins une fois. Car ceux-là mêmes qui prétendaient éradiquer le capitalisme n'ont fait que ternir l'idéal généreux du prolétariat. Mais les révolutions trahies ne sont pas des avatars de l'histoire. Elles sont le signe d'un passé où le monde de l'inégalité a ployé sous la pression de l'opprimé. Et si elles furent toujours victimes des sordides combinaisons politiques ou de la conspiration d'un pouvoir absolu, seul le peuple en lutte nous en garantit l'authenticité. Revenant aux sources de ce que furent les réelles préoccupations du partage communiste encore solidement ancrées dans la conscience de l'homme, laissons dire Babeuf : « *Loin de nous cette pusillanimité qui nous ferait croire que nous ne pouvons rien par nous-mêmes et qu'il nous faut toujours avec nous des gouvernants. Les gouvernants ne font des révolutions que pour gouverner. Nous en voulons enfin une, pour assurer à jamais le bonheur du peuple par la vraie démocratie.* » Confrontés à ce qui est vraisemblablement la finalité globalisante de la civilisation de l'ordre, nous devons nous garder de chercher des remèdes plus terribles encore que les malheurs qu'elle a pu engendrer. S'il est une flexibilité utile, c'est bien celle de la pensée, car quelle que soit la générosité des sentiments qui nous portent, nul ne peut imposer à l'autre les fruits de son « parfait théorique » pour changer la société. Tout au plus pouvons-nous, à partir d'un « imparfait maîtrisé », travailler à l'abandon des principes « civilisateurs » que nous tenons habituellement pour fondamentaux. Nul besoin pour cela de s'accrocher à une idéologie communiste mal comprise, telle celle incarnée par le stalinisme aux abois. Car pour utile que fut le mouvement marxiste-léniniste ou les mouvements actuels liés à l'écologise et à l'alter-mondialisme, c'est dans la diversité et le respect de la pensée anti-capitaliste que l'on trouvera la meilleure voie révolutionnaire au changement de société. Et c'est bien ce que cherche à préciser le concept « d'égale différence » et d'acceptation de notre perfectibilité. Le plus difficile à maîtriser pour l'homme, ce n'est pas la mise en œuvre d'un modèle, car un modèle quel qu'il soit répond toujours pour un temps aux espoirs de ceux qui l'ont concocté, mais de refuser la modélisation *a priori* sur ce que sera la vie en société, si ce n'est d'accepter, à travers l'échange non marchand, la construction d'un réel où l'altérité devient notre différence vitale et notre humanité. L'idée de réforme n'est pas à retenir, car réformer, c'est accepter par avance le cadre préétabli dont on ne sortira jamais. Tout comme l'hypocrite pragmatiste qui prétend faire évoluer un système en agissant uniquement sur les conséquences et non sur les causes désastreuses auxquelles il a par ailleurs adhéré.

La nouvelle révolution historique ne peut être le contenu brutal et immédiat des forces populaires en mouvement guidées par un parti unique (quand bien même la force est parfois nécessaire à la survivance des masses opprimées). Elle doit être l'émanation permanente et contradictoire de toute la diversité des peuples engagés dans une confrontation démocratique de classe contre les forces du capital. L'histoire a parlé : toute idéologie s'appuyant sur la dictature (fût-elle du prolétariat) ne peut au bout du compte qu'ouvrir un avenir voué à l'échec, car il n'est pire illusion que de croire au retour de la sagesse quand la base d'une volonté humaine s'appuie sur la verticalité du pouvoir et la contrainte pour émanciper. Si la non-violence, parfois brutalement écartée du théâtre global des évènements ne parvient pas, malgré sa volonté exemplaire d'une recherche pacifique d'un vrai droit à la justice et à l'égalité, à peser réellement sur le cours de l'histoire, au moins ses actions ne génèrent aucune épouvante. Nul besoin de jugements condescendants ou méprisants pour comprendre les errements des idéologies qui ont porté et portent encore à travers le monde le drapeau flamboyant de la révolution des peuples, la sincérité et la souffrance qui les ont animés méritent plus de respect et d'admiration que mes propos faussement accusateurs ne peuvent le laisser supposer. Marx, me semble-t-il, l'avait déjà souligné lorsque, s'adressant à Arnold Ruge en 1843, il écrit : « *Nous ne nous présentons pas au monde en doctrinaires avec un principe nouveau : voici la vérité, à genoux devant elle ! Nous apportons au monde les principes que le monde a lui-même développés dans son sein. Nous ne lui disons pas : laisse-là tes combats, ce sont des fadaises ; nous allons te crier le vrai mot d'ordre du combat. Nous lui montrons seulement pourquoi il combat exactement, et la conscience de lui-même est une chose qu'il devra acquérir, qu'il le veuille ou non. »* Ce n'est pas la spéculation théorique qui me porte à croire qu'il n'est de condition véritablement humaine que celle qui trouvera la force de condamner les paradigmes fondamentaux de la société capitaliste, mais l'analyse consciente du mouvement de l'histoire qui nous ouvre à sa réalité objective. Chercher en nous-mêmes les bases concrètes d'une vie pratique dans laquelle les rapports transparents et rationnels avec la nature et ses semblables s'ouvrent à la cohérence sociale entre les hommes, est bien plus exaltant que de s'enfermer dans le voile mystique d'un dogmatisme désuet. Cela exige il est vrai de s'approprier un ensemble de conditions matérielles et morales qui ne peuvent être le produit que d'un long et complexe développement. Mais le monde réel de l'économie libérale chancellera d'autant mieux que durant toute sa phase décadente, s'exprimera sans attendre la diversité des forces combattantes à la réalisation concrète des nouveaux choix de société. Certains relèveront que cela se fait déjà aujourd'hui et pourront ajouter sans ironie : question diversité, nous sommes plutôt bien servis. Pour utile que soit l'expression de ce que nous appelons encore « les forces de progrès », le pluralisme des idées politiques qui les caractérisent n'est qu'apparent, car les paradigmes qui les fédèrent sont porteurs de projets qui ne remettent pas en cause les bases fondamentales de la civilisation de l'ordre et du capital. Leurs objectifs, si ce n'est qu'ils demeurent pour l'instant les seuls auxquels peuvent adhérer ceux qui espèrent un minimum d'amélioration sociale, à quelques variantes près, ne sont pas franchement différents. Ces forces, sont essentiellement liées à l'histoire politique et culturelle de chaque pays voulue par les réformistes, adeptes du bipartisme capitaliste, afin de donner le change à la prétendue démocratie. D'ailleurs, la question n'est pas tant d'œuvrer à une sorte de radicalisation qui pourrait, au mieux, amener un peu plus de justice sociale dans la gestion loyale du capital, mais d'œuvrer à la transformation du système en agissant de façon conjuguée sur les prises de décisions politiques et les actes concrets de la vie civile organisée en dehors des raisons contingentes du cadre étroit du néolibéralisme. Il ne s'agit pas uniquement de contre-pouvoir, même si le contre-pouvoir d'une façon générale est indispensable à la démocratie, mais de ce que l'on pourrait appeler un « inter-pouvoir », à la « nuance » près que la notion de pouvoir devrait céder la place à celle de responsabilité collective partagée.

Soyons clair, chercher à travers les sentiers de l'histoire ceux qui pourraient conduire à l'abandon du capitalisme revient à œuvrer contre la suprématie des valeurs fondamentales qui ont contribué à sa survenue : le mythe du Chef, du Rituel, du Devin et de l'Argent. Mais si, à la recherche de cet abandon, la perfection ne hante plus la conscience humaine et la somme des différences fonde enfin l'égalité, alors, croyances et athéisme – qui animent pourtant ceux qui souhaitent s'en émanciper – pourront cohabiter. Sage serait donc de préserver la libre pensée de chacun dans la diversité tolérante de tous.

À certaines époques de l'histoire, des communautés spécifiques ont cherché dans une sorte de repli sociétal des bases plus humaines que nos communes civilités. Je ne parle pas d'activités sectaires, même si elles prétendent donner une valeur absolue aux éléments de la doctrine et de la vie qu'elles remettent en honneur face aux déformations ou scléroses des institutions (ce qui les rend d'autant plus redoutables), mais de ce que certains spécialistes appellent « utopies actives » ou de démystification. Je pense plus particulièrement à ces groupes humains fouriéristes « harmonieusement composés » en vue de procurer à chacun de leurs membres le bien être par le travail librement consenti, qui ne sont pas sans rappeler ceux du monde saint-simonien s'accrochant aux vertus du progrès technique et des sciences comme solution aux grands problèmes de l'humanité. Ces utopies ont ouvert par bien des aspects la voie à d'autres sociétés « iconoclastes », dont l'une d'elles, plus contemporaine, fut incarnée par la communauté hippie. Pour marginale que soit leur expérience, elle n'échappe pas à la critique générale : leur intention « désaliénante » n'a jamais dépassé le cadre *historiogène* d'un moment d'espoir partagé. Sur un autre plan, des communautés rurales actuelles pratiquent encore le troc, rejoignant en cela celui pratiqué par des sociétés plus anciennes des îles Trobriand qui distinguaient l'échange non marchand, appelé *Kula*, des échanges marchands, qu'ils désignaient sous le terme de *gimwali*. Toujours dans ce domaine un peu à la marge du commerce traditionnel, nous pourrions citer le principe coopératif conçu à l'origine pour acheter en commun et à des prix de gros des marchandises qu'on revendait au juste prix et auquel se sont greffées toutes sortes de sociétés coopératives (agricoles, bancaires, de services, de consommation, d'assurances) et, plus largement encore, le mouvement coopératif dans le monde entier, notamment en Grande-Bretagne et dans les pays scandinaves. Sans nier le rôle économique non négligeable que jouent ces secteurs coopératifs, surtout dans la distribution, nous sommes loin de l'idée de « République coopérative » que certains réformistes avaient imaginée. Tout au plus pourrions-nous parler de secteur témoin d'un *autre-faire* qui introduit, tout comme le commerce équitable, l'esprit d'une sorte de libéralisme régulé. Avec son particularisme, puisque sa mission ne l'assujettit pas au bénéfice, le monde associatif et mutualiste s'apparente à toute cette mouvance réformiste, qui permet au libéralisme de surfer à moindre frais sur l'idée d'un « libre-échange » moins standardisé. Voyons à présent quel type d'organisation pourrait concourir, à partir du concept général d'abandon des préceptes fondamentaux de la civilisation de l'ordre, à la recherche concrète d'une réalité plus humaine.

J'en reviens à cette notion de « Chef » à la base de laquelle se construit tout pouvoir. Trop subsidiaires sans doute sont les analyses de ce livre sur le mouvement anarchiste, en particulier le rôle de Kropotkine (véritable fondateur du communisme libertaire, à savoir l'organisation économique communiste accompagnée d'une liberté totale et de l'absence de pouvoir coercitif) dans la révolution bolchevique ou de ses idées dans la révolution sociale espagnole de 1936. Mais il est difficile prétendre aborder la question du pouvoir sans discuter la portée des propositions anti-étatique de l'anarchisme. Par exemple, les conceptions de Bakounine sur l'inévitable déviance des États révolutionnaires sont saisissantes d'actualité : « *Le triomphe des jacobins ou des blanquistes serait la mort de la révolution. Nous sommes les ennemis naturels de ces révolutionnaires futurs dictateurs, réglementateurs et tuteurs de la révolution – qui avant même que les États monarchiques, aristocratiques et bourgeois actuels soient détruits, rêvent déjà la création d'États révolutionnaires nouveaux, tout aussi centralisateurs et despotiques que les États qui existent aujourd'hui (...) (Cette nouvelle autorité « révolutionnaire ») ne sera rien qu'une nouvelle réaction, puisqu'elle sera en effet une condamnation nouvelle des masses populaires, gouvernées par des décrets, à l'obéissance, à l'immobilité, à la mort, c'est-à-dire à l'esclavage et à l'exploitation par une nouvelle aristocratie quasi révolutionnaire (...) Pour faire une révolution radicale, il faut s'attaquer aux positions et aux choses, détruire la propriété et l'État, alors on n'aura pas besoin de détruire les hommes, et de se condamner à la réaction infaillible et inévitable que n'a jamais manqué et ne manquera jamais de produire dans chaque société le massacre des hommes (...)* » Force est de reconnaître que le propos de Bakounine sur la question de l'étatisme pointe quelques vérités ; il en ferait presque regretter la moindre pertinence de sa notion de liberté : « *Je ne suis vraiment libre que lorsque tous les êtres humains qui m'entourent, hommes et femmes, sont également libres. La liberté d'autrui, loin d'être une limite ou la négation de ma liberté, en est au contraire la condition nécessaire et la confirmation. Je ne devrais être libre vraiment que par la liberté d'autres, de sorte que plus nombreux sont les hommes libres qui m'entourent et plus profonde et plus large est leur liberté, et plus étendue et plus large devient ma liberté. (...) Ma liberté personnelle ainsi confirmée par la liberté de tout le monde s'étend à l'infini.* ». Pour généreuse que soit l'idée d'une liberté individuelle s'étendant à l'infini grâce à liberté de tous, la perfection n'étant pas de ce monde, il est peu probable que la liberté de chacun puisse dépasser le seuil de l'atteinte portée à liberté d'autrui. Mais il est vrai que la liberté individuelle, acceptant même le cadre de la liberté d'autrui, s'accommode mal de la dimension de pouvoir et moins encore de celle de chef. La question que pose l'anarchisme, en dehors de la liberté absolue et de la spontanéité, est bien celle de l'autorité, ou plus exactement celle de l'anti-autoritarisme et de l'anti-étatisme. En dehors du bien-fondé de la « destruction de l'État », ou de l'analyse pertinente sur l'échec des États révolutionnaires, il faut bien admettre la nécessité d'une véritable base démocratique de coordination pour harmoniser les diverses fonctions sociales qui président à l'épanouissement de toute société humaine. La difficulté réside dans l'ébauche de cette entité et même s'il est sage d'en appeler à la réflexion collective, il faut bien en préciser quelques lignes forces. La déficience des démocraties occidentales se trouve à la fois dans le culte du chef (Président de la République, Président du Conseil ou, pour les monarchies constitutionnelles, Roi et Premier ministre), dans l'absence concrète de véritables contre-pouvoirs et dans l'éloignement de la société civile de tout accompagnement et contrôle des décisions collectives. En ramenant la politique à la dimension exclusive du Chef (« super star » comme aux États-Unis, « grand timonier » comme au temps de la Chine de Mao, « grand sage » comme en France ou « grand paternaliste » comme en Italie), on accepte la hiérarchisation du monde entre celui qui sait et celui qui écoute, entre le sauveur et le sauvé, entre celui d'en bas et celui d'en haut. Et l'on pourrait décliner les exemples. Il est fort probable que la majorité des hommes, davantage préoccupés de préserver leurs libertés individuelles et séparant faussement domaine privatif et collectif, accepte bon gré mal gré le libre arbitre du Chef concernant la gouvernance, quitte à perdre leur responsabilité dans la gestion des affaires de l'État et à en supporter les pires conséquences. Le culte du chef assassine la démocratie et infantilise celui qui en accepte l'augure au risque de ne plus pouvoir assumer les actes et les décisions qui échoient objectivement à tous citoyens. La politique spectacle, à laquelle s'adonnent les dirigeants d'aujourd'hui et les médias qui l'encouragent et la banalisent, accentue le populisme et malgré leur discours lénifiant, ce sont eux les vrais fossoyeurs de la citoyenneté. La question de l'autorité ne concerne pas le seul problème de l'exercice du pouvoir politique, elle touche, sans exclusive, tous les domaines de la société. Certains sociologues observent que la tendance du chef cherchant à se soustraire aux contrôles de ses subordonnés pour s'affirmer, est aussi implicite dans celle des subordonnés qui montrent le plus d'insistance à se protéger de ses empiétements, et préconisent un apprentissage préalable dans l'exercice de l'autorité. L'important n'est pas tant de savoir si l'apprentissage facilite l'autorité que si celle-ci, libérant l'individu d'une part de sa responsabilité, le réconcilie ou l'aliène aux autres ? La réponse étant contenue dans la question, le problème sous-jacent concerne le principe d'autorité s'agissant de l'enfance, dont la dépendance à l'adulte s'inscrit à la fois dans le processus naturel de protection et le principe de réalité à partir duquel l'attitude éducative de l'adulte, centrée sur le respect et la coopération, doit proscrire toute référence à la docilité. À l'apostrophe des anarchistes, « *Ni Dieu ni Maître* », préférons celle plus réaliste de : Ni des dieux, ni des maîtres, libres de la liberté des autres, jouissons ensemble de notre liberté.

L'autre versant du problème de pouvoir se trouve contenu, nous l'avons vu, dans celui de l'absence de vrais contre-pouvoirs. Pour ne prendre qu'un exemple récent, l'attitude du gouvernement français envers les organisations syndicales, n'hésitant pas à modifier les règles fondamentales du contrat de travail sans aucune consultation préalable alors même qu'un texte de loi l'engageait, est significatif du mépris des institutions à l'égard d'un contre-pouvoir combattant. Le retour en juste cause de l'action de tous les acteurs sociaux contre ces mesures iniques s'est fait, pour une fois, au détriment du pouvoir en place. La culture du contre-pouvoir ne doit pas s'en tenir, à l'instar des pots de fleurs des salons élyséens, à une simple dimension culturale, mais doit devenir l'instrument concret de la garantie de bonne exécution des décisions du peuple à travers « ses instances de responsabilité collective ». Au-delà d'une collégialité dont la « dilution » plus ou moins grande des pouvoirs du chef est fonction du nombre de membres disposant par ailleurs des pouvoirs égaux, il convient d'imaginer des bases d'organisation où la permanence de la responsabilité et le large cadre dans laquelle elle s'exerce ne sont ni considérés comme un métier, ni comme une rente de situation.

Le problème du rituel et du devin est plus sensible encore, car il touche à des aspects humains où les mots de la rationalité, pour paraphraser Hobbes, sont de l'or pour les sages, et de simples jetons pour les croyants qu'il nous coûterait de prendre pour des fous. Puisque la foi est hors d'atteinte de la raison raisonnable et qu'elle semble vitale au devenir de ceux qui s'y adonnent, toute tentative d'éradication, comme l'histoire malheureusement l'a montré, reviendrait à les tuer deux fois, car ils croient doublement à la vie : l'une dans le présent, l'autre dans l'au-delà. La seule chose qu'il nous soit permis d'espérer, c'est de trouver dans le franc respect de chacun la garantie de la liberté de tous. Par ailleurs, dans la plupart des religions qu'ils incarnent, les ministres du « dogme » ne sont-ils pas au service des laïcs ? La seule préséance qu'il leur soit accordé, c'est que ce rôle du laïcat, qu'ils considèrent parfois comme capital, ne sert pas qu'à faire progresser l'unité des fidèles (que les schismes de l'histoire ont séparés), mais doit être étendu à tous ceux que leur croyance ne saurait gratifier. L'abandon contre-révolutionnaire des démarches mentales de haine ou de peur à l'égard des « infidèles » (qu'elles soient camouflées, petites-bourgeoises ou, plus terribles encore, comme celles du despotique tsar illuminé Alexandre Ier dans la Sainte Alliance) n'aura d'égal que l'abandon d'un anticléricalisme désuet incarné par les chansons de Béranger qui substituaient au Dieu cruel des « hommes noirs » venus de Rome, le Dieu facile et bon enfant « des bonnes gens » ou encore celui plus radical du sentiment de vengeance généré par la plupart des révolutions. Pas plus que l'intervention « des papautés » dans l'organisation civile des sociétés, la volonté de marginalisation des religions par le peuple révolutionnaire ne pourra transformer l'espérance de chacun en durable fraternité. Les principes fondateurs de la laïcité préfigurent cette émergence respectueuse de la diversité humaine sans morcellement communautariste de son espace civique. Des voix s'élèvent pourtant de-ci, de-là, prônant une laïcité « plurielle », plus « ouverte », plus « apaisée », « rénovée », « toilettée » etc. Nul besoin pour cela de chercher autre chose que ce cadre laïque qui existe déjà : la seule observance de son application suffirait. Laissons la parole pour en approfondir la portée à Henri Pena-Ruiz : « *L'unité du laos, selon l'étymologie grecque est celle d'une population dont l'individu ne se distingue pas des autres par des droits ou des pouvoirs particuliers. (...) Un tel principe n'est donc nullement contradictoire avec la foi religieuse, puisqu'il construit l'ordre politique en faisant abstraction des positions spirituelles des uns et des autres. (...) Sans méconnaître la force récurrente des communautés de fait et des particularismes qui les cimentent, il convient de penser le sens de la construction laïque d'une communauté de droit.* » La laïcité n'est pas que ce cadre législatif de l'école de la République que Jules Ferry incarna dans « l'Union

Républicaine », prétendant matérialiser « le rêve de Condorcet d'un plan grandiose d'organisation d'un enseignement national », il est dans ce principe irrévocable : la libre conscience de chacun garantit la paix de tous. Et si j'ai perçu dans la brièveté du temps des révolutions cette part de terreur que je condamne, j'ai surtout trouvé dans la longue histoire des civilisations cette barbarie qui échoit au concept même de rituel et de religion et, qu'en toute raison, il convient d'empêcher. Je reprends à mon compte la pensée de Condorcet dans son *« Esquisse d'un tableau historique des progrès de l'esprit humain »,* qu'il résuma par ces trois mots : « *raison, tolérance, humanité* ». Libre à toi ami de croire au Dieu que ta communauté a choisi : autant qu'une part de moi souffre à percevoir ton aliénation, souffre sans doute en toi ma part sincère d'incrédulité.

La dernière étape nous conduit à cette tare indélébile de l'incommensurable pouvoir de l'argent qui imprègne « la civilisation ». Non pas la monnaie comme support primitif de l'échange, mais comme perversion de son emploi en tant que symbole fondateur de la valeur commerciale et du profit. Plus encore que le chef, dont la créativité manuelle ou intellectuelle le distingue solidement « du commun des mortels », l'argent, plus fort encore que mille dieux réunis, est le symbole même de la possibilité concrète de jouissance et de pouvoir. Pourtant bien anodine paraît la définition de la monnaie : « *marchandise d'une certaine valeur propre sous un petit volume, relativement homogène, facile à diviser sans perdre de sa valeur, facile à identifier et destinée à servir d'échange contre toutes autres marchandises, et, par suite, à servir d'étalon et d'unité pour chiffrer la valeur de ces autres marchandises.* » Un vrai petit bonheur... Sans parler des théories relatives à la valeur de la monnaie : théories *métallistes*, notamment pour les tenants de l'économie classique, pour lesquels la monnaie n'est qu'un reflet de la valeur du métal (or ou argent) qui lui sert de support ; *nominalistes*, dont les antécédents moyenâgeux accordent à la monnaie la seule valeur que le souverain lui a conférée ; *psychosociologiques,* qui présupposent que le rôle unique de la monnaie est d'être l'intermédiaire des échanges, la notion de valeur n'étant que subjective et relève du psychisme qui débouche sur des conceptions plus marginales pour lesquelles seules les satisfactions que l'individu en attend lui confère sa véritable valeur. Prétendre ajouter une autre théorie qui présuppose n'accorder plus aucune valeur (pas plus relative que réelle) à la monnaie, semble, dans le contexte monétariste du monde d'aujourd'hui, pour le moins singulier. Non ! Je ne souhaite pas m'enfermer dans le monde dérisoire et *désargenteur des couverts de bourgeois,* ou dans celui non moins poétique *du petit payeur d'écot au murmure argentin des colombes.* Si imaginer brutalement des sociétés sans monnaie, et donc sans commerce (fini l'achat et la vente de marchandises ou de produits divers), semble pure utopie, construire progressivement un monde dans lequel la place de l'argent ne supplante plus celui de l'épanouissement de la vie, est confraternellement possible. La marginalité qui frappe tous ceux, de plus en plus nombreux, que le capitalisme rejette ne leur laisse parfois d'autre choix que d'inventer un monde parallèle dans lequel leur survie ne dépend plus exclusivement de l'argent.

Certains, il est vrai, trouvent dans la violence les ressources trébuchantes, leur permettant, si ce n'est le rachat d'une conduite, la part de richesse que les super magnats avaient oublié de leur accorder. Ces actes « inciviques » redoublent d'autant plus d'intensité que la source première de « l'incivilité » n'est autre que la « civilisation » elle même. Heureusement, le plus grand nombre est sensible à d'autres voies. Les systèmes alternatifs les plus divers, dont nous avons déjà un peu parlé, se développent un peu partout. Le troc et la solidarité prennent le relais de l'exclusivité de cet argent qu'au demeurant, ceux qui s'adonnent pour l'essentiel à ces types d'échanges n'ont plus. Je ne parle pas seulement (me gardant de tout jugement de valeur) de l'échange de graines, truffes, sourires, « piafs et autres châtaignes », qui se pratique encore dans certaines zones rurales à partir des SEL (Systèmes d'Échanges Locaux), ou les bourses du temps en Côte d'Or ou ailleurs, mais des besoins plus essentiels de la vie civile qui amènent, par exemple, à réactualiser, compte tenu de la profonde crise du logement que connaissent les pays développés, ce que les plus anciens ont connu sous l'appellation de « cités castors ». L'objectif de ce système d'échange, consiste à apporter, sans connaître par avance le logement qui sera attribué (puisque cette attribution se fait par tirage au sort une fois le chantier achevé), une part de travail à la réalisation du projet collectif, sans préjuger *a priori* des capacités professionnelles de chacun. Il serait possible de fournir d'autres exemples autour de cet esprit d'échange non marchand, encore bien modeste il est vrai. L'important n'est-il pas de souligner, compte tenu de l'ampleur de la crise, que leur potentiel de multiplication s'accroîtra d'autant qu'augmentera le nombre des exclus et que plus large sera la base organisationnelle susceptible d'en supporter l'idée ?

Des populations nouvelles, parfois issues des couches moyennes, sont de plus en plus affectées par la société libérale et pour certaines d'entre elles, l'accès à l'information s'en trouve facilité. Si la mise en œuvre diversifiée du « faire autrement » devient l'affaire de toutes les associations : syndicats, partis révolutionnaires, mouvements mutualistes, coopératifs, écologistes, alter-mondialistes... alors il est possible d'espérer, si ce n'est changer les bases économiques du système, faire évoluer pour le moins les mentalités. Nous avons pu observer, dans *le temps de l'expansion* et dans *le temps du déclin*, comment le système capitalisme cherche à reconquérir, à partir d'interventions répondant à des « situations d'exception » complaisamment couvertes par les médias – tels les conflits locaux, l'action des mafias, les catastrophes humanitaires –, le capital de sympathie perdue auprès de l'opinion publique en général. Ce phénomène récurrent, qui touche à présent tous les aspects de l'exclusion ou de la dépendance sociale, trouve un relais « naturel » (même s'il va à l'encontre des participants) dans l'action des associations caritatives et autres ONG qui se transforment en « armes pacifiques du nouvel ordre mondial », pour ne pas dire en véritables « ordres mendiants de l'Empire ». Ce bénévolat généralisé, qui n'implique pas au demeurant de la part de ceux qui s'y adonnent une volonté de voler au secours d'un système décadent, concourt, à leur insu, à maintenir en l'état les formes les plus condamnables d'atteinte à la dignité humaine. Dans ce contexte, « l'humanitaire » légitime la perpétuation et la dépendance des exclus et des plus démunis aux politiques internationales et nationales les plus réactionnaires au nom de « valeurs universelles ». Si l'on mettait toutes ces forces volontaires au service de la reconquête de la vie sociale et de la dignité humaine, en s'attaquant, dans le contenu même des actes humanitaires, aux paradigmes fondateurs du capitalisme en crise, alors il serait possible d'espérer travailler à la cause de l'humanité. Certaines de ces associations se sont déjà engagées dans ce nouveau champ d'intervention et s'essaient d'associer les individus concernés au processus d'appropriation collective de leur « prise en charge » provisoire, en même temps qu'elles les ouvrent au champ informationnel de la connaissance leur permettant d'intervenir sur les causes principales de la déshumanisation. Les choses ne sont pas simples. Le libéralisme veille à les maintenir dans le champ exclusif de l'acte charitable ou, ce qui peut apparaître paradoxal, dans celui de l'acte profiteur. Pour lui, aucun domaine de la vie sociale ne se trouve en dehors du champ de l'accumulation du profit, et même les profonds problèmes environnementaux, dont il fait peu de cas par ailleurs, sont l'occasion pour le système de développer « l'éco-business ». Au cours de ma vie professionnelle j'ai fait l'expérience de cette triste réalité. Alors que l'Asie du Sud-Est connaît une inquiétante dégradation de la fertilité des sols, dont la cause principale prend sa source dans la désastreuse déforestation, les solutions de restitution au sol par compostage rustique ou *mulching* de la matière organique manquante, expérimentalement efficaces, peu coûteuses et à la portée des petits paysans, sont ignorées par les institutions gouvernementales préférant soutenir la filière dispendieuse et dévastatrice des pesticides et des engrais au seul bénéfice des magnats de l'industrie chimique. Dans ce monde de barbarie, seule l'innovation profitable, c'est-à-dire celle qui sert exclusivement le capital, trouve place. L'innovation de bon sens, au service des plus démunis, n'a pas cours.

Mettre autant d'insistance sur le négatif peut paraître décaler dans ce chapitre qui en appelle à l'humanité retrouvée. Sans doute est-ce parce que le positif, encore trop dispersé, ne parvient pas à couvrir cette part de désordre et de peur qui s'empare parfois des individus ou des peuples qui souffrent terriblement de cette décadence historique. Mais ce mal-vivre et cette incertitude face à l'avenir, ouvrent autant de perspectives à des changements profonds et radicaux qu'à des repliements frileux qu'un « nationalisme ethniciste », déjà à l'œuvre dans certaines régions du monde, pourrait bien récupérer. Tout reste ouvert avons-nous déjà dit. Mais la profondeur des transformations sociales, susceptibles de changer véritablement le cours de la civilisation de l'ordre, oblige à dire que la lutte sera longue. Très utopique peut sembler la proposition d'intervention sur le culte du chef, la place du rituel et du devin dans la vie civile et la lutte pour limiter, voire éradiquer, le pouvoir de l'argent roi sur le monde, mais quelle crédibilité avaient ceux qui, quelques décennies avant la Révolution française, tentaient sous cape de faire progresser l'idée de l'abolition des royautés ?

Soyons juste, on ne peut penser un autre monde parce que celui dans lequel nous vivons nous imprègne et nous contraint de telle force qu'il semble difficile, ne serait-ce même que petitement, d'en changer le cours.

Il nous faut voir la réalité en face, y compris celle que nous proposent les partis politiques qui prétendent la rendre plus équitable. La société de concurrence dans laquelle les plus pauvres se trouvent enfermés (alors qu'il n'y a concurrence qu'entre gens de même niveau, de même origine, de même milieu : « digne » le fils de dignitaire qui seul, bien sûr, accède aux dignités) n'est qu'un masque d'apparences qui prétend incarner la force de l'esprit du chef autour de l'énergie des dieux. Selon eux, chacun pourrait bien être le premier et leur justice et leur code lui en donnent le droit. Dans son livre à propos des jeux et des hommes, voici quelque temps, Roger Caillois notait déjà : « *Chacun désire être le premier (...) Mais chacun sait ou soupçonne qu'il pourrait bien ne pas l'être, pour la simple et bonne raison qu'il n'y a qu'un premier. Aussi choisit-il d'être vainqueur par personne interposée, par délégation, qui est la seule manière que tous triomphent en même temps et triomphent sans effort ni risque d'échec. D'où le culte, éminemment caractéristique de la société moderne, de la vedette et du champion (...)* ».

Non seulement les paradigmes fondateurs de la civilisation de l'ordre sont la négation de la justice sociale, mais dans leur application pratique, en tant que prototypes de perversion du comportement humain, ils précipitent le monde dans la barbarie. La pensée nouvelle que l'on doit faire émerger vise à une double perspective : l'élucidation sans complaisance des conséquences de la mise en œuvre de ces paradigmes prédateurs et le contrôle lucide et permanent par la collectivité humaine elle-même de toute tentative de transformation prétendant s'en débarrasser.

Pas plus que le développement d'un savoir idéal infini n'est possible, la claire conscience des causes profondes de la crise du système capitaliste ne nous ouvre la porte des propriétés sensibles de l'émancipation humaine en dehors du mouvement concret de la vie. C'est pourquoi, ce qui nous importe vraiment, c'est-à-dire ce monde présupposé d'une communauté plus fraternelle, ne pourra advenir à l'intérieur d'un univers économique prédonné par le rugissement de l'ordre civilisateur de l'histoire, ni par l'accélération de la production en tant que production exclusivement économique, mais surviendra à partir de la culture immanente du partage qui porte à la source de nos égales différences et de nos fragilités, la nécessité de l'humanité retrouvée.

Épilogue

La chronologie de l'intentionnalité historique des sociétés humaines, nous montre qu'à chaque mutation technologique, spirituelle et philosophique importante, correspondent des modes de pensée et d'organisation socio-économiques différents. Les exaltations divinatoires marquaient le temps des créations, le bouddhisme et le monothéisme celui des annonciations et des objections. Les Lumières préparaient l'avènement des révolutions, le libéralisme, mais aussi le marxisme, alors que le capitalisme d'État, l'impérialisme et le national-socialisme, accouchaient l'exterminisme. L'existentialisme amorçait l'évolution des mœurs. Quant au mondialisme et à l'ultralibéralisme, après nous avoir concocter l'expansion, les voilà confrontés au déclin. Si tous ces épisodes et avatars du monde participent à la compréhension des rapports sociaux et ont parfois permis d'abolir certaines inégalités, l'esclavage et l'exploitation humaine qu'ils ont surtout générés nous montrent qu'aucun n'a permis de rompre avec le cadre pluri-millénaire de *la civilisation de l'ordre*.

La réponse serait-elle à rechercher dans la construction d'une réalité matérielle post-philosophique ? Hormis la philosophie marxienne, qui découvre et anticipe le mouvement de l'histoire, la plupart des autres philosophies ambitionnent surtout de clarifier la logique de la pensée. Si nous pouvons dire que la recherche sur l'évolution de la conscience et de l'organisation humaine – et *a fortiori* la recherche sur la clarification de la pensée – est infinie, on se doit de constater que la philosophie a pour cadre aujourd'hui le précaire et l'incertain. Tout ce que l'on peut faire, c'est s'essayer à la compréhension de la condition humaine, sachant que pour enrichissant que soit l'apport de « notre vérité », celle-ci ne fera jamais plus qu'accompagner ce voyage terrestre par lequel nous tentons de construire un avenir fraternel partagé.

Le danger pour l'humanité est surtout à rechercher dans l'idéologie dominante, dont les normes de comportement, la logique économique, les interdits et les supports culturels, se moulent dans l'exigence du marché capitaliste mondial. Mais une philosophie qui refuserait de reconnaître pour vérité ces préceptes culturels et économiques serait-elle idéologie ? Et plus généralement encore, peut-on dire que la philosophie est idéologie ? Si l'on en croit Descartes, ce mot philosophie *« signifie l'étude de la sagesse, et par la sagesse on n'entend pas seulement la prudence dans les affaires, mais une parfaite connaissance de toutes les choses que l'homme peut savoir. »* Plus communément, l'idéologie est considérée comme un ensemble d'idées propres à un groupe, à une époque, et traduit une situation historique. Alors, puisque seule la sagesse humaine m'importe, et qu'il n'est pas présentement dans mon intention d'associer mes idées à une organisation, qu'il me soit permis de paraphraser Voltaire : Chef, rituel, devin, argent, ont mis le feu à l'homme, mais trouverons-nous un mode de vie qui l'éteint ? Faute d'une culture non marchande de la vie et de l'échange en dehors du système capitaliste, l'homme s'enferme dans l'idéologie concurrente et mortifère du profit. Il sortira de ce signe de mort, de cette torpeur intellectuelle et historique du dogme, quand l'époque révolue des eschatologies politico-économico-religieuses fera place à l'humanité retrouvée.

Marseille, Janvier 2007

LIVRE II

La reconquête du partage

À deux travailleurs honnêtes et infatigables
qui m'ont nourri le corps et l'esprit
de choses simples et bonnes :

Mon père et ma mère.

Et quand le monde enfin viendra d'être lavé
alors de nouveaux yeux naîtront dans la fontaine
et le blé poussera sans que coulent les larmes.

Pablo Neruda (La Centaine d'amour)

Avant-propos

Un ami sociologue, à qui j'avais proposé une première lecture de *La reconquête du partage*, a soulevé un certain nombre de remarques et de questions qui m'ont interpellé. J'espère en restituer la quintessence en les résumant ainsi : « *Ton essai embrasse des réalités très diverses, abordant l'ensemble des dimensions historiques, remontant jusqu'aux questions d'une actualité brûlante : l'homme seul, collectif, l'homme aimant, haïssant, l'homme exploiteur, esclave, et puis les sociétés historiques ainsi que les divers systèmes sociaux. On y sent la préoccupation constante de dépasser la société globalisée que tu appelles capitaliste ou « démocratie capitaliste » ... Les niveaux de réalité dont tu parles sont très différents, même si tu fais constamment apparaître des cohérences. Mais n'y a-t-il pas aussi des contradictions ou des marges de liberté dans lesquelles les hommes collectifs ou ceux qui veulent transformer, révolutionner, ont toujours la possibilité de se rassembler et d'agir pour subvertir le système ? En ce sens je reste optimiste. Alors pourquoi cette opposition radicale entre concurrence et partage, la concurrence est-elle toujours mauvaise ?* »

Mon cher Bernard, si j'ai parfois emprunté au discours dichotomique cette opposition entre « le bien et le mal », c'est que je n'ai trouvé d'autre voie qu'une irréversible déconstruction pour dépasser la société capitaliste. M'essayant à tirer la leçon des échecs révolutionnaires pour en changer le cours historique, la recherche d'une contradiction majeure entre deux pôles irréconciliables de la réalité humaine s'est imposée à travers la *concurrence et le partage*. Partant de ce constat, comment ne pas être synthétique et englobant ? Dans cet espace philosophique de l'essentiel, comment ne pas réduire le sens profond de la société libérale à l'annihilation dans tout être humain de son l'instinct altruiste afin que l'esprit de concurrence civilisationnel l'habite tout entier ? Si tu crois ami que nous avons pu malgré tout mettre en œuvre cette démarche, n'oublie pas que nous le devons à tous ceux qui ont combattu avant nous ce système au nom de la justice et de la fraternité. Si nous pouvons déborder le cadre étroit du capitalisme, c'est que les libertés de la minorité consciente à laquelle nous appartenons s'abreuvent encore aux sources de la solidarité et non à celle entre toute exhortée : la concurrence. La difficulté d'une démarche de l'essentiel, c'est de donner à percevoir un objet brillant au cœur même de la matité qui l'obscurcit. Mais c'est aussi tenter de décortiquer tout ce qui, dans la contradiction fondamentale du capitalisme, est pollué par des préceptes secondaires pour qu'apparaisse enfin le primat de la lutte des classes. Et si, à cette gymnastique de l'esprit se glisse parfois l'erreur expérimentale, il convient alors d'en reconnaître la portée et s'afférer à sa correction sans complaisance.

Si l'on se réfère, pour éclairer le propos, à l'élection du nouveau Président des États-Unis, alors on peut dire que celle-ci doit plus à son charisme et à l'apport de l'homme de couleur à l'antiracisme, à commencer par la fustigation du « sous homme » dont la traite et l'esclavage sont porteurs, qu'à une quelconque réactivation du rêve américain. Voilà pourquoi, ayant compris que l'enveloppe ségrégative arrachée au cœur même de l'Empire rapproche le peuple de la compréhension sociale de sa condition d'exploité, la cohorte médiatique s'ingénie une fois encore à nous en cacher l'évidence. La logique révolutionnaire porte cette même espérance d'épuration progressive des artefacts civilisationnels qui cachent, derrière le masque opérationnel de la concurrence, l'irréconciliable contradiction de l'exploitation humaine. Pour répondre plus encore à ton interrogation primordiale : « *pourquoi la concurrence serait-elle toujours mauvaise ?* », disons qu'il n'y a pas de place, dans l'espace de partage où l'essence profonde de l'humanité seulement se construit, à ce qui s'impose concurremment à l'évidence de l'autre. Et puis, je crois trop fortement aux vertus de la fraternisation, dont l'actualité, à travers l'élan collectif de tous ceux que les médias appellent élégamment : les minorités visibles, révélées par ce nouveau Président métis, nous montre le profond besoin de faire bouger les lignes. Quant à mon évocation explicite à « changer le monde », rappelons que tout possible induit la notion de doute dès lors qu'il remet en cause une réalité objective. Dans ce cas, insister à partir d'une démarche révolutionnaire sur la nécessaire intrusion partageuse préalable et collective au sein même du système marchand, ne suffit pas à endiguer l'idée « d'une brutale survenue ». Pardon ami pour la lecture dense et parfois difficile de ce livre. J'assume l'affirmation du partage comme idéal de la conduite des hommes ainsi que sa dimension universelle. Puisqu'il m'est permis de croire que partager c'est accorder son esprit au mouvement transcendant de la vie, comment ne pas concevoir que l'espérance d'un tel projet interpelle ? C'est tout le sens d'une réflexion ouverte au débat contradictoire et acceptant sans réserve la différence de point de vue.

*

Apostrophe

Comment croire à la reconquête du partage quand l'individualisme et l'égoïsme sont à ce point exacerbés ? Mais pour ceux qui agissent à la mesure de leur moyen contre un système marchand à la source de bien des maux, ce postulat n'est pas perçu comme un truisme. Qui sait observer et comprendre les signes du capitalisme aujourd'hui ne peut qu'être frappé par la fragilité de son hégémonie et par sa défiance. Son affrontement interne est si fort qu'il en oublie les prémices tangibles de sa décadence et les dégâts quasi irréversibles contre la nature et les hommes. Le nez collé sur les écrans des ordinateurs leur annonçant en direct le résultat des gains ou des pertes, les tenants du capital sont comme aimantés par l'argent tant ce dernier est synonyme pour eux de pouvoir, de jouissance et de désir. Ils considèrent que la sélection naturelle aurait privilégié les primates du genre *homo* dotés des aptitudes nécessaires pour accroître leur intérêt grâce au développement de relations commerciales, et s'appuient même sur une discipline nouvelle, la neuroéconomie, afin d'en optimiser le champ. Affirmant que la concurrence entre les êtres est bien le moteur du développement humain, ils n'hésitent pas à reléguer les valeurs morales au seul rituel de leurs préceptes religieux. Êtres cupides par essence, ils s'approprient le monde au nom du profit. Persuadé de son « bon droit », *homo oeconomicus* nouveau canalise les outils de communication à des seules fins de propagande tentant de ringardiser l'homme social et de remettre l'acte charitable à l'honneur. Sa cécité est si grande qu'il ne saurait voir le bout de son nez. Car ne lui en déplaise, sa globalisation marchande est vouée à l'échec. Mais l'important n'est-il pas de chercher dans la voie de la reconquête du partage comment mettre un terme à son entreprise mortifère ?

I
L'homme, cet apprenti marchand

Dans son livre : « *L'homme, ce roseau pensant...*[*] », Axel Kahn nous dévoile que la pente morbide du système libéral, bien illustrée par l'évolution de ce début de siècle, est d'engendrer des inégalités et de se protéger de ses remises en cause autorégulatrices. Pour qu'il en soit autrement, dit-il : « *Il faut assigner à l'action humaine non seulement l'efficacité des moyens du développement – si c'est le parti qui a été privilégié – mais aussi leur mobilisation en faveur de tous, y compris des générations futures (...) » Homo oeconomicus peut-être, poursuit-il, « mais aussi au service des autres, être moral se fixant des fins, en quelque sorte délivré de l'illusion mortifère selon laquelle il peut s'en dispenser et se contenter de poursuivre son intérêt et de se préoccuper seulement de son développement personnel (...) Il en va de l'intérêt véritable de tous et, en cela, une telle perspective apparaît réaliste : reste à en prendre conscience et à vouloir la mettre en œuvre, nous en avons la possibilité et la liberté.* » Certes, le prisme déformant de l'idéologie libérale prétendant limiter *homo sapiens* à ses aptitudes marchandes apparaît tout aussi absurde que de vouloir le réduire à ses pulsions sexuelles, à son désir de puissance, à son investissement religieux, à son altruisme ou à son sens moral. Mais par quel miracle, alors que l'histoire des civilisations nous montre que de tout temps l'homme a privilégié la marchandisation du monde, parviendrait-il à user aujourd'hui plus qu'hier de sa liberté de conscience pour s'en émanciper ? Comment affirmer que la tentative d'imposer la domination de l'une des spécificités humaines sur les autres revêt toujours une dimension plus ou moins totalitaire, que ce soit l'homme marchand, l'homme social, l'homme religieux ou le surhomme en quête de puissance, sans reconnaître l'hégémonie civilisationnelle de l'accaparement ? La question du devenir de l'espèce humaine ne peut s'en tenir à « l'inventaire » capricant du réel. Elle se doit d'ouvrir la réflexion sur la mise en œuvre des moyens d'action susceptibles d'en modifier le cours. Ne pas prendre sub-conséquemment parti pour qu'une action collective permette l'épanouissement de notre liberté de conscience, porte à croire à l'acceptation de l'élimination des faibles par les forts que les tenants du libéralisme considèrent comme la loi naturelle.

La fragilité du postulat d'Axel Kahn apparaît plus encore lorsqu'il avance : « *Dans l'histoire, on a vu plusieurs fois le moteur de l'intérêt être remplacé par une passion d'autre nature : religieuse, idéologique, politique ou révolutionnaire* » et met en exergue la fugacité des motivations fondées sur l'enthousiasme

[*] Axel Kahn : « L'homme ce roseau, pensant... », Pocket, Paris 2007.

religieux ou le souffle révolutionnaire, comparant même la révolution à une passion amoureuse. Pourquoi laisser planer le doute sur la pulsion naturelle de l'homme pour le monde marchand alors qu'il n'en conçoit la structuration qu'à partir d'un long apprentissage historique ? Pleinement éclairés sur les dégâts civilisationnels de ce dernier et son inéluctable dérive totalitaire, en vertu de quoi devrions-nous en conserver le précepte et nier ses conséquences sur notre libre arbitre ? Sans douter un seul instant de son intentionnalité objective, comment Axel Kahn a t'il pu faire l'impasse, dans sa critique térébrante du système libéral, sur l'impérieuse nécessité de la lutte impitoyable contre cet artefact marchand pour qu'émerge enfin l'action humaine en faveur de tous ? *« Homo oeconomicus peut-être »* doit céder la place à *« Homo oeconomicus plus jamais »* si l'on veut que l'idée généreuse du partage supplante durablement l'idéologie mortifère du profit.

Depuis l'échec de « l'homme social », ainsi qu'en témoigne l'exemple du « socialisme réel » au XXe siècle, le processus de « libre compétition commerciale » a eu raison de tous les régimes communistes. C'est dire combien, outre l'immense dégât idéologique et humain de la déviante mise en œuvre de la dictature du prolétariat, le mot d'ordre libéral du « enrichissez-vous », mis en avant par la gouvernance chinoise aujourd'hui, a battu en brèche l'élan révolutionnaire. Plus impérieuse que la recherche des erreurs de ceux qui prétendaient changer le monde est la mise en œuvre de vraies valeurs humaines pour assurer l'avenir de l'humanité. Car toute la question se résume en cela : pourquoi serait-il plus utile à l'Homme d'être concurrent que d'être solidaire ? Cependant, la conscience de l'homme social suffira d'autant moins à endiguer le flot de l'homme marchand que l'issue fatale à laquelle peut nous conduire ce dernier lui apparaît trop souvent comme une simple abstraction. D'une façon générale, la majorité des exploités refoule son sentiment d'injustice. À cela deux raisons majeures. La première est liée à l'empathie qu'elle éprouve envers ses exploiteurs qui incarnent à ses yeux la réussite sociale. La seconde touche à son aversion quasi instinctive pour tout ce qui a trait à la politique, même si *in fine*, elle se résout la plupart du temps à voter. C'est seulement quand le seuil de l'oppression met en jeu ses fonctions vitales que sa révolte éclate ; mais sans organisation préalable, elle la conduit droit à l'échec. Durant l'intermède, elle se réfugie dans l'apparent et précaire équilibre médian retrouvé.

Pourtant, la clé des nécessaires transformations sociétales ne se trouve pas dans la théorie du milieu, voie selon laquelle tous les excès de chaque partie se trouvent contenus par le compromis de l'ensemble, puisque l'équilibre des excès est toujours annihilé par la dominante capitalistique du tout. La philosophie peut toujours rechercher les préceptes supposés les meilleurs pour qu'une certaine sagesse imprègne peu à peu le développement sociétal, elle demeurera toujours ce qu'elle est : le résultat concret et tangible d'une démarche intellectuelle accompagnatrice et parfois éclairée d'un monde qui ne bouge que lorsque ceux d'en haut ne peuvent plus, parce que ceux d'en bas n'en peuvent plus. Dans le même esprit, alors que la communauté scientifique commence à nous alerter sur le dérèglement climatique, une minorité d'hommes et de femmes en mesure seulement les conséquences pour l'humanité et tente d'agir. L'adage selon lequel « tant que l'homme ne voit pas le cercueil il ne sait pas pleurer » est une fois de plus vérifié.

Si l'on en croit Axel Kahn : « *Le phénomène d'auto-amplification des capacités cognitives et culturelles est sans doute le seul point qui permette de marquer le propre de l'homme (...) L'illusion, non dénuée d'une connotation idéologique selon laquelle la comparaison avec le génome humain déboucherait sur l'identification des gènes de l'" humanitude ", a été battue en brèche. Les différences observées entre homo sapiens et les chimpanzés sont pour la plupart banales (...) En réalité, le propre de l'homme est d'avoir pu parvenir à cette masse critique de culture à partir de laquelle se produit une réaction en chaîne de progrès créatifs et cognitifs ? Dès lors, l'évolution comportementale des hommes, de leurs us et coutumes, va cesser d'être d'abord biologique pour devenir avant tout culturelle et civilisationnelle.* » Voilà un éclairement scientifique qui va dans le sens de la philosophie existentialiste lorsqu'elle affirme : « *C'est ce qu'il fait, ce qu'il choisit, qui fait devenir l'homme ce qu'il est (...) Il n'existe aucune direction pour nous guider, d'où l'importance du choix car nous sommes responsables de nos actes.* ». Conscient de l'unicité de son être, conscient de son identité et de son action, l'athée, l'agnostique ou le croyant, ne peut occulter sa part de responsabilité, alors que le reste du vivant, même celui qui nous est biologiquement le plus proche, n'est responsable ni de lui ni de nous. Sans aller jusqu'à la philosophique de la libération animale, qui tente de prolonger la légitimité des droits de l'homme à ceux du respect de l'intérêt des êtres et l'évitement de leur souffrance, la différence entre ceux à qui s'imposent un devoir humain de responsabilité et les autres espèces, est fondamentale. Est-ce pour pérenniser leur gouvernance que les nantis de ce monde tentent de canaliser ce trait de raison irréfragable des masses opprimées ? Nous voilà alors bien loin de l'idée que se fait l'homme de lui-même, car la seule raison observable chez ceux qui le gouvernent ne serait évidemment plus raisonnable. Augurant des résultats de l'expérimentation animale, qui nous montrent que comparativement à nos amis les grands singes l'homme apprend essentiellement par imitation de ses congénères, avançons l'idée selon laquelle l'exemple de la déraison vient de ceux qui s'arrogent le droit de diriger le monde. Après le partiel et dramatique intermède de l'homme social, nous voilà revenu au cœur même de la civilisation pérenne, toujours aussi barbare : la civilisation marchande.

Sans doute aimerions-nous n'avoir pas à mettre à nu ces vérités, mais la vie interactive, concurrente et commerciale, est bien un phénomène civilisationnel. Certes, à côté de nous, certains insectes sociaux sont capables de coloniser à leur profit d'autres insectes ou des végétaux, mais ils n'ont jamais entrepris pour autant d'échanger leur élevage de pucerons ou leurs champignonnières. Ou si, comme le note Axel Kahn, lorsque l'on a réussi à apprendre à des groupes de chimpanzés d'échanger de la nourriture contre des cailloux faisant office de monnaie, cette ébauche de commerce se déploie uniquement entre eux et leurs gardiens, jamais entre chimpanzés. Si le fait d'être industrieux et doué n'est pas exclusif à l'homme, la marchandisation du monde est bien l'aboutissement d'un apprentissage typiquement humain. C'est pourquoi la vision du marché libéral est aussi fortement partagée ; elle n'a donc nullement besoin d'user de mensonges pour nous sembler naturelle. Si nous analysons avec la même retenue les comportements de partage que l'on peut observer chez beaucoup d'espèces animales, y compris la nôtre (même s'ils sont chez nous plus complexes), ils n'impliquent pas a priori la capacité à s'interroger sur les états mentaux de son vis-à-vis sans laquelle tout commerce est impossible. Comme certaines sociétés tribales nous le montre, le partage fait partie de notre nature profonde alors que le commerce mobilise l'apprentissage. Par conséquent, imaginer que l'homme social recourant au partage inscrit sa démarche dans une sorte de fugace passion amoureuse, est un leurre. Profondeur et pérennité du partage sont d'autant plus concrets qu'ils s'enracinent dans l'être lui-même. La solidarité que l'on peut associer au partage est innée, alors que le commerce englobant, conçu comme moteur de la concurrence humaine, n'est qu'un artefact civilisationnel. Certes, le degré de pertinence des attributs de l'homme ne saurait se définir par l'opposition d'une propension naturelle à un apprentissage. L'intérêt est d'en pouvoir observer les conséquences objectives sur l'homme à travers l'histoire. Mais tout aussi important est d'en souligner la survenue, afin de montrer à quel point, l'habileté du commerce issu de l'acquis, donne à croire que le partage, à l'origine naturel, n'est qu'un précepte naît de l'imagination humaine.

II
Concurrence ou partage : il nous faut choisir

Pour se persuader à quel point l'idée de concurrence a progressivement gangrené la vie des hommes, il n'est qu'à observer leur engouement pour les jeux. Ces derniers ont pris une telle place dans le développement des sociétés humaines, qu'aucun pays, aucune ethnie, aucune communauté religieuse ou culturelle, n'échappent à leur emprise. La preuve en est : la quasi-impossibilité pour un chef d'État aujourd'hui d'être élu s'il proclame haut et fort son aversion pour ceux-ci. Dans le même esprit, l'argent, qui est son corollaire, impose sa marque dans divers jeux de hasard, pour l'essentiel sous contrôle de l'État, et là encore, il n'est une région du monde, un village, un café, une association publique... qui ne s'adonne à de bien malignes loteries. Accompagnant la notion de compétition, pour reprendre la pensée de Roger Caillois, « *les règles sont inséparables du jeu sitôt que celui-ci acquiert (...) une existence institutionnelle. À partir de ce moment, elles font partie de sa nature. Ce sont elles qui le transforment en instrument de culture fécond et décisif* ». C'est dire à quel point l'esprit du jeu établi sur la concurrence a pénétré le cœur des hommes.

Pour tenter de comprendre la survenue de la concurrence, commençons par distinguer dans l'adjectif « concurrent » : l'acception de se rencontrer, de participer à une action commune, de celle de rivalité d'intérêts avec d'autres, qui deviendra par extension : rivalité d'intérêts provoquant une compétition spécialement dans le secteur industriel et commercial. Notons sans ironie que ce mot vient du latin *concurrens* qui signifie : courir avec ; ce qui tend à démontrer qu'être un concurrent dans une épreuve sportive devrait s'entendre dans le sens de participer ensemble plutôt que dans celui de s'opposer. Nous sentons là toute l'ambiguïté de ce mot : la concurrence qui ajoute et celle qui retranche. Si nous analysons le sens du mot compétition, du bas latin *competitio* : épreuve sportive mettant aux prises plusieurs concurrents, son extension à la sphère économique signifie se poser en rival pour obtenir un marché en se disputant sur un prix. Nous voyons à quel point l'idée du prix du marché pollue celle de récompense, qu'il s'agisse d'une épreuve sportive, artistique ou intellectuelle. Les raisons pour lesquelles l'idéal de paix et de fraternité de l'olympisme a été supplanté par l'économisme s'en trouvent alors éclairées. Cette analyse discursive est plus profonde qu'il n'y paraît. La récompense est-elle le fruit d'une action collective ou d'une action individuelle lorsqu'une épreuve s'ouvre au champ du plus grand nombre ? Le « gagnant » sera tout autant porté par l'effort collectif que par son effort personnel. Mais ce qui caractérise le « prix », c'est l'unicité de la distinction qui le porte. Pourtant, la joie eût été plus forte encore, si en fin d'épreuve, l'émulation de tous conduisait à distinguer non le premier, mais le groupe. Force est cependant de constater que toujours le primat de l'*ego* l'emporte. Afin de creuser plus encore cette notion de compétition, revenons à l'épreuve sportive et observons que lorsqu'il s'agit de mettre « en concurrence » dans certaines disciplines deux individus, l'équivalence des gabarits s'impose. Cela est particulièrement vrai pour la boxe. On pourrait croire que la disproportion des forces pouvant nuire à la validité des résultats impose la règle. En réalité, il s'agit surtout de ne pas nuire à la « qualité du spectacle » car à l'esprit de compétition contribue toujours le spectateur. L'histoire est porteuse de cette culture de l'épreuve, vécue à la fois comme fête oublieuse des dures réalités de la vie et comme transfert de l'aspiration au triomphe sans effort ou risque d'échec. L'explication vaut pour la relative acceptation de la piètre condition sociale de la grande majorité des hommes et femmes de la planète qui vivent par procuration la fascination du gagnant à travers la richesse d'autrui. On comprend pourquoi une telle dose de concurrence imprègne les individus dans leur aspiration légitime à la réussite sociale. S'approcher de l'idée de concurrence ne saurait se concevoir sans parler de la sélection naturelle. Si le débat reste ouvert quant à savoir qui du Darwinisme et du libéralisme a inspiré l'autre pour appréhender les mécanismes de l'évolution, qu'il s'agisse de la sélection naturelle ou de la concurrence économique, on assiste bien à une véritable lutte pour la vie de l'entreprise ou du lignage. Comme le note fort justement Axel Khan : « *Dans l'un et l'autre cas, la victoire des plus aptes et l'élimination des inaptes sont censées constituer le moteur essentiel du progrès qu'il ne faut perturber à aucun prix. Pas question par conséquent, de venir en aide aux entreprises menacées de disparition, ou de protéger par des dispositifs solidaires des couches sociales de qualité inférieure et vouées à la défaite, voire à la disparition. "Laisser faire " s'entend alors dans sa double signification économique et évolutive.* » Dans la compétition commerciale ou reproductive, l'altruisme est contre productif, ou alors ne constitue qu'un artifice au service de l'égoïsme sacré, générateur de progrès. Enraciner une doctrine économique dans une réalité biologique et la naturaliser est bien le *credo* des néo-conservateurs américains. La mission divine de convertir le monde aux prescriptions de la loi naturelle fondée sur la libre entreprise, la concurrence commerciale sans entraves et le respect scrupuleux des règles du marché, serait donc la seule voie possible pour assurer le progrès de l'humanité. L'idéologie néo-conservatrice poussée à l'extrême (et l'homme en a déjà souffert maintes fois) invite à l'épuration ethnique ou raciale. Dans cette terrible attente, toutes les avancées technologiques et scientifiques sont non seulement bonnes à convertir en profits, mais les capitalistes en colonisent les outils, en particulier ceux de la neurobiologie, pour anticiper sur l'activité économique. C'est ainsi que la neuroéconomie a fait son apparition afin de mieux prédire les réactions du public grâce à l'analyse de l'imagerie cérébrale au développement de telles ou telles opérations publicitaires, commerciales ou financières. À ce stade, nous sentons bien que la psychologie marchande est née de l'apprentissage de la duperie et que vouloir séparer la concurrence du commerce revient à imaginer une marchandise sans profit. Mais en quoi le partage serait-il plus à même de répondre au progrès de l'espèce humaine et pourquoi a-t-il échoué dans la durée à ce jour ? Si nous revenons à l'idée d'Axel Kahn, la raison en serait d'ordre existentiel : l'idéal de partage, tout comme la passion amoureuse, s'inscrivant irrémédiablement dans un espace fugace. Reléguer l'idée de partage à une sorte d'utopie est pour le moins réducteur, car comment expliquer alors que certaines peuplades d'Amazonie en font le support majeur de leur vie depuis plusieurs milliers d'années ?

La réponse, chacun au fond de soi le sent bien, est avant tout culturelle et civilisationnelle. Le partage a été progressivement supplanté par le commerce dès lors que les produits de subsistance consommés par la majorité des individus n'étaient plus issus exclusivement du milieu naturel, mais résultaient, pour l'essentiel, d'une activité agraire, pastorale et industrieuse. Les tenants du néo-conservatisme ou du courant réformiste ont beau tourner la question dans tous les sens, l'évidence des observations sur ces faits est difficilement contestable. *Homo eoconomicus* est avant tout civilisationnel. L'homme créatif, en interaction avec son milieu naturel, ne pouvait au bout du compte que s'ouvrir à l'échange. Les données de la recherche corroborent le postulat selon lequel l'échange à travers le troc, et plus tard son substitut monnayable, apparaît dès la fabrication des premiers outils de chasses il y a de cela plusieurs centaines de milliers d'années. Le partage et l'échange sont intimement liés à l'accompagnement social et culturel de l'homme, alors que le commerce n'est que l'artefact civilisationnel à partir duquel il outrepasse l'échange pour thésauriser. La bifurcation entre la « culture indigène » et la « culture moderne » est essentiellement liée au pastoralisme et à l'agriculture, car l'une comme l'autre est inventive, créative et industrieuse ; les supports de l'échange existent bien dans les deux cas, seul se distingue le « surplus » né du travail humain. La riche pharmacopée indigène, encore source aujourd'hui de convoitise de la part d'*homo oeconomicus*, est une des preuves de l'immense savoir-faire des peuples prétendument sauvages et tend à prouver que l'intelligence créative évoluant en d'autres espaces anormatifs n'a nul besoin de concurrence pour progresser. S'appuyer sur un support universel que l'on nomme « monnaie » pour soutenir l'échange, n'est pas techniquement condamnable et ne s'oppose en rien à la conversion de la force du partage en « bonheur ». Ce qui demeure contestable, est son inutile capitalisation. La concurrence corrélative au commerce tente de reléguer le partage et sa complémentaire émulation au rang de vieilleries de l'histoire. Nous touchons là le cœur du sujet : concurrence et partage sont antagonistes et ne nous en déplaise, prétendre changer la société sans se prononcer sur ce choix, c'est se berner.

III
La « douce » concurrence

Un peu comme dans le paradoxe de l'œuf et de la poule, la concurrence est-elle à l'origine du commerce ou le commerce est-il à la source de la concurrence ? Ce que l'on sait avec certitude : l'œuf et la poule sont le résultat d'une sélection naturelle, le commerce seulement celui de notre civilisation. Dans les deux cas cependant leur couplage demeure exclusif. Si le commerce a débuté par le troc, comme tend à le prouver des groupes ethniques encore dépourvus à ce jour de monnaie, le troc n'est pas né de la concurrence mais de l'échange. Cela dit, l'échange répond-il à un désir ou à un besoin ? La simple observance nous porte à dire les deux, sinon comment comprendre la notion de plaisir accompagnant sa survenue ?

Ce dont témoigne le commerce, avec pour corollaire la monnaie, c'est ce décalage chronologique entre l'acte de l'échange et la satisfaction du désir ou du besoin qui suppose la faculté de se projeter dans un devenir. Dès l'origine, dans son approche transactionnelle, le commerce introduit donc sa part de rêve. Sans doute est-ce pour cela que la relation commerciale s'établit toujours à partir d'une stratégie psychologique : évaluer le prix du désir. Nul doute que comme le postule Axel Kahn « *la généralisation des échanges marchands, fruit de l'accroissement des aptitudes cognitives de l'homme en société, va en retour contribuer avec efficacité au développement de celles-ci.* » Nous pouvons toujours déplorer que cette « stimulation » ne soit pas venue du partage, qui, nous le verrons plus loin, eût pu, tout autant que le commerce, remplir cette fonction. Mais réalité de l'histoire nous rappelle qu'il en fut bien ainsi.

L'engouement de l'acheteur pour un objet, dépend essentiellement de sa qualité, de sa rareté et (ou) de sa nouveauté. La spécialisation des premiers artistes et des artisans résulte de la mise en œuvre d'un savoir-faire ou d'un talent au service de ces attentes. La concurrence entre les divers réalisateurs fut donc le résultat d'un choix d'intérêt : tailleur de pierre, potier, métallurgiste... étaient d'autant plus motivé à faire bien, qu'ils pouvaient faire cher. La stratification hiérarchique des sociétés primitives s'est sans doute construite à partir de cette spécificité du talent à agir sur l'outil pour créer un objet afin d'en échanger l'usage. La force décuplée par l'outil engendre l'abondance et la variété alimentaire, qui agissent à leur tour sur le développement des aptitudes cognitives et sociales de l'homme. Le fruit de ces stimulations aboutira au fils des siècles à l'accumulation des richesses nées du pastoralisme et de l'agriculture.

Bien triste est l'évidence civilisationnelle fondée sur la culture de l'échange hiérarchique et marchand de la production humaine, mais bien réelle en est l'histoire. Toute l'analyse discursive sur le devenir du commerce, ne peut se comprendre sans cette profonde et durable hiérarchisation de l'accumulation des biens, à la fois source de satisfaction du besoin et du désir. Mais la hiérarchisation de l'accumulation qui stimule est aussi celle qui tue. Car si l'opulence sélective des sociétés marchandes a engendré la guerre, c'est précisément parce qu'elles ne pouvaient qu'être concurrentes. Avant que l'idée de la « douce » concurrence ne s'installe, les grands traits d'une civilisation essentiellement mue par l'intérêt commercial et le pouvoir avaient déjà fait ses ravages.

Cela n'explique pas pourquoi globalement les sociétés humaines firent ce choix. Peut-être que conscient de sa mort, l'homme chercha prioritairement un apaisement dans la sublimation d'un devenir et la trouva aussi dans l'exacerbation du désir. En ce sens, nous pourrions dire que richesse et paradis sont les onguents de sa vie. Tout comme le criminel est très souvent victime avant son premier crime d'autre(s) criminel(s), *homo oeconomicus* pourchassé par ses peurs les chassa à son tour grâce à sa croyance et son désir. Ni blanche ni noire la réalité de ses choix porte la trace de ces errements. La concurrence marchande, sédimentée dans le cœur de l'homme depuis qu'un prolongement de lui-même traverse ses fabrications, est plurimillénaire ; elle véhicule au plus profond de son être cette intention d'acquérir le bonheur par l'accumulation des biens matériels au détriment d'autrui ; mais, coupable conscient, celui qui y consent ne sait comment supporter le vide engendré par la suppression de cette matérialité. En cela, une utopie trop abstraite ne saurait le combler.

Comme le souligne doctement Axel Kahn : « *Faire reposer l'essentiel des motivations humaines sur la poursuite par chacun de ces intérêts – accéder aux plaisirs, en particulier à ceux que procurent la puissance et la richesse, et se reproduire – est un concept simple* », à ceci près, qu'intrinsèquement concurrent il en devient meurtrier. Ainsi, l'efficacité opérationnelle et productive des motivations égoïstes du système capitaliste est fatalement répressive. La passion sans limite de l'homme pour son devenir, matérialisée par sa soif de percer ses origines, rejoint cette peur congénitale de l'inconnaissable ; ceci éclaire les fonctionnalités complémentaires du libéralisme qui construit, de la croyance qui établit, et de la science qui cherche. Revisiter les conséquences de la mise en œuvre de ces préceptes est donc triplement nécessaire. Pertinente est aussi la question de savoir qui du commerce et de la religion engendra l'autre ? Si les rites funéraires apparaissent semble-t-il voilà quelques cent mille ans, ils témoignent plus d'une interrogation sur la mort que d'une incantation divinatoire à l'adresse d'une entité supposée la provoquer. Toutes les divinations structurantes s'établissant principalement autour de la notion d'esprit transcendant sont concomitantes des sociétés « d'opulence ». Quant aux religions monothéistes : judaïsme, chrétienté et islam, elles surgissent toutes trois dans des sociétés essentiellement commerçantes. Cette proximité historique porte à les ressentir comme contrepartie spirituelle de la dimension matérielle et cruelle des systèmes concurrents. Et bien que cette réalité soit toujours en devenir, nous pouvons dire sans crainte d'être contredit, que l'ensemble des grandes religions à travers le monde ont été, et sont encore, directement ou indirectement, des religions d'État et donc, *de facto*, les fidèles accompagnatrices du système marchand. L'inventaire de leur « bienfait » et de leur atrocité n'étant pas le sujet de cet essai, contentons-nous d'observer que commerce et religion ont fonctionné et fonctionnent encore comme couple omniprésent de l'histoire. La seule question à leur poser, puisque que les religions prétendent nous sauver, c'est : qu'avez-vous fait du monde au nom de Dieu ?

Si sciences et religion ont parfois fonctionné comme un couple en divorce, en particulier durant la période de la révolution copernicienne, sciences et commerce ont su au fil du temps s'accorder. La stimulation de la recherche dans le cadre des applications militaires garantes de la « stabilité » marchande en est le parfait exemple. La recherche fondamentale, indépendante des pressions économiques et des pouvoirs en place, est devenue un mythe et sans doute l'était-elle bien avant que certains combats politiques et syndicaux l'aient malgré tout confortée. La nécessité d'un accaparement des retombées de la recherche par la sphère économique semble si évidente, qu'on ne se pose même plus la question de qui doit la financer. Cependant, et contre toute attente, le gouvernement américain a si bien intégré la nécessité pour maintenir sa dominance économique et militaire de développer la recherche fondamentale, qu'il n'hésite pas à transgresser ses préceptes libéraux en assurant massivement son financement sur les deniers publics. Si l'on connaît depuis fort longtemps la dimension stratégique de la recherche dans le développement industriel et militaire, on ne supposait pas combien, quasi totalement impliquée dans tous les rouages de la vie économique et sociale du monde, elle en deviendrait envahissante. En ce sens, on peut dire, qu'à l'heure de la globalisation du marché, la recherche est devenue essentiellement concurrente et par conséquent dépendante. La communauté scientifique a beau s'en défendre, et tous les comités d'éthique n'y pourront, hélas, rien changer, la recherche marchande est en marche et ses conséquences sur le développement humain ne fera qu'accompagner celui du libéralisme mondial dont nous avons pourtant tant à craindre. Ainsi, à vouloir s'impliquer dans un système concurrent, la recherche perd son indépendance. À terme, l'occurrence de cette « tentation » pourrait être forte sur la condition humaine.

Les prémices d'une telle stratégie sont déjà à l'œuvre dans nos sociétés «modernes » et les retombées sur notre quotidien, permanentes. Par conséquent, nul ne saurait nier l'impact de la recherche sur la matérialité de l'espèce humaine. Pour autant, l'interrogation sur ses choix à satisfaire nos besoins fondamentaux et leurs conséquences sur notre structuration sociale est urgente. Le secteur de la recherche médicale, qui suscite pourtant chez la plupart des individus le plus d'attente, est peut-être celui à partir duquel la dérive sociétale de l'hyper capitalisme est la plus prégnante. Quoi que nous puissions penser de l'utilité des recherches sur le clonage en général, il est peu vraisemblable que la sagesse d'un système concurrentiel s'arrête à la porte du clonage animal ou s'en tienne à sa dimension strictement médicale. Que lui importent les mises en gardes majoritaires de la communauté scientifique et de tous les êtres raisonnables de la planète garants d'une certaine éthique, si ces applications à des fins de « sélection naturelle » confortent ses ambitions libérales. L'apparent laxisme de certains chercheurs sur ces probables dérives, évoque cette propension à lorgner sur les énormes profits qu'une telle technique ne manquerait pas d'engendrer, car rien ne semble s'opposer à terme à sa survenue. *Homo oeconomicus* pourrait d'autant moins en repousser la mise en œuvre, que la sélection génétique, sensée améliorer les capacités agissantes des classes « supérieures », en prétendrait accroître son égocentrisme au service de la compétition mondiale. Dans ce contexte, il n'est pas étonnant que les principales tentatives en viennent des États-Unis. Pourtant, le clonage humain contribuera d'autant moins à l'amélioration de l'individu qu'il concourt intrinsèquement à l'appauvrissement du patrimoine génétique. La nature a fait de chacun d'entre nous un être unique et nouveau dans l'assimilation à son espèce, en quoi le clonage pourrait-il faire mieux ? Dans un autre domaine, et ce malgré toute l'estime que nous devons garder au corps médical, l'affaire des greffons prélevés sur des condamnés à mort en Chine ou sur des individus vivant dans la misère en Inde ou ailleurs, révèle plus encore la monstruosité dont une minorité d'entre eux est capable pour satisfaire son irrépressible appât du gain. Tout aussi inquiétant est le rêve du robot humanoïde ; ne vient-on pas d'expérimenter avec succès le robot biologique composé de neurones obtenus à partir de plusieurs dizaines de milliers de cellules de rat mises en culture… D'autres recherches, plus subtiles encore, sont en cours : le prolongement du cerveau humain par l'assistance de l'intelligence artificielle. À terme, cette technologie, pourrait non seulement lui permettre une incommensurable accélération de ses capacités de calcul, mais sa propre perception du monde.

D'autres secteurs de la recherche alimentent cette inféodation progressive de la science à l'esprit mercantile et médiocre du monde. N'a-t-on pas vu ces temps derniers une partie de la communauté scientifique mêler sa voix au bêtisier ambiant à propos des scénarios hyper-catastrophe sur les équilibres écologiques de nos sociétés industrielles ? Pour nécessaire que soit l'information et la sensibilisation de tous à la prise de conscience collective du dérèglement climatique d'origine anthropique, accréditer certains grands shows médiatiques sur le sujet est vraiment pitoyable. Jouer sur l'émotion et les peurs peut servir l'audimat ou le profit, pas l'avenir de la planète. Sans doute est-ce pour cela que les ingrates et patientes recherches qui révèlent pas à pas l'impact de la pollution atmosphérique, biologique, pédologique et hydrologique sur la santé publique et les conditions sociales sont globalement occultées. Dire avec raison les résultats concrets et tangibles de la science n'est pas forcément vérité, mais tolérer le travestissement de la raison des résultats participe de l'organisation du mensonge. Dans un tout autre domaine, la bataille que se livrent les groupes industriels (soutenus par les États), les scientifiques (avançant en front séparé) et les populations (épaulées par quelques avant-gardistes personnalités politiques et associatives) à propos de la généralisation des OGM dans l'agriculture mondiale, est significative de cette inféodation progressive de la recherche au monde capitaliste. Nul ne croira que le seul être capable de résister à la pression de l'argent est le scientifique. Il ne s'agit pas de suspicion, mais de constatation. Que penser de ceux dont la recherche est financée par un grand semencier international, qui, mettant en œuvre un protocole expérimental en plein champ d'une culture OGM en France, prétendent maîtriser tous les paramètres de non-dissémination de leur cultivar en appliquant la législation en vigueur ? Il est vrai que certains plants ne présentent pas ce risque, mais concernant le maïs (pourtant déjà testé scientifiquement en plein champ) une bande tampon d'une cinquantaine de mètres est seulement exigée par la loi. Or quel scientifique digne de ce nom pourrait soutenir que cette mesure administrative nous prémunit de toute « contamination » ? Par ailleurs, qui peut croire qu'une telle découverte permette de répondre aux besoins alimentaires croissants de la planète, alors que nous n'avons à ce jour aucune preuve de son innocuité et que l'on sait avec certitude qu'une application à grande échelle plombera définitivement les petits et moyens producteurs au grand groupe industriel qui en maîtrise la semence ? Nous préférerions, ô combien ! entendre s'élever le son de leur voix contre les multinationales criminelles et leurs gouvernements complices qui n'hésitent pas à requérir des millions d'hectares de terre cultivable pour produire des biocarburants aux bénéfices colossaux, affamant sans vergogne les habitants des pays les plus pauvres. Ou encore les trouver aux côtés de tous ceux qui combattent ces marchés spéculateurs de denrées agricoles, tels le riz, le maïs ou le blé, indispensables à la survie des populations malnutries. D'ailleurs, en ce domaine, les recherches sur les écosystèmes permettant de découvrir les mécanismes complexes du fonctionnement des sols, pour lesquelles très peu de moyens sont accordés, sont bien plus utiles pour répondre à terme aux énormes besoins alimentaires de la planète, que celles entreprises sur les OGM dont certains États nous vantent les mérites. Oui à l'expérimentation qui respecte les règles déontologiques de la science, non aux préséances de charlatans qui enfreignent les interdits du doute.

Avant de clore cette brève introspection sur les sciences et le commerce, examinons ce qu'il en est à propos de la recherche spatiale. Consensuelle aux yeux du grand public, cette dernière est pourtant tout aussi concurrente. La mise en commun de certains moyens techniques et humains, uniquement pour des questions de taille des investissements nécessaires à son développement, n'annule en rien son ancrage idéologique. Les retombées économiques, technologiques, médicales et militaires de ce type de recherche sont non seulement utiles, mais nécessaires à la compétition capitaliste. D'aucuns posent la question de leur priorité eu égard au manque de moyens financiers pour endiguer la pauvreté à travers le monde. Au risque de les décevoir, même si ces dépenses colossales lui étaient affectées, elles ne sauraient endiguer totalement ce terrible fléau car la pauvreté mondiale n'est pas tant d'ordre financier que politique. Le capitalisme nous donne à croire que la recherche spatiale court exclusivement après le mythe de nos origines, mais il nous revient de dire qu'elle est avant tout un des vecteurs stratégiques de sa nature concurrentielle. Objectivement, nous devons agir pour que la recherche ne soit ni muselée sous prétexte d'un développement non maîtrisé, ni au nom de préceptes religieux. Mais ce qui demeure troublant, c'est ce décalage entre l'élite que l'on pense consciente, le réel niveau de conscience de sa minorité déviante, et la grande masse des individus maintenus dans l'incapacité d'en mesurer le champ. Si l'information transparente sur ces travaux de recherche, comme dans d'autres domaines, nous est partiellement refusée, sans doute est-ce parce que les interrogations qu'elle ne manquerait pas de susciter, pourraient remettre en cause les objectifs inavoués de leurs applications futures. Mais, en l'espèce, la peur n'est pas bonne conseillère, car la recherche ne vaut que par le prolongement que l'on donne au champ inépuisable de la connaissance. Cependant, l'intentionnalité concurrente du capitalisme étant de la maintenir exclusivement sous sa coupe, cela représente un redoutable danger.

Bien que la question de la communication ne s'intègre pas directement au secteur de la recherche scientifique, il m'a semblé utile d'en souligner ici la même contingence. En effet, le caractère dictatorial réservé à ce qu'en d'autres temps on nommait la propagande, échoit présentement à la communication ? Le malaise suscité par cette affirmation, montre la perversité de sa mise en œuvre. Pour qu'une telle dimension apparaisse, il faut non seulement un réseau multimédia efficace, mais l'émergence d'une réalité normative si prégnante qu'elle en devienne quasi naturelle. L'intelligence idéologique de la dictature communicante, c'est de nous donner à croire à la libre expression de ces supports technologiques et humains. Certains s'imaginent que les masses médias sont manipulées ou contraintes par je ne sais quel pouvoir occulte, mais la réalité est plus complexe. Hormis les conséquences des rémunérations outrancières (de l'ordre de 10 000 à 100 000 euros mensuel pour certains journalistes) et les pressions indirectes des magnats de l'information sur l'éthique et l'objectivité, l'autonomie de propagande de la plupart des grands médias devient « spontanée » dès lors que leurs convictions forgées par un apprentissage global résultent de l'hyper concentration de la norme. Dans ce cas, et nous y sommes, l'expression émergente de la critique à partir de ce cadre inapparent pour la grande masse ne peut sortir de leurs canaux. L'omniscience de la pensée unique leur permet alors de présenter les vrais contradicteurs comme des dinosaures subversifs ou de les contenir dans une dimension folklorique. En ce sens, les partisans d'un changement radical du système des valeurs qui se prêtent à ce jeu contre-productif de la médiatisation, s'embarquent par-devers eux dans cette spirale normative. Par ailleurs, s'imaginer que les supports de l'Internet puissent conduire à l'émergence d'une communication moins contingente, est à terme pure utopie. Aussi rapide et puissant que puisse être l'outil, il ne véhiculera rien de plus que la somme des attentes de ce pourquoi il est commercialisé : accroître, à travers l'apparente liberté d'expression, les fondements civilisationnels des sociétés marchandes. Le primat de toute action révolutionnaire passe d'abord par la clairvoyance des idées à mettre en mouvement, la validation des nécessités organisationnelles à l'épreuve des réalités sociétales et, corrélativement, aux supports informatifs utiles à leur confrontation. La société capitaliste ne s'est pas globalisée grâce à la dictature de sa stratégie communicante, mais à cause de la profonde aliénation de sa dimension concurrente et marchande. La perversité de ses moyens d'informations ne saurait égaler les causes profondes de ses barbares errements. Par conséquent, nous ne saurions limiter les ravages de la « douce » concurrence à la seule dimension religieuse, aux prémices d'une dérive scientifique ou à sa capacité communicante. Résumer en quelques traits marquants la triste réalité de « la douce » concurrence revient donc à insister sur trois objectifs principaux : dominer, contraindre, profiter. L'esprit de domination n'est pas le fruit de la concurrence, il en est l'essence. Tout comme l'obtention indue d'une chose ne peut se passer de la contrainte, le profit qui lui échoit ne peut exister sans concurrente domination. Profiter du profit est encore autre chose, car cela suppose pouvoir justifier de son accaparement par la domination et la contrainte. Le moyen en est trouvé par la concurrence comme le résultat naturel de la libre sélection que le libéralisme transpose « harmonieusement » en libre marché. Ainsi, la conceptualisation culturelle de l'appropriation qui s'est construit en l'homme comme moteur d'une créativité censée bénéficier à tous, s'impose à lui. Mais pour en atténuer les effets barbares, il faut s'efforcer d'accorder la survie aux innombrables victimes de sa mise en œuvre : l'acte charitable des religions y pourvoira. Dès lors, toutes les variantes autour de ce concept récurrent se bousculeront pour en soutenir l'esprit. À ce niveau de réflexion, seule l'analyse historique de la réalité existentielle permet de mesurer l'amplitude temporelle des errements de la « douce » concurrence. Parmi les différentes jauges à notre portée pour en appréhender la concrétude, l'avancée ou le recul de l'acte charitable semble pour eux pertinent. Croire à la neutralité bienveillante ou à l'amélioration des contingences d'*homo oeconomicus* devient purement criminel. Prendre fait et cause pour l'anéantissement de la société capitaliste n'est pas qu'un postulat, c'est avant tout répondre à une urgence.

IV
Le « terrifiant » partage

Tel qu'il a été dit précédemment, enraciné dans l'être lui-même, le partage n'a pas à naître d'un apprentissage ; notre instinct attend simplement qu'on en cultive la grandeur. Globalement jugulé par le choix civilisationnel du commerce, il n'en ressort pas moins pour un temps sous les traits d'une idéologie. Mais la caricature que l'on en fait à ce jour est bien triste, car si dire : « j'ai été communiste » peut passer pour une singularité, affirmer : « je le suis », est parfois perçu comme un crime. Si nous portons le concept de partage au jugement commun, peu de gens s'en approprieront l'humanitude. Mauriac exprime ce point de vue lorsqu'il écrit : « *N'y a-t-il pas, chez la plupart des hommes, un instinct qui les pousse à détruire ce qui fut leur partage ici-bas ?* » La perception utopique du partage est devenue, comme l'ambition, la chose la mieux partagée du monde. Pire même, l'enfouissement de son contenu sémantique par les contingences civilisationnelles tend à le réduire à sa simple acception juridique : l'acte qui met fin à une indivision. La boucle est bouclée ; le « doux » commerce a réussi ce nouveau tour majeur : transférer l'instinct de générosité à l'instinct d'acquisition.

Mais avant d'en venir à cet espoir déçu de l'histoire, examinons en la genèse. L'homme primitif partageait tout ce qu'il possédait pour la survie du groupe et pour la sienne, car manger en ces temps ne faisait pas festin. Au-delà de ce comportement salutaire, lorsque la nature abondante était nourricière, le partage s'imposait à lui. L'interaction de cet instinct grégaire avec son environnement naturel, s'accompagnait alors d'un sentiment de paix. C'est pourquoi, pour les habitants de certaines divisions de l'Océanie et d'autres contrées, malgré l'apprentissage de nos civilités, la notion de partage demeure omniprésente.

Revenant aux sources de nos pratiques ancestrales, citons à travers Gracchus Babeuf leurs transpositions en préceptes communistes initiaux : « *La nature a donné à chaque homme un droit égal à la jouissance de tous les biens (...) Le but de la société est de défendre cette égalité, souvent attaquée par le fort et le méchant dans l'état de nature, et d'augmenter, par le concours de tous, les jouissances communes (...) La nature a imposé à chacun l'obligation de travailler ; nul n'a pu, sans crime, se soustraire au travail (...) Les travaux et les jouissances doivent être communs (...) Il y a oppression quand l'un s'épuise par le travail et manque de tout, tandis que l'autre nage dans l'abondance (...) Nul n'a pu, sans crime, s'approprier exclusivement les biens de la terre ou de l'industrie (...) Dans une véritable société, il ne doit y avoir ni riches ni pauvres (...) Les riches qui ne veulent pas renoncer au superflu en faveur des indigents sont les ennemis du peuple (...) Le but de la révolution est de détruire l'inégalité et de rétablir le bonheur commun (...) La révolution n'est pas finie, parce que les riches absorbent tous les biens et commandent exclusivement, tandis que les pauvres travaillent en véritables esclaves, languissent dans la misère et ne sont rien dans l'État (...)* » Par trop conscient des sarcasmes que ces idées ne manqueraient pas de susciter après la constitution de 1793, Babeuf recommanda à Félix Lepeletier de rassembler tous ses projets, notes et ébauches d'écrits démocratiques et révolutionnaires, tous conséquents au vaste but et lui confia : « *Lorsqu'on en sera venu à songer de nouveau au moyen de procurer au genre humain le bonheur que nous lui proposions, tu pourras rechercher dans ces chiffons et présenter à tous les disciples de l'Égalité ce que les corrompus d'aujourd'hui appellent mes rêves* ». »

Jugée sans doute trop archaïque par certains, voilà une utopie qui pourrait bien représenter, comme par le passé, le rêve de demain. Nulle prétention à refaire ici l'histoire du communisme de Babeuf à Marx en passant par Engels, Lénine, Trotski et tous les autres, contentons-nous de dégager quelques réflexions pour l'avenir. Au niveau des trois pays continents que sont la Russie, l'Inde et la Chine, les famines endémiques et terriblement meurtrières dans ces puissants empires autoritaires ont été jugulées principalement après la révolution communiste en Russie et en Chine, même si des récidives ont été observées après son établissement ; notons cependant que ces dernières n'étaient pas liées à l'enrichissement personnel ou à la corruption des dirigeants, mais à la vision erronée de leur planification outrancière. À ce stade, la nécessité d'inventer une sentence me vient alors à l'esprit : Tend toujours la fleur de la vigilance à la main du partage venue t'arracher des mailles des concurrentes cruautés. Mais la démocratie capitaliste de l'Inde, après son indépendance, a-t-elle mieux protégé ses ressortissants de ce terrible fléau ? D'ailleurs, ne fonctionne-t-elle pas toujours en caste, maintenant les intouchables dans le plus grand dénuement ? Preuve que la « douce » concurrence ne l'a pas toujours emporté sur le « terrifiant partage », même lorsque son application était, pour le moins, contestable. Quant aux autres pays capitalistes, c'est principalement le poids des luttes sociales et politiques qui a progressivement porté les peuples vers un certain mieux être.

L'opportunité m'a été donnée de bien connaître la RDA d'avant la chute du mur de Berlin. L'objectivité m'emmène à dire que les libertés individuelles étaient sous tutelle et le développement économique, bien que globalement inférieur à celui de la RFA, s'accompagnait d'un système éducatif et de protection sociale de grande qualité ; par ailleurs, aucune pénurie alimentaire ne l'affectait. En fait, la différence fondamentale entre les deux côtés du mur était le déni des libertés individuelles et de la marchandisation concurrente à l'Est, et la fustigation de la privation des libertés et des valeurs du partage collectif à l'Ouest. Certes, il ne s'agit pas de réduire la réalité de l'histoire du communisme à l'observance de quelques préceptes irréfragables entre deux ex-pays idéologiquement concurrents, même s'ils sont transposables à l'ensemble des blocs Est et Ouest. Pas plus qu'il n'est besoin d'occulter les excès : goulag, voire génocide (cas du Cambodge), pour mesurer l'ambiguïté du « socialisme réel » : d'un côté le vaste et généreux élan d'émancipation des peuples, de l'autre, la dictature omnisciente réprimant aveuglément toute individualité. Mais plus complexe qu'il n'y paraît à priori, ces antagonismes portent à ce constat : l'identité individuelle de l'homme, insoluble dans l'identité collective, n'existe qu'à travers la solidarité du corps social qui la reconnaît et la construit.

Cependant, l'inventaire de l'apport de l'esprit de partage à l'humanité, ne saurait se réduire à l'épisode des seules « dictatures communistes ». Droits de l'homme, mutualisme, syndicalisme, école publique, droit à la santé, droit au logement, droit du travail, libertés publiques… existent encore constitutionnellement dans la plupart des « démocraties » capitalistes. Alors comment ne pas être interpellé par l'amnésie qui frappe la majorité des peuples occidentaux sur leur avènement ? Les acquis du partage leurs sont-ils devenus à ce point familiers qu'ils en oublient le prix de l'héritage ? Ce syndrome imprègne d'autant plus les médias, qu'il leur échoit quotidiennement d'en effacer la concrétude afin d'imposer celle du néo-libéralisme. Et, puisqu'il est nécessaire, affirmons par l'histoire la validité de la lutte des classes comme prolongement de l'idée de partage à des droits. Sans le combat des classes opprimées, quelle sorte de droits le capitalisme aurait-il bien pu nous octroyer ? Sans la Révolution française qu'en serait-il des droits de l'homme ? Si le simple fait de poser la question indispose le grand capital et ses acolytes, c'est précisément parce que penser le droit en dehors du sacro-saint commerce et de la concurrence n'a de sens que dans la mesure où il les conforte. Si tout devient marchandise (ou produit, comme ils disent aujourd'hui), c'est qu'en limiter le champ en dehors de l'acte charitable offrirait au partage encore une certaine part. Or, le sens profond de la société libérale c'est d'annihiler dans tout être humain l'instinct altruiste afin que l'esprit de concurrence civilisationnel l'habite tout entier. Une seule règle : gagner, deux lois principales : vendre et acheter. Qu'est-ce qui dans notre vie et notre mort pourrait être soustrait au champ du profit ? Rien. Oui, réfléchissons un peu... vraiment rien. L'antagonisme est irréconciliable. Concurrence ou partage, il nous faut choisir.

Le triomphe apparent du capitalisme mondialisé tend à rompre le fragile équilibre sociétal acquis de haute lutte par les masses opprimées. Le gouvernement français ne prétendait-il pas hypocritement il y a peu, vouloir préserver notre système social. Mais sa stratégie de déconstruction des droits (qu'il appelle réforme) et d'autant plus prégnante qu'elle est relayée par d'hypocrites économistes acquis par avance à l'idée qu'ils se font de leur idéal marchand carnassier et par la « pédagogie » des grands valets médiatiques. La remise en cause est globale, et si aucun secteur n'y échappe, c'est précisément parce que tous sans exception sont potentiellement profitables : santé, éducation, énergie, logement, transports… Même les secteurs dits régaliens (justice, armée, police, prisons…) devraient être à terme partiellement privatisés. Le paradoxe français est significatif à plus d'un titre : patrie des droits de l'homme et des puissants mouvements revendicatifs, sa décadence sociale est d'autant plus attendue, que sa capacité de résistance fut grande. Mais quelle différence au fond entre l'accélération de la paupérisation des peuples sous toutes ces formes dans les « démocraties » occidentales au nom de la concurrence, et celle entretenue au nom de la nation « communiste » triomphante par la dictature chinoise, si ce n'est la possibilité pour les uns d'engendrer un grand mouvement social sans risque systématique d'essuyer les balles de l'État policier, et la certitude pour les autres de ne pouvoir le faire qu'à ce prix.

À l'horizon du monde concurrentiel mondialisé rien de nouveau : la misère, la guerre et la mort pour la multitude, l'opulence, le pouvoir et la course au « bonheur » pour la minorité drapée dans ses habits de sang. Savez-vous que des millions d'armes circulent illégalement à travers tous les continents et que l'industrie de l'armement ne produit pas moins de quatorze milliards de cartouches, soit deux par habitants de la planète ? Si vous voulez comprendre la mondialisation, intéressez-vous au trafic d'armes… Comment rester muet, neutre, impassible, face à cette barbarie quotidienne à l'encontre des plus faibles et de la nature au nom de leur « concurrentiel marché » ? Grands criminels du surprofit et des stocks-options, les nantis de ce monde n'en perçoivent les terrifiants dégâts qu'à travers l'image émotionnelle de la misère épurée qu'en donnent leurs fidèles et larmoyants communicateurs spécialistes virtuoses de l'appel aux dons. Celui qui croit au partage durable « des richesses » sans avoir à combattre et à éradiquer l'esprit du capitalisme est un hypocrite ou un sot. Nous sommes proches de l'étape ou le pire du pire n'a d'autre choix que d'en appeler au meilleur. Voilà pourquoi le temps est revenu de songer au moyen de procurer au genre humain l'idée du partage que Gracchus Babeuf appelait jadis de ses vœux. Mais venons-en au sens : qu'est-ce que le partage ? C'est la vie sans la concurrence serions-nous tentés de répondre. Moins prosaïquement, c'est une vie qui doute, qui critique, qui admet, qui conçoit, qui nie, qui aime, qui n'aime pas, qui se moque, qui plaisante, qui se cultive, qui crée, qui respecte la différence… une vie exaltante, puissante, honnête et juste, en harmonie avec la nature et tous les êtres vivants. La religion prétend sauver l'individu, le partage propose simplement de nous ouvrir ensemble à la fraternelle compréhension du monde. Ce n'est pas un acte de foi, c'est une fonction ; c'est l'art de vivre et de penser les autres avec et non contre soi. La réalité du partage ne contient pas que la seule dimension sociale ; elle ouvre tous les horizons à l'aventure humaine. Elle prend à contre pieds tout ce qui formalise la mise en relation civilisationnelle : la propriété, le commerce, le profit, le pouvoir, la guerre, les injustices, les inégalités, la violence, le chômage, l'aliénation sous toutes ses formes, la perversion de la pseudo démocratie, l'entrave à la liberté de conscience, l'exploitation humaine. Sans partage rien d'humain ne peut-être accompli. C'est l'aliment naturel de notre humanitude, l'essence même de nos valeurs. Partager, c'est accorder son expérience de vie à la nature profonde de l'être et des choses.

Est-ce la profondeur vertigineuse de ses potentialités qui nous pousse à reléguer le partage au simple rang d'utopie ou bien cette crainte à penser le bien face au déferlement égoïste qui ceint le monde ? À moins que ce ne soit la mémoire de l'impasse historique dans laquelle l'ont placé ceux qui en avaient la charge ou la féroce médiocrité des ennemis qui prétendaient le combattre. Cependant, j'avoue avoir été frappé il y a peu par l'intervention d'un haut dirigeant chinois à l'adresse des membres du comité central de sa province à propos des tâches à accomplir pour en accélérer le développement : « *Nous devons agir de façon harmonieuse et nous aimer les uns les autres* » disait-il en substance. Outre que pareil discours émane ordinairement du Vatican, cela tend à prouver que certains préceptes du partage présentent toujours un intérêt non seulement pour les croyants abusés par d'hypocrites prélats, mais aussi pour les peuples que des dictatures schizophrènes tentent d'aliéner. Certes, ces questionnements portent leur part de vérité, mais la cause principale n'en revient-elle pas à cette civilisation concurrente qui entrave le partage et le déconstruit ? Quoi qu'il en soit, le partage introduit en ce monde déplorablement contingent, une nécessité qui rejaillira tôt ou tard sur ses détracteurs et apportera à l'homme, l'immense champ de sa fertilité.

V
L'égale différence

Avant d'en proposer une définition, revenons sur le concept de partage et disons qu'il n'est pas qu'une équivalence de part mais aussi la part de nos équivalences. La double réalité du partage s'applique à la notion de vérité. Reconnaître un objet au repos d'un autre objet en mouvement semble du domaine de l'évidence. Pourtant il n'en est rien. Le mouvement continu et le repos sont équivalents et relatifs. La vérité, quelle qu'elle soit, laisse toujours un doute, mais son degré de probabilité s'accroît d'autant qu'on applique des critères multiples pour l'atteindre. Aucun à lui seul n'est totalement indispensable et suffisant, mais tous concurrent par un processus rationnel d'expérimentation à s'en approcher. Pourtant, un critère de vérité se doit d'être cohérent, au-delà d'une absence de contradiction interne, en accord avec la raison. La pertinence de la fonction globale du partage comme moyen de changer la société se trouve confrontée à cette logique implacable : sans preuve de l'expérience raisonnable, point d'approche de la réalité. Seule une conception relative des transformations sociétales est donc plausible et toute affirmation péremptoire sans apprentissage multiforme de la connaissance accroît le doute. Nous pouvons donc affirmer que la « douce » concurrence est le chancre de l'humanité puisque la preuve de sa négativité résulte de l'expérimentation d'un long parcours historique que la raison en peut juger déraisonnable. *A contrario*, la nouvelle société du partage n'apparaîtra porteuse d'avenir pour l'humanité que lorsque sa pratique expérimentale aura été majoritairement et durablement validée.

Le concept d'égale différence s'inscrit dans cette quête multiple et relative à la recherche d'une meilleure compréhension de la fonction du partage, mais il ne peut prétendre en diluer le doute qu'à travers l'expérimentation raisonnable. Or, il n'y a pas meilleure expérience que celle de l'égale différence car elle provient de la nature. Prenons le cas de l'homme. En tant qu'espèce nous sommes tous égaux : à la naissance notre patrimoine génétique est équivalent à celui de n'importe quel autre individu sain, pourtant nous sommes tous différents. L'égalité, tout comme le partage, n'est pas un absolu mais une équiva-lence relative dont la concrétude s'exprime aussi dans la différence. Aspirer au juste partage n'est pas prétendre à l'égalité mais à l'égale différence d'un ensemble invariant de parts. Voilà pourquoi, vouloir décréter l'égalité est absurde et faire partager l'égale différence un combat.

Le marxisme léninisme proposait à partir de la dictature du prolétariat une révolution intronisant l'égalité. La reconquête du partage a simplement l'objectif de valider l'équivalence relative de l'égale différence à l'épreuve du combat de classe. L'échec du marxisme léninisme tient à la tentative de conceptualisation d'un dogme à partir duquel le Parti avait la charge de « décréter le bonheur ». À ce propos, j'ai été interpellé voici quelques jours par la réflexion d'un ouvrier en grève depuis plusieurs semaines pour l'augmentation des salaires et l'amélioration des conditions de travail à l'usine Dacia en Roumanie : « *Nous avions perdu l'habitude de revendiquer car dans l'ancien système communiste le Parti décidait pour nous de ce qui était bon* ». Bonheur décrété et concurrence imposée ne signifie pas bonheur partagé. Il s'agit donc de remplacer l'égalité qu'on décrète et la concurrence qui retranche par le partage qui ajoute. Prenons un autre exemple concret : deux individus de culture différente s'affrontent pour connaître qui de l'une ou de l'autre est la meilleure. Le résultat ne peut qu'être négatif car comment y parvenir sans éliminer l'une d'elle ? Celle qui subsiste, devient alors pour le gagnant la meilleure. C'est ce qui s'est passé dans la conquête coloniale ou ce qui se passe dans la mondialisation aujourd'hui. Revenons à la Chine qui veut, dit-on, « digérer » la culture tibétaine ; les démocraties occidentales qui portent ces accusations, d'un certain point de vue légitimes, n'ont pourtant pas hésité et n'hésitent toujours pas à détruire les cultures amérindiennes, aborigènes et tout ce qui n'est pas la culture occidentale. Si nous appliquons à ces cas le critère de partage et d'égale différence, la confrontation devient absurde : ajouter et non retrancher toujours positif sera. Comment donc ! s'écrient les tenants de la douce concurrence : Et la nature, ne retranche-t-elle pas ? La nature comme le partage ne fait que différencier le tout pour qu'émerge l'utile évidence de l'autre ; en ajoutant sa différence à l'ancien elle complexifie le nouveau. Son but unique : porter toujours plus loin la vie, mérite l'entendement ; pas l'esprit humain de la concurrence qui nous détruit. Pour reprendre et élargir l'idée de Babeuf, disons : La nature a donné à chaque homme un droit égal de jouissance de tous ses biens, permettre l'accès au plus grand nombre, dans le respect de son égale différence et de l'environnement naturel afin d'en préserver la part commune, est le sens concret de la vie. Alors comment le « socialisme réel » aurait-il pu conduire au bonheur quand l'égalité dont il se réclamait n'intégrait que l'illusoire uniformisation de l'être dans le champ du partage ? Son échec n'est pas lié au tarissement d'une exaltation, nécessairement temporelle, mais à la projection intemporelle d'une recherche égalitaire qui ne peut exister qu'en acceptant l'expression d'une égale différence étrangère à tout absolu, fut-il prolétaire. Le vide du quotidien engendré par cette immatérielle utopie fut pour l'aspirant communiste une des causes de son désenchantement. La dureté et la duplicité de l'État centralisateur firent le reste.

L'idéal humaniste du « socialisme réel » s'est d'autant plus éloigné qu'a grossi la tare indélébile d'une dictature n'appliquant pas les préceptes qui auraient pu auréoler son pouvoir. Plus significatif encore est son absence de volonté à s'attaquer aux fondements de la société capitaliste en dehors de l'étatisation des moyens de production et d'échanges. Qu'a fait la dictature communiste pour associer les peuples, à travers l'ensemble des actes de la vie civile et sociale, à la progressive, mais non moins nécessaire éradication du long apprentissage marchand qui les avait jusqu'alors « déconstruit » ? Mais comment renoncer à tous les biens grands ou petits de la matérialité d'un monde façonné par la culture millénaire d'un impérialisme marchand même si ce dernier est reconnu avide, cupide, et barbare ? Sans doute par la prise de conscience de l'homme lui-même de cette décadence qu'il porte à travers l'Empire capitaliste et que seule une lente, humaine, démocratique, juste et exemplaire pratique révolutionnaire, peut transformer en élan salvateur. L'exemple de la révolution culturelle chinoise illustre cette méconnaissance de la profondeur de l'imprégnation de l'homme par sa culture ; son mépris de la différence en chaque être, n'a d'égal que l'injustice qui émane de sa vision marchandisante du monde. Qu'il s'agisse du domaine politique, économique, social, intellectuel, technologique, les retombées de la révolution culturelle furent à la fois éphémères, inconsistantes et contre productives. Jamais dans l'histoire, une dictature n'aura fourni de preuve aussi éclatante de l'impossibilité de transformer en profondeur le socle culturel millénaire d'une société humaine, par la voie absurde de la contrainte et de l'agitation.

La Révolution française s'est accomplie en associant le peuple à sa mise en œuvre, mais la bourgeoisie instigatrice ne remit pas en cause la propriété privée et le commerce ; ceci explique sans doute cela. Comme l'écrit Michel Vovelle : *« Elle confronte à la volonté collective de faire naître un homme nouveau, « régénéré ». Mais peut-on changer les hommes en dix ans ? Dans ses succès comme dans ses échecs, l'expérience révolutionnaire de 1789 reste l'une des plus fascinantes à suivre, ne serait-ce que parce qu'elle est seule, à ce jour, à avoir réussi à œuvrer dans la durée, nous livrant tout un système de valeurs et une brassée de rêves – que l'on peut appeler anticipations – sur lesquels nous vivons toujours.* » La commune de Paris, quant à elle, malgré ses faiblesses doctrinales, fut la première à mettre en cause le principe de la propriété bourgeoise et à placer le travailleur au centre de l'initiative sociale ; sans doute est-ce pour cela qu'elle fut impitoyablement matée.

Plus réaliste est la voie d'un possible changement qui intègre l'imparfait de l'histoire humaine dans sa tentative d'en changer le cours. Admettre que les dictatures communistes ont été des échecs, c'est admettre du même coup qu'il ne suffit pas que les opprimés du capital adhèrent à la justesse d'une valeur philosophique pour que le monde change ; il faut aussi qu'ils acceptent de pratiquer dans leur lutte, l'introspection de l'héritage capitalistique qui pèse sur leur conscience historique pour réellement s'en émanciper. Pas plus que les religions n'ont conduit au paradis terrestre, les utopies égalitaires n'ont pu produire l'homme nouveau. Toute révolution qui se refuse à prendre en compte la faiblesse immédiate de l'homme façonnée par plusieurs millénaires d'histoire dans la mise œuvre d'un processus révolutionnaire, court à l'échec.

Dans la société de la concurrence marchande, celui qui réussit pense atteindre « le bonheur ». L'argent qu'il gagne au détriment d'autrui (que sa foi charitable accompagne) suffit à satisfaire son ego. Quant au perdant, il lui reste encore l'espoir de gagner un jour. Perdant ou gagnant, la société marchande offre l'espérance de la fortune comme valeur mobilisatrice de l'homme et la croyance d'un au-delà comme bonheur éternel. Pouvoir, domination, consommation, en sont la matérialisation ; en bien ou en mal elle parle à tous ; sa concrétude est apparente et agit comme un catalyseur. Tant que la grande masse qui en est écartée peut survivre (même à minima), le rêve concret, entretenu par le système, fonctionne. En deçà, si aucun autre « rêve réaliste » ne lui est proposé en remplacement du premier, c'est la révolte et le retour à la case départ. En ce sens, comme nous l'avons déjà dit, une utopie de remplacement trop abstraite ne saurait combler l'homme. Sa conscience révolutionnaire se construit à partir des réalités de la société qui l'opprime et à celles du combat quotidien pour en changer le cours, que nous qualifierons d'utopies actives. Voilà pourquoi, nous pouvons dire que l'égalité est un mythe, la concurrence un apprentissage pervers, et l'égale différence une réalité à cultiver.

VI
La raison raisonnable

Sans la machinerie neuronale sculptée par les outils de la mémoire comme autant d'impressions imprimées selon nos réactions émotives, qu'en serait-il de nos conditions matérielles et psychiques ? Le cerveau, réceptacle de nos sensibilités esthétiques purement émotionnelles des choses et des êtres, confine à l'art et à la raison par l'interaction du corps et de l'esprit sans lesquels toute humanisation eut été impossible. Seule l'éviction de la beauté, de la répulsion, de la séduction, de l'indignation, de la connaissance, pourrait nous empêcher d'accéder à la raison raisonnante. Le déni des actions ou des projets ayant pour seul mobile l'émotion et le désir est porteur d'échec. Poussée à l'extrême, le plaisir « transcendant » ouvre à la félicité spirituelle que les sages orientaux nous disent atteindre. Il n'est donc pas singulier d'affirmer que : raison, plaisirs et émotions, sont les constituants indissociables et interdépendants de l'esprit humain.

Mais accéder à la raison raisonnante grâce à nos facultés émotives et interactives du corps et de l'esprit, ne débouche pas nécessairement sur la raison raisonnable. Pourtant, l'acte raisonnable est propre à l'homme car il est le seul parmi l'ensemble des êtres vivants à avoir pleinement conscience de son existence et du monde qui l'entoure. Par conséquent, accroître sa connaissance sur lui-même et sur le monde, devrait élargir son esprit de responsabilité. Alors pourquoi la fulgurante progression des savoirs, n'empêche pas l'évidente médiocrité de la majorité qui les possède ? Peut-être simplement, parce que les valeurs sur lesquelles reposent leur humanité, ne sont pas en harmonie avec l'esprit de responsabilité qu'ils devraient porter au vivant et au monde. La machine neuronale à travers le corps et l'esprit qui l'habitent n'est que l'outil de la conscience ; cette dernière forge ses valeurs à la réalité des contingences environnementales avec lesquelles elle doit composer et interagir. Mais puisqu'il n'y a aucune prédétermination dans nos actes à faire le bien ou le mal, cela signifie donc qu'ils se construisent à partir de notre capacité à comprendre les conséquences de la souffrance et du plaisir sur nous-mêmes et sur les autres ainsi que celles susceptibles de porter atteinte à leur intégrité. Dans ce cas, la souffrance et la tuerie pourraient bien devenir la compréhension du mal, et la vie et la félicité, celle du bien. Garder son intégrité motive, la faire perdre à l'autre si la notre est menacée, peut se comprendre, mais la lui ôter pour accroître sa propre félicité est à proscrire. L'esprit de la raison raisonnable se construit d'autant mieux que grandit l'idée de partage, car contrairement à la concurrence, elle ne nuit en rien à notre intégrité ni à notre désir, pas plus qu'à notre joie et à celle des autres.

Qui pourrait nier l'ampleur, l'atrocité, la démesure, des actes de barbarie des hommes ? Nul besoin de forcer le trait pour en mesurer l'horreur et égrener tout ce que l'on peut reprocher aux églises, à commencer par l'Inquisition, la Saint-Barthélemy, les croisades, le Djihad… ou aux cruelles dictatures : nazisme, fascisme et autre maoïsme à la Pol Pot … Car ce n'est pas la religion ou la politique qui poussent aux massacres : c'est le fanatisme, l'intolérance et la haine qui naissent à la tentative d'en imposer les préceptes. « *Quand on croit détenir la* vérité (disait Lequier)*, il faut savoir qu'on le croit, non pas qu'on le sait* ». Mais ce n'est pas une raison pour ne pas se prononcer ; l'incertitude n'interdit ni le choix, ni la réflexion ; philosopher n'est-il pas penser plus loin qu'on ne sait ? Même s'il y a moins de liberté dans l'ignorance que dans la connaissance, accéder à la connaissance sans conscience ne conduit pas nécessairement à la raison raisonnable.

Contrairement à Descartes qui enjoint à la raison de dominer les passions sans les nier afin d'en user mieux, n'est-il pas possible, avant d'en juger leur prééminence, de distinguer dans la diversité qui les porte, leur vraie nature ? N'y a-t-il pas selon Freud, dans notre inconscient, des ressorts cachés d'apparence irrationnels dotés d'une certaine rationalité, qu'il revient à la psychanalyse d'élucider pour que nous puissions en comprendre le sens ? D'ailleurs, Descartes ne dit pas : la passion, mais : les passions, car, sommes toutes, elles sont différentes et à proprement parler, ce n'est pas la passion en soi qui est déraisonnable, mais le jugement *a priori* qu'on s'en fait. Tout un chacun est capable de comprendre laquelle, de la passion du partage ou de la passion criminelle, serait la plus utile au développement de l'humanité. En fait, le champ propice de l'action humaine, n'est autre que ce combat permanent contre la vision réductionniste de la pensée et les menaces que les idéologies absolutistes, religieuses ou politiques, font peser sur la liberté créatrice. C'est pourquoi il est difficile, voire impossible, de faire accepter l'idée qu'il nous semble la plus juste pour accéder à un monde meilleur sans violer quelque peu la conscience des autres. Tout absolu est dictature, mais est-il possible, en dehors de la pseudo démocratie capitaliste, de mettre en œuvre une sorte de gouvernance qui respecte la conscience humaine et la relie ?

Afin de ne pas verser dans la caricature, préférons, pour répondre, éclairer la notion d'absolu à partir de systèmes de pensée qui ne semblent pas remettre en cause a priori notre liberté, plutôt qu'à partir de ceux qui, comme le fascisme et le nazisme, en caractérisent l'évidence. Nous avons déjà fait allusion à l'opposition du Dalaï-lama à la gouvernance chinoise. Le propos n'est pas de porter un jugement sur les raisons historiques qui l'ont conduit à l'exil avec une partie du peuple tibétain, mais de discuter la condamnation par la communauté internationale des dirigeants chinois sur leur politique hégémonique à l'égard de ceux qui tentent de sauver leur identité culturelle. Les actes de répression bien réels mises à part (malgré l'absence de preuves incontestables sur les assassinats en nombre de civils par l'armée chinoise), l'argumentation pour la justifier, pose question. En plus des accusations sur les visées séparatistes de certains insurgés tibétains, alors que ni le Dalaï-lama ni aucun État ne conteste l'intégrité territoriale de la Chine, cette dernière avance une idée en apparence manichéenne : l'inacceptable retour de la théocratie au Tibet. À supposer que la raison du conflit soit vraiment celle-là, alors ce dernier prend une autre dimension. Malgré la sympathie qu'inspire à certains la théocratie bouddhiste incarnée par le Dalaï-lama connu pour ses idées de non-violence, elle n'en représente pas moins un absolu. La nature absolutiste d'une pensée philosophique, résulte de sa volonté de régner sur un territoire quel qu'en soit la dimension et non sur son contenu théologique ; rares sont les idéologies ou les religions qui ont pour objectif la maltraitance de l'individu. Certes, il en est qui commandent à la guerre pour imposer leur loi, mais toutes prétendent agir pour le bien de l'homme.

Prenons à présent l'exemple de l'intervention des États-Unis et de leurs sbires atlantistes en Afghanistan en 2001. La raison affichée n'est-elle pas le refus de voir perdurer un régime théocratique abritant le terrorisme islamique et présider aux destinées d'un peuple souverain ? Outre la violence ou la non-violence mise en œuvre pour imposer leur loi religieuse ou philosophique, peut-on dire que théocratie bouddhiste et théocratie islamique recouvrent un absolu intrinsèquement différent ? Nul ne saurait accepter le terrorisme religieux ou d'État, mais si la plupart des « démocraties » occidentales appuient le retour du Dalaï-lama en Chine, ce n'est pas uniquement parce que ce dernier affiche sa non-violence ou parce que cela pourrait contribuer à l'amélioration les droits de l'homme au Tibet, mais parce que le retour à la théocratie tibétaine leur semble d'autant moins condamnable qu'elle n'obère pas leurs marges financières immédiates tout en leur permettant de fustiger à moindre frais le parti communiste chinois. Cette posture est tout aussi manichéenne que celle de la Chine prétendant vouloir s'en prémunir ; à ceci près, que la démocratie au nom de laquelle l'Occident prétend intervenir, est absente de toutes théocraties. Cela valait pour l'Afghanistan du temps de la gouvernance talibane, comme pour l'Arabie Saoudite aujourd'hui ; sauf que pour cette dernière, les richesses pétrolières justifient pour l'Occident l'absence d'intervention pour déni de démocratie. Le concept de théocratie n'est pas relatif mais absolu ; il cherche toujours à étendre son aura bien au-delà du territoire dans lequel il a fait souche. Il semble donc peu probable, sauf à vouloir mettre en œuvre une gouvernance qui relie les hommes à l'émergence d'une conscience universelle encourageant la libre pensée, de ne pas verser dans une sorte d'absolu à prétendre imposer un profond changement de société.

Outre le fascisme et le nazisme, ou le maoïsme à la Pol Pot, pour lesquels l'absolu s'alimente à la barbarie, la réalité des comportements dictatoriaux est parfois très subtile. Je n'entrerai pas dans les arcanes du « socialisme réel » porté par le stalinisme ou la république islamique iranienne pour lesquels l'acte de propagande érigé en mensonge transparaît trop pour sembler ambigu. Bien plus intéressante est l'analyse de l'absolu représenté par le marché mondialisé, car il prétend, à partir de la libre entreprise, incarner la liberté. Notre argumentation pourrait s'appuyer sur sa démocratie formelle illustrée par le bipartisme politique américain affectant bientôt tous les pays, ou encore, sur ce que nous pourrions appeler les mécanismes économiques congénitaux du capitalisme qui, par la concentration, confinent à l'unicité. Mais plus probant encore est cette machine à fabriquer de l'absolu, que l'on nommera : transcommunication. Avant d'en illustrer le propos, laissons la parole à Axel Kahn : « *Tous les êtres, fruits de la grande loterie de l'hérédité, sont génétiquement distincts, à l'exception des jumeaux et des clones. Les opinions dominantes, les idéologies s'imposent, à l'inverse, à l'ensemble d'une population aujourd'hui au niveau mondial. Si nous désirons poursuivre la comparaison avec la transmission génétique, il faudrait assimiler le phénomène idéologique à un clonage intellectuel de masse* ». La transcommunication s'appuie donc sur cette tendance qu'a : « *(...) chaque personne à adhérer à ce qui lui est proposé, voire imposé, dès lors que chacun s'imagine avoir été en mesure de l'accepter ou de le refuser* ». Par ailleurs : « *Même lorsque les différents membres d'un ensemble ne témoignent a priori aucune sympathie pour un schéma idéologique préétabli, le groupe interfère toujours avec l'autonomie de chacun d'entre eux, voire la réduit à sa plus simple expression (...) Tout se passe comme si la sagesse individuelle se dissipait bien vite sous l'influence de la masse des autres.* » Le paradoxe de cette manipulation mentale, véhiculée par la transcommunication, est donc que l'informateur qui la fabrique en est également la victime ; prisonnier inconscient de la consensuelle standardisation idéologique de ceux qui les ont précédés, il en devient quasiment malgré lui le vecteur volontaire. Une fois la « machine » enclenchée, plus besoin d'imposer la norme : le phénomène idéologique de « clonage intellectuel » fonctionne. Voilà pourquoi, malgré l'unilatéralisme de l'information, les masses médias pensent respecter peu ou prou le pluralisme. Les doses homéopathiques d'information franchement contraire au standard ambiant, deviennent alors pour eux l'optimum démocratique qu'il se puisse tolérer.

Prenons un exemple concret. Si le très médiatique et « grand » Président communicateur français organise un spectacle télévisé, même si sa côte de popularité est au plus bas, par la vertu du retour à l'esprit de la norme, la magie communicante opère et conduit les interviewer, dont la charge insolente était sensée traquer les contradictions, à en devenir le piètre réceptacle. La voix de leur maître a parlé. Le lendemain, le passage en boucle par l'ensemble des médias nationaux du seul point sur lequel un semblant de solidarité en direction des plus démunis avait été consentis par le Président monarque, le fameux RSA, devint l'icône de ce qu'ils nomment : la pédagogie présidentielle. Mais cette fois, leur discours tronqué, trop éloigné de la réalité concrète, ne réussit qu'à convaincre les « 36% » de sondés de la veille déjà acquis au super show. De cela, sachons les remercier : il ne nous est pas donné tous les jours de pouvoir assister en direct au combat singulier entre le clonage intellectuel qui nivelle et l'âpreté de la vie quotidienne interpellant le plus grand nombre.

Tout comme le « socialisme réel » qu'il a combattu, le capitalisme est un totalitarisme. La différence tient à la fois à sa capacité à donner à croire à ceux qui le subissent que remplacer sa gouvernance revient à en changer la nature et aux combats anciens de la bourgeoisie libérale, associée bien sûr au peuple, qui ont ouvert un certain nombre de droits fondamentaux sur lesquels les travailleurs peuvent encore s'appuyer. Pragmatiques manipulateurs, les capitalistes ont toujours préféré l'insolence à la raison. Mais la déraison chronique qui secoue le monde pourrait bien leur être fatale. La mondialisation des grands groupes internationaux est en crise. En reléguant à la périphérie le rôle fondamental du paysan producteur qui nourrit et en faisant des terres arables la source future d'immenses profits, elle exacerbe la pauvreté et la famine poussant inexorablement à l'exil des millions de laissés pour compte ; en pillant sans vergogne les ressources naturelles des pays anciennement colonisés, elle accélère leur déclin et leur corruption ; en délocalisant massivement la production dans les pays où la protection sociale est la plus faible, elle compromet les acquis arrachés au fil des siècles par les classes laborieuses ; en livrant les bénéfices à la spéculation elle accroît la crise financière ; en faisant le choix de l'agriculture intensive et de la surpêche, ou d'une industrialisation et une urbanisation forcenée sans maîtriser ses rejets et ses déchets, c'est l'équilibre écologique de la planète tout entier qu'elle compromet. Si l'incurie des gouvernants à travers l'histoire ne manque pas d'exemple, jamais ils ne nous avaient donné à voir avec autant de clarté, l'amplitude de leur capacité destructrice. Dans ces conditions, dire qu'une profonde transformation sociétale s'impose est un euphémisme ; raison de plus, dirons-nous, pour qu'elle n'en devienne pas à son tour, totalitaire. Puisque tous les systèmes politiques mis en œuvre à ce jour fonctionnent comme une sorte d'absolu, alors cherchons dans les principes fondateurs de la notion de classe et de la laïcité active cette émergence respectueuse de la diversité humaine sans morcellement communautariste de son espace civique, et dans la vraie démocratie, la construction d'une société respectueuse et juste. Certes, dans toute projection philosophique il y a fatalement un sentiment d'inexpérience, c'est pourquoi, vécue comme un objectif utopique quasi inaccessible, elle effraie ; l'idée d'un homme prisonnier de ses désirs pour se construire dans la concurrence, aussi. Tous les plaisirs ne sont pas pervers, pas plus que toutes les joies sont bonnes ni l'homme foncièrement mauvais. Une majorité écrasante de braves gens tente d'exister parmi la minorité de salopards qui dirigent le monde. Le club des millionnaires en dollars n'a-t-il pas accueilli voilà peu 600 000 nouveaux élus et franchi pour la première fois le cap symbolique de 10 millions de crapules ? De ces deux côtés : ombre et clarté, mesquinerie et misère, n'ont pas la même résonance. Si les crapules toujours l'emportent, c'est précisément que chez elles le plaisir passe essentiellement par le pouvoir et l'argent perpétuant ainsi leur dominance de classe. Pourtant, nous sommes tous capables d'amour, de courage, d'intelligence et de compassion et tous ces avantages rendent la transmission de nos gènes plus probables. Riche ou pauvre, l'homme n'est pas prédestiné à naître bon ou mauvais, seuls l'environnement et la culture dans lesquels il évolue, expliquent la genèse de ses choix ultérieurs. Le consumérisme compulsif, auto-entretenu par l'ultra libéralisme alimentant la machine à désirer de la plupart des non exclus, prend le pas sur l'épanouissement commun. Malgré cela, nous devons garder une assez haute idée de l'humanité en général et l'estime de soi afin d'imaginer pertinentes nos velléités de transformation. Alors, puisque l'homme a réellement besoin de stimulation pour se construire, agissons pour qu'il la trouve à l'émotion de la sagesse, au plaisir de la raison, et à la passion de la reconquête du partage.

VII
L'amour

Avant de faire le lien entre amour et partage et souligner son rôle fondamental dans la construction des sociétés humaines, allons voir tout d'abord du côté de son proche parent l'amitié. Qu'est-ce que l'amitié si ce n'est une forme exacerbée de la sociabilité à travers l'harmonieuse coopération entre les membres d'un groupe conduisant au renforcement de liens intersubjectifs entre individus particuliers, nous dit en substance Axel Kahn. Grand bourgeois, Montaigne nous en relate néanmoins toute la profondeur à propos de la mort de son ami La Boétie : « *Au demeurant, ce que nous appelons ordinairement amis et amitiés, ce ne sont qu'accointances et familiarités nouées par quelques occasions ou commodité, par le moyen de laquelle nos âmes s'entretiennent. En l'amitié de quoi je parle, elles se mêlent et se confondent l'une l'autre, d'un mélange si universel qu'elles effacent et ne retrouvent plus la couture qui les a jointes. Si on me presse de dire pourquoi je l'aimais, je sens que cela ne se peut exprimer qu'en répondant : Parce que c'était lui, parce que c'était moi.* » Mais en quoi le sentiment d'amitié se rapproche-t-il de celui d'amour ? Car ces rapports plaisants, avantageux pour chacun des partenaires, bien qu'on les retrouve, comme le souligne Axel Kahn, dans la « transposition apparente d'un type de relations existant dans presque toutes les espèces animales », ne portent pas nécessairement à « mêler et confondre les âmes » sans qu'il soit possible de les dissocier. Tout simplement parce que l'amour et l'amitié résultent de mécanismes intellectuels et corporels où s'illustre l'altruisme dont sont capables seulement les membres de notre espèce, ce dont témoigne l'expérience menée chez nos proches cousins les chimpanzés qui ne semblent manifester rien de tel. Des primates non dressés, peuvent se voir délivrer par un dispositif adapté des aliments pour eux seuls ou une autre portion à disposition d'un tiers ; la fréquence de leur choix n'est nullement influencée par la présence d'un de leurs congénères. Non seulement dans les mêmes conditions expérimentales l'homme a un comportement altruiste, mais d'autres tests indiquent que ce dernier existe également quand il lui en coûte de le décider. Laissons Axel Kahn en conclure : « *L'amitié fusionnelle apparaît donc facilitée par le sens moral de l'homme et l'altruisme désintéressé qu'il rend possible, mais ne saurait s'y réduire puisque les amis ne sont pas les seuls à bénéficier de ce type de relation. Il y faut aussi, comme le suggère Montaigne, l'édification d'un univers psychique partagé enrôlant l'essentiel du monde des partenaires en amitié.* » Cette singularité du souci de l'autre se retrouve dans l'amour entre partenaires d'un couple associé au désir et au plaisir sexuel. Lorsque la passion amoureuse ne débouche pas sur une profonde et sincère connivence amicale elle prend alors le risque de n'être point durable. Le sentiment amoureux entre deux êtres, les passions et les drames qu'il déchaîne, constitue le ressort universel de toutes les formes de développement créatif de l'homme ; en cela il nous distingue de tous les autres animaux. Pour autant, ce n'est pas parce que nous avons une conscience aiguë de ce que nous désirons que nous saurons trouver en l'autre la vie épanouie et heureuse que nous attendons ; cela n'est possible que lorsque notre plaisir additionne à la liberté d'autrui le choix de notre propre liberté. L'amour, le bonheur, la liberté, ne peuvent être que partage Voilà pourquoi, la concurrence, le pouvoir, l'accaparement de la richesse, l'individualisme, la recherche égoïste du plaisir, sont par nature inamicaux ; sans stimulation nouvelle de leur désir inassouvi, ils débouchent forcément sur l'ennui.

Dans sa course égocentrique au « bonheur », l'ultralibéralisme est terriblement négatif. Le mal-être, le stress, l'angoisse, la peur, la frustration, l'indignation, la dépression qu'il génère, tirent le monde vers la schizophrénie. Malgré ses apparentes performances économiques, stimulées principalement par l'appât du gain, la jouissance sans entrave et la fantaisie de l'instant, son potentiel d'édification d'une société humaine et responsable est quasi nul. L'origine de la sensation animale du bien-être propice à la perpétuation de l'espèce qui consiste à manger quand on a faim, boire quand on a soif, s'accoupler quand on désire, associer ses efforts pour défier ensemble les éléments extérieurs, est elle-même compromise ; une nouvelle règle s'applique : s'accouplent, boivent, mangent à suffisance, ceux en capacité de résister à la dure loi du marché, l'acte charitable maintenant provisoirement les plus faibles en état de survie. Mais sur ce point, sans doute, le capitalisme devra revisiter sa doctrine, car souffrir du manque d'eau et de nourriture n'entrave pas totalement la sexuelle reproduction.

Pour revenir à une observance moins erratique de l'amour, disons que la norme qui s'attache encore à une dimension poétique de la relation intime est en passe d'être remplacée par une sorte de désir égocentrique. Si les perturbations psychologiques liées à la présence d'étrangers dans nos ébats intimes perdurent, c'est que le toujours plus pour soi l'emporte sur l'ouverture au fantasme et non la capacité à nous interroger sur la représentation mentale des intentions malsaines des pensées intrusives. Le regard extérieur, l'interférence des autres dans l'acte sexuel, sera d'autant plus toléré que vécu comme un espace de sensations nouvelles à conquérir pour répondre à l'excroissance des pseudo libertés individuelles. La concrétude en est offerte, non par la recrudescence plutôt bon enfant du baiser en public en passe de conquérir les pays d'Asie les plus pudibonds, à commencer par la Chine, mais par l'impudique et consomptible banalisation d'une communication par l'image que la société marchande a l'art de fabriquer. S'il est une déviance qui s'impose, c'est bien celle de l'accouplement consenti, non par amour, mais par l'esprit de compétition omniscient du bonheur. La dot ou le mariage par intérêt sont ici surpassés : au vecteur purement matériel s'ajoute l'incommensurable exigence de l'ego. Dans cette vision prospective la satisfaction du moi n'a plus de limite. À quand la déviance égocentrique pour finir sa vie dans l'apothéose concurrentielle de la plus belle mort ?

Cette exacerbation du moi se retrouve aussi dans les relations amoureuses de certains couples homosexuels. Autant nous devons agir collectivement pour qu'évoluent les sociétés encore marquées par l'infamie homophobe et ouvrir sans entrave toutes les portes de l'égalité des droits à la différence sexuelle, autant imaginer œuvrer radicalement en cela contre le capitalisme serait illusoire. Par ailleurs, rien ne prouve que les manifestations exhibant de manière ostentatoire sa préférence sexuelle préparent, si ce n'est à flatter l'ego de ceux qui s'y adonnent, les mentalités à l'acceptation des différences dans tous les actes de vie civile. Faire partager par tous les citoyens la nécessité de cette exigence dans le combat de classe, paraît autrement utile. La question fondamentale de l'homosexualité n'est pas tant sexuelle qu'amoureuse, car au-delà du droit pour chacun à l'accouplement de son choix, la véritable révolution des mentalités est celle de la compréhension de l'acte d'amour, c'est-à-dire la perception intime et profonde que le partage avec l'autre ne dépend ni du sexe ni de l'ego mais simplement de la nature humaine.

Si l'accouplement et le plaisir vont de pair, l'épanouissement de tous liens amoureux, à l'encontre de nos proches parents bonobos, ne saurait s'en tenir à l'orgasme, voire à l'acte de procréation. Il y faut aussi, en plus de l'attraction sexuelle, la coexistence d'un attachement capable de développer des déterminants psychiques si forts qu'ils transcendent l'humanisation de nos comportements. En cela nous pourrions dire que l'amour profond entre deux êtres préfigure ce que pourrait être le développement d'une société fondée sur le partage et non sur la concurrence. Nous n'imaginons pas ce que l'individualisme prôné par le libéralisme peut générer comme dégâts sur la durabilité et l'harmonie des couples. Pas plus que l'éclatante évidence du bonheur procuré par quelques moments passés en la compagnie d'un vieux couple amoureux, la tristesse face à la mésentente de jeunes mariés désunis ne doit au hasard. Si l'un et l'autre sont bien le résultat de parcours singuliers, ils résultent plus encore d'une capacité ou d'une incapacité à résister à la démesure aliénante des sociétés mercantiles. C'est pourquoi l'on se doit d'affirmer que vie amoureuse et partage sont au sommet de tout.

L'amour ne s'arrête pas à la porte du couple et s'exprime peut-être avec autant de talent dans les relations parentales. La plupart des espèces animales manifestent les bases instinctives des attitudes maternelles et des gènes permettant leur survenue sont parfois reconnus. Pour certains groupes, la protection de la descendance prend même un caractère collectif. Dans les sociétés tribales, cette dimension est de mise, et dans celles dites modernes, la déficience parentale est relayée généralement par l'État. Si l'empreinte des géniteurs qui prennent soin de leur progéniture est très forte, on peut dire plus largement, que l'empreinte environnementale joue un rôle important. Certes, le cercle familial rassure et construit, mais, comme le dit si joliment Axel Kahn : « *C'est pourtant là, au dehors, que mène toujours la quête de vérité et beauté* ». Cependant, dans le monde marchand d'aujourd'hui, force est de constater que nombreuses sont les familles en grandes difficultés pour accomplir leur devoir parental. Dans la plupart des cas, l'amour n'est pas en cause et ce que certains qualifient de laxisme est en fait une déficience des valeurs de la société elle-même. L'école seule ne saurait être porteuse des valeurs oubliées de la République. Aider les parents à trouver des réponses adaptées à chaque famille passe nécessairement par le renforcement de la justice sociale et par un engagement de l'État à faire vivre une école publique qui assure l'égalité des chances. Alors que la fracture sociale est grandissante, l'héritage de transmission des valeurs collectives porteuses de justice et de fraternité est dilapidé, laissant aux jeunes en difficulté l'espoir trompeur de l'individualisme et de la concurrence. Beaucoup de parents et d'enseignants en constatent les dégâts, mais l'école réceptacle malgré elle de cette dérive n'est que la partie émergée de l'iceberg. L'idéologie de l'indifférence et de la soumission qui met leur avenir en danger, les grignote chaque jour un peu plus. Contrairement à l'idée répandue de « l'enfant-roi » : gâté, choyé, tyrannique, capricieux, l'enfant idéalisé est tenu de ne pas décevoir les espoirs que les parents mettent en lui et beauté, intelligence, sociabilité, performance... sont réclamés, parfois même avant sa naissance. Si certains sont couvés et surprotégés, d'autres subissent le poids des familles déstructurées, absorbées par leurs propres soucis existentiels, à commencer par les besoins vitaux : nourriture, logement, emploi, transport, santé... Conscients de la dureté de la charge et des contraintes que fait peser sur eux la société, ils alternent, selon leur parcours de vie, entre l'attention et tous les soins nécessaires pour que des emplois du temps de ministre assurent à l'enfant les compétences requises pour affronter la dure loi du marché, et l'abandon ou la négligence de ses besoins les plus spécifiques pouvant aller jusqu'à la maltraitance. Mais l'enfant n'est pas seulement un enjeu affectif. Il subit le plus souvent une double pression : celle d'un milieu familial la plupart du temps prêt à tout pour assurer « sa réussite sociale » ou démissionnaire parce que dépassé par les enjeux sociétaux, et celle d'un capitalisme qui entend le formater au monde du profit. Bien des comportements que l'on attribue à « l'enfant roi », sont en fait dictés par cette volonté parentale et sociétale de reproduction de l'individu « hyper-moderne » pour lequel, la concurrence, l'apprentissage précoce de la consommation, le rejet des organisations collectives à caractère syndical ou politiques, deviennent des valeurs normatives. Pour le capitalisme, l'économie et la finance doivent prendre le pas sur tout le reste et les préoccupations humaines, sociales, intellectuelles, culturelles, ne peuvent s'inscrire que dans ce cadre restreint, quitte à rentrer en conflit avec les véritables valeurs éducatives. Savoir et connaissance sont d'autant plus assujettis à l'économie, que pour créer de la valeur, celle-ci a besoin de les mobiliser toujours plus. Pour répondre à cette attente, l'éducation doit devenir l'instrument d'intégration de l'enfant aux préceptes éculés de la marchandisation du monde. Dans cette ambiance, l'idéal de l'égalité des chances, cède progressivement le pas à la pseudo efficacité du modèle marchand.

Que devient alors l'amour pour le meilleur et pour le pire dans ce monde globalisé ? L'homme réduit à une machine productive et consommatrice, contraint de maîtriser concurremment tous les paramètres de sa vie et s'enfonçant dans la matérialité libérale, asservit malgré lui sa progéniture au bon vouloir des trusts et autres multinationales. En évoluant dans un système qui tend à remplacer les valeurs humaines par l'ego, il s'imagine évoluer dans un monde plus attentif à sa liberté. L'homme moderne, héritier d'un siècle qui a détruit toutes les grandes utopies, s'englue dans une idéologie ultra libérale hypocrite et simpliste. Victime consentant des légendes existentielles qui traversent ses peurs et ses rêves, il tente de prémunir son enfant en construisant pour lui le cocon protecteur totalement décalé des contraintes du monde réel. L'enfant « surprotégé » s'habitue à trouver son plaisir dans l'abnégation des autres, reformulant la peur de l'autorité de ses parents jusqu'à en devenir parfois agressif. Mais plus tard, facilement imprégné par les représentations médiatiques qui flattent son ego, son entrée dans le monde des adultes vacillera face à l'autoritarisme structurel d'un patronat avide et conquérant. Plus le sens de la vie se réduira à la seule économie, plus fragiles seront les relations amoureuses et parentales. Le renversement des relations entre les individus et les couples face à la cruauté du présent et à l'incertitude de l'avenir, passe nécessairement par le renversement du système marchand au profit de l'échange et du partage. Pas plus que la saine aspiration à l'amour sans abandon de soi pour que s'abandonne l'autre n'est possible, la décou-verte de celui ou celle qui ne « dérange pas » parce qu'adepte de l'ego roi, n'apportera autre chose que la piètre illusion de l'amour.

VIII
La Haine

Saine capacité à agir à l'encontre des êtres perçus comme nuisibles ou simple pulsion destructrice et aliénante ? Voilà bien la question. À en croire Plutarque : « *L'envie, n'est jamais produite par un sentiment de justice : car celui qui est heureux ne fait de tort à personne, et c'est pourtant son bonheur qui excite l'envie. La haine, au contraire, est souvent légitime. Cela est si vrai, que nous appelons dignes eux-mêmes d'être haïs ceux qui ne fuient pas les gens haïssables et qui n'éprouvent pas à leur égard de la répugnance et de l'aversion. En voulez-vous une grande preuve ? C'est que quelques-uns confessent qu'ils haïssent bien des gens, et personne ne déclare qu'il soit envieux.* » De plus, face à une Genèse affirmant que « *Dieu créa l'homme à son image* » et à l'ostentation de la quasi-totalité des gouvernants de ce monde, comment ne pas douter de l'original et contenir notre haine. Faut-il pour autant légitimer ces états destructeurs qui emmènent la violence laissant ouverts les problèmes contre lesquels ils prétendent agir ? La réponse est-elle dans cette gradation des pensées, de Bouddha à Zola en passant par Diderot : « *Puisque la haine ne cessera jamais avec la haine, la haine cessera avec l'amour* » ; « *Il faut lui permettre la satire et la plainte : la haine renfermée est plus dangereuse que la haine ouverte* » ; et enfin « *La haine est sainte. Elle est l'indignation des cœurs forts et puissants, le dédain militant de ceux que fâchent la médiocrité et la sottise* » ? À n'en point douter, la haine la plus salutaire contre l'incommensurable prétention des possédants, consisterait à les priver de ce qu'ils chérissent le plus, à savoir leurs fortunes et leurs biens ; n'oublions pas qu'avant toute chose, chez ces gens-là, on compte. Ainsi, à être considérée moins négative qu'autrefois, la haine en deviendrait acceptable, car justifier par l'état de fureur, non de ceux qui veulent en user, mais des potentats qui en proscrivent l'usage. Un sophiste en son temps n'a-t-il pas dit : « *Que les envieux sont bien aises d'avoir à faire preuve de pitié.* » Voilà pourquoi notre époque – comme bien d'autres avant-elle – est le théâtre d'une lutte brutale, mais par trop inégale, entre exploiteurs et exploités.

Pour comprendre ce que nous pourrions appeler la haine légitime, quoi de plus évident que de s'enquérir auprès des peuples qui la subissent ou ont eu à la subir à partir ce qui demeure la tare indélébile de l'histoire : la traite ou l'esclavage ? D'aucuns pensent que la traite transatlantique organisée par les Européens, avec près de quinze millions d'Africains déportés vers les Amériques en l'espace de deux siècles et demi, fut la seule. C'est ignorer la traite orientale et arabo-musulmane au cours de laquelle près de vingt millions d'africains ont été réduits à l'esclavage pendant environ quatorze siècles et la traite interne à l'Afrique noire conduite par certains royaumes africains. N'oublions pas aussi que l'esclavage perdure dans certaines cultures traditionnelles musulmanes et africaines, et qu'il est un esclavage moderne (dont les médias parlent peu) touchant à travers le monde des millions d'enfants et d'adultes victimes d'exploiteurs sans scrupules ayant pourtant pignon sur rue ; quand il ne s'agit pas des États eux-mêmes. Avec la traite et l'esclavage, la violence est devenue le facteur de régulation de l'activité politique et économique et elle le reste aujourd'hui encore. Un autre élément important est la régression technologique de ces pays, ayant eu à souffrir de la traite et de la colonisation provoquée par l'insécurité ou par l'éclatement et la militarisation des sociétés. Comme le souligne Ibrahima Thioub : « *La traite valorise l'accès à l'État, au détriment de la productivité. Et cette valorisation n'est utilisée que pour exercer la violence et la prédation, pour accéder aux ressources sur la simple base de la détention d'un pouvoir et de son usage ostentatoire, à travers l'excès et le gaspillage. Cette culture s'est enracinée et elle est aujourd'hui un des éléments les plus dangereux et les plus graves qui menacent la renaissance africaine.* » Ce n'est pas parce que le mouvement anticolonial et nationaliste africain, profondément meurtri par la période coloniale n'est pas encore prêt à entendre un discours mémoriel prenant en compte sa réalité historique, que l'Afrique n'est pas uniquement victime, mais également sujet historique. Pas plus qu'il ne faut donner corps à un Occident malveillant prêt à exploiter certains éléments de l'histoire pour se dédouaner, soutenir les États africains incapables de s'interroger sur leur système interne de domination ne saurait contribuer à les faire avancer. Nous touchons là à un problème crucial, celui de l'analyse objective. Si l'on reprend l'exemple de la légitimation de la haine de celui ou celle qui, privés arbitrairement de liberté furent soumis à l'exploitation d'autrui, en quoi la déformation historique d'une paternité exclusive des européens dans la traite sans l'assistance de certains royaumes africains en diminuerait-elle la portée ? Il en va de même de l'histoire coloniale pour lequel le primat de l'Occident n'exclut pas les collaborations autochtones. Ce qui dans le cas de l'esclavagisme et du colonialisme légitime la haine, tient certes à la pleine et entière connaissance de l'origine de ses auteurs, mais plus encore aux préceptes ayant motivé leur sale besogne. L'utilité de l'acte mémoriel n'est pas la mise en évidence de l'animalité humaine, car comme le dit Axel Kahn « *discourir sur le propos est d'une grande banalité* », mais plutôt le processus d'humanisation que la fonction de vérité impose à la conscience collective. Découvrir et reconnaître l'origine culturelle, économique et sociale de ces crimes contre l'humanité, contribue non seulement à la compréhension des dérives barbares de l'homme, mais nous confortent dans la nécessité de réaffirmer ses vraies valeurs. Sans la haine légitime, la découverte de l'origine concrète de ces terrifiantes dérives serait gommée par le larmoyant pardon et la fausse douleur. Mon propos n'est pas d'attiser la haine, mais d'identifier les raisons de sa légitimité. Certains nous invitent à porter sur l'autre, « l'étranger », les motifs d'une solide haine, laissant croire que les symboles auxquels il se réfère constituent un obstacle à leurs vies. Le racisme accroche à la différence de couleur, de culture, de religion, les fondements d'une sourde haine d'autant plus illégitime, qu'elle n'est en réalité qu'une peur ravageuse. Or la haine légitime ne naît ni de la peur de la différence, ni de l'hostilité jalouse de l'autre, mais tout simplement des actes d'injustice et de domination antisociale. Qui peut bien haïr le partage si ce n'est celui qui par la concurrence exacerbe le profit ? Nous voilà renvoyés à l'affrontement entre deux haines : l'une dévorante et égoïste, l'autre légitime et utile ; c'est-à-dire au bien réel affrontement de classe. Plus que jamais confrontés à l'immense mur de l'argent du capitalisme, aucun État n'échappe à son emprise. Énorme puissance militaire, industrielle et technologique, sa capacité idéologique de nuisance est considérable. Pourtant, malgré sa duperie communicante, nombreux sont les hommes et les femmes à conserver intacte toute leur haine pour ce système barbare et conquérant.

IX
Le fascisme civil

Ce concept a été utilisé par une partie des couches moyennes et de la bourgeoisie conservatrice thaïlandaise actuellement confrontées à la corruption du pouvoir civil de retour après un bref coup d'État militaire. Dans ce pays, cette subtilité de langage déconcerte d'autant, que bien malin qui peut dire, non lequel des deux camps pourrait le mieux répondre aux attentes du peuple (il ne faut pas rêver), mais aurait la préférence du néolibéralisme aujourd'hui. Malgré une connotation, *a priori* excessive, la justesse de ton de cette perception politique m'a séduit, car elle permet d'ôter le masque d'emprunt du capitalisme à la démocratie.

Les faiseurs de mondialisation nous content leurs balivernes. Mais dehors pour beaucoup c'est la nuit. Ils ont beau piloter une propagande émotionnelle sans borne en appelant aux dons et au bénévolat sous toutes ses formes pour limiter les résultats de leurs dégâts sociaux, dehors on y grelotte, on y souffre, on y tue... Leur dessein est sordide. Aliénés par leur cupidité, ils n'ont d'autre désir que l'accomplissement de leur égocentrisme. Œuvrant dans un monde sans nature en équilibre et hommes libres en eux-mêmes loin de tout asservissement et toute domination, comment pourraient-ils se prévaloir de la démocratie ? Tant de rêves altruistes s'évaporent dans les marges du silence, tant de solidarité se frotte à l'écho d'un passé que l'on sait révolu, tant de combats s'émoussent à défaire les injustices... Cependant, l'indéniable réalité de ces faits justifie t-elle de nommer cette nouvelle phase du capitalisme : le « fascisme civil » ? Répondre à la question suppose discuter le concept de démocratie et de fascisme à l'aune du grand chambardement sociétal. À l'exception de certaines théocraties, tous les États se réclament de la « démocratie », y compris le système « communiste » ; même s'il accole à ce mot l'adjectif « populaire ». *A contrario*, certains intellectuels trouvent en elle tous les maux dont souffrent les sociétés ; d'autres la rendent même responsable de l'extermination des juifs. Imputer à la démocratie l'individualisme effréné ou le consumérisme aliénant c'est se tromper d'ennemi car en se drapant dans l'icône de la démocratie, le capitalisme, qui est le vrai coupable, l'a pervertie.

Si nous entendons par démocratie la prise de décision en commun et le respect de l'égalité, alors nous pourrions dire que ce mode de gouvernance semble le plus naturel à l'homme puisqu'on en trouve trace, non seulement dans certaines tribus ou villages préhistoriques, mais aussi dans la majeure partie des ethnies amérindiennes. Or, la source historique de la démocratie que l'on attribue à Athènes – cité de Solon et de Périclès, dont les lois censées protéger les hommes contre l'esclavage, l'exil et la mort injuste, nous servent encore de modèles –, n'est que mythe. Ni la condamnation à l'esclavage ou à l'exil de certaines ethnies, ni l'injustice face à la mort, ne semblent en voie de règlement dans la société dite « moderne ». On peut toujours rêver d'un pouvoir juste faisant de la paix son credo et donnant à chacun sa part de liberté et de justice, la réalité est tout autre. Si les lois de Solon ont permis à des citoyens exilés de revoir Athènes, est-il imaginable espérer aujourd'hui le retour en leur contrées natales, des millions d'exilés par la guerre, le racisme, l'esclavage et l'exploitation salariale, malgré l'apparente exaltation du capitalisme pour la démocratie ? Ce sentiment d'impuissance devant ces exils injustes, doit être lui-même combattu car il fait partie de ce mal que d'aucuns appellent civilisation et qui n'est autre que l'esprit de soumission résultant de la fourbe application de la démocratie. En connaître l'histoire ne suffit pas pour agir, mais peut servir de levier pour en comprendre les pièges. À ce propos, on pourrait se demander si l'amnésie ambiante à l'égard de la mise en œuvre de la démocratie n'est pas entretenue par les « pays riches » qui voudraient nous donner à croire que la relative harmonie dont ils se targuent est la règle de l'histoire plutôt que l'exception. Ce mot : démocratie, qu'étymologiquement on peut définir par « guide du peuple » (*demos, agôgos*), pourrait bien signifier présentement « corrupteur du peuple », car comme dans l'Athènes antique, pour obtenir l'assentiment populaire et s'assurer les faveurs de son vote, les promesses incompatibles avec la politique de classe imposée par l'État, n'ont jamais répondu à ses attentes.

Très tôt, Athènes a été en proie à des dévoiements de la démocratie et les précieuses leçons de son histoire pourraient bien nous aider à diagnostiquer le mal chronique dont a souffert et souffre encore le monde. Nul besoin d'implorer comme Aristote la lumière, ou d'attendre comme Jésus Christ la réponse divine à la question que les humanistes n'ont cessé de se poser au cours des siècles : quelle est la meilleure forme de gouvernance pour établir la justice et la fraternité ? Nul doute que comme son maître Platon, Aristote a rêvé d'une cité idéale, dommage qu'il n'ait pu entendre les paroles du sage anglais, Lord Acton « *Le meilleur moyen de faire de la terre un enfer, c'est de vouloir en faire un paradis* ». Mais la volonté d'exercer une libre parole et de soumettre ses justes attentes à la discussion publique, n'a rien d'une ferveur prophétique, il s'agit simplement d'une ambition humaine. Avant toute chose, cette volonté doit respecter les règles de la mesure et de la raison et aller bien au-delà de celle des Athéniens pour lesquels la justice et les autres avantages de la citoyenneté n'étaient vraiment accessibles qu'à ceux dont la position sociale et la fortune déliaient la parole.

Ainsi, les historiens nous apprennent que ceux qui exercèrent le pouvoir durant la période athénienne, ne respectaient ni les rites ni les lois à l'intérieur de leur sphère d'influence et n'étaient autres que de riches propriétaires terriens opprimant l'esclave et le petit paysan, faisant les lois en secret, nommant les juges à leur convenance, prêtant à des taux usuraires de plus de 50%, témoignant un grand mépris pour les pauvres et ayant le sentiment d'appartenir à une caste plus qu'humaine. Les paroles du poète Theognis accréditent ces faits : « *Frappe du talon la plèbe imbécile, pique-la de la pointe de l'aiguillon, mets-lui sur la tête un joug pesant : car tu ne trouveras nulle part, entre tous les hommes qui regardent le soleil, un peuple aussi ami de la servitude* ». Le discrédit du parlementarisme, et donc de la parole politique, est un symptôme récurrent. On le retrouve dans toutes les « démocraties » et plonge ses racines dans la dissociation croissante de la parole et de l'action. Non seulement coupée de la concrétude existentielle la parole politique devient verbiage, mais elle dégrade en profondeur l'essence même de la démocratie.

Toujours dévoyée par la classe des possédants qui en a eu la charge, la démocratie n'a jamais pu accéder à l'universel qui lui échoit : gouverner par delà les intérêts et les préjugés d'une classe ou d'un groupe particulier. Puisque l'accaparement des biens par quelques-uns au détriment de tous est la grande cause du malheur des peuples, peut-on imaginer, par la bonne application de la démocratie, le bannissement d'un citoyen en raison de sa trop grande richesse ? J'imagine le ricanement que la simple interrogation suscite quand on sait que chez les protestants, en particulier, la richesse est considérée comme le signe d'une élection divine. Pour permettre la bonne application de la démocratie, ne conviendrait-il pas de ramener les riches au simple rang de citoyen qui n'a pour mérite que son courage et son travail et de démanteler leur vaste empire financier ? Mais quelle démocratie y prétend ? Alors en quoi peut-on dire que les lois régissant les diverses activités économiques censées assurer leur mise en concurrence, ont pour exigence l'égalité et la fraternité des citoyens ?

Discutons à présent le concept de fascisme, qui recouvre, au sens strict : le mouvement et le régime italien policier, corporatiste, réactionnaire et nationaliste de 1919 à 1945 ; au sens large : l'exportation de ce modèle à l'Allemagne nazi, à l'Espagne Franquiste, au Portugal de Salazar et au sens polémique : une injure dans le débat politique contemporain. Puisque cette doctrine est née en Italie, puisons à la source de son mentor Benito Mussolini quelques extraits de ses actes fondateurs. *Citations de 1920* : « *Nous ne croyons pas aux programmes, aux schèmes, aux saints, aux apôtres ; (...) Revenons à l'individu. Nous appuyons tout ce qui exalte, amplifie l'individu, lui donne plus de bien-être, de liberté, une plus grande latitude de vie.* » Parlement, 21 juin 1921 : « *Je suis un libéral. La nouvelle réalité de demain, répétons-le, sera capitaliste. La vraie histoire du capitalisme ne commence que maintenant. Le socialisme n'a plus une chance de s'imposer. Il s'agit de choisir entre un passé presque mort et des possibilités illimitées d'avenir (...) Il faut abolir l'État collectiviste, tel que la guerre nous l'a transmis, par la nécessité des choses, et revenir à l'État manchestérien* » (nom donné à un groupe de riches fabricants de Manchester qui a fait adopter par l'Angleterre, au début du XXème siècle, le système de libre-échange). Sénat, 1926 : « *Le fascisme repousse dans la démocratie l'absurde mensonge de l'égalité (...) La police doit non seulement être respectée, mais honorée (...) l'homme avant de ressentir le besoin de culture a éprouvé la nécessité de l'ordre. Et en un certain sens, on peut dire que le policier a précédé le professeur. Autre point du fascisme : la reconnaissance du capital et du capitalisme. Ici nous sommes nettement antisocialistes (...) Les capitalistes modernes sont des capitaines d'industrie, de grands organisateurs (...) Que peuvent demander ces hommes ? Le succès de leur industrie. Ce succès, c'est celui de la Nation. Le fascisme ne croit ni à la possibilité ni à l'utilité d'une paix perpétuelle (...) La guerre seule porte au maximum de tension toutes les énergies humaines et marque d'un sceau de noblesse les peuples qui ont le courage de l'affronter.* » Enfin, dans l'encyclopédie italienne en 1932 – partie rédigée par Mussolini lui-même : « *(...) Le fascisme rejette le pacifisme bêlant, lâche renoncement à la lutte et au sacrifice (...) Le fascisme affirme l'inégalité irrémédiable et féconde entre les hommes* ».

On est troublé par l'actualité de ces diatribes, tant l'exaltation de l'individualisme ou son inégale fécondité, la réitération du libéralisme et du capitalisme à travers le libre-échange, la préséance de l'ordre policier sur la culture, l'appui inconditionnel aux « capitaines d'industrie » (et même, pour les États-Unis et ses acolytes, la noblesse du peuple qui a le courage de partir en guerre contre les terroristes ennemis des nations), recouvrent certains accents des récentes réunions du G8 ; ou par cette loi adoptée par le parlement italien en juillet 2008, accordant l'immunité pénale pendant leur mandat aux quatre plus hauts personnages de l'État, ce qui permet de suspendre le procès pour corruption de témoin à Milan du Président du Conseil Berlusconi ; ou encore par les accents approbateurs de certains grands médias, plus prompts à s'inquiéter de la crapule que de l'honnête citoyen.

Du côté de ses ardents détracteurs, ce court extrait des œuvres de Léon Trotski en 1932 sur la définition du fascisme est captivant de modernité tant les prémices du capitalisme mondialisé en portent les stigmates : « *Dans les conditions de l'impérialisme et du mouvement ouvrier contemporain, historiquement développé, la domination politique de la bourgeoisie s'exerce le plus avantageusement – c'est-à-dire avec les coûts les plus réduits – au moyen de la démocratie parlementaire bourgeoise qui offre, entre autre, le double avantage de désamorcer périodiquement les contradictions explosives de la société par certaines réformes sociales, et de faire participer, directement ou indirectement, à l'exercice du pouvoir politique, un secteur important de la classe bourgeoise (au travers des partis bourgeois, des journaux, des universités, des organisations patronales, des administrations communales et régionales, des sommets de l'appareil d'État, du système de la Banque centrale). Cette forme de la domination de la grande bourgeoisie – en aucun cas la seule, du point de vue historique, est toutefois déterminée par un équilibre très instable des rapports de forces économiques et sociaux. Que cet équilibre vienne à être détruit par le développement objectif, et il ne reste plus alors à la grande bourgeoisie qu'une seule issue : essayer, au prix du renoncement à l'exercice direct du pouvoir politique, de mettre en place une forme supérieure de centralisation du pouvoir exécutif pour la réalisation de ses intérêts historiques.* » Puis, comparant les concepts de démocratie et de fascisme, Léon Trotski dit encore : « *Entre la démocratie et le fascisme il n'y a pas de "différence de classe. Cela doit signifier, évidemment, que la démocratie comme le fascisme a un caractère bourgeois. Nous n'avions pas attendu janvier 1932 pour le deviner. Mais la classe dominante ne vit pas en vase clos. Elle se trouve dans des rapports déterminés avec les autres classes. Dans le régime " démocratique " de la société capitaliste développée, la bourgeoisie s'appuie en premier lieu sur la classe ouvrière apprivoisée par les réformistes. C'est en Angleterre que ce système trouve son expression la plus achevée, aussi bien sous un gouvernement travailliste que sous un gouvernement conservateur. En régime fasciste, dans un premier stade du moins, le capital s'appuie sur la petite bourgeoisie pour détruire les organisations du prolétariat. L'Italie par exemple ! Existe-t-il une différence dans le " contenu de classe " de ces deux régimes ? Si l'on ne pose la question qu'à propos de la classe dominante, il n'y a pas de différence. Mais si l'on prend la situation et les rapports réciproques entre toutes les classes du point de vue du prolétariat, la différence est très grande.* »

Si cette mise en perspective historique éclaire le leurre petit bourgeois de la démocratie et la déviance autoritaire du fascisme, ce qui frappe le plus, c'est ce déterminisme des rapports de classe dans leur mise en œuvre respective. Pour autant, la rupture entre la pseudo démocratie et le fascisme policier, comme nous venons de le voir, est toujours très douloureuse pour les classes populaires. Alors comment se fait-il que le glissement du néo-libéralisme vers le fascisme civil inquiète apparemment si peu les citoyens aujourd'hui ? Faut-il en rechercher la cause dans leur adhésion à la « grande cause économique » ? Ou bien voir dans le fait que celle-ci ne relevant pas exclusivement d'une simple résignation ou d'un sentiment d'impuissance, mais également d'une acceptation diffuse de leur propre responsabilité, les conduit à en assimiler les effets pervers sans les analyser ? Sans doute la réalité est-elle plus complexe, et la dérive sociétale suffisamment insidieuse pour qu'elle n'en soit pas franchement perceptible. À cela trois raisons majeures, la première, tient au fait que la plupart des citoyens répugnant à croire le pire de leurs dirigeants tend à les rendre négligents ; la deuxième, c'est que le pouvoir s'arrange toujours pour se donner le rôle de l'agressé (quitte à monter de toute pièce une fausse agression) ; la troisième enfin, c'est que les atteintes aux libertés individuelles, à l'étape du fascisme civil, sont opérées par petites vagues successives plutôt que de façon violente et inattendue.

Nul besoin de recherches approfondies pour trouver dans le quotidien de la vie sociale et politique les actes concrets de ces fascisantes dérives. L'apostrophe aux médias de Nicolas Sarkozy, alors ministre de l'intérieur, à propos des crimes commis par des personnes en état de démence afin d'abonder dans le sens des familles de victimes et d'une opinion publique toujours encline à l'émotion, est en l'espèce éclairante. N'a-t-il pas déclaré, alors que sa formation d'avocat exclut toute ignorance du sens concret de la loi : « *Pourquoi leur accorder un non-lieu ? Un non-lieu, cela veut dire que le crime n'*a *pas eu lieu* ». Si les personnes avisées savent bien qu'un non-lieu signifie simplement que le procès ne peut avoir lieu, le plus grand nombre n'en maîtrise pas toute la subtilité juridique. Au-delà de la dérive sémantique du fondement de la loi, une telle attitude confine à l'utilisation du mensonge pour asseoir ses exigences, voilà en quoi elle est en lien direct avec le fascisme civil.

Sur un autre plan, la position des USA à propos de l'ancien chauffeur de Ben Laden, parvenu au terme de ses six ans de condamnation pour complicité de terrorisme et maintenu en prison au seul motif d'être toujours selon ses accusateurs « un combattant ennemi » est tout aussi révélateur de l'esprit fascisant des États capitalistes. Nul besoin non plus d'adhérer aux thèses des « nouvelles droites » pour en être complice, il suffit de s'apparenter à la « docilité du mouton » ? Comme a pu l'écrire Sébastian Haffner à propos du nazisme dans son livre - Histoire d'un Allemand : « Il *n'y avait pas un seul exemple de défense active, de courage ou d'éthique. Seulement la panique, la fuite et la désertion. En mars 1933, des millions de personnes étaient prêtes à lutter contre les nazis. Du jour au lendemain, elles se sont retrouvées sans leaders (...) Au moment de vérité, alors que d'autres pays se montrent à la hauteur de la situation, les Allemands se sont effondrés collectivement et mollement. Ils ont cédé et ont capitulé, sombrant dans la dépression (...) Le résultat de tout cela est devenu aujourd'hui le cauchemar du monde entier.* »

Sous une autre forme en recomposition, n'est-ce pas ce qui pourrait tenter une fois encore le capitalisme globalisé en crise ? À n'en point douter, mieux vaut que les peuples soient capables de percevoir et de combattre ce qu'il convient d'appeler les nouveaux instruments de tyrannie du fascisme civil. Disant cela, je ne pense pas uniquement au fameux fichier Edvige ou à la mise en place de toutes ces technologies sévissant dans les lieux publics : caméras vidéo, enregistrement d'images ou bien le flicage des citoyens par le biais d'Internet, la conservation des données, la surveillance des courriels, les nouveaux passeports ou cartes d'identité biométriques… qui font le quotidien de la vie moderne, mais à toutes ces réformes régressives tendant à la privatisation de l'ensemble des services publics et au-delà, à la tentative d'éradication de nos valeurs collectives. Il n'est qu'à observer le travestissement du sens profond des réformes en cours au niveau européen dans la sémiologie communicante des pouvoirs en place, pour en mesurer la dérive fascisante.

Si l'on prend le cas de la France, seule la duperie journalistique peut nous donner à croire que le programme de Sarkozy ne ruse pas. Ainsi pouvait-on lire dans le journal Libération sous la plume d'Alain Duhamel en juin 2008 : « *Lorsqu'il le présente le 14 janvier 2007 Porte de Versailles, on entend défiler dans un ordre parfait et avec un professionnalisme implacable tous les thèmes de la droite, de l'immigration à la sécurité, de la justice à l'enseignement, de la déréglementation du travail à l'allongement de la durée de cotisations des retraites, de l'allégement de la fiscalité à la religion du travail. On ne peut pas dire que Sarkozy ait pris les Français en traître. Hormis l'échec majeur du pouvoir d'achat (...) il a décrit à l'avance dans le détail et sans trembler tout ce qu'il voulait mettre en œuvre (...)* » Comment peut-on écrire pareilles inepties quand on sait que la duplicité est la règle de fonctionnement élyséen ? Faut-il rappeler les pleutreries du Grenelle de l'environnement, l'engagement trahi d'EDF et de l'usine MITAL, l'incursion chez les marins pêcheurs et autres pantalonnades... ? Autant écrire dans le grand bêtisier d'Internet, des perles crétines, du genre de celle que je vous donne à lire : « *A quoi sert vraiment de faire la grève ? Nous sommes en démocratie et la majorité a voté ! Nicolas Sarkozy est notre nouveau Président et il a déjà fait beaucoup en tant que ministre. Qu'est-ce qui dérange ? Que des gens n'aient plus de points sur leur permis ? Il faut juste respecter les limitations et tout ira bien ! Vaincre le chômage ? Tant mieux. Travailler plus pour avoir plus et tout le monde aura une vie meilleure ! Permettre à tous les Français d'être propriétaires de leur logement ? Je ne vois pas le mal à cela ! C'est la garantie d'un bien immobilier et un toit pour tous ! Transmettre les repères de l'autorité, du respect et du mérite ? Cela évitera (ou diminuera) les agressions en tout genre, les vols, les véhicules incendiés (...)* » Non ! L'affaire est autrement sérieuse. La compréhension de la dérive démocratique ne peut se trouver dans les trompes l'œil présidentiels ou dans l'inventaire, même détaillé, de ses « sous réformes » : exonération fiscale des heures supplémentaires, déblocage de la participation, défiscalisation partielle du travail étudiant, déduction des intérêts d'emprunts immobiliers, réduction à un mois de la caution locative, suppression de certains régimes spéciaux de retraite, service minimum en cas de grève, élargissement de l'autonomie des universités, suppression de la carte scolaire, plan Alzheimer, grenelle de l'environnement..., car ce ne sont sommes toutes que les signes techniques ou communicants avant-coureurs de réformes plus profondes quasi inapparentes. L'important, c'est leur lien avec des stratégies politiques européennes et internationales sous-jacentes qui seules nous donnent à comprendre l'ampleur et la cohérence du cadre régressif global qu'on nous cache.

Prenons l'exemple de la sécurité sociale qu'on ouvre progressivement aux appétits capitalistiques compte tenu de son assiette proche du cinquième du PIB. N'oublions pas que pour les libéraux, celle-ci étant née de la Résistance et des luttes sociales, relève quasiment de la soviétisation. Raison de plus pour l'intégrer au plus tôt dans la machinerie des privatisations tout azimut. Cependant, connaissant les liens profonds qui unissent les Français à leur système de protection sociale, ils préfèrent recourir au mensonge pour opérer : dit le contraire de ce que tu fais pour ne pas donner à croire que tu le fais. Pour parvenir à la privatisation sans le dire, le pouvoir doit : assécher progressivement les sources de financement, ne pas payer ou faire payer les dettes par les entreprises, alourdir les dépenses, laisser s'accroître le déficit, mettre en exergue certains dérapages marginaux d'assurés sociaux ou d'administrateurs, marteler l'opinion via les médias sur la supériorité des entreprises privées dans le domaine de la gestion, ne jamais s'afficher comme le représentant de certains lobbies, en particulier pharmaceutiques, présenter chaque année une réforme supposée améliorer son fonctionnement, faire supporter le poids de ces réformes exclusivement par les assurés sociaux... Plus tard, quand l'opinion publique jugée enfin prête à supporter le choc de la privatisation globale, le Président en appellera aux « experts » chargés d'expliquer avec gravité l'échec du sauvetage de notre système de protection sociale malgré toutes les tentatives du pouvoir en place, ils nous diront qu'il n'est d'autre choix que d'en confier la gestion au secteur privé.

La vraie nature du fascisme civil, est autant dans l'accompagnement des objectifs encore inavoués du capital pour accroître sa dominance, que dans les méthodes manichéennes qu'il entend appliquer pour en faciliter l'avènement. Il en va de la privatisation de tous les services publics, y compris, pour partie, des services régaliens, tels la justice et l'armée, ou de la refonte des droits fondamentaux : éducation, santé, logement, emploi, retraites, syndicats... en passant par la remise en cause de certaines libertés essentielles au premier rang desquelles se trouvent la presse et l'information. Comme l'a souligné le philosophe français Jacques Bouveres interroger sur l'avenir de la presse indépendante : « *Peut-on rêver d'une presse réellement libre et autonome, dévouée à la cause de la vérité et de la justice, dans un monde où l'information est devenue une simple marchandise soumise comme toutes les autres à peu près exclusivement à la loi de l'offre et de la demande, et où le règne du marché et le pouvoir de l'argent sont devenus à ce point absolus et tyranniques ? Comment ce qui, aux yeux des nouveaux réalistes qui font désormais la loi, est un non-sens économique pourrait-il ne pas apparaître également de plus en plus comme un non-sens pur et simple ? Rêver du genre de presse dont la plupart d'entre nous continuent à rêver pourrait bien être à peu près aussi déraisonnable que de rêver d'un capitalisme qui aurait fini par devenir moral (...)* ».

Privé du bloc soviétique l'obligeant à peaufiner son image de « défenseur » des libertés, le capitalisme est contraint aujourd'hui de diaboliser de nouveaux ennemis irréductibles pour entretenir l'illusion de la démocratie ; pas seulement la théorie du complot terroriste, mais aussi l'imminent danger d'une invasion migratoire venue de pays que le capitalisme lui-même affame ; en particulier l'immigré clandestin, que des patrons voyous, appuyés par un pouvoir complaisant, s'empressent pourtant de surexploiter et que l'État policier, pour donner le change, « s'évertue » à expulser, n'hésitant pas à traquer les malheureuses familles jusqu'à la porte des établissements scolaires. Seuls ont grâce à ses yeux les « cohortes » de l'immigration choisie censées concourir au redressement de la France. Cependant, sa marge de manœuvre s'est accrue et ses alliances internationales, pour maintenir sa suprématie économique plus que jamais ouvertes à des méthodes frappées du sceau de l'infamie. Ne nous y trompons pas, la démarche en apparence démocratique et anti-étatique du capitalisme n'est que leurre. Le super dominant à beau faire semblant de se rouler dans l'étendard libéral, il connaît parfaitement les règles du jeu et les risques qu'il court à aller trop loin dans la dérégulation de l'État. Lorsqu'une grave crise financière le saisit, telle l'énorme arnaque des *subprimes*, il en appelle encore à lui, c'est-à-dire au contribuable, pour éponger la dette

« honteuse », poussant même le paradoxe jusqu'à la pseudo nationalisation des banques les plus vérolées.

Certains observateurs évoquent même une autre escroquerie imminente, celle de *leverage buy-out*, plus connue en France sous le sigle LBO, qui consiste à racheter une société en s'appuyant sur un effet de levier financier, c'est-à-dire en faisant appel à des organismes spécialisés qui financent cette reprise par de l'endettement. La segmentation de ces opérations doit cependant être nuancée en fonction de leur taille ; celles impliquant des fonds d'investissement sont généralement plus importantes que les simples reprises de petites et moyennes entreprises par des personnes physiques. Le risque intrinsèque de ces opérations est donc directement proportionnel au niveau de rupture organisationnel introduit dans le montage. Mais bien malin aujourd'hui qui en connaît tous les arcanes et à terme, le niveau de crise qu'elles vont générer. Analysant dans le chapitre : « la liberté et les autres », Axel Kahn nous dit : « *Tout dans L'Histoire en témoigne : les pires malheurs de l'humanité ne sont pas à mettre sur le compte de groupe d'individus programmés par leurs gènes à la violence et à la malfaisance ; ils sont la conséquence du fanatisme, des idéologies, de la sujétion aux chefs.* » ; à ceci près que leurs déterminants se trouvent dans l'appât du gain et la conquête exclusive du pouvoir. Alors il ne tient qu'aux forces les plus éclairées de maintenir Orwell en dehors du réel. À travers le fascisme civil, « la fabrique du consentement » à laquelle le pouvoir et son embrigadement médiatique s'attellent, n'exclut pas, pour peu qu'on la cultive, l'émergence d'une dissidence active et révolutionnaire, capable d'endiguer ce nouveau fléau historique.

X
L'antagonisme environnemental

Naïf ou sot celui qui croit possible l'intervention positive du capitalisme contre la pollution de la planète dont le risque pourrait bien aller jusqu'à l'effondrement environnemental. Il a fallu plus de 3 milliards d'années aux stromatolites pour rejeter suffisamment d'oxygène dans les mers, afin que saturées, elles puissent libérer ce gaz fabriquant l'atmosphère grâce auquel nous vivons, faudra-t-il seulement quelques siècles à *homo oeconomicus* pour réduire à néant tant d'efforts naturels ? Ne vous méprenez pas, Cassandre ne tient pas ma plu-me. Rien à voir avec la vision alarmiste de l'ouvrage du Professeur en cancérologie Dominique Belpomme : « *Ces maladies crées par l'homme* », qui n'envisage rien de moins que la disparition de l'espèce humaine à l'horizon 2100, ni celle de certains de ses détracteurs, qui, pour « revenir au réel », opposent aux idéologues de l'écologie, la pauvreté et l'infection comme première cause de mortalité ; pas plus que d'approuver le sophiste Laurent Cabrol, spécialiste de la météo, qui s'interroge encore sur la nature anthropique du réchauffement climatique.

Si brandir le spectre de la disparition du monde ou occulter les terribles dégâts que l'homme a déjà causé à l'environnement est pour le moins hasardeux, pointer seulement le doigt sur la misère et les maladies endémiques ne saurait suffire à en éradiquer les causes. Car en fin de compte, à propos des problèmes environnementaux, de la misère et de la mortalité « évitable », toute la question se résume en cela : pourquoi philosopher sur tout et son contraire sans désigner le vrai coupable de ces terribles maux ? Si notre intérêt se porte sur l'air pollué, l'urgence n'est pas d'affirmer que ce dernier pourrait bien être responsable de la fin de l'humanité et qu'il faudra bientôt s'arrêter d'en respirer pour éviter subitement de mourir, mais de définir les raisons et les causes qui conduisent à constater qu'il provoque des cancers et des maladies cardio-vasculaires, décuple les crises d'asthme chez l'enfant et l'adulte, provoque des milliers de cas de bronchiolite… Bref, tue les plus vulnérables et réduit déjà notre espérance de vie. La « mixture » de substances toxiques qui sont rejetées dans l'air par le trafic aérien, routier et maritime, ou par l'ensemble du secteur industriel et agricole, n'affecte pas que les grandes mégapoles asiatiques, même si celles-ci sont particulièrement touchées, mais la totalité des grands centres urbanistiques du monde. N'importe lequel d'entre-nous, en mesure de rechercher sur la *toile* les données fournies par les services régionaux ou nationaux d'analyses atmosphériques, constatera qu'il n'est pas un département français qui ne dépasse, pendant une période ou une autre de l'année, le niveau de recommandation d'un ou de plusieurs polluants, atteignant ou pulvérisant même pour certains, le bien administratif seuil d'alerte à l'ozone ou aux particules fines.

D'ailleurs, selon l'OMS, on ne compte pas moins de 4,5 millions de morts par an à cause de la pollution de l'air. Mais nous ne sommes pas que sous la dépendance de la force la plus imprévisible de toute, l'atmosphère, il faut également compter avec l'eau douce, les océans, les sols, ainsi que l'ensemble du milieu vivant. Comme le résume Axel Kahn : « *Les conséquences de cette insouciance de l'avenir à laquelle conduit le moteur de la productivité libérale sont connues de tous ; destruction des espèces vivantes végétales et animales, sur la terre et en mer ; effet de serre ; changement climatique ; désertification, ouragans à répétition, développement massif de foyers de population en des zones exposées aux avalanches, aux glissements de terrains, aux tremblements de terre, aux inondations et aux raz-de-marée, raréfaction de l'eau renouvelable, déforestation, accumulation des déchets divers. Pour qui parcourt le monde, en particulier les pays pauvres du Sud, le spectacle récurrent est celui d'une terre comme étouffée, asphyxiée par l'accumulation des ordures humaines au premier rang desquelles on trouve les sacs plastiques, non seulement dans l'environnement des grandes cités, mais aussi dans n'importe quelle terre agricole reculée.* » D'ici une vingtaine d'années, il est fort probable que les zones désertiques occupent plus de 40% des surfaces continentales et que le permafrost des zones arctiques, en cours de dégel à cause du réchauffement climatique, participe d'autant plus à son accroissement, que le méthane qu'il libère a un potentiel de réchauffement global 23 fois supérieur à celui du CO_2. D'ores et déjà, la contribution de l'élevage intensif à la production de gaz à effet de serre, mesurée en équivalent CO_2, est plus élevée que celle liée au secteur des transports. Rappelons que le séjour dans l'atmosphère du dioxyde de carbone est de l'ordre du siècle, ce qui rend sa production en excès par la pollution anthropique plus problématique encore. Par ailleurs, le rejet des effluents pollués de tous les continents, chargés principalement en nitrates, en particulier ceux des pays industrialisés, produit une pollution telle, que si le niveau de traitement des eaux usées n'est pas rapidement amélioré, la plupart des mers fermées seront condamnées à une mort certaine par eutrophisation. Il faut savoir que moins d'un habitant sur deux bénéficie d'un système d'assainissement dans son environnement immédiat et qu'une telle situation a des conséquences désastreuses sur la qualité de l'eau potable, entraînant dans les pays pauvres des taux de mortalité alarmants. Quant à la déforestation au niveau mondial, elle a comme conséquence immédiate la dégradation des sols, dont la perte progressive en matières organiques conduit inexorablement à leur compaction ou leur salinisation obligeant à l'apport inconsidéré d'engrais et de pesticides pour en maintenir, dans certains cas seulement, une provisoire activité culturale. De plus, la disparition de certaines espèces végétales et animales, résultant d'une urbanisation excessive, surconsommation, surpêche, ou simplement par une dévitalisation liée à la pollution anthropique générale, crée, dès maintenant, de tels déséquilibres écologiques, qu'ils en pourraient bien devenir quasi irréversibles. Et l'inventaire est loin d'être clos… Pour être heureux, rendons à la nature et à l'homme l'hommage de la raison, serions-nous tentés de dire. Rien ne sert d'opposer le laisser faire sur la misère, la pauvreté et l'incurie qui sévit à la frontière de nos pays industrialisés, soi-disant douillets, au spectre de la disparition du monde dans un futur proche. Plus sûrement, il convient de comprendre pourquoi les gouvernants, malgré leur discours lénifiant et toutes leurs grandes kermesses nationales ou internationales, font montre d'autant de veulerie pour combattre les effets du dérèglement environnemental. Certes, cela interpelle de plus en plus les honnêtes gens, mais pas les tenants de la pensée unique, dont le sérieux de la preuve et de la bonne foi a depuis longtemps déserté les canaux d'information. Reconnaître la réalité des causes et des conséquences de la pollution pour agir efficacement est bien le cœur de la contradiction entre environnement et capitalisme. Nul besoin pour cela de transmettre le frisson de la peur ou d'en appeler à vivre exclusivement l'équilibre harmonieux au sein de la nature comme certaines ethnies isolées ignorant le progrès technologique. Le seul profit qu'il se pourrait tirer, irait encore au capitalisme, toujours prompt à puiser aux fictions futuristes de juteuses émotions cinématographiques ; en l'état, il récupère d'énormes profits grâce à l'écobusiness qui semble-t-il le passionne. En revanche, croire à sa capacité à mettre réellement en œuvre des mécanismes sociétaux autorégulateurs susceptibles de changer radicalement le cours des choses avec l'espoir à terme de retrouver un équilibre environnemental, est aussi illusoire qu'espérer de la concurrence et du profit la limitation des inégalités, voire l'évitement des conflits sociaux, ou mieux encore, de générer une once de fraternité. Tout comme les guerres du passé et du présent ont pour origine la nécessité de dominance pour asseoir un pouvoir économique, étendre son espace territorial et politique depuis l'accès aux sources d'énergie, à la mer ou aux marchés coloniaux, en passant par l'esclavage et le génocide de certaines populations autochtones, le déséquilibre environnemental de la planète résulte bien d'une logique libérale mue par les seuls mécanismes en capacité de satisfaire l'égoïsme et la cupidité de ceux qui la vénèrent et la mettent en œuvre. Axel Kahn, qui en perçoit parfaitement les risques, reste cependant au milieu du gué lorsqu'il nous parle « *d'insouciance de l'avenir à laquelle conduit le moteur de la productivité libérale* » ou de « *myopie constitutionnelle du monde des affaires vis-à-vis du futur* ». Ce n'est pas l'insouciance ou la myopie qui font que le capitalisme ne se soucie pas des générations futures, mais sa tare congénitale en rapport avec la nature même de sa stratégie marchande le rendant incapable de maîtriser les dégâts de sa concurrentielle productivité. Si, poursuivant, Axel Kahn constate que : « *L'enrôlement massif des deux pays les plus peuplés du monde, l'Inde et Chine, dans la course à la production rend certaine l'aggravation des menaces pour l'environnement* » (ou, comme nous avons pu l'observer à l'époque du productivisme censé mettre en œuvre le socialisme réel), plus incisif serait d'affirmer, tel qu'il ose enfin le faire (même s'il a tort de renvoyer dos à dos marxismes et libéralisme), que : « *ce lien entre production, travail et numéraire ne sera jamais remis en cause par les économistes, qu'ils soient libéraux ou marxistes.* »

Pas plus que les polémiques sur le fait que le rythme actuel de la croissance démographique n'ont d'impact concret sur l'action à entreprendre pour tenter de stopper le dérèglement climatique, celles sur la disparition passée de certaines civilisations ayant un intérêt historique (dont quelques chercheurs nous disent « *qu'il n'existe aucun cas dans lequel l'effondrement d'une société ne serait attribuable qu'aux seuls dommages écologiques* ») n'éclairent réellement le débat environnemental ; il en va de même de la question sur l'augmentation des besoins économiques de santé et d'énergie pouvant être ou non fatals à nos sociétés contemporaines. Soyons précis, l'antagonisme entre la biodiversité et le capital ne porte pas à dénigrer l'action de ceux qui à travers les associations écologiques ou certains partis politiques se mobilisent pour que changent et évoluent les lois portant réglementation sur l'environnement ou bien tous ceux qui, de près ou de loin, y compris et surtout à partir des actions citoyennes, agissent au quotidien pour sa préservation. Mais la complexité de la question est telle, que s'il est permis de croire qu'il n'y a rien d'inéluctable dans la course accélérée à la dégradation globalisée de l'environnement, les voies par lesquelles nous pouvons réellement peser pour en changer le cours, passent immanquablement par la transformation profonde de l'ensemble de nos sociétés. Dans ces conditions, modifier notre rapport à l'énergie, non seulement à l'énergie nucléaire dont l'incurie étatique et la privatisation ajoutées à l'épineux problème de la gestion de ses déchets peuvent laisser craindre le pire, serait pour le moins salutaire D'aucuns nous présentent le rassemblement de toutes les formations et personnalités écologiques pour former une liste répondant à la prochaine élection européenne comme une réelle avancée pour combattre les diverses politiques anti-environnementales et proposer une réglementation plus adaptée. Grand bien leur fasse, d'autant, que malgré ma plus profonde incroyance quant à la réelle portée et la durabilité de pareille initiative, tout ce qui peut contribuer à retarder ou entraver l'action du capitalisme sur cet éminent sujet, ne saurait être dédaigné. Néanmoins, prenons garde, à trop prêter une oreille attentive à ce genre de non-événement, de ne pas laisser croire qu'il suffirait de rassembler tous les Nicolas Hulot de la terre pour qu'elle puisse enfin tourner vraiment rond.

Quoi que nous puissions penser de l'impact de la pollution sur notre avenir, il faut savoir que la planète saura digérer, avec ou sans nous, la dégradation de son fragile équilibre écologique ; ce n'est qu'une question de temps ; même s'il dépasse il est vrai, celui de notre modeste temporalité humaine. Déjà, par le passé, somme toute pas très lointain, environ soixante quinze à quatre vingt mille ans, une intense activité volcanique plusieurs dizaines de fois supérieure à celle que nous avons connue lors de l'éruption du Pinatubo en 1991, a failli décimer notre conquérante espèce. Pluie d'acide sulfurique et épaisseur de cendre d'environ soixante centimètres sur des milliers de kilomètres carrés sont tout aussi mortifère que la pollution anthropique actuelle et celle à venir à l'échelle planétaire et plus encore si nous avions à subir un énorme impact météorique. C'est pourquoi il nous importe de garder sérénité, sang froid, et surtout grande objectivité, face aux dangers que l'univers et l'homme sont susceptibles de faire subir à notre écosystème. Se battre pour que les gouvernants financent de patientes, complexes et sérieuses recherches, afin que soient connus et précisés les mécanismes mis en jeux dans les processus de dégradation de notre environnement, sera bien plus utile que l'information des principaux médias, le plus souvent malsaine, larmoyante, voire même culpabilisante pour le citoyen lambda, mais ô combien obligeante pour les acteurs du libéralisme qui en sont pourtant les tout premiers responsables. Il en va des problèmes environnementaux comme de ceux concernant la vie sociale, économique et culturelle des hommes et des femmes de tous les continents, ils sont étroitement dépendant de notre capacité à endiguer l'action terriblement dévastatrice de la « douce » concurrence et des pouvoirs capitalistique qui la portent. Alors, forts de notre fraternelle volonté collective, agissons sans attendre pour retrouver un monde en équilibre, sainement humain.

XI
L'inter-pouvoir

Jusqu'à présent les combats de classe pour renverser le capitalisme s'appuyaient sur deux stratégies majeures : la lutte armée et les élections. Chacune à sa façon est parvenue, sur un territoire circonscrit, à prendre le pouvoir, mais aucune n'a réussi à le conserver durablement et moins encore à changer le cours historique des bases capitalistiques de la société. L'affrontement idéologique entre les tenants de ces deux visions d'accaparement du pouvoir perdure et empêche la mise en oeuvre d'une nouvelle stratégie politique. Focalisant bien souvent la bataille des idées sur ce point, ils en oublient l'un et l'autre que la question porte tout autant sur le comment arriver aux responsabilités, que sur le pourquoi chercher un contenu temporel à l'émergence d'une autre société. Pour en saisir les raisons, il faut revenir aux fondements même du capitalisme et cerner le cœur de ses motivations. Car pour indispensables que soient les thèses disséquant les rouages du système marchand et de ses avatars libéraux, ultralibéraux ou néo-libéraux, ce qui compte avant tout, c'est l'utile compréhension du but des classes dominantes, qui n'est autre que l'extension ou la conservation par tous les moyens des prérogatives du capital, au premier rang desquelles se trouve le profit. Ne pas comprendre que l'essence fondamentale du capitalisme n'est autre que de se griser du pouvoir et des biens que l'on peut soustraire à autrui, c'est oublier combien cette motivation parle à tous et par conséquent pourquoi elle est si prégnante au cœur des riches et des indigents qui peuvent, à travers leur vécu et l'histoire, en mesurer tout à la fois les conséquences et l'attrait. Croire que l'on peut parvenir à transformer la société sans prendre en compte cette contradiction, c'est s'exposer à ne pas réussir à en changer le cours. S'imaginer que les seuls effets dévastateurs des crises structurelles conforteront l'idéal révolutionnaire est d'autant moins sûr qu'une partie du peuple ne désapprouve pas toujours l'enrichissement individuel des capitalistes tout en aspirant à un changement de société. C'est pourquoi, il nous semble que l'idée de s'émanciper de l'économie de marché par des actes concrets de partage passant outre les contraintes que ne manqueront pas de faire peser sur nous le capital gouvernant, est le plus sûr moyen d'en changer. Ainsi, l'utopie, n'étant plus seulement dans l'idée mais dans l'acte, en deviendrait concrètement révolutionnaire. Nous n'imaginons pas combien l'émulation fraternelle peut être mobilisatrice. Il ne s'agit pas de rassemblement incantatoire à partir duquel « la communion » se ferait en un lieu circonscrit et où chacun en partant serait persuadé en quoi l'acte solidaire auquel on vient de l'inviter est salutaire à son âme, mais de fraternité collective large, durable, quotidienne, utile et librement consentie. En somme, l'idée de l'inter-pouvoir, n'est autre que celle d'une utopie émergente implantée au cœur même du système concurrent qui la rejette et la motive. La laïcité pourrait en être le principe organisateur et pacificateur. Mais pour que les actes fondateurs d'un pouvoir intermédiaire puissent devenir opérationnels, il faut l'engager bien au-delà du cantonnement arbitral de défense de la liberté de consciente liée à l'égalité de traitement de celui qui croit au ciel et de celui qui n'y croit pas ; il faut qu'elle devienne une laïcité active, au service d'une volonté sociale, culturelle et politique commune à toute la sphère publique, s'ouvrant sur l'inédite voie révolutionnaire. Ainsi, à s'incarner dans un combat de classe, la laïcité, sans être l'apanage exclusif de tel ou tel courant de pensée, deviendrait la référence partagée d'une utopie en devenir. Certes, la laïcité, comme fondement de l'universalité, sera toujours en proie à l'instrumentalisation d'une religion transcendante au-dessus des libertés humaines, c'est pourquoi elle se doit d'agir pour enrichir pleinement l'ouverture plurielle du monde. La question fondamentale demeure encore à ce jour de soustraire le fait religieux du pouvoir politique et non l'inverse. N'étant ni athée ni croyante, la laïcité, sans ôter de liberté aux religions, ne saurait leur accorder le droit de s'immiscer dans les décisions publiques. Pour ne pas avoir à concéder aux contestations dissimulées d'un pouvoir réactionnaire la laïcité « positive » que le Président français appelle de ses vœux, rappelons au capitalisme qu'il n'y a pas d'angoisse à faire vivre activement les fondements d'une philosophie ouverte qui l'interpelle aujourd'hui encore. Une laïcité frileuse – tout comme les replis communautaires ou les incantations électorales – est d'autant plus stérile, qu'elle ne confronte pas sa « pertinence » à la nécessité de mise en œuvre d'une nouvelle réalité politique et sociale. L'adhésion au communisme supposait un renoncement à toute référence religieuse pour atteindre l'émancipation humaine. L'inter-pouvoir, s'appuyant sur la laïcité active, garantit à tous la liberté de conscience et invite à mettre en mouvement, à l'intérieur même du système capitaliste, le partage révolutionnaire autour d'une dissidence organisée. Il ne s'agit pas d'une adhésion formelle à un idéal en devenir, mais d'une réalité publique et consciente faisant vivre le plus largement possible le concept de partage dans un monde où sévit encore l'idéologie de marché. Qu'ils soient de droite ou qu'ils se disent de gauche, les partis traditionnels s'enracinent autour d'idées ou de programmes qu'ils soumettent à l'approbation du peuple pendant les campagnes électorales ou sollicitent leurs adhérents pour en rédiger les préceptes et les porter à travers la propagande à la connaissance du plus grand nombre. Cependant, si nous ne pouvons nier un certain esprit de solidarité parmi les adhérents des partis de gauche, point ne leur semble utile, alors qu'ils se réclament du socialisme, de commencer à vivre selon ces préceptes dans l'attente qu'une majorité les porte au pouvoir. En son temps, le parti communiste français pratiquait cette fraternité constructive et tentait de l'étendre bien au-delà de sa sphère militante ; sans ambitionner il est vrai d'en faire un tremplin fondamental de l'acte révolutionnaire. Outre que l'ensemble de ces démarches conforte la délégation de pouvoir, offrant (au mieux) au peuple la concrétude d'une position arbitrale, elles s'inscrivent dans un fonctionnement ou une gouvernance en devenir qui n'en appelle pas réellement au peuple. Le concept d'inter-pouvoir est aux antipodes de cette vision délégataire et revendique non seulement l'adhésion des citoyens au combat anti-capitaliste, mais l'expression même de la reconquête du partage dans leur quotidienneté fraternelle.

On n'adhère pas uniquement à l'inter-pouvoir par le cœur ou l'esprit, mais par une fonction sociale nouvelle contrecarrant les rapports de classes imposés par le capitalisme, en cherchant à vivre tout le possible des échanges non marchands susceptibles de répondre, sans attendre, à l'esprit de fraternité et de solidarité d'une société à construire en dehors de la concurrence et du profit. Agir au grand jour, sans exclusive, loin de tout entrisme, avant-garde, élites, chefs et autres laudateurs, en toute transparence et démocratie, non au service exclusif d'une propagande, mais d'un présent pour le bien être de tous, tel doit être le vrai visage de l'inter-pouvoir. Cela est d'autant plus nécessaire, que le fonctionnement en sociétés secrètes donne à croire qu'elles cachent toujours plus que ce à quoi elles peuvent réellement prétendre ; quant à s'organiser en parti clandestin, cela n'est fondé que lorsque les bases du fascisme civil se radicalisent en fascisme militaire. Si les partis politiques qui se réclament de la Révolution, pensent utopique, naïf, voire iconoclaste, l'idée même d'une approche alternative et progressivement structurante au sein même du capitalisme, c'est qu'ils n'ont pas compris que le chemin à partir duquel s'émancipe le peuple, n'est pas tant celui qui du passé fait table rase, que celui qui invite à la table du passé les masses acquises à l'idée qu'il faut y apporter de nouveaux mets. Compris dans le sens de l'apprentissage collectif d'une transition temporelle invitant à vivre la reconquête du partage, l'inter-pouvoir devient alors instrument utile et indispensable à la Révolution en devenir. Pas plus qu'il n'est suffisant de prendre à contre-pied le soi-disant choc des civilisations ou de décortiquer les préjugés sécuritaires ou victimaires pour qu'adviennent des sociétés plus ouvertes à la diversité, remettre uniquement la question sociale au cœur de la politique du capital ne conduira à en inverser le cours ; tout au plus réussirons-nous à sauver un certain *vivre ensemble*. Il ne s'agit pas non plus, cherchant à faire de la vie utile dans le vide aliénant des sociétés marchandes, de verser dans une sorte de communautarisme. Par ailleurs, la pensée de l'inter-pouvoir ne se veut nullement va-t-en guerre à l'égard de ceux qu'elle combat, et moins encore à l'égard de ceux que l'on nomme communément la gauche. D'ailleurs, la démarche de l'inter-pouvoir en direction de cette dernière, sans être indulgente, n'entend pas être franchement agressive ou lui infliger je ne sais qu'elle piqûre de rappel salutaire ; elle considère seulement son combat pour un certain contrat social comme la marque d'une pseudo volonté finissante.

Avant d'ébaucher ce que pourrait être la mise en œuvre d'un inter-pouvoir au cœur du système capitaliste, rappelons ce précepte simple et intangible : l'ensemble de ceux qui adhèrent au mouvement révolutionnaire ont à charge de faire grandir, partager, appliquer ses idées et ses actes. Il ne saurait donc être question de prétendre en livrer ici toute la quintessence. Nous pourrions considérer l'inter-pouvoir comme une sorte de contre-pouvoir ; à ceci près, qu'il a pour vocation, non de contrebalancer les abus du pouvoir, mais de le prendre. D'aucuns tiennent l'absence des contre-pouvoirs et de la démocratie pour responsable de la dérive intégriste observée en divers pays musulmans, comme s'ils les tenaient pour acquis dans les pays industrialisés. Cela dénote une complaisance, voire une méconnaissance de la réalité capitalistique, car non seulement les contre-pouvoirs légaux y sont sous tutelle, mais sa tolérance à l'égard de ceux qui affichent leur aversion pour la concurrence et le profit est bien mince. En cela, l'inter-pouvoir, qui se doit d'encourager en son sein critique et contestation, ne saurait s'accommoder du refus d'ingérence de l'ordre établi. C'est pourquoi nous devons faire en sorte que tous les actes, idées, coopérations, entraides, solidarités, partages, qui concourent à la fois à priver le capitalisme de ressources directes ou indirectes émanant de la plupart des nécessités de la vie quotidienne, qu'elles soient alimentaires, vestimentaires, éducatives, culturelles, etc., et à apporter bien être, émancipation et créativité au plus grand nombre, dans un cadre légal ou à la marge, entre dans le champ de l'inter-pouvoir. Enfin libéré d'une grande part des contraintes sociétales imposées par le capital, chaque individu pourrait déployer ses pleines capacités intellectuelles et manuelles au service de tous. Ainsi, *a contrario* de l'inacceptable gaspillage des savoirs et des savoir-faire que fait subir principalement la société libérale à la majorité de la jeunesse des pays industrialisés, leur proposant, au mieux, un emploi aux antipodes de leur niveau de formation, l'homme serait invitait à mettre en œuvre ses compétences dans un cadre non marchand en échange d'autres solidarités fraternelles, répondant à tout ou partie de ses besoins vitaux. N'est-il pas de mise, pour les grands trusts de l'agroalimentaires gorgés de profits, d'offrir un emploi de caissière ou de caissier à temps partiel dans les « grandes surfaces » à des jeunes possédant un diplôme niveau bac plus deux ou plus, pour ne prendre que cet exemple socialement et économiquement contre productif, injuste, et générateur de frustrations qui ne manqueront pas un jour ou l'autre de s'exprimer ? Il ne s'agit pas non plus de décroissance, encore que toute initiative qui concourt de près ou de loin à freiner la mécanique absurde de l'hyper consommation, devrait être encouragée, mais plutôt d'une excroissance salutaire sur le monde de l'absurde ayant pour mobile l'autre manière d'appréhender le rapport à l'homme et à la nature par la reconquête du partage. Pourquoi laisserions-nous perdurer la fuite en avant d'un système dont le but du profit assumé pervertit l'homme et détruit la planète ? Au nom de quelle logique déraisonnable devrions-nous refuser que se développe, à côté d'une minorité restreinte qui dénature la vie, la masse non encore agissante, mais majoritaire, qui ne demande qu'à œuvrer pacifiquement pour le droit à une plus grande harmonie naturelle puisqu'il n'est pas, si l'on en croit son comportement politique, dans son intention de révolutionner le monde par la lutte armée ? La seule manière efficace, raisonnable et utile de contrer le capitalisme mondialisé, ne se trouve pas dans l'exclusive acceptation du cadre démocratique pipé qu'il nous offre, mais dans le débordement de ce dernier par le jeu ouvert et subtil de notre volonté à vivre sans attendre tout le possible de l'idéal de partage. Ce que nous appelons la citoyenneté éclairée, se retrouve dans la mise à disposition collective de nos compétences et de nos connaissances ; chacun étant utile à l'autre est assuré de recevoir de tous. Certes, ce précepte simple, existe sous forme d'ébauche à travers les systèmes d'échanges locaux (SEL) et autres associations pour le logement, l'entraide, les immigrés, les chômeurs, la culture, la diffusion scientifique, la formation, le sport, l'assistance médicale, les coopérations, la défense de l'environnement, les organisation de jeunesse, l'animation sociale, etc., mais tout cela se développe sans coordination d'ensemble et n'est pas porté par un mouvement général dont l'ambition affichée serait un réel changement de société. Voilà pourquoi, ces citoyens aguerris, utilisant aussi bien toutes les potentialités des services publics en cours que tous les combats traditionnels (y compris électoraux et juridiques) que la « société de droit », dans laquelle ils vivent, leur permet, et faisant quotidiennement l'apprentissage de la reconquête du partage, pourraient non seulement s'affranchir progressivement de l'aliénant est cupide système capitaliste, mais aspirer, en pleine conscience, à l'esprit nouveau de la Révolution. Ainsi, aucun espace et aucun acte de la vie civile n'étant exclus de ces luttes singulières et de ces échanges non marchands, la portée du possible en pourrait être immense.

XII
La révolution maîtrisée

Il ne s'agit pas de croire à l'avènement de la révolution, mais d'y travailler pendant la période de l'inter-pouvoir avec d'autant plus de force, que le temps qui nous sépare du chaos nous est compté. Celui ou celle qui cherche, à travers les signes perceptibles du mal-être social, à comprendre l'ampleur des dégâts, ne peut qu'être frappé par la duplicité et la collusion des gouvernants avec le capital. C'est pourquoi nous devons nous hâter d'entraver le capitalisme et l'État dans leur course éperdue contre l'humanité.

L'histoire nous donne ses leçons à tirer, mais qu'avons-nous à espérer de l'avenir si ce n'est l'apport de nouvelles radicalités politiques ? Ni les gouvernements pseudo-représentatifs, ni les sociétés fondées sur le libre marché, ne rendront à la démocratie sa puissance universelle ; balayer les formes institutionnelles de représentation d'un peuple savamment sélectionné sera donc nécessaire. La démocratie ne revient ni aux détenteurs de richesse, ni aux garants de la divinité, ni aux grands commis de l'État, ni aux savants et autres experts de la vie civile, mais à une forme supérieure de fondement politique qui exclut toute illégitimité première, toute domination de compétence qui ne soit autre que celle de la représentation du peuple lui-même ; il nous faut la concevoir hors des hiérarchies et des concurrences infondées entre soi-disant compétents et incompétents et la ramener au simple fait de sa légitimité première : un principe de fraternité et d'égalité de droits. Pour creuser plus avant cette notion de d'arbitraire des valeurs, prenons l'exemple de l'expérience artistique et sociale en direction des enfants du fin fond des Barrios, ces bidonvilles à une ou deux heures de marche de la capitale du Venezuela, Caracas. La musique dite classique, que d'aucuns considèrent comme l'apanage d'une élite talentueuse, est ici transcendée, car non seulement elle contribue au développement de la citoyenneté et à la transformation de la société en inculquant à ces jeunes en perdition un ensemble de valeurs : rigueur, maîtrise de soi, humilité, sens du partage et travail en équipe, mais elle les stimule de telle sorte, qu'ils parviennent à s'intégrer dans un véritable réseau orchestral. Pourtant, comme le souligne l'initiateur du projet, Eugenio Carreno, la méthode d'apprentissage adoptée par « *l'orchestre de papier* » au cours de laquelle les enfants manipulent de faux instruments en carton, soigneusement confectionnés pour acquérir les bonnes positions du corps et apprivoiser rythmes et sons, ne semble pas des plus orthodoxes. Mais comme il le dit si bien, son école musicale « *a inventé la relation affective* ». Démonstration est faite de la capacité humaine à acquérir les compétences créatives les plus complexes, dès lors qu'une volonté altruiste intervient dans la mise en relation des individus. Si l'enfant pauvre, inculte, et parfois délinquant, peut devenir un acteur musical des grands classiques, au nom de quelle illégitimité première, se verrait-il substituer par de zélateurs technocrates son droit de compétence civile une fois devenu adulte ?

En vérité, sans l'afficher clairement, le pouvoir capitaliste, ses « experts » et médias supplétifs, considèrent l'expression du peuple comme une légitimité conditionnelle savamment orchestrée pour qu'il n'en puisse exprimer sa valeur majoritaire et même, s'il arrive qu'elle soit en capacité de le faire, comme lors du référendum sur la Constitution européenne, son expression est dévoyée. La démocratie athénienne sélectionnait par tirage au sort ceux qui avaient le privilège de participer à la gouvernance. Dans les démocraties capitalistes, le schéma est différent, aucun membre de la communauté nationale n'est à priori écarté du pouvoir, mais seule l'élite dominante participe concrètement aux décisions. La révolution que nous devons mettre en œuvre, doit s'immiscer dans la prise de conscience de cette parole confisquée par les démocraties de façade pour devenir le ferment d'une action émancipatrice. Penser, parler, décider et agir, ne sera plus une volonté cantonnée à l'élite, mais la masse d'une volonté au service d'une politique partagée. La suspension des hiérarchies comme fondement d'une égalité politique au service de tous, doit remplacer la politique contingentée au service exclusif des dominants.

Cependant, le capitalisme gagne peu à peu du terrain dans la conscience formatée des peuples. Il n'est qu'à voir à quel point l'idéologie dominante réussit à gangrener les valeurs républicaines les plus profondes, parvenant même à faire diffuser sur les chaînes publiques de la télévision française des émissions à la gloire du Roi et de la Reine décapités par la Révolution qui les fondent. En définitive, le libéralisme se complaît dans l'impression de sa marque à la gloire de la concurrence et fait transparaître, sous l'apparente avancée des libertés individuelles, l'esprit le plus conservateur. Mais tout cela ne va pas sans contradiction et la grande masse des travailleurs supporte de moins en moins les restrictions de la mondialisation capitaliste. Toutefois, ce que les valets médiatiques du capital nomme : la grogne sociale, qui pourrait bien devenir à terme un puissant mouvement social, a peu de chance de réclamer autre chose que la satisfaction de légitimes revendications salariales. D'ailleurs, comment en serait-il autrement dans la mesure où aucun projet politique radical et puissant, prônant la révolution anticapitaliste, n'est en vue. Certes, on peut toujours porter attention à la gauche dite « extrême », qui prétend offrir quelques espoirs en travaillant à l'émergence d'une nouvelle force politique, mais en l'état, sa démarche s'apparente plus à la mise en mouvement de fortes exigences revendicatives, qu'à un véritable projet révolutionnaire de société s'appuyant directement sur la reconquête du partage.

Les Révolutions communistes, quant à elles, ont connu l'échec après une période d'adhésion parce que le Parti et non l'Homme était au centre de leur action partisane. Détentrice du drapeau flamboyant de la libération humaine contre l'aliénante machine capitaliste à broyer prolétaires et paysans du monde entier, elles n'en reproduirent pas moins un système productiviste froid et manipulateur. Pensant l'avenir comme une sorte d'éclaboussement industriel et technologique, elles n'ont pas pensé la dimension exclusivement solidaire du progrès ; elles n'ont pas saisi que dans l'idéal communiste, seule la créativité altruiste partagée pouvait libérer l'homme ; elles n'ont pas perçu que la grandeur humaine est toute contenue dans la fraternité ; elles n'ont pas entendu l'énorme voix des cultures millénaires s'élever comme un rempart au cœur même de leur puissante et néanmoins fragile radicalité. Il faut penser la Révolution de l'homme et non la Révolution pour l'homme, s'appuyer sur le caractère salvateur de l'instinct de partage, non comme un exemple à suivre, mais comme la culture consciemment orientée vers un progrès libérateur afin de changer l'homme civilisationnel en homme confraternel. La Révolution maîtrisée sera enracinée dans l'être lui-même ou ne sera pas.

La différence entre l'immédiateté de l'affrontement de classe du fameux slogan « faire la Révolution » et la pénétration au cœur des masses de l'apprentissage maîtrisé de la Révolution de classe, n'est pas simplement temporelle. Elle est avant tout opératoire : la première ouvrant son champ à l'exclusive rupture politique et sociale – du passé faisons table rase –, la deuxième ancrant le dépassement de l'homme à son refus à vivre la contrainte capitalistique au sein même du déclin perceptible et à la mise en œuvre progressive du partage afin de mesurer, dans le quotidien, son aptitude à générer un réel changement. La Révolution maîtrisée n'est donc ni attachée à la notion de « grand soir » ni à celle de réforme, elle est la concrétude transformante de l'homme au cœur même des contradictions capitalistiques qui l'exhortent. Tant que l'homme porté par l'idéal utopique du partage ne parviendra pas à s'émanciper de la culture millénaire de la marchandisation du monde, il ne pourra prétendre à l'accomplissement maîtrisé de la Révolution. Les révolutions n'ont pas échoué uniquement parce que le « socialisme réel », n'a pas su dépasser le capitalisme, mais surtout parce que ce dernier n'a pas voulu puiser dans la grande masse des travailleurs, les transformations altruistes à la source de sa potentielle suprématie.

Au-delà d'une introspection intellectuelle de la Révolution maîtrisée, ce qui compte, c'est la mise en mouvement d'une force politique englobant tout un processus d'actions encore fragmentaires, le plus souvent portées par une minorité éclairée sensible aux errements de ce monde et prête à agir pour en changer le cours. Leurs motivations sont fortes, mais généralement annihilées par la médiocrité du jeu politicien de tous ceux qui prétendent y œuvrer ou se laissent prendre par la concrétude des actes de solidarité immédiate, bien conscients qu'ils ne sauraient suffire à transformer la société qui les oblige. Le rassemblement de toutes ces volontés, sans dogmatisme, si ce n'est la reconnaissance profonde et juste de l'idée qu'il n'est d'autre issue à la crise mondiale de la civilisation marchande que l'action fraternelle pour reconquérir le partage, est possible. Le retour de l'utopie malmenée est d'autant plus probable, que les dégâts du capitalisme aujourd'hui touchent non seulement la dimension sociale et culturelle de l'homme, mais aussi, comme nous avons pu le mesurer dans « l'antagonisme environnemental », sa concrète survivance sur une terre dévastée par sa cupide et douloureuse mise en concurrence. Porter le fer rouge du nécessaire changement des valeurs au sein du système décadent, cela revient à se placer en situation de prouver par la fraternisation de classe, combien est plus exaltant à vivre la solidarité et le partage que la concurrence et le profit.

Nous pourrions croire que la mise en œuvre d'une telle démarche obligerait ceux qui y adhèrent à vivre une sorte de double vie. Celle de la fraternité et celle, pour faire court, du monde actuel, et que, n'étant pas préparés à ce grand écart, ils risqueraient de verser dans une espèce de schizophrénie. Mais il n'en est rien. Par contre, c'est bien ce qu'ils font quotidiennement lorsqu'ils croient à l'illusion de la séparation entre vie publique et vie privée, alors que le capitalisme s'ingénie à pénétrer au cœur même de leurs plus intimes espaces de liberté. La Révolution maîtrisée ne fait appel à rien d'autre que ce qui s'est pratiqué et se pratique encore dans certains pays où le peuple se trouvant contraint par l'occupant, entre en résistance ; à ceci près qu'elle devra le faire au grand jour pour réussir. Si les diverses communautés dissidentes à travers l'histoire n'ont jamais dépassé le cadre *historiogène* d'un mouvement d'espoir partagé, c'est qu'elles avaient seulement pour ambition de créer des sociétés « iconoclastes » à la marge pour échapper aux sociétés aliénantes qui les avaient enfantés et non de les transformer concrètement de l'intérieur par un irréductible combat de classe désaliénant.

N'oublions jamais combien le capitalisme est puissant, et combien sa force de dissuasion, autant que sa capacité à nous contraindre, est grande. Cette vérité, en apparence banale, est plus prégnante aujourd'hui encore. Le fascisme civil en action, génère des contradictions qui l'écartent de plus en plus de l'apparente démocratie. La pénétration au sein même de sa puissance économique et de son appareil politique, d'une sourde, active et efficace mafia au niveau mondial, n'est pas une vue de l'esprit. Il n'est qu'à voir ce qui se passe en Italie à travers « l'affaire des déchets de Naples », ou dans cette sorte de non-État du nord de Chypre, reconnu seulement par la Turquie, portion d'île spécialisée dans le « recyclage du grand banditisme » au sein de laquelle canailles et gouvernants vivent en parfaite intelligence pour transformer l'argent sale en juteux profits, entre autres, immobiliers ; et ces deux exemples ne sont qu'une infime partie de l'inquiétante réalité. Confortées par la privatisation croissante de tous les services publics, y compris les services régaliens, à quand l'infiltration des mafias dans l'armée puisqu'il semble, concernant la justice et l'économie, que dans certains États, elles soient déjà gangrenées ? Les mafias ne sont pas les seules à chercher à pénétrer l'appareil étatique afin de mieux protéger et étendre leur activité criminelle. Certaines sectes, auxquelles les êtres les plus vulnérables sont de plus en plus confrontés, s'ingénient à essaimer dans l'administration publique et leur puissance financière dépasse parfois celle de l'État qui les reconnaît. Et que dire de cette sorte d'impunité organisée au bénéfice de la criminalité économique que l'on nomme paradis fiscaux, dont la part dans le total des flux financiers mondiaux représente environ 50% ? D'autant qu'elle ne recouvre pas que le blanchiment de l'argent de la drogue ou celui de la corruption. Parmi les plus d'un million de sociétés anonymes opérant dans les 124 pays écrans, 25% d'entre elles concernent les activités commerciales et boursières. La rhétorique de ces pseudo juridictions, selon laquelle la concurrence fiscale aiderait les autres États à baisser leur propre pression fiscale, n'est autre qu'une sinistre farce. Aussi, prétendre changer la société par la seule pratique saine d'une nouvelle vie anti-capitaliste, sans se donner les moyens d'approcher politiquement tous les rouages de son fonctionnement étatique, serait pour le moins hasardeux.

S'appuyer sur toutes les avancées de la vie civile et productive au sein même du système capitaliste afin de déplacer progressivement le curseur transformant vers la société de partage, et aller jusqu'à la limite dissidente dans la contestation de ses lois afin que chacun puisse mesurer par ses actes laquelle des deux visions doit s'imposer au monde, voilà le vrai visage de l'humanité. La Révolution maîtrisée, se réalisera alors par la force transformante de l'humaine reconquête du partage dans le cadre d'une laïcité active et vigilante, à l'intérieur d'un système capitaliste moribond, contraint à l'abandon d'une concurrence marchande devenue progressivement inutile. Ainsi que le suggère Axel Kahn : « *(...) la fulgurance créatrice est le plus souvent orientée par la nature d'un projet et les circonstances, innées et acquises, de son élaboration et de sa poursuite.* » Aussi, gageons que la Révolution maîtrisée engendre l'homme global capable d'une multitude de créations désaliénantes, garantes de l'avenir retrouvé.

XIII
L'homme global

Pour certains auteurs, l'homme global serait celui contraint socialement de se déplacer à travers monde et vivant en lui plusieurs cultures. Il s'agit là d'une homogénéisation parfois douloureuse, ne facilitant pas la reconstruction d'une identité fragmentée. L'homme global auquel je fais allusion est tout autre. Il ne subit pas la massification planétaire, sorte d'agrégation de patries d'autant plus violentes que le découpage colonial les a rendu artificielles. Il n'est pas cet arpenteur fasciné d'une planète en proie aux aliénantes transformations, préfigurant la diaspora économique que l'on nomme néanmoins globalisation. Il n'est pas non plus cet éternel *globe-trotter* fasciné de voyages en des lieux censés réinventer son futur. Il est plus sûrement cet homme habité du souci de l'autre, qu'Aristote traduisait par la *philia* (amitié, solidarité) ; nourri de chaleur humaine et de générosité, bien au-delà de la froide impartialité, de la stricte justice ou de l'esprit d'équité. C'est l'homme qui rend possible l'usage des biens communs de la terre et du travail partagé tout en respectant la diversité culturelle, qui suspend le règne de la force et de la concurrence à l'espoir de l'égale différence.

Attestant l'aspect fondamental de ce rapport à autrui, Axel Kahn nous dit : « *Aucun d'entre nous n'est capable de s'édifier, de se connaître lui-même, c'est-à-dire d'exister en tant qu'être conscient sans le concours des autres (...)* » Cette capacité humaine à ressentir pour l'autre, et à travers l'autre, la sensation d'une confiante réciprocité, est aux antipodes de l'incroyable violence que constitue l'agression psychologique et les conséquences sociales du rapport exclusivement concurrent et marchand que tente d'établir le capitalisme entre nous et sa profitation. Quel bonheur pour l'homme ainsi fragmenté, réduit à n'être que l'influx consomptible d'une société marchande, égoïste, méprisante pour ceux qu'elle considère comme faisant partie des classes inférieures, exploitables à loisir et tout justes bons à œuvrer à la satisfaction de leur égocentrique désir ? Quelle place à la connaissance paisible peut bien accorder ce système de fer, mû par le seul mobile de l'accaparement ? L'homme sera altruiste ou ne sera pas, car sa volonté de plier le monde à l'image qu'il se fait de sa conquête le décale toujours plus de sa fraternelle humanité. Sa science technologique au service exclusif de ce qu'il considère comme la nécessité concurrente du progrès, l'éloigne chaque jour un peu plus de l'approfondissement d'une saine, globalisante et harmonieuse recherche naturelle d'un avenir réellement partagé. Le progrès ne se trouve pas dans l'exclusive matérialité d'un ego toujours plus consumériste, mais dans la part toujours plus fraternelle de notre capacité à découvrir ensemble le chemin fécond de la puissante solidarité.

Ceux qui ont vécu le mouvement de mai 1968 savent bien de quoi je parle. Certes, cette joie sereine et forte n'est pas exclusive à l'action révolutionnaire ; d'autres coalitions en partagent la quintessence. Je pense en particulier aux activités sportives, associatives, professionnelles et plus généralement à toutes celles recouvrant une dimension collective. Mais aucune, comme celle générée par un mouvement de masse à l'échelle nationale, voire internationale, ne saurait égaler la plénitude de ce sentiment de participation à l'histoire d'une vaste transformation sociale. Il ne s'agit pas d'exaltation égocentrique, mais d'un état d'appartenance global à une humanité en ordre de marche. Je ne pense, pas disant cela, à une motivation de l'ordre du bien que l'on croit trouver dans les valeurs morales, mais à une procédure qui fonde les différentes catégories à rechercher ensemble le champ du légitime, du souhaitable et du collectivement désirable. Il ne s'agit pas comme dans le concurrent développement du marché, d'accumuler des richesses avec l'hypocrite espoir d'une redistribution partielle, mais de proposer le réalisable et le raisonnablement sûr du vécu de classe fraternel qui nous apprend à être utile à tous. Les valeurs globales du partage ne sont ni fugaces, comme le pense Axel Kahn parce qu'essentiellement passionnelles, ni exclusivement matérielles parce qu'elles ambitionnent d'offrir à tous la dignité existentielle, elles sont tout simplement réalistes en ne prétendant pas définir *a priori* ce qui est bon pour l'homme. L'homme global ne décrète pas le bonheur, il le cherche.

Certes, la notion de bonheur, à moins d'affirmer comme l'eut fait La Palice : « *c'est de ne pas être malheureux* », est un concept complexe. Axel Kahn s'y essaie aussi par la négative, énumérant les obstacles au bonheur : « *(...) la contrainte, la privation de liberté de l'être, l'ennui, la douleur, toutes les circonstances physiques ou psychiques génératrices de mal-être et de stress, l'angoisse, la peur, la frustration, l'indignation, l'insatisfaction, la dépression, l'impuissance sous toutes ses formes.* » Après une longue introspection, il comprend qu'il « *n'apparaît pas possible de donner des recettes du bonheur puisque ce dernier exige, quoiqu'il ne s'y réduise pas, l'accord harmonieux et durable entre des aspirations et un vécu ?* » Nous sentons bien qu'Axel Kahn reste prisonnier de préceptes petits bourgeois. N'abordant pas la question la relation entre la dimension civilisationnelle du bonheur et le sens profond du bonheur, il oublit que le vrai bonheur humain naît avant tout du partage. L'homme global, conscient des traits spécifiques fondant notre humanité, doit oser rechercher le bonheur en réalisant pleinement toutes les potentialités que lui offre l'aventure terrestre dans le partage avec autrui et s'en donner les moyens sans limite aucune.

Le contre exemple de cette recherche salutaire en est fourni par les tensions interethniques et raciales en Afrique du Sud. Malgré quelques réelles avancées, un commentateur se pose même la question de l'avenir qui paraît bien sombre. Et a, au détour de son interrogation, cette phrase évocatrice de la profondeur du malaise : « *Seule l'éducation pourrait venir à bout de la crise que traverse à nouveau le pays ; il faudrait éduquer aussi bien les riches que les pauvres.* » On ne peut que partager cette idée, mais les éduquer à quoi ? Les riches ont toujours eu l'impression de l'être, quant aux pauvres ils n'ont cessé d'y aspirer. Si l'éducation qu'on leur offre n'a d'autre but que de trouver leur « bonheur » au marché, ne nous étonnons pas que celle-ci ne parvienne pas à éliminer le racisme latent et moins encore la crise sociale qui guette. Nul doute qu'une Afrique du Sud s'avançant dans cette voie ira droit dans le mur. L'idée du pardon dans un pays gangrené par la misère et ouvert à l'âpreté de la concurrence, n'empêche pas la tyrannie malsaine et pousse d'autant plus au conflit que les Noirs sont encore et toujours la classe sociale la plus affaiblie par un capitalisme qui s'incruste. L'éducation oui, mais ouverte sur l'homme global et assortie d'une véritable politique sociale et culturelle, qui place la reconquête du partage au cœur d'un brassage ethnique en prise directe avec la reconstruction nationale de classe puisqu'il préfigure ici plus qu'ailleurs l'idée d'égale différence.

XIV
L'avenir retrouvé

L'avenir appartient-il inexorablement au capitalisme ? Les États-Unis nous apportent quotidiennement leur trop plein d'inventions. Aujourd'hui nous avons de la chance : leur « prouesse technologique » nous a concocté l'échasse mobile ; sorte d'appareil ayant l'apparence d'une énorme crevette flexible à la queue métallique qui nous permet de sauter allègrement vers le bonheur. Le plus terrible est d'entendre avec quelle jubilation la cohorte de crétins médiatiques nous annonce la « bonne nouvelle ». Oui ! Qu'on se le dise une bonne fois : les supers nouvelles (pour parler moderne), ne viennent jamais de l'Est ; « la Russie éternelle » n'est pas, malgré son nouveau panache capitaliste, un pays de liberté puisqu'elle ne fabrique pas encore d'échasses mobiles. Cette fois, semble-t-il, l'engin ne tue pas. Sa commercialisation, en apparence dérisoire, n'en constitue pas moins une des motivations plurimillénaires de ce système consumériste marchand.

D'aucuns nous disent préférable penser l'avenir pour la minorité de ceux qui « profitent » du capitalisme, plutôt que d'imaginer la régression de tous à faire grandir la juste part des autres. Se peut-il qu'ils soient vraiment heureux dans cet océan de misère et de souffrance dont ils sont pourtant la principale cause ? Sans doute, tous ceux qui y parviennent, comme dans le film américain « Gorilles dans la brume » ou le riche marchand occidental se donne bonne conscience à faire kidnapper les bébés gorilles des montagnes pour alimenter les grands zoos des capitales du monde, et le ministre africain recevant l'argent pour, nous dit-on, soulager les souffrances du peuple, ne sont jamais à court de « bonnes raisons ». Après tout, pensent-ils, chacun dans ce monde de liberté mercantile illimitée, peut, pourvu qu'il s'en donne la peine, grappiller sa part de butin. Quant au reste, « l'impitoyable loi naturelle » y pourvoira. D'autres, plus hypocrites encore, nous disent que l'avenir n'est assuré pour personne et que la seule issue pour tous, est d'accepter les sacrifices que la dure loi du marché nous impose. D'autres encore se prennent à rêver d'une économie tellement prospère et de technologies si avancées, qu'elles ne manqueraient pas d'apporter à chacun sa douce part de bonheur… La liste de ces Nostradamus des temps modernes est fort longue. Cependant, ils ont tous en commun une chose : n'être en aucune manière affectés par le terrible système qui broie la majorité des autres.

On peut toujours, tout comme le fait Axel Kahn, évoquer la plus « moderne » des fictions : « *Des humanoïdes indiscernables des êtres humains mais d'une puissance prodigieuse et pratiquement invulnérables. L'ordinateur cen-*

tral d'un engin interstellaire prenant le contrôle du vaisseau pour son propre compte et à ses propres fins... » Ou encore : « *(...) une société où chaque individu serait en relation avec un robot procédant des compétences complémentaires, jugements et désirs des techniciens, informaticiens, sociologues et spécialistes du marketing qui ont contribué à le créer et à le doter de ses spécificités.* » En vérité, comme il se plaît aussi à le souligner : « *le monde de demain dépend de nous tous, si nous osons le vouloir et le construire (...) La singularité humaine de notre animalité nous le permet, elle ne le garantit pas.* »

À regarder de près l'évolution des sociétés dites modernes, nous entrevoyons pourtant un autre avenir probable : l'implosion programmée de l'actuel système capitaliste. Qui ne sent pas monter du fond décati des cœurs des gouvernants cette fronde guerrière, cette arrogance capable d'anéantir la terre, n'a que fausse opinion de la réalité. Ce que l'on observe au niveau international, qu'il s'agisse de la crise structurelle du néolibéralisme ou des conflits ouverts au moyen Orient, en Afghanistan, au Pakistan, en Géorgie, au Tibet, en Afrique ou ailleurs, est significatif de la fragilité des équilibres capitalistiques et n'augure rien de bon à court ou moyen terme pour les peuples du monde entier. Ces entremetteurs, car les dirigeants aujourd'hui en soumettant exclusivement leur pays au marché s'apparentent à des proxénètes, nous parlent de paix s'invitant à la guerre pour peu que la « machine » vienne à se gripper. Leurs valets médiatiques, prétendants ordinaires à la démocratie, vous surprendront, d'autant que par leur volte face, leur pire pied de nez, ils vous inviteront sans tarder à penser la guerre comme on pense la paix sans le moindre complexe. Si vous croyez trouver en eux une parcelle de bon sens, une étincelle de raison raisonnable, un reste de sentiment fraternel, votre déception sera grande, car n'ayant pas pris la peine d'analyser en amont le quotidien délirant de leur félicité, vous n'en pourrez comprendre la vraie nature. Ils sont, ne l'oubliez jamais, formatés par le capital.

Qui se refuse à voir le monde tel qu'il est, prend le risque d'en partager un jour l'inhumanité. Ce scénario vraiment sombre, auquel s'ajoute celui non moins désastreux de la dégradation croissante de l'environnement planétaire, n'est ni une vue de l'esprit, ni un postulat partisan, il est réalité, certes encore parcellaire, que la profonde crise structurelle du système capitaliste peut à tout moment aggraver. Aussi, reconnaissons-le, la marge de manœuvre dont disposent tous ceux qui voudraient s'engager sur la voie de la reconquête du partage, est fort mince. Pour autant, ce choix nous est compté, et toutes tergiversations à son utile mise œuvre, rendent plus probable encore la noirceur du tableau. Dans ce contexte, chercher à retrouver l'avenir, c'est avant tout tenter d'en garantir la pérennité.

A contrario du postulat d'Axel Kahn, pour lequel : « *Homo sapiens a la capacité élective d'échafauder mille sortes de projets désirables, d'avoir l'ambition de les réaliser, d'être frustré – et donc malheureux – de n'y pas parvenir et, de toute façon, de n'être en pratique jamais comblé.* », la complétude de l'idéal du bonheur est d'autant moins illusoire qu'elle n'est pas exclusivement soumise à « l'appréciation de la qualité de ses réalisations personnelles. » La question n'est pas tant de savoir à quel niveau placer la barre d'accès « au bonheur » que celle de savoir que son accès individuel et intrinsèquement dépendant de celui d'autrui. Penser que le véritable processus d'humanisation est ailleurs, loin de ce monde marchand concurrent et sans frein, c'est prendre conscience que le ressort profond de nos aptitudes anciennes à acquérir une diversification qui confère au bonheur sa valeur, n'est autre que le fraternel partage de nos talents remarquables. C'est comprendre que l'impressionnante potentialité de nos capacités cognitives, capable de conférer à nos actes leur pleine maîtrise, est gaspillée au « jeu » intellectuellement dégradant de la concurrence ; alors qu'elles ne demandent qu'à être décupler par la dynamique de la mise en commun interactive de ses traits les plus marquants. Cependant, le processus déterminant de notre évolution civilisationnelle, ne repose pas exclusivement sur le renforcement réciproque de nos aptitudes intellectuelles ou technologiques, encore faut-il que le corpus pour lequel nous acceptons de les mettre en mouvement soit véritablement humain. Nos propriétés émotives variées, notre capacité à s'adapter à la diversité des événements, la richesse de la communication entre les individus, partagés par tous « les animaux supérieurs » depuis des centaines de milliers d'années, comme le souligne Axel Kahn, ne font pas uniquement appel pour l'homme à des ébauches de règnes syntaxiques et combinatoires, elles s'ouvrent également à la volonté expérimentale et illimitée du progrès. Nous avons l'immense chance d'appartenir à l'espèce la plus évoluée du règne animal, alors pourquoi accepterions-nous, sans la combattre, la civilisation destructrice et dégradante du profit ?

Prétendre à l'avenir retrouvé, c'est retrouver l'avenir de l'homme à partir de l'incommensurable richesse que suppose la découverte d'un espace nourri à la noble influence du cœur des autres ; c'est enrichir nos sentiments non monnayables au succès d'une dimension non comptable du monde. Nul besoin pour cela de prêcher au désert des prophètes des temps perdus ou d'en appeler à l'usage améliorer d'une production d'objets toujours plus *énergétivores*, qui n'ont de « biens » que le mot consommation qui leur reste accolé. Pas plus que la valeur esthétique de la création artistique n'est soluble dans la cote du marché de l'art, la valeur culturelle de l'échange n'est portée par l'identité spéculative d'une production normative. La reconnaissance irréductible de la stimulation du partage dépasse en soi tout ce que l'idéologie libérale a pu générer à ce jour par ses aptitudes marchandes. Il est possible de satisfaire tous les besoins essentiels de l'homme sans accompagner la pulsion malsaine du pouvoir et de l'argent jusqu'à l'autre bout de la terre. La terreur que l'on lit dans les yeux des enfants de tous les continents, proches de succomber à la famine, à l'eau frelatée, à l'absence d'assainissement générateur de maladies, ne ressemble en rien à la crainte atavique d'un animal pour son prédateur auquel la nature accorde grande chance d'échapper à une mort certaine, elle est douleur même, au-delà de toute compassion humaine ; regards innocents qui devraient crisper d'épouvante ceux là mêmes qui les broient et dans l'œil desquels se reflète l'image injuste de la mort. Le mécanisme mental d'accaparement des richesses s'applique à tous les domaines. Ceux qui le contrôlent, exigent des autres une adaptation réciproque de l'offre et de la demande solvable, sachant pertinemment que des centaines de millions d'habitants des pays les plus pauvres seront irrémédiablement condamnés à une mortifère déshérence.

Oui, ce monde terrifiant est bien le nôtre. Cette inhumanité va de pair avec l'irruption de l'univers artificiel et uniformisé que l'on tente de nous imposer. Le temps de la prise intégrale du pouvoir par les puissances spéculatives du capital n'est pas un simple fantasme, nous y sommes. Revendiquer seulement une meilleure redistribution des richesses face à leur immense concentration financière est un leurre. Dans ce cadre, nous ne luttons pas à armes égales, c'est pourquoi, décaler notre combat sur le plan d'une solidarité non marchande en capacité de gripper progressivement tous les rouages économiques de la vie civile et de l'État, demeure incontournable. L'espérance concrète de la reconquête du partage pourrait bien alors révolutionner le monde.

Capable de se détacher de la vision qu'impose le prisme déformant de l'histoire du capitalisme, *Homo sapiens* nouveau, par son seul désir à vivre sans imposer sa domination à l'autre, offrirait alors à la diversité tolérante et utile de toutes les sociétés, l'espace d'un avenir retrouvé. Ainsi, à côtoyer l'humain au cœur de son partage, il ne penserait plus la concurrence et pourrait, comme dit le poète, voir dans tout le vivant le bonheur de la vie.

Épilogue

Faut-il revenir sur la pluralité créative du partage et la duperie évolutive de la concurrence ? Dans le doute, interrogeons l'apport des diverses civilisations au progrès. Dans *Race et histoire* Lévi-Strauss, à propos du progrès, a eu l'intuition d'un double sens, mais comment en cerner la quintessence à partir d'une démarche s'enracinant dans la nature profondément injuste des sociétés de classes sans considérer cette dualité comme l'aspect fondamental de l'évolution historique ? Il part de l'idée qu'une coalition consciente ou inconsciente entre les cultures, a comme conséquence à terme l'homogénéisation, et que les acteurs de ce regroupement, n'ont alors d'autres choix que de générer des écarts différentiels internes ou bien l'admission de nouveaux partenaires lorsque les gains de la diversité s'épuisent. Il veut aussi rendre compte d'un progrès civilisationnel contingent d'une évolution essentiellement techniciste, urbanistique, dominatrice et marchande. Comme il le constate, les grandes révolutions : néolithique et industrielle, se sont accompagnées d'une diversification du corps social et de statuts différentiels entre les groupes, mais surtout du point de vue économique : naissance dans l'Orient ancien des grandes concentrations urbaines avec l'apparition des États, des castes et des classes ou d'un prolétariat aboutissant à des formes plus poussées d'exploitation du travail humain au cours de la révolution industrielle ; l'admission de nouveaux partenaires se faisant principalement à travers l'impérialisme ou la colonisation. Ainsi, est-il amené à observer que diversification interne ou admission de nouveaux partenaires il s'agit toujours de revenir à la complexité et à la diversité initiale ; mais aussi que la coalition entre les deux groupes : dominant et dominé, produit des contacts et des échanges les unissant en apparence et que les différences qui les opposent tendent progressivement à diminuer soient par des améliorations sociales ou par l'accession graduelle des peuples colonisés à l'indépendance. Il évoque également une probable troisième solution : l'élargissement de la diversification par l'apparition de régimes politiques et sociaux antagonistes. Mais l'amélioration sociale ne supprime pas les classes sociales et les antagonismes entre les pouvoirs politiques sont quasi inapparents. Ainsi, dans ce monde globalisé, la diversité culturelle chère à Lévi-Strauss ne semble pas dépasser ce qu'il convient d'appeler une diversité d'exigence ou d'apparence. La civilisation capitaliste porte tous les stigmates de cette volonté d'uniformisation aveugle qui ossifie le progrès ; la preuve en est la mondialisation à laquelle nous assistons aujourd'hui.

Alors, en quoi reproduire depuis le néolithique l'esprit de castes et de classes, s'appuyer sur la concurrence économique et le pouvoir de l'argent, est-il utile au progrès de l'humanité ? En fait, l'exigence de la diversité pour les sociétés de l'ordre et du capital, c'est-à-dire la quasi-totalité des civilisations, n'est autre qu'un brassage social et marchand d'individus majoritairement asservis par les dominants. Ce que nous pourrions appeler la diversité utile – car le capitalisme donne encore l'illusion, à travers l'individualisme, d'une aventure créative diverse et stimulante –, c'est une réponse historique à la nécessaire diversification du corps social en dehors du champ de la coalition exclusive de groupes confessionnels et économiques. Nous avons vu qu'une révolution maîtrisée, laïque et tolérante, en pourrait être la matérialité. À condition toutefois de la concevoir non comme une démarche contemplative qui dispense son indulgence à ce qui fut ou à ce qui est, mais comme une organisation de classe dynamique consistant à anticiper, comprendre et promouvoir tout ce qui veut être diversité et création au service de tous. Ainsi mise en perspective, chacune de ces formes prenant source dans l'idée de partage pourrait bien enrichir profondément l'humanité. Voilà bien un chantier exaltant, et ce n'est pas d'insipides mesures consistant à choyer les traditions locales, à encourager les particularismes régionaux ou à exacerber les nationalismes qui permettront d'atteindre le but. Certes, avant cela, il nous faudra tordre le cou à cette méprise infondée laissant croire que le partage confine à l'égalitarisme, alors qu'il ouvre toute grande la porte de la diversité. Sa volonté prémonitoire invite à comprendre que le vrai choc culturel est plus dans la confrontation de « l'homme moderne » avec ces peuples d'Amazonie respectueux de la nature et de l'altérité, sans chef ni hiérarchie et invitant au partage, qu'entre une Asie fière de son adhésion à l'OMC, un Occident impérialiste et conquérant ou un Moyen Orient enkysté dans ses préceptes religieux. C'est pourquoi, dans sa phase ultime, le progrès utile pourrait bien prendre la forme d'un affrontement entre une concurrence qui oppose et un partage qui s'ouvre d'autant plus à la liberté, que rien ne le contraint en dehors de sa vocation collective. À capitalisme global, révolution globale, serions-nous tentés de dire. Mais la pertinence d'une réflexion s'essayant à l'analyse générale n'est pas uniquement liée à l'approche de la réalité objective, elle doit s'incarner dans l'action pour être ou non validée ; seul le collectif humain auquel elle prétend s'adresser est capable d'en porter l'éventuel prolongement. Cela n'occulte en rien la recherche d'une résonance à travers l'éclairage de ce qui, dans le capitalisme, limite l'acte révolutionnaire et permet de mieux saisir, dans l'instinct du partage, la voie d'un possible épanouissement historique. Pour en conclure la transcription, disons qu'en dehors d'un sentiment de profonde injustice et de médiocrité s'enracinant dans la société d'aujourd'hui, son inspiration n'est pas issue de longues et foisonnantes recherches. *« La reconquête du partage »*, est plutôt une réaction qu'une réponse à tous ces essais prétendant s'opposer à la société dite moderne et qui ne sont en fait que des satellites de la pensée unique. Au bout du compte, si l'ouvrage d'Axel Kahn : « *L'homme, ce roseau pensant* » n'en est pas devenu le réceptacle, c'est qu'il m'a semblé dégager une attraction plus forte pour l'idée du partage que pour celle de concurrence. S'essayer à découvrir les racines de la nature humaine, tout comme tenter d'en décrypter les relations, sont des aventures périlleuses et la complexité des choses invite donc à l'humilité. Cela justifie l'interrogation sans réponse à ce jour de la prétention de l'homme collectif à changer le monde par la voie révolutionnaire sans imposer en quelque sorte sa « loi ». La perplexité qui s'en dégage est d'autant plus grande, que nulle idéologie ne peut a priori s'enraciner sans contrainte, et que contraindre est contraire à la société de partage à laquelle pourtant ce livre souscrit. Mais bien naïf celui qui croit à l'équilibre des différentes classes sociales et songe à changer le monde sans mesurer l'immense capacité de nuisance des classes dominantes. En cela, on ne peut imaginer sortir durablement de ce qu'il convient d'appeler le fascisme civil, sans en paralyser structurellement le corps et l'esprit. Voilà pourquoi l'idée d'une révolution maîtrisée germant sous le fumier qui la bannit, tout comme à travers le terreau qui l'exhorte, semble juste.

Marseille, janvier 2009

LIVRE III

L'Écomunisme

La « révolution » ne peut être réduite à la révolte contre l'autre. Elle est, en dernière instance, pour l'autre. Ses fins sont la communauté. Et non les meilleures conditions de la jouissance individualiste et libertaire.

Michel Clouscard

Ce n'est pas la conscience des hommes qui détermine leur être ; c'est inversement leur être social qui détermine leur conscience.

Karl Marx

Préface

Cet ouvrage est intéressant en lui-même : non qu'il entende rivaliser conceptuellement avec *Le Capital* – c'est plutôt du *Manifeste* qu'il faudrait le rapprocher, si l'on y tient –, mais il nous offre une bonne synthèse, claire et accessible, parfois même originale, de la manière dont on peut, quand on milite depuis longtemps dans le camp du communisme, se réapproprier ce projet après la disparition du bloc soviétique qui prétendait l'incarner et qui, en réalité, l'a disqualifié aux yeux de beaucoup.

C'est André Prone qui inaugure ici ce travail. Et il le fait lucidement, en prenant d'abord la mesure, précisément, de l'échec dudit « socialisme réel » dont il affirme sans ambages, et malgré les qualités qu'il a pu présenter (voir son analyse nuancée de la RDA qu'il a connue de l'intérieur), qu'« il s'est autodétruit » : à la racine, il y a eu un étatisme excessif qui a emprisonné la société civile, a laissé peu d'initiative aux acteurs sociaux et a carrément versé, longtemps et un peu partout, dans la «dictature» politique, concept pourtant antinomique avec l'idée d'un mouvement révolutionnaire porté par « l'immense majorité » comme le voulait Marx et Engels, dans lequel la liberté individuelle devait être non seulement l'objectif mais la base de la transformation sociale. D'où aussi, faute d'un contrôle démocratique, des dérives comme le bureaucratisme, le productivisme, la police des mœurs ou l'oubli de la question écologique.

Du coup, l'auteur peut, en opposition et sans nier à aucun moment l'apport de la pensée marxiste, proposer de la prolonger à la lumière de suggestions visant à définir une nouvelle matrice idéologique pour ce qu'il appelle un « éco-partage » ou un « écomunisme ». J'en retiens quelques idées-forces, qui s'appuient à la fois sur une critique de la sociale-démocratie qui a abandonné son projet originel d'aller au socialisme, sur une analyse fouillée de certains courants de gauche, comme l'écologie politique, qui ne refusent pas vraiment le capitalisme et, enfin, sur les idées de Michel Clouscard. D'abord celle qu'il faut cesser de se focaliser sur la production et la croissance des biens matériels car, comme il le dit en distinguant justement l'évolution et le progrès, « une communauté humaine peut avancer à reculons ». Il faut donc aussi cesser de s'abandonner à cette « idéologie du désir » dont Clouscard a montré qu'en mettant au premier plan une consommation du futile, elle enferme les hommes dans une fantasmagorie individualiste de la jouissance qui nous coupe des autres, masque les rapports sociaux véritables et sert le capitalisme. La télévision, y compris telle qu'elle fonctionne dans un pays « communiste » pauvre comme le Laos qu'il a visité, lui permet de concevoir ce qu'il nomme « l'enjeu parabole », celui d'un média dont les images occultent la perception de la réalité sociale. Il met donc au premier plan l'importance et la nécessité d'un « éco-partage », d'un partage des biens et des acquis de la civilisation dans ce qu'elle a de meilleur comme la culture, ce qui suppose que l'on restaure l'ordre éthique de valeurs humanistes comme la fraternité, la solidarité ou même l'imagination qui permet de concevoir la possibilité d'un autre monde contre la soi-disant fatalité du cours des choses. Enfin, contre un égalitarisme sommaire que Marx ne proposait surtout pas mais que le « marxisme-léninisme » s'est cru le droit d'imposer.

Prone avance la belle idée de « l'égale différence » qui permet à tout être humain (= égalité) d'affirmer sa singularité (= différence), tout cela non dans la concurrence haineuse qui nous sépare des autres, telle que la préconise le libéralisme, mais dans l'émulation qui nous relie positivement à eux. Tout cela ne saurait évidemment être imposé et suppose à la fois une « démocratie maîtrisée » dans laquelle le corps social joue pleinement son rôle, mais aussi un travail sur soi, mettant en œuvre, dirais-je clairement, une exigence proprement *morale* (...)

Yvon Quiniou
Philosophe

Avant-propos

Pourquoi créer le mot *écomunisme* dont la formation lexicale s'appuie sur le préfixe « *éco* » tiré du grec ancien « *oîkos* » (qui signifie « maison ») et d'une racine latine dérivée du substantif « *munus* » (renvoyant au devoir, à l'office, à l'emploi, mais évoquant aussi « la fonction » ou la « tâche »), lui-même issu d'une racine indo-européenne « *mei* » (signifiant « changer », « aller », « échanger », se référant aux échanges de biens et de services dans une société selon les lois et les règles établies), auxquels s'ajoute le suffixe « *isme* » (dans le sens de « doctrine ») ? Parce qu'il n'existait pas de terme pour désigner : la maison (la terre) de la mise en commun des biens et des services. C'est donc à partir de ce nouveau paradigme que nous avons pu introduire l'idée du développement de chacun par le réapprentissage d'un *éco-partage* non marchand, respectueux de nos égales différences et de la nature, conduisant l'humanité vers une société pacifique sans appareil d'État et garante des libertés humaines.

Bien que la philosophie communiste recouvre globalement ces préceptes, il nous faut en peaufiner la cohérence ; chercher au-delà de la volonté de fabriquer de la réflexion à partir du réel et de l'impact des crises structurelles que traverse la société capitaliste, quelle pourrait être la meilleure praxis pour atteindre une nouvelle phase historique. Mais peut-on savoir ce qui émergera réellement des bouleversements en cours ? Ce qui est sûr, c'est que l'acte militant d'aujourd'hui ne ressemble pas à ce qui était en germe dans la période pré-révolutionnaire bolchevique ou maoïste. Jusqu'à l'avènement récent de ce que certains médias appellent les « révolutions arabes », les éléments les plus radicaux qui aspiraient à bouleverser l'ordre établi ne se trouvaient pas parmi la jeunesse ou les prolétaires, mais chez les adeptes du « fanatisme religieux ». Drôle d'époque ! Cependant, la question qui se pose à nous n'est pas seulement sociale, elle est aussi sociétale. Voilà pourquoi l'*écomunisme* cherche à englober tous ces enjeux. Si l'on observe avec lucidité la volonté d'émancipation des peuples occidentaux, elle semblerait plutôt se cantonner à des révoltes sporadiques. Rien à voir avec les nécessités révolutionnaires qu'exige la période de mondialisation capitaliste. De vous à moi, il est difficile de percevoir dans les couches populaires (« classes moyennes » et laborieuses) des signes indiquant qu'elles sont prêtes à l'action coordonnée pour ouvrir un véritable front de lutte contre la barbarie. Tout donne à penser que nous ne sommes pas encore sortis du *Capitalisme de la séduction*, avancé par le philosophe et ami Michel Clouscard pour lequel « *tout est permis, mais rien n'est possible* ». D'autant que les radicalités occidentales ne sont plus du côté de ceux qui agissent pour de justes transformations, mais du côté de ceux qui agitent le drapeau des peurs pour que les peuples adhèrent à de bien fascisantes idéologies. Pourtant, si l'on en croit certains philosophes, nous serions un peu aujourd'hui comme nous l'étions en 1840, avec un foisonnement d'expérimentations, des luttes ouvrières localisées, de nombreux mouvements revendicatifs, de petits groupes organisés agissant un peu partout autour d'une sorte de communisme utopique. Mais la question qui se pose est celle-ci : pourquoi en sommes-nous là et comment en sortir ?

À bien comprendre l'histoire, nous sommes frappés par les contraintes formatantes qui existent à l'échelle de l'activité humaine et si cette remarque est fondée, alors, on peut penser que les comportements des tenants d'un pouvoir quel qu'il soit ont de fortes chances de se transmettre à tous les niveaux de la société. Bien entendu, leurs conséquences respectives ne sont pas comparables. Plus on s'éloigne du sommet de la pyramide, moins les actes n'ont d'impact sur la marche des événements. Mais tous cependant y contribuent. Voilà pourquoi est utile toute analyse permettant d'approcher ce que furent ces figures singulières ou collectives : chef de parti dirigeant et parti dirigeant qui subordonnaient toute transformation des sociétés à la prise du pouvoir d'État dans une sorte de verticalité saisissante. Ainsi peut s'appréhender le droit et le devoir d'inventaire du « socialisme réel ». Ce qui vaut pour les dictatures « communistes » vaut aussi pour le capitalisme d'hier et d'aujourd'hui. Et ce n'est pas sa pseudo-démocratie comme cache-sexe de l'exploitation qui l'empêchera de nous conduire, une fois encore, vers l'affrontement planétaire. Peu à peu, au nom du profit, le capitalisme a fini par croire à la magie du fric et du désir comme d'autres civilisations ont cru aux esprits. À force d'accumulation, il en est venu à tout contrôler, à maîtriser financièrement, politiquement et idéologiquement le monde. Pour maintenir toujours vivante sa suprématie et son arrogance, il s'ingénie à standardiser notre conduite, à orienter nos actes dans leurs plus intimes replis. Il a réussi à faire ce qu'aucun système avant lui n'avait fait : utiliser toutes les disciplines de la connaissance comme guides normatifs des conduites hu-maines, imposer la logique du futile et de la rentabilité financière comme vecteur et germe de l'asservissement social, embrasser l'idéologie de la cotation et de la concurrence individuelle comme marqueur d'une servitude volontaire.

Cette folle conviction le porte à regarder le monde non comme un espace habitable par tous, mais comme le théâtre de ses ségrégations, à percevoir la nature comme une chose à soumettre à sa grandeur invincible, quitte à en détruire le fragile équilibre. À force de tout contraindre, il est parvenu à construire un espace contingent où le cœur même de la civilisation n'est autre que la gestion comptable et libidinale du vivant. Voilà pourquoi il est urgent d'échafauder les bases d'une alternative *écomuniste* ouvrant la voie à la *révolution maîtrisée.*

Bien que cette prospective idéologique espère l'adhésion de tous, elle s'adresse prioritairement à la jeunesse qui croit encore trop que la vie des hommes et des femmes est seulement faite d'acceptation ou d'indignation et non de révolution et de création. Il est probable que certains la rejettent comme une utopie sans fondement tout en se croyant quitte envers leur propre avenir, que d'autres en critiquent la faiblesse et les insuffisances, se dispensant de les corriger sans faire avancer le problème d'un pas, que d'autres encore lui reprochent de ne pas présenter un vrai projet, oubliant qu'il est foncièrement erroné, comme le disait Marx, « *de préparer des recettes de cuisine pour les marmites de l'avenir* ». Mais espérons aussi qu'il y aura ceux qui y trouveront un écho à des questions et des recherches qu'ils portent en eux-mêmes ou collectivement. Ceux-là sentiront que cette démarche se veut fraternelle, bourgeonnante et ouverte au « faire ensemble », que son esprit propose de coordonner et non de subordonner, d'éveiller et non de contraindre, qu'elle cherche, parmi les dures réalités du présent, de nouvelles formes de rapports humains dont le « modèle » à construire ne peut être que l'affaire de tous. Bref, qu'elle s'attache à trouver les bases d'une émergence révolutionnaire dont la volonté permanente est d'éviter que l'exigence de la lutte pour la désaliénation des hommes ne les conduise à corrompre ou à détruire la liberté même pour laquelle ils combattent.

I
Bases et développements du communisme

*1 - Quelques repères**

N'est-il pas paradoxal de commencer le premier chapitre d'un essai qui cherche à découvrir les bases de ce que pourrait être une nouvelle phase historique par quelques repères concernant une idéologie prétendument moribonde ? N'est-ce pas reconnaître au communisme le primat du changement de société, en relativiser l'échec, et maintenir l'*écomunisme* dans une dimension prospective tout en soulignant leurs bases consubstantielles ? Pour répondre, retournons l'argument : sans le questionnement sur la vie et « la mort » du communisme, ne risquons-nous pas de conforter la réalité du capitalisme et d'amputer la portée d'un *écomunisme* en gestation ?

Le communisme primitif

Peu de travaux scientifiques et philosophiques plus que centenaires continuent à inspirer la recherche contemporaine. Les écrits d'Engels consacrés à l'évolution de notre espèce et de la société dans *L'origine de la famille, de la propriété et de l'État* étaient une tentative de populariser les investigations scientifiques de leur temps. Certes, ils contiennent beaucoup de choses qui doivent être rejetées ou réévaluées sur la base des progrès accomplis par la science depuis la mort du penseur. Mais ce qui demeure est encore d'une valeur inestimable et nous aide à réfuter l'absurdité des théories « socio-biologiques » lorsqu'elles proclament que le capitalisme est inévitable parce qu'il repose sur les fondations d'une « nature humaine permanente ». Pour ma part, n'étant ni protohistorien ni anthropologue, que puis-je dire de plus si ce n'est souligner que le concept de *communisme primitif* avancé par Marx et Engels, s'appuyant en cela sur les travaux publiés par Lewis Henry Morgan sur la société archaïque, n'est pas fondamentalement remis en cause ? Que rajouter alors, si ce n'est répéter que l'opposition de certains chercheurs sur la révolution néolithique avancée jadis par Gordon Childe ne met pas fin à la polémique entre deux visions du monde : l'empirisme et le rationalisme (même si la philosophie bourgeoise moderne se recoupe avec d'autres arguments sur la façon dont nous avons accès à la connaissance) ?

---

* Pour élaborer cette synthèse, nous avons consulté de nombreuses sources et compilé alternativement celles contenues dans la *Revue Internationale* du CCI.

Car en quoi montrer, à la suite d'Alain Testart, que les sociétés originelles de chasseurs-cueilleurs (avec la coopération systématique de tous dans le travail et le partage des produits du « travail » entre tous) s'imposent aux hommes par l'insuffisance de leur force de production et non par un « choix » (ou bien prétendre que la survivance à travers le monde des sociétés égalitaires qui, au-delà de leur diversité, ont toutes comme point commun leur domination par les facteurs naturels et environnementaux), anéantirait le fait que *le communisme primitif* n'est qu'une étape dans la mise en pratique de l'altruisme présent en chaque individu ?

Même si ces travaux tendent à démontrer qu'une bonne moitié des chasseurs-cueilleurs connus en ethnologie présente des traits similaires à ceux des sociétés cultivatrices : sédentarité qui implique la vie en village, densité démographique élevée, hiérarchies importantes avec parfois des modes sociaux très complexes, ils n'invalident pas l'idée d'une sorte de communisme dans certaines sociétés primitives. Une société sans propriété ne veut pas dire, comme dans la vision utopique du *bon sauvage* de Jean-Jacques Rousseau, que les problèmes de coexistence n'existent pas ou n'existeraient plus. Cependant, toutes les sociétés ne pratiquant pas de stockage sont, sans exception, économiquement égalitaires. Et inversement, celles pratiquant le stockage sont inégalitaires.

Autant il serait erroné de chercher à établir un lien entre le marxisme et les diverses idéologies « primitivistes » qui idéalisent encore l'ancienne condition de l'homme en une sorte d'aspiration nostalgique à y revenir, autant ce communisme de petits groupes souvent hostiles aux autres tribus, ce communisme dans lequel l'individu était dominé par la communauté, ce communisme de la disette (parfois aussi de l'abondance) est utile à la compréhension de l'idée de l'unification du genre humain avancée par Marx et Engels. Le simple fait que ces communautés aient existé (et dont celles qui existent encore à la marge, témoignent de leur capacité à faire face collectivement aux nécessités matérielles) accrédite l'idée que le communisme n'est ni une simple « bonne idée », ni une réalité vouée à l'échec. Par ce raisonnement, on peut soutenir que ce type de société antérieur à l'institution de la propriété a été le mode d'organisation social et économique dominant tout au long de la Préhistoire, du moins jusqu'au Néolithique.

L'idée du communisme en tant que rêve des opprimés

Dans la vision marxiste, le rapport à la nature s'inverse progressivement avec l'agriculture et l'élevage et la domination de l'homme sur le milieu naturel va aller en se développant pour aboutir, technologiquement parlant, à l'industrie. Mais, dans le même temps, l'inversion de ce rapport va s'accompagner d'un effondrement de l'égalité sociale. Les inégalités productives agricoles, selon la qualité des sols cultivés, vont transformer peu à peu les rapports égalitaires des chasseurs-cueilleurs du communisme primitif en rapports de dépendance des premières sociétés divisées en classes sociales. La limitation de superficie des terres cultivables et les inégalités sociales vont aussi amener aux premiers affrontements sociaux entre groupes humains à la guerre et aux découvertes technologiques. Mais après ce long vécu de partage « égalitaire » qui a modelé les sociétés primitives et malgré l'apparente adaptation à la vie dans les sociétés plus hiérarchisées qui s'installent au fur et à mesure dans de nombreuses parties du monde, il y a des signes que l'humanité a toujours conservé un sens profond de l'égalité et de la communauté. Cela nous éclaire sur le fait que les inégalités générées par le développement des sociétés agraires et pastorales, puis les civilisations antiques capables de stocker des quantités importantes de nourriture et autres valeurs, ont donné naissance à des mythes et des philosophies où s'exprimait un désir plus ou moins conscient de se débarrasser des antagonismes de classe que la propriété privée générait.

Les classiques de la mythologie grecque et latine ont raconté le mythe de l'Âge d'or, du temps où il n'y avait pas de différence entre « le mien » et « le tien ». Certains philosophes grecs ont « inventé » les sociétés parfaites où tout était mis en commun. Dans ces songeries, la mémoire d'une réelle communauté tribale est mélangée aux mythes bien plus anciens de la chute de l'homme d'un paradis originel. Platon, dans *La République,* propose même la réalisation d'une société égalitaire, quelquefois appelée « communiste », bien qu'elle soit fondée sur l'esclavage.

Plus tard, dans l'islam primitif, on trouve aussi une critique de la richesse, comparable à celle prononcée par le Christ lorsqu'il chasse les marchands du Temple. Jusqu'au XVe siècle, dans le monde musulman, le soufisme développe une mystique invitant à instaurer une communauté de biens. On pourrait ajouter à cela les idées nées de la révolte, au IXe siècle, des esclaves de la vallée de l'Euphrate contre les Abbassides, ou bien les croyances taoïstes qui, au Ve siècle de notre ère, évoquent en Orient un âge d'or où les hommes vivaient en commun. Mais c'est dans les périodes de crise sociale et de révolte de masse contre le système en place du moment que les idées « communistes » se généralisent et s'essaient à des mises en pratique. Dans la grande révolte de Spartacus contre l'Empire romain décadent, les esclaves révoltés ont fait quelques tentatives désespérées et de courte durée pour établir l'esprit de communauté. Mais la tendance aux idées communisantes à cette époque était surtout représentée par le christianisme qui a commencé comme une révolte des esclaves et d'autres classes écrasées sous le joug du système romain, avant d'être adopté par l'Empire décadent pour devenir ensuite l'idéologie officielle de l'ordre féodal. Les premières communautés chrétiennes prêchaient la fraternité universelle et tentaient d'instituer une sorte de communisme des biens. Mais elles n'appelaient pas à l'expropriation de la classe dominante, ni à la mise en commun de la production comme le fera plus tard le communisme théorique moderne. Elles demandaient simplement que les riches soient charitables et partagent leurs biens avec les pauvres. C'était une doctrine prônant le pacifisme social et la bonne entente qui pouvait être facilement adaptée aux besoins de la classe dominante. Il est probable que l'immaturité de cette vision du communisme provenait de l'immaturité des forces productives liées à la déficience des capacités de production de l'époque.

Dans une société en prise à la pénurie, ceux qui se révoltaient contre elle ne pouvaient rien envisager de mieux que le partage de la pauvreté. Ces classes n'avaient ni objectif commun ni perspective historique. Et bien que le christianisme, en continuité de la religion hébraïque, soit en rupture avec les anciennes visions cycliques du temps des diverses mythologies païennes, ses révoltes, puisées dans un drame historique, n'étaient pas réellement tournées vers l'avenir, mais vers un messianisme au-delà des frontières de ce monde.

On peut globalement dire la même chose des nombreuses révoltes paysannes contre le féodalisme, même si de telles revendications vont au-delà d'un simple communisme des biens et nous conduisent à la vision de la propriété commune de l'ensemble des richesses sociales. Mais de façon générale, les révoltes paysannes souffraient des mêmes limitations fondamentales que les révoltes d'esclaves. Les paysans n'étaient pas la classe révolutionnaire de la société féodale, même si leurs révoltes ont aidé à saper les fondements de l'ordre féodal et ont perduré tout au long de l'émergence du capitalisme. Ne portant aucun projet de réorganisation de la société, ils ne pouvaient voir le salut que dans les « bons rois », mal orientés qu'ils étaient par des traîtres ou des héros de grand chemin tel le fameux Robin des bois. Le fait même que ces rêves communistes aient pu avoir de l'emprise sur les masses montre qu'ils correspondaient à de réels besoins matériels. Mais comme les conditions historiques ne pouvaient permettre leur réalisation, ils en sont restés à l'étape du rêve.

Les premiers mouvements du prolétariat

Dans son analyse du socialisme utopique, Engels met l'accent sur le fait qu'au fur et à mesure que les maîtres des corporations du Moyen Âge devenaient des bourgeois, les compagnons des corporations et les journaliers libres devenaient des prolétaires. En clair, dès sa naissance, le capitalisme moderne est grevé de son contraire : il ne peut exister sans salariés. Et même si l'on considère que la bourgeoisie peut prétendre représenter les intérêts des diverses classes laborieuses de ce temps contre la noblesse, à chaque grand mouvement bourgeois, se font jour des mouvements indépendants de la classe devancière plus ou moins développée du prolétariat moderne. Il en va ainsi de la Réforme et de la guerre des Paysans en Allemagne où l'on retrouve un courant prolétarien embryonnaire, les anabaptistes de la tendance Münzer, au sein d'un mouvement « plébéien paysan » bien plus éclectique. Il en va de même du courant des « Niveleurs » ou « Diggers », dont le porte-parole le plus cohérent était Gerrard Winstanley dans la première Révolution anglaise de 1641-1660. D'ailleurs, dans ses derniers écrits, Winstanley s'éloigne nettement des conceptions messianiques et religieuses de Münzer : *« Il ne peut y avoir de liberté universelle tant que la communauté universelle ne sera pas établie. »* Nous retrouvons ce courant devancier révolutionnaire dans la « République des Égaux » animé par Babeuf en 1796 : « *La Révolution française n'est que l'annonciatrice d'une autre Révolution, bien plus grande, bien plus solennelle, et qui sera la dernière...* »

Mais ces tendances prolétariennes, en particulier celle de Babeuf, ne s'exprimaient pas seulement dans l'immaturité des moyens qu'elles mettaient en avant, mais dans l'aspect rudimentaire de leur conception de la société communiste. Sans doute est-ce pour cela que Marx s'en prend aux héritiers de Babeuf dans ses manuscrits économiques et philosophiques comme étant porteurs de ce « *communisme qui est encore tout vulgarité et instinct* (...) *qui se manifeste comme une envie de tout ramener au même niveau* (...) *et qui incarne cette envie et ce nivellement à partir d'un minimum chimérique* (...) *L'abolition de la propriété privée n'y est point une appropriation réelle puisqu'elle implique la négation abstraite de toute la sphère de la culture et de la civilisation, le retour à une simplicité peu naturelle d'homme dépourvu et sans désir, qui non seulement ne se situe pas au-delà de la propriété privée mais qui n'y est même pas encore parvenu* ». Marx va même jusqu'à affirmer que ce communisme utopique serait en réalité la continuation du capitalisme : « *Il s'agit là d'une simple communauté du travail où règne l'égalité du salaire payé par le capital collectif, par la communauté, en tant que capitalisme universel.* » Dans cette critique du babouvisme, où il parle de « capital collectif », on perçoit que Marx pressent que le capitalisme ne se base pas sur la seule propriété individuelle et combien sa conception du communisme s'écarte dès le début d'un *capitalisme d'État* tel que le met en œuvre le parti communiste chinois aujourd'hui et tel qu'il fut d'une certaine façon contrefait dans l'État soviétique du 20ème siècle.

Le reflux d'un grand mouvement révolutionnaire dès la fin des années 1790, en partie lié à l'incapacité du prolétariat à agir en tant que force indépendante, prend des formes nouvelles. Les socialistes de l'Utopie, tels Saint-Simon, Fourier, Owen et d'autres, n'étaient pas directement liés à la lutte révolutionnaire de masses comme le furent les babouvistes. Néanmoins, Marx et Engels considéraient qu'ils représentaient une avancée par rapport au « communisme grossier » des Égaux.

2 - La philosophie communiste

Faut-il parler de la philosophie communiste ou des philosophies communistes ? Comme nous venons de le voir, l'histoire du communisme est plurielle et se perd dans la nuit des temps. Cependant, nous aborderons seulement ici les concepts du communisme tels qu'ils se concrétisent dans la pensée historique récente, à savoir le Marxisme et concomitamment l'anarchisme. Qu'ont dit de neuf Marx et Engels à propos du communisme ? Paradoxalement, nous pourrions répondre qu'ils n'en donnent pas une version définitive et ne prétendent pas clore le sujet. Sans doute, à cet égard, la philosophie des multiples messages du communisme est-elle plus intéressante à étudier que l'histoire elle-même. De même que le Parti communiste français ne peut prétendre à lui seul être le porteur du mot et de la chose communiste, le marxisme ne peut se targuer de détenir la « vérité vraie » sur le communisme. Car la philosophie communiste oscille entre sa signification héritée des utopistes et le mouvement critique théorique et pratique de la société réellement existante. Voilà sans doute pourquoi la philosophie communiste contient à la fois un risque de dérive messianique et une finalité concrète (dans le double sens de but et d'achèvement). De ce point de vue, la conception marxiste du communisme entend développer au sein même du monde existant des principes d'action et de lutte susceptibles de le transformer.

Cette idée trouve sa résonance dans la lettre qu'écrit Marx à Arnold Ruge en 1843 : *« Nous ne nous présentons pas au monde en doctrinaires, avec un principe nouveau : voilà la vérité, à genoux devant elle ! Nous apportons au monde les principes que le monde a lui-même développés dans son sein. Nous ne lui disons pas : laisse-là tes combats, ce sont des fadaises ; nous allons te crier le vrai mot d'ordre du combat. Nous lui montrons seulement pourquoi il combat exactement, et la conscience de lui-même est une chose qu'il devra acquérir, qu'il le veuille ou non. »*

D'une philosophie qui renvoie essentiellement à la communauté des biens conçue comme une propriété générale, le communisme est repensé par le marxisme comme une abolition positive de la propriété privée et apparaît, dès lors, comme un mouvement de nature politique, ayant pour objectif la suppression de l'État et de l'emprise de la société privée, c'est-à-dire la réintégration de l'homme en lui-même capable d'abolir l'aliénation humaine. Le communisme devient la solution du dépassement de l'antagonisme entre homme et nature, entre l'homme et l'homme, entre l'existence et l'essence, entre objectivation et affirmation de soi, entre liberté et nécessité, entre individu et genre. Il devient la vraie solution de lutte, entre résolution de l'énigme de l'histoire et mouvement de l'histoire, bien qu'il lui reste encore à se connaître comme moyen concret susceptible d'atteindre cet objectif.

Ce qu'écrivent Marx et Engels sur le communisme dans *L'idéologie allemande* élargit ce qui précède : *« Le communisme n'est pour nous ni un état qui doit être créé, ni un idéal sur lequel la réalité devra se régler. Nous appelons communisme le mouvement réel qui abolit l'état actuel. Les conditions de ce mouvement résultent des prémisses actuellement existantes et doivent être elles-mêmes jugées en fonction de la réalité matérielle. (...) Le communisme ne peut absolument pas se rencontrer autrement qu'en tant qu'existence historique universelle. »* Cette introspection du communisme introduit à la fois la dimension de son existence en tant que mouvement objectif et sa conviction subjective consistant à vouloir révolutionner le monde réel.

Attaquer et transformer pratiquement l'état des choses qu'il a trouvé, tel serait le sens du message philosophique. Se dire communiste dans la vision marxiste revient donc à être convaincu de la possibilité de créer un mouvement tendanciel d'émancipation humaine au sein de l'existant, du bien-fondé d'une philosophie en tant qu'abstraction issue d'une dynamique propre à la production capitaliste, de la logique sociale qui jaillit du mouvement même du capital, sans pour autant en être la conséquence économique spontanée, puisque la condition est le développement collectif de l'individu. En cela, cette philosophie a besoin pour se réaliser de rapports sociaux d'entraide et de coopération entre les hommes, mais aussi de créer les conditions du changement au moyen d'une révolution permettant la prise du pouvoir. Elle y ajoutera l'idée d'une phase « socialiste » établie à partir de la dictature du prolétariat, conçue comme étape transitoire nécessaire sur le chemin du communisme.

En ce qui concerne l'anarchisme, bien qu'il partage avec le marxisme l'objectif du communisme, ce qui le caractérise, ce qui en forme le socle, c'est l'idée selon laquelle la société est injuste parce qu'elle n'est pas conforme à la nature humaine. C'est parce que l'homme peut agir sur la nature extérieure qu'il est aussi capable de transformer sa propre nature. L'homme ressent et raisonne de façon différente selon les époques historiques et la classe sociale à laquelle il appartient. Cela n'empêche pas l'anarchisme de considérer que l'histoire, en tant que processus, est néanmoins soumise à des lois. Contrairement au marxisme qui postule que ce n'est pas la nature humaine qui explique le mouvement historique mais le mouvement historique qui façonne diversement la nature humaine, l'anarchisme ne parvient pas à rompre avec la philosophie spéculative de cette belle abstraction qu'est la liberté absolue. Cette notion n'empêchera pas Proudhon de forger le principe de la « valeur constituée » sur le plan économique, ni celui de libre contrat sur le plan politique. Bakounine y ajoutera le principe d'égalité dans une société sans État. Le caractère autoritaire et étatique de la phase transitoire « socialiste » avancée par le marxisme, qui prévoit la prise du pouvoir par la dictature du prolétariat, constitue l'une des divergences importantes entre ces deux philosophies prétendant néanmoins au même objectif.

3 - Vie et mort du « socialisme réel »

Nous avons précédemment esquissé les préceptes de la philosophie communiste, en particulier à partir du marxisme à l'origine du concept de phase « socialiste ». Mais qu'en est-il de sa réalité prospective à travers le « socialisme réel » ? Car pour Marx, la révolution ne se fait pas au nom de la liberté individuelle, mais de l'émancipation d'une classe. Contrairement au communisme primitif, dans lequel l'individu est soumis à la communauté, ou à la démocratie bourgeoise, dans laquelle il s'en remet à la majorité, Marx introduit une rupture dans le sens où l'être social représente la condition de sa propre affirmation, de la réalisation de ses besoins et de ses désirs, qui va objectiver sa vraie nature humaine.

Si les « avancées » revendiquées par les tenants du « socialisme réel » n'ont que peu à voir avec ces préceptes, elles trouvent cependant leur source dans le *Manifeste du parti communiste* (plus précisément dans la partie *Prolétaires et communistes)* rédigé par Marx et Engels en 1847 et début 1848 à la demande de la Ligue communiste : *« (...) Le prolétariat se servira de sa suprématie politique pour arracher peu à peu à la bourgeoisie tout capital, pour centraliser tous les instruments de production entre les mains de l'État, c'est-à-dire du prolétariat organisé en classe dominante, et pour augmenter au plus vite la masse des forces productives. Cela ne pourra se faire, naturellement, au début, que par une intervention despotique dans le droit de propriété et les rapports bourgeois de production, c'est-à-dire par des mesures qui économiquement paraissent insuffisantes et insoutenables, mais qui au cours du mouvement, se dépassent elles-mêmes et sont inévitables comme moyen de bouleverser le mode de production tout entier. Ces mesures, bien entendu, seront fort différentes selon les différents pays. Cependant, pour les pays les plus avancés, les mesures suivantes pourront assez généralement être mises en application : 1 - Expropriation de la propriété foncière et affectation de la rente foncière aux dépenses de l'État. 2 - Impôt fortement progressif. 3 - Abolition du droit d'héritage. 4 - Confiscation des biens de tous les émigrés et rebelles. 5 - Centralisation du crédit entre les mains de l'État, par une banque nationale dont le capital appartiendra à l'État et qui jouira d'un monopole exclusif. 6 - Centralisation entre les mains de l'État de tous les moyens de transport. 7 - Multiplication des usines nationales et des instruments de production ; défrichement et amélioration des terres selon un plan collectif. 8 - Travail obligatoire pour tous ; organisation d'armées industrielles, particulièrement pour l'agriculture. 9 - Coordination de l'activité agricole et industrielle, mesures tendant à supprimer progressivement l'opposition ville-campagne. 10 - Éducation publique et gratuite de tous les enfants, abolition du travail des enfants dans les fabriques tel qu'il est pratiqué aujourd'hui. Coordination de l'éducation avec la production matérielle, etc. Les différences de classes une fois disparues dans le cours du développement, toute production étant concentrée dans les mains des individus associés, le pouvoir public perd alors son caractère politique. Le pouvoir politique, à proprement parler, est le pouvoir organisé d'une classe pour l'oppression d'une autre. Si le prolétariat, dans sa lutte contre la bourgeoisie, se constitue forcément en classe, s'il s'érige par la révolution en classe dominante et, comme classe dominante, abolit par la violence les anciens rapports de production, il abolit en même temps que ces rapports de production les conditions de l'antagonisme de classe. À la place de l'ancienne société bourgeoise, avec ses classes et ses antagonismes de classes, surgit une association dans laquelle le libre développement de chacun est la condition du libre développement de tous. »* Nous pointons, dans ce passage, les prémices de la société technocratique dirigiste et productiviste qu'érigeront plus tard les tenants du « socialisme réel » au nom de l'idéal communiste. Alors que la suppression de l'État, les rapports sociaux d'entraide et la coopération entre les hommes sont les éléments fondamentaux du communisme, dans ce passage du Manifeste, ils se trouvent supplantés par des préceptes dirigistes qui vont parfois à l'encontre de ce vers quoi ils prétendent nous conduire.

Nous n'entendons pas approfondir dans cette brève analyse de « la vie et la mort » du socialisme réel toutes les critiques qui lui sont communément adressées en lieu et place du communisme. Cela nous mènerait bien plus loin que les objectivations d'un propos qui n'ont d'autre but que de proposer un éclairage synthétique sur la compréhension d'une certaine réalité. D'ailleurs, le simple fait d'en lister les plus connues (comme on s'y essaie ci-dessous) souligne cette complexité. Commençons tout d'abord par distinguer trois catégories de critiques : celles s'attaquant aux principes même du communisme, celles concernant les partis communistes et enfin celles s'intéressant aux États communistes.

1 – Critique des concepts théoriques :

- dimension quasi-prophétique du matérialisme historique qui, prétendant expliquer tous les événements sociétaux en fonction des seules conditions économiques, exclurait tout critère de réfutabilité ;
- déterminisme du matérialisme historique qui, rendant le communisme inéluctable non pas en fonction des nécessités morales mais compte tenu de la contradiction entre l'évolution des forces productives et le maintien des rapports de production, minorerait la vision éthique des droits de l'homme ;
- théorie de la valeur travail qui, assurant que la valeur d'un bien est déterminée par le temps de travail socialement nécessaire à sa production, réfuterait toute idée de la valeur d'un objet exprimée par un prix en fonction de l'offre et de la demande ;
- marxisme perçu comme une « philosophie du soupçon » : les institutions politiques et économiques ne seraient que des superstructures bourgeoises masquant par un discours opportuniste la réalité de leur intérêt de classe ;
- intransigeance face aux autres courants de pensée socialistes qui emmènent libertaires et réformistes à combattre « l'intolérance marxiste » ;
- objectifs jugés par certains immoraux : athéisme, abolition de la famille, de la propriété privée, mise en commun des biens ;
- incompatibilité anthropologique : les défauts de l'homme consubstantiels à sa nature empêcheraient la réalisation du communisme ;
- impact écologique insoutenable lié à l'augmentation des forces productives pour la réalisation dû « *à chacun selon ses besoins* » ;
- concept de révolution : questionnement sur la nécessité de la violence comme moyen de parvenir à changer la société capitaliste ;
- concept de démocratie, incompatible avec la « *phase transitoire* » de la dictature du prolétariat ;
- caractère autoritaire et étatique de l'étape de « *transition socialiste* » ;
- remise en cause de l'économie de marché et des droits naturels imprescriptibles pour les tenants du libéralisme : liberté d'entreprendre, propriété privée des moyens de production, résistance à l'oppression sous toutes ses formes ;
- acceptation de la valeur travail et de la lutte des classes ;
- atteinte portée à l'« abondance » économique (pourtant prônée par la société communiste) suite à la destruction du système des prix ;
- obstacle psychologique au dépérissement de l'État en raison du culte de la personnalité associée au pouvoir ;

- obstacle sociologique à la suppression de l'État selon la tendance naturelle en chaque organisation à chercher son maintien, voire son accroissement, au détriment de sa raison d'être originelle.

2 - Critiques du concept de parti unique et des mouvements communistes :
- antagonisme entre organisation en parti unique et pluralité des différents courants révolutionnaires ;
- immobilisme lié au refus du réformisme et à l'échec de la réussite objective de la révolution ;
- fonctionnement centralisé (centralisme démocratique) et autoritarisme du parti ;
- contradiction entre internationalisme et idée de la construction possible du socialisme dans un seul pays ;
- antinomie entre socialisme aux couleurs nationales et alignement aveugle sur le leader des pays du Kominterm de l'époque.

3 - Critique des régimes communistes :
- refus de légitimation du caractère marxiste ou communiste des régimes bureaucratiques organisés sur le modèle marxiste-léniniste ;
- débat sur la notion d'« État communiste » considérée comme un oxymore, en raison de la promesse non tenue de construire un système social dans lequel propriété privée, classes sociales et État doivent être abolis ;
- refus de tout contre-pouvoir réel des travailleurs au niveau syndical ;
- absence de démocratie et refus de prendre en compte certaines revendications sociétales ;
- non application des principes marxistes dans l'expérience du « socialisme réel » conduisant à sa défaite finale durant la « guerre froide » ;
- planification à marche forcée de l'économie ne permettant pas de répondre aux besoins des travailleurs et contribuant à son effondrement ;
- camp de travail forcé utilisé comme sanction politique ou pénale, déportations et exécutions sommaires, incompatibles avec l'idéal communiste.

Bien sûr, vous l'aurez compris, nous ne partageons pas la totalité de cette liste hétérodoxe. Alors, comment rendre compte de ce qui nous apparaît être la cause principale de cette déshérence « socialiste » sans tomber dans un manichéisme infondé ? Vaste question à laquelle il nous faut pourtant tenter de répondre.

On peut toujours réexaminer l'histoire, reprendre l'idée de *La révolution trahie* de Trotski ou de la *Contre-révolution bureaucratique*, dire que tout cela eût pu être autrement. On peut toujours croire aux promesses d'une autre histoire avec des « si » : si la Russie malgré son très faible niveau économique et culturel avait pu bénéficier du développement technique et industriel d'une Allemagne, dans laquelle la révolution n'eût pas avorté, ou de celui d'autres pays d'Europe occidentale ; si elle avait eu une analyse différente sur le déroulement de la guerre civile espagnole, de la montée du fascisme en Italie, du nazisme en

Allemagne… Ainsi, nous pourrions, à chaque étape de ce que nous enseigne l'histoire, dire en quoi la révolution eût pu faire de meilleurs choix. On pourrait tout aussi bien émettre l'idée que c'est cette espèce de déterminisme économique à la base de l'idéologie marxiste qui condamnait une révolution dans un pays économiquement aussi arriéré… Évidemment, si l'on met bout à bout tous ces éléments et d'autres encore, le cercle se referme et chaque occasion perdue ne fait qu'aggraver la situation.

Certes, il y a bien eu au sein même du parti dirigeant des orientations différentes voire opposées sur tous ces sujets, mais au bout du bout, c'est la ligne stalinienne qui a triomphé. L'utilité des leçons à tirer de l'histoire n'empêche pas l'histoire. À l'étape de la recherche de ce qui est la clé principale de l'échec du « socialisme réel », nous pouvons simplement dire : si l'histoire fut ce qu'elle a été, c'est qu'il y avait sans doute, si ce n'est de bonnes raisons, de vraies raisons objectives pour en arriver là. C'est-à-dire jusqu'au point où l'image mémorielle que la plupart des hommes et des femmes à travers le monde se font du communisme en compromet durablement l'idée pour le présent et l'avenir.

Pour ma part, je fais remonter le « cœur de la dérive » au passage du *Manifeste du parti communiste* sur le thème : *Prolétaires et communistes*. À savoir cette vision dirigiste qui consiste à croire à la transformation possible de la société capitaliste à partir de la seule prise du pouvoir d'État et le contrôle étatique de tous les moyens de production et d'échanges sous la conduite d'un parti unique et de la dictature du prolétariat. On peut prendre l'Histoire en termes de bifurcations, comme une sorte d'éventail de tous les possibles. Mais à partir du moment où le choix se porte sur cette branche : celle de tous ces choix politiques que nous venons d'évoquer, c'est un autre éventail qui s'ouvre. Et sur cet éventail, le possible n'est plus le communisme. Mais venons-en précisément à la caractérisation plus concrète de l'échec du « socialisme réel ».

Si l'on se réfère à l'évolution du PIB par habitant de l'ensemble des pays de l'Est publiée par l'ONU dans les années 1980, il semble difficile, sauf peut-être pour la Pologne et la Roumanie, d'y trouver les signes tangibles d'un effondrement à court terme de l'économie « socialiste ». Cette « absence de signes » dans les statistiques de l'ONU ou des pays concernés peut toujours être mise sur le compte d'une falsification, voire sur les réelles difficultés à appréhender une réalité opaque. Mais un recoupement par d'autres biais, l'endettement brut par exemple, va dans le même sens. Cela n'infirme en rien la désorganisation économique et les bien réelles difficultés d'approvisionnement alimentaire ou le mal logement de certaines populations de ces mêmes pays (l'URSS en particulier).

En cherchant à retracer la chute des économies planifiées de l'Europe de l'Est, c'est surtout « l'effondrement politique » qui apparaît, la récession massive n'arrivant qu'après les tentatives de réformes improvisées. C'est une chose de penser que ces régimes aient conduit les peuples dans des impasses sociales, économiques et politiques ou qu'ils avaient encore un long chemin à faire pour atteindre le niveau de production de la société occidentale. Mais c'en est une autre de croire que des réformes plus profondes et mieux coordonnées auraient pu les tirer de l'impasse pour rebondir vers le vrai chemin du socialisme. Toutes les mesures prises par les pouvoirs en place, sans exception, allaient dans le sens d'un cheminement progressif vers une économie de marché rapprochant ces pays d'un système à la chinoise que l'on qualifie aujourd'hui encore de communiste parce que le Parti qui l'incarne en porte toujours le nom. En ce sens, nous pourrions dire que le « socialisme réel » ne s'est pas effondré. Il s'est auto-détruit. Il ne sert à rien de bâtir des plans sur la comète pour montrer que le « socialisme réel » aurait pu être sauvé. Il s'est « éteint » parce qu'il était mal né.

Le renforcement inouï de l'État, la caste bureaucratique sous l'influence exclusive d'un parti unique obsolescent, l'absence de pluralisme politique, le contrôle collectif des consciences dans tous les domaines de la vie (culturelle, scientifique, religieuse, sociale, politique), la militarisation excessive et interventionniste contre son propre camp, n'ont rien à voir avec l'idéal communiste. Cela illustre au contraire sa défiguration et la tromperie dans laquelle ont été placés tous ceux qui croyaient sincèrement à la voie transitoire du « socialisme réel ». Cette perspective n'était autre qu'une espèce de darwinisme social et un déterminisme économique béat, se refusant à intégrer au cœur du processus révolutionnaire la créativité et l'intelligence du prolétariat, se préoccupant davantage du niveau des forces productives et du développement industriel que de la réelle satisfaction des vrais besoins des travailleurs, s'essayant à un mimétisme effréné et une course pathétique aux objectifs mêmes du capital auquel le « socialisme réel » prétendait pourtant s'arracher.

Cela ne nous empêche pas de reconnaître un certain nombre d'avancées importantes, tels que l'éducation, la santé, les transports... Autant de mesures gratuites, ou quasi gratuites, favorables au progrès et au développement humain. Mais remarquons aussi que ces mêmes mesures (moins significativement sans doute) furent également arrachées par la lutte des travailleurs au système capitaliste alors en place, et ce dans une bonne partie de l'Europe occidentale.

Certains dirons qu'à voir ainsi les choses, on en oublie l'essentiel : la capacité de réaction et d'intervention tous azimuts du capitalisme et des pouvoirs religieux pour faire échec à la révolution communiste. Nul ne peut en ignorer la redoutable réalité. Pourtant, la surestimer revient non seulement à faire l'impasse sur la nécessaire autocritique mais à considérer, dans le pire des cas, que toute révolution est vouée à l'échec compte tenu de la suprématie naturelle du Capital sur le salariat ou, « au mieux », à verser dans l'obsession d'une contre-révolution intérieure et extérieure. Cela ne veut pas dire que les armes de la guerre civile, les pressions idéologiques, religieuses, économiques, l'isolement international, n'ont pas pesé sur elle et qu'il ne fallait pas chercher concrètement à en desserrer l'étau. Nous savons bien que le pouvoir capitaliste n'est pas un enfant de chœur et que ce qui rend sa capacité d'extrême nuisance répressive « moins sensible » aujourd'hui, c'est le fait qu'il pense maîtriser mondialement la scène politique, économique et « culturelle ».

L'expérience est-allemande

Pour donner corps à cette tentative de synthèse de l'échec du « socialisme réel », quoi de plus probant que ce retour sur une expérience vécue dans un pays où la chute d'un Mur en fut en quelque sorte le symbole ? Revenons à cette RDA où l'opportunité m'avait été donnée de « pénétrer » en direct quelques-uns de ses rouages singuliers.

Il est probable que certains tiendront cette expérience pour dérisoire compte tenu de la complexité du problème. Mais je persiste à croire, à l'instar de certains chercheurs, à l'utile éclairement de ce qu'ils nomment la micro-sociologie. Car si je ne peux prétendre avoir pénétré le saint des saints, au moins ai-je eu à connaître, aux étages inférieurs, une partie de leurs « clones ». Disant cela, je m'empresse de souligner que je ne m'attaque pas aux hommes (dont je garde pour certains bonne estime) mais au système bureaucratique qu'ils incarnaient. Ma « collaboration » avec la RDA (de 1982 à 1988) s'est articulée autour de trois missions : représentation des associations culturelles et syndicales françaises au cours de symposiums sur l'enseignement et la formation professionnelle, organisation des échanges entre les enfants et la jeunesse travailleuse des deux pays au niveau régional, coordination des échanges syndicaux (CGT et FDGB) entre la région PACA et le district de Suhl.

Commençons tout d'abord par le système d'enseignement et de formation professionnelle* (depuis les crèches et les jardins d'enfants – l'équivalent de nos écoles maternelles – jusqu'à l'enseignement supérieur et technique), qui m'a été donné de voir fonctionner et dans lequel j'ai pu observer un très bon niveau et une réelle d'efficacité. Par ailleurs, hormis une certaine rigidité dans l'orientation des élèves et une formation dans l'esprit socialiste, rien ne me permettrait de faire état d'une propagande excessive dans les programmes ou d'injonctions contraires aux règles déontologiques. Mes proches ont même pu entretenir une correspondance privée avec certains élèves et il ne ressortait aucune critique à ce sujet.

Je témoigne de la même efficacité du système de santé gratuit auquel j'ai eu à faire personnellement. Et puisque nous en sommes « aux bonnes choses », soulignons la capacité du ministère de l'éducation et des entreprises étatiques à organiser l'accueil gratuit de tous les enfants en crèches ou celle des autres services de l'État concernant l'accès tout aussi gratuit à la culture, la formation culturelle : musicale ou théâtrale... et à la pratique sportive. Insistons tout autant sur les bonnes conditions de travail en entreprise, même si des problèmes liés à la sécurité étaient parfois ressentis. D'autre part, si l'on considère que la liberté sexuelle n'est pas en soi un acte immoral, alors on peut dire que cette

---

* Nous ne cherchons pas à discuter ici de l'écart entre l'objectif affiché de créer un homme socialiste nouveau et la réalité de l'efficacité de l'« État éducateur », mais à donner une simple appréciation en termes de résultats pédagogiques. Notons également que le nombre d'élèves par enseignant était de 19 dans les années 80 en RDA.

liberté existait bel et bien en RDA. Enfin, avant de clore ces quelques généralités, rappelons que l'Allemagne de l'Est a été la seconde puissance du monde socialiste après l'Union Soviétique, précédant la Tchécoslovaquie, loin devant la Pologne et la Hongrie. Que c'était un État sans chômage, avec des salaires certes faibles, mais aussi des prix très bas : si le salaire mensuel moyen était de 1100 Dmarks, le loyer d'un logement variait, pour un trois pièces, entre trente et quarante Dmarks par mois, la nourriture et les transports publics y étaient peu onéreux (le billet de chemin de fer coûtait 8 pfennigs le kilomètre), un demi de bière 4 pfennigs, tandis que livres, disques ou cassettes (subventionnés par l'État) coûtaient trois fois moins cher qu'à l'Ouest. Cependant, mettons un bémol à propos de la qualité et l'organisation des priorités d'accès au logement social, pour lequel un retard endémique dans la couverture des besoins n'allait pas sans entraîner une certaine promiscuité des familles. Pour conclure sur ces aspects positifs, retenons que la RDA n'a jamais été touchée par des pénuries d'ordre alimentaire. Si je devais établir un parallèle tout aussi général avec les « mauvaises choses », je citerais à la suite : la tutelle soviétique qui traversait tout le système ; l'absence de participation des travailleurs à la phase d'élaboration des divers plans quinquennaux ; le rôle de courroie de transmission du syndicat FDGB vis-à-vis du SED (le parti dominant marxiste-léniniste) ; l'agression productiviste en matière d'environnement ; la pseudo-pluralité politique ; l'encadrement de l'expression culturelle et artistique ; la quasi absence de femmes à des postes importants de l'appareil étatique ; la hiérarchie omniprésente à toutes les strates de l'organisation politique, culturelle et sociale ; l'interdiction du libre accès aux pays de l'Ouest ainsi que la pesanteur et les contraintes du Mur ; l'accès aux magasins à devises fortes et autres produits ou services avec passe-droits pour cadres du Parti ; la pseudo-prostitution et la dérive sexiste, et enfin, la fascination de la jeunesse pour tous les attributs de la frivolité véhiculés par la culture social-démocrate libertaire occidentale. Avant d'en venir aux faits, rappelons que ma culture marxiste et mon adhésion en ces temps au PCF ne me prédisposaient pas à critiquer ce régime, bien au contraire. Et que ma profonde hostilité envers le capitalisme et l'impérialisme américain exprimée à la radio et dans la presse est-allemande m'a, sans aucun doute, évité un *a priori* défavorable de la nomenklatura (nous étions tous, communistes ou pas, un peu suspects en RDA). Je ne sais pas si cela prédispose à des confidences, mais il m'a fallu peu de temps pour apprendre par moi-même la règle de la subtilité politique et de la prudence. Il n'en demeure pas moins que j'ai parfois bénéficié de véritables gestes d'amitié.

Mais reprenons l'ordre des critiques :

1 - À propos de la tutelle soviétique, l'emprise de l'oblast de Kalouga (équivalent d'une région en URSS) sur le district de Suhl (auquel il était jumelé) n'avait rien d'un fantasme. J'ai eu l'occasion de participer au congrès formalisant la coopération entre le complexe militaro-industriel de Kalouga et ce district et je peux témoigner que les Soviétiques ne s'en tenaient pas aux seuls

aspects technico-politiques, mais se prêtaient à des remarques en direction des camarades de RDA, qui n'étaient rien d'autres que de véritables injonctions.

2 - Concernant les plans quinquennaux, j'ai pu mesurer l'embarras et l'affolement des dirigeants régionaux du FDGB au cours d'une visite d'entreprise de production d'équipement de voitures où, m'adressant directement aux salariés (et assisté d'une camarade en mesure de contrôler la traduction de l'interprète), j'ai pu donner mon opinion sur l'importance pour les travailleurs d'être force de proposition à toutes les étapes de l'élaboration du plan dans leur propre secteur d'activité.

3 - A propos du rôle de courroie de transmission du syndicat FDGB vis-à-vis du SED, la question était devenue à ce point insupportable que la confédération nous invitait à refuser l'ingérence de ce dernier dans nos échanges syndicaux. Devrais-je alors relater cette rencontre avec certains dirigeants des syndicats des pays frères, se réclamant du socialisme réel, à propos de la commémoration du 40ème anniversaire de la victoire sur le nazisme en RDA, à laquelle participait le responsable de la Fédération du syndicat lao ? Les camarades du FDGB avaient (triste farce) réussi à lui faire croire à la présence, dans la salle d'à côté, du secrétaire général du parti communiste laotien et à sa participation imminente à notre réunion, ce qui eut pour conséquence de placer notre camarade syndicaliste dans un état de peur proche de l'égarement ?

4 - Sur les questions de l'agression environnementale liée à certaines activités productives, malgré la création à cette époque d'un ministère de la protection de l'environnement et de la gestion des eaux, les rejets des centrales thermiques, du chauffage domestique et d'autres activités industrielles (utilisant du lignite, riche en sulfure) n'étaient pas sans conséquence sur la santé des populations, en particulier les jeunes enfants et les personnes âgées, pour ne prendre que cet exemple. J'ai souvenir d'un séjour dans le bassin minier de la Saxe où la quantité d'anhydride sulfureux rendait l'air franchement irrespirable. Il faut rappeler que la RDA produisait en 1979 un peu plus de 250 millions de tonnes de lignite, ce qui la plaçait au premier rang mondial, devant la Chine.

5 - Parlons à présent de la pseudo-pluralité politique. Peu de gens savent que le parlement de la RDA était composé d'une coalition politique : SED (parti socialiste unifié), NDPD (parti national démocrate), CDU (union chrétienne-démocrate), DBD (parti paysan démocratique), LDP (parti libéral démocrate). Et moins encore que la prédominance du SED, d'obédience marxiste-léniniste calqué sur le PC soviétique, était inscrite dans la constitution. Certes, les autres partis que nous venons de citer avaient droit chacun à 52 sièges bloqués à la chambre du peuple et se retrouvaient même, pour certains, à la tête d'un ministère. Mais ni la chambre du peuple, ni le gouvernement n'avaient un véritable pouvoir de décision, pas même le Conseil d'État. Le bureau politique du SED

et son Secrétaire Général Président étaient les seuls véritables détenteurs du pouvoir. Cette pseudo-cohabitation pluraliste avec la centralité étatique était pourtant la fierté des dirigeants syndicaux du district de Suhl, qui ne manquaient pas une occasion pour nous présenter un des responsables au niveau régional de ces petits partis sous tutelle.

6 - À propos de la liberté d'expression, et contrairement à l'idée répandue, les lois nationales n'entérinaient pas la censure. La constitution de 1949 garantissait même que : *« Chacun a le droit d'exprimer librement son opinion sans encourir aucun préjudice. Conformément au caractère humaniste de la société socialiste, la liberté d'expression des opinions ne doit pas servir à la propagation d'idées militaristes et revanchardes, à l'instigation de la guerre, à l'intolérance, au racisme. La liberté de la presse, de la radio et de la télévision est garantie. »* Cette belle déclaration, bien que formelle, contraignait toutefois le régime à pratiquer une censure camouflée. Dans la presse, par exemple, l'existence d'une pluralité de partis, permettait bien à certains d'entre eux de posséder leur propre journal, mais la tonalité de leurs articles n'était pas très différente de celle du très officiel quotidien du parti SED, le *Neues Deutschland.* Le cas de la censure littéraire est un peu particulier, voire ironique, parce que la plupart des écrivains censurés étaient à la base des communistes convaincus. Cependant, la rigidité de la censure en général n'a pas été constante durant les 50 ans de la RDA. Et si elle était tellement difficile à contourner, c'est en grande partie dû à un contrôle tatillon et redouté dans l'ensemble de la vie civile. Parmi les figures de l'opposition pacifique, des intellectuels et artistes, Barbel Bohley, peintre en RDA, a fait figure de leader. Elle cofonda le « Neues Forum », mouvement de citoyens réclamant des réformes démocratiques. Était-elle en contact avec cet autre peintre qui nous fut présenté par le FDGB et chez lequel nous allâmes déjeuner en février 1984 ? Je ne saurais le dire. Toujours est-il que quand ce dernier me proposa de choisir une de ses œuvres dans le tiroir de son atelier, je compris parfaitement à son air entendu que le magnifique nu, qui se trouvait mêlé aux autres œuvres plus classiques, était bien celui qui m'était destiné. Je le pris d'autant plus volontiers que la virulente réprobation de notre camarade du FDGB, exprimée depuis l'ouverture du tiroir, fut bloquée par mon choix accompli. Certes, ce nu, quelque peu provocateur, ne répondait pas aux canons de l'orthodoxie marxiste, mais il avait belle allure. Voilà un micro-exemple de l'absurdité de la censure larvée en RDA.

7 - Avant d'entrer plus en détail sur la place des femmes est-allemandes dans l'appareil étatique, constatons avec amertume que leur absence des principaux postes de direction nous oblige à s'interroger sur l'incapacité de l'État socialiste à valider l'idée marxiste selon laquelle le mode de production capitaliste est l'aspect déterminant de l'inégalité des genres. Que l'on prenne le poste de Secrétaire Général Président, le secrétariat du comité central, le *Politbüros,* la présidence du conseil des ministres, pas une seule femme n'y a occupé l'ombre

d'une fonction. Elle commence à poindre seulement au niveau du gouvernement, mais en si faible proportion (3 femmes pour 80 hommes dans le gouvernement de 1963 à 1967 et 2 femmes ou 1 seule pour tous les autres) que c'en est presque pathétique. Certes, nous trouvons bien une femme Vice-Présidente au FDGB, mais contrairement au Président du syndicat qui est membre du Politbüros, elle n'a droit qu'à un siège au comité central. Autant dire qu'en RDA, aucune femme n'a jamais occupé de poste lui permettant d'avoir de réels pouvoirs de décision dans les orientations politiques du pays. Concernant le FDGB, certaines de nos piètres plaisanteries « machistes » étaient du genre « À quand les femmes sans le Vice », sous entendu : qui ne seront plus Vice-Présidente, mais Présidente... L'égalité des sexes, pourtant bien réelle dans l'activité professionnelle, culturelle, artistique et scientifique en RDA, n'a jamais pu atteindre le sommet de l'État.

8 - La question de l'omniprésence de la hiérarchie dans toutes les strates de l'organisation politique culturelle et sociale est de même nature que celle que nous venons de décrire sur l'inégalité des genres, si ce n'est qu'elle concerne ici les deux genres : masculin et féminin. Mais comment expliquer ce paradoxe quand le communisme est plutôt le contre-modèle excessif de la hiérarchie dans lequel prédomine la notion d'égalitarisme ? Sans parler de culte de la personnalité (question d'absence de charisme du Président peut-être), on peut parler de culte du chef, et ce à tous les niveaux de la hiérarchie politique est-allemande. Non seulement l'État pèse sur la vie sociale et politique, mais une vaste structure, officiellement appelée le Ministerim fûr Staatssicherheit (Ministère de la sécurité d'État) ou la Stasi, créée en 1950, se développe en parallèle et cherche à déceler, dissuader et réprimer d'éventuels opposants à cet ordre étatique. Nous retrouvons cette idée de hiérarchisation dans la course à la performance sportive qui a traversé ce pays à peine peuplé de 18 millions d'habitants et qui a (avec ou sans aide du dopage) collecté 208 médailles d'or aux jeux olympiques. Témoin de cette hiérarchie pesante et détestable, j'ai dû remettre (et avec moi d'autres camarades) à maintes reprises les pendules à l'heure. Conduisant une délégation syndicale, comment accepter en effet que je sois invité à la table des dirigeants alors que mes camarades étaient tenus de rester à l'écart et se contenter de partager la discussion avec d'autres syndicalistes considérés par les chefs du protocole comme de « vulgaires » subalternes ?

9 - J'en viens à présent à l'épineuse question de l'interdiction pour le peuple du libre accès à l'Ouest et des contraintes du Mur. Par quel mécanisme en est-on arrivé là ? L'histoire est encore trop récente pour s'en remettre aux seuls historiens. Quant aux politologues, ils semblent trop influencés par des sirènes venues de l'Ouest pour que l'on puisse leur prêter vraiment crédit. Leurs diatribes commencent le plus souvent ainsi : « *Le « bloc de l'Est » groupant autour de l'URSS les pays dits de « démocratie populaire » comme la Pologne, la Hongrie, la Bulgarie, la Roumanie, la Tchécoslovaquie et la RDA, et séparé de*

l'Occident par un « rideau de fer » n'était cependant pas immobile. En 1953, c'est à Berlin-Est qu'éclata la première révolte contre les régimes imposés par la bureaucratie russe. Les Berlinois de l'Est, déjà très contrôlés pour se rendre à l'Ouest, se trouvent bloqués par un mur érigé en 1961... Écoutes téléphoniques, filatures, filtrage de toutes sortes, sont alors mis en place pour surveiller et contrôler les individus... » Ainsi plane l'idée d'un univers carcéral en ces pays. Quant aux thèses venues de l'Est, elles pointent essentiellement les États-Unis à travers la CIA comme principal vecteur d'une vaste entreprise de déstabilisation économique et politique consistant à dévoyer les familles et à débaucher les travailleurs les plus qualifiés afin de priver la RDA de ses forces vives. Selon ces thèses, plus de 2 600 000 personnes, de 1949 à 1961, ont ainsi fuit la RDA. Rien qu'en juillet 1961, il y aurait eu 30 000 départs : jeunes ingénieurs, techniciens, ouvriers qualifiés, médecins, enseignants. Il leur suffisait d'aller à Berlin-Est, de prendre un ticket de S-Bahn ou de métro et de descendre dans une station à l'Ouest, les contrôles à la frontière n'étant que sporadiques. Et de Berlin-Ouest, on pouvait même prendre l'avion pour l'Allemagne de l'Ouest. Pour endiguer ce flot de fugitifs, trois solutions furent envisagées par les autorités :

- contrôler le trafic aérien, comme c'était déjà le cas pour le trafic par chemin de fer et par route ;
- contrôler l'accès à Berlin-Est à partir de l'Allemagne de l'Est ;
- contrôler l'accès à Berlin-Ouest à partir du secteur oriental de Berlin et de la RDA.

Chacune de ces trois solutions avait ses inconvénients.

La première revenait à toucher aux droits des alliés occidentaux à Berlin-Ouest. La seconde était difficilement réalisable : comment isoler Berlin-Est du reste de la RDA, alors que c'était sa capitale ? Quant à la troisième solution (fermer l'accès à Berlin-Ouest), elle présentait l'inconvénient de ternir l'image du socialisme dans le monde entier. C'est pourtant bien celle-ci qui fut retenue. D'où la construction d'un mur qui a symbolisé jusqu'au 9 novembre 1989 la guerre froide, la division de l'Allemagne et l'effondrement du bloc communiste.

Il est fort probable que ces deux approches historico-politiques différentes recèlent une part de vérité. Mais n'occultent-elles pas toutes deux le fond de la question, à savoir : pourquoi les dirigeants est-allemands, plutôt que de s'appuyer massivement sur les travailleurs pour construire le socialisme, ont-ils pris comme option politique de « concurrencer » le capitalisme, s'appuyant en cela sur l'étatisation excessive du pays ? Le socialisme a-t-il pour rôle historique de chercher à concurrencer l'ennemi de classe sur son propre terrain ou bien d'inventer de nouveaux rapports sociaux, socio-économiques et culturels en rupture avec ce dernier ? Là est bien le fond de la question. Qu'il y eût à craindre du Grand Capital une entreprise de déstabilisation, surtout à la période charnière de l'après-guerre, est certain. Mais plus de 16 ans s'étaient écoulés entre la victoire sur le nazisme et la construction du Mur. Le dérapage de l'étatisation et de la bureaucratisation forcenée avait déjà laissé des traces et ouvert la place au doute quant à la nature du socialisme en construction dans l'esprit de ceux qui se laissèrent tenter par les sirènes de l'Ouest. Néanmoins, si l'on en croit des politologues de l'Université libre de Berlin qui ont dépouillé les réponses de 5000 lycéens est et ouest-allemands, âgés de 15 à 17 ans, au sujet de l'ex-RDA, le résultat surprend d'autant plus que la méconnaissance de ces jeunes sur ce régime dépasse parfois l'entendement. Les adolescents devaient répondre à une batterie de 18 questions sur un passé qu'ils n'ont pas connu : la réalité politique et sociale du régime communiste. Schématiquement, il semblerait que la majorité des adolescents est-allemands pense que le Mur de Berlin a été construit en 1945 par les Américains, que la Stasi était un service de renseignements comme les autres, que la RDA n'était pas une dictature mais un paradis social, et que Helmut Kohl était l'un des politiciens les plus populaires du régime communiste ! 40 % des jeunes interrogés sont persuadés que le régime politique ouest-allemand n'était pas meilleur que celui de la RDA. 40 % pensent que l'air était plus pur à l'Est qu'à l'Ouest. Enfin, 25 % seraient prêts à renoncer à certaines libertés politiques si l'État s'engageait davantage pour le bien-être matériel des citoyens. Quant aux lycéens de l'Ouest, influencés par leurs parents et des enseignants très critiques envers le communisme, s'ils semblent globalement mieux informés sur la dictature est-allemande, ils ne savent pas grand-chose en revanche de la réalité sociale de l'époque communiste. *« Visiblement, ni les parents ni les enseignants ne sont à même de proposer aux jeunes une image objective de l'histoire récente de l'Allemagne. Du coup, la RDA survit à travers un miroir déformé, souvent considérée dans l'est du pays comme un paradis social dont la réalité politique est totalement passée sous silence »*, s'offusque l'un des auteurs de l'étude.

Cette apparente contradiction entre le portrait d'une jeunesse de RDA défiant les autorités (comme nous l'avons vu précédemment) et sa fascination pour la culture venue de l'Ouest, dans un contexte politique de plus en plus oppressant, n'est pas pour nous surprendre. Mais au-delà de l'analyse politique et des enquêtes sociologiques du moment, il est clair que le Mur de Berlin (tout comme celui de Gaza) demeurera fixé dans la conscience collective comme une énorme tache historique. M'appuyant sur l'expérience de la coordination des échanges entre la jeunesse de RDA et celle de France dont « j'avais la charge », je peux dire que le traumatisme existait bel et bien quant à l'impossibilité d'inviter en retour les jeunes de RDA à venir chez nous et que cela donnait lieu à de très vifs débats.

10 - Il serait fallacieux de parler de pseudo-prostitution et de dérive sexiste sans souligner préalablement les efforts accomplis à propos du commerce sexuel, perçu comme pure décadence bourgeoise en RDA. Le film *Die Legende von Paul und Paula* donne une image plus juste et plus nuancée de la place de la femme libre (interprétée sans complexe par Angelica Domröse, alias Paula) dans la société est-allemande que les douze films coquins (soi-disant pornographiques) fabriqués en secret, si l'on en croit certains détracteurs, par l'unité cinématographique de l'armée nationale. Même si l'on considère qu'une culture plus ouverte au corps, à la nudité et au sexe en général, liée semble-t-il au mou-

vement naturiste allemand du début du 20ème siècle, avait marqué les mœurs de ce pays, il n'en demeure pas moins que la *nomenklatura* dans les années 1980 entendait encore faire régner une atmosphère pudibonde. Là est toute la question. Pourquoi cette duplicité quasi-permanente entre l'affichage des valeurs du socialisme (le plus souvent mal interprétées) et la pratique diamétralement opposée de la part de ceux qui avaient la charge de les promouvoir ? Je témoigne une fois de plus de ce contresens idéologique. Car si, invité à des défilés de mode censés promouvoir la lingerie fine et autres articles mettant en valeur les charmes féminins, je n'en pouvais déduire une pseudo-prostitution au-delà de ces séances de strip-tease camouflé, les filles requises pour s'y adonner étaient bien trop intimes avec la *nomenklatura* pour ne pas en suggérer l'idée. Plus déroutant encore était cette espèce de « droit de cuissage » de certains dirigeants du FDGB sur le personnel féminin des centres de vacances et de loisirs dont ils étaient les gestionnaires.

11- L'accès aux magasins à devises fortes où se vendaient des produits de l'Ouest appelés *Intershops*, destinés aux étrangers et, par extension, aux cadres dirigeants ayant à faire à eux, fait partie de ces fameux passe-droits. Il en va de même pour les véhicules automobiles, dont l'achat pour le commun des mortels était particulièrement difficile. Ils étaient classés par le gouvernement comme produits de luxe. Il suffisait de passer commande, puis attendre plusieurs années. À la fin des années 80, il fallait compter 12 à 13 ans pour une Traban, 15 ans pour une Lada ou une Wartburg. Mais pour certains, l'attente était beaucoup moins longue. Je me fais l'écho ici de ces petites combines relatées par les dirigeants du FDGB ayant chauffeur et voiture à disposition et qui se débrouillaient, au moment de remplacer ces véhicules, pour que la revente bénéficie directement à une personne de leur choix. Dans ce cas, pas de liste d'attente, puisqu'il s'agissait de véhicules d'occasion. Il en allait ainsi pour bien d'autres choses : accès aux centres de cure et aux hôtels de vacances, délégations en visite à l'Ouest, logement plus confortable, etc. On pourrait considérer ces dérives de peu d'importance, compte tenu des magouilles bien plus graves qui sont observées chez nous, mais il s'agissait en fait de comportements qui contribuaient grandement à décrédibiliser les dirigeants et, par contre coup, le « socialisme réel ».

12- La fascination de la jeunesse est-allemande pour tous les attributs de la frivolité, véhiculés par la culture social-démocrate libertaire venue de l'Ouest à la fin des années 70, n'est pas en accord avec cette indulgence rétrospective sur les éléments de la vie de tous les jours en RDA que l'on nomme *ostalgie* (nostalgie de l'Est). Car l'aspiration des jeunes *Ossies* était aux antipodes de ce « présent chloroformé » que la doctrine socialisme entendait leur servir. Si l'on se réfère à l'esprit du livre collectif *Too Much Future* écrit par quelques adeptes du rock'n'roll de l'époque socialiste, il y a même de quoi s'interroger : *« Le présent est pourri et gris, et le futur, tout tracé, s'annonce encore pire. En RDA, les étapes de votre chemin de croix correspondaient aux stades de développement de votre personnalité socialiste. En bref, le mode d'emploi est donné, il n'y a plus qu'à suivre la voie – école ultra formatée, associations de jeunesse, armée, bureaucratie, retraite, mort...* » S'ils étaient aussi nombreux en RDA à rêver de jeans, de cigarettes blondes... de signes porteurs de la mythologie américaine, l'équivalent de la verroterie que les voyageurs occidentaux offraient à tort à ces jeunes oies contestataires ayant pour référents les « biens » de la société de consommation (rares ou absents en RDA), c'est qu'il devait y avoir quelques raisons. Ces signes étaient-ils porteurs de la conscience d'un manque plus profond, parfois non formulé, du refus d'un univers perçu comme barré et du désir d'une vie autre, plus libre ? Ou bien étaient-ils simplement le résultat de la guerre idéologique que menait l'Occident par radio, télévision, cassettes et disques interposés ? N'oublions pas qu'à l'Ouest, dans ces mêmes années, pour colmater son mal-être, une autre partie de la jeunesse prisonnière d'un lourd passé plombé par le capitalisme tentait, à sa manière, de faire advenir des utopies égalitaires. En diabolisant les figures telles qu'Elvis Presley ou les Rolling Stones qui généraient un énorme engouement, ce système ne démontrait-il pas son incapacité à produire parmi la jeunesse les bases d'une contre-culture, autre que celle de la social-démocratie libertaire et qu'il eût fallu encourager ?

Pressée par une jeunesse impatiente, l'ouverture culturelle, consistant à institutionnaliser le rock sous l'œil attentif de l'administration dans ce contexte de guerre froide réactivée par la politique belliqueuse du Président Reagan, avait quelque chose de franchement déroutant. De plus, il était déjà bien trop tard. Les attributs de la frivolité, importés et réclamés par les jeunes, étaient les signes avant-coureurs des changements non contrôlés qui s'annonçaient. Alors que les femmes pouvaient encore aller le soir au théâtre et rentrer seule à la maison après minuit, une scène *underground* se jouait déjà à guichet fermé hors de la culture traditionnelle qu'entendait, contre toute attente, encore véhiculer l'État. Bien sûr qu'il m'a été donné de voir ces jeunes « marginaux » s'échangeant cassettes et autres signes de la culture américaine sous le manteau, avec leurs cuites mémorables et leurs manières désinvoltes, toutes chargées d'énergie contre la *nomenklatura,* ces gamins de 16 à 18 ans qui provoquaient un système voulant tout contrôler et qui se retrouva au final complètement dépassé.

Au terme de ces critiques, que dire de plus sur cette expérience est-allemande, si ce n'est rappeler qu'il était difficile pour de simples citoyens de croire, dans ce contexte, à un « socialisme réel » capable de surpasser le capitalisme et d'aboutir à une société communiste auto-administrée. Ne laissait-il pas plutôt le souvenir d'une grande coquille vide et d'un grand corps sans malade symbolisant à leurs yeux le mensonge étatique ? C'est-à-dire la mise en relation des individus par l'intermédiaire d'une institution qui entrave et encadre tout ce qui peut venir de la base, réduisant de fait l'initiative des travailleurs et du peuple à la construction du socialisme. Ne laissait-il pas plutôt le souvenir d'intérêts économiques et sociaux incapables de s'articuler, de s'organiser collectivement, à partir des travailleurs et des autres groupes en fonction d'une véritable stratégie de classe, si ce n'est autour d'une bureaucratie dirigiste, parfois corrompue ?

Comment ne pas générer alors cette espèce de conflictualité permanente entre l'appareil du parti et le peuple, conduisant à cette vision surréaliste et fatale d'une société surorganisée par le haut et « surcontrôlée » par le bas ? La socialité n'était-elle pas alors vécue comme une sorte de lutte entre un État omniscient et la quotidienneté des relations individuelles ? Le peuple avait-il alors d'autre choix pour exister sans conflit et vivre dans de meilleures conditions que de s'en remettre au présent étatique ? Là est le piège des formes tentaculaires, corruptrices et démoralisantes d'une société vouée à la répression, au renoncement et au délitement du lien social. Ce refus de la plus large participation des travailleurs à la construction du socialisme est bien la cause de cette médiocrité satisfaite, cet immobilisme, ce conservatisme bureaucratique et ce repli des travailleurs dans une sorte de sphère privée dégradée, voire belliqueuse en ce qui concerne la jeunesse. C'est parce que le rapport entre les masses et le pouvoir en place était en conflit larvé permanent que ce dernier cherchait à les endoctriner autour de grandes cérémonies « compensatoires » lénifiantes et ritualisées : défilés, parades militaires, remises de médailles, grands discours, culte du drapeau. Certes, qu'on nous comprenne bien, il ne s'agissait pas de faire régner la terreur, mais bien plutôt de donner à croire, par la mise en scène de tout un jeu de récompenses sélectives et orchestrées, à la fiction démocratique d'un édifice politique défaillant. Bien sûr, tout cela était sans effet sur la crise sociale, morale et économique. Il n'est pas étonnant alors que les jeunes générations se soient massivement tournées vers des formes artistiques et vestimentaires venues de l'Ouest : pop, rock, jeans… centrant leur action sur des formes de sociabilité censées reproduire des échanges et des communications « libres », à l'image du capitalisme occidental. Ce décalage allait bien au-delà d'une fixation sur de simples « objets sociaux », il traduisait l'aspiration à participer aux prises de décision pour le développement du pays et contradictoirement à celle de quitter la RDA (même virtuellement). Certes, l'Allemagne de l'Est avait déjà atteint avant sa transformation socialiste un niveau important de développement, mais une grande partie fut anéantie par la guerre dans les années 40. Cela ne l'empêcha pas de rivaliser, voire dépasser les pays occidentaux sur le plan du droit au travail, à l'éducation, à la santé, au logement. Son retard technologique et son déclin économique ont été ressentis (comme dans les autres pays « socialistes ») dès le milieu des années 1980. La volonté de certains cadres du parti de travailler à la mise en place de modes de production plus efficients, laissant plus de place à l'initiative des travailleurs, était bien trop tardive pour changer la situation du pays. Quant aux groupements de comités citoyens ou intellectuels dissidents qui tentaient progressivement de s'exprimer, ils ne recherchaient rien d'autre que la mise en place de nouvelles formes de relations démocratiques faisant cruellement défaut à l'étape du soi-disant « socialisme réel ».

Mais la profondeur de la crise morale, économique, politique et sociale du pays, conjuguée à la subtile propagande diffusée à l'Ouest, n'a fait que les aspirer vers l'idéologie de marché. Cela explique pourquoi, même si le triomphe du néolibéralisme occidental est loin d'avoir séduit la totalité des habitants de l'ex-

RDA, les signes d'un renouveau révolutionnaire, tirant les leçons de l'histoire et prêt à combattre le capitalisme décadent sur un terrain de classes, ne sont toujours pas à l'ordre du jour parmi eux.

La principale leçon que nous pouvons tirer de ce vertigineux échec du « socialiste réel » se trouve dans cette verticalité saisissante du pouvoir : Parti communiste et appareil étatique sans contrôle ou intervention possible des masses. Voilà en quoi cet éclairage sur les raisons de la vie et la mort du « communisme », c'est-à-dire ces révolutions ne rompant qu'imparfaitement avec les formes politiques autoritaires et autocratiques du passé, dans lesquelles la majorité des travailleurs ne pouvait pas vraiment s'exprimer, peut nous aider à mieux comprendre pourquoi les possibilités de leur exploitation par le capitalisme sont aujourd'hui exacerbées.

La dernière contradiction inspirée par cette expérience est-allemande est tirée du mouvement pacifique qui, oeuvrant pour plus de liberté, allait bientôt déchanter. Car si tout ce que les communistes avaient dit au peuple sur le communisme n'est pas vérité, par contre, tout ce qu'ils leur avaient dit du capitalisme est parfaitement vrai.

4 – Le côté utile et réducteur du communisme historique

Après avoir soumis le communisme à la critique de ce qui fut en lieu et place de la tentative avortée du « socialisme réel », est-il possible d'en réhabiliter l'idée dans la conscience collective ? Rien n'est moins sûr. Car la représentation négative générale de l'expérience « socialiste » est telle qu'en souligner les aspects positifs ne suffit peut-être plus à « réanimer » ses potentialités idéologiques. Malgré ce, et en dépit de tous ses errements, gardons-nous de tout jugement définitif sur une philosophie qui a pour mobile de mettre un terme à l'aliénation humaine. En ce sens, nul ne peut prétendre militer pour l'émancipation de l'homme s'il condamne fondamentalement le communisme. Ainsi doit être comprise la tentative d'approfondissement qui vous est proposée à propos de son côté « utile et réducteur ».

Jusqu'à la rédaction de *L'idéologie allemande* en 1845, le terme « communisme » signifiait seulement, dans cette période historique, la répartition égalitaire des biens. Dans les *Manuscrits de 1844*, Marx s'en tenait encore à la curieuse expression de « propriété générale » : il pensait la nouvelle société dans des termes conviviaux et fraternels dont les origines communautaires étaient déjà bien documentées et n'usait jamais du terme « communisme ». On y trouve une certaine centralité autour du concept d'aliénation qui, selon certaines écoles marxistes, est chez lui inséparable du concept concret de division du travail. Il en était encore au concept d'idéal à réaliser et non à celui d'un mouvement réel qui abolit l'état présent des choses à travers la connexion dialectique organique du mode de production capitaliste : le véritable « *matérialisme historique* » de 1845.

Dans *Le Capital* de 1867, au chapitre consacré au fétichisme de la marchandise, Marx donne une définition du capitalisme bien différente de celle des naïves « robinsonnades » du sombre monde féodal ou de l'exploitation agraire et familiale. Il définit les moyens de s'en émanciper à travers la représentation d'une réunion d'hommes libres travaillant avec des moyens de production communs et dépassant, à partir d'un plan concerté, leurs seules forces individuelles au profit d'une seule et même force de travail social. Les rapports sociaux, à travers le travail et la fabrication des objets utiles qui en proviennent, sont clairement définis. Production et distribution résultent de trois concepts principaux : la communauté de travail, la communauté de production et la communauté de distribution. Celles-ci s'articulent autour d'un plan coordonnateur (en prévalence du plan tel qu'il résulte du marché). Les rapports sociaux du communisme sont ici transparents et non obscurcis par le fétichisme de la marchandise attributif à l'aliénation des produits du travail. Il n'y a pas de séparation entre le concept de marchandise et celui d'aliénation qui s'interconnectent logiquement et historiquement.

Aux alentours des années 1870, période proche de la Commune de Paris, Marx définit le communisme comme une association des producteurs qui se réapproprient le surplus social jusqu'alors dévolu aux classes exploiteuses et la démocratie directe perçue par lui comme étant incompatible avec la permanence d'un État, fût-il « démocratisé ». Dans la *Critique du programme de Gotha* de 1875, Marx distingue deux phases du passage au communisme, la première phase « de chacun selon ses capacités à chacun selon son travail » et la seconde phase « de chacun selon ses capacités à chacun selon ses besoins ». Il s'agit d'une distinction connue même des débutants en étude marxiste. Dans son interprétation classique, ces deux phases ont été appelées « socialisme » pour la première et « communisme » pour la seconde. Cependant, certains auteurs marxistes récusent cette thèse, et analysent le socialisme de Marx non pas comme une étape d'un mode de production autonome mais bien plutôt une transition du capitalisme au communisme, dans laquelle la lutte des classes perdure entre la bourgeoisie et le prolétariat. Pourtant, pour Marx, le communisme ne se « superpose » pas à l'histoire en tant que projet abstrait, mais émerge du développement des déterminations dialectiques qui renvoient à autre chose que lui-même. Il demeure contenu dans le capitalisme comme sa possibilité concrète et objective. Car si nous cherchons à faire vivre le communisme comme « fruit » d'une loi naturelle positive, alors, nous ne manquons pas d'aller dans une impasse. Quelle loi scientifique pourrait déduire le passage du capitalisme au communisme ? Dans cet esprit, croire au communisme devient aussi aléatoire que de voir tomber une météorite dans son jardin un soir de Noël, ou simplement de donner un sens à sa vie, un peu comme croire en Dieu.

Voilà pourquoi j'ai dû faire cette digression avant de parler du côté utile du communisme : je voulais être sûr qu'il n'y ait pas de malentendu sur la philosophie humaniste rationnelle qui, selon moi, le fonde. Rien de commun avec celle de certains arrogants scientistes entre les mains de qui elle est parfois tombée et pour lesquels l'analyse de la production capitaliste est une science alors que le communisme serait une « religion » ou une simple hypothèse. Chez Marx, la nécessité de s'organiser à travers un plan de coopération n'est pas dans son esprit soluble dans le communisme. Il ne le conçoit pas comme un processus sorti de l'histoire naturelle, mais comme une issue probable liée à l'expérience concrète de l'être producteur en lutte contre le système capitaliste qui l'opprime et au-delà de quoi s'ouvre le champ des possibles. De ce point de vue, il est nécessaire de réhabiliter la définition du communisme de Marx en termes de libre association des producteurs, dans laquelle la « production » n'est pas seulement industrielle et technologique mais tout aussi bien « production » de recherche scientifique, d'art, de philosophie, le mot « production » étant le meilleur parce que sans production de biens et de services, l'espèce humaine ne pourrait même pas se « reproduire ».

La pensée de Marx se trouve bien là, dans ce concept humaniste et unitaire, capable de se projeter de manière collective et communautaire dans le dépassement du mode de production capitaliste ou de tout autre mode de production de classe. Dans cet esprit, le communisme est utile parce qu'il donne à comprendre que l'homme n'est pas soumis à une soi-disant nature humaine permanente dans laquelle l'égoïsme et l'esprit de concurrence dominent. Il devient le produit du possible qui parvient par la lutte des classes à un nouveau mode de production sociale, lequel va à son tour exister seulement dans la connexion dialectique des forces productives collectives, des rapports sociaux de production et des nouvelles formes de légitimation idéologique organisées mais non étatiques qui servent uniquement à coordonner. Il est utile parce qu'il peut être pensé comme un mouvement réel qui abolit l'état actuel.

Mais alors en quoi, dans ce qu'il nous donne à voir de sa pratique historique, est-il réducteur ? Il serait un peu court de s'en tenir à la seule critique de l'aspect productiviste de la satisfaction des besoins matériels comme fondement du progrès social ou du collectivisme global comme nécessité de l'épanouissement humain. Tout comme s'en tenir à fustiger l'idée d'un parti unique dominant ossifié par sa structure organisationnelle en une verticalité hiérarchique saisissante ou de récuser le rôle de la production dans la construction de l'être social. Ou encore de nier la possibilité de parvenir à supprimer l'État après une phase d'étatisation transitoire par un peuple enfin libéré parce que l'on aurait coupé la tête du pouvoir, comme cela fut fait pour le roi lors de la Révolution française. Il nous faudra trouver, par-delà ces facteurs déstructurants, celui qui concrétise la contradiction principale du système, dépassant même ceux classiquement utilisés par les structuralistes lorsqu'ils considèrent le matérialisme historique incomplet parce qu'il néglige tout facteur ne relevant pas directement de la possession de capital économique, et même ceux de certains sociologues qui reprochent aux historiens matérialistes d'attacher trop peu d'importance aux dynasties ou aux religions, considérés comme des produits de leur époque et de leurs rapports sociaux et non comme événements influant directement sur le cours de l'histoire. Bien que discutables, ces points sont tous globalement recevables, surtout si on les observe à la lumière des évènements historiques à la source de l'échec du « socialisme réel » tel que nous venons de les analyser. Mais alors quelle est donc cette *centralité* réductrice fondamentale puisque les autres aspects réducteurs ne semblent pas suffisamment forts pour en caractériser l'idée ? Pour la découvrir nous devons faire appel au concept *d'égale différence* qui va à l'encontre de l'idéologie communiste, laquelle donne à penser l'égalitarisme comme une nécessité structurante de l'être social. S'il est vrai que l'homme n'existe pas en lui-même, qu'il se construit seulement à travers ses échanges avec la collectivité qui l'exhorte, pour autant la dimension de son possible à travers l'altérité n'exprime pas que son égalité, elle en souligne aussi ses différences. Le « socialisme réel » pensait être porteur d'avenir en inscrivant progressivement la notion d'égalitarisme dans le développement collectif d'un communisme en gestation. Expérimentalement, ce fut un échec. Or le concept d'égale différence s'inscrit lui aussi dans cette quête multiple et relative d'un partage plus égalitaire, mais il n'entend pas abandonner pour autant la fonction spécifique et stimulante de l'individualité. Conscient que sa pleine reconnaissance n'adviendra que lorsque sa pratique expérimentale sera validée, il ne peut que s'appuyer dans cette attente sur l'exemple qu'en donne la nature. Car si la vie de l'homme en tant qu'espèce est étroitement liée aux autres, l'interdépendance naturelle qui construit son humanité se nourrit également de la différence de chacun pour progresser. C'est l'ensemble de ces actions non uniformes qui contribue à créer la diversité. L'égalité n'est donc pas un absolu mais une équivalence relative dont la concrétude exprime également nos différences. Œuvrer pour un juste partage n'est pas verser dans l'égalitarisme, au contraire, cela revient à déployer nos différentes capacités de création afin que la part globale à la disposition de tous soit non seulement suffisante et diverse, mais vivifiante.

Les marxistes-léninistes proposaient à partir de la dictature du prolétariat une révolution intronisant l'égalité. Notre vision du partage se propose simplement de valider l'apprentissage incitatif de la pratique de l'égale différence à l'épreuve du combat de classe. Il s'agit de remplacer l'égalitarisme qu'on décrète par l'égale différence qu'on cultive. Comment le communisme peut-il nous faire cheminer vers cette quête du bonheur quand l'égalité dont il se réclame intègre l'illusoire uniformisation de l'être dans le champ du partage ? Le chemin vers le bonheur commun ne peut être lié à l'exaltation d'une égalité intemporelle, mais seulement à la projection temporelle d'une recherche vers une égalité qui ne peut advenir qu'en acceptant nos différences.

Le vide du quotidien engendré par cette immatérielle utopie égalitaire fut pour l'aspirant communiste une des causes de son désenchantement. Cet idéal conçu comme une sorte d'engendrement planétaire, à l'instar d'une pensée messianique, ne pouvait que s'ossifier autour de cette uniformisation générale. Plus tard, la dureté et la duplicité de l'État centralisateur firent le reste.

Pas plus que les religions n'ont conduit au paradis terrestre, les utopies égalitaires n'ont pu produire l'homme nouveau. Ne prenant pas en compte tout le possible des différences créatives du peuple, ces révolutions étatiques ont connu l'échec. À présent, nous comprenons mieux pourquoi la critique du communisme ne doit pas s'en tenir au seul parti unique ou à l'idée préconçue d'une grande industrie harmonieuse unifiant l'homme producteur, ou encore à l'impossible suppression de l'État après une phase d'étatisation transitoire, puisqu'elle en revient principalement à cette limite égalitariste en tant que force globale hors du champ de nos différences individuelles*. Comment ouvrir alors cette nouvelle phase historique fondée sur l'idée incontournable d'égale différence en tant que support préalable à l'apprentissage nécessaire des contractions générées par la lutte pour sortir du capitalisme ? Là est toute la question qu'essaie d'élucider l'*écomunisme.*

* Si nous n'avançons pas « la question cambodgienne » comme un des exemples de cette limite égalitariste hors du champ des différences individuelles, c'est que nous considérons que le maoïsme génocidaire à la Pol Pot ne peut-être rattaché à la critique du « socialisme réel » tel que nous l'entendons ici. La tragédie du Cambodge « communiste » est une histoire en soi qui dépasse le cadre prospectif du livre VI.

II
Origines et essor du capitalisme

1 - Axes majeurs

Nous n'avons nullement l'ambition de faire œuvre d'historien – nous n'en aurions ni l'entière compétence ni, dans ce cadre, l'utilité – et moins encore de nous essayer à la mise en forme d'une sorte d'historiographie synthétique. Il s'agirait plutôt de montrer en quoi la totalité génétique du capitalisme est toujours à rattacher au procès de production et, ce faisant, pourquoi il importe d'en dégager les évolutions déterminantes pour la vie sociale et sociétale des travailleurs. En fait, nous avons dans l'idée qu'après l'histoire du communisme et celle du capitalisme défini par Marx ou à partir des prolongements de Clouscard concernant la « restitution du procès de production d'un ensemble capitaliste », la conceptualisation globale de notre philosophie *écomuniste* en serait confortée.

Les origines du capitalisme

Pour certains chercheurs, le capitalisme aurait eu un développement linéaire depuis la Renaissance et serait la conjonction de circonstances favorables essentiellement liées aux croisades et à l'accumulation progressive des richesses issues de l'essor de l'Europe marchande, accumulation amplifiée par l'extension du commerce de l'Inde et des Antilles, la colonisation et la traite des Noirs. Pour d'autres, il serait lié à une série de poussées depuis l'Antiquité, avec une rupture entre le Moyen Âge et le XVIe siècle, et une autre avancée plus progressive, résultant de l'apparition des États nationaux, de la Renaissance et des conséquences engendrées par les grandes découvertes scientiques. D'autres, enfin, se posent la question de savoir si toutes les périodes historiques, y compris l'Antiquité, n'auraient pas été capitalistes, évoquant la place prise dans l'économie médiévale par les entreprises fondées sur le risque de l'argent en vue de dégager un intérêt ou de la conversion en terres des grandes fortunes mercantiles accaparées par la noblesse, qu'alimentent aussi les mariages arrangés, ou encore le début de concentration des capitaux issus de la Réforme libérale. Tout cela peut se comprendre, me semble-t-il, si on se pose la question du point de vue de l'évolution des sociétés commerciales, c'est-à-dire marchandes, et non celle de l'avènement du capitalisme en tant que tel. Pour Marx, bien qu'il considère que coexistent de tout temps deux groupes antagonistes, l'un exploitant l'autre, il voit dans le triomphe de la bourgeoisie sur la noblesse une étape nouvelle dans l'histoire de l'humanité. Ce faisant, il distingue deux formes différentes de propriété privée : celle du travailleur, qui possède les moyens de la production qu'il met en œuvre, et celle de la bourgeoisie, qui emploie et exploite sa force de travail. La première forme historique correspond au développement de l'artisanat et de la « petite » agriculture. Elle permet le développement des qualifications par métiers. Alors que la seconde, liée à l'appropriation des moyens de production par la bourgeoisie (et une partie de la noblesse), permet l'apparition de la grande industrie, des grandes propriétés agricoles, du salariat et donc de l'ensemble des mécanismes à l'origine du mode de production capitaliste.

Le siècle de l'industrie

Jusqu'à une période avancée, la base du surproduit social des civilisations, générateur de richesse, est essentiellement agricole et les premières formes de capitalisation concernent surtout le capital usurier dont les taux élevés permettent l'élargissement. Dès la Révolution « glorieuse » de 1688 en Angleterre, inspirée par les idées libérales du philosophe John Locke, le capital accumulé n'attend plus que le développement technique et la libération de la main-d'œuvre (encore occupée à la terre) pour investir la production industrielle. Les découvertes scientifiques du XVIIIe siècle en ouvrent la possibilité. Elles créent des rapports plus étroits avec la technologie et permettent d'investir de nouvelles sources d'énergie (charbon, vapeur, puis électricité et pétrole), ouvrant la voie à la mécanisation et l'automatisation. L'activité économique se concentre et se spécialise, donnant naissance à l'usine où va s'établir une nouvelle organisation du travail. La production industrielle prend le pas sur la production agricole et deux nouvelles classes voient le jour : la bourgeoisie industrielle libérale et la classe ouvrière. Le capitalisme industriel prend son essor, générant profits, exploitation, profonde misère et conscience sociale sur laquelle s'appuieront des générations de travailleurs pour mener la lutte. Dès lors, l'interaction du développement technologique et du capital était né et se poursuit encore de nos jours.

Une diffusion planétaire

Le capitalisme n'est donc pas l'aboutissement inévitable des traits propres à la nature humaine. Il est historiquement daté. Son universalité et son extension sont basées sur des mécanismes contraignants et des impératifs qui lui sont propres. Dans ce système où il est impossible d'instaurer un marché social ou démocratique, les impératifs de la concurrence déterminent l'économie et la reproduction sociale. Son but est le profit et non le bien-être de l'humanité. Dans la conception marxiste du capitalisme, le mode d'appropriation est fondé sur la dépossession complète du producteur direct alors que, dans l'esprit du capitalisme, il n'est nullement question du moindre pouvoir coercitif. Dans ce mode de production, le marché n'est plus qu'un simple système d'échange. Le capital et le travail dépendent entièrement du profit. Ainsi, le capital détermine la reproduction sociale, notamment en s'intégrant à la production des biens vitaux les plus élémentaires, allant jusqu'à celle des denrées alimentaires. Les impératifs de la concurrence, de l'accumulation, de la maximisation des profits, créent le besoin permanent de développer les forces productives à travers leur introduction sur de nouveaux territoires et de nouvelles sphères de l'activité humaine, jusque et y compris dans les moindres aspects de la vie sociale et sociétale.

Ce système généra la lutte des classes puisqu'il n'existait – et n'existe toujours pas – d'autres moyens pour s'en émanciper que celui de l'action collective et la révolution. Certes, les travailleurs n'avaient pas attendu l'essor du capitalisme pour s'organiser. Bien avant le XVIIIe siècle, le compagnonnage et les sociétés de secours mutuel formalisaient les bases d'entraide entre les différents corps de métiers. Des mutuelles de la période de la Restauration, il fallut passer à des formes plus globales et plus efficaces d'organisation, mais il faudra attendre le XIXe siècle pour que les fédérations nationales professionnelles de métiers ou d'industries, venant en appui pécuniaire aux grèves contre le patronat, se transforment en véritables syndicats ouvriers.

Le champ d'intervention du capital à travers les divers continents oblige le syndicalisme ouvrier à s'organiser en association internationale des travailleurs, bien avant que les syndicats nationaux, simplement tolérés par les États, obtiennent leur reconnaissance légale. En France, les syndicats joueront un rôle actif pendant la Commune de Paris en 1871 et il leur faudra attendre la loi du 21 mars 1884 pour qu'ils aient enfin un vrai statut juridique. Contrairement à la France, le syndicalisme ne se prononce pas de partout pour une transformation radicale de la société sur des bases de classe. En Grande-Bretagne, bien que l'émergence syndicale soit plus précoce que dans les autres États d'Europe, les « *trade-unions* », constitués surtout d'ouvriers qualifiés, apparaissent dès le XVIIe siècle, mais c'est la démarche de collaboration qui prime sur l'action. Le syndicalisme de lutte de classe français, réprimé par un patronat barbare et conquérant, s'est surtout forgé avec le sang des travailleurs dans sa majorité. Il fut et tend à demeurer l'élément incontournable des transformations sociales. Son rôle fondamental dans l'avancée des révolutions à travers le monde n'empêcha pas les partis au pouvoir de les reléguer au rang de force d'appoint ou de simple courroie de transmission. Cela fut particulièrement vrai pour les régimes « communistes », comme nous avons pu le voir au chapitre précédent. Dans les pays anglo-saxons et du nord de l'Europe, le syndicalisme se limite trop souvent à l'accompagnement des politiques libérales mises en œuvre. D'une façon générale, la nécessité historique du rôle fondamental du syndicalisme à travers le monde est loin d'être acquise.

Tout au long de son histoire, le capitalisme a évolué. D'une assise morcelée, fondée sur le capital individuel ou familial de la première phase d'industrialisation, jusqu'aux sociétés anonymes du 20ème siècle tissant des liens d'affiliation nécessaires à la création de vastes groupes financiers, il est passé à l'ère des groupes monopolistiques nationaux, avant d'en arriver aux grands groupes internationaux du capitalisme mondialisé d'aujourd'hui, conformément aux prévisions de Marx. L'analyse de Clouscard, en particulier dans son ouvrage *Néofascisme et idéologie du désir* réédité par les éditions Delga en 2007, tend à démontrer qu'un changement dans la structure socio-économique en Europe, à partir de 1945, va générer une conceptualisation nouvelle dans l'économie politique capitaliste. Selon lui, l'industrie à l'époque de Karl Marx n'avait pas encore atteint le stade de l'industrie légère stimulée par la révolution technologique. Avec l'apparition de ce mode de production en série, un changement qualitatif dans la fabrication des objets et les enjeux de la production se fait jour. C'est pourquoi il nous invite à élargir la critique de l'économie politique marxiste. Il comprend qu'une industrie du gadget et de la frivolité, à présent possible, peut répondre à l'inflexion idéologique consistant à passer d'une société capitaliste basée sur une doctrine morale répressive à une morale plus permissive portée par la libéralisation des mœurs de l'après Mai 68. Les conséquences idéologiques et les contradictions liées à ce modèle permissif préparent à une nouvelle forme de répression fascisante : une sorte de *« néofascisme à cheveux longs »*. Clouscard propose alors une analyse basée sur l'évolution sociale et sociétale de tout un ensemble historique en devenir qui se déroule partiellement sous nos yeux. Il met en rapport l'évolution permissive de la morale sociale avec les besoins d'une nouvelle donne mercantile du capitalisme, lequel a besoin de créer de nouveaux marchés et de poursuivre l'oppression économique et sociale des classes laborieuses. Il peut déterminer ainsi la fonction économique et mercantile de la promotion de nouveaux modèles culturels dans l'idéologie publicitaire pour sauver le capitalisme en crise. Sa thèse va à l'encontre de l'enthousiasme idéologique des élites et de la nouvelle intelligentsia soixante-huitarde qui identifient l'assouplissement des moeurs à un infléchissement de l'autoritarisme capitaliste, alors qu'il s'agit tout au contraire du triomphe de la « *révolution douce* » que ce dernier a été capable de digérer afin de pérenniser ses profits et dissoudre les blocages et les inhibitions du freudo-marxisme à la Marcuse. Cette codification idéologique, exaltant le nouveau « *libertinage* » soixante-huitard, expliquerait l'intégration progressive de nouvelles couches sociales – couches moyennes en particulier – au nouveau système de gestion techno-bureaucratique libéral libertaire du capitalisme. La connivence entre l'intelligentsia de la « *nouvelle gauche* » et de la « *nouvelle droite* » exprimerait la complémentarité d'intérêts avec les membres de la « *bourgeoisie financière* » et les nouvelles couches moyennes, en situation aussi ambiguë par rapport au prolétariat actuel que l'était la bourgeoisie de 1789 avec le reste du Tiers état. Cette pseudo-modernité de la société française montrerait l'aboutissement de cette histoire de France : un Mai 68 identifié comme la parfaite contre-révolution libérale, celle qui cache « *le renouveau réactionnaire* ». Ainsi, les combats sociétaux seraient exploités et instrumentalisés par la forme même de cette nouvelle société. Aidée par les formidables gains de productivité permettant la production industrielle des biens de subsistance et d'équipement, l'économie néolibérale trouve des débouchés commerciaux aux revendications sociétales, mais dans un régime d'inégalités sociales accrues. Les plus pauvres accèdent comme les plus riches aux mêmes modèles culturels, tandis que la classe ouvrière est de plus en plus exploitée pour produire les biens de la consommation frivole et libidinale à laquelle seule la bourgeoisie et les nouvelles couches moyennes ont accès. Ainsi, les plus riches peuvent consommer beaucoup plus sans produire et accèdent à toute une « gamme » de produits de luxe : loisirs, voyages, marques, modes de vie marginaux et alternatifs, contestation moraliste des rapports capitalistiques, etc. Selon les idéologues bourgeois, la « *libre jouissance* » amènerait à la liberté individuelle des travailleurs jouant le « *jeu libéral libertaire* », malgré l'aliénation des fruits de leur force de travail par l'extorsion de la plus-value.

2 - La dérive fasciste

Il ne faut pas confondre le néo-fascisme libertaire auquel fait allusion Clouscard, résultat de la conjonction d'intérêts de la « *nouvelle droite* » bourgeoise libertaire et de la « *nouvelle gauche* » social-démocrate libertaire, avec la dérive fasciste animée par les organisations politiques issues des divers mouvements historiques fascisants, bien qu'ils soient les deux formes alternatives du capitalisme mondialisé en crise économique et politique.

La tare congénitale du capitalisme

Comment comprendre la dérive fasciste si l'on n'analyse pas concomitamment les mécanismes à l'origine de la crise structurelle du capitalisme ? Pour en rester à la phase actuelle du capitalisme en crise, rappelons l'incompatibilité, comme le disait Marx, entre la taille de plus en plus grande, c'est-à-dire de plus en plus sociale, des moyens de production, et le caractère de plus en plus privé et concentré de leur propriété. Pour couper court à toute confusion qui amène certains économistes, soi-disant spécialistes de la récession mondiale, à considérer la crise actuelle comme une crise de sous-consommation causée par une contraction des salaires qu'on se serait efforcé de compenser par une expansion du crédit, reprenons à notre compte la thèse marxiste de la crise du capitalisme, selon laquelle le capital se heurte non pas à un excès, mais à une insuffisance chronique de plus-value dont la tendance à la baisse du taux de profit est la manifestation. Nous sommes bien dans une crise structurelle de suraccumulation de capital et de surproduction de marchandises et non dans une crise de consommation dont l'origine se trouverait dans l'insuffisance des salaires, quand bien même ces derniers sont revus à la baisse par le patronat pour tenter de « réamorcer » leur taux de profit. Il en résulte une tendance simultanée à restreindre tant la sphère de l'échange que la création de valeur. L'insuffisance de plus-value, cause ultime de la crise essentiellement localisée dans la production, se manifeste sur le marché de manière inversée sous la forme d'une surabondance de marchandises alors devenues invendables. Au-delà d'une certaine limite, « le mécanisme d'emballement » entraîne une dévalorisation générale, ou destruction du capital, provoquant une diminution de la production, jusqu'à ce que se reconstitue un nouveau rapport positif entre le travail nécessaire et le surtravail, en dernier ressort à la base de tout. Pour rétablir ce rapport positif, générateur d'une plus-value suffisante permettant de maintenir provisoirement constant le taux de profit, le capitalisme s'ingénie à casser les salaires, les emplois, les droits sociaux : atteinte aux prestations sociales, déficit de logement social, cherté des loyers, travail précaire, démantèlement et privatisation des services publics, délocalisation de la production dans des régions ou des pays à faible coût de main d'œuvre, travail au « noir » (en partie lié à une immigration partiellement non contrôlée, à l'insuffisance des allocations de chômage et au déficit de formation qualifiante), baisse des pensions de retraite, etc. Peu lui importe d'accroître la misère, l'insécurité et la précarité. Le minimum des mesures à prendre pour endiguer la crise devrait être le refus de tout octroi de fonds publics pour renflouer la finance spéculative et les entreprises en déficit, tout en réquisitionnant celles-ci et tout en les plaçant sous le contrôle effectif des travailleurs. Mais, bien entendu, comme nous avons pu le constater, ce ne sont pas des mesures de ce type qui ont été mises en place par un pouvoir sous la tutelle du capital pour nous sortir de la crise. Quand le panel des mesures antisociales (type la méga-austérité grecque ou espagnole, italienne, portugaise et les autres en gestation) aboutit à une récession généralisée qui ne peut plus être jugulée, le capitalisme en crise imagine alors d'autres moyens stratégiques. Avec la répression policière et les guerres, le fascisme fait partie de ces stratégies de rechange. Toute l'histoire du capitalisme et des sociétés précapitalistes est porteuse de ces barbaries « compensatoires », renfloueuses de capitaux ou de plus-value dégradés. Le fascisme n'est pas seulement un instrument politique, social et économique, entre les mains du grand capital, c'est aussi une philosophie de l'État. Le principal théoricien du fascisme, Giovanni Gentile, pense même que l'unité morale de la Nation et de l'État peut générer une société organique comme l'a déjà montré la voie romaine. Mais il ne s'en tient pas là. Un autre pan de sa réflexion théorique l'amène aussi à penser le fascisme comme une restauration permanente du capitalisme et non exclusivement comme un régime autoritaire qui combat et qui ruine. Ce versant théorique, non entièrement exploré au cours du terrible épisode fasciste de la fin du 20ème siècle, pourrait bien être revisité au moment où la nouvelle crise structurelle du capitalisme est en train de s'enkyster.

Pour Clouscard, deux grands moments sont à distinguer dans le recours du capitalisme au fascisme ou au national-socialisme lorsque la crise du système se fait paroxystique :

« - *en un premier moment le capitalisme renforce le nationalisme ;*

- *en un second moment le nationalisme bloque l'expansion industrielle du capitalisme* ».

Selon lui, il en résulte une double caractéristique :

« *Le national-socialisme ne veut pas d'une industrie légère de série, dirigée par une nouvelle caste spécialisée qui supplanterait les cadres traditionnels et produirait une nouvelle distribution des pouvoirs et des strates de classes, ainsi qu'une nouvelle idéologie de « consommation » ; le nationalisme ne veut pas d'une nouvelle société libérale. La stratégie expansionniste ne sera pas celle du Capital mais de la Nation. La conquête du marché, du débouché, sera occultée par la conquête territoriale (espace vital). L'industrie de guerre contribuera à se détourner définitivement de la production de série (équipements et consommation) ».*

Cette structure du mode de production du national-socialisme, toujours selon Clouscard, se vérifie par :

« - La contradiction géopolitique (Prusse, Ruhr),

- la crise économique de 1929 (le fascisme donne du travail aux chômeurs),

- l'histoire du national-socialisme (les fluctuations politiques internes : nuit des Longs Couteaux, liquidation des S.A.),

- l'affrontement avec l'autre production : en une première période, le national-socialisme triomphe du capitalisme concurrentiel libéral (France) de par son industrialisation plus avancée, en un second stade, le nationalisme trouve ses limites internes (l'argent américain qui avait relancé l'industrie de la Ruhr fait défaut, les ressources pétrolières sont insuffisantes, pas d'empire colonial pour s'approvisionner) et se fait écraser par l'industrie lourde de l'URSS et des USA. La défaite du fascisme débloque à nouveau l'expansion économique du capitalisme : le néo-libéralisme (libéralisme radical) sera le passage du mode de production de série des biens d'équipement et de consommation comme exploitation capitaliste des nouvelles forces productives. C'est le mode de production paradoxal pour le capitalisme : il consacre un progrès technologique et scientifique dû à l'expansion des forces productives, qui met en question les superstructures du capitalisme traditionnel. »

Cette analyse, certes synthétique, à laquelle on doit ajouter la dimension raciste, antisémite et homophobe du nazisme, permet néanmoins d'entrevoir les mécanismes économiques et géostratégiques complexes qui ont pu motiver l'option fasciste d'une partie du grand capital en crise au 20ème siècle. Mais en quoi ce corpus doctrinal national-socialiste a à voir avec le national-populisme xénophobe des partis d'extrême droite aujourd'hui ? Leurs imprécations (arrêt de toute forme d'immigration, renvoi des étrangers, hostilité à la société multiculturelle, affichage d'une « *préférence nationale* », dénonciation des partis traditionnels combinée au souhait de renforcer la démocratie référendaire au détriment de la démocratie représentative, etc.) font-elles pour autant de ces partis extrémistes des fascistes patentés ? Avant de répondre, notons tout d'abord quelques apparentes contradictions dans leur stratégie géopolitique : alors que les uns s'affichent ultra-libéralistes en clamant la réduction minimum de l'État et sa fonction redistributive, les autres prétendent s'opposer à la mondialisation et au libéralisme. Mais cela est moins clivant pour eux que ne sont rassembleurs leur anticommunisme respectif, leur encrage chrétien, leur haine de l'étranger, leur opposition à tout contre-pouvoir (surtout syndical) et à toute forme de supranationalité : Union européenne et OTAN (tout du moins dans le discours) à la base de leur idéologie « nationaliste ». S'ils veillent à ne pas être soupçonner de connivence à l'égard du national-socialisme, *a contrario* de certains partis d'extrême droite des pays baltes qui considèrent les complices des nazis comme des patriotes ou du parti néonazi grec *Aube dorée* qui vient d'obtenir 18 sièges au parlement et l'appui de 25% des militaires du pays, ouvertement racistes, prônant la violence, et néanmoins autorisés par l'État et l'Union européenne, pour autant, leur volonté est bien de se coordonner à l'échelle européenne et internationale dans le but d'instaurer des régimes nationaux garants de la pérennité du capital. Le fond commun de tous ces partis n'est autre que de tromper les peuples frappés par la crise structurelle du système et de se poser en gardiens de classe irrédentistes et xénophobes du capitalisme et de « ses territoires », tout en réhabilitant leur conservatisme bigot. Pour l'heure, il semble que le Grand Capital, tout en maintenant plusieurs fers au feu, s'appuie préférentiellement sur les conservateurs et le courant social-libéral[†], plutôt que sur ces mouvements qui cachent sous un nationalisme affiché leur vraie visée fasciste que nous devons démasquer, combattre et neutraliser.

[†] La conversion du courant social-démocrate au social-libéralisme pose, à terme, la question de la pérennité ou non de la position antifascisme dont il était porteur avant son ralliement intégral au capital.

III
La social-démocratie

1 - Bases historiques et évolutions

Naissance de la social-démocratie

La social-démocratie est au départ une appellation du mouvement socialiste international fondé en 1889 dans lequel différents courants marxistes et anarchistes cohabitaient. Mais son origine en serait plus précoce. Elle remonterait à la révolution de 1848, date à laquelle le contenu révolutionnaire des revendications sociales du prolétariat prit une tournure plus parlementariste à la suite d'idées portées par une coalition de petits bourgeois et d'ouvriers. Ces orientations, reprises par Bernstein, font à nouveau débat au congrès de l'Internationale socialiste de 1899 et visent à remplacer la lutte des classes contre la bourgeoisie possédante et son pouvoir d'État par une stratégie réformiste. Ces idées, bien que battues en brèche par ce même congrès, feront l'objet de différentes refondations jusqu'à la première Guerre mondiale qui provoquera une grave crise de la social-démocratie dans la deuxième Internationale, ayant pris le nom d'Internationale socialiste. La majorité de la social-démocratie, prônant l'union sacrée avec leurs gouvernements respectifs engagés dans le conflit, écartera la minorité qui s'y oppose. Cette scission donnera naissance, entre 1915 et 1921, selon la situation politique des divers pays, aux partis communistes d'Europe qui se regroupent en mars 1919 à l'initiative du parti bolchevik dans la troisième Internationale. La social-démocratie est alors assimilée à une dérive déviationniste droitière ou centriste par rapport au marxisme. Les termes de « *sociaux traîtres* » ou « *social chauvin* », alors utilisés pour caractériser la social-démocratie, prendront une connotation plus belliqueuse après que les dirigeants du Parti social-démocrate allemand (KPD) firent exécuter sur ordre du gouvernement qu'ils dirigeaient les Spartakistes révolutionnaires, Rosa Luxembourg et Karl Liebknecht, suite à une insurrection manquée.

2 - Rôle historique jusqu'à nos jours

L'impossible réforme

La social-démocratie a-t-elle réellement tenté de réaliser le socialisme par la démocratie et la réforme ? À la lumière de son parcours historique, on ne peut qu'en douter. Le grand problème de la social-démocratie avant 1914 était de se doter d'une politique proprement socialiste, entre République et Révolution. Sa position par rapport à la guerre de 1914 a répondu à la question de façon dramatique. Même si, après 1918, elle a cru trouver dans l'application du modèle réformiste la solution à sa crise identitaire, cette illusion passagère, mais suffisamment durable pour la porter plusieurs fois aux affaires, fut trop décisive pour masquer sa duplicité, surtout à l'heure où elle se démarque entièrement de toute référence anticapitaliste et cherche une nouvelle identité en se tournant résolument vers l'Europe libérale. Afin d'éviter toute impartialité, revisitons ce qui fut une de ses avancées les plus emblématiques : le modèle suédois. Quelque peu en marge économiquement et culturellement de l'Europe, la Suède, qui a peu d'industrie au début du 20ème siècle, enfermée dans une sorte de protectionnisme et de neutralité, est un terrain propice aux idées marxisantes prônant une certaine modération idéologique. C'est en 1936 que le parti social-démocrate suédois occupe totalement le pouvoir politique. Il le gardera quasiment s'en discontinuer jusqu'en 2006. En près de 70 ans, on ne peut pas dire que la social-démocratie suédoise ait manqué de temps pour parvenir à installer le socialisme par la réforme. Mais la réalité politique est tout autre. Ses gouvernements successifs, appuyés par de nombreux syndicats et une administration toute puissante, ont laissé la plupart des entreprises sous droit privé, le reste appartenant à l'économie mixte. Néanmoins, certains observateurs politiques prétendent qu'ils ont fonctionné sur le principe de l'État providence avec une forte tendance à l'interventionnisme. Raison de plus, dirons-nous, pour avancer vers le socialisme. Lorsqu'un gouvernement a le pouvoir légal de décider, si les travailleurs l'appuient et que la situation économique, politique et sociale lui est favorable, pratiquement aucun domaine ne devrait être laissé aux opérations du marché (rappelons pour mémoire les déclarations de Léon Blum en 1936 sur la nécessité d'appropriation des moyens de production et d'échanges pour instaurer le socialisme). Ne nions pas cependant les avancées à mettre à l'actif de la social-démocratie suédoise : éducation, sécurité sociale, logements, retraites, etc. Mais observons aussi, la crise aidant, que beaucoup de ces acquis sociaux sont remis en cause. La mondialisation sonne brutalement le glas de « l'État omniprésent ». Nous sommes en droit de nous demander alors : que reste-t-il du « modèle » suédois aujourd'hui ?

Dans le même esprit, peut-on citer un seul exemple dans la construction européenne (alors que la social-démocratie en fut longtemps le leader) de positions communes élaborées en accord avec l'Internationale socialiste qui allaient à l'encontre d'une gestion loyale du capital ? Qu'il s'agisse des différents traités européens, franchement antisociaux : Rome, traité de fusion, acte unique, Maastricht,

Nice, la social-démocratie internationale les a toujours approuvés, même et y compris celui de Lisbonne que des peuples avaient pourtant massivement rejetés. De la France mitterrandiste aux autres pays européens : Belgique, Portugal, Espagne, Allemagne, Danemark..., en passant par le régressif épisode blairiste (pendant lequel l'économie n'est, selon lui, ni de droite ni de gauche), à la Grèce d'aujourd'hui, avec cet inqualifiable épisode Papandréou (Président de l'Internationale socialiste) et sa clique liquidatrice des droits sociaux, services publics et autres acquis protecteurs, l'histoire de la social-démocratie n'est qu'une lente et pathétique affaire d'accompagnement libéral du capitalisme dans sa course effrénée aux profits, contraire aux intérêts de classe des travailleurs. Sauf à considérer le triste épisode chilien où le traître et fasciste Pinochet, par CIA interposée, plaça la social-démocratie marxisante en phase avec le peuple opprimé, tout indique que ce courant politique n'est, globalement, qu'une variante de la droite libérale qui occupe le pouvoir en alternance à travers le monde aujourd'hui. Dans ce contexte historique, et sauf à interpréter les positions des différents partis communistes d'Europe et d'ailleurs comme un progressif glissement vers la collaboration de classes, comment comprendre leur illusoire recherche d'alliance politique avec la social-démocratie ? À ce stade, on ne peut que porter crédit à l'œuvre de Clouscard qui avance la thèse d'un nouveau système de gestion politique et social, appuyé par la social-démocratie libertaire, mis en place depuis les années 1940 pour éponger les surplus du capital et accompagner ses crises.

En abandonnant ainsi sa fonction historique originelle, la social-démocratie entreprend un changement de nature, eu égard à l'idéologie à laquelle elle s'identifiait à sa genèse. Cette évolution, qui verra sa trajectoire déboucher sur une « disjonction » entre ses choix politiques et les attentes de sa base historique, est une des caractéristiques fondamentales de son parcours réformiste. Ce « désengrenage » entre les dynamiques sociales et revendicatives du monde ouvrier, d'une part, et l'affirmation politique de la social-démocratie, d'autre part, est d'autant plus palpable que sa possibilité de gestion gouvernementale est forte. Dans ce divorce, qui s'opère entre elle et son assise populaire, s'intercale son déplacement naturel vers le centre, rendu d'autant plus probable que la base de son action réformiste va toujours dans le sens d'un soutien accru au marché libéral. Même si de multiples organisations culturelles ou syndicales contribuent à façonner son identité sociale, elles n'interviennent qu'à la marge du cadre institutionnel. Centrée autour de réformes plus sociétales que sociales, elle est incapable d'orienter concrètement ses programmes en direction des luttes conséquentes qui auraient pour objet de combattre les effets dévastateurs des politiques néolibérales. Ainsi, la principale problématique que la social-démocratie doit résoudre pour garder son champ d'influence parmi les couches populaires tient à sa capacité ou non à se positionner en tant que force politique capable de se battre contre les énormes pressions financières, économiques et sociales du néolibéralisme en crise. Cela supposerait une révolution intellectuelle dans la façon de penser son combat contre la politique du capitalisme. Mais face à sa profonde crise identitaire, certains de ses idéologues préconisent de ressourcer le projet social-démocrate dans l'histoire des Lumières et de la pensée libérale. Selon eux : « *Les idées de Paine et de Condorcet soulignent une communauté de problèmes entre l'époque de la Révolution et la nôtre : la mondialisation financière, la domination de la puissance impériale britannique et la régulation du commerce international figuraient déjà au premier plan de leur préoccupations politiques. Si Paine et Condorcet ne livrent pas forcément de réponses à nos problèmes, c'est la dimension philosophique et civique de leur programme qu'il s'agit de redécouvrir pour rajeunir la social-démocratie. Tous deux furent convaincus qu'un projet républicain pouvait concilier les promesses de bien-être de la société commerciale et les aspirations émancipatrices de la démocratie. Alors que la lutte contre la pauvreté est pensée le plus souvent de nos jours sous l'angle unique de la réinsertion des individus sur le marché du travail, le projet social-démocrate concevait à ses origines la politique sociale à l'intérieur d'un projet d'émancipation des citoyens (...). La politique de réduction de la pauvreté, objectif prioritaire des années Blair, a certes connu des résultats significatifs, mais l'Angleterre est encore loin d'un modèle de société sans pauvreté. Les objectifs du programme de Paine et Condorcet sont donc plus que jamais d'actualité, comme en témoigna la publication, peu de temps après celle du livre de l'historien britannique du plaidoyer optimiste de l'économiste américain Jeffrey Sachs en faveur de la lutte contre la pauvreté, parallèlement au lancement de la campagne internationale Make Poverty History en 2005.* » Voilà comment l'esprit révolutionnaire des Lumières est réinterprété par les nouveaux idéologues de la social-démocratie pour justifier leur adhésion progressive à l'idéologie libérale. Si un doute subsiste encore dans votre esprit quant à sa probable régénérescence marxiste, la teneur de ses projets vous aura certainement éclairé. Tout comme cette brève synthèse historico-politique, ils nous montrent comment l'idéal réformiste, pensé au départ comme une lente progression vers le socialisme, en est arrivé par soumissions successives au capital à inverser son objectif. Aujourd'hui, son idéal politique n'est plus de s'appuyer sur la réforme pour atteindre le socialisme mais d'en user à bon escient pour pérenniser le capitalisme.

IV
L'écologie politique

*1 – Naissance de l'écologie politique**

Nous n'allons pas faire ici l'exégèse de l'écologie politique. Nous nous en tiendrons seulement à l'interprétation politique et sociologique de sa stratégie globale. Il est plus intéressant pour notre analyse prospective de chercher à comprendre l'esprit idéologique qui anime ce courant de pensée, plutôt que de nous appesantir sur l'histoire de sa naissance politique.

L'écologie politique, en tant que courant de pensée se positionnant à partir des enjeux écologiques, s'est plus largement diffusée à compter des années 1970. Ce mouvement, nourri d'influences diverses (féministes, tiers-mondistes, pacifistes, non-violents, libertaires, socialistes auto-gestionnaires, scientifiques, etc.), s'investit politiquement lorsque les questions de la survie de l'espèce humaine lui apparaissent conditionnées par le monde productiviste qui le décale de plus en plus de sa vision culturelle du quotidien. Dès lors, il s'écarte de cette sorte de pseudo-culture occidentale judéo-chrétienne selon laquelle l'homme, étant au centre de l'univers, peut maîtriser la vie et les forces de la nature, mais aussi de l'humanisme de la Renaissance et des Lumières, pour lequel celui-ci est placé au centre du monde. Paradoxalement, certains sociologues font remonter cette prise de conscience politique de l'écologie au sein des divers courants de pensée chrétiens, franciscains et autres, voire même aux influences naturistes et végétariennes, en partie issues du mouvement anarchiste. Mais au-delà de ces considérations philologiques et existentialistes, la prise de conscience politique de ce mouvement est surtout à rechercher dans la révolution industrielle occidentale, à la source des transformations urbanistiques responsables des dégradations ponctuelles, puis plus globales, de l'environnement humain et naturel.

Cette recherche de l'empreinte polluante de l'organisation humaine sur le milieu et ses conséquences sur les aspects structurels, économiques, sociaux et sociétaux (énergie, habitat, santé publique, transport, emploi, etc.), est une des réflexions qui animent l'écologie politique. C'est en ce sens que l'on peut parler d'un mouvement social et politique qui a pour objectif de transformer la société par une vision écologique du réel face aux réalités. Plus qu'une politique, on

---

* Nous ne nous intéressons pas ici aux diverses formes d'organisation de droite, prétendument écologiques comme ARES (également appelée Confédération des Centres), NED, etc., qui ne s'appuient pas sur une pratique militante, mais œuvre plutôt au sein des institutions de l'État.

peut considérer son combat comme une éthique comportementale des individus aspirant à une plus grande harmonie, autonomie, solidarité et responsabilité. Elle espère même une sorte de révolution copernicienne qui permettrait de mieux cerner les effets des activités anthropiques sur le vivant et le cycle des ressources naturelles, ainsi que leur impact pour les générations futures. En cela, elle se rapproche d'autres mouvements environnementalistes qui s'intéressent plus spécifiquement aux conséquences de la pollution anthropique sur l'écosystème. Inscrite dans la lignée des théories issues du mouvement ouvrier, de la démocratie républicaine, du socialisme, du féminisme, du régionalisme et de l'anarchisme, l'écologie politique va progressivement s'engager dans des actions sociales et sociétales plus globales visant à remettre le citoyen au centre du débat politique après les évènements de mai 68 et le premier choc pétrolier (selon la terminologie capitaliste). Dans ce cadre, peut-on parler d'unité théorique à l'intérieur du courant de l'écologie politique ? Alors que certains chercheurs la présentent comme proche du marxisme tout en intégrant le concept de rapport humanité/nature, d'autres, dans le prolongement du féminisme, la rapproche des théories du « *care* » en opposition à l'État providence, d'autres encore la rattache à la décroissance et au spiritualisme d'une écologie plus profonde, d'autres, enfin, la situe dans le courant libéral de l'économie de marché ou plus radicalement sur des bases gauchistes. Mais ces divers courants, apparemment hétéroclites, se retrouvent tous sur des principes de base similaires : interactions de l'individu avec son propre milieu en coordination avec les autres citoyens de la planète, actions sur les différents systèmes politiques pour modifier les modes de production et préserver la nature. Seule change la façon d'agir pour faire évoluer ces systèmes.

Si l'on fait fi de certaines organisations non gouvernementales, qui ont vocation d'agir sur le terrain de la protection de l'environnement (telle Greenpeace, par exemple, avec ses 3 millions d'adhérents donateurs) et qui ne se présentent pas comme des courants politiques *stricto sensu*, seul le parti des Verts connaît une affiliation de caractère international. En 2001, les représentants des partis Verts de 80 pays ont signé une charte commune, à Canberra, *la Charte des Verts mondiaux*. Celle-ci repose sur quatre piliers : la démocratie, le pacifisme, la justice sociale, l'écologie. Prendre en compte les régions naturelles, limiter les changements climatiques, protéger la nature, sont considérés comme indispensables au maintien d'une vie harmonieuse et censés fournir des thématiques neutres pour la résolution des conflits. Pour les Verts, la paix et l'écologie sont indissociablement liées.

La plupart des Verts des pays adhérents, après avoir été une force d'opposition (plus particulièrement dans les années 80), sont devenus peu à peu des partis de gouvernement. Déjà en 1979 à Lausanne, un représentant des Verts siégeait au Conseil national suisse. Depuis, de nombreuses participations des Verts à des gouvernements réunissant des libéraux ou des sociaux-démocrates, allant du centre-droit (comme en Lettonie en 2002) au centre-gauche (comme en Italie en 2006) ou à gauche (comme en France en 2002 et 2012), ont vu le jour, la participation la plus significative étant celle d'un Vert au poste de ministre des affaires étrangères dans la coalition avec les sociaux-démocrates allemands de 1998 à 2005.

2 – Anticapitalisme ou réformisme ?

Même à considérer l'idéologie inspirée de l'écologie sociale mise sur pied par l'américain Muray Bookchin dans les années soixante (lequel s'appuie à la fois sur l'anarchisme de Kropotkine et sur le communisme des premiers écrits de Marx) comme un courant de pensée proche des idées anti-marché, il n'y a pas parmi les organisations se réclamant de l'écologie une réelle opposition au capitalisme. D'autant que ce courant de pensée, vers la fin des années 90, s'apparentera beaucoup plus à un mouvement d'action institutionnalisée autour du concept de démocratie municipale qu'à celui d'anti-capitalisme. Quant au collectif qui s'est constitué au milieu des années 2000 autour de l'idée d'écosocialisme, cherchant à concilier deux projets politiques en une version tendant à transformer radicalement la société, il demeure pour l'instant marginal.

Inutile de nous étendre sur les principaux leaders d'Europe Écologie, pour lesquels la question de leur adhésion au capitalisme et à l'économie de marché est si clairement affichée qu'il serait inutile de feindre de s'interroger. Passons plutôt par la case « altermondialisme », plus intéressante à analyser. Ce mouvement apparemment hétéroclite qui met en avant, face à une logique de mondialisation néo-libérale, les valeurs que l'on retrouve chez les Verts (démocratie, justice économique, protection de l'environnement et des droits humains) est en fait relativement homogène, même s'il oscille entre un réformisme autour de la «Taxe Tobin», surtout porté par l'association Attac, et un « imaginaire de la rupture » autour du slogan « Un autre monde est possible » ou plus récemment encore « D'autres mondes sont possibles ». Nous aurions tendance à répondre : Soit ! Mais de quels autres mondes vous dites-vous les porteurs ? Une partie de la réponse se trouve contenue en creux dans la liste des revendications qui leur sont communes :

- Contestation des statuts, de l'organisation interne et des politiques mondiales de l'OMC, du FMI et de l'OCDE ;
- Plus de démocratie, de justice économique, d'autonomie des peuples ;
- Arrêt de la surexploitation des ressources naturelles : surpêche, pétrole, eau douce, etc. ;
- Protection de l'environnement et des droits humains fondamentaux ;
- Recherche d'alternatives globales et systémiques à l'ordre international de la finance et du commerce.

Ce mouvement, qui prend racine dans les années 80 en se mobilisant surtout contre la dette des pays du tiers monde, prend son essor en Europe, aux États-Unis et en Corée, dans les années 90, autour des thèmes de la précarisation du travail et la remise en cause de la protection sociale. Il se fait surtout connaître par de grandes manifestations médiatisées : Forum social mondial alternatif

(Seattle), Forum économique mondial (Davos), Forums sociaux mondiaux (Porto Alegre, Bombay), Forum social européen (Florence), Forum social des États-Unis (Atlanta), etc.

Soutenu par certains dirigeants des PMA (Pays les Moins Avancés) et pays non-alignés, l'altermondialisme résulte de la convergence et de la multiplicité de mouvements d'horizon très divers : communistes, anti-capitalistes, antilibéraux, écologistes, objecteurs de croissance, localistes, protectionnistes, anarchistes, socialistes, etc. La plupart des tendances s'accordent sur un compromis que l'on retrouve chez les « réformateurs modérés », partisans du libre-échange, mais aussi sur la base d'un marché régulé selon les impératifs sociaux et environnementaux, parmi lesquels le principe de souveraineté alimentaire. Nous avons là une partie de la réponse sur les questions qui restent encore posées au sein même du mouvement : faut-il jouer un rôle antagoniste au néo-libéralisme, comme l'était le communisme face au capitalisme, ou bien être une force d'opposition et d'adaptation à l'intérieur du système actuel ? Comme pour le moment la plupart des organisations alter-mondialistes se refusent à créer un parti, ce mouvement reste axé sur son rôle de contre-pouvoir et acteur social qui, autour des groupes de pression citoyens, en appelle à l'opinion publique pour aménager le système en place.

Afin de ne pas être accusé de partialité, venons-en à présent aux thèses les plus radicales du courant de l'écologie politique pour éclairer la question de son choix anticapitaliste ou réformiste. Certains animateurs de l'écologie politique issus du courant marxiste viennent d'inventer un nouveau concept : « Le réformisme radical ». Belle trouvaille. Comme l'« *utopie concrète* », ce concept est, selon leurs auteurs : « *(...) une des caractéristiques les plus importantes du positionnement politique de l'écologie. Plus importante même que la question « à gauche », « ni droite ni gauche », ou « ailleurs.* » Et ils poursuivent ainsi la réflexion : *« Bien au-delà des droits de l'homme ou de la redistribution des richesses, du pouvoir et de la propriété, l'écologie politique exige une transformation profonde de la vie matérielle, de la façon de produire, de consommer, de partager la vie de la communauté. En ce sens, elle apparaît comme plus « radicale » (allant plus à la racine des choses) que toutes les idéologies progressistes antérieures (...) Du mot « radical » à « révolutionnaire », il n'y a qu'un pas que l'on franchit facilement quand on parle de « révolution énergétique », « révolution des transports » ... Mais en français, le mot révolution est connoté non par ses buts (que l'on relègue dans les adjectifs : révolution socialiste, révolution démocratique...) mais par ses moyens que l'on oppose à « réforme ». La révolution, c'est violent, rapide, extra-institutionnel et parfois sanglant. La réforme, c'est progressif, pacifique, négocié dans un cadre institutionnel avec des moyens de pression non violents, même s'ils sont extralégaux : campagnes de presse, manifestations, boycott, élections, négociations contractuelles. Les valeurs de l'écologie politique poussent clairement au choix de la réforme si, par ce mot, on s'oppose à la révolution brutale (...) »*

Nous pourrions croire, à la lecture de ces quelques lignes écrites par les adeptes du « réformisme radical », qu'il s'agit en fait de nous éclairer sur leur adhésion à la démocratie et à la non-violence comme moyens de résoudre les conflits sans endosser les « coûts collatéraux d'une révolution violente ». Eh bien non ! Il ne s'agit pas que de cela. Puisqu'ils précisent vouloir « *un développement soutenable, une croissance sélective ou solidaire* », qu'ils ne se « *définissent pas nécessairement comme anti-capitalistes* ». Ce qui les amène à proposer « *des politiques qui éloignent de la droite politique et mettent en question la liberté d'agir du capitalisme.* » Alors l'écologie politique est-elle pour le capitalisme ou pour le réformisme ? Dans l'immédiat, la réponse est contenue dans leur discours. Mais à terme, la lutte à nos côtés sur des bases de classe n'est pas à exclure.

V
L'écomunisme

Préambule

Nous voilà arrivés au cœur du développement du concept d'*écomunisme*. Quand bien même nous aurons à revenir sur les deux modèles antagonistes que sont le communisme et le capitalisme, ainsi que la social-démocratie et l'écologie politique, la connaissance que nous en avons dès à présent est suffisante pour permettre une bonne compréhension de notre orientation politique. Il eût été trompeur de donner à croire à un paradigme sorti du chapeau, comme s'il préexistait en dehors de la confrontation entre deux classes : la bourgeoisie et le prolétariat.

Si l'*écomunisme* – vous le comprendrez sans doute mieux dans ce qui suit – ne se veut refondateur d'aucun courant de pensée révolutionnaire, il ne peut nier néanmoins l'intérêt politique de les connaître tous. Dans le fond, il n'existe pas d'idée vierge. Toute recherche philosophique n'est que le prolongement d'un long chaînon historique auquel tout corpus idéologique immanquablement et malgré lui se rattache. En ce sens, et même si l'*écomunisme* propose de construire d'autres formes de rapports humains, il ne veut nullement s'affranchir du communisme en tant que pensée philosophique.

1 – Prémices d'un nouveau courant de pensée révolutionnaire

Je rentre du Laos. Ce que je redoutais intuitivement se vérifie. Tous les régimes qui se réclament du communisme ne sont que de pâles *remakes* du capitalisme décadent, coercition d'un État au parti unique en plus. Corée du Nord mise à part (ici la stigmatisation du communisme est telle que la confondre avec les avatars des autres régimes s'en réclamant serait faire injure au concept même), de la Chine au Vietnam, en passant par Cuba, nous assistons au lent, mais bien réel glissement de la dictature prolétarienne vers ce que Clouscard qualifie de « *social-démocratie libertaire* ».

Cela choquera vraisemblablement quelques oreilles encore sensibles à une possible régénérescence communiste en ces pays, mais c'est provisoirement une réalité qui s'impose. Certes, le temps d'une alternance entre parti du centre-gauche ou centre-droit et parti de la droite ultralibérale, comme il en va dans la quasi-totalité des « démocraties » capitalistes occidentales à travers le monde, n'est pas encore venu, mais il adviendra d'autant plus vite que l'idéologie de la social-démocratie libertaire sera en capacité de juguler partiellement ou pas la crise structurelle du capital mondial.

Clouscard a compris et analysé avant les autres pourquoi le « *malaise civilisationnel* » reconnu par tous n'est pas perçu comme enjeu ultime de la lutte des classes. Lorsqu'il dénonce l'idéologie de la classe dominante à l'étape du CME (Capitalisme monopoliste d'État), qui est la négation de l'éthique immanente au procès de production en son principe de réalité (c'est bien le travailleur qui produit l'ensemble des biens spatio-temporels de la cité que la bourgeoisie et les classes moyennes ne font que consommer), il nous révèle que, pour rester dans ce non-su et ce non-dit de l'exploitation du producteur, il lui faut une base politique en capacité de suturer ce hiatus par la constante promotion d'une inter-subjectivité capitalistique qui couvre tout le champ d'une conscience et d'une sensibilité du futile et du désir. C'est cette idéologie que concrétisera la social-démocratie libertaire. Car cette base consubstantielle de l'inter-subjectivité capitalistique, qui a su digérer pour subsister ce que Clouscard désigne sous le terme générique de *quartier* : esprit de négation de la réalité du père bourgeois supposé entraver la contestation libertaire du fils (surréalisme, existentialisme, psychanalyse, freudo-marxisme, structuralisme, nouveaux philosophes) imposant ainsi la culture du futile et du désir en lieu et place de la lutte des classes, en est arrivé par glissements successifs à ce que je qualifie à mon retour du Laos *d'enjeu parabole*.

Depuis l'étape du CME, qu'est-ce qui a changé ? Qu'est-ce qui nous permet de substituer le concept générique de *quartier* par celui plus énigmatique encore d'*enjeu parabole* ? À n'en point douter, le procès de production. Clouscard avait bien compris que le changement culturel et sociétal qu'il qualifiait de néo-fascisme et d'idéologie du désir n'était qu'un effet suturant du passage du CCL (Capitalisme concurrentiel libéral) au CME. Et que l'élément central de tout cela n'était autre que les nouveaux moyens de production offerts au capital par la révolution industrielle et technologique pour accroître le profit. Mais les contradictions de cet accroissement du capital, qui conduit à la mondialisation de l'économie, nous font passer dans un autre univers, témoignant d'une dynamique ascendante et contradictoirement d'une crise économique sans précédent consécutive à une surproduction résultant d'une concentration des moyens de production et d'échanges entre les mains de grands groupes internationaux d'une puissance inégalée. En l'espèce, la suturation du non-su et du non-dit ne peut se cantonner à la consommation libidinale et ludique de la seule bourgeoisie et des couches moyennes, mais doit être globale et toucher, sans obérer la plus-value, toutes les classes sociales, d'où la nécessité de *l'enjeu parabole.*

À l'étape du CMMC (Capitalisme monopoliste mondial en crise), pour maintenir au mieux la plus-value, la séduction « *pour le sujet du désir* » doit toucher toutes les classes sociales. Mais seules la bourgeoisie et la partie des couches moyennes qui n'auront pas été balayées par la crise auront concrètement accès à ce type de consommation. Tous les autres en seront réduits à « consommer » son image virtuelle. L'illusion de la consommation libidinale et ludique à travers la parabole comme masque de l'extorsion de la plus-value par la surexploitation du producteur, voilà la nouvelle ruse du capitalisme. À cette étape du CMMC, *l'enjeu parabole* a une double fonction : éloigner le plus possible le travailleur du principe de réalité (la lutte des classes) et lui donner à croire à l'accessibilité future de la grande illusion consumériste.

Parcourant le Laos, nous avons pu constater ce contraste saisissant qui donne à voir des antennes paraboliques aux côtés des plus misérables « maisons » de fortune, fabriquées de bric et broc avec bambous tressés et tôles en tout genre, que nous pourrions considérer comme un progrès au même titre que le raccordement par petites touches des habitations au réseau électrique. Mais l'énergie électrique comme dimension du progrès technique ne saurait être confondue avec l'antenne parabolique, objet de propagande capitaliste, quand bien même cette dernière a besoin d'électricité pour fonctionner. Malgré le dénuement dans lequel se trouve la plus grande partie de la population laotienne, des signes d'amélioration sont perceptibles dans le développement des infrastructures et des équipements du pays, en particulier le réseau routier, alors que la réponse aux réels besoins des populations : santé, éducation, logement... n'est toujours pas à l'ordre du jour. L'équilibre du capitalisme en recomposition dans les anciennes dictatures communistes, tout comme celui du capitalisme permanent des pays occidentaux, tient à ce paradoxe fragile : une propagande suturante diffusée par la parabole dépassant les outils du *quartier* chers à Clouscard.

Dans *Le frivole et le sérieux* Clouscard a défini le premier niveau de ce fonctionnement idéologique à partir de trois types de pouvoirs : « *Celui de l'être de classe, ontologie opaque et quasi irréductible, dont le père est le sombre gardien. Celui du savoir de classe, dont le mandarin est l'officiant aussi naïf que retors. Celui de la mode culturelle, redoutable pouvoir terroriste des mandarins de la nouvelle bourgeoisie, dont le freudo-marxisme est la plus répandue des expressions. L'Être, le Savoir, la Mode : les trois règnes de la bourgeoisie qui savent interdire, selon la savante stratégie de la contradiction interne, la science marxiste. Ces trois règnes, qui bien sûr sont tout-puissants en leur territoire, ont inventé la règle d'or de la stratégie de classe : déplacer le pouvoir selon la conjoncture, en privilégiant l'un ou l'autre des règnes, mais de telle manière que la somme des trois pouvoirs soit constante. Au niveau de la tactique, cela s'appelle diversion, manipulation, provocation, etc.* »

Le résultat de *l'enjeu parabole* est celui d'un modèle où le genre de vie « surpasse » tous les autres, à commencer par ceux venus du procès de production. Il tend à s'organiser en une idéologie globale où le sexe et les différentes classes d'âge : enfants, adolescents, seniors, deviennent des centres d'intérêts spécifiques, en même temps qu'une caste d'intellectuels patentés et d'artistes à gages se mettent au service de cette idéologie. Le dernier tube à la mode, *Vidéo Games*, interprété par la nouvelle chanteuse américaine Lana Delray, est une illustration quasi-poétique de cette idéologie du désir. En voici un court extrait : « *...Chanter dans l'ancien bar, balançant les vieilles étoiles, qui vivent pour la gloire. Embrasser dans le bleu foncé, jouer au billard et aux fléchettes* *sauvages, des jeux vidéo. Il me tient dans ses gros bras, il est ivre et je vois les étoiles, tout cela est je pense. Regarder tous nos amis tomber, penchés hors des vieilles voitures, c'est mon idée du plaisir. Jouer aux jeux vidéo... »*

Ainsi se constitue un immense service de propagande sous label récréatif et publicitaire qui couvre presque tout le champ culturel. Comme le souligne Clouscard, le droit à la consommation libidinale, ludique et marginale devient liberté identifiée selon le système libéral : liberté qui se confond avec libéralisation. Voilà le nouveau coup de bluff du néo-capitalisme. Par la radicalisation de la social-démocratie libertaire, le système tend à neutraliser le danger fasciste et marxiste, créant ainsi une barbarie plus moderne : *« celle du désordre radical de la société civile (...) permettant à l'impérialisme économique – celui des multinationales – camouflé sous le modèle de consommation libertaire, d'écarter le contrôle des états nationaux et l'opposition politique organisée, institutionnelle (...) Par la séduction de tout individu, quel que soit son rôle dans le procès de production. Par le modèle de consommation libertaire. À l'usage de la vie privée (...) Cette stratégie devrait aboutir à la « classe unique ». Celle de « la nouvelle société » perfectionnée. Celle de la 3e Voie, 3e Force. Celle du triomphe de la logique du libéralisme (...) Cette stratégie a une portée universelle. Elle est d'abord projet de société, en tant que modèle valable pour toutes les sociétés « post-industrielles ». Mais encore et surtout elle est projet de civilisation ».*

Avec ce système, le capitalisme pourra-t-il gérer la crise mondiale structurelle actuelle ? Pour surmonter les crises intermédiaires (sectorielles et conjoncturelles), il alternait jusqu'ici austérité et croissance : petit coup de frein et petite relance, mais le voilà contraint au grand coup de frein et à la récession. Sa solution finale à toute crise de civilisation par le *« marché du désir (...) la fin de l'histoire comme pourrissement de l'histoire »* atteint sa limite. *L'enjeu parabole* prend ici le relais : le virtuel libidinal et ludique en guise de consommation. Plus encore que la consommation-transgressive et la marginalité issue du *quartier*, *l'enjeu parabole* vise les lois même de l'ignorance qui renvoient à un mécanisme implacable, celui du destin : ce refus du savoir qui se soumet à l'ordre des choses, une sorte de néant de classe. C'est de l'ordre du tragique.

L'enjeu parabole est le dispositif même de la dénaturation de l'individu, de l'idéologie collective, de l'hégémonie de l'image qui, se substituant à la réalité, supplante l'homme producteur ; dispositif où le journaliste et la vedette, issus du formatage de l'idéologie capitaliste, deviennent plus crédibles, voire plus puissants que le politique lui-même. Ce dernier intériorise peu à peu la fonction de communication jusqu'à exister davantage par l'image qu'il projette que par les idées ou le programme que son parti est censé représenter. De même que le capitalisme voudrait remplacer le citoyen par le consommateur, la vidéopolitique tend à remplacer la vie politique. La culture de la privatisation transforme l'acte politique en un échange et une négociation d'intérêts. Non seulement le marché réduit les États et les politiques, mais il s'empare de la société civile et de l'ensemble des citoyens en les formatant à la logique de ses propres ambitions de pouvoir et de profit.

Cette technofascination de masse subordonne la réalité sociale à l'inéluctable loi du marché à travers des supports technologiques qui permettent de relier la raison instrumentale au désir individuel. L'arsenal de communication coexiste désormais avec l'affaiblissement du service public : l'information écrite ou télévisuelle est de plus en plus disponible alors que l'enseignement dispensé par l'éducation nationale se dégrade. La multiplication des signes codifiés par la technofascination participe au déficit des profondes valeurs symboliques. La convergence entre société de marché et pseudo-rationalité technologique crée un monde parallèle : celui des personnes qui accèdent peu ou pas à l'offre illimitée des biens élémentaires et des avoirs, exclus endémiques d'une information honnête et rare qui leur permettrait de prendre les décisions éclairées du citoyen.

Mais ces logiques, que met en œuvre le marché, se greffent sur un mouvement qui vient de plus loin et qui est plus profond : celui de la déresponsabilisation de l'individu que la société capitaliste cultive davantage qu'aucune autre société ne l'a fait avant elle. Elles se manifestent par la défense du droit à avoir une vie privée et l'intrusion dans la vie privée. Cet apparent paradoxe sous-tend en fait la privatisation de la vie dans sa conception néo-libérale (avec tous ses corollaires : croissance des inégalités, concentration du revenu, réduction des des dépenses sociales, détérioration de la scène publique, etc.), qui va jusqu'à la détérioration des représentations collectives conduisant l'individu à se désintéresser progressivement d'un projet commun minimum. Ainsi le droit à la vie privée a été considéré comme l'un des plus importants au cours de la mise en place des nouvelles technologies de la communication. Sphère privée repensée, bien sûr, dans la perspective d'un repli familial et du narcissisme faisant du « moi » la valeur suprême au détriment de l'homme public, du citoyen. L'espace privé occupé par la télévision, surtout dans les pays ayant un espace social déstructuré, est proportionnel à l'absence de démocratie et de négociation des conflits sociaux, comme cela est le cas au Laos, pour ne prendre que cet exemple.

Ces moyens de communication de masse sont devenus de puissants agents d'une sorte de culture-monde, le plus souvent dépourvus de mémoire historico-territoriale, exclusivement liés à l'expansion du marché, avec des espaces temporels de plus en plus courts, précaires, et dotés d'une souplesse capable d'assimiler des peuples issus de cultures diverses. Ils comportent des codes narcissiques qui réduisent l'importance du caractère territorial et des différentes identités nationales. Les technologies de la communication : satellites, informatique, télévision etc., rendent de plus en plus opaques le monde des échanges mutuels. Cela résulte du marché mondial qui cherche à unifier et non à unir, avec un esprit de domination plutôt que de vraie liberté, avec un esprit de compétition plutôt que de coopération.

La mondialisation se confond alors avec la standardisation des différents domaines de la vie et devient le fruit contaminé de la révolution technologique qui transforme les producteurs, ayant partiellement perdu le sens de la réalité, en consommateurs de représentations imaginaires et de style. Culte d'un présent continu qui s'épuise et s'efface en une suite d'événements qui ne parviennent pas à se cristalliser dans la durée, étant là comme pour souligner l'affaiblissement progressif de la lutte sociale et le développement du droit narcissique de l'individu. Culte de l'image et de la voix médiatique qui parle au nom d'un sujet social désunifié et hors du champ collectif, pris dans le spectacle d'un pouvoir mercantile et un simulacre de démocratie où tout n'est que farce, colère, et métaphore de ses réelles frustrations.

Mais qu'on ne s'y trompe pas, la recherche du spectaculaire est moins l'effet du message médiatique que la forme même d'un message politique séparé volontairement du tissu social de référence, les partis étant eux-mêmes devenus des sujets à traiter parmi d'autres événements spectaculaires. Le média aujourd'hui ne se limite pas à véhiculer ou à traduire les représentations de la futilité omnisciente, il constitue une scène fondamentale de la vie publique. C'est à travers lui que l'exhibition politique se fait. À la tradition du peuple qui descendait dans la rue revendiquer ses droits, se substitue peu à peu l'expérience d'une abstraction socialement non représentable. La fragmentation de la citoyenneté est alors prise par le marché qui, par l'intermédiaire de la parabole, se met au service de la politique pour y jouer un rôle de médiateur. Ainsi, la place centrale occupée par le discours des images – depuis les nouveaux médias, la publicité, jusqu'aux affiches de toutes sortes et les graffitis – traduit la maladie incurable de la décadence capitaliste dont le vice provient prioritairement de la pseudo-démocratie nord-américaine où la concession à la barbarie de cette époque masque, avec les images, son absence d'humanité.

L'enjeu parabole est donc la flexibilité même dont rêvait le capitalisme pour tenter de contenir la crise mondiale. Influx universel du message libéral libertaire, du satellite à la fibre optique, du câble au réseau numérique, production de masse de tout un ensemble encodant : nouvelles transmissions visuelles et acoustiques, sophistiquées à l'infini, que la parabole relie tout à loisir, symboliquement. Selon le niveau de développement et de récession de l'espace territorial auquel il s'adresse, il est tout à la fois diversion et temporisation consumériste, objet du désir et satisfaction partielle du désir, esthétisation de la consommation libidinale et ludique, marginalisation du procès de travail, illusion individuelle et orientation du mode de consommation. Il est le type même d'une norme aliénante qui donne à croire à la nécessité de la restriction pour le travailleur et à l'abondance pour la minorité bourgeoise. Mais le mode de consommation, fût-il virtuel, n'est jamais qu'un effet du mode de production. Par conséquent, à terme, la cause devrait supplanter l'effet.

Clouscard avait imaginé que la crise structurale du CME déborderait les blocages et neutralisations de la social-démocratie qui prétendait résoudre le problème de la croissance, que le capitalisme en crise frappant tous les secteurs : cadres, employés, ouvriers, paysans (y compris ce qu'il appelait les surplus culturels et démographiques du tertiaire parqués dans les universités), devrait se confronter à la prise de conscience du travailleur collectif. C'était sans compter sur l'enracinement et l'élargissement du modèle global de récupération idéologique de l'ensemble des producteurs (y compris les ouvriers) grâce à *l'enjeu parabole*. Non seulement, à l'étape du CME, le capitalisme a réussi à déjouer la crise systémique, mais il est en passe de renouveler l'opération à l'étape du CMMC. Certes, le moment viendra où le décalage entre l'illusion de la consommation et la satisfaction des besoins vitaux des producteurs sera tel qu'ils n'auront d'autre choix que de tenter d'inverser le cours des choses. Mais faute de véritable projet idéologique de remplacement et malgré le traumatisme de l'événement, la crise ne pourrait être ressentie que par ses seuls effets économiques sans remettre en cause l'ensemble culturel homogène social libertaire d'avant celle-ci (la faillite argentine des années 2000 a déjà connu ce type de scénario). Après une phase de révoltes, probablement sanglantes, comme celles qui se sont déroulées dans les dictatures des pays arabes jusqu'alors soutenues par le capitalisme mondial, le retour à la case départ est plus que probable. Telle est la stratégie du capitalisme mondialisé face à la nouvelle crise structurelle globale.

Le deuxième ressort de cette dégénérescence annoncée tient à la crise des modèles idéologiques (liée essentiellement à l'effondrement du « socialisme réel »), qui entraîne une déficience des schémas d'interprétation de la nature politique et économique du système capitaliste et de la lutte des classes tels que nous les avons décrits dans les chapitres précédents.

Comme nous l'avons développé dans *La vie et la mort du socialisme réel*, sur le plan général, et même s'il ne s'agit pas d'un phénomène historique passager, cette crise est souvent rattachée à celle du format *récusatoire* absolu qu'est devenu le stalinisme. Sorte de théorisation cherchant dans les actions politiques de Staline une cohérence dans son esprit, située à l'opposé d'un schéma authentiquement dialectique et tendant à montrer sa philosophie comme une sorte de réflexion primaire, un ensemble de vues théoriques et une méthode de pensée qui dénaturent le sens originel du communisme. Or cette vision accusatoire néglige la question plus fondamentale encore de la responsabilité de l'ensemble du système d'organisation communiste international, à la source même du phénomène stalinien. Car dans le corpus de l'être social, préfiguré par ce modèle, la tendance à regarder l'activité économique comme un domaine essentiellement soumis à un déterminisme rigide, gouverné par des lois quasi-naturelles, l'éloignait d'autant plus de l'organisation confraternelle du communisme théorique que l'homme producteur était traité en simple rouage du pouvoir. L'erreur d'avoir perçu l'activité productive comme une « seconde nature », comme un champ purement matériel, loin du champ de la conscience du peuple réduit à un simple rôle d'agent exécutif, est sans doute la cause majeure de l'échec du déterminisme stalinien. Tout comme les autres activités humaines, l'activité productive est guidée par le finalisme de la conscience. Elle contient aussi un caractère « idéal » et non une abstraction purement physique. Soulignant cela, nous voulons mettre en relief le caractère idéologique et la dimension fondamentale de l'excellence « humaine » et non exclusivement « naturelle » dans l'acte de production. Il n'y a pas de place au calcul manipulateur dans la mise en commun des outils de production pour répondre aux besoins des peuples, ni à l'occultation des valeurs humaines qui sous-tendent la raison économique (même réduite à la raison technologique). Il faut qu'ils interagissent avec d'autres types de valeurs, à commencer par les valeurs éthiques. De ce point de vue, le capitalisme, qui réduit l'acte de production au seul impératif du marché, sans tenir compte de la dimension éthique et humaine, se condamne lui aussi à terme à la finitude de sa profonde inanité. C'est dans ce contexte insolite, où la récupération idéologique de la crise de surproduction marginalise le procès de production, où sa causalité peut maintenir le modèle impérialiste de consommation, où l'effondrement du modèle communiste est en marche, que nous proposons de sortir du capitalisme. À l'étape du CME, Clouscard entendait jeter les bases théoriques d'un nouveau progressisme. À l'étape du CMMC, l'*écomunisme* pourrait bien ouvrir la voie d'une nouvelle phase historique. Voilà pourquoi il est nécessaire de connaître les raisons de l'échec du « socialisme réel » et la stratégie du capitalisme mondialisé. Cela nous permet de proposer les fondements de l'*écomunisme* en tant que contre-projet global à la crise et à l'échec de ces deux modèles. Il ne s'agit pas d'une ruse langagière pour paraphraser le communisme mais d'une nouvelle façon de concevoir les rapports de l'homme à la société et à la nature. Il ne s'agit pas non plus de mettre un peu d'écologie par-ci et un peu de démocratie par-là (fût-elle citoyenne), pour dépasser le marxisme-léninisme, mais de repenser les rapports sociaux de l'homme dans l'intervalle du passage à une société non marchande. Pas plus que la dictature étatique (fût-elle du prolétariat) et la compréhension théorique du communisme n'ont pu venir à bout de l'esprit de compétition généré par des siècles de concurrence marchande, le volontarisme révolutionnaire ne saurait suffire à changer durablement la société. Le partage libérateur ne peut être qu'un long processus et, pour l'atteindre, les bases émancipatrices qui le portent doivent non seulement s'appuyer sur la sagesse et l'entraide, mais sur l'apprentissage concret de sa mise en œuvre à toutes les étapes de la société fraternelle que nous voulons construire.

2 – Les fondements du concept d'écomunisme

À ce stade de sa théorisation, il nous a semblé plus éclairant de le définir en dix idées forces et de les présenter sans fioriture superflue. Pour rendre compte d'un nouveau projet politique qui s'essaie à nous sortir de cette prédestination de classe à laquelle nous voue irrémédiablement la société du profit, il est préférable de faire preuve de concision que de prolixité

1) L'évolution est inéluctable, pas le progrès

Depuis son apparition il y a environ trois milliards huit cent millions d'années, la vie n'a eu de cesse d'évoluer en de multiples branches qui constituent la biosphère actuelle, rassemblant plusieurs millions d'espèces et des milliards d'individus. Pourquoi cette évolution ? À n'en point douter, parce que les molécules qui renferment les informations du patrimoine génétique des organismes vivants, l'ADN, ont acquis spontanément, par leur nature physico-chimique, la propriété de se reproduire et de se dupliquer. Mais comme cette reproduction de l'information ne se fait pas toujours à l'identique, cela provoque des mutations.

La vie a évolué et continue d'évoluer à la fois par le hasard de ces mutations et les nécessités des contraintes du vivant. Elle est donc un compromis entre la mécanique implacable de la répétition de son patrimoine génétique et l'histoire de ses environnements, au demeurant forts contraignants. L'évolution des espèces est donc contingente. Le poids de l'histoire y joue un rôle aussi important que sa propre logique interne. Elle dépend de tous les événements antérieurs qui se sont produits au cours de l'ensemble de ses tribulations biosphériques.

L'homme en tant qu'être vivant n'échappe pas à ces contingences et doit comprendre que ce n'est pas nécessairement l'espèce la plus complexe qui triomphe lors des changements drastiques des conditions physiques à l'échelle des biotopes et des écosystèmes. Faibles ou forts, les individus disparaissent puisque la sélection naturelle n'a pas le temps de trier les espèces qui sont les plus aptes dans un milieu où les conditions externes fluctuent. Ce n'est pas la loi du plus fort ou du plus grand qui triomphe, c'est celle du hasard génétique. La biodiversité a donc toujours besoin de l'adaptabilité la meilleure pour évoluer. Par conséquent, quelles que soient les contraintes anthropiques que l'homme fait (ou fera) peser sur la biosphère et quelles qu'en soient les conséquences pour lui-même, l'évolution ne saurait être stoppée par des contingences proprement humaines. Ainsi, toutes les espèces sont en interaction non seulement avec les paramètres de leur environnement physique, mais avec leur environnement biologique. Voilà pourquoi l'inéluctable évolution du vivant ne recouvre pas spontanément la notion de progrès. L'histoire de la vie témoigne d'un chemin discontinu, mêlant innovations et pertes – un chemin souvent erratique et parfois réversible.

Puisqu'il apparaît que l'évolution biologique ne recoupe pas spontanément la notion de progrès, qu'est-ce qui témoigne du progrès ? Quel en est le sens ? Comment le définir ? Pour mieux éclairer ce qu'il est, montrons tout d'abord ce qu'il n'est pas. Revisitons ce qui, encore proche de nous, préfigure s'il en est le monde de la régression. Témoignons d'une époque où le capitalisme prédateur s'en est retourné aux âges les plus sombres de la barbarie. Un monde dans lequel les bien-pensants se piquent à juger les travailleurs comme étant les fils maudits d'une idéologie collectiviste, présentée parfois comme plus dévastatrice encore que celle qui engendra l'Allemagne nazie. En d'autres termes, témoignons d'une époque qui a fait du progrès, non pas un projet qui aurait pu améliorer la condition humaine, mais un objet de sa jouissance personnelle et de l'oppression collective. Époque où, par-delà les murs de l'orgueil humain, les siècles d'évolution technique et scientifique ont été impuissants à tuer, à travers l'esprit du Capital, nos instincts de mort. Cette assertion revêt selon nous une importance capitale. Elle témoigne qu'une société au sommet de la science, de la puissance industrielle et technologique, n'empêche pas la classe dirigeante, l'élite intellectuelle et le peuple, de verser dans la dégénérescence et la barbarie. N'en déplaise à notre esprit cartésien, qui ne peut admettre qu'il n'existe aucun lien de nécessité entre progrès intellectuel et technique d'une part, et progrès politique et moral de l'autre, la preuve est faite qu'une communauté humaine peut avancer à reculons. C'est pourquoi nous ne saurions laisser l'homme obéir à la mécanique inhumaine et sans conscience du système répressif de la mondialisation capitaliste.

Parce que cette civilisation de l'accaparement, affichée hors de la raison, a oublié un être sans lequel il est vain de penser le progrès : l'Homme, nous voilà réduit à l'absolu de la matérialité et non incité à voir en l'humain une fin en soi, un indépassable horizon. Notre vie n'est pas qu'affaire de matérialité. Elle est aussi et surtout le possible de l'amour, du courage et du sens. Elle nous murmure qu'il n'est pas d'avenir en progrès sans la poursuite imaginative de la Raison pure. Voilà pourquoi la science et la technologie entre les mains du Capital peuvent nous rendre cyniquement inhumain. Voilà pourquoi le progrès ne peut être que ce lent processus de recherche et de compréhension de ce qu'il y a d'humain à créer pour et avec les autres. Mais le volontarisme pur et dur ne peut nous empêcher de reculer sous les coups de boutoir de l'égoïsme utilitariste et futile du capital. Il faut pour cela que l'homme récuse collectivement les prétendues fatalités que sont les lois du marché ou l'emprise idéologique de *l'enjeu parabole*, comme nous l'avons vu précédemment, et qu'il s'implique dans l'action jusqu'à la dissolution de tous les pouvoirs dans le grand bain de la mondialisation. C'est pourquoi nous devons mettre en avant des principes intangibles et valables pour tous les êtres humains (comme le respect de la vie et de la nature, l'incitation à la sagesse et à la raison) et agir collectivement pour montrer en quoi le progrès technique entre les mains du Capital contribue à maintenir les peuples dans des situations où ces conditions préalables ne seront jamais remplies.

Puisque nous avons la capacité de créer toutes les technologies de la pseudomodernité capitaliste, pourquoi n'aurions-nous pas celle de rendre plus belle la vie ? Plus vaste que la seule notion de développement matériel, retrouvons la vraie valeur du progrès qui rend l'homme plus humain quand il travaille à construire un humanisme en progression. Emparons-nous de cette philosophie qui rend la vie plus riche parce qu'elle nous invite à travailler ensemble à la construction d'un avenir meilleur sur le chemin de la connaissance et du partage. Ainsi redéfini, nous comprenons mieux pourquoi la promesse d'une amélioration de la condition humaine, qui demeure un horizon à conquérir, a du sens. Car s'il importe de repenser le progrès en termes de valeur humaine, le dilemme fondamental n'est pas entre l'optimisme béat du progressisme et la désespérance nihiliste d'un possible retour meurtrier, mais entre les mains de qui échoient la science et la technologie pour que celles-ci contribuent à satisfaire les vrais besoins de l'humanité. Et si, ainsi défatalisé et entre de bonnes mains, le progrès matériel conserve malgré tout un avenir, encore faudra-t-il qu'après l'euphorie technoscientifique du passé, les hommes qui l'engendrent voient en lui un outil au service des hommes et non un nouveau moyen de les asservir.

Puisque le progrès ne s'exprime que dans un mouvement collectif qui l'engage vers un dessein réellement humain, comment aller dans cette direction ? Car science et technique peuvent croître par elles-mêmes, selon la logique qui veut qu'une découverte en entraîne une autre et s'ajoute à elle, l'ensemble, au fil du temps, ne pouvant que grandir et se développer en une sorte de croissance accumulative, une dynamique faite d'exigences et de dépassements inscrits dans la concurrence capitalistique même comme projet historique funeste, condamné à la seule « nouveauté » qui n'est que progression technique et non progrès. Or on constate de nos jours, une négation des valeurs collectives et de la valeur sociale du travail qui ne provient pourtant pas d'une dégénérescence qui leur est propre, comme si elles avaient perdu toute utilité, mais du modèle capitaliste lui-même, en particulier la domination inconditionnelle du règne de l'argent. Ainsi, la justice sociale, qui présuppose la garantie d'une égalité des moyens d'existence, se confronte aux questions de la rentabilité. Les salariés s'inquiètent des machines susceptibles de les remplacer. Des hommes exploitent d'autres hommes, accroissant leur pouvoir sur la nature, souvent sans autre souci que la satisfaction de l'*ego*, assignant au développement technologique des objectifs uniquement centrés sur l'idéologie du désir et de la profitabilité.

Est-ce là notre destinée ? Reconnaissons-nous en cela le vrai visage du progrès ? La seule universalité du progrès à laquelle nous pouvons adhérer, c'est lorsqu'il répond au niveau de culture et de satisfaction des besoins fondamentaux de l'homme, quand il sert à la production raisonnée de la terre et à notre protection contre les forces de la nature, en un mot : quand il devient utilement humain. Voilà pourquoi nous devons devenir, pour l'atteindre, cette force imaginative nouvelle, capable de se sentir acteur autonome, prête à prendre en main sa propre destinée.

2) La complétude de l'idéal du bonheur ne peut advenir dans un monde mercantile et concurrent

S'il ne semble pas réaliste de dire *a priori* ce qui est bon pour l'homme (rappelons que le bonheur ne se décrète pas), rien ne nous empêche en tout cas d'en rechercher quelques pistes parmi les valeurs qui le fondent. À moins d'affirmer comme l'eût fait La Palice : « l'idéal du bonheur, c'est de ne pas être malheureux », et d'en compléter l'interrogation par la négative : le bonheur, c'est de ne pas être privé de liberté, c'est de ne pas connaître l'ennui, la douleur, le stress, l'angoisse, la peur, la frustration, l'indignation, l'insatisfaction, l'impuissance, la dépression, etc., on comprend qu'il est d'autant plus difficile de donner des « recettes » du bonheur que ce dernier exige, quoi qu'il ne s'y réduise pas, l'accord harmonieux et durable entre des aspirations et un vécu. Or la diversité de ce à quoi un être humain peut aspirer est immense, même si la liberté, mais aussi pour certains la richesse et le pouvoir, n'en sont pas totalement exclus. Cependant, nous sentons bien que si nous restons prisonniers des concepts culturels petits bourgeois en dehors de toute dimension collective, nous passons à côté de l'essentiel : le vrai bonheur humain naît avant tout de l'action collective et de l'amour partagé. Conscients que, parmi nos traits spécifiques, l'altruisme et le partage sont au cœur de notre humanité, nous devons oser le bonheur au-delà de nos désirs égoïstes et additionner nos potentialités pour explorer ensemble tout le possible de l'aventure humaine.

Le contre-exemple de cette recherche ouverte et salutaire du bonheur est tout entier contenu dans la nature concurrentielle et profiteuse du capitalisme qui porte en elle les germes aliénateurs de l'exploitation. Elle est contraire aux équilibres sociaux et réduit la culture et le progrès technique à de simples valeurs de compétition marchande. Le véritable processus d'humanisation ne peut advenir dans un monde mercantile et concurrent puisqu'il subordonne nos singularités aux seuls enjeux du gain et du profit. En prendre conscience, c'est comprendre du même coup que toutes les potentialités de nos capacités cognitives, capables de conférer à nos actes leur pleine maîtrise, sont gaspillées à ce « jeu » dégradant, que le seul corpus pour lequel nous devons accepter de les mettre en mouvement doit être véritablement humain, que la complétude de l'idéal du bonheur par le partage est d'autant moins illusoire qu'elle n'est pas exclusivement soumise à l'appréciation de la qualité de nos réalisations personnelles, mais intrinsèquement dépendante de celles d'autrui. Penser nos échanges et nos relations en dehors de la contrainte profiteuse du capitalisme revient à poser un regard fraternel et humain dans le regard de l'autre et à s'approcher de la dimension hautement sociale de *l'homme global*. Seul l'homme collectif, libéré de la société de classes, de la concurrence marchande et d'un ordre fondé sur la recherche exclusive du profit, peut faire fi de l'argent et partir plein d'espérance à la découverte d'un monde dans lequel il y a plus à gagner à être heureux ensemble qu'à avoir plus, seulement pour soi.

3) La pensée marxiste est incontournable mais non suffisante pour démonter tous les ressorts du capitalisme

Les crises structurelles cycliques de surproductions, inhérentes au capitalisme, portent en elles les contradictions majeures des déséquilibres économiques, sociaux, culturels, humains et les conflits d'intérêt à la source des conflits armés régionaux, mais aussi ceux plus globaux, quasi inéluctables. Pour en démonter et en combattre les mécanismes, l'analyse marxiste est certes incontournable, mais non suffisante.

N'en déplaise aux doctes économistes adeptes du néo-libéralisme, les mécanismes internes au capitalisme demeurent immuables. Dans son analyse économique, Marx démontre que ceux qui créent les richesses ne sont pas ceux qui possèdent le capital mais bien ceux qui vendent leur force de travail. Or cette force de travail, achetée par le capitaliste, a pour caractéristique de créer une valeur supérieure (survaleur) à celle qui est nécessaire à sa reproduction : la plus-value (désignée à tort par les économistes libéraux non comme la richesse effectivement créée mais comme valeur ajoutée). C'est donc bien une définition concrète de l'exploitation de l'homme par l'homme que Marx nous donne à comprendre. Il souligne également, qu'en achetant cette force de travail, le capitaliste fait une bonne affaire, car non seulement il achète et s'approprie le travail de l'autre, mais il s'approprie en même temps ce qu'il ne paie pas, à savoir cette plus-value produite par le travailleur qui en est dépossédé. Ainsi, la preuve est faite, démasquant par là même la duperie du capital, que le capitaliste obtient, en vendant la marchandise fabriquée par le travailleur, une somme bien supérieure à l'investissement qu'il a dû faire pour acheter les machines et la force de travail. Quand Marx postule que pour en finir avec cette exploitation, source de l'accumulation et de la formation du capital, il faut que les travailleurs se réapproprient ce dont ils sont spoliés, n'indique-t-il pas le bon chemin à prendre pour sortir de l'aliénation ? Il en va de même de la pertinence de son analyse quant aux mécanismes porteurs de la crise structurelle consécutive au capitalisme, ceux-là mêmes qui nous sont donnés à voir aujourd'hui et sur lesquels nous nous sommes déjà étendus.

Voilà, s'il était nécessaire, le rappel des points fondamentaux grâce à quoi on peut dire que la théorie économique de Marx est incontournable.

Alors pourquoi prétendre malgré tout qu'on ne saurait s'en tenir à cette seule pensée ? Tout d'abord, parce que les conséquences de la surproduction capitaliste sur la vie des travailleurs ne se cantonnent pas aux seules réalités économiques. Elles interagissent plus largement avec les aspects sociétaux qui se traduisent, sous la coupe du courant libéral libertaire, par la paupérisation sociale et culturelle tout en masquant les enjeux de classes de la crise structurelle. Les travaux de Clouscard à propos du *Capitalisme de la séduction* et de l'*Idéologie du désir* précédemment cités, ainsi que nos propres analyses sur *l'enjeu parabole,* soulignent bien ce manque dans la théorie marxiste. Par ailleurs, les questions posées par l'impact significatif de l'ensemble des activités anthropiques sur l'écosystème doivent être entièrement reformulées, malgré les préceptes avancés par Engels dans son ouvrage *Dialectique de la nature*.

Nous devons y ajouter les nouveaux enjeux géostratégiques, avec leur cortège de contradictions issues de la mondialisation concrète du système capitaliste, poussant les va-t-en-guerre, sous la houlette des États-Unis – ce garant mortifère de l'accumulation des profits et du pillage des ressources du monde – à trouver dans les conflits militaires le désamorçage de la crise de surproduction. N'oublions pas que l'armée américaine – cet instrument de la Race des seigneurs contre les Damnés de la terre – a comme principal concurrent économique la Chine et, sur un autre plan, la Russie qui dispose d'énormes et incontournables réserves minérales. Bien que cette dernière se dise présentement nationaliste, la Chine se prétend encore marxiste, ce qui crée une situation quasi inédite dans ce contexte global de libre marché que Marx eût bien été en peine d'imaginer.

Le décryptage nécessaire de ces enjeux géostratégiques nous donne à comprendre que si l'empire américain avance ses pions selon la stratégie du mitage, consistant à garantir son leadership mondial et son approvisionnement énergétique à partir d'interventions militaires, sous prétexte (naturellement fallacieux) de sécurité intérieure ou atomique et avec la mise en place de régimes politiques issus de la bourgeoisie affairiste corrompue et sous contrainte politique, c'est aussi parce que d'autres forces étatiques et économiques, également corruptrices, sont à l'œuvre sur l'échiquier international. Actuellement, sans doute pris de court par les « révolutions » arabes et contraint par sa propre crise économique, l'Empire invente l'intervention par tiers interposés, comme cela vient de se faire en Libye et comme il s'y essaie à nouveau en Syrie. Tout cela, bien évidemment, est accompagné par la CIA, laquelle travaille à la mise en place et au maintien d'une nouvelle classe affairiste, tout aussi corrompue.

Avec la Chine, c'est une autre histoire. N'ayant pas atteint un niveau d'armement lui permettant, face aux États-Unis, de garantir son approvisionnement énergétique et agricole, elle pratique non pas la stratégie du mitage militaire, mais celle du mitage territorial par rachat de terre dans et hors sa zone régionale d'influence (Afrique et Amérique du Sud en particulier), accompagnée de celle du mitage économique en installant ses propres « comptoirs » commerciaux à l'intérieur de ces mêmes zones. Quant à sa consommation pétrolière, c'est essentiellement l'Afrique qui y pourvoit.

Pour ce qui est de la Russie, c'est au niveau de ses colossales réserves naturelles (gazières en particulier) et celui de son armement (toujours conséquent malgré l'implosion soviétique et la parcellisation étatique) qu'il faut en rechercher les enjeux. Pratiquant elle aussi l'intervention militaire directe pour garantir ses potentialités énergétiques (cas de la Géorgie) ou par intervention d'un tiers extérieur interposé (cas de la Tchétchénie où un despote tchétchène se charge, grâce à son aide économique et militaire, de la sale besogne), son ambition est d'empêcher l'influence de l'OTAN sur des pays considérés par elle comme faisant partie de sa zone d'influence et au-delà (pour certains politologues) de la future Grande Russie. De plus, le régime autoritaire russe a inventé l'oligarchie d'État (étatisation de la recherche et de la production des ressources minières, ainsi que la privatisation de la vente des produits valorisés et raffinés) à des fins d'enrichissement personnel. Ce qui l'amène à concocter des stratégies géopolitiques consistant à préserver cette énorme manne financière.

La situation de l'Inde est tout autre. « Coincée » entre deux puissances militaires disposant de l'arme atomique (la Chine au nord et le Pakistan à l'ouest), et bien qu'en disposant aussi, elle « s'abrite » derrière sa position de pays non-alignés, un peu comme le Brésil (membre informel), pour développer sa technologie et son économie et tenter de gérer son déficit énergétique, ainsi que son sous-développement structurel, en partie lié au surpeuplement. L'Inde, en pleine croissance et ayant des besoins énergétiques colossaux, lorgne, tout comme la Chine rivale, sur les immenses ressources africaines.

Quant à l'Europe, puissance économique et politique en déclin, elle s'abrite de plus en plus derrière les États-Unis (ce grand colosse aux pieds d'argile) pour gérer sa profonde crise structurelle. L'ouverture de son commerce intérieur et extérieur à la Chine et à la plupart des pays émergents, son adhésion (pour la

France, nous pourrions dire sa promptitude) à l'action militaire sur la scène internationale (en Afrique, dans les pays arabes ou en Afghanistan), ses velléités affichées contre l'Iran et la Syrie, ne la distinguent quasiment plus de la géostratégie de son mentor. À cela, on pourrait ajouter la montée des partis nationalistes : la Hongrie par exemple, où un quarteron de nostalgiques du fascisme et une chrétienté dirigiste gouvernent présentement le pays, voire la Pologne, qui semble prendre le même chemin.

Le Japon quant à lui, également en crise, bien évidemment, et toujours contraint par son « empêchement militaire », voit son rôle géopolitique cantonné pour l'essentiel à une exportation massive des biens de production de la technologie avancée et de la construction automobile, en accompagnement de la stratégique ultra-libérale étasunienne.

Nous n'oublions pas, bien sûr, le Proche-orient avec sa production de 35% du pétrole mondial et son état de guerre quasi incessant, généré pour partie par le conflit israélo-palestinien, auxquels s'ajoutent la crainte, à terme, d'une course à l'atome nucléaire entre Israël et l'Iran, la déstabilisation en cours du régime syrien et la victoire de l'islam politique dans les pays engagés voilà peu dans le « printemps arabe ». Tous ces éléments transforment peu à peu cette région en véritable poudrière et lui confère (triste sort) une place majeure dans la géostratégie planétaire.

Nous avons là, très sommairement décrit, l'essentiel des tensions géopolitiques. Il suffirait qu'à travers la crise mondiale du capitalisme, l'un de ces blocs parvienne à amoindrir, même partiellement, les énormes profits et le hold-up financier et social des oligarques véreux et autres potentats aux commandes, pour que de graves tensions militaires internationales resurgissent. C'est pourquoi l'*écomunisme* doit s'ouvrir à d'autres courants de pensée agissants pour mieux cerner ces enjeux et être en capacité de prendre en compte toutes ces menaces.

Enfin, et bien qu'à nos yeux les religions ne soient qu'un pur reflet du mode de production capitaliste, les problèmes liés aux contradictions internes des divers courants religieux sous l'effet de la crise, génèrent, sous couvert d'émergence cultuelle et culturelle, de vrais courants politiques agissant sur la scène internationale. Même si les Bolcheviks en leur temps avaient eu à affronter ces questions, allant jusqu'à garantir aux ouvriers musulmans de l'URSS leurs croyances et leurs coutumes dans des institutions nationales libres et inviolables, elles n'ont que peu à voir avec la survenue de l'islam politique[*] et de la chrétienté affairiste qui surréagissent aux nouveaux enjeux du libéralisme libertaire. L'islam politique, mouvement réactionnaire complètement enraciné dans la société contemporaine, avec ses objectifs sociopolitiques et économiques, est le signe du déclin des mouvements nationaux aux commandes au Moyen-Orient.

---

[*] Nous n'utilisons pas le terme « fondamentaliste islamique » parce qu'il est le produit d'une interprétation délibérée des forces réactionnaires qui entendent présenter volontairement une image trompeuse de l'Islam contemporain et des mouvements islamiques.

S'il est parvenu à apparaître sur le devant de la scène comme une alternative à la droite, c'est qu'une partie du pouvoir bourgeois à la tête des États moyen-orientaux a maintenu les travailleurs sous la domination de l'impérialisme américain. Mais aujourd'hui, en tant que tel, l'islam politique s'affronte et entre en compétition avec d'autres pôles capitalistiques (tout spécialement le bloc hégémonique états-uniens) pour défendre sa part de pouvoir et son influence dans l'ordre mondial. La question qui reste posée (et à laquelle la pensée de Marx n'a pas été confrontée) est celle-ci : jusqu'à quel point l'islam politique (à l'instar des autres religions) acceptera-t-il de devenir la composante reconnue, modernisée et assimilée, de la superstructure politique du capitalisme mondialisé ?

En ce qui concerne la chrétienté affairiste, que certains sociologues désignent sous le vocable « *d'éthique protestante et d'esprit du capitalisme* », pour laquelle il semblerait que « *le gain est devenu la fin que l'homme se propose* », elle n'entre pas non plus, tout du moins sur ce plan, dans l'analyse marxiste. En camouflant sa volonté de possession des richesses sous le prétexte que pour assurer son salut, il faut « *faire la besogne de Celui qui l'a envoyé, aussi longtemps que dure le jour (Jean IX)* » et que l'oisiveté est le plus grand des péchés, la chrétienté affairiste justifie le travail et l'exploitation de l'homme par le capitalisme bigot comme un signe d'être dans la grâce de Dieu. Cela vaut aussi pour les milieux affairistes catholiques, même si ces derniers prétendent être des représentants plus intériorisés de la piété chrétienne. Quant aux autres religions d'État, leur influence sur la scène politique régionale et mondiale est loin d'être négligeable.

Enfin, pour clore cette courte mise en perspective de la pensée de Marx avec les nouveaux enjeux capitalistes mondiaux, n'oublions pas les peuples, grands perdants provisoires en éveil sur le vaste échiquier politique, de la Chine en passant par la Russie, l'Inde, le Japon, le Brésil, l'Afrique et les autres pays, avec lesquels le Grand Capital, malgré sa morgue, devra bien sûr compter.

Voilà brièvement décrit comment ces nouvelles contraintes économiques, sociétales, politiques, sociales, culturelles, écologiques, religieuses, et géostratégiques, que le capitalisme mondialisé en crise entend imposer à l'ensemble des peuples exploités, obligent l'*écomunisme* à élargir son champ de réflexion au-delà de la seule pensée marxiste (pourtant incontournable).

4) Les contradictions surmontables des divers courants révolutionnaires

Les contradictions inéluctables entre les divers courants révolutionnaires, prêts à œuvrer pour sortir du système capitaliste, sont historiques et profondes. Mais comparées à l'impossible transformation du néo-libéralisme mondialisé par le réformisme de collaboration de classe, elles semblent surmontables. Il importe donc de les reconnaître tout en recherchant les points de convergence permettant la nécessaire action commune.

Commençons tout d'abord par lister ces courants révolutionnaires auxquels nous faisons allusion, sans pour autant prétendre à l'exhaustivité. Il s'agit globalement de forces politiques issues du communisme et du néo-communisme que l'on retrouve en ordre dispersé dans les groupements alter-mondialistes. Leurs points communs peuvent se résumer en trois idées fondamentales : distanciation des expériences sorties de la révolution bolchevique, identification du néo-libéralisme comme ennemi irréductible, volonté de refonder l'utopie égalitaire. Parmi eux, citons les identifiés marxistes : NPA, Lutte Ouvrière et autres trotskistes, PT (Parti des Travailleurs brésiliens), Rifondazione Comunista, PCF et autres partis communistes d'Europe ; les adeptes de la solidarité et du partage : Solidaristes, Anarchistes, ainsi que Justice et Paix et Théologie de la libération, issus du courant chrétien.

Si tous ces courants de pensée ont pointé la corruption, la politique politicienne, la barbarie, les injustices sociales, l'accumulation des richesses entre les mains d'un tout petit nombre de profiteurs comme éléments unificateurs, il n'y a pas consensus entre eux quant aux moyens à mobiliser pour dépasser ce cadre et aux contours de « l'autre société » à créer. Alors que certains s'affichent décroissants, tiers-mondistes ou multiculturalistes, d'autres, plutôt anticapitalistes, prétendent que la mort du communisme industriel, malgré ses dérives à combattre, a favorisé l'acceptation de l'enrichissement individuel sous toutes ses formes. D'autres encore se recentrent surtout autour de l'éthique du travail contre l'oisiveté de la bourgeoisie profiteuse. D'autres, enfin, s'affichent contre le communisme industriel et étatique et se replient sur l'idée de partage des ressources planétaires.

Leur division s'exprime également quant aux moyens à mettre en œuvre pour atteindre ces objectifs. Alors que certains ne renoncent pas à la thèse d'une révolution libératrice qui passerait par la prise violente du pouvoir, appelant même à refonder un nouveau internationalisme face à la globalisation marchande et militariste de l'impérialisme américain, d'autres rejettent toute idée de radicalisation et mise plutôt sur un mouvement social global dressé contre toutes les formes de domination et porté par un besoin de justice, de liberté, de fraternité, de respect de la nature et des êtres humains. D'autres encore, rejetant les thèses de la décroissance ou du sauvetage de l'État-providence, croient à la multitude des laissés-pour-compte que constitue le gigantesque exode de populations misérables, dont la volonté de mobilisation serait en attente d'une réelle structure partisane autour d'une base théorique commune. Enfin, certains pensent retrouver le chemin de la libération dans un égalitarisme où le producteur deviendrait le pilier de la nouvelle société vertueuse. En résumé, croissance ou décroissance, État Providence ou fin de l'État, violence ou mouvement social global, telles sont les principales dissensions de ces divers courants de pensée révolutionnaire.

Sans pour autant ouvrir une polémique stérile sur ces principales dissensions, tentons d'en discuter leur vraie nature :

- Croissance ou décroissance, dans quel but ? Croissance pour préserver le profit de la minorité des privilégiés ? Pour maintenir la production d'« objets du désir » au détriment des besoins fondamentaux de l'homme ? Pour un productivisme effréné sans tenir compte de la préservation des écosystèmes ? Objection ! Pour assurer un développement social et culturel utile à l'homme et son maintien en bonne santé tout en veillant aux équilibres naturels ? Soit ! Décroissance pour préserver la nature ? C'est à voir ! Pour une nouvelle production aménagée dans le cadre d'une société libérale ? Objection ! Dans le cadre d'un capitalisme régulé ? Objection aussi !

- État-providence ou fin de l'État, dans quel esprit ? État-providence dans la poursuite de l'économie néolibérale ? Objection ! Fin de l'État dans le cadre d'une société libérale autogérée mais ouverte au libre marché ? Objection aussi ! État coordonnateur de bases décentralisées et autogérées dans le cadre d'échanges non marchands ? Pourquoi pas ! Collectif coordonnateur d'espaces territoriaux et culturels autogérés dans un cadre non marchand ? Soit !

- Violence ou mouvement social global, quel est le bon choix ? S'il est fort probable que nous soyons tous d'accord sur l'idée que la plus grande violence de notre temps est celle générée par un marché capitaliste débridé, concentrant, comme nous l'avons déjà souligné, toutes les formes de conflictualité entre classes, nations, peuples, cultures, ethnies, communautés, religions, économies, ressources naturelles, etc., cela n'implique pas que nous partagions l'idée d'en faire usage à notre tour pour abattre ce système dangereux. Mais comme l'on considère que pour remettre en marche la société humaine, la seule voie demeurant ouverte est celle qu'offre le concept de révolution, alors nous voilà conduit à proposer les conditions de sa mise en œuvre et donc celle du remplacement d'un État capitaliste par un État différent. Si l'on tire la leçon des conflits historiques récents, on serait tenté d'affirmer que la « *démocratie représente la voie, la nécessité, le moyen et la finalité, de la révolution* ».

Et pourtant ! Qui peut dire quelle sera la réponse du Grand Capital en crise aux peuples humiliés et aux forces révolutionnaires en œuvre à leur côté pour construire une vraie démocratie ? Par ailleurs, ne sait-on pas que les gouvernements des pays les plus « avancés » (pour n'avoir pas à parler de ceux pour lesquels l'évidence antidémocratique s'impose à tous) sont passés maître dans l'art de la manipulation électorale. Outre le découpage tendancieux des circonscriptions, l'absence de proportionnelle, la prédominance de l'exécutif sur le législatif et le système judiciaire de classe, il convient de parler de l'énorme amplificateur de la propagande formatée et agissante qu'est devenu l'ensemble des outils technologiques constitutifs de l'*enjeu parabole*. Sans parler de la possibilité de passer d'un fascisme civil larvé à un fascisme plus musclé, tel qu'il apparaît déjà dans certains ex-pays de l'Europe de l'Est et qu'il commence à poindre en Occident. Par conséquent, gardons-nous de tout angélisme et contentons-nous d'observer que, tant qu'il se peut, la force tranquille du corps social global semble préférable à l'action violente, mais que la violence ne saurait être exclue de la nécessité des possibles, au cas où les conditions historiques dans lesquelles opèrent les forces révolutionnaires nous obligeraient. Pour conclure, et malgré les dissensions bien réelles que nous venons de pointer entre les divers courants révolutionnaires, les pressions énormes du Grand

Capital sur le corps social, le plus souvent secondé par la social-démocratie, ne laissent planer aucun doute quant à la nécessité d'action commune contre ce système oppresseur, d'autant que l'*écomunisme* se refuse à croire que l'uniformité politique serait le garant d'une révolution réussie.

5) Les limites du volontarisme, de l'éducation et les contraintes de l'étatisme

Pas plus que la dictature étatique et le système éducatif, qui n'ont pu venir à bout de l'esprit de compétition entre les individus généré par des siècles de mercantilisme inégalitaire et d'obscurantisme religieux, le volontarisme ne saurait suffire à changer durablement et profondément les rapports de classes instaurés par le capitalisme. Sans l'apprentissage quotidien d'une certaine éthique : recherche de l'esprit de justice, reconnaissance et valorisation de nos talents remarquables, répartition équitable des biens utiles, il est peu probable que nous soyons en mesure de générer le progrès social et culturel pour tous et de parachever la révolution maîtrisée.

Si l'on considère que seule la volonté humaine est capable d'imposer le changement, alors toutes les autres facultés qui peuvent agir sur le réel, sur les évènements, sur la société, ne comptent pas. S'il en va réellement ainsi, il ne reste plus qu'à reprendre la formule consacrée : « Seules les luttes sociales peuvent permettre de changer la réalité matérielle et, à travers leur multiplication et leurs convergences, balayer l'ordre capitaliste, ouvrir une véritable rupture révolutionnaire et créer une nouvelle société sans exploitation et sans domination. » De là à affirmer qu'aucun projet politique ne peut se réaliser sans le volontarisme, il n'y a qu'un pas. Nous pourrions également accorder la primauté à la volonté sur l'intelligence et à l'action sur la pensée intellectuelle. Il nous faudrait alors nier l'utilité des partis, rejeter le système électoral, considérer que toute organisation est l'ennemi de la liberté et des droits naturels, exclure toute forme de pouvoir politique, même issu des urnes, parce qu'il viole par essence la souveraineté de l'individu. Dans ce cas, notre volontarisme rimerait avec dirigisme et pourrait postuler que la volonté de l'homme l'emporte toujours sur la réalité des choses. Nous pourrions même, à la suite de l'anarchiste italien Malatesta, prétendre que : « L'histoire échappe à toute philosophie et à toute tentative de prévision et qu'il n'est donc pas possible de savoir quand la période est faste pour la révolution. Qu'il faut profiter de toutes les occasions. Que la révolution n'est pas un fait économique et social mais un acte de volonté. » Mais, vous l'aurez compris, nous n'adhérons pas totalement à ces idées et entendons en souligner les limites. Venons-en aux faits, car pour l'heure, le volontarisme libéral a remplacé le volontarisme révolutionnaire et cette volonté (si volonté il y a) a renforcé l'idéologie du désir et les technosciences qui l'y poussent. Une telle remarque peut paraître incongrue, tant on a associé l'idée de révolution à celle de lutte, d'action et de volonté. Le lumineux « Grand Soir » n'est-il pas tout vibrant de volonté ? Ce n'est pas que cet évènement en soi indispose, c'est que passé le moment de grand éblouissement, rien de vraiment révolutionnaire ne peut advenir dans la durée. Le retour en arrière est même plus douloureux que le point d'arrivée. Voilà pourquoi nous adhérons à l'idée de la révolution maîtrisée plutôt qu'à celle du volontarisme forcené.

Les limites du volontarisme étant posées, interrogeons-nous à présent sur celles concernant l'éducation, quand bien même il pourrait sembler paradoxal de prétendre éclairer un nouvel avenir sans introniser la connaissance au cœur de la Raison. Mais, à moins de croire à la fable : ils avaient tant appris que tous vivaient libres et paisibles, partageant même leurs richesses avec un peuple vertueux, on peut se demander sur quoi repose l'idée centrale de « l'école émancipatrice » avancée par certains « groupes révolutionnaires » ? Entendons-nous bien, nous ne mettons pas en question le principe d'instruction et d'éducation publique gratuite de tous les enfants et celle non moins utile de la combinaison d'une formation professionnelle avec la production matérielle. Nous ne réfutons pas non plus le concept d'éducation globale avancé par Marx : « *Derrière le mot éducation, nous comprenons trois choses : premièrement l'éducation intellectuelle, deuxièmement l'éducation physique, troisièmement une formation polytechnique qui transmet tous les principes généraux de tous les processus de production et qui en même temps introduit l'enfant et la jeune personne dans l'usage des instruments élémentaires de toutes les branches productives.* » Nous contestons uniquement l'idée que l'acquisition des savoirs (fût-elle la plus complète et la plus ouverte, prenant même en compte les principes de liberté, d'égalité et de fraternité) ne peut prétendre construire à elle seule le futur citoyen. Car cette construction dépend tout autant de l'ensemble des rapports sociaux et des expériences concrètes que de la capacité de la société elle-même en décalage entre les nobles principes accolés au fronton de l'école (quand bien même celle-ci s'évertuerait à les mettre en œuvre en son sein) et ceux pratiqués par la société sont trop grands, il est alors inutile d'espérer voir s'établir une symbiose formatrice entre l'enseignement des savoirs et la réalité de la vie. J'en veux pour preuve cette tentative avortée d'un projet éducatif préparant les jeunes générations à l'adhésion au « socialisme radieux » des ex-pays de l'Est. Que sont devenus les Merkel, Eltsine, Poutine et autres Walesa, nourris à la bonne éducation socialiste d'antan ? Que deviennent les jeunes technocrates de nos écoles (grandes et petites) de la République française et ceux des autres pays occidentaux, nourris et gavés à la formation libérale made in British ou USA ? Sans compter, bien évidemment, les milliers de laissés-pour-compte de cette éducation de classe. Non ! Qu'on se le dise : si l'école laïque publique et gratuite, ouverte à tous, est utile, nécessaire, indispensable, irremplaçable, elle n'est pas pour autant libératrice. C'est pourquoi on ne peut séparer le projet éducatif global et le quotidien de nos relations sociales, culturelles, fraternelles, qu'il nous faut construire à travers l'*écomunisme*.

Examinons à présent la question des contraintes de l'étatisme. N'est-on pas confronté aujourd'hui encore au renforcement inouï de l'État, malgré l'apparente contradiction entre abandon de « l'État-providence » et néolibéralisme forcené ? Nul besoin d'aller voir du côté de l'absence de pluralisme idéologique ou de la confiscation des libertés politiques et du contrôle des consciences dans tous les domaines : art, science… etc., voire le recours à la violence meurtrière, pour en critiquer les fondements. Le totalitarisme lui étant inconnu, Marx condamnait néanmoins les trois formes d'oppression de son époque : le despotisme bonapartiste, le prussianisme et le tsarisme. Dans ses deux essais polémiques : *Introduction à la critique hégélienne du droit et À propos de la question juive*, il condamne aussi les deux institutions qu'il considère à l'origine des maux et des tares de la société capitaliste : l'État et l'Argent. Mais qu'en est-il des contraintes de l'étatisme aujourd'hui ? Pour tenter d'y répondre, reprenons le concept de la vision rousseauiste : le pouvoir des peuples n'est pas réductible à une représentation ; l'élection, c'est l'angle par lequel on va vers la démocratie perdue, le chemin vers lequel la démocratie se dissout et s'oublie. Vision prémonitoire de ce qu'il nous est donné à voir dans les démocraties capitalistes actuelles. Pourtant, la représentation que certains se font de la démocratie n'est pas forcément négative. Ils s'imaginent qu'elle s'exprime à travers un appareil d'État qui exerce une fonction régulatrice dans la société humaine pour mieux coordonner ses efforts et améliorer nos conditions d'existence. Mais est-ce bien cela que nous connaissons ?

S'il est difficile d'accepter l'idée d'un État omniprésent et centralisateur, nous devons reconnaître que plus la société humaine s'agrandit, plus la nécessité d'en coordonner les actions se fait sentir. On ne peut envisager sérieusement, avec les sept milliards d'individus que compte la planète, une société sans véritable structuration comme cela se pratiquait et se pratique encore chez nos amis chasseurs-cueilleurs, quand bien même les structures politiques qui sont les nôtres aujourd'hui devraient être changées. Des formes d'organisation prenant en compte la diversité de toutes les sociétés sont nécessaires pour assurer une bonne coopération entre elles. Si l'on prend l'exemple du réchauffement climatique, on comprend bien que, pour tenter d'y remédier, des approbations et des initiatives communes devront s'accomplir par-delà les différences. Pour faire face à ces enjeux planétaires, l'organisation des sociétés (même envisagée sous l'angle d'une très faible centralité) est donc incontournable. En tout état de cause, et bien que celle-ci n'ait rien à voir avec l'imaginaire utilité de l'État, elle devra tenir compte dans sa dimension structurante de la nécessité de l'expression collective.

Puisque le principe de l'organisation sociale entre les individus et les entités collectives semble acquis, voyons quelle forme elle pourrait prendre en dehors de toute structure étatique, aristocratique, monarchique, tyrannique ou totalitaire. Insistons sur le fait qu'il s'agit de réfléchir à une organisation consciente, qui répond au libre choix des hommes qui la composent et au désir de tous, conjuguant intérêt individuel et intérêt collectif, capable de répondre en tant qu'entité politique, sociale et culturelle à l'ensemble des fonctions d'orientation et de partage des biens communs acquis par toute la société, afin de permettre un développement humain harmonieux. Le rêve dépasse sans doute la fiction, mais c'est pourtant bien ainsi que nous devons raisonner si l'on aspire à construire une société sans classe et sans État. En dehors du concept de démocratie, que nous reste-t-il pour échafauder la base d'une telle entreprise ? S'agit-il d'une organisation politique ? Car quels que soient les modes d'organisation d'une machine gouvernementale, et même à supposer que la productivité sociale qu'elle mettrait en place ne serve pas à alimenter les profits, le caractère coercitif de ses combinaisons politiciennes plane comme un aigle au-dessus de la combe.

En général, l'activité réservée au corps politique, à qui échoient ces fonctions régulatrices en une savante hiérarchie, a pour conséquence de leur accorder un grand avantage dans leur vie matérielle. Par ailleurs, il devient d'autant plus difficile de remédier aux défauts d'une organisation politique que celle-ci est puissante et centralisée. On connaît les conséquences pour le peuple quand cette façon de gouverner prévaut. C'est d'ailleurs ce qui a amené en son temps Engels, dans *L'Origine de la famille* à qualifier l'État de point culminant de l'exploitation bourgeoise : pour lui, seules la division du travail et la constitution de classes aux intérêts antagonistes le rendent nécessaire en tant qu'instrument d'oppression (...), ou encore Rousseau à affirmer : « *Et, même si cela n'était pas le cas, dire : quelqu'un va me représenter pendant cinq ans de façon irrévocable, cela revient à dire que je me dévêts de ma souveraineté en tant que peuple (...) Les Anglais croient qu'ils sont libres parce qu'ils élisent des représentants tous les cinq ans mais ils ne sont libres qu'un jour tous les cinq ans : le jour de l'élection.* » Alors, concrètement, quel est donc ce meilleur mode d'organisation « gouvernant » qu'il se puisse trouver pour aller dans le sens de Marx et de Rousseau quant à l'idée d'un peuple libéré du joug de l'État et de la « démocratie représentative » du capital ? Après mûre réflexion, et à l'instar des anarchistes communistes, nous pensons que le *communalisme* est le moyen le plus probant pour gérer les problèmes de la cité, en y recensant les besoins grâce à des associations auto-gestionnaires et en s'appuyant sur mandatement impératif* comme outil politique pour y répondre. Les exemples les plus illustres en sont la Commune de Paris ou les communes libres de Goulaï Polié et Cronstadt, lors de la Révolution russe. Quant à la forme la mieux à même de respecter les *desiderata* du peuple au niveau national, elle ne peut qu'être l'émanation directe des mandatements impératifs issus du *communalisme* de la cité, devenant à leur tour les mandatés impératifs de la coordination nationale.

5) L'égale différence émulatrice comme fondement de la société humaine

Reprenons en l'élargissant ce concept d'égale différence, ébauché dans la partie *Côté utile et réducteur du communisme historique*. Quand bien même la vérité ne serait pas toujours bonne à entendre, encore faut-il en définir la notion pour en pouvoir contester la part d'incertitude. Distinguer un objet au repos d'un autre objet en mouvement semble du domaine de l'évidence. Pourtant, il n'en est rien. Le mouvement continu et le repos sont équivalents et relatifs. La

---

* Le mandatement impératif est le pouvoir délégué à un individu ou une organisation élu(e) en vue de mener une action définie dans la durée et dans la tâche, selon des modalités précises auxquelles il ou elle ne peut déroger. Il s'oppose au mandat représentatif.

vérité, quelle qu'elle soit, laisse toujours un doute, mais son degré de probabilité s'accroît d'autant qu'on applique des critères multiples pour l'atteindre. Aucun à lui seul n'est suffisant, mais tous concourent, par un processus rationnel d'expérimentation, à s'en approcher. Pour qu'un critère de vérité puisse être validé, il faut qu'il soit cohérent, au-delà d'une absence de contradiction interne et en accord avec la raison. La pertinence ou non du principe d'égale différence suit ce même chemin de la logique implacable pour être validée : sans preuve de l'expérience raisonnable, point d'approche de la réalité. Or quelles meilleures preuves expérimentales de l'existence du concept d'égale différence que celles qui nous sont apportées par la nature. Prenons le cas de l'homme. En tant qu'espèce, nous sommes tous égaux : à la naissance, notre patrimoine génétique est équivalent à celui de n'importe quel autre individu, pourtant nous sommes tous différents. L'égalité n'est donc pas un absolu mais une singularité équivalente qui s'exprime à travers la différence. Pour l'*écomunisme*, aspirer à l'égalité, ce n'est pas s'installer dans l'égalitarisme, c'est au contraire reconnaître la part commune de nos égales différences. L'égalité est donc une équivalence relative et l'égale différence l'expression naturelle d'un vrai constat.

Le marxisme-léninisme proposait à partir de la dictature du prolétariat une révolution intronisant l'égalitarisme. Il fonctionnait, nous l'avons vu, comme une sorte d'engendrement planétaire, ossifié autour du concept d'uniformisation et d'un parti centralisé qui avait la charge de « décréter le bonheur ». L'*écomunisme* a simplement comme objectif de confronter l'expression naturelle d'une égale différence émulatrice à l'apprentissage du combat de classe. La nature ne fait que différencier le tout pour qu'émerge l'utile évidence de l'autre et nous devons en cultiver l'esprit sur le chemin de la société humaine que nous cherchons à construire. La nature a donné à l'homme un droit égal de jouissance de tous ses biens, en préserver la part commune tout en conjuguant nos différences et nos efforts pour produire à convenance, tel est le sens de la vie. Notre but n'est-il pas d'œuvrer à l'association des hommes et des femmes à travers tous les actes de la vie civile et sociale, afin de goûter à cette émancipation du marché qui nous ouvre à l'esprit du partage ? C'est pourquoi il nous faut renoncer à ce monde réduit à la matérialité et au profit que façonne la société capitaliste. Il n'est d'homme en lui-même que lorsqu'il se libère progressivement de cette décadence. Cette prise de conscience collective est la juste base d'une pratique révolutionnaire. L'exemple de la révolution culturelle chinoise est là pour nous le rappeler. On ne peut parvenir à transformer en profondeur le socle culturel millénaire d'une société humaine par la voie absurde de la contrainte, de l'agitation et de l'uniformisation. Seule est réaliste la voie d'un possible changement qui intègre dans son combat l'imparfait de l'histoire humaine pour en transformer collectivement le cours.

Admettre que les dictatures communistes ont été des échecs, c'est admettre du même coup qu'il ne suffit pas que les « damnés de la terre » adhèrent à un idéal pour que le monde change. Encore faut-il qu'ils acceptent de pratiquer dans leur lutte l'introspection de l'héritage capitalistique qui pèse sur la conscience collective et comprennent que l'acceptation de l'égale différence est un des passages obligés de l'émancipation humaine. En ce sens, une utopie trop abstraite, qui ne s'appuie pas sur le quotidien de nos capacités à vivre ensemble les fondements de l'idéal pour lequel on se bat, ne peut déboucher sur la révolution maîtrisée.

Ce processus par lequel on chemine vers la fraternité ne doit pas nous faire oublier que la dualité de la nature humaine (altruiste et individualiste) rend d'autant plus opérationnel *l'enjeu parabole* que ce dernier part de l'individu pour conditionner toute la collectivité. La mise en œuvre du concept d'égale différence devra, pour accéder au champ de l'émulation apporté par le groupe, « apprivoiser » progressivement l'individualisme. C'est pourquoi, nos émotions variées, notre capacité à nous adapter à la diversité des évènements, la richesse de la communication entre les individus, devront faire appel non seulement aux ébauches syntaxiques et à nos facultés combinatoires, mais à toutes les potentialités de nos talents remarquables, conçus comme moyens concrets à mettre au service de tous.

7) L'apprentissage du partage, moyen d'atteindre la société non étatique, sans classe et garante des libertés humaines

Il ne peut y avoir de développement harmonieux des sociétés humaines sans chercher à cultiver collectivement le sens du partage et le respect de l'autre. Changer durablement et profondément la société ne saurait se limiter à l'action politique et moins encore à s'en remettre, après un vote, à un ordre étatique, fût-il démocratique. Le seul système qui puisse nous garantir de véritables libertés humaines dans une société sans classe ne peut être que celui issu d'un long apprentissage par lequel nous nous essayons à vivre toutes les facettes de l'idéal du partage auquel nous adhérons collectivement. Mais avant de revenir sur le rôle fondamental de l'apprentissage comme moyen d'accès à *l'écomunisme*, quel sens concret donnons-nous à la notion de partage ? Dans la société néolibérale, l'idée de partager plus équitablement les « fruits de la croissance » en cette période de crise semble retenir l'attention de certains idéologues, voire même des partis communistes et plus récemment du mouvement des Indignés, tout comme l'idée tarte à la crème de réguler la finance. Ce piège à dupes ne rendra pas le capitalisme plus réformable aujourd'hui qu'hier. Et tous ceux qui croient au partage durable des richesses sans avoir à éradiquer ce système prédateur sont des hypocrites ou des sots. Dans notre esprit, le partage n'est pas un acte de foi, mais une fonction. À la fois suppression de l'objectif de la propriété privée et de la concurrence marchande, avec leurs corollaires douloureux (la guerre, les injustices, les inégalités, l'exploitation humaine, l'aliénation sous toutes ses formes) ; il est surtout le passage sans lequel rien de vraiment humain ne peut être accompli ou celui à partir duquel se formalise l'idée de libération et de révolution. Le partage est l'essence même de la valeur humaine. L'*écomunisme* tel qu'il se conçoit imagine un partage qui critique, qui nie, qui aime, qui n'aime pas, qui sait rire, qui se moque, qui plaisante, qui se cultive, qui apprend, qui crée, qui respecte l'autre, qui loue la différence, qui est honnête, qui s'harmonise avec la nature, qui respecte les croyances, qui est juste, qui fraternise... C'est l'art de penser la vie à travers la part de l'autre et l'apport pour l'autre.

Vous l'aurez compris, la fonction du partage dépasse la seule symbolique du pauvre, éternel exploité du monde face au riche, par laquelle la rédemption se fait par le rachat de leurs fautes passées. Elle va bien plus loin qu'un simple toilettage de la doctrine néo-communiste par un recentrage de la logique révolutionnaire sur le déshérité et la métamorphose de l'ennemi sous les traits exclusifs de l'actionnaire spéculateur. Elle ne s'en tient pas à l'idée qu'un système est haï parce qu'il génère la paupérisation sur la base d'inégalité qu'il convient de rétablir par une décroissance qui aurait la vertu de rapprocher les Sans-terre du Tiers-monde des petits paysans occidentaux. Non ! Si la fonction du partage peut créer une société plus vertueuse, c'est uniquement parce qu'elle est la contradiction la plus aboutie des deux pôles irréconciliables de la réalité humaine : le capital et le travail.

Venons-en à présent à la question de cette société non étatique sans classe et garante des libertés humaines, que nous cherchons à atteindre. Notre ami, feu Georg Forster, Président en 1793 du Club des Jacobins mayençais, nous donne à réfléchir avec son idée de marche générale vers la Révolution qui mène à la liberté et crée les conditions du perfectionnement de l'homme, lorsqu'il constate que la Révolution française a changé les hommes et qu'elle leur a offert de nouvelles possibilités en leur permettant de vaincre l'égoïsme, de mépriser les passions et les richesses en devenant plus raisonnable. Certes, Forster pose aussi les problèmes de l'égalité, remercie la Convention d'avoir interdit la spéculation et l'exportation des marchandises de première nécessité et d'avoir porté atteinte à la propriété privée, loue l'aspect violent et purificateur d'une Révolution qui arrive au moment où le peuple rendu esclave par le despotisme finit par trouver la force de se révolter, voit dans l'État celui qui limite les passions et les subordonne à la Raison, s'appuie sur une éthique toute nourrie du point de vue moral des Lumières, même s'il leur conteste par ailleurs d'être le ferment de la Révolution. Mais ce qui apparaît fondamental dans son idée de perfectionnement, c'est qu'il fait de la souveraineté populaire l'animatrice principale de la progression et que celle-ci avance grâce au peuple, ou encore que le bonheur ne peut être octroyé, qu'il faut pour cela mettre l'homme au centre du plan général de la Révolution. Cette approche avant-gardiste nous conforte dans l'idée qu'aucune transformation profonde de la société n'est possible sans apprentissage collectif des préceptes qui nous portent vers l'idéal recherché par chacun et par tous. Sans expérience concrète de la quotidienneté sociale et sociétale du partage, il ne peut y avoir de remise en cause durable de la société capitaliste que l'on prétend renverser. En pratique, quelle est la base de cet apprentissage révolutionnaire ? Car au-delà d'une introspection intellectuelle de l'esprit de Révolution, ce qui est déterminant, c'est la mise en mouvement de toute une force politique englobante autour d'un processus rationnel d'actions et de coopérations, susceptibles non seulement de peser sur le cours des évènements mais sur la conscience du peuple qui, intégrant peu à peu la concrétude et l'utilité des actes de solidarité immédiate dans sa vie quotidienne, prend la mesure de ce qu'il convient de mettre en œuvre pour sortir de la société capitaliste qui l'aliène. Disant cela, nous ne cherchons pas à mettre en mouvement je ne sais quelle communauté dissidente à la marge pour échapper à la société aliénante, ni à fuir toute obligation formatrice, professionnelle, sociale, sociétale, civique, en un mot citoyenne, qui nous permet également de faire progresser la vie civile et politique. Nous avons simplement dans l'idée qu'il est vain de chercher à changer la société sans nous appliquer à changer en nous ce qui en réduit la portée collective et la durée. La Révolution à laquelle nous travaillons propose non seulement de porter le fer de l'action contre le capital jusqu'à la limite dissidente des démocraties capitalistes : grèves, manifestations, élections, associations syndicales, politiques, recours juridiques, etc., mais de mettre en œuvre sans attendre, à l'intérieur même du système, de nouveaux rapports sociaux et humains entre tous les citoyens adhérents à l'idéal *écomuniste* articulé autour de la notion de solidarité et de mise en commun de notre égale différence en dehors de toute idée d'intérêt. Ce potentiel de solidarité remarquable, avec ses deux fonctions principales : mutualisation de nos compétences et citoyenneté active, qui s'appliquent à tous les domaines de la vie sociale, culturelle, politique et professionnelle, recèle un double avantage : entraide indispensable pour faire face aux déboires générés par la société capitaliste et apprentissage nécessaire de la réalité du non profit. En clair, supprimons d'ores et déjà de nos échanges, dans toutes les sphères du possible, la notion d'argent pour faire avancer dans et hors la société capitaliste notre conception du bonheur et de l'altruisme.

Sans cette pratique salutaire, il y a fort à craindre, comme nous l'avons déjà observé dans les ex-pays « communistes », que le peuple, dessaisi des bases concrètes de la construction du socialisme et contraint par ceux à qui il en a délégué la charge, ne soit plus capable, le jour où les despotes sont enfin dégagés, d'imaginer qu'il se peut construire une autre société sans faire appel à un sauveur éclairé. L'acte authentique de libération révolutionnaire dépasse le moment où, le plus souvent obligé de recourir à la force, le peuple parvient au prix du sang à chasser l'oppresseur. Il prendra sa pleine dimension le jour où, enfin acteur de l'expérience *écomuniste*, il devient la singularité humaine de l'épanouissement des autres et lui, grâce à la part de l'autre, citoyen collectif accompli. Libéré du profit, égal et différent, apprenti du partage, tel est donc sa devise.

8) La recherche plurielle d'une conscience laïque universelle

Pour que se construise la pluralité citoyenne de la société sans classe et sans État, il faut l'engager aussi loin qu'il se peut dans la recherche collective d'une laïcité respectueuse de nos singulières différences, bien au-delà d'un simple cantonnement arbitral de la liberté de conscience, liée à l'égalité de traitement de celui qui croit au ciel et de celui qui n'y croit pas et cela, jusqu'au point où, devenue une force active et conciliante, elle nous accompagne dans notre quête d'émancipation humaine. Ainsi, à vivre au cœur du combat de classe tout en respectant nos éventuelles croyances, elle pourrait devenir la conscience laïque universelle d'une utopie en devenir.

Si l'esprit de culte contrevient à l'épanouissement de la spiritualité, la négation de toutes formes de croyances nuit à l'indépassable organisation laïque des sociétés humaines nous permettant d'atteindre une fraternité bienveillante. Autant nul ne doit être inquiété pour son appartenance à une religion (tant est que celle-ci n'ait pour mobile de contraindre les autres à l'embrasser contre leur gré), autant les religions ne sauraient se substituer à une formation rationnelle, ouverte à l'état des connaissances historiques et scientifiques en perpétuelle évolution. Il semble donc peu probable, sauf à vouloir œuvrer à l'émergence d'une conscience universelle acceptant la différence de l'autre, de ne pas verser dans une sorte d'absolu à prétendre œuvrer pour un changement radical de société sans accepter le principe de laïcité.

À cela s'ajoute le refus de sécularisation dans la plupart des pays (et ce quel que soit la religion dominante), ralentissant la laïcisation de tout ce qui était jusqu'alors entre les mains du religieux. Après avoir assisté à un processus de reconquête des États dans les sphères de l'art, de la science et de la morale, précédemment contrôlées par les Églises instituées en pouvoirs politiques et sociaux, voilà que nous assistons au retour du fait religieux et d'une intrusion progressive de son influence dans tous les rouages de L'État (comme cela se pratique aux U.S.A., en Pologne, en Hongrie – pour ne prendre que quelques cas du monde occidental ou de l'Est ; les pays arabes ou d'Asie étant, bien sûr, eux aussi, totalement impactés). C'est pourquoi, la laïcité comme fondement de l'universalité se heurte toujours à l'instrumentalisation d'une religion transcendante qui se croit au-dessus de la diversité humaine. La question fondamentale, aujourd'hui encore, demeure donc de sortir le fait religieux du pouvoir citoyen et non l'inverse. Par fait religieux, nous entendons bien évidemment « la machinerie » religieuse et non la pensée religieuse, ni même la croyance en des religions anciennes ou existantes.

Vous l'aurez compris, notre conception de la laïcité ne tient pas uniquement au respect de l'égalité morale et de la liberté de conscience, elle se pense accompagnatrice de l'émancipation des individus et de l'essor d'une identité civique commune. Elle se veut primauté du fonctionnement sociétal vécu comme un mode opératoire des valeurs universelles que sont les droits et les devoirs de l'homme et non l'assemblage des conditions minimales du vivre ensemble, même si elle demeure vigilante quant aux religions qui se pensent comme phénomènes idéologiques traversant les processus sociaux. De même, elle nous amène à réfléchir sur une approche trop dogmatique de la laïcité qui risquerait de se transformer à son tour en une sorte de religion civile. Au fond, notre interrogation dépasse le problème *stricto sensu* du concept de laïcité et porte sur la question plus globale de la « transparence » possible ou impossible de la fonction idéologique en général. Ni idéologie formatante, ni doctrine, notre principe de laïcité universelle devrait donc se concevoir comme un mode de fonctionnement sociétal qui nous aide à construire la société libre et partageuse, hors du monde de profitabilité capitaliste, dans le respect de tous.

9) Pas de développement harmonieux des sociétés sans préservation de l'équilibre biosphérique

L'équilibre biosphérique qui régit les états naturels de la planète est le garant de l'avenir du monde vivant. Cet équilibre passe non seulement par la sensibilisation raisonnée et scientifique de cette nécessité, mais par la mise en œuvre d'une organisation sociale et économique qui cherche réellement à le préserver. Nous avons l'immense chance d'appartenir à l'espèce la plus évoluée du règne animal, alors pourquoi devrions-nous accepter sans la combattre la civilisation destructrice et dégradante qui ne conçoit le « progrès » que dans la course effrénée d'un productivisme tourné exclusivement vers le profit ?

Il n'est pas irréaliste d'envisager, comme nous tentons de le faire à travers l'*écomunisme*, de nouvelles formes de rapports sociaux et humains et assigner d'autres objectifs à la production. La société capitaliste de la marchandise, de l'exploitation du salariat et du profit, est renversable à condition d'amorcer ce renversement en s'appuyant sur les valeurs intrinsèques de l'essence humaine (l'altruisme éclairé et l'action collective), en mettant en œuvre des modes de vie qui placent au premier rang les joies du partage, de l'amour et de l'amitié, de la libre coopération, du respect de l'autre et de la créativité commune et personnelle que permet notre égale différence. Mais en même temps que le combat contre la politique de l'argent Roi et au-delà de celle de Dieu, il y a un autre espace public à préserver, celui de notre environnement bioécologique commun.

Cela suppose de faire mentir ceux qui pensent que toute critique du mythe productiviste est la négation du progrès, et ceux qui croient que la défense de l'environnement est séparable de l'analyse des contradictions du capital. Nous devons montrer qu'une *praxis* conciliant deux projets de transformation radicale de la société est possible : la satisfaction des besoins sociaux et culturels fondamentaux et la préservation de l'équilibre biosphérique qui régit les états naturels de la planète. Actuellement soumise au règne de la valeur marchande, la production est non seulement empêchée de répondre à la satisfaction des besoins sociaux, mais elle devient source principale de la dégradation environnementale. Le capital, à la fois générateur de profit et de pouvoir, doit être combattu dans toutes les modalités de son fonctionnement jusqu'à rendre compatible le mode de production avec la nécessaire préservation de la nature. Nous devons passer à l'activité utile sans attendre la suppression totale de la croissance profiteuse.

Parmi les questions qui restent posées pour atteindre ces objectifs, il en est une qu'on ne saurait éluder : pourquoi cette conscience de classe et cette option naturaliste du monde tardent-elles à prendre les commandes ? Il serait trop simpliste de s'appuyer sur le fait que la plupart des individus en ignorent les conséquences, ou encore qu'ils sont aveuglés par une marchandise qui semble répondre à leurs attentes, car ce déficit de conscience, même s'il est produit par le capital, n'exclut pas l'énorme déficit de satisfaction des vrais besoins humains pour le plus grand nombre. La réponse est plutôt à rechercher dans le déficit politique lui-même, lequel, faute de radicaliser son action à partir de ces questions essentielles, en devient par devers lui un des vecteurs. Il est temps de prendre les initiatives qui ont pour but d'imposer la construction du collectif au détriment de la séparation des hiérarchies politiciennes et marchandes du monde décati des soi-disant experts et autres innovateurs de tout poil. Il faut différencier notre action des énoncés dogmatiques de l'« *adequatio rei et intellectus* » qui prétendent que leurs critères sont vrais parce qu'ils correspondent à la culture universelle de la marchandisation et de la financiarisation mondiale, ainsi que ceux des économistes patentés qui prétendent que nos considérations, pleines de bonnes intentions sur la nécessité de respecter l'homme et la nature, ne sont que des visions primaires et qu'il n'est de présent et de futur possibles que si l'on s'en tient à la liberté du marché.

Nous n'entendons pas utiliser la nature comme un argument d'autorité ou un principe de sauvegarde n'autorisant qu'un avenir en régression, pas plus que d'en présenter la pérennisation comme un mythe purificateur. Nous prenons simplement acte que la multiplicité des usages du monde nous oblige à une articulation plus raisonnable entre l'homme et la nature. C'est parce que le capitalisme voudrait en privatiser l'existence (comme si la biodiversité était monnayable) qu'il nous faut la préserver comme une ressource commune nécessaire à tous nos liens sociaux et humains selon les principes de juste utilisation et de durabilité.

Cela implique une combinaison de droits et de responsabilités parmi tous les usagers, et un sens de coproduction avec la nature et de partage équilibré entre tous les membres des différentes entités géographiques. C'est pourquoi nous devons avancer l'idée qu'il ne peut être toléré de concept de propriété privée des ressources naturelles communes, pas plus qu'il ne doit exister de propriété privée et marchande des moyens de production et d'échanges.

10) Le peuple aguerri, base de l'action pacifique de la nouvelle phase historique

Nous n'entrerons pas dans un débat philosophique à propos du concept de « peuple » qui nous engagerait dans des considérations sibyllines pour savoir qui en est et qui n'en est pas. Accordons-lui simplement une dimension générale, celle qui fait du peuple le principe de subjectivisation d'une multiplicité d'hommes et de femmes agissant ensembles, intronisant l'égalité par laquelle il constitue une force politique et sociale susceptible de s'organiser. Ainsi, le « peuple » dont je parle incarne l'idéal révolutionnaire et le combat pour la liberté et a de ce fait une forte charge politique qui lui vaut d'être mobilisé pour envoyer des messages forts. C'est pourquoi il est difficile d'en critiquer le mythe sans prendre le risque d'en affaiblir la charge positive. Mais avancer le concept de peuple aguerri, cela ne revient-il pas à laisser supposer qu'il y aurait aussi un peuple asservi ? Surtout à un moment où ce dernier a parfois si mauvaise presse qu'on l'accuse de susciter des ferments de populisme, voire de nationalisme, et d'apparaître aux yeux d'une certaine « élite politique » comme une masse ignorante qui ne comprend rien à la démocratie. Loin de notre esprit ces velléités réactionnaires, mais force est de constater que le peuple, dans le sens que nous venons de définir, n'a pas fait que se lever en masse contre la monarchie, les Versaillais ou résister contre l'Occupant, il a aussi douté de sa force unitaire et s'est laissé parfois aller à la collaboration – pour ne prendre qu'un exemple français. Bien sûr, nous venons de le dire, le peuple n'est pas que l'effet de la domination d'une bourgeoisie guerrière et sa conscience prolétarienne l'a déjà conduit à se battre pour une société dans laquelle il a vécu la solidarité de classe pour faire avancer l'humanité. Cependant, nous ne pouvons ignorer combien les forces du capital, avec tous les moyens de corruption médiatique et marchands à sa disposition (symbolisés par *l'enjeu parabole*), peuvent fragiliser et précariser les couches populaires et les éloigner de l'élément fondamental du concept marxiste de prolétariat et de lutte des classes. D'ailleurs, si cette perte apparente de la notion « qualitative de peuple » ne semble pas vraiment péjorative, c'est qu'on peut en contester les limites, mais pas en nier la réalité concrète.

Voilà pourquoi, même si tout projet révolutionnaire ne peut réussir qu'avec l'assentiment et la participation du plus grand nombre, c'est toujours le peuple aguerri qui prend la plus grande part à l'action possible contre les désastres du Capital dominant. Nul ne peut nier les dégâts sociaux et idéologiques du capitalisme sur le peuple. La loi du « gagneur », qu'il s'ingénie quotidiennement à instiller à travers *l'enjeu parabole*, est celle d'un présent réduit à lui-même, où faire de l'argent tout de suite et par n'importe quel moyen devient l'idéal suprême de l'individu, où l'urbanisation en immenses mégapoles fait étalage de richesses et pousse non seulement un peuple (pourtant de plus en plus paupérisé) à l'esprit de consommation, l'incitant de surcroît au désir du confort et de l'aisance qui reste bien sûr hors de sa portée. Il vit dans une société qui le maintient dans l'illusion de la démocratie, de la justice et de l'égalité (qui ne sont que propagande) et même s'il se sent floué, il n'en espère pas moins obtenir un jour la part de désir véhiculé par ce modèle pervers. Cette amplification de l'idéologie du désir, sous la conduite des marchés financiers devenus globaux, se solde progressivement par un renversement du rapport de force entre le Capital et le Travail. Elle « stérilise » la pensée marxiste, en particulier sur les aspects concernant les rapports entre l'économie capitaliste et l'exploitation de l'homme. Elle gagne peu à peu le terrain de l'idéologie qui prône le primat du marché sur la solidarité et le respect de l'environnement. Le matérialisme humaniste de la matrice marxiste est transformé en matérialisme déshumanisé du profit.

Cette pression considérable du capitalisme prédateur ne va pas sans engendrer une perte du sens de classe des masses, pour ne pas dire une perte de sens tout court. Pour le Capital, l'éthique de la responsabilité collective pour améliorer les conditions sociales et les conditions environnementales est antinomique à son modèle consumériste et profiteur. Or toute la bataille que nous devons livrer n'est autre que celle contre une production qui n'a d'autre finalité que la valeur marchande pour le profit qu'elle génère, au mépris de toutes les valeurs de satisfaction des besoins sociaux et culturels, de justice et de respect de la nature. Voilà pourquoi le combat que nous menons ne peut se concevoir sans faire grandir dans la conscience de tous la nécessité de respecter une éthique de vie qui nous éloigne de la « valeur » marchande et nous rapproche de la fraternité. Cela ne contredit pas l'idée que seul le peuple aguerri est capable de s'inscrire sans attendre dans cette continuité historique du mouvement ouvrier : celui de la transformation sociale et de la contestation d'une économie capitaliste qui véhicule l'illusion du progrès matériel infini du marché.

Nous sommes conscients que la puissance de ce capitalisme porteur de cette culture-monde, dépourvue de territorialité et essentiellement liée à l'expansion du marché, pose des questions décisives sur la pluralité, l'identité, la solidarité et la différence, mettant en place peu à peu une sorte d'uniformisation des échanges marchands qui s'inscrivent à leur tour au cœur même des échanges culturels entre tous les continents et tous les pays. Nous savons bien que tout cela ne va pas sans générer de profondes mutations dans les rapports sociaux et sociétaux, la gestion de l'espace, de la biosphère et des énergies, et donne au pouvoir militaire une capacité destructrice jamais atteinte à ce jour. Et qu'il serait hasardeux de prêter à cette surpuissance militaire de simples intentions dissuasives, dirigées vers on ne sait quel ennemi invisible ou un ennemi prenant la forme, faute de vraiment le cerner, d'un terrorisme intégriste planétaire. Nous savons bien que pour sauvegarder cette envie d'enrichissement et de pouvoir, chère à quelques-uns, ce système est prêt à tout pour en conserver le privilège. Pourtant la lutte armée des héros du peuple contre ce monde de l'absurde et de la cupidité n'a pas encore sonné et il est fort probable que le « son du canon » soit pour un temps encore muet. Mais le but de faire du profit n'a pas valeur universelle. Il nous conduit à admettre que nous avons tous reçu en partage une même nature humaine qui pousse toutes les sociétés à user de la violence pour accroître les biens du plus fort qui demeure minorité. Si notre projet se veut pacifique, c'est parce qu'il croit qu'en l'état de la situation mondiale, l'idée du partage doit supplanter celle de la concurrence pour que l'homme trouve le chemin de l'émancipation et de la prospérité. Notre recherche de la transformation des rapports humains et de la nature n'est pas porteuse de transgression du respect de la vie humaine, fût-elle capitaliste, et témoigne au contraire de principes moraux susceptibles de faire grandir l'humanité et non de la faire régresser.

C'est pourquoi notre reconquête du partage doit se faire au grand jour, loin des sociétés secrètes, des mafias, des sectes et autres groupuscules politiques iconoclastes. Elle doit avoir pour but de créer, par un irréductible travail désaliénant, la révolution maîtrisée*. Mais plus nos avancées seront significatives, plus le système capitaliste s'ingéniera à nous contraindre. C'est en cela qu'il est nécessaire de s'organiser à la fois dans et hors de ce qui demeure sa sphère de compétence provisoire. Pour ce faire, il nous faut passer au plus tôt d'un avant-gardisme éclairé à l'action de masse coordonnée, tout en nous appuyant sur des comités pacifiques de vigilance ayant pour but de déjouer les provocations inéluctables de l'appareil d'État actuellement à la manœuvre. Ce qui n'empêche pas de mettre en marche sans attendre le peuple aguerri, non pour guerroyer contre le Capital, mais pour proposer au plus grand nombre une nouvelle manière de gérer nos rapports sociaux et humains.

Ce qui demeure déterminant, c'est l'idée qu'on ne pourra transformer la société capitaliste sans accepter de travailler concomitamment à changer le rapport de l'homme à lui-même et à la nature. D'autant que l'apologie de l'égoïsme et de l'individualisme, perpétrée par *l'enjeu parabole*, atteint un tel niveau de manipulation et de conditionnement des esprits qu'elle ne peut qu'amoindrir à terme la part d'altruisme présente en chacun de nous. Pour sortir de l'étatisme et de la démocratie formelle, il serait vain de tenter d'approfondir plus encore que nous ne l'avons fait la notion d'organisation *communaliste* ou de chercher à creuser plus avant celle concernant le *mandatement impératif*. C'est dans l'action et le mouvement qu'il nous reviendra d'en découvrir tout le possible et la meilleure application. Tout ce que nous pouvons dire, c'est qu'il semble utile de décentraliser au plus près des gens la mise en œuvre de l'*écomunisme*, tout en travaillant à la création des bases de coordination les plus efficientes, tant au niveau régional, national, qu'international. Dans ce large cadre collectif, seul l'apprentissage du partage susceptible d'apprivoiser progressivement nos égoïsmes, ainsi que l'émulation générée par la prise en compte de nos égales différences, pourront permettre à chacun de nous de mesurer dans la vie quotidienne l'utilité de l'action du groupe pour lui-même et nous conduire sur le chemin concret d'une nouvelle phase historique.

---

* Le concept de « Révolution maîtrisée », utilisé tout au long de ce travail pour étayer la philosophie écomuniste, a déjà fait l'objet d'un long développement dans le livre II : « La reconquête du partage » publié en 2009. Il accrédite, comme nous l'avons fait ici, l'ensemble des idées sur l'abandon de la référence au « Grand Soir » et la notion de « réforme », ainsi que l'application coordonnée du partage collectif comme mode de fonctionnement permanent et transformant, en synergie avec les autres actions que permettent les contradictions du capitalisme, afin de sortir définitivement de ce système aliénateur.

Conclusion

L'apprentissage du partage libérateur par l'émulation de nos égales différences et l'action de tous pour atteindre une société sans classe, tel est l'enjeu de l'*écomunisme*. Il veut construire la société inversée de l'ensemble précapitaliste et capitaliste en démystifiant la soi-disant contrainte individualiste interne de l'homme et en ouvrant la voie à une société humaine émancipatrice. Nous avons tiré les enseignements de l'histoire brève, mais douloureuse, du communisme étatique, et celle non moins douloureuse et barbare du capitalisme qui se poursuit. Ce déroulement multiple d'une « libre » conscience collective ou « morale », permettant d'assumer le passage à une réalité plus prospère : le socialisme, n'a été qu'illusion cathartique. L'échec est d'autant plus cuisant que l'espoir d'émancipation était grand. Dans ce cadre, le capitalisme « triomphant » ne peut qu'en exacerber le manque, deux fois à tort d'ailleurs, car non seulement il est gagnant par défaut, mais en plus, les manquements du communisme deviennent expériences précieuses pour en changer. Cette longue histoire de la dégénérescence humaine à travers les sociétés marchandes est pour nous tous une épreuve de vérité. Elle concerne la société globale. Et nous savons bien que la vraie vie est ailleurs. La social-démocratie nous a démontré l'impossible transformation du système capitaliste par la réforme et nous a appris combien il est périlleux de tenter d'« amadouer » le Grand Capital. La voilà aujourd'hui embarquée dans une fuite en avant qui la rapproche de plus en plus du système qu'elle prétendait aménager. Libre à elle, après tout, d'en servir loyalement les intérêts. Avec l'écologie politique, c'est encore une autre histoire. Éclaireuse des réels problèmes environnementaux et sociétaux, elle est présentement engluée dans une idéologie, pour parler court, qui ramène tout à « l'univers » et peu à l'action contre le Grand Capital qui en est le premier responsable. Là aussi, libre à elle de penser que le choix n'est pas entre le marché capitaliste et le respect de l'environnement, mais entre le productivisme en général et la préservation des équilibres écologiques. Car nous savons bien que ce productivisme inconsidéré, tel qu'il est mis en œuvre par le capitalisme ou fut mis en œuvre par les ex-pays « communistes », devra être stoppé. Mais soyons clair. Pas plus que l'équilibre des forces entre l'Est et L'Ouest n'est garant de la paix, la collaboration entre écologisme et capital ne nous préservera des catastrophes environnementales potentielles.

Marx et, sur un autre plan Clouscard, nous ont permis la compréhension des réalités à la source des déboires socio-économiques les plus radicaux grâce aux concepts de « plus-value » et d'« idéologie du désir ». Il nous reste à présent à nous atteler à leur possible remise en question. Bien sûr, tous les modèles qui œuvrent pour le changement de société ont pris un coup de vieux. Malgré le fait que nous ne reprendrons pas ici leur analyse détaillée, rien ne nous empêche de constater qu'ils n'ont qu'un impact limité parmi les travailleurs. Pour autant, l'*écomunisme* ne se veut pas un parti politique de substitution, pas plus qu'il n'entend advenir, comme le capitalisme, par défaut. Et s'il se veut malgré tout force de dialogue avec tel ou tel courant de pensée révolutionnaire, c'est parce qu'il a bien conscience que la « vérité » se trouve en dehors de l'uniformité. Si le problème majeur de la stratégie révolutionnaire est : à quelles conditions peut-on se libérer du capitalisme ? Concomitamment, un autre problème se pose : « sommes-nous prêts à nous en libérer ? » Vaste réflexion qui dépasse, et de loin, la question de l'alliance nécessaire avec les différents courants politiques. Là se trouve le fond de la recherche *écomuniste*. Comme l'a souligné Clouscard : « *Par définition on dit que la marginalité ne peut être celle d'un ensemble. Une partie seule ne peut se marginaliser. Mais le tout ne peut marginaliser le tout.* » C'est pourquoi l'*écomunisme* s'adresse à ce tout qu'est le travailleur collectif en tant qu'ensemble diversifié mais très homogène. Et au-delà, à ce tout qu'est l'individu en tant « qu'atome social » concret, dans et hors le procès de production dans lequel il se trouve engagé. Il nous faut affronter le système capitaliste par les deux bouts : celui du modèle productiviste et celui du modèle de la *sur* et *sous* consommation. Il nous faut l'affronter de l'intérieur et à la marge, en tant qu'essence d'un concept global inhumain, rigidifié par la norme qu'il secrète : sa décadente soumission à une irréductible exploitation humaine conçue comme arme absolue de création de plus-value et de désir consolidé par *l'enjeu parabole*. Toutefois, ne craignons pas d'en convenir, dans l'immédiat, la tâche sera d'autant plus rude que nous ne pouvons compter au départ que sur les éléments politiquement les plus avancés (à savoir le peuple aguerri). Le mode de consommation est imposé par le mode de production. Voilà pourquoi il est impératif de faire vivre, au sein même du capitalisme, un inter-pouvoir travaillant à réorganiser la production à partir de nouveaux modes d'échanges et de consommation non marchands, ne subordonnant pas le changement à une hypothétique prise de pouvoir, mais en apprenant à vivre, sans attendre, cette inversion des codes sociaux et sociétaux que le capitalisme entend imposer au plus grand nombre.

L'*écomunisme*, en tant que nouvelle causalité de partage collectif à l'intérieur du système, doit déborder le vieux mode de consommation et infléchir autant qu'il se peut, à la limite des possibilités de la démocratie capitaliste, l'organisation du mode et des objectifs de la production. Notre projet n'est donc pas l'accompagnateur béat d'un reste d'idéal communiste au demeurant méritoire ; il est utopie agissante et organisée dans et hors du système capitaliste qu'il entend supplanter.

Sanary/sur/Mer, Septembre 2012.

LIVRE IV

La fin du capital
Pour une société d'émancipation humaine

« La production du capitalisme engendre, avec l'inexorabilité d'une loi de la nature, sa propre négation. »

Karl Marx

« À la permissivité de l'abondance, de la croissance, des nouveaux modèles de consommation, succède l'interdit de la crise, de la pénurie, de la paupérisation absolue. Ces deux composantes historiques fusionnent dans les têtes, dans les esprits, créant ainsi les conditions subjectives du néo-fascisme. »

Michel Clouscard

Préface de Samir Amin

André Prone nous offre un plaidoyer en faveur du communisme conçu comme étape supérieure de la civilisation universelle.

La Révolution française occupe, dans ma lecture de la construction moderne, une position centrale. Car elle définit un système de valeurs (liberté, égalité, fraternité – on dirait aujourd'hui solidarité) qui fonde la modernité dans sa contradiction fondamentale ; car ces valeurs sont en définitive bien plus celles de la civilisation socialiste supérieure à inventer que celles dont le capitalisme pourrait honorer une pleine et authentique mise en œuvre. Dans ce sens la Révolution française est plus qu'une « révolution bourgeoise » (comme le fut par exemple celle de 1688 en Angleterre) ; elle annonce – avec la Convention montagnarde – la nécessité d'aller au-delà. Les valeurs du capitalisme – celles qui sont utiles pour son déploiement – sont celles qui ont inspiré la non-révolution américaine : liberté et propriété. Ensemble elles définissent la liberté d'entreprise, qu'il s'agisse de la petite entreprise agricole familiale comme c'était le cas dans les colonies de la Nouvelle Angleterre ou de la ferme esclavagiste dans celles du Sud, ou qu'il s'agisse plus tard de la grande entreprise industrielle puis des monopoles financiarisés. Ensemble ces deux valeurs associées excluent toute aspiration à l'égalité allant au-delà celle que confère le droit égal pour tous : « l'égalité des chances » dira-t-on dans le discours idéologique qui fait l'impasse sur les inégalités de départ qui séparent les classes de propriétaires du prolétariat vendeur de sa force de travail. Liberté et propriété donnent ensemble à l'inégalité une légitimité apparente : l'inégalité serait le produit du talent et du travail de l'individu. Elles ignorent les vertus de la solidarité pour ne reconnaître que celles de son antipode : la compétition entre les individus et les entreprises. Liberté et égalité sont des valeurs conflictuelles par nature, et ne pourraient devenir complémentaires que si l'on supprime la propriété bourgeoise, entendue comme celle d'une minorité. La Révolution française, même dans son moment de radicalisation montagnarde, ne va pas jusque-là : elle demeure protectrice de la propriété sacralisée, qu'elle conçoit comme généralisable dans sa forme de petite propriété agricole et artisanale familiale. Elle ne dispose pas des moyens qui lui permettraient de saisir le mouvement du capitalisme qui accusera la concentration progressive et inévitable de la propriété moderne – celle du capital. Florence Gauthier, (*Triomphe et mort de la révolution des droits de l'homme et du citoyen* ; éditions Syllepse, 2014) nous rappelle que la formule « liberté, égalité, fraternité » a été prononcée pour la première fois par Robespierre, qui entendait fonder sur cette base une « économie politique populaire », en contrepoint de « l'économie politique tyrannique » des libéraux. Ces termes puissants, qui sont ceux de Robespierre lui-même, témoignent de la conscience lucide du leader de la Convention montagnarde : démocratie et libéralisme au service de la propriété capitaliste sont antinomiques. Bien entendu l'idéologie française « républicaine » s'est employé à faire oublier toute cette histoire, à gommer la pensée révolutionnaire montagnarde, à réduire la révolution populaire de la France de l'époque, annonçant les révolutions socialistes à venir, au statut d'une simple « révolution bourgeoise ». L'idée du socialisme/communisme, entendue comme étape de la civilisation supérieure à celle du capitalisme se constitue précisément dans la prise de conscience graduelle de ce qu'implique la mise en œuvre sincère de la devise « liberté, égalité, solidarité » : la substitution de la propriété collective des travailleurs à celle de la minorité des bourgeois, la gestion socialisée de cette propriété collective par l'approfondissement sans fin de l'invention démocratique.

Avant-propos

Le capitalisme historique, ne parvenant pas à maintenir constant son taux de profit par le seul biais du marché, a toujours tenté de surmonter par la ruse ses inéluctables crises de suraccumulation. Ces opérations, de caractère économique, social, idéologique, politique et militaire, que nous pourrions aussi qualifier de *main-forte*, se retrouvent dans la barbarie, le racisme, le nationalisme, le colonialisme, le taylorisme, le fordisme, le keynésianisme, le crédit, l'endettement, la financiarisation, l'ethnicisation, l'idéologie du désir, l'enjeu parabole, l'accaparement des terres, la nouvelle gouvernance mondiale, etc., et ont toutes comme point commun la reproduction et le maintien d'une oligarchie au pouvoir. Leur mise en œuvre, qui a réussi jusqu'ici à relancer pour un temps l'activité économique, nous fait comprendre pourquoi l'Empire états-unien et ses alliés, se rendant compte que la crise qui nous occupe aujourd'hui est sans précédent, se voient contraints, pensant en limiter les dégâts, de pérenniser en priorité leur approvisionnement énergétique et minier. Pour ce faire, ils élargissent leurs interventions militaires dans les pays tiers en possession des principales réserves stratégiques et instrumentalisent des radicalités en mouvement se réclamant d'une filiation religieuse, qualifiées de terroristes, tout en cherchant à asseoir une nouvelle gouvernance mondiale, quitte à œuvrer concomitamment – en priorité dans l'espace occidental – à l'émergence des néofascismes. Voilà pourquoi il m'a semblé utile de rechercher dans cette accélération des contradictions du capital les bases factuelles de sa possible fin.

Dans le livre I, *L'Humanité retrouvée*, la prospective chronologique de l'histoire des civilisations m'avait conduit à avancer l'idée qu'à chaque mutation religio-philosophique majeure correspondait un temps historique. Mais pour utiles qu'elle soit, même si elles s'essayaient à en définir les contours, ces recherches sur la compréhension de l'évolution des conditions humaines ne permettaient pas de découvrir, dans cet entre-deux mondes, toute l'ampleur du nouveau *temps des crises.* Avec *La Reconquête du partage*, publié en 2009, nous nous attachions à mettre à nu les paradigmes à la source des tares indélébiles du capitalisme et à proposer une réponse par-delà le communisme. Mais ce n'est qu'en 2012, avec la publication de *Pour sortir du capitalisme*, que prenait corps une nouvelle matrice théorique dans le prolongement de la pensée marxienne : *l'écomunisme.* Ce faisant, l'aggravation de la crise et l'amplification de la dégradation des conditions de vie déjà insupportables pour la grande majorité des peuples rendaient d'autant plus nécessaire une nouvelle analyse approfondie de l'état du monde. Le capitalisme, face à ses crises congénitales, nous a déjà montré (comme nous venons de le souligner) quelles pouvaient être ses réponses.

Souvenons-nous de la *tentative d'imposition au reste du monde d'un empire allemand et ottoman* qui s'est soldée par la Première Guerre mondiale et de la *tentative d'injonction idéologique du fascisme et du national-socialisme* qui a généré une seconde confrontation mondiale plus meurtrière encore que la précédente. On ne peut donc totalement exclure un troisième affrontement global comme réponse à la crise actuelle, même si la triade États-Unis-Europe-Japon s'en tient présentement à la seule « gestion » géostratégique des conflits régionaux. Voilà pourquoi, dans ce contexte particulièrement dégradé de crise paroxysmique où les pulsions les plus basses (la cupidité, la rivalité, la veulerie des dirigeants, la corruption étatique et capitalistique, les dérives mafieuses…) sont devenues la base de l'appropriation financière et foncière, l'hypothèse de *la fin du capital* et de l'imminence d'une nouvelle phase historique tend à devenir une probabilité signifiante. À partir de ce possible, il convient de contrecarrer le vieux verdict selon lequel nous serions à la fin des idéologies, en proposant un nouveau fondement politique capable de nous faire avancer dans la voie de *l'émancipation humaine.*

Sans entrer ici dans le détail, disons qu'avoir dans ces conditions cet objectif signifie qu'une situation pré-révolutionnaire, même si elle ne naît pas spontanément de la crise du système capitaliste, doit se nourrir de ses errements pour construire un nouveau contre-modèle. Cependant, la thèse que je défends ici va à l'encontre des théories habituelles qui se déploient en une sorte de large consensus selon lequel l'effondrement des premières expériences de construction d'une voie socialiste conforte l'idée d'un capitalisme indépassable parce qu'il bénéficie d'une flexibilité telle qu'il est à même de s'adapter, voire d'absorber toutes les contradictions internes et externes inhérentes à ses propres crises. L'analyse objective sur laquelle je m'appuie implique donc que les rapports économiques et sociaux, qui assurent encore la domination du capital, puissent être inversés de telle sorte que sa recomposition soit bloquée, tant au niveau national que supranational.

Certes, les révolutionnaires ont toujours fait la critique du capitalisme pour les inégalités et les catastrophes humaines qu'il engendre sans pour autant être systématiquement suivis par les peuples sur la voie des objectifs qu'ils proposaient pour en sortir. Alors pourquoi en serait-il autrement aujourd'hui ? Pour la simple et bonne raison que l'iniquité de la crise généralisée en cours et le très haut niveau de développement productif permettent enfin à l'idéal du partage d'apparaître comme la seule concrétude de la réelle émancipation de l'homme, au moment où le capital arrive au bout de sa contradiction historique.

Introduction

L'émancipation humaine au regard de la fin probable du capitalisme historique

Il peut paraître curieux d'écrire un livre qui avance l'hypothèse de *la fin du capital* au moment où, malgré la crise généralisée, les peuples en révolte (parfois même en révolution) se heurtent au mur détestable, et apparemment immuable, du profit. Même à considérer la démesure du processus d'accumulation et de surproduction qui se poursuit, tout porte à croire que le capitalisme a toujours su inventer des ruses pour rebondir et se sortir de l'impasse. Mais est-ce encore possible aujourd'hui ?

Tous ceux qui ne jurent que par le libéralisme économique trouveront cette interrogation incongrue. Pourtant, non seulement la question mérite d'être posée, mais les bases factuelles que nous discuterons dans ce livre IV montrent que la question réellement se pose. Et à supposer que ce postulat soit fondé, alors se pose aussi la question des conséquences de cette finitude historique sur l'avenir de l'émancipation humaine. Car même si l'on pressent en cette perspective, au sens de Marx, une dimension causale clairement déterministe, tout va dépendre de la lutte des peuples pour accélérer la sortie du capitalisme et de la réponse qu'ils vont apporter au fonctionnement global du nouveau système à construire.

L'idée d'engagement des peuples animés par une juste raison se distinguant radicalement de l'économie capitaliste étant toujours en devenir, et sachant qu'aucun développement nouveau ne peut se faire sans prendre en compte leur réel niveau de conscience de classe, lui-même déterminé par les rapports sociaux de production et de propriété, nous n'en pourrons percevoir le possible qu'après avoir tenté de cerner la réalité objective. C'est donc à cette tâche complexe et périlleuse que nous devons nous atteler.

Afin d'avancer dans cette voie, il nous faudra revenir sur la nature, la dimension et la portée du temps des crises et des ruses, en décortiquer le sens avant de chercher à en mesurer toutes les conséquences pour le présent et l'avenir. Il nous faudra analyser aussi l'ensemble des données disponibles sur l'état du monde, les interpréter et en mesurer les incidences géostratégiques, ainsi que les nouveaux rapports entre les différentes puissances économiques, politiques et militaires. C'est donc sur ces bases objectives – et sur ces seules bases – que nous avancerons notre hypothèse de la fin probable du capital.

Comme nous venons de le souligner, et bien que la conscience sociale des travailleurs se forge en priorité à partir de la production économique, nous analyserons chemin faisant les incidences des crises et des ruses du capital sur la lutte des classes et, malgré cela, tout l'éventail de par le monde des actions pré-révolutionnaires susceptibles d'ouvrir une nouvelle phase historique.

C'est à partir de cette vision globale et concrète, propre à ouvrir la voie à une nouvelle société d'émancipation humaine, que nous proposerons d'approfondir notre matrice *écomuniste* dans le prolongement de la pensée marxienne.

I
Le temps des crises et des ruses

Crise de sens ou sens de la crise ?

Tant de choses ont été avancées sur les crises qu'il semble difficile de revenir sur la question. Alors pourquoi s'y essayer ? Tout simplement parce que les dires et écrits de la nomenclature bien-pensante sur le sujet ne nous éclairent non seulement pas sur le sens profond de la crise actuelle et son devenir, mais tendent de surcroît à nous mystifier. Revenir sur le débat en posant la question : « Quelle crise » ? donne à penser qu'avant de chercher à comprendre le sens de celle-ci, il faut d'abord nous accorder sur celui plus général qui les englobe toutes.

Certains esprits prétendument « lumineux » s'ingénient à nous démontrer qu'il devient de plus en plus patent que le temps des crises que nous vivons serait celui de la crise de la civilisation elle-même. Que celle d'aujourd'hui serait tout à la fois une crise sociale, une fracture du lien social, une crise économique, politique, morale, une panne de projets à moyen et long terme avec son cortège de dépressions, de régressions, de peurs et de replis égocentriques, et que si des experts vertueux cherchent à en réparer le dysfonctionnement, personne n'y croit, à l'exception de ceux qui par quelque manière en profitent. Que les tenants de l'économie et du pouvoir manquent à donner du Sens à la vie et que beaucoup d'entre nous, bien qu'en attente, se retournent vers eux ou s'en détournent par dépit. Qu'il nous faut retrouver un Sens là où nous avons perdu celui ou ceux qui animaient l'espérance individuelle et collective du progrès, dans un contexte manichéen qui simplifiait toute véritable interrogation, le bien étant tout simplement l'apanage du camp auquel on appartient et le mal celui du camp d'en face – bien évidemment. Que les générations ayant vécu sur ce mode de pensée auraient du mal à s'en défaire car manquant maintenant de repères sur le mal jusqu'alors à l'Est et qui justifiait – bien sûr – le bien à l'Ouest. Mais que ce diagnostic manque d'essentiel, ce dernier étant d'abord la question du Sens, duquel découle comment discerner, choisir, faire partager et développer ce qui est « bon », que nous appelons de tous nos vœux. Mais qu'en cela l'intuition ne suffit pas et que l'on a beau faire appel au Sens, rien ne vient en face. Que cette attente masque un vide théorique, philosophique et méthodologique tout à fait cruel. Et que ni les connotations morales ou spirituelles, ni celles qui relèvent de la sémantique et des signes ou des sciences, ni celles qui se soucient des phénomènes sociétaux ou de l'action ne suffisent à éclairer le problème et surtout à offrir des solutions. Et qu'il suffit pour s'en convaincre de le constater. Qu'il convient donc de replacer l'homme au cœur des affaires humaines et la question du Sens au cœur de la nature humaine, pour comprendre dans toute sa profondeur que la crise est avant tout une crise de perte et de quête de sens. Et que ce faisant, nous comprenons mieux le caractère salutaire de la crise, qui n'est qu'une crise de maturité de notre civilisation, comme toute crise arrivant à un seuil est le carrefour de toutes les inquiétudes, les remises en question, les régressions, les crispations. Que cet ensemble n'est autre que la « crise des représentations », c'est-à-dire celle de toute la civilisation dont la Raison a été jusqu'alors le repère régulateur, et qu'après l'âge de la Raison doit venir l'âge du Sens dont nous avons l'intuition, qui est devant nous, mais que nous devons inventer.

Sans doute aurez-vous compris que ces pourfendeurs de raison, s'évertuant à nous démontrer (avec des arguments sophistiques mêlés de bon sens apparent) que la crise que nous connaissons est avant tout une crise de sens, parviennent à « décortiquer » la question grâce à un tour de passe-passe majeur qui consiste à ne jamais nommer ou dénoncer une seule fois le système politique et économique capitaliste qui en est la cause. Pour qui en douterait, et même dans ses pires moments, le capitalisme a toujours réussi à « recycler » – parfois même à leur insu – ceux qui prétendaient nous éclairer sur la perversité de sa propre crise. Mais pour en rester précisément à la question du Sens, revenons sur la nature et les raisons de la crise du capital.

Pour comprendre les véritables causes de la crise, prendre pour paradigmes la civilisation et le sens est pour le moins réducteur. Observer et mesurer, d'un point de vue marxien, les mécanismes économiques à la source des errements du capital est bien plus pertinent. Nulle radicalité n'est invoquée. Il faut simplement prendre les choses à la racine, au niveau de leur constitution première. Car notre définition du possible de la crise n'a que faire des intercesseurs déguisés ou non du capital. Elle n'a pour mobile que de discuter ce qui contribue au regain d'intérêt d'aller voir la chose dans sa primauté. Et quoi de plus primordial pour mener à bien cette analyse que de mesurer la pertinence des théories de Marx à la concrétude des réalités d'aujourd'hui ?

Redisons donc que pour analyser les crises capitalistes passées, et cette crise en particulier, la référence à Marx est fondamentale. Malgré les incertitudes et les difficultés, le cadre théorique le plus utile et le plus puissant pour appréhender les crises et la crise actuelle du capitalisme demeure encore à ce jour *Le Capital*. D'autant que pour « les économistes standards », il n'existe pas de théorie globale de la crise et que le sujet intéresse peu (et pour cause) le courant académique classique ou néo-classique, y compris le courant keynésien et néo-keynésien. Mais comme la crise est un fait difficile à nier en pratique, ceux d'entre eux qui s'y essaient l'analysent à partir de facteurs extérieurs au marché : la correction par les prix, les interventions de l'État, les bugs informatiques, les excès de comportement de certains acteurs de la finance, etc. Mais nous verrons plus loin que la spéculation, les « erreurs de comportement » et tous les autres moyens, licites ou pas, ne sont que des ruses du capital pour tenter de lutter contre le mal structurel du capitalisme afin d'ouvrir – même provisoirement – des débouchés à la suraccumulation des capitaux qui ne trouvent plus à s'investir de façon rentable dans la sphère de production. À ce stade de l'interrogation sur la nature des crises, revenons donc aux bases théoriques de la crise historique du capitalisme selon les analyses *marxiennes*.

Quitte à passer pour un affreux simplificateur, il m'a semblé très utile d'en faire tout d'abord un rappel synthétique. La théorie de Marx tend à démontrer qu'il y a un défaut fondamental et non réformable dans le système capitaliste. Le taux de profit est la clé pour que les capitalistes soient en mesure de réaliser leur objectif d'accumulation du capital. Mais plus il y a d'accumulation, plus il leur est difficile de faire un bénéfice suffisant pour le maintenir. Ce taux d'auto-expansion du capital étant le moteur de la production, sa baisse apparaît alors comme une menace irrémédiable. Cela témoigne de la limite historique du capitalisme et du fait qu'il se trouve, à un moment donné, forcément en conflit avec les conditions de son propre développement dans la mesure où c'est le capital lui-même qui fixe une borne à la production. Pour en faire la démonstration, la ligne de base de l'argumentation de Marx est assez simple. Chaque capitaliste pris individuellement peut augmenter sa propre compétitivité par l'augmentation de la productivité de ses salariés. La façon de le faire est d'utiliser une quantité plus grande de « moyens de production » – des outils, des machines, etc. – pour chacun d'entre eux. Il y a une croissance de la proportion de la mesure physique des moyens de production par rapport au montant de la force de travail employée, un ratio que Marx a appelé « *la composition technique du capital* ». Mais à la croissance de la mesure physique des moyens de production correspond aussi une croissance de l'investissement nécessaire pour les acheter. Donc celui-ci grandira aussi rapidement que l'investissement dans la main-d'œuvre. Pour utiliser la terminologie de Marx, « *le capital constant* » augmente plus rapidement que « *le capital variable* ». La croissance de cette proportion, qu'il appelle la « *composition organique de capital* », est un corollaire logique de l'accumulation du capital. Il reste que la seule source de valeur pour le système dans son ensemble est le travail. Si l'investissement croît plus rapidement que la main-d'œuvre, il doit aussi augmenter plus rapidement que la valeur créée par les travailleurs qui est à l'origine de la plus-value. Bref, l'investissement en capital grandit plus rapidement que la source de profit. En conséquence, il y aura une pression à la baisse du ratio des bénéfices sur l'investissement, soit « *du taux de profit* ». Chaque capitaliste doit s'efforcer d'accroître la productivité afin de conserver son avance sur ses concurrents. Mais ce qui semble avantageux pour le capitaliste pris individuellement est désastreux pour la classe capitaliste dans son ensemble. Chaque fois que la productivité augmente, il y a une baisse de la quantité moyenne de travail nécessaire dans l'économie globale pour produire une marchandise (ce que Marx a appelé « *le travail socialement nécessaire* ») qui va déterminer le niveau du taux de profit. L'une des conséquences indirectes tient au fait que si la production augmente avec moins de travail vivant, et ce malgré la baisse fictive du prix de certains biens appelés à tort de consommation courante : ordinateurs, téléphones mobiles, téléviseurs, véhicules à moteur, réfrigérateurs, vêtements, etc. (produits à la chaîne par des industries mettant en œuvre des nouvelles technologies et des conditions de production contributives à l'augmentation plus rapide de la productivité), moins nombreuses seront les personnes en capacité pécuniaire d'acquérir ces biens produits et donc plus grande en sera leur surproduction relative. Cependant, parmi les contradictions du fonctionnement de l'économie capitaliste, la « tendance à la baisse du taux de profit » proposée par Marx est une des lois des plus signifiantes, pour ne pas dire la plus importante du legs théorique marxien, mais elle est aussi l'une des plus controversées. À partir de cette toile de fond s'est développé un débat sur la caractérisation de la crise : surproduction, suraccumulation, sous-consommation ?

En effet, pour expliquer la crise de croissance du capitalisme au XIXe siècle, non seulement Marx met en avant, comme nous venons de le voir, la contradiction intrinsèque au système : *la tendance à la baisse du taux de profit,* mais il y « ajoute » une deuxième contradiction : *la suraccumulation du capital* (ou surproduction du capital), laquelle, ne trouvant pas de débouché suffisant sur le marché, induit une baisse de la plus-value créée par rapport au capital investi. Bien qu'il ait élaboré un cadre dans lequel ces deux phénomènes semblent intimement liés, il donne plus ou moins d'importance à l'un ou à l'autre comme cause fondamentale de la crise. Dans *Le Capital* (Livre III), la baisse tendancielle du taux de profit est présentée comme la loi majeure de l'analyse du capitalisme, alors que dans sa polémique avec Ricardo, dans les « Théories sur la plus-value », *Le Capital* (Livre IV), Marx considère la surproduction comme le phénomène fondamental des crises. Selon Marx, « *le taux de profit est bien l'aiguillon de la production capitaliste (de même que la mise en valeur du capital est son unique fin), sa baisse ralentira la constitution de nouveaux capitaux autonomes et elle semble dès lors menacer le développement du procès de production capitaliste, elle favorise la surproduction, la spéculation, les crises, la constitution d'un capital excédentaire, à côté d'une population en excédent.* » *Le Capital* (livre III). Il s'agit là d'une surproduction de capital, non de marchandises, bien que Marx considère, comme nous pourrons le voir plus loin, que « *(...) la surproduction du capital implique toujours la surproduction de marchandises.* » Cela signifie donc que « *cette concentration croissante entraîne de son côté, à un certain niveau, une nouvelle chute du taux de profit. La masse des petits capitaux éparpillés est ainsi contrainte à s'engager dans la voie de l'aventure : spéculation, gonflement abusif du crédit, bluff sur les actions, crises. Ce qu'on appelle la pléthora (pléthore) de capital concerne toujours essentiellement la pléthore du capital pour lequel la chute du taux de profit n'est pas compensée par sa masse – et c'est toujours des bourgeonnements de capital frais qui viennent de se former – ou la pléthore qui, sous une forme de crédit, met ces capitaux incapables d'exercer une action à leur propre bénéfice, à la disposition de ceux qui dirigent les grands secteurs commerciaux ou industriels. Cette sur-population relative, et c'est donc un phénomène qui vient compléter celle-ci, bien que les deux faits se situent à des pôles opposés, capital inemployé d'un côté et population ouvrière non occupée de l'autre ; surproduction de capital, non de marchandises singulières, quoique la surproduction de capital implique toujours surproduction de marchandises – signifie donc suraccumulation de capital. Pour comprendre cette suraccumulation [...] il suffit donc de supposer qu'elle est absolue. Quand la surproduction de capital pourrait-elle donc être absolue ? Et il s'agit ici d'une surproduction qui n'intéresserait pas seulement tel ou tel secteur de production ou quelques secteurs importants, mais qui serait absolue dans son volume même, donc engloberait tous les secteurs de production. Il y aurait surproduction absolue de capital dès que le capital additionnel destiné à la production capitaliste égalerait zéro. Or la fin de la production capitaliste, c'est la mise en valeur du capital : c'est-à-dire l'appropriation de surtravail, la production de plus-value, de profit. Donc, dès que le capital aurait augmenté par rapport à la population ouvrière dans des proportions telles que ni le temps de travail absolu, que fournit cette population, ne pourrait être prolongé, ni le temps de surtravail relatif étendu [...] si le capital accru ne produisait qu'une même masse de plus-value tout au plus égale et même moindre qu'avant son augmentation, alors il y aurait surproduction absolue de capital ; c'est à dire que le capital augmenté* $C+\Delta C$ *ne produirait pas plus de profit ou même en produirait moins que le capital C avant qu'il ne s'accroisse de* ΔC*. Dans les deux cas, se produirait une forte et brusque baisse du taux général de profit* » (Marx, *Le Capital,* Livre III).

Ainsi, on ne produirait pas trop de « richesses », mais on en produirait périodiquement trop sous des formes capitalistes contradictoires. La limite du mode de production capitaliste apparaît : « *Avec la baisse tendancielle du taux de profit, le développement de la force productive du travail donne naissance à une loi, qui, à un certain moment, entre en opposition absolue avec le propre développement de cette productivité. De ce fait le conflit doit être constamment surmonté par des crises.* » (Marx, *Le Capital,* Livre III). C'est le taux de profit – rapport entre le travail non rémunéré et le travail matérialisé en salaires – qui décide de l'extension ou de la limitation de la production au lieu de la satisfaction des besoins. La production stagne non quand la satisfaction des besoins l'impose, mais quand le niveau de profit le commande. Si le taux de profit baisse, il existe une tendance pour un capitaliste à essayer de réaliser un profit extra : course au progrès technique, fuite dans la spéculation ou les aventures, pour s'assurer un profit plus élevé que la moyenne générale... Cela pourrait s'appeler la recherche de la meilleure parade à la baisse tendancielle du taux de profit, mais le capitalisme devenant de plus en plus globalisé développe encore un obstacle qui lui est propre. « *Et si la formation de capital devenait le monopole exclusif d'un petit nombre de gros capitaux arrivés à maturité pour lesquels la masse du profit l'emporterait sur le taux, le feu vivifiant de la production s'éteindrait définitivement. Celle-ci tomberait en sommeil* » (Marx, *Le Capital*, Livre III).

Dès le XIXe siècle, Marx a donc été confronté à l'interprétation des crises comme étant directement liées à une sous-consommation causée par l'insuffisance des salaires versés et le faible pouvoir d'achat des travailleurs.

Mais la sous-consommation est toujours associée à une surproduction. Si le capitalisme a besoin de salariés en tant que force de travail, puisque c'est de la valeur d'usage de cette force de travail que naît le surplus qui engendre le profit, il en a besoin aussi comme consommateurs. Cependant, le réflexe de chaque entreprise, contrainte par la recherche du profit maximum et la concurrence, est de considérer les salaires uniquement comme un coût qu'il faut réduire pour accroître le profit. Ce qui revient à scier la branche sur laquelle elle est assise. Logée au cœur même du rapport entre le capital et le travail, cette contradiction possède, de façon objective et permanente, un caractère antagoniste irréductible. Comme nous pouvons le constater, prendre la question de la crise par le biais de l'économie marxienne est décisif pour en comprendre les mécanismes, même s'il convient de lui ajouter la dimension philosophique, morale et politique.

Au point où nous en sommes de la controverse, et bien que dans *Pour sortir du capitalisme* j'ai surtout appuyé l'idée de l'insuffisance chronique de plus-value comme facteur principal de la crise, il me paraît plus utile de mettre en exergue les convergences plutôt que les divergences dans ces différentes approches puisqu'elles confortent la nécessité de combattre le capitalisme sur une base de classe. Car somme toute, la loi marxienne selon laquelle le développement du capital et son procès d'accumulation conduisent toujours à une suraccumulation du capital, c'est-à-dire à un « excès » de capital sous toutes les formes possibles au cours du procès de valorisation : argent, moyen de production, force de travail, marchandises, puis à nouveau argent, doit s'entendre, bien sûr, dans la généralité, comme capital unique susceptible de réaliser une plus-value suffisante sous forme de profit par la vente des marchandises produites. Donc, suraccumulation de capital ou sous-consommation des masses sont deux façons de dire la même chose. Par exemple, trop de moyens de production et de marchandises et trop peu de masse salariale pour les absorber, ou encore trop de capital produit accumulé et trop peu de plus-value produite. Par ailleurs, méfions-nous de la tendance du *tout économique*, même appuyée sur des théories marxiennes, qui pourrait nous conduire à voir les contradictions du capitalisme de façon distanciée, hors des réalités concrètes de la crise et de leurs terribles conséquences pour le travailleur collectif et l'ensemble des producteurs. Ce qu'il ne faut surtout pas perdre de vue, c'est que le capitalisme n'est pas qu'un « système économique », c'est aussi un système de domination sociale au profit d'une bourgeoisie oligarque, certes hiérarchisée, mais présentement structurée au niveau mondial.

Pour en revenir aux limites du mode de production capitaliste conduisant à la crise, rappelons que le but du capital est de produire pour le profit et non pour la satisfaction des besoins sociaux, ce qui engendre une « *discordance entre les dimensions restreintes de la consommation sur la base capitaliste et une production qui sans cesse tend à franchir cette barrière qui lui est immanente* » (Marx, *Le Capital*, Livre III). Les limites de la production capitaliste ne viennent donc pas de la production en soi, mais d'une tendance biaisée au développement des forces productives par des rapports de production uniquement liés à la loi du profit. Si le capitalisme est et sera toujours marqué par sa profonde indifférence quant à l'usage social ou environnemental des marchandises produites, et donc à la finalité des investissements, c'est que son but ultime est la valorisation sans limites du capital. Comprendre cela, c'est comprendre du même coup pourquoi naîtra toujours de ses contradictions intrinsèques l'exclusion des travailleurs du partage équitable de la valeur produite (et non des richesses comme il est dit parfois à tort) et combien, malgré les difficultés de compréhension de ses mécanismes contradictoires et complexes, la conscience de classe en sortira, malgré les apparences défavorables, un jour renforcée.

Aujourd'hui, les limites qui servent de cadre à la conservation et la profitabilité de la valeur-capital reposent sur l'expropriation et l'appauvrissement des petits et moyens producteurs, ainsi que sur l'exclusion massive des travailleurs contraints au chômage. Entrant sans cesse en contradiction avec les nécessités humaines, celles-ci doivent être dépassées pour que le capital parvienne à ses fins. Mais comme elles tendent à faire de la production une fin en soi au détriment des besoins, elles ne peuvent porter remède au système. Il est donc illusoire de penser endiguer la crise par une meilleure répartition de la valeur produite. Ce sont uniquement les circonstances historiques exceptionnelles de l'après Seconde Guerre mondiale – nécessité d'une reconstruction massive, bases syndicales et politiques en partie favorables aux travailleurs – qui ont permis un meilleur partage de la valeur produite tout en donnant la possibilité transitoire au capital de réaliser malgré cela la valeur ajoutée et la plus-value. Or dans le cadre de la mondialisation, la production est redevenue pleinement et exclusivement « une production pour le capital ». Non seulement le rapport capital-travail est plus que jamais antagoniste, mais il tend à la paupérisation généralisée d'un nombre croissant d'exclus, mettant ainsi plus encore en péril le fragile équilibre du système. La profondeur de l'antagonisme du capital envers celles et ceux qui doivent vendre leur force de travail est donc consubstantielle au capitalisme enraciné dans la recherche d'une plus-value maximale et renforcée par la concurrence. Une fois éloignées de la phase de grande dépression des années 1930, partiellement stoppée par la Seconde Guerre mondiale – qui lui est consécutive – et le rapport de force plus favorable aux travailleurs stoppé en partie par l'implosion du « socialisme réel », les politiques néolibérales s'imposent. Ce changement, intervenu dans l'identité des propriétaires du capital, a libéré cet antagonisme irréductible que la mondialisation forcée du capital n'a fait qu'aviver. La libéralisation et la déréglementation qui s'en suivent ont eu pour conséquence la mise en concurrence directe de travailleurs des différents pays ayant une productivité du travail quasi équivalente, mais contraints par des rapports politiques et sociaux locaux permettant aux entreprises de les payer jusqu'à 10 ou 15 fois moins tout en leur déniant le salaire indirect d'une protection sociale encore consentie dans certains pays occidentaux. Les disparités des salaires d'un facteur 10 pour la seule Union européenne entre 2008 et 2013 illustrent bien ce fait. Elles tendent à montrer aussi combien, en très peu de temps, se sont rapprochées ces disparités. Les délocalisations aujourd'hui n'ont plus cours exclusivement dans les pays « émergents », mais sont aux portes mêmes de nos voisins européens immédiats.

Comme l'a déjà souligné François Chesnais : « *En 1848, c'est au cadre national que Marx et Engels se référaient lorsqu'ils constataient dans le* Manifeste du Parti communiste *que "l'organisation du prolétariat en classe" était "sans cesse détruite par la concurrence que se font les ouvriers entre eux". Aujourd'hui, les conditions historiques dans lesquelles s'est achevée la constitution du marché mondial, c'est-à-dire l'effondrement de l'URSS et l'incorporation de la Chine dans le capitalisme mondial, ont fait faire un saut qualitatif à l'intensité de cette concurrence, facilitant la mise en œuvre des nouvelles normes de "gestion des ressources humaines"* ». De ce point de vue, l'Europe capitaliste et toutes les structures d'organisation et de fluidification du commerce international sont devenues de redoutables machines à faire baisser le coût du travail général sans parvenir pour autant à endiguer la crise.

Quoi qu'il en soit, que les contradictions de l'économie capitaliste portent certains économistes marxistes à mesurer une baisse du taux de profit (voire pour d'autres une stagnation) ou une suraccumulation du capital, le long déclin de l'investissement productif est là pour nous rappeler la bien réelle érosion des opportunités d'investissement ayant un niveau de rentabilité suffisant aux yeux des détenteurs de capitaux aujourd'hui et sa portée sur la situation humaine et sociale des travailleurs. Le très capitaliste quotidien boursier, économique et financier *La Tribune* ne dit pas autre chose lorsqu'il constate qu'en 2013, le capital-investissement entreprise français est à sec : « *(...) quatre sociétés de private equity sur dix ne disposaient plus – en moyenne – que de 9 % de leur fonds sous gestion pour investir dans de nouvelles entreprises (...) si les réserves de ce dernier s'épuisent, c'est parce qu'il peine à lever des capitaux auprès d'investisseurs institutionnels et particuliers, depuis trois ans* ». La désertion de l'entreprise vers la finance de ces fonds d'investissement est l'illustration même des problèmes que rencontre le capitalisme pour gérer la suraccumulation du capital. Comme le montre Marx, « *si le taux de profit est la force motrice de la production capitaliste... on n'y produit que ce qui peut être produit avec du profit, et pour autant que cela peut être produit avec profit* ». Ce système, caractérisé par une nécessité illimitée de profit qui est empêché par une insuffisance d'investissement dont il est lui-même la cause, n'augure rien de bon pour l'avenir. Jamais à ce jour, une force telle que les sociétés transnationales, les grands fonds de pension et autres placements collectifs et les appareils étatiques et militaires qui en défendent les intérêts n'avaient incarné avec autant de superbe et de perfidie la toute-puissance d'un capitalisme pourtant immanquablement voué à l'échec. Le niveau historique de l'ampleur de sa crise généralisée aujourd'hui n'en reflète que plus sa très grande fragilité.

Il nous faut donc appréhender cette crise dans une perspective d'aggravation soutenue des dysfonctionnements des mécanismes de régulation du système mondial sous l'égide des États-Unis et de ses acolytes, en grande partie liés au déficit abyssal états-unien causé par les grandes vagues de déréglementation des marchés monétaires et financiers à compter des accords de Bretton Woods permettant l'abandon de la convertibilité or et la démonétisation or, et donc le démantèlement du système d'étalon de change-or. Nous pouvons donc nous attendre à de nouvelles vagues de déréglementation des marchés monétaires et financiers, malgré la piètre comédie des soi-disant régulations du G20 avec, comme corollaire, la libéralisation accrue des taux de change et des taux d'intérêt et l'accroissement de la dette des pays du Sud. Il ne s'agit de rien de moins que d'un véritable coup d'État financier par lequel la haute finance, principalement états-unienne, va tenter de déplacer plus encore le centre de gravité du pouvoir mondial vers la financiarisation, afin d'imposer un nouveau diktat à toute l'économie, y compris par la force si nécessaire. Mais ne nous y trompons pas, même si le capitalisme parvient, grâce à la sophistication accrue de ses ruses, à stabiliser provisoirement la crise, voire à nous illusionner sur son recul, il sera toujours rattrapé à un moment donné par ses contradictions et ramené à la récession généralisée. La faillite bancaire de ces temps derniers est le symptôme de sa propre faillite. Et il ne dispose fondamentalement d'aucune solution durable de rechange. La financiarisation, en se nourrissant de la baisse de la part salariale et des déséquilibres de l'économie mondiale, ne parviendra pas pour autant à dégonfler la crise. Il faudrait pour cela qu'elle accepte de changer les bases mêmes de son objectif économique et donc de renoncer à la capitalisation elle-même. Qu'on le veuille ou non, les implications de la théorie de Marx vont très loin. Le succès apparent de l'accumulation capitaliste crée des problèmes pour l'accumulation ultérieure et entraîne inévitablement, comme nous venons de le voir, la crise. Les capitalistes, dans les secteurs clés de l'économie, n'ont plus de taux de profit suffisant pour couvrir leur investissement productif. Et plus l'accumulation se fera à une grande échelle, plus profondes seront les crises à venir. Raison de plus pour combattre sans concession un système dont le fondement, à travers la dynamique contradictoire de la reproduction élargie du capital, pousse inéluctablement à la crise et à la barbarie.

Cruauté, dureté et limites des ruses du capital

Après avoir brièvement résumé les analyses fondamentales de Marx sur les causes profondes des crises systémiques du système capitaliste et vérifié leur pertinence sur la crise actuelle – principalement la loi établissant son développement et son mécanisme d'accumulation qui le conduit inéluctablement à une suraccumulation de capital, loi qui ne doit pas être confondue avec les causes immédiates qui jouent le rôle de déclencheur de la crise –, nous voilà amenés à faire « l'inventaire » de l'ensemble des ruses que ce système a mises en œuvre au cours du temps pour tenter d'en contrecarrer les effets. La compréhension de tous ces dispositifs est non seulement indispensable à la compréhension du rebond incessant des crises et leur approfondissement depuis l'avènement du capitalisme, mais fort utile pour démontrer que quelle que soit leur ingéniosité ou leur cruauté, rien ne peut en stopper durablement le cours. Nous aurions pu présenter les tenants et les aboutissants de ces ruses en une sorte d'élargissement permanent de celles-ci, prétendant répondre à la complexification du procès de production, mais nous avons préféré nous approcher, dans la mesure du possible, de leur chronologie historique.

Le colonialisme

Si le capitalisme occidental fonde son développement sur le commerce lointain, pour autant, les grands empires coloniaux des XVIe et XVIIe siècles, tels l'Espagne, le Portugal ou la Hollande, s'établissent avant même de connaître le plein boum du capitalisme industriel et les premières conquêtes ne résultent donc pas directement de problèmes liés à la suraccumulation du capital. Nous en serions plutôt ici, pour reprendre le point de vue marxien, au début de l'ère capitaliste : « *La découverte des contrées aurifères et argentifères de l'Amérique, la réduction des indigènes en esclavage, leur enfouissement dans les mines ou leur extermination, les commencements de conquête et de pillage aux Indes orientales, la transformation de l'Afrique en une sorte de garenne commerciale pour la chasse aux peaux noires, voilà des procédés idylliques d'accumulation primitive qui signalent l'ère capitaliste à son aurore.* » Marx y voit aussi l'origine des capitaux nécessaires à son essor qui proviennent de l'expropriation des terres dans les colonies, de la création de monopoles de droits (Compagnies des Indes) et de l'exploitation et de la mise en esclavage de toutes les populations indigènes. Certes, le colonialisme de toutes les époques découle du régime économique, mais dans sa phase contemporaine, son expansion a une explication plus subtile que la cupide velléité de ces migrations féodales ou antiques. C'est principalement parce que la classe possédante, industrielle et commerçante, recherche soit des débouchés pour les produits de ses usines, soit un placement pour ses réserves d'argent, soit de nouvelles sources d'exploitation et de richesse, qu'elle va détourner les subsides de l'action publique vers les entreprises coloniales.

En dépit de certains traits similaires aux conquêtes espagnoles, portugaises et hollandaises, accapareuses et, pour les deux premières surtout, prétendument civilisatrices (au sens religieux du terme), la colonisation française, allemande ou anglaise de 1900 s'en distingue surtout par sa dimension strictement mercantile. Alors que les générations antérieures recherchaient l'or ou les marchandises coûteuses, cette génération se préoccupe principalement d'élargir le marché de son industrie, de parer à la surproduction chronique qui l'accable, tout en prenant garde à ne pas avouer les causes exactes de ses entreprises, les camouflant même par des déclamations creuses et des raisonnements de haute métaphysique sociale. Ces mensonges, qui se sont étalés impunément à la tribune des parlements ou dans les journaux pendant plus d'un quart de siècle et qui continuent aujourd'hui encore d'être portés par la classe dominante, doivent être vigoureusement démasqués.

L'idée que « plus vaste est le domaine exotique d'une nation, plus consistant sera son prestige » est alors avancée par Jules Ferry et sa clique. Seelet, le théoricien de l'impérialisme britannique, n'écrivait-il pas aussi : « *Les États qui garderont une faible étendue en face de ces colossales agglomérations de la Russie, de l'Amérique, tomberont au second rang* » ? Bien qu'accessoire dans l'esprit de ceux qui en soutenaient la thèse, la France de 1900, maîtresse de l'Indochine, de Madagascar, du Tchad et du Magreb, l'emportait donc, en vigueur relative, sur la France de 1880. C'est ainsi que M. Leroy-Beaulieu fait appel à l'âme même des collectivités humaines qui doivent sans relâche élargir leur horizon : « *La conscience nationale,* dit-il, *sait que seule la colonisation peut maintenir ouverte cette vaste carrière d'activité et d'expansion, ce champ nécessaire de l'idéal, dont ne peut se passer complètement un peuple qui n'est pas caduc.* » Ou encore Jules Ferry et l'Italien Crispi qui, à l'époque de la grande poussée, osent les développements suivants : « *La civilisation, que nous avons reçue en dépôt des Grecs et des Romains, nous ne saurions la garder immobile, inféconde entre nos mains. De même que les chrétiens et les musulmans firent œuvre de propagande pour leur foi, en parcourant le monde, l'épée à la main ou le cimeterre au poing ; de même, nous manquerions à notre tâche la plus sacrée, si nous n'allions pas supprimer, sur la côte de Guinée, les massacres traditionnels, ou abolir la traite sur les grands lacs africains ! Ainsi l'humanité est intéressée aux entreprises publiques ou privées des Européens dans les terres vierges. Chaque expédition, chaque conquête, marque un progrès de la justice, de l'ordre, de la science, de la bonté. Ceux qui combattent les aventures, au nom d'on ne sait quels principes erronés, sont des ennemis de l'évolution du monde, des ignorants, des rétrogrades. Un pays se déshonorerait, s'il n'essayait pas d'arracher à sa torpeur séculaire, à sa barbarie honteuse, quelque parcelle des contrées à demi explorées. À l'inverse, il saisit des titres de gloire devant la postérité, s'il accomplit une œuvre utile et durable d'assimilation.* »

Mais ce n'est pas tout. Pour justifier ce programme d'expansion civilisatrice, d'autres sont allés jusqu'à façonner la théorie des races inférieures : « *Le blanc est l'homme supérieur ; aucun type d'être vivant ne pourrait être comparé au sien. De même qu'il a domestiqué le cheval, le chameau, l'éléphant et le chien, de même il mettra en tutelle tous les hommes qui ne sont pas blancs. Une volonté providentielle les a destinés à servir, à peiner pour autrui, à travailler sans récompense.* » Paul Louis, dans son livre : *Le Colonialisme*, cite l'Américain Helper qui, pour justifier le programme d'expansion civilisatrice de 1886, osa même écrire : « *Conformément aux commandements du Tout-Puissant, il faut que tous ceux dans les veines desquels coule du sang noir soient exterminés.* » Voilà le vrai visage de la colonisation occidentale : racisme, cruauté et mensonge doublés d'une impérieuse opération de capitaux.

En suivant pas à pas la poussée de la grande industrie, la forte expansion coloniale du siècle dernier tente de sauver par la ruse et la dureté le capitalisme malade chronique de ses propres crises et de sa surproduction inévitable. Et comme l'a encore si bien écrit Paul Louis : « *La classe possédante a dû coloniser, sous peine de mort. Au risque de périr, avant l'heure, sous l'entassement de ses produits manufacturés, elle a été entraînée à chercher, sabre au poing, ses clients.* » Mais les ruses de la raison post-coloniale n'ont rien à envier à la phase précédente. Du colonialisme faussement émancipateur à la présence toujours vivace des ex-pays colonisateurs (surtout en Afrique), la France n'en est pas encore arrivée à rougir de son propre passé. La « décolonisation » n'est pas la fin de la colonisation, mais une subtile variante qui apporte en dot « *ce trousseau de servitudes que l'on nomme indépendance* ». Et c'est bien ce que nous constatons en observant attentivement la réalité des ex-pays coloniaux. L'idée d'indépendance, initiée en 1944, n'est compréhensible qu'en analysant la conjoncture internationale caractérisée alors par la montée en force des deux grands « absents » du partage colonial : les États-Unis impérialistes (mais aussi néo-colonialistes en Amérique latine) et l'Union soviétique. En pesant tous deux sur la naissance de l'ONU, ils initièrent dans la charte de 1945 l'idée d'auto-administration par les populations concernées « des territoires non autonomes », se gardant d'employer le terme de « colonies ». L'anticolonialisme impérialiste, sous la houlette des États-Unis, qui exerçait une influence sur le colonialisme britannique en Afrique, n'était que pur opportunisme, tout autant que le soi-disant humanisme humanitaire du général de Gaulle qui s'opposa à la décolonisation française à la conférence de Brazzaville en 1944. C'est cette conjoncture internationale qui explique la « décolonisation ».

Après la période transitoire de 1946 à 1960, les États-Unis laissèrent la France jouer le rôle de gendarme du « monde libre » anticommuniste dans ses « ex-colonies » alors que L'URSS « manifestait son indifférence ». « Aide » militaire et souveraineté monétaire partagée, le postcolonialisme ne devint pas autre chose qu'un néocolonialisme. Aujourd'hui encore, ce dernier n'est pas mort. Sa pseudo démocratisation néolibérale et ses réseaux politico-économiques, véritables mafias étatiques toujours plus étendues, l'apparentent à un « occupant » plus brutal qu'hier eu égard aux tragédies produites (et, disant cela, je ne pense pas seulement au génocide rwandais). Malgré « les indépendances », le fardeau du colonialisme pèse plus que jamais sur les pays africains et la coopération, comme l'a lui-même qualifié Omar Bongo (qui en connaît un rayon sur la chose) : « *Ce n'est qu'un cercle vicieux.* » Pour ne prendre que l'exemple hexagonal : la France sans l'Afrique n'est qu'un moteur sans carburant. Il revient donc au mouvement anti-impérialiste et anticapitaliste de mettre à l'ordre du jour la nécessité de rompre avec cette survivance de la colonisation qui n'est autre qu'une ruse du capital pour trouver des débouchés à sa crise de suraccumulation.

La barbarie

Nul n'aurait pu me faire reproche d'utiliser à la légère le terme « barbarie » à propos du colonialisme, mais il y a quelques caractéristiques principales qui lui sont propres que je vais identifier ici. Je ne veux pas parler du soi-disant caractère permanent et universel de l'homme qui serait une donnée latente de la civilisation : une sorte de mal radical qui s'empare de lui si la distribution des forces de la société ne peut plus le réfréner. Ou encore des idées émises dans ce brûlot qui fit scandale en 1977 : *La Barbarie à visage humain*, qui non seulement prétendaient révéler cette tentation barbare demeurant tapie au fond de nous-mêmes, mais plaçaient sur le même plan le « socialisme » aveugle et cruel de Staline et l'Holocauste nazi.

La barbarie dont je parle ici naît toujours de la fusion du capital transnational en crise avec un pouvoir politique réactionnaire raciste et factieux. Phénomène d'autant plus vrai et inquiétant qu'aujourd'hui l'on se trouve face à un capitalisme décadent. À ce stade, crise, guerre et barbarie sont imbriquées. N'oublions jamais que Krupp, président de la fédération du patronat industriel allemand, avait pour but « *la mise en place d'une coordination entre l'État totalitaire et l'organisation industrielle* » et que des unités de la Gestapo installées dans les locaux de ses usines pratiquaient la torture et l'assassinat de travailleurs (plusieurs centaines de salariés de Krupp ont été envoyés dans des camps de concentration entre 1934 et 1939). En 1943, il fit même construire une usine à l'intérieur du camp d'Auschwitz où les détenus participaient à la fabrication de détonateurs d'obus en attendant la mort. La collusion du capital transnational, malgré l'apparente contradiction « des deux camps ennemis », nous permet de constater que la compagnie américaine Ford et Opel (une succursale de General Motors) a produit près de la moitié des camions militaires et des avions utilisés par le régime nazi. Malgré le procès de Nuremberg en juillet 1948, condamnant Elfried Krupp von Bohlen à 12 ans de prison avec confiscation de propriété, les milieux capitalistes et le gouvernement américain ont fait pression et obtenu sa libération en février 1951, ainsi que la restitution de ses biens assortie d'une compensation financière pour sa période d'emprisonnement. Dans ces conditions, qui pourrait nous faire croire que le capital international n'était pas impliqué dans l'avènement du fascisme et du nazisme et qu'il n'a pas couvert, *de facto*, l'Holocauste ?

Le capitalisme « clandestin » a de tout temps pris le pas sur celui que nous pourrions appeler « officiel » ou plus exactement sa vitrine légale. La duplicité, la cupidité, l'opportunisme, la soumission, la subordination et l'exploitation sont le moteur d'un système destiné à la fabrication des profits pour une minorité de privilégiés. Dès que vous résistez, le système vous marginalise. Et si vous résistez vraiment, alors il cherche à vous briser. La contre-vérité comme mode de fonctionnement a produit des exemples à la pelle, sans parler de celui relativement récent pour mettre à genoux l'Irak afin de se garantir de ses approvisionnements pétroliers. Souvenons-nous du coup d'État de Pinochet, lorsqu'avec l'accord des États-Unis, le conseiller de l'ambassade à Santiago s'adressant à M. Horman, qui vient de découvrir que son fils Charles (journaliste américain) a été assassiné par la junte fasciste, lui dit en substance « *Nous défendons un mode de vie. Vos affaires en font partie ; vous-même en faites partie. Nous ne saurions abandonner les intérêts des multinationales implantées au Chili.* » Tout est dit. Et si aujourd'hui certains banquiers comme les barons de *Cosa nostra* montent en grade, ils agissent, mais ne parlent pas. L'omerta pour eux aussi est la règle.

La barbarie est le crime parachevé de la logique du capital en crise. Tout comme la crise est à l'intérieur de la société capitaliste, barbarie et guerre sont intégrées au cycle économique en tant que forme extrême de destruction de capital. Et qui dit forme extrême de destruction de capital, dit forme extrême d'organisation politique et étatique. La naissance et le développement des systèmes fasciste et nazi n'ont fait que répondre à cette redoutable évidence.

Dans ce couple infernal guerre/barbarie, nous devons aussi fustiger cette idée préconçue selon laquelle nous aurions tous reçu en partage une même nature humaine qui pousse toutes les sociétés à user de violence pour faire fructifier leur intérêt. L'argument utilisé pour caractériser la barbarie sert à nouveau pour définir le fondement premier de la guerre : l'homme serait foncièrement mauvais. Or non seulement des recherches anthropologiques récentes tendent à montrer que dans la société primitive, la guerre, dépourvue de positivité par la priorité attribuée à l'échange, perd toute dimension institutionnelle : « *Elle n'appartient pas à l'être de la société primitive, elle n'en est qu'une propriété accidentelle, hasardeuse, inessentielle ; la société primitive est pensable sans la guerre.* » De plus, certains anthropologues affirment que : « *La véritable activité guerrière n'apparaît qu'au moment où les chasseurs se sédentarisent.* » Pour reprendre le point de vue de Margaret Mead, la guerre « *n'est qu'en invention, et non une nécessité biologique.* » En fait, la *kleptocratie* historique a toujours cherché par la ruse à gagner le soutien populaire pour continuer à jouir d'un mode de vie de plus en plus confortable : désarmer le peuple et armer indirectement l'élite (plus facile en ces temps de haute technologie), employer le monopole de la force pour maintenir l'ordre du capital, élaborer une idéologie ou une religion qui justifie son système de vol organisé.

Mais qu'en sera-t-il alors de la barbarie à l'aune du capitalisme global décadent ? Car la forme extrême d'organisation politique et guerrière pour faire face à l'impérieuse nécessité de destruction de la production accumulée ne peut se regarder au XXIe siècle comme cela le fut au XXe siècle. Le système évolue dans un espace où l'expansion spectaculaire de la population mondiale marginalisée, ou mise à la porte de la participation productive de l'économie capitaliste en crise, constitue un *tiers-monde* de plus en plus grand. La nécessité pour le capital d'assurer le contrôle social de cette masse ultra paupérisée, vivant dans une sorte de planète taudis, risque de donner une impulsion nouvelle aux projets néo-fascistes et peut faciliter à terme le passage d'une aide sociale de subsistance de plus en plus étriquée à un contrôle social plus cœrcitif, ouvrant la porte à un véritable État policier.

Trois grands secteurs du capital transnational sont présentement enclins à rechercher des arrangements politiques à caractère fasciste pour faciliter l'accumulation : la spéculation du capital financier, le complexe militaro-industriel (sécuritaire ou intrusif), le secteur des ressources minières et de l'énergie (en particulier le pétrole et le gaz et même, à moyen terme, le charbon). C'est pourquoi l'idéologie principale du fascisme du XXIe siècle repose surtout sur l'irrationalité d'une promesse sécuritaire anti-migratoire qui prétend « exiger » une sorte de cohésion nationale au sein d'un État où règne l'ordre social. La facilitation de cette idéologie s'exerce quotidiennement grâce à un contrôle sans précédent sur les médias de masse, les moyens de communication et de production d'images symboliques et de messages préparant les esprits à autoriser le néo-fascisme sans rupture des cycles électoraux constitutionnels.

Dans ce contexte, il serait illusoire d'imaginer que le « fascisme moderne » peine encore à trouver sa place au futur panthéon des grands tyrans. Pour autant, le torrent ultralibéral productiviste n'a pas attendu sa venue pour charrier tous les cadavres civils passés aux pertes et profits au cours des conflits régionaux du Moyen-Orient ou d'ailleurs, afin de sécuriser ses approvisionnements énergétiques vitaux.

L'autre versant de la barbarie se rattache à la dérive mafieuse qui touche à la fois les États, les gouvernants, et l'ensemble du système capitaliste mondialisé. Certains tentent de camoufler le problème à travers la corruption et la criminalité, se gardant bien d'analyser la situation dans sa globalité. Ils le font parfois en forçant le trait, comme s'il s'agissait « *d'un poumon à la finance parallèle* », ou en fustigeant le laxisme de la Communauté européenne coupable d'avoir fait entrer dans l'Union, des pays, selon eux, généralement caractérisés par une solide culture de corruption (pots-de-vin dans le cadre de marchés publics, détournements de fonds publics). Il s'agit le plus souvent d'anciens pays du bloc de l'Est. Mais, curieusement, ils y incluent la Grèce, justifiant ainsi la nécessité d'un redressement des comptes publics et d'une politique d'austérité. Ce faisant, ils se réfèrent le plus souvent à « *l'indice de corruption* » établi par *Transparency International*, se lamentant de la corruption étouffée de l'Espagne (notamment dans le domaine du bâtiment : l'économie de la brique) et surtout du 25e rang de la France parmi les 178 pays analysés. Leur mobile s'éclaircit surtout lorsqu'au détour d'une phrase, on apprend que le remède à tous ces maux serait le renforcement de l'Organisation Mondiale du Commerce, voire, à terme, la création d'une gouvernance mondiale.

Pas plus que la notation de la corruption des divers pays à travers le monde, la fustigation des banques (« *Ces belles putes maquillées avec distinction* ») n'est suffisante pour nous aider à comprendre les vrais mécanismes de la dérive mafieuse aujourd'hui. L'époque coloniale française en Indochine, durant laquelle nos chimistes étaient les meilleurs pour produire la drogue, a sans doute permis au crime organisé de récupérer cette compétence au départ de la France et des États-Unis, et de créer, au moment où l'économie légale se mondialisait, une véritable production multinationale de la drogue. Mais quelle que soit l'ampleur du phénomène, cela n'est pas réellement déterminant pour étayer notre thèse. Et même si la libéralisation des programmes d'ajustement du Fonds Monétaire International, de la Banque mondiale et les paradis fiscaux facilitent indéniablement la criminalisation, on ne peut pas dire que les groupes économiques et sociaux à l'œuvre pour gangrener gouvernants et États soient directement mêlés au crime organisé. Il serait plus juste de parler d'un lien entre libéralisation économique et financière et criminalisation de l'État.

La dérive mafieuse ne peut plus se limiter au champ de l'histoire criminelle. Elle relève de l'histoire de la pseudo démocratie capitaliste. Voilà pourquoi la base de notre questionnement tient seulement en quelques mots : « *Le capitalisme de la crise généralisée d'aujourd'hui est-il en passe de devenir un vrai système mafieux* ? »

Si cela est, alors ce dernier existant comme une réalité sociale en soi, pourvu d'une certaine autonomie et obéissant à des lois de fonctionnement et de développement propres, pourrait générer, à travers la crise paroxysmique de l'accumulation, des dérives telles qu'il serait apte à fabriquer non seulement des victimes de la casse sociale pour le bon fonctionnement de sa machine immorale, mais des activités illégitimes au regard même de ses propres lois, alimentant une sorte de néofascisme.

Pour démontrer que le cœur de la dérive mafieuse est bien l'activité capitalistique elle-même, écartons de notre discussion sa capacité de perversion suprême à travers la barbarie fasciste et nazie, tel que nous l'avons vu précédemment. Écartons aussi sa collusion avec les actes illégaux de la Mafia elle-même qui s'inscrivent dans des rapports hiérarchisés nous permettant de parler de Mafia-entreprise, de crime institutionnalisé, structuré, lesquels mêlent activités crapuleuses et légales, blanchiment d'argent et autres liens entre États et Entreprises capitalistes, au sens monopolistique du terme (actes illégaux qui, soit dit en passant, prospèrent sans être trop inquiétés, alors que les États-Unis et leurs alliés disposent d'un réseau d'écoute téléphonique et informatique qui leur permet de contrôler plus de 90 % des messages qui s'échangent à travers toute la planète). Écartons enfin le concept *de zones grises*, aux limites géographiques floues et mouvantes, que constituent les sous-produits pseudo temporaires d'un monde en pleine recomposition après l'effondrement du système soviétique.

Notre question doit donc porter plus directement sur les activités qui résultent de l'économie politique classique, permettant de découvrir ou non en leur sein des comportements que nous pourrions qualifier de mafieux. Pour ce faire, nous devons les analyser comme une forme endogène de l'accumulation du capital au sens où Marx peut le démontrer et non comme un exercice professionnel d'actions criminelles ou de biens et de services prohibés (drogue, prostitution, trafic d'organes, contrefaçon…). Cette propension en situation de crise paroxysmique à aller vers un système mafieux signifierait alors qu'une logique poussée à son comble s'impose à l'ensemble de la société capitaliste, gangrenant peu à peu son économie « licite ».

Observons tout d'abord le comportement du réceptacle majeur de l'accumulation capitaliste qu'est le secteur bancaire, au premier rang duquel se trouvent les banques américaines : *Citygroup, Bank of America,* puis la banque britannique *HSBC* et plus loin encore, en quatorzième position, le groupe français *BNP Paribas,* largement devant les pétroliers comme *Total* ou l'assureur *Axa.*

Toutes ces sociétés, fleurons du capitalisme mondialisé (mais aussi les plus incontrôlables), ont ouvert des milliers de comptes dans les paradis fiscaux, sans que les États spoliés, qui continuent de les laisser défiscaliser, ne remettent en cause leur inquiétante stratégie.

Parmi les masses monétaires virtuelles en circulation à travers le monde, une part considérable de cette « fausse monnaie », investie en actions et en obligations, se cache dans les paradis fiscaux selon des procédures que seuls les grands groupes bancaires sont en capacité de maîtriser. Ces outils complexes et mafieux de la finance mondiale sont partie intégrante des préceptes récurrents de la mondialisation financière.

Voyons à présent ce qu'il en est pour les autres secteurs d'activité. Qu'il s'agisse de l'agriculture, de l'agrobusiness, de la déforestation (liée à la filière bois, à la monoculture, aux agrocarburants ou à l'exploitation minière, sur lesquels nous reviendrons), du « tourisme des déchets » ménagers ou toxiques, de l'agro-industrie, de l'industrie minière et pétrolière, de l'industrie chimique, pharmaceutique, textile, électronique, informatique, de l'industrie des télécommunications et de l'armement, etc., tous, sans exception, sont affectés peu ou prou par la dérive mafieuse.

Chacun d'entre nous a à l'esprit une ou plusieurs affaires économico-politico-financières dans ces différents secteurs d'activité pour qu'il soit inutile d'en faire un inventaire fastidieux. Quelques exemples suffiront à en étayer le propos : Seveso, vache folle, amiante, désamiantage des navires militaires, sang contaminé, mise sur le marché de médicaments potentiellement dangereux, prothèses médicales et autres dispositifs médicaux défectueux, contamination par des déchets hautement toxiques de pays à faible potentiel de développement, non application généralisée des lois du travail, nouvel esclavagisme (en particulier à travers le travail illégal des enfants), surexploitation des travailleurs immigrés par le travail clandestin, délocalisation arbitraire d'activités de production dans des pays à bas coût social, augmentation sans précédent de la dérégulation du travail sous toutes ses formes, discrimination des femmes au travail, corruption généralisée des instances nationales et internationales du sport, légalisation du trafic industriel : cuivre, or, diamant, uranium, pétrole, gaz, sable, surpêche, déforestation, monoculture (huile de palme, OGM…), emprunts toxiques, etc., sans oublier la libéralisation monétaire et financière imposée par les programmes inconditionnels du FMI et de la Banque mondiale comme facilitateurs de la criminalisation et son internationalisation par ces deux instances dites légales.

Comme nous pouvons le constater, l'activité mafieuse imprègne le cœur même du système. Marx n'avait-il pas pronostiqué en son temps la constitution de « *petites Irlande* » créant leur propre monde à part dans chacune des grandes concentrations capitalistiques mondiales ? Voilà pourquoi l'accélération de la mondialisation des marchés, qui par définition n'a plus d'extériorité, fait que tout fait partie du tout. N'agissant pas selon la loi, mais selon ses propres intérêts, le capitalisme de la crise généralisée donne de plus en plus de force au profit et de plus en plus de forme à la loi. La question de la légitimité de la société capitaliste monopolistique en réseaux est donc posée aujourd'hui.

Ces activités de compensations mafieuses du capitalisme monopolistique pour garantir les profits en période de crise sont devenues les clés de voûte d'une sorte de système clandestin qui prend peu à peu le pas sur celui, plus officiel, de son apparente vitrine légale. Certes, les pragmatiques et les blasés pourront toujours prétendre que faute de pression morale, sociale ou politique, il ne sert à rien de porter à la connaissance des citoyens la mauvaise part du monde… Mais, au grand désespoir du capital et de tous les attentistes, et quelles qu'en soient les raisons, l'altruisme tout comme la conscience de classe existent. Le large mouvement de contestation populaire en cours dans de nombreux pays du monde en est la preuve. C'est pourquoi notre combat *pour sortir du capitalisme* donne tout son sens à l'humanité et le contrepoids à la barbarie et au néo-fascisme ne peut être qu'une riposte coordonnée par les classes exploitées elles-mêmes à l'échelle nationale et internationale.

Taylorisme, fordisme, keynésianisme

Le point de départ de la division « scientifique » du travail que propose le ***taylorisme*** tient tout autant à la nécessité de la modification du procès de travail sous l'impulsion de l'évolution des techniques de production industrielles, qu'à l'augmentation de la productivité du travail pour accroître le profit. Aussitôt la nouvelle division « scientifique » du travail opérée, l'atelier devient le point d'orgue des nouvelles forces sociales qui s'affrontent dans l'entreprise, celle-ci n'existant que comme centre autonome et support « inerte » des rapports sociaux capitalistes. Dès lors, le taylorisme apparaît comme l'essence du capitalisme dans la production.

Concrètement, cette nouvelle forme d'organisation « scientifique » du travail (OST), du nom de son inventeur : l'ingénieur américain Frederick Winslow Taylor, consiste à obtenir des conditions de production propres à assurer le rendement maximum de l'ouvrier dans le cadre d'une organisation et d'un séquençage des tâches qui analysent de façon rigoureuse et détaillée ses gestes, rythmes, cadences, comportements du corps, etc. Dans le contexte des années 1880, où l'industrialisation est ressentie par le patronat comme étant quelque peu désordonnée, en particulier dans la sidérurgie montante, ces méthodes donnent, du point de vue du capital, des résultats momentanés fort appréciables. Dès le départ, ces tâches répétitives et aliénantes (que Chaplin tourne en dérision dans son film *Les Temps modernes*) posent des problèmes de santé au travail, d'attention extrême, d'atteinte psychique liée à la monotonie des tâches et d'absence de perspective d'évolution professionnelle qui vont engendrer la révolte des ouvriers. Cette nouvelle ruse du capital pour accroître la productivité, en aliénant toujours plus les travailleurs, va connaître une nouvelle sophistication à travers le ***fordisme***.

Henry Ford, fondateur de l'entreprise qui porte son nom, invente, en 1908, un nouveau modèle d'organisation du travail et de développement d'entreprise qui ajoute au taylorisme le principe du travail sur convoyeur et un compromis économique et social qui engendrent de forts gains de productivité très subtilement redistribués aux travailleurs concernés. Plus en détail, cela suppose : la division verticale du travail (séparation entre la conception et la réalisation) et horizontale (parcellisation des tâches), un travail à la chaîne sur des lignes de montage, une standardisation de pièces interchangeables permettant de produire en grande série, une augmentation relative du salaire ouvrier dans le but principal de lutter contre un taux de démission de plus en plus élevé compte tenu de la dureté des nouvelles conditions de travail. Les conséquences immédiates en sont : la hausse de la production et de la productivité, la baisse du coût de production par économie de main-d'œuvre et de surface, assorties d'une hausse de la consommation. Pour autant, cela ne compense pas la déqualification accrue des ouvriers, le travail monotone et répétitif de la standardisation de la production, ainsi que le contrôle renforcé de la direction sur le travail, et n'empêche donc pas de nouveaux combats sociaux.

Au-delà de l'aggravation des conditions du travail ouvrier, le modèle fordiste est central dans la montée en force de la superpuissance américaine au XXe siècle et joue un rôle non négligeable dans la mobilisation totale des industries de guerre pendant la Première et la Seconde Guerre mondiale. De même, il favorise, suite à la grande crise de 1929, la conjonction d'un système de production de masse et d'intervention étatique (investissement et planification), jusque dans l'après-guerre en Europe, notamment à travers le plan Marshall. Mais le modèle d'accumulation fordiste se déploie surtout dans le nouveau contexte de consommation, de boom démographique et de tentative d'intégration sociale des travailleurs au capital des années 1960. Sur ce plan, les conséquences du fordisme ne sont pas seulement à analyser du point de vue de la production, c'est la société tout entière qui s'en trouve modifiée. La puissance momentanée, mais effective, du marché mondial et la marchandisation de l'économie viennent réellement percuter l'ensemble de la vie sociale.

Pour répondre à la démotivation des travailleurs liée à l'application du taylorisme et aux velléités pré-participatives du fordisme, le relais est pris dans les années 1970 par le *post-taylorisme* ou le *post-fordisme* : rotation des postes, élargissement des tâches, mise en place de groupes semi-autonomes pour atteindre « librement » un niveau de production fixé par la direction, cercles de qualité réunissant les travailleurs afin d'améliorer le procès de production et la qualité des produits. Toutes ces mesures intégratives prétendent remettre en cause la division verticale du travail énoncée dans le taylorisme et le fordisme. Dans une seconde phase, d'autres stratégies de soumission et de collaboration de classe, venues en particulier du Japon, ont complété ces ruses collaborationnistes. Elles partent de l'idée que pour répondre au *nouveau défi industriel*, qui implique une forte différenciation de la production, il faut développer un certain degré de flexibilité et d'adaptation pour comprendre et fournir le produit livrable et attendu par un client de plus en plus exigeant. Cela rejoint l'émergence du concept de *capital humain* défini par l'économiste américain Gary Becker en 1964, selon lequel les aptitudes et les compétences accumulées par l'individu sont susceptibles de jouer un rôle dans le contexte d'un procès de production plus tertiarisé où la recherche et les sciences occupent une place cruciale. Le capital humain devient donc, par nécessité, une forme de capital que le capitaliste cherche par tous les moyens à s'approprier.

Le capitalisme, pris dans la tourmente de la grande crise industrielle et financière du début du XXIe siècle, sans remettre en cause la totalité du concept post-fordiste d'intégration et de participation des travailleurs au capital, a transformé quelque peu sa stratégie. Dès lors, il tente d'instaurer un esprit de totale subordination des travailleurs aux objectifs des cadres dirigeants de l'entreprise en s'appuyant sur les nouvelles méthodes de *management* américain qui s'apparentent au harcèlement moral, entraînant tout un cortège de suicides au travail. Quant au capitalisme cognitif, censé réinterroger le sens des enjeux d'un système contraint par la crise et le développement technologique à une bifurcation historique, il n'est qu'un avatar de plus dans la longue liste des ruses du capital pour tenter de différer ses crises systémiques. Ceux qui voudraient nous faire croire que le capital fixe – c'est-à-dire celui qui détermine les différentiels de productivité – se trouve désormais exclusivement dans le cerveau des travailleurs, comme une sorte de machine-outil que chacun porterait en lui, ne font rien de plus que tenter de passer aux pertes et profits les millions et les millions de travailleurs rivés à leur chaîne de production dans des conditions parfois inhumaines, dignes du temps des canuts. Car, quoi qu'en disent ces philosophies alter-mondialistes prétendument inspirées par les théories marxiennes, l'essentiel du profit se trouve encore dans cette multitude de *petites mains* que résume si cruellement la récidive du récent drame social du Bangladesh, et dans les mains de tous les travailleurs exploités, du Cambodge, du tiers-monde, d'Europe ou d'ailleurs. Peu à peu, la paupérisation des masses imprègne les pays occidentaux qui, pour un temps seulement, sont encore développés. Faut-il croire, comme l'espère le capital, qu'à force de ruses, le vice en devienne progressivement vertu ? Ou bien devons-nous travailler à ce qu'elles se retournent contre lui en une véritable révolution sociale ?

Sur un plan plus économiste, le ***keynésianisme***, fondé par le britannique John Maynard Keynes, ambitionne de jouer un rôle de relance économique en ne laissant pas le marché exclusivement livré à lui-même et en infléchissant la demande par le salaire qui ne saurait être considéré seulement comme un coût. Alors que l'essence de l'économie capitaliste est dans la recherche du profit, la théorie keynésienne, en prônant la régulation, opte pour le capitalisme, mais un capitalisme « décent », « régulé », « éthique ». Contrairement à l'esprit du « capitalisme financier » de type anglo-saxon, qui explique la crise par un surcroît d'intervention étatique empêchant la restructuration des entreprises mal gérées, les keynésiens mettent en avant la nécessité d'une coopération internationale, le rééquilibrage entre l'État et le marché, le retour à l'industrie au détriment de la finance, l'obligation de transparence sur les produits financiers et les fonds spéculatifs, le changement du modèle économique des banques (séparation des banques de marché des banques commerciales...), le passage à un système multipolaire. De fait, ils se refusent à croire à l'autorégulation spontanée des marchés et proposent des mécanismes externes de gouvernance pour y remédier (ne venant pas forcément de l'État). Ce type de scénario a déjà été utilisé en France par François Mitterrand en 1981 sans intervention directe des travailleurs dans le procès de production, avec les effets que l'on sait : notamment le tournant de la rigueur dès 1983. Au cours des deux dernières décennies, le débat sur le keynésianisme s'est singulièrement rétréci. D'une sorte de perspective d'aménagent du capitalisme ou de convergence avec un socialisme à la sauce sociale-démocrate, on est passé à une simple critique à la marge du néolibéralisme. Tout comme le keynésianisme classique, le post ou le néo-keynésianisme, qui se positionnent en avocats de la re-réglementation après la crise de 2008, ne font qu'ouvrir un faux débat. Les néo-libéraux et les néo-keynésiens partagent en arrière-plan les objectifs capitalistiques qui déterminent *a priori* les limites dans lesquelles doivent s'exercer les aménagements du système. Parmi les adeptes du néo-keynésianisme, le Parti socialiste l'avouait sans ambages lors d'un de ses derniers congrès : « *Le capitalisme borne notre horizon historique* ». Quant au soi-disant courant de la *Gauche socialiste* du même parti, il se prononce dès 1998 pour « *l'économie sociale de marché* », c'est-à-dire la même formule qu'utilise la démocratie chrétienne pour « moraliser » le capitalisme. Aujourd'hui, les néo-keynésiens n'ont d'autres perspectives que de se lamenter à propos de l'épargne des ménages : « *Plutôt que de dépenser l'argent qui leur est attribué, ils vont épargner en prévision des périodes à venir, l'argent n'est donc pas réinvesti dans l'économie réelle, engendrant des pertes et détruisant un système qui ne veut qu'une consommation forte.* » Dans son ensemble, le keynésianisme, loin d'être une alternative au néolibéralisme, n'est qu'une ruse de plus pour aider le capital à surmonter ses contradictions, que nous savons par ailleurs être insurmontables.

Classe ouvrière et « classes moyennes »

Il est probable qu'introduire la notion de ruse du capital à propos de la classe ouvrière et des « classes moyennes » peut sembler incongru. De fait, cette réalité m'est apparue lorsque j'ai voulu rechercher sur Internet une information *a priori* banale : combien y a-t-il d'ouvriers actifs au niveau mondial ? Quand bien même vous tournez et retournez les mots clés dans tous les sens, ou vous consultez des sites en principe spécialisés pour fournir ce type d'information (OIT, BIT, OCDE, ONU, Médias, INSEE, CREDOC, UIMM, etc.), rien n'est directement exploitable sur le sujet, hormis peut-être quelques informations de caractère national ou très spécialisées. Par contre, si la recherche se porte sur les « classes moyennes », alors, une profusion d'informations est immédiatement disponible. Certes, depuis le XIXe siècle, la ***classe ouvrière*** est désignée comme la « *classe dangereuse* », mais de là à penser que comme la lune, qui ne nous montre qu'un seul côté, l'ouvrier du XXIe siècle serait devenu la face cachée du capital, il y a un pas que je n'aurais vraisemblablement jamais franchi sans cette recherche sur Internet.

Usant à mon tour de ruse, j'ai pu synthétiser quelques informations partiellement exploitables. En partant de l'article de Chris Harman, « Les travailleurs du monde », publié en 1995, on peut noter que sur les 2,474 milliards environ de travailleurs actifs de par le monde, 379 millions se trouvaient dans l'industrie, 800 millions dans les services, 1,074 milliard dans l'agriculture et 221 millions sans secteur d'activité affecté. Chris Harman (marxiste convaincu) conclut au mythe de la désindustrialisation et de la mobilité. Cependant, en 2012, si l'on en croit IDC (*International Data Conseil*), il y aurait environ 1,3 milliard de travailleurs mobiles dans le monde, représentant 37,2 % de la même population totale mondiale. Le nombre total de travailleurs approximatif au niveau mondial (chiffre apparemment tabou, lui aussi, puisque quasiment introuvable directement sur Internet) serait donc de 3,480 milliards. Si l'on prend la question par un autre biais : sachant que le travail domestique en 2012 est évalué à plus de 100 millions d'actifs – soit environ 7,5 % de l'emploi des femmes dans le monde – et que pour la même période, l'emploi féminin est évalué à 40 %, nous obtenons le chiffre de 3,5 milliards pour quantifier le nombre total de travailleurs au niveau mondial cette année-là. Par ailleurs, les données fournies par la Banque mondiale pour la période 2009-2013 estiment à 3,3 milliards la population active de 15 ans et plus en 2011, dont 856 millions pour la seule Chine. Tout ceci corrobore assez bien les sources d'information déjà trouvées.

Sans doute, des chercheurs, plus aguerris que moi en la matière, trouveront mes recoupements quelque peu empiriques. Mais raisonner de la sorte n'est pas inutile puisque le but est aussi de démontrer combien il est aisé pour un non spécialiste de trouver de l'information sur les « classes moyennes » au niveau mondial, alors qu'il est quasiment impossible d'en obtenir avec le même outil de recherche concernant les ouvriers. Cependant, à ce point du raisonnement, mis à part les données fournies par Chris Harman en 1995, nous ne savons toujours pas quelle est la population ouvrière mondiale actuelle. À force de biaiser, j'ai pu trouver sur Wikipédia un article intitulé « Économie mondiale ». Ainsi, nous y apprenons qu'en 2005, la population active était d'environ 3,001 milliards, dont 42 % dans l'agriculture, 21 % dans l'industrie et 37 % dans les services, soit une évolution en dix ans par rapport aux travaux d'Harman de : – 5 % pour l'agriculture (on passe de 47 à 42 %), de +2 % pour les services (on passe de 35 à 37 %) et de +3 % pour l'industrie (on passe de 18 % à 21 %). Si l'on considère que la classe ouvrière, au sens de Marx, est principalement présente dans l'industrie, alors l'idée selon laquelle elle serait en perdition est non seulement une fausse idée, mais une idée faussement répandue. Si l'on ajoute à cela le travail des enfants au niveau mondial durant l'année 2005, soit 210 millions d'enfants travailleurs de 5 à 15 ans et 140 millions de 14 à 17 ans, plus 21 millions de travailleurs forcés, alors on retrouve approximativement l'essentiel des forces productives « cachées » par le capital à un moment donné.

Ce dernier point étant relevé, comment expliquer l'évolution mondiale positive du nombre des travailleurs de l'industrie et son décalage par rapport aux pays développés où la tendance est plutôt à la baisse ? Car il n'est nullement question de nier les changements liés aux évolutions technologiques intervenus ces dernières décennies dans le procès de production (ce que confirment par ailleurs les données de *Trésor-éco-gouv.fr*, publiées en 2005, lesquelles soulignent une progression du travail qualifié de 10 % entre 1991 et 2005). Cela résulte, d'une part, de la progression relative de l'activité économique en général malgré la crise et de la délocalisation massive de la production industrielle de grande série dans les pays à bas coût de salaires dans lesquels la profitabilité du travail est la plus forte. Sur ce plan, les données de l'OIT montrent qu'entre 1992 et 2008, le salariat global a progressé de 20 %, puis a stagné depuis l'entrée en crise, alors qu'il avait augmenté de 80 % dans les pays émergents sur la même période. Et on retrouve des résultats plus marqués encore pour les emplois de l'industrie manufacturière, puisque la main-d'œuvre industrielle a augmenté de 120 % dans les pays « émergents » et baissé de 19 % dans les pays dits « avancés ». Une étude du FMI, qui calcule la force de travail dans les seuls secteurs exportateurs de chaque pays, parvient à estimer la force de travail mondialisée, c'est-à-dire celle qui est directement intégrée dans les chaînes de valeurs globales, à plus 190 % dans les pays « émergents » contre 46 % dans les pays « avancés ». La mondialisation conduit donc à une croissance relative de la classe ouvrière dans les pays « émergents », s'accompagnant d'une tendance à la salarisation de la force de travail. En effet, le taux de salarisation augmente de manière continue depuis une vingtaine d'années, passant de 33 à 42 %. La classe ouvrière mondiale, extraordinairement segmentée en raison des écarts considérables des salaires, a vu sa mobilité se limiter alors que les capitaux ont obtenu une liberté de circulation quasi totale, ce qui conduit à une concurrence accrue des travailleurs de tous les pays, bien qu'elle s'exerce préférentiellement dans les pays « émergents », ainsi qu'à la forte tendance à la baisse de la part des salaires dans le revenu mondial. Si nous ne pouvons nier la diminution du nombre des ouvriers dans les pays industrialisés (qui dominaient cependant en tant que classe pendant la période de l'après-guerre), observons en même temps qu'ils font l'objet de par le monde, et principalement dans les « pays émergents », d'une redistribution quantitative et qualitative qui nous fait dire que bien davantage qu'un déclin, nous assistons à une véritable recomposition et à un renforcement de la classe ouvrière mondiale.

Qu'en est-il alors des « ***classes moyennes*** » ? Nous pourrions répondre par une formule provocatrice mais fondée : les classes moyennes sont une fiction – car tout le monde s'y réfère et personne n'en donne la définition. Dire que le capital a tenté de faire de tous les travailleurs ayant un certain niveau de salaire (légèrement au-dessus du SMIC si l'on se réfère à la classification française) une large « classe apaisée » par la mobilité sociale et « l'ascenseur social », notamment à travers un État prétendument régulateur, une figure symbolique en quelque sorte ou une « anticlasse » (comme le dit si bien Lojkine), serait sans doute la moins mauvaise définition. Nous y voyons donc une approche idéologique majeure à travers le mythe d'une société d'abondance et d'une intégration consensuelle, censée promouvoir une « classe » consumériste en période de croissance capitaliste, plus docile ou plus malléable en situation de crise. Ceci n'explique pas pour autant comment les analystes et autres statisticiens ont réussi à répertorier les classes moyennes au niveau mondial, avec moult détails, tout en s'appuyant sur des représentations empiriques dignes de la « meilleure » sophistique.

Dans un article publié en 2012 par Mario Pezzeni, Directeur du Centre de développement de l'OCDE, on apprend, d'une part, que l'augmentation du revenu moyen et la diminution du niveau de pauvreté absolue au niveau mondial depuis ces dix dernières années sont au rendez-vous de la modernité et, d'autre part – tenez-vous bien –, que « *(...) la population mondiale n'est ni riche ni pauvre par rapport aux normes nationales, mais se situe dans le milieu de l'échelle des revenus.* » Quand on connaît l'état de dénuement dans lequel se trouvent plusieurs milliards d'individus de par le monde, il fallait oser écrire cela.

L'article se poursuit ainsi : « *En 2009, la classe moyenne comptait environ 1,8 milliard d'individus, l'Europe (664 millions), l'Asie (525 millions) et l'Amérique du Nord (338 millions) représentant le nombre de personnes le plus important appartenant à ce groupe. Même en Afrique, où l'essor des classes moyennes est resté limité, leur progression est cependant sensible et a contribué à une hausse de la consommation intérieure dans de nombreux pays. Les ventes de réfrigérateurs, de télévisions, de téléphones portables, de deux-roues et d'automobiles ont explosé dans pratiquement tous les pays d'Afrique ces dernières années. Par exemple, au Ghana, le nombre de propriétaires d'automobiles et de motos a progressé de 81 % depuis 2006. Cet essor se poursuit : la classe moyenne mondiale passera de 1,8 milliard de personnes en 2009 à 3,2 milliards en 2020, et à 4,9 milliards en 2030. Cette progression sera tirée par l'Asie, qui représentera, en 2030, 66 % de la classe moyenne mondiale et 59 % de la consommation des classes moyennes, contre 28 % et 23 % respectivement en 2009 (...). La "classe moyenne émergente" des pays en développement joue un rôle économique et social déterminant, puisqu'elle représente un moteur de croissance, surtout dans les pays les plus grands comme la Chine ou l'Inde, mais aussi en Afrique subsaharienne. Les classes moyennes ont toujours accumulé du capital, qu'il soit physique (usines, équipements ou logements) ou humain (éducation ou santé). En faisant de cette nouvelle catégorie de population à revenu intermédiaire une classe moyenne stable, on jettera des bases solides pour le progrès économique en stimulant la consommation et la demande intérieure.* » Voilà qui est dit.

D'autres protagonistes ont une approche similaire. Dans une interview à propos de son récent ouvrage, *Les Classes moyennes,* Jean-François Fiorina note lui aussi une montée en puissance des classes moyennes dans les pays émergents, tout en reconnaissant « *des différences inhérentes à des configurations culturelles et sociales pour le moins dissemblables.* » Cela ne l'empêche pas de les définir comme suit : « *Si l'on se représente la population mondiale comme une pyramide avec les plus pauvres en bas et les plus riches en haut, et en se fiant aux données conjuguées de l'OCDE et de Mc Kinsey, on obtient en 2010 la répartition suivante. À la base, on trouve 4,5 milliards de personnes vivant avec moins de 10 $ par jour. Ensuite, environ 2 milliards de personnes disposant d'un revenu s'échelonnant entre 10 et 100 $ par jour. Enfin, au sommet de la pyramide, se situe 0,5 milliard de personnes avec un revenu quotidien supérieur à 100 $. La montée en puissance des classes moyennes (...) a donc un impact en termes économiques, sociaux et politiques. Les experts travaillant pour la Banque mondiale ou l'OCDE aiment d'ailleurs rappeler cette phrase d'Aristote selon lequel lorsque la classe moyenne est importante, il y a moins de risques de discordes et de divisions.* » Il cite également l'économiste Homi Kharas dans ses travaux pour l'OCDE, lequel souligne que « *la fourchette définissant les classes moyennes s'établit entre 10 et 100 $ de pouvoir d'achat par personne et par jour. Considérant 145 pays, représentant 98 % de la population mondiale et 99 % du PIB, il estime qu'en 2009, 1,8 milliard de gens relèvent de cette "classe moyenne mondiale", qui devrait croître à 3,2 milliards en 2020 et 4,9 en 2030. 95 % de cette croissance viendrait d'Asie. (...) si l'on en reste aux chiffres de 2009, on s'aperçoit que la moitié de cette "classe moyenne mondiale" relève des économies émergentes à forte croissance. Dans les projections faites à l'horizon 2030, les Etats-Unis voient le poids de leurs classes moyennes rester constant, mais l'Europe décliner à partir de 2020.* » Et de poursuivre : « *Il existe une kyrielle de définitions de la classe moyenne ou des classes moyennes. Mais prendre la voiture comme seuil d'accès à cette définition a le mérite de la simplicité et de la logique. En effet, souvenons-nous que c'est avec la Ford T que l'Amérique découvre sa* middle class *et propose au monde son fameux* American way of life. *La floraison de l'industrie automobile en Europe après-guerre inaugure la phase des Trente Glorieuses. Chaque foyer aspire à avoir sa deux chevaux ou sa quatre chevaux. Ce qui a une incidence directe sur le réseau de transports, l'aménagement urbain ou l'immobilier. D'ailleurs, très vite, d'objet de luxe, l'automobile devient un outil indispensable, sans lequel on ne peut travailler. Si l'on connaît le nombre de voitures d'un pays et qu'on le multiplie par le nombre moyen d'individus par ménage, on obtient une photographie approximative mais assez juste de la classe moyenne (...) En prenant les analyses de l'OCDE et les projections de l'ONU, on peut raisonnablement estimer que la "classe moyenne globale" représentait en 2009 environ 27% de la population mondiale.* » Dans cette même interview, Fiorina fait état d'un rapport de la Banque mondiale qui, en compilant les données de 33 pays, a permis aux *experts* (mot magique s'il en est) de fixer le seuil de pauvreté à 1$ par jour et par personne en 1990, réévalué en 2008 à 1,25 $, alors que le cabinet Mc Kinsey se base lui sur un revenu disponible au-dessus de 10 $. Comme nous pouvons le voir, toutes ces approches pour cerner les frontières des classes moyennes sont pour le moins disparates, pour ne pas dire particulièrement fantaisistes. Pour aller vers plus de sérieux, posons-nous la question en termes de conscience de classe, car il n'y a pas de classe sans conscience de classe, comme le soulignait Marx. Et si l'on peut démontrer en quoi les intérêts des classes moyennes, telles que les définit le capital, peuvent être divergents, alors, preuve sera faite que celles-ci n'existent pas. D'autre part, posons-nous également la question en termes de qualification et de classification, car à la base, ce sont bien des notions à partir desquelles on peut ou pas rattacher les travailleurs à des catégories sociales qui peuvent les distinguer de la classe ouvrière, tout en les associant au procès direct ou indirect de production. Nous devons éclaircir la question en faisant en sorte de démasquer la ruse et le flou entretenus par le capital pour démobiliser la classe ouvrière et les autres classes productives ou potentiellement productives. Car si l'on suit à nouveau Marx, la société bourgeoise, celle dans laquelle se développe le rapport capitaliste, est par principe une société de classe dans laquelle les propriétaires des moyens de production décident de la destination du travail de tous ceux qui n'ont que leur force de travail à vendre. Mais ce rapport pourtant certain des intérêts de classe n'est pas toujours perçu clairement par les premiers concernés, d'où l'intérêt pour le capital de maintenir ce brouillamini autour de la caractérisation des « classes moyennes ».

Le concept de « classes moyennes » cache en réalité le fossé bien réel qui se creuse chaque jour un peu plus entre les fractions productives intellectuelles ou manuelles et une fraction très minoritaire de cadres supérieurs, privés ou publics, proches ou assimilables aux cadres dirigeants qui bénéficient directement ou indirectement des retombées du capital (stock-options, actions, dividendes, primes d'intéressement, parachutes dorés, etc.) et dont les intérêts de classe divergent de ceux qui n'ont que leur salaire pour vivre. À savoir, ces travailleurs intellectuels ou manuels (enseignants, chercheurs, ingénieurs, agents de maîtrise, techniciens, employés…), que l'on nomme à tort classe moyenne, très souvent déclassifiés par un patronat ou un État qui ne respectent pratiquement plus leurs qualifications ni leurs diplômes, tout en accroissant (pour certains) leur flexibilité et leur précarité et qui ont, de fait, des intérêts de classe qui les rapprochent de plus en plus de la classe ouvrière sans en avoir pleinement conscience.

Voilà pourquoi, par une nouvelle nécessité des ruses de l'histoire, les classes moyennes sont nées dans l'esprit des classes dominantes et pourquoi, en acceptant ce mythe, on contribue à anesthésier la conscience de classe déjà fragilisée par d'autres ruses du capital, tout aussi subtiles, telles que nous les avons décrites précédemment et allons encore les débusquer plus loin.

Crédit, endettement et financiarisation

Du point de vue historique, il semble plus intéressant d'analyser **le crédit** par rapport aux religions, plutôt que d'investiguer sur la civilisation babylonienne dans laquelle règne un libéralisme économique accompagné de nombreuses techniques commerciales : dépôts rémunérés, prêts à intérêts, qui conduiront Hammourabi, 1793-1750 avant J.-C., à en codifier l'usage vers la fin de son règne. Ou d'aller voir chez les Phéniciens (commerçants invétérés), les Grecs (qui y sont plutôt favorables hormis quelques penseurs, comme Platon et Aristote, lesquels soutiennent que le débiteur n'est pas tenu de payer les intérêts), voire du côté des Romains (qui y viendront progressivement). Si l'on part de la Bible, dont l'interdit par rapport au prêt est relativement laconique, en passant par le judaïsme, le christianisme et l'islamisme, nous pourrions dire, en inversant la fameuse expression de Clouscard : « *Rien n'est permis, mais tout est possible* ». Car quand bien même le droit canon, le Talmud ou le Coran s'y opposent, tout sera fait, surtout à partir du protestantisme, pour ruser avec les préceptes religieux afin d'accompagner les sociétés marchandes et le capitalisme naissant. La ruse la plus redoutable viendra de Calvin, qui émettra l'idée que le prêt n'est pas contraire à la loi divine car il favorise la production et le travail. Quant à la religion hindoue, pour elle, la vie n'est qu'une dette redevable aux dieux. En araméen, le mot « dette » signifie aussi « culpabilité ». Pour les religions, la morale est de rembourser ses dettes, mais avec le pardon, ceci est remis en cause.

Selon Marx, en se substituant à la monnaie métallique pour la plupart des transactions, le crédit accélère la circulation de l'instrument des échanges, réduit les frais en circulation et « égalise » les taux de profits à la base de la production capitaliste. Il accélère aussi les différentes phases de la transformation des marchandises et du capital en même temps que la reproduction en général. Il permet aussi une réduction du fonds de réserve se traduisant par une diminution de la partie du capital qui doit exister continuellement sous forme d'argent. Par ailleurs, la création de sociétés par actions pousse également à l'extension de la production des entreprises capitalistes, alors que primitivement, seuls les États pouvaient s'en charger, et donc à transformer du capital social en capital privé. Ce stade sera également le point de départ de la transformation de la fonction sociale productive en appropriation individuelle du capital, fonction qui jusque-là était dévolue aux seuls producteurs associés. Notons enfin que comme le profit se présente exclusivement sous forme d'intérêt dans les sociétés par actions, les entreprises qui en font l'objet restent possibles même lorsqu'elles rapportent simplement l'intérêt des capitaux qui y sont engagés ; ce qui est une des raisons qui s'opposent à la baisse du taux général du profit. En effet, ces entreprises ne contribuent pas nécessairement à la formation du taux général cause de l'énorme disproportion qui s'y rencontre entre le capital constant et le capital variable.

Depuis lors, en accompagnant le développement de l'activité productive, le crédit n'a cessé de croître. Aujourd'hui, le capitalisme s'écroulerait si la masse des crédits venait à se contracter brutalement et durablement. Ceci explique pourquoi les États ont immédiatement versé des milliards de dollars et d'euros en 2008-2009 pour sauver le système de crédit. Mais bien avant d'atteindre le stade actuel, les échanges marchands et l'accumulation du capital ne pouvaient déjà plus se contenter de l'usage de la seule monnaie métallique, dont les coûts de fabrication élevés et la mise en circulation lente et risquée faisaient obstacle à son développement. Rappelons, pour faire court, que les quatre effets principaux du crédit (l'accélération de la rotation du capital, l'aide à la concentration du capital, la facilitation de la mobilité des capitaux et l'égalisation des taux de profit) contribuent puissamment à stimuler les échanges et à accélérer l'accumulation du capital.

La rotation du capital, qui est le temps pour que ce dernier parcoure son cycle de valorisation, est dopée par le crédit par le simple fait que celui-ci permet le rachat des conditions de la production avant que le cycle précédent ne soit terminé. Quant à la concentration, compte tenu du développement de l'accumulation, le crédit permet de mobiliser des masses d'argent de plus en plus grandes, lesquelles sont indispensables à l'achat de moyens de production de plus en plus complexes et puissants. Le crédit a donc pour but de concentrer le capital en remplacement de la propriété personnelle et familiale par des sociétés par actions. Et si ce dernier facilite aussi la mobilité sous forme financière des capitaux, qui peuvent ainsi se déplacer rapidement d'une branche de la production à l'autre ou d'un pays à un autre, l'égalisation des taux de profit qu'il permet pousse à l'extension de l'aire de la valorisation des capitaux et à leur augmentation, évitant des profits trop bas dans certaines branches de la production avec des risques de pénurie de matériaux nécessaires aux autres secteurs.

Pour que le développement de l'ensemble de la production se poursuive, l'accroissement continu du crédit est indispensable, mais ne saurait empêcher toutes les contradictions inhérentes au système lui-même, en particulier le phénomène de suraccumulation et de sous-consommation que nous avons précédemment évoqué. Ces mécanismes ont permis de produire en masse des marchandises de plus en plus diverses, voire d'abaisser leur valeur unitaire. Ce rôle spécifique du crédit est négligé par les « experts », trop centrés sur l'accroissement des crédits à la consommation, pour lesquels ils feignent de croire que l'épargne contribue à leur repli. Comme si l'épargne, qui se présentait sous la forme d'un titre quelconque (action, obligation, voire un simple livret A), n'était pas un titre de créance, une avance d'argent contre espoir ou promesse de rémunération. C'est-à-dire du capital financier anciennement nommé titre de crédit. Ou comme si la crise n'était qu'une crise de débouchés essentiellement liée à une dérive non maîtrisée des crédits à la consommation (carte bancaire, crédits « revolving » et notamment immobiliers, à travers les fameux « *subprimes* »). Comme si l'on pouvait séparer la sous-consommation de la suraccumulation du capital gonflée artificiellement par le crédit sous forme de moyens de production de marchandises. Ou bien encore, comme si l'on pouvait nier la nécessité qui s'est imposée aux États, via le capital, de doper par le crédit facile et abondant l'ensemble des phases du procès de valorisation. Voilà pourquoi ils cherchent tous à relancer l'économie par la relance du crédit ; ce qui revient à reproduire et relancer les soi-disant exagérations de la finance qu'ils condamnaient précédemment. Ne faisant plus recette dans la « croissance » de la production, compte tenu des surcapacités productives à grande échelle engendrées par la crise, le capital se grippe, tout en accroissant le capital financier, puisqu'il ne peut s'en sortir ni par l'augmentation des salaires, ni par l'augmentation du crédit.

La ruse du crédit a donc atteint sa limite. Le capitalisme ne peut plus se développer qu'au détriment des conditions d'existence de la majorité des populations. Le marché mondial est incapable d'absorber la masse considérable de marchandises que les moyens modernes de production sont en capacité de produire. Non pas que les besoins à satisfaire sont atteints. Bien au contraire, la plus grande partie de l'humanité vit dans la misère et le plus grand dénuement. C'est tout simplement que l'offre dépasse la demande à une échelle massive. Pendant des décennies, les capitalistes, leurs banques et leurs gouvernements ont cherché à repousser les perspectives des crises structurelles par le crédit, de sorte que la masse de capitaux en circulation devienne plus importante que les richesses réellement produites. Comme nous venons de le voir, le crédit peut, certes, augmenter la demande, mais le problème, c'est qu'il augmente aussi les capacités productives et donc l'accumulation et la surproduction qui constituent la contradiction fondamentale du système capitaliste. Facteur de croissance au départ, le crédit, c'est-à-dire ***l'endettement***, devient à terme une des causes de « surcapacité », doublée d'une baisse cyclique du taux de profit, elle touche alors tous les continents, y compris le soi-disant miracle économique des pays comme la Chine, l'Inde, le Brésil, la Turquie, etc.

Cependant, poursuivant malgré tout sa dérive malsaine, le capital tente de camoufler sa crise de suraccumulation en crise de la dette publique en augmentant le crédit aux entreprises via les Bourses et autres institutions financières et paradis fiscaux, ou à travers les aides consenties directement par les États (subventions, réduction de « charges », financement étatisé de la formation et de la recherche ou de la reproduction de main-d'œuvre, prime à l'emploi, réduction d'impôts, etc.). Mais toutes ces aides aux entreprises, qui pèsent sur les budgets des États, outre le fait qu'elles réduisent considérablement l'ensemble des prestations sociales, ne font qu'endetter toujours plus les États, eux-mêmes financés par le crédit des banques privées, qui pourtant contribuent à la crise systémique. Ainsi va l'éternelle fuite en avant du capital financier. Pour ne prendre qu'un seul exemple à la veille de la crise dite des *subprimes*, le total de la dette publique américaine représentait 350 % de la richesse produite. Un système de production, qui ne se reproduit qu'en accroissant sans cesse une masse aussi énorme d'endettement et de crédit, ne peut que s'écrouler à terme comme un château de cartes. Comme l'a très bien résumé l'économiste Tom Thomas dans son livre *La Crise. Laquelle ? Et après ?* publié en 2009 : « *En effet, la masse de plus-value produite n'augmente évidemment pas en proportion et il arrive qu'elle ne peut plus permettre de verser la rémunération attendue (dividendes ou intérêts) par tous les capitaux que prétendent être masse de titres de créance (actions, obligations, et autres titres multiples produits dérivés). En même temps, la masse salariale s'effritait sous l'effet des augmentations de la productivité, de la mondialisation, du démantèlement des " acquis sociaux " du rapport de production fordiste et finissait par rendre nombre de consommateurs incapables de rembourser leurs crédits. Comme souvent, c'est à partir d'un problème de consommation, c'est-à-dire de réalisation de la production que la crise apparaît. Ce fut bien le cas avec la crise dite des "surprimes". Mais ce n'était que la mèche qui a mis le feu aux poudres. En effet, puisque le système s'est écroulé de tous les côtés, c'est bien que la suraccumulation était partout : en moyens de production, en marchandises, en capital-argent, etc. Ce qui apparaît concrètement aujourd'hui – mais c'était bien évidemment depuis longtemps – c'est que le crédit, comme l'argent en général, ne crée rien. Il dope, il stimule, il accélère la valorisation et l'accumulation du capital. Mais la même contradiction suraccumulation – sous-consommation qui pousse à l'abaissement du taux de profit reste à l'œuvre et s'aggrave (...)* »

Mais pour en revenir au surendettement public, qui apparaît comme le mal absolu, il est en fait une aubaine pour la financiarisation, sur laquelle nous reviendrons. En réalité, le creusement de la dette publique est en résonance avec la nécessité pour le capital d'alimenter le processus de financiarisation de l'économie mondiale. Cette dette émise par un débiteur « fiable » – l'État – convient parfaitement aux marchés financiers. Les titres publics sont des actifs parfaitement négociables dans les titres proposés par les banques aux épargnants ; de même qu'ils sont privilégiés par les banques centrales comme contrepartie au refinancement des banques. On comprend mieux à quel point médias et gouvernants nous prennent pour des niais lorsqu'ils tentent de culpabiliser les peuples sur le niveau d'endettement de tel ou tel pays, comme s'il s'agissait d'une pathologie honteuse, alors que la Mecque du capitalisme – les États-Unis –, qui est présentée comme le modèle à suivre, fait bondir son endettement et ses déficits publics, quand bien même elle est en situation de quasi-faillite. Pour maintenir la demande lorsque la récession menace, le capital cherche par tous les moyens à pousser les dépenses des ménages vers le haut, avec de moins en moins d'épargne et de plus en de dettes car à revenu constant, la baisse du taux d'épargne accroît la consommation sans avoir à passer par le « cauchemar » du capital : la hausse des salaires réels. Mais à chaque recul de l'activité s'en suit un bond en avant du taux d'endettement, qui n'est qu'un palier d'attente pour grimper plus haut encore lors d'une nouvelle récession. Dans cette fuite en avant, il n'y a pas de marche arrière, on ne peut que monter par paliers successifs, jusqu'à l'effondrement.

Pour en revenir à la ***financiarisation***, la vraie question à se poser est celle-ci : crise de la finance ou crise du capitalisme ? Ce qui revient à analyser les rapports entre finance et économie réelle et leur responsabilité respective dans la crise. Pour cela, on peut partir d'un trait essentiel du capitalisme du début des années 1980 : le rétablissement du taux de profit n'a pas conduit à augmenter significativement le taux d'accumulation. Ce qui signifie que les profits supplémentaires ont été utilisés à autre chose qu'à l'investissement productif. Une partie de la valeur produite a donc été captée par les profits bancaires et les dividendes. On pourrait parler d'une finance parasite, dont les exigences de rentabilité n'auraient fait que croître. Ce qui pousse certains économistes à dire qu'une « mauvaise financiarisation » empêche « un bon capitalisme » de fonctionner, et qu'en bons pragmatiques raisonnables, le meilleur horizon alternatif reviendrait à se limiter à réguler le capitalisme. Cette approche, vous l'aurez compris, n'est qu'une ruse de plus. En fait, par ce biais, on cherche à passer d'une économie d'endettement, où le crédit bancaire assure le financement des entreprises, à une activité financiarisée où les entreprises développent leurs propres activités financières. Ce qui revient à séparer artificiellement le rôle de la finance et celui du conflit entre capital et travail pour le partage de la valeur ajoutée. Car ce n'est pas la montée de la finance qui fait baisser les salaires, mais la montée des profits non investis, faute de débouchés suffisants, qui nourrit la finance. La part des salaires baissant et l'investissement stagnant, qui va acheter une production qui continue malgré tout à croître ? La ruse toute trouvée repose sur le recyclage des profits non investis, qui s'effectue à travers la redistribution opérée par la finance. La financiarisation n'est pas un facteur autonome de la crise économique, elle n'est que la contrepartie de la baisse de la part salariale et des investissements insuffisamment rentables pour le capital, afin d'accroître ou de maintenir son taux de profit. Non seulement l'économie mondialisée accentue ce mécanisme, mais le déséquilibre en est renforcé par le déficit abyssal des États-Unis financé par le reste du monde. La ruse fonctionne d'autant mieux que le capital financier ignore les frontières géographiques ou sectorielles. En se donnant les moyens de passer rapidement d'une économie à l'autre, d'un secteur à l'autre, il élargit considérablement ces mouvements de capitaux. Tous ces mécanismes que nous venons de décrire : crédit, surendettement et financiarisation, remettent en cause, à l'échelle planétaire de la sphère marchande et productive, le concept d'économie nationale et rendent obsolètes les particularismes nationaux de l'économie capitaliste.

L'ethnicisation

Depuis le débat, qui sent fortement le soufre, autour du *Choc des civilisations* d'Huntington, publié en 1994, quoi de neuf sur le front de la ruse ethnique ? Nous pourrions répondre sans conteste : le 11 Septembre 2001. Mais est-ce suffisant ? Sans doute l'implosion du système soviétique, au début des années 1990, donna à penser au capital que sur ses décombres et ceux de la lutte des classes et du marxisme, qu'ils croyaient condamnés, pourraient se déployer sans entrave non seulement la logique de l'individualité libérale-libertaire, mais aussi un retour à l'origine ethnique comme mot d'ordre d'une sorte de post-modernité globalisée. Car ce n'est pas d'aujourd'hui que date l'affrontement ethnique et racial. Hormis l'Holocauste et l'esclavagisme, dont nous avons déjà parlé, la mort de Mandela est là pour nous rappeler cet ignoble épisode de l'apartheid, comme un cruel paroxysme de la ruse identitaire et raciale. Mais face à la crise économique et sociale qui s'annonçait, et en « l'absence d'ennemis irréductibles », puiser dans le vieux fantasme de la différence identitaire et culturelle est apparu au capital dominant comme l'ultime solution.

Pour en revenir à la première question, nous citerons Abed El Jabri qui, ayant tenté de renvoyer dos à dos Marx et Huntington, leur reprochant « *une vision unidimensionnelle qui ne tient compte que d'un seul facteur au détriment des autres* », en l'occurrence la lutte des classes pour le premier et le choc des civilisations pour le second, n'a trouvé meilleure conclusion que celle-ci : « *Il est indéniable que ces comparaisons montrent clairement que le concept de "choc des civilisations" cache une vérité socio-historique qui revêt un caractère mondial qu'elle n'a pas atteint auparavant. Ce qui menace la stabilité et la paix dans le monde aujourd'hui est le choc des intérêts qui est proche en quelque sorte d'un conflit de classes au niveau mondial.* » En fait, cela n'est autre que la reconnaissance implicite de la thèse de Marx qu'il prétendait fustiger. D'ailleurs, comment Abed El Jabri peut-il dire que la lutte des classes, qui est selon Marx la vraie réalité sociale historique (succinctement exprimée par le fameux « *Prolétaires du monde entier, unissez vous* »), empêcherait de reconnaître certaines différences nationales, culturelles, religieuses ou certains particularismes régionaux ? La définition d'une contradiction principale n'implique pas la négation de contradictions plus secondaires. Quant à F. Fukuyama, adepte « de la fin de l'histoire », qui n'est qu'une dénégation des intérêts de classe et une apologie triomphaliste du système capitaliste, il n'a d'autre but que d'entretenir la fausse controverse. Car comment peut-on dire que l'histoire se termine alors que la vie des hommes connaît toujours la même contradiction et que les causes de la lutte des classes sont toujours là, plus que jamais actives ?

Ce qu'il faut interroger, ce n'est pas l'identité majoritaire par rapport aux identités minoritaires, comme si l'apparition brutale dans l'espace public de minorités « ethnoculturelles et raciales » provoquait la mise en péril d'une civilisation occidentale « blanche » et chrétienne, mais la nécessité pour le capital de construire un nouvel ennemi comme lien social national et international. Par ailleurs, nous savons bien que tous ces idéologues sont en contact avec les milieux d'affaires et qu'il leur est connu que tous ces braves prolétaires d'origine étrangère, qu'ils accusent de mettre en péril la civilisation, sont indispensables à l'économie capitaliste en crise. Tout cela n'est que ruse et pourrait bien une fois de plus tourner au tragique. Si elle autorise provisoirement le capitalisme à lâcher les freins, la fin du monde bipolaire, qui n'est qu'une apparence, aura à terme des conséquences doubles.

Donc, rien de nouveau à l'horizon. Car ce combat prétendument ethnique porte en fait sur la définition de la frontière qui sépare deux camps aux intérêts diamétralement opposés : les prolétaires (noirs, blancs, jaunes ou rouges) et la bourgeoisie oligarque, détentrice du capital. Voilà pourquoi le projet néolibéral a intérêt à construire une pseudo frontière qui s'appuie sur d'autres paradigmes que le strict affrontement de classes, telle la culture, la religion, l'ethnie, la civilisation, etc. L'ethnicisation au plan idéologique et politique est donc à la fois un résultat et un moyen de la gestion des rapports de forces sociaux dans une phase de crise généralisée du système capitaliste. Nous sommes bien là face à une frontière héritée de l'esclavagisme et du concept colonial, qui ne fait que reproduire les rapports de classe inégalitaires. C'est dans ce contexte historique précis que nous devons comprendre l'épisode français du « foulard à l'école », quand bien même nous avons des choses à faire avancer sur l'égalité homme/ femme ou sur la question de l'aliénation religieuse en général. L'ethnicisation n'est pas seulement le fait d'une minorité politique consciente, idéologiquement capable de produire une islamophobie ouverte (je veux parler des partis nationalistes en général et du FN en particulier pour la France), mais d'une question ouverte par les forces du capital au niveau mondial et dont le résultat du triste épisode des tours du World Trade Center est là comme pour attester de la crédibilité de leur thèse ; ce qui rend cet épisode d'autant plus suspect. Qu'est-ce qui se tient réellement derrière tout cela ? Car on ne voit pas poindre de nouvelles figures mystiques ou une théologie novatrice. Mais seulement des agitateurs organisés et des attentats anonymes assortis d'une phraséologie stéréotypée qui rattache ces islamistes radicaux à des groupuscules fascistes, que l'on doit tenir pour particulièrement nuisibles et pour lesquels aucune espèce de complaisance ne saurait être tolérée. C'est parce que tout cela contribue à alimenter cette hostilité envers ces « Musulmans » ou ces Africains (véritables boucs émissaires de l'Europe et d'ailleurs et qui ne seraient pas, du point de vue de la « civilisation », exactement comme l'Occidental bien pensant, donc non intégrables et de surcroît haïssant) que la question de l'instrumentalisation par le capital de ces minorités islamiques radicales ou migratoires se pose.

La stratégie vient de loin et le mal est profond. Aujourd'hui encore, alors que les récentes « révoltes arabes » amorcent timidement la marginalisation des groupes islamiques radicaux, le discours de « la menace islamique » continue d'infiltrer les sociétés et les mentalités occidentales et déstabilise les minorités musulmanes, entraînant non seulement un repli communautaire, mais un climat islamophobe qui fait le lit des droites extrêmes. Au fil du temps, le terrorisme est devenu un concept attrape-tout permettant aux États, en particulier états-uniens, de justifier leur politique de répression et d'appuyer la thèse de l'ethnicisation de la société. Après la « disparition du péril communiste » et de « l'empire du mal », la triade impérialiste privée de l'adversaire qui justifiait sa raison d'être, en s'appuyant et en instrumentalisant les activités de groupes islamiques radicaux hétérogènes et disparates, a construit, notamment depuis le 11 Septembre, un nouvel ennemi stratégique. Face à l'instrumentalisation ethnique du pseudo terrorisme, la pensée critique devient de plus en plus faible, en particulier lorsqu'il s'agit de s'opposer aux guerres impérialistes : Yougoslavie, Irak, Afghanistan, Libye, Syrie, etc., toutes justifiées par la défense des minorités, de la démocratie ou des femmes, alors qu'il s'agit d'asseoir la suprématie du capital et d'assurer son approvisionnement énergétique. Cette nouvelle croisade contre un ennemi insaisissable permet donc au capital de criminaliser toute contestation politique, économique ou sociale de l'ordre établi, afin de normaliser l'état d'exception et le néofascisme.

Accaparement des terres, enjeux énergétiques et environnementaux

Depuis la période du prétendu « choc pétrolier », vers la fin des années 1970, le renforcement des politiques néolibérales pilotées par plusieurs organisations internationales (Banque mondiale, FMI et OMC) a eu pour conséquence l'élargissement de la libéralisation des marchés, notamment agricoles. Le meilleur qualificatif pour caractériser ces actes crapuleux et hypocrites, censés résoudre les problèmes de pauvreté dans le monde, n'est autre que « *Main basse sur les terres agricoles* ». Des millions d'hectares de terres arables ont été ainsi confisqués aux populations les plus pauvres dans le seul but de permettre au capital (déjà en manque de débouchés suffisamment juteux) de très hauts niveaux de profits. Pour ne donner qu'un seul exemple, selon Gandur, milliardaire suisse, le projet éthanol de 2013 en Sierra Leone (pays dévasté par les guerres et la malnutrition) permettrait au groupe Brot für de tirer 53 millions de dollars US de bénéfice annuel, soit 98 % de la valeur ajoutée, alors que les 2 000 ouvriers employés pour cette opération par cette même firme n'obtiendraient que 2 % (soit moins d'un dollar par jour et par personne) et les propriétaires des 10 000 hectares de terres fertiles et bien arrosées, 0,2 % seulement. N'allez surtout pas croire qu'il s'agit là uniquement d'actes isolés sans foi ni loi. Tous ces projets, comme l'explique lui-même le triste Gandur, sont conformes aux normes sociales et environnementales mises au point par la Banque africaine de développement, la Société financière internationale de la Banque mondiale et l'Union européenne. Dès 2009, le milliardaire en question a revendu ses intérêts pétroliers et s'est intéressé aux terres agricoles africaines. C'est dire l'énorme pactole que peut rapporter le soi-disant carburant écologique aux magnats de la finance et de l'industrie. Selon un rapport du CIRAD et de l'*International Land Coalition*, publié en 2011, le chiffre de 203 millions d'hectares d'achat ou de location de terres arables à retenir, qui implique des acteurs nationaux, inclut certaines transactions minières, touristiques et agroforestières. Cela équivaut à confisquer plus de 4 % de la surface agricole mondiale – ce qui est considérable – aux populations les plus vulnérables, en particulier les femmes africaines, asiatiques et sud-américaines qui en étaient les principales cultivatrices.

Si la raison première de ces politiques criminelles est essentiellement d'ordre financier et spéculatif, d'autres motivations, selon *l'association Peuples Solidaires et ActionAid*, interviennent. Parmi les plus importantes, nous citerons : le haut niveau de valeur ajoutée de la production d'agro-carburant ; la croissance de la population et de l'urbanisation dans certains pays, combinée à l'épuisement de leurs ressources naturelles, afin de garantir la sécurité alimentaire de leurs ressortissants, l'inquiétude grandissante de quelques pays riches à l'égard de leurs réserves d'eau douce qui les pousse à s'accaparer cette ressource disponible dans certains pays pauvres ; une demande accrue de matières premières brutes spécifiques aux pays tropicaux – notamment les fibres et autres produits dérivés du bois ; l'illusion de bénéfices en termes de croissance des États rétrocessifs de terres arables. Quant aux impacts négatifs, outre la paupérisation et la spoliation des populations locales concernées, nous noterons : le recul de l'agriculture paysanne et familiale accompagné d'un fort exode rural ; le mépris des droits d'usage coutumiers de la terre (notamment celui des femmes et des populations indigènes), l'augmentation du prix de l'accès à la terre et des différentes installations pour les agriculteurs régionaux et nationaux, la dégradation de la sécurité alimentaire pour des pays hôtes déjà confrontés aux disettes et aux famines, la dégradation de l'environnement (déforestation, destruction des écosystèmes) ; la surexploitation des ressources en eau ; la pollution par l'utilisation intensive d'engrais chimiques et pesticides, résultant essentiellement de la monoculture. Alors que plus d'un milliard de personnes souffrent de la faim, dont les ¾ sont des paysans, comment expliquer que les entreprises privées et les États puissent s'accaparer des terres agricoles sans quasiment aucune contre-partie financière et sociale, si ce n'est à répéter que cela n'existe que parce que ces politiques sont voulues et pilotées au niveau du capital mondial ? Pour donner une idée générale de ce que nous pourrions qualifier de pays cibles les plus convoités par la location ou l'achat de terres arables depuis les années 2000, qui se situent essentiellement en Asie, en Afrique et en Amérique du sud, citons par ordre d'importance : les Philippines, Madagascar, l'Éthiopie, la République démocratique du Congo, l'Indonésie, le Brésil, le Soudan, la Tanzanie, le Mozambique… Quant aux pays « investisseurs », citons dans l'ordre décroissant : la Chine, les USA, la Grande-Bretagne, la Malaisie, la Corée du Sud, l'Arabie Saoudite, l'Inde, la Suède, l'Afrique du Sud, Singapour, le Qatar, la Norvège… La ruse de ces politiques accapareuses de libre-échange, prônées depuis les années 1970, a permis l'émergence d'une sphère financière globalisée, qui a su imposer la privatisation à grande échelle des activités des petits paysans pauvres et de pans entiers du secteur public. Ainsi, grâce à la complicité des gouvernants et des autres structures étatiques, des accords de dérégulation internationaux inéquitables, au prétexte de libre concurrence, ont pu être signés.

Si nous déplaçons le problème sur le terrain des ***enjeux énergétiques, miniers et environnementaux***, les mêmes stratégies accapareuses du libre-échange sont à l'œuvre et les conséquences pour les populations tout aussi, voire plus désastreuses. Premièrement, toutes les explorations et exploitations des ressources naturelles, qu'elles soient minières, pétrolières ou gazières, sont des sources potentielles de dégradation environnementale. Deuxièmement, celles-ci détruisent non seulement la faune et la flore, mais engendrent, surtout dans les pays à faible niveau de développement, troubles sociaux, guerres civiles ou donnent prétexte, au nom de soi-disant périls éthnonationaux, à des interventions militaires du capital, vassalisant les États concernés, tout en paupérisant plus encore leurs populations.

En Europe, en Amérique du Nord, en Australie, au Japon, en Inde, au Brésil, et plus récemment en Chine, un mode de production intensif s'est imposé, qui ne dévore pas seulement les producteurs, mais engloutit aussi des quantités colossales de combustible et de minerai. Avec le doublement de l'espérance de vie et le sextuplement de la population mondiale au cours des XIXe et XXe

siècles, ce productivisme profiteur n'a fait que croître à un rythme effréné. Pour assouvir son besoin de profit, le capitalisme a recouru à des matières abondantes mais non renouvelables – charbon, pétrole, gaz – et, à moindre échelle, aux installations hydro-électriques, nucléaires, éoliennes, etc. Catalyseur de la course économique, l'exploitation de ces ressources a contribué au développement d'une industrie elle-même mondialisée, modelée par les intérêts conjoints d'un capital épaulé par les États. La cupidité de la rente y côtoie le marché. La politique capitaliste favorise les stratégies de puissance aux dépens de l'intérêt des peuples. Et, dans l'ombre de ses cathédrales industrielles, le spectre de la guerre emboîte le pas aux grands stratèges de la politique de la terre brûlée.

Depuis l'implosion du camp soviétique en 1990, un nouveau grand jeu de dupes déploie son échiquier et ses pions en forme de ruse pour le « droit » aux creusements, forages et autres déploiements d'immenses pipelines à travers mers et continents. Les exploitants des ressources énergétiques et minières, enchevêtrées autour d'immenses intérêts commerciaux et politiques, dont les principaux protagonistes sont les États-Unis, la Russie, l'Union européenne, le Japon et la Chine, tirent les ficelles d'un énorme enjeu géostratégique. La guerre froide a mué en guerre « des trous et des tubes » et s'étend présentement à l'ensemble du continent eurasiatique, africain, extrême-oriental et panaméricain. Après moult manipulations et mensonges, les sordides coups de griffes (qui ne sont que des coups militaires) parviennent de moins en moins à se déguiser en gants de velours ou en morale compassionnelle hypocrite du prétendu sauvetage des peuples, pris en otages par d'affreux despotes afin d'installer la « démocratie. Le butin d'aujourd'hui se nomme sécurité énergétique, profit et métamorphose financière.

La plupart des voix qui questionnent l'avenir pour un développement économique plus économe en énergie et plus favorable à l'environnement peinent à dénoncer le cœur du système capitaliste à l'origine de ces dégradations. Ne s'appuyant pas sur les forces sociales capables de faire évoluer la situation, leurs propositions, qui se cantonnent le plus souvent à des discours d'antichambres ou d'organes de la pseudo démocratie parlementaire, ne sont que des paroles creuses pour chambres d'enregistrement entre les mains des lobbyistes industriels. Plutôt que d'orienter leur action contre le capital, ils s'enferment dans des débats stériles pour savoir quel est le vrai mobile des climato-sceptiques qui rejettent en bloc le réchauffement climatique. Ils font du bien réel problème environnemental une sorte de panoplie avant-gardiste et absolue pour la sauvegarde de la planète, au détriment de la lutte des peuples en souffrance, comme s'il était possible de sortir du modèle de production capitaliste sans sortir du modèle du capitalisme producteur.

Lorsque l'on découvre, comme nous tentons de le faire ici, le vrai visage du monde dans lequel nous vivons, alors il est impératif de combattre en toute première instance ce capitalisme finissant. Tant que ces élus, censés défendre l'humanité et les générations futures, proposeront comme seul changement de société l'affranchissement du modèle énergétique actuel ou nous donneront à croire que tout temps perdu à changer de stratégie énergétique ne profite qu'aux pétroliers, sans proposer dans un même mouvement le contrôle par tous les peuples de l'ensemble de la production et des moyens d'échange, nous serons en droit de nous interroger sur la vraie nature des changements politiques et économiques qui les animent. Car la vraie question, que Marx appelait « la paupérisation », ne commence pas avec l'engloutissement colossal des énergies fossiles et autres minerais rares ou la dégradation bien réelle de l'environnement, mais avec l'aggravation de la crise du système qui marginalise des populations entières, en particulier paysannes, des sociétés du Sud, où se jouent en grande partie ses enjeux énergétiques et miniers géostratégiques. L'avenir de l'humanité, étroitement lié, certes, à l'avenir de la planète, ne peut être séparé de la nécessité de sortir au plus vite du capitalisme en crise.

L'enjeu parabole

Cette nouvelle ruse du capital a déjà fait l'objet d'une analyse dans le chapitre V du livre III, *L'écomunisme,* alors pourquoi y revenir ici ? Essentiellement pour deux raisons : d'une part, tout comme l'idéologie du désir, l'enjeu parabole est, parmi les ruses du capital, une des plus redoutables et, paradoxalement, des plus délaissées de la critique politique révolutionnaire ; d'autre part, et pour ces mêmes raisons, nous avons entrepris d'approfondir la question afin de dégager de nouvelles pistes de réflexion. Si nous voulions en synthétiser le précepte en peu de mots, nous pourrions dire que le capital, à l'instar du placebo, cherche à mobiliser dans l'individu à travers l'enjeu parabole une pensée primitive archaïque, privilégiant la toute-puissance de l'image comme bon objet symbolique capable de neutraliser le mauvais objet : la dure réalité de sa condition humaine. Reste que pour en comprendre tous les mécanismes, une lecture plus fine est nécessaire. Ainsi, pour ne prendre qu'un exemple, dans sa phase néolibérale, le capitalisme doit s'entremêler de plus en plus avec nos existences et donc investir plus encore une partie du psychisme de chaque individu afin de le plier à son *ethos* productiviste et consumériste. Pris par le carcan de sa vitale expansion, il a besoin d'élargir sa base d'accumulation par l'exploitation du travail d'autrui – ce que David Harvey nomme « *l'accumulation par dépossession* » : privatisation d'entreprises publiques, restitution au privé de droits collectifs, comme le droit à la retraite, à la santé, à l'éducation, etc., alors que certaines luttes sociales et économiques de notre temps comportent parfois une critique de l'expansionnisme. D'où la nécessité pour lui d'élargir le champ de l'aliénation objective par l'aliénation psychique individualiste, avancée comme une sorte de contournement de la question essentielle de l'exploitation de l'homme par l'homme. Transformer le monde du quotidien endommagé par l'expansion capitaliste par une sorte de psycho-capitalisme qui s'empare non seulement de la gestion des corps mais de tous les comportements humains, c'est-à-dire du contrôle de la dynamique expansive du capital au profit d'une interprétation différente de l'idée selon laquelle l'humanisation de l'homme devrait tendre vers l'enrichissement collectif.

Pour cela, le capital a besoin, en plus des supports technologiques en capacité de diffuser ses préceptes symboliques (publicité, films, télé-réalité...), d'un pouvoir médiatique soumis dans son fonctionnement à l'autonomie de la logique qui est la sienne et qui est distincte des logiques de reproduction des autres pouvoirs. Samir Amin, dans un texte inédit, publié en février 2012, fait le parallèle entre l'aristocratie foncière rangée derrière son Roi à la veille de 1789, le pouvoir politique aristocratique/monarchique de l'Ancien Régime soutenu par un clergé légitimé par le développement d'une rhétorique casuistique appropriée, et la « ploutocratie » financière au poste de commandes du capitalisme d'aujourd'hui soutenu par ce qu'il nomme le « *clergé médiatique* ». Mais, tout en reconnaissant le volume et l'intensité des informations auxquelles l'homme moderne a accès, il relativise qu'elles puissent transformer véritablement l'individu et la société. La question qui reste posée est comment s'articule ce pouvoir médiatique avec les autres pouvoirs dans la mesure où « *ce qui est en construction, ce n'est pas comme on dit vulgairement "une économie de marché", mais bel et bien une "société de marché"*. Autrement dit, « *Dans ce cadre, les médias – tout comme le politique – voient les espaces de leur autonomie relative rognés. Sans devenir nécessairement des instruments "aux ordres", ils se trouvent invités (et contraints) à remplir des fonctions utiles et nécessaires pour assurer le succès du déploiement du pouvoir suprême des monopoles généralisés.* »

De mon point de vue, l'enjeu parabole aujourd'hui fait système. Parce qu'il génère une collectivité réelle de désirs similaires et formatés, il correspond parfaitement à la nécessité de la production capitaliste contemporaine. La ruse de l'enjeu parabole, comme incitation à travers l'image de la consommation – pour l'essentiel non accessible à la majorité des peuples – n'a rien à voir avec la satisfaction des besoins réels. Créée à l'échelle mondiale comme une sorte de massification des désirs à assouvir (même en rêve), elle est sans précédent dans l'histoire humaine. Alors que l'aristocratie et la bourgeoisie s'appuyaient quasi-exclusivement sur les préceptes religieux contingents pour « endormir les peuples », l'enjeu parabole s'appuie sur le sentiment de pseudo liberté que procure un désir espéré ou réalisé de consommation. Ainsi, l'aliénation des consciences, en structurant l'individu jusque dans ses désirs les plus intimes, devient paradoxalement et par-devers lui son nouveau « modèle de liberté ».

Ce mécanisme inhérent à la conscience est révélé par des objets temporels industriels (téléphone portable, iPad, tablette, téléviseur, etc.) dont la parabole devient, par extension, le support qui en concrétise l'enjeu. Grâce à elle, tout le monde regarde les mêmes choses, apprend à désirer dans l'attente ; pire encore, à percevoir les mêmes facettes cupides et imbéciles du monde moderne, c'est-à-dire à devenir identique tout en croyant se singulariser grâce à tel ou tel produit (lorsqu'une marque de T-shirt vante la vie sportive, comme si elle était l'apanage d'une « élite », elle va générer une masse d'attentes symboliques identiques chez une partie de la population). Privés de différenciation par la norme capitaliste, ceux qui ne peuvent résister deviennent de plus en plus narcissiques, ou font l'expérience de leur échec s'ils ne peuvent acquérir l'objet convoité, perdant peu à peu leur propre estime. Alors que dans l'analyse marxienne, le prolétaire est celui qui est dépossédé de sa force de travail par le propriétaire des moyens de production, dans ce nouveau monde de double aliénation (le corps et la conscience), sa puissance agissante est comme spoliée par l'imaginaire de la consommation. Ainsi, le travailleur « consommateur », amputé peu à peu de son identité de classe, est invité à devenir l'objet de ses propres désirs. Le prolétaire devenant enfin le segment du marché du désir, voilà le rêve fou du capital. Si l'image de la société capitaliste qui nous est vantée par *l'enjeu parabole* prenait réellement corps, la lutte des classes en serait alors quelque peu affaiblie. Or aucune autre époque n'a déployé autant d'efforts de mise à disposition, par un simple clic de souris, une simple manœuvre de télécommande ou un ordre de téléchargement, des préceptes de l'idéologie capitaliste consumériste dominante à l'échelle mondiale. Le pouvoir de diffusion des idées du capital s'est démultiplié pour atteindre des sommets, jusqu'à transformer sa raison d'être. Le torrent d'images qui nous submerge déverse à longueur de journée ses « news poubelles » de propagande et de publicité dans notre espace personnel. L'esprit du capital y règne en maître et la masse des naïfs qui croit être « informée » est en réalité « conformée ». Mais cette puissance sans limites apparentes a cependant son revers. Car, pas plus que la qualité des œuvres émotionnelles à la source de l'art et de la nature ne se laisse plier par le culte de l'émotion marchande, la concrétude des inégalités ne se laissera surprendre par ces obstacles et ces ruses, qui ne sont que déplacement physique des sensations simples du partage et de l'émerveillement au cœur même de notre humanitude. C'est pourquoi il est permis d'espérer que les classes laborieuses, toujours supposées dangereuses à travers leur expression collective, même travaillées par l'esprit « mercantile », n'accepteront pas de devenir sans réagir, en plus de leur subordination provisoire à la privatisation du procès de travail, leur propre *capital humain*.

La nouvelle gouvernance mondiale

Comme nous venons de le voir, face à l'approfondissement de la crise, le capitalisme a dû conquérir les esprits autant que les corps et rechercher à travers son discours et ses actes une sorte de *métamorphose individualiste et marchande* des peuples. Nouveaux outils technologiques de propagande, médias, sondeurs patronat, banques, gouvernements, partis conservateurs et sociaux-démocrates, etc., participent, chacun à leur manière, à ce fallacieux travail de conditionnement. Faire entrer le marché dans les têtes tout en démantelant les lois de protection sociale et en cassant les solidarités collectives par la mise en concurrence des travailleurs : chômage massif, délocalisation de la production et des emplois, etc., voilà quelles sont les politiques préalables à la mise en place d'une nouvelle gouvernance mondiale. Car le capitalisme sait pertinemment que le système tel qu'il est conduit tout droit dans une impasse.

Face à cette inextricable contradiction, il ne lui reste plus qu'à tenter d'élargir plus encore ses possibilités d'accumulation. Voilà pourquoi, après ce long et patient travail d'incubation du modèle mondialisé, qui ne fait qu'aggraver les facteurs congénitaux à l'origine de la crise, il tente de transformer le stade actuel et de dépasser les courroies de transmission type FMI, Banque mondiale, OMC, etc., pour aller vers une instance politique mieux coordonnée. La seule classe d'experts et d'organismes à ses ordres, détachés de tout ancrage national, ne lui suffit plus. Pour conduire une « bonne économie » globalisée, il faut un « bon gouvernement » mondialisé. Parmi les commis du capital ou conseillers du Prince, il en est un qui œuvre « vertueusement » à l'émergence de cette « gouvernance mondiale ». Je veux parler de Jacques Attali. Chez lui, comme pour le capital, le vice tient dans la ruse car sa crainte vient, nous dit-il, « *des déséquilibres et d'un chômage de masse, d'une troisième guerre mondiale, d'un chaos généralisé à la surface du globe, à moins qu'une gouvernance internationale ne se mette en place.* » Tiens donc !

Ce concept idéologique et politique de l'immédiat après-guerre froide, qui tend vers une unipolarité incarnée par les États-Unis, témoigne de la fragilité du capitalisme actuel. Certains y voient la mainmise d'élites conspirationnistes, notamment de la finance et de la franc-maçonnerie, qui agiraient en sous-main pour l'avènement *d'un nouvel ordre mondial*, comme si le système en tant que tel n'était pas en capacité d'assurer le pilotage d'une de ses meilleures ruses, peut-être même la dernière de son histoire. D'autres insistent sur la nécessité de refuser tout régime totalitaire et proposent de se battre bec et ongles pour que cette nouvelle instance politique soit un haut lieu de démocratie. La ficelle est grosse : à qui fera-t-on croire que c'est le risque totalitaire qui les oblige à valider ce système en gestation et à agir en conséquence pour en faire une « vraie démocratie » ? Question démocratie capitaliste, nous avons déjà donné. Quant au totalitarisme, il est dans l'essence même du capital. Soyons sérieux. Si les jalons sont déjà posés, cela signifie que le capitalisme a besoin de cette nouvelle instance politique et qu'il fera en sorte de garder la main par tous les moyens pour mener à bien son sale projet.

Pour étayer notre propos, rappelons que non seulement des organismes supranationaux sont déjà prêts à tenir les cordons de la bourse et à préparer techniquement la mise en place d'une monnaie unique planétaire (d'autant que la suprématie du dollar comme monnaie de réserve ne rencontre pratiquement plus d'opposition aujourd'hui), mais que des grands pôles politico-économiques comme l'Union européenne, l'Union des nations sud-américaines, la communauté économique eurasiatique, la Ligue arabe, la communauté économique des États de l'Afrique de l'Ouest, constituent déjà la base architecturale de cette future structure. Le G20 aidant, tout cela ne serait donc qu'une question de temps… D'autres indices témoignent de l'accélération de la ruse, particulièrement le grand marché transatlantique en préparation.

Par ailleurs, si nous voulons mieux comprendre qui sont les véritables acteurs de la stratégie géopolitique d'une nouvelle gouvernance mondiale en gestation, il faut s'intéresser au nerf de la guerre : l'argent. En effet, outre des mécènes industriels et financiers, le secteur bancaire en général est de connivence avec les gouvernants qui se prétendent les instigateurs des tractations en cours à l'échelle internationale – parfois négociées dans le secret au sein de l'OCDE par deux des tristes valets du capital, les *sieurs* Lamy et Azevêdo. Depuis l'aggravation de la crise, les évènements s'accélèrent, et il semble bien que la décennie 2010 soit décisive : le mondialisme, en tant que doctrine, pourrait bien alors devenir, selon les vœux de ses « élites » patentées, une sorte de ruse pressée.

Partant de là, se pose à nous une question politique : comment le capitalisme a-t-il pu en quelques décennies sortir de la contestation générale de son état à la doctrine dominante et envahissante du monde d'aujourd'hui ? Car la dernière ruse que nous venons de découvrir, accompagnée de tout le cadre idéologique promotionnel permanent de sa légitimité lui permettant d'apparaître progressivement comme une condition naturelle et normale de l'homme, n'aurait pu suffire, si concomitamment les forces révolutionnaires censées combattre le capitalisme n'avaient pas faibli. Certes, on peut toujours espérer que, mécaniquement, les contradictions du capital s'aggravant, les masses populaires qui en subissent les conséquences finiront par se retourner contre lui. Mais pourquoi attendre pour combattre cette nouvelle ruse du capital et les précédentes qui ne sont qu'artifices douloureux puisque nous en percevons présentement l'urgence ? Bien au contraire, nous devons clamer haut et fort que le capital, loin d'être une fatalité que nous aurions à subir, est vulnérable. Après que nos aînés en aient ébranlé le socle, il nous revient de rassembler les bases collectives les plus larges, pour construire ensemble la nouvelle société d'émancipation humaine.

Les conséquences

Avant de tirer les conséquences sur la cruauté et les limites des ruses alternatives du capital, une première remarque s'impose : un système qui n'a à offrir à l'ensemble des peuples que crises et crapuleries qui leur apportent souffrance, misère et régression, est un système qui a perdu toute légitimité historique. Six ans après le nouvel effondrement économique et social de 2008, qui par bien des aspects traduit un déclin global, les perspectives pour les plus démunis d'avoir ou de retrouver un emploi, de se loger, de pouvoir se soigner, ou de survivre, sont si minces qu'ils n'ont d'autres choix que de se battre s'ils veulent s'en sortir. D'ailleurs, ces privations inacceptables sont devenues un véritable phénomène de masse et l'effondrement du niveau de vie des générations à venir se pose aussi en termes globaux.

Alors que le matraquage idéologique du capital n'a jamais été aussi fort, curieux paradoxe, le terme « capitalisme » devient tabou chez ceux-là mêmes qui en font profession. Sans doute s'agit-il là d'une nouvelle mystification puisqu'il n'est question pour eux que de *libéralisme et d'économie de marché*. Or nous avons pu démontrer que le capitalisme ne produit pas pour le marché mais pour le profit et lorsque ce dernier n'est pas au rendez-vous, c'est vers les États et les peuples que la bourgeoisie oligarque tend la main. Quant à la libre circulation des biens et des services entre les pays laissant faire le marché (le fameux libre-échange prôné par Adam Smith), susceptible de procurer à tous un revenu ou des moyens de subsistance abondants ou, pour mieux dire, de les mettre en mesure de se les procurer par eux-mêmes, il n'en reste qu'une idéologie non assumée. Le mythe de la main invisible qui régule le marché n'est là que pour servir les intérêts des privilégiés contre l'ensemble des populations. Partout de par le monde, de Rabat à Bogota en passant par Bangkok, cette main invisible apporte les mêmes errements.

J'écris justement ces lignes à Bangkok, le 10 décembre de l'an bouddhiste 2556 (2013), au moment même où deux clans de la bourgeoisie oligarque et corrompue s'affrontent par « *bon peuple* » ou « *petit peuple* » interposés pour se maintenir ou accéder au pouvoir par la force, si nécessaire. Le coup d'État militaire en Thaïlande fait partie d'une panoplie de ruses que je n'ai pas encore eu le « loisir » de commenter. Alors que ce pays a besoin d'investir pour renforcer ses infrastructures et son système de scolarisation, primaire, secondaire, supérieur, et son secteur hospitalier, non accessibles encore aux classes prolétaires, des milliards ont été (et sont encore) dilapidés dans l'immobilier commercial et privé. Des centaines de bâtiments vides ou non achevés depuis la crise de 1997 témoignent, avec leurs immenses grues encore en place au cœur et à la périphérie des villes, des risques auxquels s'expose l'euphorie de la main invisible et de l'ampleur du gâchis que peut générer le capital lorsque l'État n'est qu'un pion entre les mains des institutions financières largement ouvertes aux capitaux spéculatifs, conformément aux orientations du Fonds monétaire international.

Jusqu'alors, la chronicité des crises n'avait pas empêché le capital national et transnational de les circonscrire et de les surmonter peu ou prou, faisant appel, si nécessaire, aux guerres et aux régimes autoritaires sanguinaires, de Mussolini, Hitler, Franco, Pinochet et consorts, sans que les contre tendances prolétariennes, hormis les révolutions russes, chinoises et cubaines, ne parviennent réellement à s'interposer. D'autant que l'internationale sociale-démocrate n'a pas ménagé sa peine pour « réconcilier » les salariés avec le capital, ou pour vanter les vertus de l'économie libérale, sans réussir à tempérer par ailleurs les économistes bourgeois dans leur demande accrue de dérégulation et de soumission de l'État au capital. Mais tout cela ne suffit plus. Pour en rester à l'histoire récente du capitalisme, la mondialisation, dans sa 3e phase historique, a aggravé ses contradictions. En contribuant à mettre en place des rapports de précarité entre les salariés, l'entreprise et la société, tout en élargissant son aire de valorisation et d'accumulation du capital, elle n'a fait qu'accroître la contre tendance à la baisse du taux de profit. Certains s'évertuent à nous faire croire qu'il s'agit d'un simple dérèglement financier dû à un trop grand laxisme des États « libéraux », aux paradis fiscaux, à quelques financiers véreux et avides de bonus et autres stock-options ou parachutes dorés. Et qu'il serait possible d'y mettre bon ordre si les États avaient la volonté de renforcer réglementation et contrôle. Ou bien que nous serions si haineux contre le capital, que tout ce que l'on en dit ne peut être que manichéen ? Si tel est le cas, alors, cela voudrait dire que la barbarie et la guerre, l'exploitation des travailleurs, la spéculation, le surendettement, le formatage des populations, l'accaparement des terres, le pillage des ressources naturelles, la dégradation de l'environnement, l'aliénation des peuples qui obscurcit la validité de l'analyse marxienne, seraient utiles à l'homme ? Non ! Ces ruses et ces faux-semblants ne sont là que pour perfuser le capital et tenter de préserver son avenir. Il est donc temps de passer aux choses sérieuses, aux vraies solutions du possible qui s'attaquent au cœur même des raisons de la crise.

II
L'hypothèse de la fin du capital

Ce que les autres ont déjà dit

Malgré l'impasse dans laquelle le capitalisme a entraîné la société, peut-on dire que ce dernier s'effondrera de lui-même, ou implosera, comme cela fut le cas pour le système soviétique ? Force est de constater que jusqu'à présent, grâce à ses différentes ruses, il a pu différer toutes les crises, aussi profondes soient-elles. Mais est-ce si sûr qu'il pourra différer celle qui est en cours, ou la prochaine, plus grave encore que la précédente ? Nous pourrions aussi considérer, compte tenu de leurs conséquences sur les travailleurs, que tout a une limite et que les populations ne puissent tolérer indéfiniment le népotisme généralisé, et que tôt ou tard – comme cela vient de se produire dans certains pays arabes –, l'« équilibre » économique, politique et social, sur lequel repose la classe dirigeante corrompue, rompe. Cependant, à bien observer la situation politique mondiale, malgré ces concrètes velléités et le déclin objectif du système, la conscience réformiste et la passivité des couches moyennes lui assurent encore une certaine base sociale. Pour que les choses changent vraiment, il faudrait donc, non seulement que le capitalisme perde sa viabilité historique aux yeux des masses, mais que la classe ouvrière pèse en conscience contre lui. De ce point de vue, l'histoire nous apprend que rien n'est perdu et qu'il n'est pas exclu, compte tenu de la dégradation continue des conditions de vie celle-ci puisse résolument peser pour y mettre fin. Mais comme nous pouvons l'observer, hormis quelques puissantes révoltes, tout ceci n'est pour l'heure que simples hypothèses.

Mais venons-en à ceux qui ont déjà échafaudé des théories plaidant en faveur de la fin probable du capital. Marx, qui observait la baisse tendancielle du taux de profit comme une contradiction majeure de la pérennisation du capitalisme, ne pensait pas que celle-ci le conduirait à mourir de sa belle mort. Même Rosa Luxemburg, dans son œuvre majeure *L'Accumulation du capital*, n'oppose pas l'écroulement inévitable du capitalisme et sa encore longue capacité de nuisance. En fait, aucun des deux ne prévoyait la fin du capitalisme sans une intervention victorieuse de la « révolution prolétarienne ». À cet égard, seul Lénine, tout en s'opposant aux thèses de Rosa Luxemburg, voyait dans l'impérialisme le stade ultime du capitalisme. C'est lui qui met à l'ordre du jour une lecture globale de l'impérialisme compris comme un rapport spécifique entre nations de la forme capitaliste de la société. Ainsi le capitalisme présente une configuration particulière. Il est structure et système : système nation et système monde, autant que structure de classes. Système comme domination globale centre/périphérie, avec à présent la composante de sa forme « moderne » en tant que *capitalisme de société.* Ce n'est pourtant qu'à partir des années 60 que l'idée est avancée (anticipée par Fernand Braudel) selon laquelle l'impérialisme n'est pas seulement le « *stade suprême du capitalisme, mais qu'il lui est congénital* ». Pour d'autres raisons, les sociaux-démocrates, notamment représentés par Kaustsky, avançant la thèse théorique d'une plus-value endogène, s'évertuaient à trouver une raison scientifique à son expansionnisme limitateur, alors que l'économiste marxiste, Henryk Grosmmann, pensait que le capitalisme arriverait à sa fin de manière strictement économique : « *(...) malgré les interruptions et les affaiblissements périodiques de la tendance à l'écroulement, le mécanisme d'ensemble se rapproche toujours plus nécessairement de sa fin, avec les progrès de l'accumulation du capital (...) alors la tendance à l'écroulement prend le dessus, sa validité est devenue absolue et s'impose comme "crise ultime"* ». D'autres, comme Bauer, croyaient que l'accumulation servait uniquement à l'élargissement de la production rendue nécessaire par l'accroissement démographique, et que le capitalisme n'avait d'autres fonctions que de pourvoir l'humanité en moyens de subsistance, mais, à cause du manque de planification et d'un élargissement démographique mal assumé, ce dernier finirait nécessairement en catastrophes. Quant au réformiste Schumpeter, il avance l'idée, en 1942, que la croissance des inégalités et l'émergence d'une classe intermédiaire frustrée de profiter insuffisamment du système étaient susceptibles d'entraîner sa perte. Ces théories réformistes de la catastrophe économique ne sont que ruses idéologiques et spéculations intellectuelles qui reconnaissent le caractère intenable du capitalisme, mais veulent une économie plus régulée et plus redistributive, bref, un capitalisme « aménagé ». Aujourd'hui, la plupart de ceux qui se lamentent sur la dérive probable du capitalisme en crise plaident en faveur d'un nouveau capitalisme qui ne pourrait être que le fruit de négociations et de compromis. Pour eux, la « fin » du capitalisme n'est possible qu'à travers une pseudo régénérescence plus redistributive. Dans leur esprit, il convient d'inventer le dépassement d'un capitalisme en déclin sur des bases plus durables et plus pacifiques faisant en sorte que le système ne soit pas qu'une amplification exponentielle des inégalités, d'où leur fameuse redistribution plus équitable « des richesses ». En somme, on prend les mêmes et on recommence. Notre but n'étant pas de rentrer dans le détail des différentes théories de l'écroulement ou de l'effondrement du capitalisme, mais simplement d'en donner à comprendre les axes essentiels, revenons à Marx. Si pour lui le développement de la société humaine – et donc aussi le développement économique du capitalisme – est déterminé par une nécessité comparable à une loi de la nature, dans le même temps, les œuvres des hommes y jouent leur rôle, et chacun détermine ses actes en conscience et suivant une intention, même s'il n'agit pas avec une conscience ce de l'ensemble social. Grâce à cette analyse, nous voyons bien la contradiction majeure de la conception bourgeoise : ou bien ce qui se passe dépend du libre arbitre humain, ou bien, si le mouvement est régi par des lois inébranlables, celles-ci agissent mécaniquement comme une contrainte « extra-humaine ». Or pour Marx, toute nécessité sociale se réalise par l'intermédiaire des hommes. Cela signifie que le penser, le vouloir et l'agir des hommes – bien qu'ils apparaissent comme libre arbitre à la conscience du sujet – sont totalement déterminés par les influences du monde environnant et ce n'est qu'au travers de l'ensemble des actions humaines, déterminées principalement par les forces sociales, que des lois s'imposent dans le développement de la société. Cela signifie aussi que ce sont avant tout ces forces sociales qui déterminent le développement des sociétés et qu'on ne peut les réduire à des forces purement économiques. Pas plus que son avenir, la légalité capitaliste ne réside dans l'action de la concurrence qui « équilibre » les prix et les profits, concentre les capitaux, rétrécit la production dans les périodes de crise (avec leur cortège de fermetures d'usines, de licenciements, d'ouvriers en révolte et de lutte des travailleurs). L'action en tant que totalité des hommes, aspirant à ce que se réalisent des lois sociales conformes à leurs intérêts de classe, joue et agit elle aussi à la manière d'une véritable loi naturelle. Or la pensée bourgeoise est incapable d'imaginer cette dialectique du « matérialisme » historique qui pèse sur le devenir du capital autant qu'elle aiguise les nécessités révolutionnaires.

Les données tirées de l'état du monde

Les nouvelles du monde sont-elles bonnes ? Si l'on en croit le panel d'informations que l'on peut directement collecter sur Internet dans le but de dresser un constat sur la situation économique et sociale, la réponse serait plutôt mitigée. Mais peut-on faire crédit à ce type de recherche et surtout, comment séparer le bon grain de l'ivraie ? Dans cette avalanche de données, la forme cache souvent le fond et le détail l'essentiel. C'est pourquoi nous avons pris le parti de garder dans un coin de notre mémoire ces nombreuses lectures et de nous focaliser principalement sur deux d'entre elles, suffisamment synthétiques et non critiquables par nos adversaires irréductibles, puisqu'elles émanent de la Banque mondiale et de la Banque Natixis – comme quoi la finance s'intéresse tout autant que les États, sinon plus, à la situation mondiale. Les premiers indicateurs sur lesquels nous tentons de travailler visent à évaluer l'ampleur, les causes de la pauvreté et des inégalités, et à examiner l'impact de la croissance et de la politique publique au niveau mondial. Ils proviennent de rapports d'analyse, de programmes nationaux d'observation de la pauvreté et du Groupe de recherche sur le développement (Banque mondiale). Ces indicateurs sont exprimés en ratio de la population mondiale par grands secteurs géographiques : Afrique subsaharienne, Amérique latine et Caraïbes, Asie de l'Est et Pacifique, Asie du Sud, Europe et Asie centrale, Moyen-Orient et Afrique du Nord, etc., auxquels s'ajoutent parfois les pays les moins avancés. Faut-il s'étonner, alors que toutes les conversions sont données en dollars, de ne pas voir figurer dans ce panel géographique l'Amérique du Nord ? Non ! La Banque mondiale considère sans doute que l'empire états-unien n'est pas affecté par la pauvreté. Ceci étant, tentons d'en tirer quelques enseignements, même si les indicateurs en question n'ont de valeur qu'en termes comparatifs.

Si l'on prend le ratio de la population pauvre disposant de moins de 1,25$ par jour, l'Afrique en compte 51 % et l'Asie de l'Est et Pacifique 43,5 % ; en passant à 2$, on atteint respectivement 82 et 96,4 % en 2010, alors que l'Europe et l'Asie centrale en totalisaient seulement 2,4 %. Dans le secteur de l'agriculture et du développement rural, on notait 47 % de la population en 2012, 37,6 % de l'ensemble des territoires de terres agricoles en 2011, un indice de production vivrière de 116,6 et une valeur ajoutée à l'agriculture par travailleur de 1087$, alors que 70 % de la population mondiale pauvre vivait en zones rurales. Pour la même période, les indicateurs par région nous donnent l'Asie du Sud en tête avec 69 %, suivie de l'Afrique subsaharienne à 63 % et, loin derrière, l'Europe et l'Asie centrale à 40 %, puis les pays membres de l'Union européenne à seulement 26 %. En mettant ces ratios en parallèle avec le pourcentage de terres agricoles par territoire : Afrique subsaharienne 43,8 %, Asie du Sud 54,7 %, Europe et Asie centrale 66,1 %, Union européenne 44,3 %, on peut constater qu'Afrique et Asie du Sud ont une valeur ajoutée à l'agriculture par travailleur nettement plus faible que celle de leurs homologues européens. Bien que les indicateurs concernant le changement climatique montrent que ce sont les pays les plus pauvres qui seront les plus durement impactés par la hausse des températures, l'évolution du régime des précipitations, l'élévation du niveau de la mer, l'augmentation de la fréquence des catastrophes météorologiques, les menaces sur l'agriculture, l'alimentation et l'approvisionnement en eau, alors qu'ils qu'ils émettent moins de gaz à effet de serre et consomment moins d'énergie fossile que le reste du globe, ces préoccupations sont parfois perçues par eux comme un luxe des pays riches (sauf bien entendu pour l'eau potable, les pâturages, les forêts, les ressources marines, qui ont un impact direct sur la survie de ces populations les plus pauvres). En effet, sachant que la population urbaine mondiale s'élève à 3,690 milliards, que 77,6 % d'entre elle a accès à l'électricité et qu'elle génère 33,6 millions kT de CO2/ an, et constatant que l'Afrique subsaharienne ne produit que 0,8 tonne métrique par habitant, l'Asie du Sud 1,4, le monde arabe ainsi que l'Asie Est et Pacifique 4,9, et les pays de l'OCDE 10,1, il est aisé d'en conclure qui perturbe qui. Si l'on prend les sources d'eau potable, les disparités sont tout aussi marquantes : 63 % d'eau potable améliorée pour l'Afrique sub-saharienne, 65 % pour les pays les moins avancés et 99 % pour ceux de l'OCDE.

L'observation du développement social mondial montre que le taux de participation à la population active âgée de 15 ans et plus est de 77 % pour les hommes et 51 % pour les femmes en 2012. Mais les femmes actives représentaient 63 % en Afrique subsaharienne, 65 % en Asie de l'Est et Pacifique et moins de 51 % pour les pays membres de l'OCDE. Contrairement à une idée répandue (à l'exception du monde arabe où la population active féminine, pour des raisons culturelles et religieuses, ne représente que 23 %), ces dernières, le plus souvent veuves (puisque victimes collatérales des guerres régionales qui ont décimé leurs maris) ou agricultrices, sont plus nombreuses au travail que les hommes dans les pays pauvres. *A contrario*, le nombre de sièges occupés par des femmes dans les parlements nationaux est particulièrement bas : 21 % en 2012 au plan mondial, bien que ce pourcentage ne varie que de quelques pourcents dans tous les pays.

Au niveau du développement urbain, les villes sont plus efficientes dans la mesure où il est plus facile de fournir des services d'eau et d'assainissement à des personnes qui habitent à proximité les unes des autres. Il en va de même pour les services de soins et de santé, d'éducation et de formation, ainsi que pour les services culturels et sociaux. Notons toutefois que ces besoins essentiels augmentent au fur et à mesure que les villes prennent de l'expansion, et avec elle la pollution en général et celle de l'air en particulier, et que les écarts en équipements sont très importants d'une région à l'autre. Seulement 42 % de la population urbaine d'Afrique subsaharienne a accès à l'assainissement, contre 98 % pour les pays de l'OCDE. En termes de répartition géographique, l'accès à l'assainissement est d'autant plus faible que les pays ou les secteurs régionaux sont pauvres. En 2012, la population urbaine représentait 53 % de la population mondiale totale : 31 % en Asie du Sud, 37 % en Afrique subsaharienne, alors qu'elle atteignait 80 % dans les pays de l'OCDE. 12,4 % disposaient d'une voiture particulière, mais la totalité vivait dans un air pollué contenant 41µg de particules fines inférieures à 10µ par mètre cube. Selon ces mêmes sources, l'impact de l'aide sur la réduction de la pauvreté et les inégalités est de seulement 0,8 % pour la prévalence du VIH de la population âgée de 15 à 49 ans, et le taux moyen de mortalité infantile de moins de 5 ans passe de 4,8 % au niveau mondial à 9,8 % en Afrique subsaharienne et à 6 % en Asie du Sud, alors qu'il s'élève à seulement 0,8 % pour les pays de l'OCDE. Si l'on prend à présent l'espérance de vie à la naissance : la moyenne mondiale est de 71,2 ans, contre 56,2 ans en Afrique subsaharienne.

En termes d'éducation, la Banque mondiale fait état de compilations de données de l'UNESCO établies à partir de réponses officielles, de sondages ou de rapports fournis par les autorités « compétentes » de chaque pays, dont la fiabilité est loin d'être prouvée. C'est ainsi que l'on arrive à 107 % d'inscriptions brutes à l'école primaire, 71 % à l'école secondaire, avec un taux d'achèvement de l'école primaire d'environ 90 %. Seul le taux d'alphabétisation de 70 % des jeunes âgés de 15 à 24 ans en Afrique subsaharienne pose, selon ces données, problème. Aucune information n'est donnée sur l'enseignement supérieur.

Dans le domaine de l'énergie et des mines, les pays pauvres payent un lourd tribut au soutien de la croissance économique mondiale sans accroître pour autant leur niveau de vie ou abaisser leur seuil de pauvreté. Selon les données de l'Agence internationale de l'énergie et du *Carbon Dioxide Information Analysis Center*, compilées par la Banque mondiale, l'équivalent pétrole par habitant, en 2011, représentait 1890 kT, mais l'Afrique subsaharienne n'en consommait que 682 kT par habitant, l'Asie du Sud 555 kT, les pays les moins avancés 339 kT et les pays membres de l'OCDE 4168 kT, soit environ huit fois plus que les pays pauvres. Si l'on prend le PIB par unité d'énergie utilisée, les écarts sont tout aussi significatifs.

En ce qui concerne la protection sociale, l'économie et les nouvelles technologies de communication et d'information, on comptait 5,957 milliards d'abonnés à la téléphonie mobile (un individu peut avoir plusieurs abonnements) et 35,6 % d'utilisateurs d'Internet, mais seulement 15,4 % en Afrique subsaharienne, 11,6 % en Asie du Sud, 7 % dans les pays les moins avancés et 73,3 % dans ceux de l'OCDE. Quant aux performances macro-économiques, aux finances des gouvernements, à la masse monétaire, aux prix, à la balance des paiement et à la dette extérieure, les données du FMI, compilées par la Banque mondiale, montrent une croissance annuelle du PIB de 2,2 %, pour une formation brute de capital de 21 %, une valeur ajoutée agricole de 3 %, un revenu net par habitant de 10 012 $/an, une dette extérieure totale moyenne de 14,5 %, dont 6,7 % seulement pour l'Asie du Sud, 3,4 % pour l'Afrique subsaharienne et 24,5 % en Europe et Asie centrale (aucun chiffre n'est fourni pour les pays de l'OCDE). Enfin, au niveau de la protection sociale, notamment les emplois les plus vulnérables, ce sont encore les pays pauvres qui sont les plus touchés, 79 % en Asie du Sud, contre 15 % pour les pays de l'OCDE. Il en va de même pour les dépenses en recherche et développement, 2,21 % du PIB des pays de l'OCDE contre 0,58 % pour l'Afrique subsaharienne et 0,75 % pour l'Asie du Sud. Idem pour le développement des marchés financiers : crédit intérieur fourni par le secteur bancaire, avec respectivement 77,9 et 72,1 % du PIB pour l'Afrique subsaharienne et l'Asie du Sud, et 206,1 % pour les pays de l'OCDE. Quant aux marchés privés, prétendument moteur de la croissance économique susceptibles de la stimuler dans les pays en développement, les mêmes tendances sont notées pour le crédit intérieur fourni au secteur privé : 47,3 % pour l'Asie du Sud, 62,2 % pour l'Afrique subsaharienne et 156,9 % pour les pays membres de l'OCDE. Par contre, dans le secteur public, les déficits de trésorerie par rapport au PIB sont moins importants pour les pays pauvres que pour les pays riches : 1,4 % en Afrique subsaharienne, 6,1 % pour les pays de l'OCDE. Et il en va de même pour les dépenses militaires : 1,5 % pour l'Afrique subsaharienne, contre 2,5 % pour les pays membres de l'OCDE.

Les premières analyses politico-économiques et géostratégiques que nous pouvons tirer de ces premières données ne font que souligner le déclin grandissant d'un système qui ne peut imposer sa loi qu'à travers sa suprématie militaire et techno-économique, lui permettant ainsi de déposséder chaque jour un peu plus les populations les plus démunies de leur droit à l'autosuffisance et au réel développement. Elles rejoignent par ailleurs celles déjà avancées en 2003 par Samir Amin dans son ouvrage *Capitalisme sénile* : « *(...) les États-Unis absorbant une fraction notable du surplus généré dans l'ensemble mondial et la triade n'est plus exportatrice significative de capitaux vers les périphéries. Le surplus qu'elle pompe, à des titres divers (dont la dette des pays en voie de développement et des pays de l'Est), n'est plus la contrepartie d'investissements productifs nouveaux qu'elle financerait. Le caractère parasitaire de ce mode de fonctionnement de l'ensemble du système impérialiste est par lui-même un signe de sénilité qui place au devant de la scène la contradiction grandissante centres-périphéries (dite "Nord-Sud"). (...) La classe dirigeante des États-Unis sait que l'économie de son pays est vulnérable, que le niveau de sa consommation globale dépasse de loin ses moyens, et que le principal instrument dont elle dispose pour forcer le reste du monde à couvrir son déficit est de lui imposer par le déploiement de sa puissance militaire.* »

Les autres indicateurs sur l'état du monde, fournis pas les adeptes du même capital, proviennent, comme nous l'avons précédemment souligné, *d'une lecture marxiste de la crise* (que des communistes ont parfois abandonnée) proposée par Patrick Artus, directeur de la recherche économique auprès de la banque Natixis. Avant de revenir sur le fond de cette analyse, voici ce qu'en dit notre protagoniste : « *Notre interprétation de la crise est la suivante – il y a excès mondial de capacité de production, dû essentiellement à la globalisation et à l'investissement très important dans les pays émergents ; l'excès de capacité devrait normalement faire baisser la profitabilité des entreprises ; en réaction à cette évolution, les entreprises ont essayé de réduire les salaires dans le PIB, qui amplifie l'insuffisance de la demande par rapport à la capacité ; elles essaient aussi de devenir leader dans leur activité pour bénéficier de marges d'oligopole – l'excès de capacité de production pousse les États à mener des politiques non coopératives visant à accroître le taux national d'utilisation des capacités : stimulation du crédit par des politiques monétaires très expansionnistes (d'où les bulles spéculatives sur les prix actifs, l'excès d'endettement et les crises) ; sous-évaluation du taux de change dans les pays émergents. Il s'agit bien d'une lecture marxiste (mais conforme aux faits) de la crise ; suraccumulation du capital (par "l'euphorie" des entrepreneurs) d'où la baisse tendancielle du taux de profit ; réaction des entreprises à cette baisse du taux de profit par la compression des salaires, du capital, la concentration et l'obtention de rentes, d'où la sous-consommation ; réaction qui ne peut être efficace à long terme, des États par le développement du crédit et des activités spéculatives, comme substituts (palliatifs) à l'insuffisance de la production, par le recours au commerce extérieur. L'excès mondial de capacité de production apparaît avec la globalisation : les pays émergents ont des taux d'investissement très élevés et un investissement en forte croissance (ceci est particulièrement vrai en Chine), dans le même temps, les taux d'investissement n'ont pas été réduits jusqu'à la crise dans les pays de l'OCDE.* » Bien que discutable, cette analyse nous renvoie au concept de suraccumulation, de surproduction et de baisse du taux de profit dans un système capitaliste en crise. Elle est également révélatrice du regain d'intérêt chez les capitalistes des thèses marxiennes sur les mécanismes de la crise, ce qui tendrait à prouver (si tant est que cela soit nécessaire) leur pertinence dans la situation actuelle.

Enfin, pour faire bonne mesure, nous avons également consulté des textes plus « orthodoxes » émanant directement de chercheurs marxistes. Et si nous avons choisi ici les travaux de Henri Houben, économiste à l'Institut d'études marxistes de Bruxelles, c'est surtout pour leur caractère synthétique et la date de sa contribution au colloque de Shanghai sur la mondialisation économique et l'économie marxise moderne avant la crise de 2008 : *Une analyse marxiste de la globalisation actuelle.* Houben part du postulat de *l'actualité de l'analyse de Lénine sur l'impérialisme*, et considère que l'époque de l'impérialisme est non seulement loin d'être révolue, mais qu'elle est plus présente que jamais. Ce qui a changé, selon lui, c'est l'ampleur avec laquelle les caractéristiques de l'impérialisme agissent. Et c'est à partir d'un inventaire minutieux de la situation économique et politique globalisée qu'il conclut à *un monde dominé par les monopoles.* Ainsi, en 1916, les monopoles étaient rares à l'échelle directement planétaire, bien qu'existant déjà dans le pétrole avec Royal Dutch/shell, Anglo-Iranian Petroleum company (BP aujourd'hui) et la Standard Oil de Rockefeller (devenus Exxon Mobil et, en partie, Chevron Texaco). Actuellement, c'est l'inverse, et rares sont les secteurs qui ne sont pas régis par des géants mondiaux et qui ont une base productive un peu partout sur le globe. Par exemple, il n'y a plus que deux grands constructeurs d'avions commerciaux : Boeing et Airbus, et une dizaine de multinationales automobiles qui assuraient près de 90 % de la production mondiale en 2004 (près de 100 % aujourd'hui). Au niveau des compagnies pétrolières, les trois plus grandes : Royal Duch/Shell, BP et Exxon Mobil, absorbent à elles seules près de la moitié du marché mondial. Quant aux industries pharmaceutiques, autrefois dispersées parce que les produits sont multiples, les voilà réunies aujourd'hui sous l'égide d'une dizaine de firmes qui contrôlent plus de 60 % des ventes mondiales. Pour ne donner qu'un exemple, en 15 ans seulement, les fusions et acquisitions sont passées de 1719 en 1985 à 11 169 en 2000 et les montants en jeu ont été multipliés par 20, passant de 150 milliards de dollars à 3400 milliards. Et ce phénomène n'a fait que croître, surtout après la crise de 2008. Comme le dit Houlen, « *ces opérations sont dignes d'un gigantesque Monopoly à l'échelle planétaire.* » Ces mouvements de capitaux s'accompagnent d'un développement tout aussi – sinon plus – démesuré des marchés financiers. Et si, à l'époque de Lénine, la banque servait de centre de gestion du capital, aujourd'hui, elle est rejointe par toute une série de sociétés financières : fonds de pension, fonds spéculatifs, compagnies d'assurances, etc., dont témoignent plusieurs indicateurs parmi lesquels la capitalisation boursière qui croissaient tous les ans en moyenne de 16 % dans les années 1990 et de 20,7 % quand la capitalisation boursière américaine, dépassait celle du PIB, dont la croissance moyenne pour la même époque était seulement de 3,3 %. De fait, la capitalisation boursière en 1990 représentait déjà 40 % du PIB mondial et cette part n'a cessé d'augmenter depuis. Si l'on prend un autre marqueur : le stock d'investissement à l'étranger (FDI *out ward stock*, qui équivalait à 4,4 % du PIB mondial en 1980), il atteint 23,9 % en 2004 et n'a cessé lui aussi d'augmenter depuis la crise généralisée. Ford développa même le concept prémonitoire de voiture mondiale en 1980 et si l'industrie automobile demeure organisée à une échelle continentale, force est de constater que les différentes pièces nécessaires à la réalisation d'une voiture de série sont bien fabriquées à l'échelle planétaire. Même si la production n'est pas encore totalement mondialisée (parce que, selon Houben, il n'existe pas de création de valeur à l'échelle mondiale), pour atteindre de tels niveaux de concentration de capitaux, il faut de nouveaux liens entre les multinationales et leurs États d'origine et, plus encore, de nouveaux liens entre les pays de la triade États-Unis, Europe, Japon. Voilà pourquoi les multinationales, voulant profiter des différences de rémunérations des forces de travail entre les diverses régions du monde, liées au niveau de développement économique et social de chaque pays, mais aussi des rapports de force différents entre les travailleurs et la bourgeoisie exploiteuse, ont créé des institutions internationales facilitatrices (leur permettant de tirer le plus grand bénéfice possible) comme le FMI, la Banque mondiale et l'OMC. De cette façon, s'il n'y a pas à proprement parler de création de valeur mondiale, il y a transfert de plus-value des travailleurs du monde entier.

Le second niveau de l'analyse de Houben s'en tient à l'offensive des États-Unis vis-à-vis de leurs anciens alliés depuis la disparition de l'URSS en 1990. Très vite, ils se fixent comme objectif d'empêcher toute autre puissance d'être capable de rivaliser avec eux et cela suppose de renforcer leur suprématie militaire. C'est le sens du rapport « *Defense Planning Guidance* » de Paul Wolfowitz et Lewis Libby, commandé par Dick Cheney, alors secrétaire à la Défense. Mais le problème numéro un est celui de l'économie. En effet, les USA sont progressivement rattrapés par l'Europe et le Japon sur le plan de la productivité. À titre d'exemple, en 1990, l'évolution du PIB réel par habitant en dollars PPA (parité pouvoir d'achat) de l'Europe et du Japon, comparé à celui des États-Unis, montre que le Japon atteint 80,9, alors que les USA sont à 68,3. Sous l'administration Clinton, une nouvelle politique économique est lancée. Elle est fondée sur l'ère de l'information et la société de la connaissance, s'appuyant sur une innovation majeure : Internet, émanant des techniques utilisées par les militaires du Pentagone. Il va s'en suivre une relocalisation dans le tiers-monde (Mexique, Amérique centrale et Asie de l'Est) de la production manufacturière de base, mais créatrice de plus-value, surtout centrée sur l'électronique de consommation de masse, du secteur du textile et de l'habillement. Alors qu'en 1990, la part des importations des pays capitalistes est encore le double de celle du tiers-monde, en 2004, la situation est inversée et la manufacture n'assure plus que la moitié de la production nécessaire aux USA. Le second fondement de la « nouvelle compétitivité américaine » est le développement des marchés financiers. On estime qu'un gain de 10 % en capital sur les marchés boursiers engendre une croissance de la consommation des ménages américains de l'ordre de 0,5 à 1 %. Cela signifie que de 1990 à 1999, la consommation des ménages due à la hausse des actifs boursiers a progressé d'environ 22 %, mais qu'elle s'est finalement soldée, dans sa dernière phase, par un krach boursier. Cette politique de financiarisation de l'économie induit une croissance plus forte encore d'apports nets en capital venant de l'étranger, engendrant leur lot de crises durant cette même période en Asie du Sud-Est, en Russie, au Brésil, en Argentine, en Turquie, ainsi que de faibles taux de croissance en Europe et au Japon dans la mesure où les bourgeoisies du monde entier plaçaient leur argent dans l'économie jugée la plus sûre de la planète : les États-Unis. La thèse de la globalisation impérialiste, que défend Houben, est en contradiction avec celles de Tony Negri et de Michael Hart, qui avancent l'idée que l'impérialisme serait remplacé par l'Empire, lequel deviendrait à terme une sorte de domination planétaire des intérêts d'une classe dirigeante plus ou moins unifiée, dont les États-Unis (sans être leader) seraient le bras armé et que tous les pays, y compris la Chine, participeraient à cette domination. Dans ce schéma, seules subsisteraient des opérations de police pour punir les États récalcitrants ou les peuples les plus rebelles, et la classe ouvrière ne serait plus l'avant-garde de la révolution socialiste. Cela n'est pas sans rappeler la polémique entre Kautsky, qui avance son concept d'ultra-impéralisme aboutissant à la création d'un seul monopole qui dominerait le monde, et Lénine, qui persiste dans l'idée que l'impérialisme n'estompe pas pour autant les contradictions les plus essentielles de notre société. En réalité, selon Houben, c'est une compétition intense qui se joue au niveau global et non une tendance à la pacification, les États étant amenés à défendre leurs multinationales et donc à entrer en compétition les uns contre les autres malgré leur apparente unité de vues. C'est pourquoi la Maison-Blanche veut asseoir son contrôle sur les ressources énergétiques et minières afin de disposer d'un levier stratégique pour empêcher l'émergence d'une puissance concurrente. D'autant que sur le plan économique, le développement des marchés financiers ne peut excéder durablement celui de l'économie réelle, au risque d'un ajustement brutal et d'une crise générale du capitalisme. Quoi qu'il en soit, Houben en conclut que l'impérialisme, qui caractérise la globalisation actuelle, rend le monde profondément instable et peut déboucher sur des guerres de plus en plus violentes et généralisées à l'échelle planétaire.

Les signes du déclin irréversible du capital

Comme nous venons de le voir, les données que nous avons collectées sur l'état du monde, bien que contrastées, caractérisent sans appel un état d'inégalités Nord/Sud qui ne cesse de s'aggraver, et une crise systémique sans précédent. Si nous avons pris le parti de ne pas en tirer les conclusions au fur et mesure de leur déroulement, c'est pour mieux synthétiser les signes du déclin irréversible du capital que ces données sous-tendent. Avant d'en venir aux conséquences de l'impérialisme économique et militaire de la triade États-Unis, Europe, Japon sur le reste du monde, examinons celles concernant la crise mondiale elle-même. Il est utile de dire que mis à part quelques patrons ruinés et quelques milliers de traders licenciés, les classes dominantes, en particulier celles appartenant à la triade en question, non seulement bénéficient de multiples ressources qui leur permettent largement d'en éviter les effets concrets, mais qui plus est, se sont, pour une large part, enrichies. À l'opposé, la classe ouvrière et une partie des couches moyennes, et plus largement l'ensemble des classes populaires ou les petits paysans et les artisans sont affectés par un chômage massif, une perte de revenu et une paupérisation accrue. Pour les pays du tiers-monde, où les systèmes de protection sociale sont embryonnaires, voire inexistants, ces conséquences sont bien plus terribles encore. Désormais, près de la moitié de la population active, soit environ 1,5 milliard d'individus, est concernée par les emplois dits « vulnérables » qui ne cessent d'augmenter, et pour certains pays de l'OCDE, on note également une forte baisse de l'emploi salarié. Alors que de 1998 à 2008, l'extrême pauvreté progressait modérément (surtout du fait de la forte croissance économique de la Chine et de l'Inde), elle a recommencé à fortement augmenter dès 2009. Même si les emplois les plus impactés se trouvent surtout dans l'industrie, ceux des secteurs de l'éducation, du social, de la santé, voire de l'administration, ne remplissent plus leur fonction « contre-cyclique » et sont aussi en recul dans les pays les plus durement touchés par la crise, y compris certains pays de l'OCDE (Grèce, Portugal, Espagne, Irlande, pays Baltes, etc.). Ce déclin général de l'emploi est à rapprocher de celui plus massif encore de la petite paysannerie soumise à la concurrence mondiale et poussée massivement vers les villes. Ceci permet de recréer un volant d'emploi précaire urbain, qui fragilise encore plus le monde ouvrier, notamment dans les anciens pays industriels.

Parallèlement à ces phénomènes globaux, s'ajoute la remise en cause des statuts de la fonction publique, principalement dans les pays européens. Si la Chine et l'Inde, ainsi que certains pays émergents (le Brésil notamment), connaissent des évolutions spécifiques, en premier lieu l'émergence des « couches moyennes » composées de salariés, mais aussi de travailleurs indépendants, cela se fait au prix d'un sous-emploi massif dans les campagnes qui génère une « classe » de migrants ruraux, notamment en Chine où ils sont appelés *nongmigong*. Tout cela génère de l'insécurité économique, des inégalités économiques sociales et géographiques, qui ne peuvent que s'amplifier. Malgré le fort impact de la crise économique sur la dégradation des conditions de travail, le stress et l'anxiété des salariés en général, il se trouve encore une majorité parmi eux à vouloir se défendre, y compris par la force, pour sauvegarder les emplois ou faire valoir leurs revendications, de même que la plus grande partie d'entre eux n'adhèrent pas à l'idée de la convergence d'intérêts entre dirigeants et salariés de leur entreprise. Pour autant, les données du BIT ne font pas apparaître une tendance à la hausse significative des conflits sociaux après 2008.

Comme nous pouvons l'observer, à partir des données nouvelles sur l'état du monde, la plupart des clignotants sont au rouge. Alors pourquoi le capital maintient-il en « friche » 80 % de la population de la planète ? Ce « repli » des centres sur eux-mêmes, comme le note Samir Amin, « abandonnant » les périphéries tiers-mondistes à leur « triste sort » (salué par l'idéologie médiato-politique comme étant la fin de l'impérialisme, le Nord pouvant se passer du Sud, bien évidemment démenti par les actions de l'OMC, du FMI et les interventions de l'OTAN), n'est-il pas le signe concret de l'incapacité du capital à maintenir à un niveau suffisant son taux de profit ? Car imaginer la fin du capital, comme certains économistes se plaisent à l'évoquer, uniquement à partir de la crise majeure de l'endettement généralisé, n'est pas probant. Pour y voir plus clair, il nous faut revenir à l'ensemble des ruses que nous avons décortiquées précédemment. Car nous aurions tort de croire qu'elles se succèdent sans lien les unes avec les autres, ou bien que chaque « nouvelle trouvaille » efface l'autre, un peu comme si le capital pouvait, à chaque phase de ses crises systémiques, chercher et trouver une parade meilleure que la précédente. En réalité, non seulement elles se complètent, mais elles font système, sans pour autant parvenir à bloquer définitivement l'inexorable ampliation de la crise. Voilà pourquoi le capital n'a d'autres choix que de chercher par tous les moyens à en coordonner l'usage.

Chaque ruse soutient et amplifie l'autre. Si le néo-colonialisme par exemple assure à l'impérialisme les ressources énergétiques et minières nécessaires à sa suprématie, la résistance des peuples néocoloniaux s'exprime et le recours à la barbarie lui permet de maintenir son leadership par la force. Si la réduction des salaires s'impose pour tenter d'équilibrer son taux de profit en période de crise, les mécanismes d'ajustement de la productivité du travail à partir des moyens que lui permettent le néo-taylorisme et le néo-fordisme ou les nouvelles méthodes de management sont là pour y remédier. Et si, par nécessité, le capital humain devient une forme de capital que le capitaliste doit par tous les moyens s'approprier à moindres frais, il trouvera à travers le chômage, la délocalisation ou la main-d'œuvre immigrée les moyens opérationnels pour peser concrètement sur le salaire des travailleurs. Doit-il maintenir et ajuster le niveau de consommation moyen pour écouler le surplus d'une marchandise produite hors d'une offre potentielle réaliste ? Les « classes moyennes » et une partie de la classe ouvrière, grâce au crédit et à l'endettement, y pourvoiront partiellement et cela d'autant que tous les moyens de conditionnement idéologique à sa disposition à travers *l'enjeu parabole* seront là pour soutenir ces objectifs de consommation orientée. Doit-il trouver de nouveaux débouchés pour élargir sa sphère de profit au-delà de la financiarisation de l'économie ? L'accaparement des terres des pays du tiers-monde est là pour répondre à cette nouvelle nécessité. Il en va de même pour le développement des nouvelles technologies qui apportent un bouleversement qualitatif au niveau de la croissance et de la productivité dont le capital s'ingénie à s'assurer la suprématie à travers la recherche appliquée et le verrouillage des brevets. Et nous aurions tort de croire que la panoplie est complète. D'autres ruses en attente dans les cartons sont là pour intervenir en cas de besoin, et au-delà même de la recherche d'une nouvelle gouvernance mondiale ou des néofascismes pour contraindre plus encore l'ensemble des peuples. Non, notre plaidoyer n'est pas une vue de l'esprit. L'ensemble des éléments que nous avons analysés jusqu'ici en témoigne. Non, le capitalisme ne tourne pas en rond, il avance inexorablement vers sa propre déchéance et il sait très bien que son industrie se contracte et que ses marges de profit dans ce secteur reculent de plusieurs pourcents par an à l'échelle globale et que la majorité des investissements industriels réalisés dans la dernière période n'impliquent pas une augmentation des capacités productives, mais seulement un renouvellement de celles-ci. Et les statistiques pour l'ensemble des autres investissements racontent à peu près la même histoire. Le capital n'ignore pas qu'une reprise économique durable est exclue et que toutes les prévisions de redressement proférées par le G20 ne sont que vaste duperie. Et il est fort probable, si les peuples ne viennent pas s'en mêler, que les marchands de désirs d'aujourd'hui soient les marchands de mort de demain.

La crise que nous connaissons annonce la fin d'un cycle politico-économique, celui de l'impérialisme américain et de leurs alliés condescendants européens et japonais, entamé dans les années 1970. Même si les États-Unis restent le fer de lance de la triade, leur position dominante face aux nouveaux centres de pouvoir que sont l'Europe occidentale, la Chine, l'Inde et le Brésil est à terme compromise. Mais qu'on ne s'y trompe pas, un nouveau pouvoir hégémonique fera centre et sera confronté à son tour aux mêmes errements congénitaux de la crise systémique qui ne sera jamais enrayée. À moins que, puisant dans la plus terrible de ses ruses, le capital mondial ne fasse appel, une fois encore, à l'affrontement militaire mondial. Même si les États-Unis ont été contraints, pour des raisons strictement budgétaires, à restreindre leur équipement militaire, s'appuyant de plus en plus, pour les opérations de main-forte en Afrique ou dans les pays arabes, sur l'Europe et à présent sur la zone Asie-Pacifique, voire sur le Japon (qui vient d'envoyer pour la première fois un satellite militaire dans l'espace), leur force de frappe globale, notamment à travers l'OTAN, reste dominante. Le rapprochement de l'ancienne superpuissance militaire russe et de la nouvelle puissance économique chinoise semble indiquer que ces deux pays tentent de se prémunir contre toute éventualité, y compris celle d'une 3e guerre mondiale ; de même que la bataille de l'impérialisme américain pour placer sous son giron les pays de l'Asie du Sud-Est (ASEAN), au détriment de la Chine toute proche, est significative de l'ampleur de la guerre économique que se livrent les deux « superpuissances industrielles » aujourd'hui. Car l'impuissance du capital à redresser la barre est bien là sous nos yeux et il ne tient qu'à nous de combattre ce système obsolète et pervers pour en finir avec lui. Mais quelle que soit l'issue de la crise généralisée, et même dans l'hypothèse où l'impérialisme parviendrait à trouver des boucs émissaires à sa fragile hégémonie, soyons-en sûrs, pour la postérité, dans quelques centaines d'années, l'histoire du capitalisme nous paraîtra pure barbarie.

III
Prémices d'une nouvelle conscience sociale

Qu'est-ce qui fait avancer ou reculer la conscience de classe ?

Si le slogan : « *Nous devons changer nos vies* », énonce un impératif général, l'histoire nous apprend que cette injonction, qui tente de réveiller les consciences, ne peut être perçue par tous comme un appel pressent d'envergure universelle, mais seulement comprise par une minorité qui fait de la sortie de l'aliénation dans laquelle l'enferme le capitalisme une nécessité absolue. La conscience de classe ne se décrète pas, elle se vit comme un conflit irréductible qui nous oppose à la classe exploiteuse, laquelle cherche, à travers notre intelligence et la sueur de notre travail, à s'enrichir. C'est pourquoi tous les livres de théorie révolutionnaire ou de philosophie politique, ne peuvent, par leur simple érudition, faire naître la conscience de classe des travailleurs. Leur utilité réside dans le miroir de l'exploitation à l'échelle de la société globale qu'ils nous tendent, mais la plénitude de la conscience de classe ne se révèle que dans la réalité du combat contre le capital. Certes, les hommes et les femmes ressentent le besoin d'être portés par des mots forts : *Indignez-vous*, avait dit Stéphane Hessel. Mais même s'il eût été préférable de nous demander de *Révolutionner le monde*, la crise mondiale, par un impératif analogue à l'exploitation, ne pousse à la révolution ou à la révolte que ceux qui ont de bonnes raisons d'être révoltés ou de vouloir révolutionner. Sur un autre plan, nous pouvons dire que la conscience de classe sera toujours plus aiguisée par la dépossession des fruits de notre travail par le capital ou par l'expropriation massive des petits paysans du monde entier qui résulte de la spéculation agraire, que par le *Travailler plus pour gagner plus*.

À partir des années 1980, pratiquement personne, à l'exception de quelques révolutionnaires taxés d'archaïsme, ne se réfère au capitalisme. Ce terme est progressivement éliminé du vocabulaire hommes politiques, écrivains, chercheurs en sciences sociales, journalistes et autres syndicalistes. À la même époque, le mouvement altermondialiste en plein essor se centre sur les mécanismes économiques et les formes d'organisation du travail et du profit, non pas du capitalisme, mais de l'Empire américain. Ainsi s'externalise peu à peu la question de la mondialisation du capital sous la forme d'un anti-américanisme qui masque la dimension de classe. En ce sens, si la tâche principale est actuellement de combattre le capitalisme en général et l'impérialisme américain et ses acolytes en particulier, nous n'allons pas soutenir pour autant le « communisme » capitalisé de la Chine, du Laos, du Vietnam et autres avatars du « socialisme réel », ni les Islamistes intégristes comme forces progressistes susceptibles de remettre en cause la mondialisation du capital. La « modernité alternative » – si modernité il doit y avoir – ne peut se limiter à la critique exclusive de l'impérialisme avec l'idée sous-jacente de faire évoluer le système capitaliste dans un cadre plus « progressiste », mais doit refuser le cadre général que ce dernier entend imposer à l'ensemble du monde. À ce propos, nous ne pouvons qu'être frappés par le rapprochement, *a priori* contre-nature, entre les États-Unis et le Vietnam. Les accords de coopération économique et militaire, signés entre les deux ennemis irréductibles d'hier sur le dos des peuples sont révélateurs des antagonismes inexistants en dehors de ceux liés à leur propre base nationale, dès lors que la question de la lutte des classes sort du champ de leurs préoccupations. Nous retrouvons cela dans le parcours politique du peuple sud-africain autour de son charismatique leader Nelson Mandela. Tant que celui-ci et sa base agissante s'en sont pris réellement à l'apartheid comme étant un des systèmes consubstantiels de l'exploitation capitaliste, les droites et la social-démocratie de tous les pays les ont fustigés ou soutenus à la marge. Mais dès que l'idée d'une alliance de classe a germé dans la nouvelle gouvernance autour de Mandela, les mêmes, qui hier encore le condamnaient, en ont fait à sa mort un héros planétaire. Ce qui demeure irréductible dans chacun de ces pays, comme dans tous les pays du monde, est bien l'antagonisme entre les classes exploiteuses et exploitées que transcende la lutte des classes. Ne soyons pas naïfs. Tous ces évitements des positions de classe tendent à masquer l'acceptation de l'économie de marché et confortent la possibilité pour le capitalisme de faire accepter son « triomphe ». Mettre l'accent sur ces questions est donc fondamental. Ainsi, la croyance qui se répand, donnant comme possible la subversion du capitalisme mondial et son pouvoir d'État non en l'attaquant directement sur un terrain de classe mais en reconfigurant le champ des luttes uniquement en direction de ses excès quotidiens, empêche de faire grandir l'idée qu'il est urgent et nécessaire de construire un « autre monde ». Le traumatisme, parmi les classes travailleuses, de tous ces évitements est bien la leçon que nous devons tirer de ces dernières décennies collaborationnistes. Tant que la lutte des classes ne reviendra pas au premier plan des préoccupations des masses exploitées, et en priorité celles des pays du Sud particulièrement impactées par la crise du capitalisme, la libération et l'émancipation des peuples demeureront fragiles, limitées, et vulnérables. Il est toutefois un autre aspect tout aussi important que nous devons mettre en avant pour que grandisse la conscience de classe. C'est que l'effondrement du « communisme » ne signifie pas qu'il est impossible de développer l'action à un niveau global en tant que projet révolutionnaire, mais qu'au-delà de cette défaite historique, il est encore possible d'engendrer contre la réalité capitaliste des mouvements qui vont bien au-delà des seules résistances locales ou régionales d'aujourd'hui.

Certes l'économie n'est pas la seule à avoir une incidence sur les relations entre les individus. Mais dans le champ des possibilités qui sont offertes à chaque travailleur, la part de la production sociale qui devrait lui revenir, et dont il est spolié, est bien la base par laquelle toutes les fausses idées que l'on tend à lui imposer peuvent être remises en cause. Si la question demeure aussi morale et doit s'appuyer sur des valeurs de partage, de justice et de fraternité, pour autant, le socle de la conscience de classe est essentiellement lié aux modes et aux conditions de la production et de la consommation au moment où se déroule l'histoire. Et même si nous devons dans un même mouvement avancer l'idée d'une économie qui promeut la solidarité plutôt que l'égoïsme, une économie qui élargit et diversifie les possibilités de répondre aux vrais besoins des hommes et des femmes, une économie qui prend en compte l'environnement, qui envisage les travailleurs comme des personnes dans leur intégrale dignité, cette sorte « d'équité économique » ne saurait suffire à elle seule pour mobiliser les masses contre le capital. Car la meilleure arme possible contre ce dernier est celle qui consiste à objectiver la conscience ouvrière aux avant-postes de la lutte des classes. Voilà pourquoi nous disons par avance aux pseudo révolutionnaires que rien ne sert de s'effaroucher, ou de prétendre que ce discours est éculé, vieillot, obsolète, passéiste, usé, sectaire, etc., et qu'il est grand temps de rompre avec cet intransigeant concept de lutte de classes. Libre à eux de s'associer sans le dire aux ruses du capital. Mais ce concept fondamental de lutte des classes, qui ne saurait se nourrir seulement de théories livresques, pourrait bien être affecté par le travail de dépolitisation et de déculturation entrepris à grande échelle par le capital et ses acolytes sociaux-démocrates. C'est pourquoi il est important de rappeler qu'il n'y a jamais eu de changement dans l'histoire qui ait été produit par un mode de gestion fondé sur le compromis. Toute transformation radicale est toujours le fruit des luttes, même si elles peuvent parfois déboucher sur des impasses électorales. C'est ce que nous enseigne la lutte des peuples opprimés par des dictatures nationales des pays arabes aujourd'hui : sans réelle conscience de classe et lutte de classes, point de perspectives réellement émancipatrices à leur authentique combat révolutionnaire. Ce qui fait de la classe ouvrière une force agissante, qui la porte vers une voie révolutionnaire, ce n'est ni sa pauvreté, ni son inclination (parfois trahie) à s'organiser sur des bases militantes, mais sa confrontation avec les moyens de production mis en œuvre par le capital pour s'approprier les fruits de son travail ; c'est le fait que, *a contrario* des sous-classes et autres strates sociales au contact de l'économie, c'est la seule classe dans l'histoire qui peut s'abolir elle-même en abolissant son opposé : le capital. Là se trouve la vérité qui peut révolutionner le monde ; là se trouvent les clés de la sortie du capitalisme. Et puisque nous avons insisté sur la dangerosité de l'idéologie dominante qui tend à affaiblir la conscience de classe pour asseoir son hégémonie, revenons-y par un autre biais.

Si l'on veut réactiver la conscience révolutionnaire et s'entourer du concours de toutes les classes sociales, alors la lutte des idées est inséparable de la lutte des classes. Et même si nous constatons et devons dénoncer la manipulation des consciences par tous les valets du capital, l'idée que les travailleurs seraient irrésistiblement attirés par l'idéologie dominante, les médias et les nouveaux moyens de communication doit être combattue. Car comme nous venons de le voir, les luttes de classe sont où se trouvent la réalité de l'exploitation et mettent à jour les contradictions avec les idées et les représentations que le capital tend à imposer. Voilà pourquoi il est impératif, au risque d'affaiblir réellement la conscience de classe, de revenir sur les thématiques de l'exploitation au lieu de porter le fer uniquement sur l'exclusion, de la réorganisation du travail, de la souffrance au travail, etc. Il est nécessaire de cesser de penser la révolution uniquement comme un acte philosophique et de nous sortir de cette sorte d'idéalisation de l'action si l'on veut revenir aux sources de l'émancipation humaine. La perméabilité de certains travailleurs aux idées de la classe dominante ne peut donc être réduite à la seule manipulation idéologique et à l'endoctrinement. Ce sont les contradictions économiques, sociales et politiques du capital en conflit permanent avec les aspirations des classes exploitées qui sont déterminantes.

Cependant, les travailleurs entrant en lutte y viendront aussi avec la part des représentations idéologiques que le capitalisme dans lequel ils baignent quotidiennement aura réussi, notamment à travers *l'enjeu parabole,* à leur inculquer. Et même si leurs intérêts de classe demeurent en conflit irréductible avec ceux de la bourgeoisie, il n'est pas sûr que les couches sociales les plus éloignées de la production et donc les moins impactées par la crise, soient en mesure d'intégrer la nécessité du combat de classe sans un travail idéologique contrecarrant les fausses représentations de leur « conscience de classe amputée ». C'est pourquoi les intellectuels et les masses ouvrières du monde entier se retrouvent en nécessité d'alliance dans l'action et l'éclairement idéologique pour empêcher que ne recule la conscience de classe générale. Il n'est qu'à regarder ce qui se passe dans le combat des peuples des pays dits développés les plus durement frappés par la crise pour comprendre que se pose réellement la question de la bataille idéologique. Le vrai combat révolutionnaire n'implique pas seulement une lutte des travailleurs contre les effets de la crise, mais contre le capitalisme lui-même et contre ses effets dégradants qui impactent leur conscience de classe. Le rôle de l'idéologie et de la coordination révolutionnaire n'est autre que de combler le vide entretenu par les divisions et « l'hétérogénéité » politique et sociale des travailleurs, tout en sachant que cela ne saurait suffire. À moins qu'avec la mobilisation du peuple déjà aguerri, nous ne nous attachions à construire sans attendre de nouvelles solidarités et de nouveaux modes de fonctionnement économiques et sociaux à l'intérieur même du système en crise.

Quoi qu'il en soit, il nous faut revenir sur la notion du *sérieux* avancée par notre ami Clouscard comme étant le refus d'intégration des hommes à la fin de l'histoire et comme la contradiction dialectique du *futile* qui tend à désincarner la lutte des classes. Et si le monde n'évolue pas seulement à partir des « idées » des Hommes, puisqu'il évolue essentiellement à partir des bases matérielles, pour autant la superstructure sociale influe elle aussi sur le reste de la société. C'est pourquoi le matérialisme historique doit être vu comme un outil d'analyse des sociétés humaines, afin que notre pratique révolutionnaire s'appuie sur la vraie boussole qu'est la conscience de classe ; la seule qui nous permette de transformer réellement le monde.

Pour savoir comment les classes travailleuses vont comprendre la crise du capitalisme, qui exige à la fois une remontée des luttes, une recomposition du mouvement ouvrier et la capacité de faire front aux attaques de plus en plus dures de la bourgeoisie à l'échelle internationale (auxquelles s'ajoute la guerre d'intégration idéologique), l'avancée ou le recul de la conscience de classe est l'indicateur essentiel qui permet de mesurer si elles sont en capacité ou pas d'en percevoir la véritable signification. Comme l'a si bien résumé Karl Marx : « *Ce sont les hommes qui font leur propre histoire, mais ils ne la font pas d'une façon arbitraire, ni dans des circonstances librement choisies ; ils la font dans des conditions qu'ils ont trouvées devant eux, qui leur ont été léguées par le passé, bref, dans des circonstances données.* »

C'est lors de ces instants précis de l'histoire, c'est-à-dire quand le basculement vers le recul ou l'avancée du niveau de la conscience de classe se fait jour, qu'on se doit de dégager les intérêts communs à tous les peuples, afin de contrecarrer les néofascismes naissants et d'ouvrir bien grandes les portes de la révolution. Alors que sous les coups de boutoir du capitalisme et les faux-semblants des réformistes, les travailleurs des pays développés ont peu à peu dérivé, donnant le sentiment qu'ils n'étaient pas encore prêts, malgré leurs velléités et leurs révoltes, à sortir du capitalisme, dans les pays du Sud, une masse ouvrière montante, émergeant de l'économie mondialisée, porte, à travers ses formes d'action radicales et sa détermination, toutes les prémices d'une nouvelle conscience de classe. Mais cela est encore fragile et demande à être cultivé. Car même si des signes avant-coureurs sont là pour nous dire que le capitalisme creuse peu à peu sa propre tombe et que l'action des travailleurs est là pour l'y aider, la vraie révolution ouvrière ne se prévoit pas, elle se prépare. Comme le disait Gramsci :« *Le changement de société suppose une longue guerre de positions.* »

Les outils à la disposition des masses

Nul ne peut nier l'affaiblissement des forces politiques et syndicales prenant fait et cause pour les travailleurs depuis la chute du mur de Berlin. Mais la question que nous devons nous poser est de savoir si c'est l'absence de contre-pouvoir au capitalisme – que prétendait incarner le système soviétique – ou l'absence d'avancée communiste dans un système soi-disant en marche pour construire ce contre-pouvoir qui pèse le plus sur le développement de la mobilisation des masses aujourd'hui. Car en réalité, que reste-t-il de l'héritage communiste à travers le monde, si ce n'est l'image négative (largement répandue par les forces du capital) de la douloureuse et non moins utile expérience de la révolution bolchevik ? L'idée même du communisme a été suffisamment dévoyée aux yeux des peuples pour que la plupart des travailleurs ne voient plus en elle, du moins pour l'instant, la réponse à leurs aspirations de changement ou, à travers elle, la perspective probable d'un monde meilleur. Et cela d'autant plus que la politique économique et sociale de la Chine, toujours dirigée par un parti communiste alors qu'elle baigne dans le marché capitaliste, ne fait qu'ajouter à la confusion. Sans revenir sur le fond de la question, largement traité dans la partie *écomunisme* du livre *Pour sortir du capitalisme,* tentons de dégager quelques points forts susceptibles d'éclairer à nouveau celle-ci. Depuis bien longtemps, les travailleurs ont ressenti le besoin de s'associer pour combattre le capitalisme exploiteur. Ils ont réussi à le faire au prix de leur sang après de longues et âpres luttes, imposant à la bourgeoisie montante et son pouvoir d'État la légitimation de leurs syndicats et de leurs partis politiques. Ils l'ont fait au niveau national et international, ayant rapidement compris la nécessité de répondre aux velléités d'un capital monopoliste et outrancier. Voilà pourquoi il est utile de revenir sur le parcours glorieux et douloureux de ce qui fut et est encore pour partie le mouvement international des travailleurs. L'association internationale des travailleurs, plus connue sous le nom de *Première Internationale*, fondée en 1864, vient de loin. Uniquement composée de travailleurs, elle se place dans la continuité idéologique des mouvements révolutionnaires de 1848, avec une orientation socialiste en rupture avec le républicanisme, et se donne comme objectif d'unir les prolétaires pour leur émancipation au-delà des divisions artificielles créées par les États-nations. Marx y participe et affirme que « *l'émancipation des travailleurs doit être l'œuvre des travailleurs eux-mêmes (...), l'émancipation définitive de la classe travailleuse, c'est-à-dire pour l'abolition définitive du salariat.* » La barre est placée haut et les éléments constitutifs de cette association sont très hétérogènes. S'y côtoient des réformistes, des anarchistes et des socialistes. Son développement est modeste et le Congrès de Genève en 1866 compte seulement soixante délégués, représentant 25 sections et 11 sociétés adhérentes venant de France, de Suisse, d'Allemagne, d'Angleterre, rapidement élargies à l'Italie, l'Espagne, la Belgique, la Hollande et la Grèce. Mais les dissensions entre les tenants de la ligne « mutuelliste », soutenue par les anarchistes, et la ligne « collectiviste ou communiste », portée par les marxistes, redoublent après la chute de la Commune jusqu'à la scission en 1872. Sans entrer dans les détails, et au-delà des péripéties qui font dire à Bakounine : « *Dans les neuf dernières années, on a développé au sein de l'internationale plus d'idées qu'il n'en faudrait pour sauver le monde, si les idées pouvaient le sauver* », soulignons dans cette internationale l'idée que « *l'émancipation sociale des travailleurs est inséparable de leur émancipation politique* » et qu'elle ne se prétend « *ni fille d'une secte, ni d'une théorie* ». Elle est le produit du mouvement prolétaire et, surtout, elle tente de faire cohabiter en son sein des courants politiques très différents dont l'objectif d'alors était déjà la rupture avec le capitalisme et l'émancipation des travailleurs.

Certes, l'étape qui suivit, à travers la IIe, la IIIe et la IVe internationale, n'est pas des plus glorieuses : l'une sombrant dans la social-démocratie de marché et les deux autres dans un sectarisme de parti que n'auraient sans doute pas renié les staliniens d'antan. D'ailleurs, je suis toujours frappé par les orientations politiques de certains tenants du marxisme-léninisme qui, partant des analyses plutôt pertinentes sur le capitalisme, continuent à soutenir sans faille ce que nous lègue concrètement la brève histoire du léninisme. Non que, disant cela, nous devions nous interdire de tirer des enseignements des thèses de Lénine, mais pour que les applications qui en ont été faites par le système soviétique puissent être honnêtement critiquées. Nul ne peut oublier leurs épisodes dou-loureux, même si le capitalisme y a grandement contribué, et il n'est pas possible de prétendre œuvrer pour l'émancipation des peuples si l'on refuse d'en tirer objectivement les leçons. Voilà pourquoi on ne saurait soutenir certains docu-ments d'organisations se réclamant du marxisme-léninisme qui osent encore écrire : « *Bien qu'aujourd'hui les exemples de l'URSS et de l'Albanie socia-listes appartiennent au passé, ils restent d'actualité pour comprendre ce que les ouvriers, dirigés par leur parti de classe, devront faire pour renverser le régime impérialiste guerrier, le garder en échec et maintenir le prolétariat au pouvoir dans le prochain État socialiste, avenir de l'humanité.* » Non ! Qu'il soit bien clair que la démarche à laquelle nous tentons de réfléchir ici n'a rien de commun avec ces diatribes d'un autre temps qui n'ont pour effet que de détour-ner plus encore les travailleurs d'un idéal marxien éclairé. Alors, qu'en est-il concrètement des forces sociales et politiques, organisées au niveau national et international, supposées défendre la cause des travailleurs ? Car, pour reprendre la formule de Bakounine, « *ce qui importe avant tout aujourd'hui, c'est l'orga-nisation des forces du prolétariat.* » Disons simplement, pour en fixer les gran-des lignes, que ces courants politiques, qui s'affrontent ou cohabitent au niveau national ou international, sont enlisés dans la « *gestion sociale-libérale de marché* » ou progressivement en passe de l'être. On les retrouve dans les partis sociaux-démocrates regroupés dans la toujours présente et encore puissante *Internationale socialiste* issue de la IIe internationale et dans les partis adhérant au *Mouvement communiste international*, actuellement appelé *la Conférence internationale des partis communistes et ouvriers* issue de la défunte IIIe Internationale (devenue successivement Komintern et Komin-form) qui ne pèse que d'un poids relatif, bien que sensible aux idées sociales-démocrates, et qui chemine à petits pas, voire à grands pas pour certains de ses partis adhérents, vers une politique de gestion humaine et sociale de l'économie de marché. Le *Mouvement de la gauche européenne* s'associe à cette ligne. D'autres courants politiques sont rassemblés autour des orientations trotskistes minoritaires issues de la IVe Internationale et regroupés pour certains dans *l'Entente internationale des travailleurs et des peuples*, alors que d'autres, plus minoritaires encore, se retrouvent dans l'*Internationale des fédérations anarchistes*. Du côté syndical, 176 millions de travailleurs regroupés dans la Confédération Syndicale Inter-nationale (CSI), issue de la Confédération Internationale des Syndicats Libres du Travail et de la Confédération Mondiale du Travail (à présent minoritaire), se trouvent entraînés dans des orientations collaborationnistes et réformistes. Les syndicats encore adhérents à la FSM, en perte de vitesse depuis la chute de l'Union soviétique, sont représentés par des dirigeants syndicaux qui n'ont pas rompu avec le concept « *de courroie de transmission des partis communistes révolutionnaires* ». Ma critique n'est nullement partisane, je viens de cette his-toire ouvrière et, pendant près de 40 ans, je fus moi aussi un des « *porte-voix* » de cette ligne politique et syndicale. Cependant, bien naïfs sont ceux qui croient que l'on peut encore passer un compromis social ou amadouer le capitalis-me. S'il y a eu de tels moments dans l'histoire, notamment avec l'association capital/travail propre à certains États sociaux-démocrates en Occident, ou durant la période de guerre froide avec les pays de l'Est, ou encore à partir de certains projets nationaux populaires du Sud et du Moyen-Orient, nous ne sommes plus dans ce contexte aujourd'hui. Après l'implosion du « socialisme réel », le con-flit oppose directement le capitalisme des monopoles mondialisés aux travail-leurs et aux peuples sommés de capituler sans condition. Voilà pourquoi les stratégies de collaboration et de résistance sont condamnées à l'inefficacité. Plus on abandonnera le terrain de la lutte des classes, plus il sera difficile de développer des stratégies qui permettent à la classe ouvrière de passer à l'of-fensive. Patronat et capital en voudront toujours plus. N'envisagent-ils pas, alors que la quasi-totalité du front syndical cherche le compromis social, à l'af-faiblir encore plus, tentant partout où cela est possible de lui barrer la route, voire à terme de se passer de lui. Sur ce plan, le président de l'organisation patronale française (MEDEF), a déjà donné de la voix. Il en va de même sur le plan politique. En 2006, avant les élections municipales et législatives du 16 octobre, le ministère de l'Intérieur de la République tchèque, membre de l'UE, déclara hors-la-loi la Jeunesse communiste tchèque au motif que son program-me défendait la transformation de la propriété privée en propriété sociale. Ce qui revient à dire que la pensée communiste qui revendique la propriété sociale des moyens de production et d'échange est un crime.

Les choses doivent être regardées en face : alors que l'internationale du capital, déguisée sous l'habit des chambres de commerce internationales, de l'OMC, du FMI, etc., et appuyée par l'Internationale des partis libéraux et sociaux-libéraux, peaufine sa structuration, les travailleurs auraient tort de ne pas se donner les moyens d'en contrecarrer les objectifs en créant eux aussi leurs nou-velles bases de coordination internationale. En ce sens, je rejoins l'idée avancée par Samir Amin de revenir aux concepts partagés par Karl Marx en son temps d'une Internationale des travailleurs. Amin lui a donné le nom de *Cinquième internationale*, alors que, pour notre part, nous avançons plutôt l'idée d'une *Association Internationale des travailleurs et des peuples*. Mais qu'importe. L'essentiel est que ces objectifs et ces orientations, sans coup férir, puissent se compléter. Il conviendra aussi de tenir compte de l'ensemble des parcours histo-riques tout au long desquels se sont constituées les nations dominantes ou domi-nées, les particularités et le poids respectif du capital qui cherche à asseoir sa domination dans chacune d'entre elles, les différences culturelles et religieuses qui ne doivent cependant pas masquer la seule et vraie différence : la différence de classe. Il nous faudra aussi tenir compte du développement des luttes des forces productives et paysannes que la révolution scientifique et technique va bousculer à travers une nouvelle organisation du travail et en partie exclure, compte tenu du nombre plus restreint des emplois disponibles. En un mot, il nous faudra construire la convergence avec les travailleurs dans la diversité et non chercher à le faire à leur place.

Rien ne sera plus comme avant

Même si l'idéologie bourgeoise fait légitimer par les États l'extension de sa logique économique à des sphères autrefois formellement préservées du capital : l'école, la culture, les services publics, etc., il y a, à travers ce processus de « capitalisation » de l'ensemble de la société, une tendance qui entrera de plus en plus en conflit avec les attentes des classes populaires. Mais, comme nous venons de le voir, cela ne suffira pas à faire naître la nécessité de sortir du capitalisme. Partir de la situation économique pour comprendre l'état du monde est assurément la démarche la plus simple, mais ce n'est pas la seule.

La Révolution de 1789 couvait depuis la révolte nobiliaire de 1787 contre la réforme des impôts mise en place par un État en faillite financière, alors que l'acte fondateur de la révolution des Œillets au Portugal était surtout lié à la situation politique fasciste et coloniale du pays. Dans chaque cas, il se trouve un acte ou des actes déclencheurs, d'où la fameuse expression : « *C'est ce qui a mis le feu aux poudres* ». Mais pour que la révolution ait lieu, il faut que les conditions intérieures et extérieures s'y prêtent. Ainsi, on n'en peut confondre les effets et les causes. Cela permet de comprendre comment la classe dominante en bout de course peut utiliser la force, mais, ayant atteint ses limites, elle apparaîtra négative à la société. C'est ce qui vient d'arriver en Tunisie et en Égypte où la bourgeoisie elle-même ne croyait plus à la validité de son propre système policier, mais comme les conditions sociales, politiques et économiques n'étaient pas en tout point réunies, l'acte ou les actes déclencheurs de la révolution n'ont pas suffi pour l'instant à l'entraîner au bout de sa légitimité.

On dit souvent : il faut que le peuple s'en mêle. Bien sûr, mais pour faire quoi ? Ce qui se passe aujourd'hui en Ukraine répond à l'interrogation. Il y a une confusion extrême qui peut entraîner une déstabilisation de la situation au profit d'éléments nationalistes et extrémistes qui s'infiltrent dans le mouvement de protestation général et réussissent à se faire accepter par le peuple tout en radicalisant leur action. Ces oppositions musclées rapprochent l'Union européenne et l'extrême droite qui se rejoignent en vue de déstabiliser le pouvoir corrompu d'Ianoukovitch et d'empêcher son alliance avec la Russie. À qui fera-t-on croire que ce sont les lois liberticides qui ont mis le feu aux poudres ? L'affrontement entre la triade, la Russie et la Chine, vient peut-être de commencer ici : dans les rues de Kiev. Car la question essentielle est bien de mesurer le niveau de la conscience de classe de ceux qui, partant d'une situation économique, sociale, politique insupportable, tentent d'aller vers une autre société en rupture avec l'ancienne.

Certains s'imaginent que le critère numéro un d'une révolution n'est pas à chercher du côté des opprimés mais des oppresseurs. Ce sont eux, disent-ils, qui sont à l'origine de la crise puisque le système qu'ils ont mis en place ne parvient plus à fonctionner et c'est de cela que doit se nourrir le mouvement social ; et si les classes opprimées n'ont pas été préparées à cette confrontation, leur conscience de classe grandira dans l'action. Cette vision, pour le moins, fait peu de cas des contradictions profondes, qui s'affrontent en période de crise entre travailleurs et capital, sur lesquelles il est important de revenir ici.

Non seulement la crise induit la stagnation, la baisse générale du niveau de vie, la misère profonde du plus grand nombre et l'enrichissement scandaleux d'une poignée de nantis, mais la colère des peuples est exacerbée par le profond cynisme des classes dominantes néolibérales, sociales-libérales et leurs valets médiatiques, qui prétendent maintenir les bases d'une protection sociale durement acquise alors qu'ils la cassent ou empêchent sa création. Ils détournent ainsi les ressources publiques de leur destination initiale au profit d'un système financier vérolé par les grands groupes capitalistes, tout en laissant croire qu'ils les gèrent au mieux. Dans cet affrontement de classe, trois niveaux antagonistes au capital apparaissent : le conflit d'intérêt matériel à travers le déni de reconnaissance de l'homme producteur, le mépris social et le déni de société. Ces trois contradictions majeures se structurent elles-mêmes autour de trois pôles fondamentaux : l'économie, l'État et la société civile. En prônant la soumission de la société à l'économie (« *La société, ça n'existe pas* », disait Thatcher) et du salariat global au capital, c'est bien la dissolution généralisée des solidarités de classes qui est visée. C'est pourquoi le capitalisme est contraint de trier dans sa panoplie de ruses celle qui lui permettra de gagner au mieux l'esprit des travailleurs à son illusion consumériste. Et sur ce plan, le poids de *l'enjeu parabole* demeure déterminant.

Le capital sait bien que la sortie de crise n'est pas à rechercher, en l'état actuel, dans un nouveau mode de régulation « néo-keynésienne », même si cette ancienne ruse conserverait les traits essentiels du capitalisme, à savoir l'orientation de l'économie en fonction du seul impératif de profit. Les cinq piliers sur lesquels il repose aujourd'hui : libre circulation des marchandises et des capitaux, subordination des États aux seuls objectifs du profit, privatisation généralisée, flexibilité et précarisation du travail, pouvoir absolu des actionnaires dans l'entreprise, ne laissent aucune place à la pseudo relance keynésienne. Sous l'impulsion du capital et des États, la vague de crapuleries financières, que « l'élite économique » appelle innovations, échappe à présent à tout contrôle et le capital n'a d'autre choix que la confiscation des gains de productivité pour maintenir au mieux, à travers l'inexorable accumulation, son taux de profit. L'effondrement théorique de ce système économique n'est donc pas une chimère.

La Chine elle-même, principal moteur de la croissance économique mondiale, voit pour la première fois son taux d'endettement atteindre 200 % de son PIB, alors que les États-Unis tournent toujours autour des 350 %. Et il faut s'attendre dans les mois à venir à de gigantesques faillites bancaires et productives que les États devraient à nouveau s'empresser d'endiguer par des injections massives d'argent public qu'ils ne possèdent théoriquement plus. Certes, il leur reste une nouvelle explosion des déficits publics et/ou l'activation de la planche à billets. Mais la crise est si profonde que les piliers mêmes du capitalisme en deviendront politiquement peu défendables, tout du moins à l'intérieur des institutions actuelles.

Par ailleurs, la sophistication productive, liée aux avancées technologiques et informatiques, oblige le capital à concentrer ses unités de production dans des oligopoles en capacité de produire en très grande série pour amortir les gigantesques coûts d'investissement et de recherche que requièrent ces nouveaux modes de fabrication. C'est pourquoi la consommation doit être massifiée et uniformisée ; ce à quoi s'emploie, entre autres ruses, la manipulation publicitaire. Mais ces nouvelles conditions de production entrent en contradiction non seulement avec le système productif et commercial classique, générant chômage massif et casse industrielle, mais fragilisent une économie en crise qui ne sait plus comment gérer ces nouveaux flux de marchandises ne trouvant plus massivement preneurs dans une période de stricte austérité. De plus, ce système profiteur et consumériste arrive pratiquement aux limites écologiques de son extension productive. En bref, l'immense inégalité structurelle de la nouvelle économie mondiale et l'énorme gâchis environnemental qu'elle engendre ne peuvent plus être soutenus par les seuls mécanismes consensuels de « régulation sociale », d'où la marée de rébellion ouvrière et populaire que l'on sent poindre, notamment dans les pays du Sud.

Dans ce scénario noir, la porte reste ouverte à tous les possibles : depuis le 3e conflit mondial au néofascisme ou à la force montante d'un large front social éclairé. Voilà pourquoi se pose la question de savoir si, à ce stade de « l'avancée capitalistique », les classes dominantes vont accepter que des mouvements sociaux et des acteurs politiques nouveaux mettent réellement en cause leur pouvoir de classe. Si une alternative émancipatrice existe, elle devra émerger du monde tel qu'il est, à savoir de ce grand surplus pour le capital de populations exclues de l'économie productive, jetées en marge de la société, soumises à des systèmes de survie ou de contrôles sociaux sophistiqués, qui habitent une planète de misère et ne connaissent de la vie que ce cycle mortel de spoliation-exploitation-exclusion. Ou de ces millions de petits paysans rejetés et marginalisés par une agriculture intensive exclusivement profiteuse et ruineuse, mais aussi de ce grand mouvement montant des nouvelles classes ouvrières du tiers-monde et celles des pays développés durement frappées par la crise béante, ainsi que de l'ensemble des couches travaillant à la périphérie du monde productif que l'on nomme à tort « classes moyennes ».

Les forces actives et mobilisables sont là, au cœur même de cette magnitude sociale et de cette violente exploitation humaine. Il faut dès lors que de nouvelles forces politiques et intellectuelles leur parlent un langage qui les différencie des autres par le simple fait qu'il les invite à sortir du capitalisme. Cette espérance de justice sociale et de démocratie est à construire avec ces millions de travailleurs et de travailleuses en attente de changements. Le capitalisme n'est pas un horizon indépassable, un autre réel est possible. Il ne tient qu'à nous d'y travailler.

IV
Pour une société d'émancipation humaine

Rôle historique du combat pour l'émancipation humaine : succès et échecs jusqu'à nos jours

Avant d'examiner la question du rôle historique du combat pour l'émancipation humaine et d'en découvrir les succès et les échecs, nous tenterons de donner une définition matérialiste de la notion d'aliénation car celle-ci, généralement comprise en philosophie comme la dépossession de l'individu au profit d'autrui, ne rend pas réellement compte de l'aliénation sociale de la classe exploitée par le système capitaliste. L'aliénation chez Hegel renvoie à un fait ontologique : l'être humain, à la fois sujet et objet, est compris comme un processus infini par lequel il peut parvenir à la conscience de soi et acquérir un nouveau contenu. Chez Feuerbach, elle est ramenée au phénomène religieux qui aliène l'homme dans l'idée de Dieu. Tandis que pour la Boétie, c'est l'idée de la servitude volontaire qui domine. Quant à Rousseau, il met surtout en avant la restriction de la liberté naturelle au profit de la puissance publique.

Cependant, nul mieux que Marx n'a compris que l'aliénation de l'homme s'instaure lorsque son activité humaine est dépossédée de sa finalité immédiate et que, contraint par l'impératif des lois économiques qui échappent à sa compréhension, « *l'homme est rendu étranger à l'homme* ». Sans doute est-ce pour cela que la psychologie sociale aux États-Unis désigne le sentiment de dépossession comme principal facteur aliénant plutôt que l'état objectif lui-même, empêchant par là le travailleur de percevoir l'aliénation comme étant le résultat des conditions sociales que la société capitaliste lui impose et non comme une situation subjective de l'acteur en tant qu'individu. Il en va de même de la thèse situationniste, développée en 1973 par Jacques Ellul dans son livre *Les Nouveaux Possédés*, selon laquelle le signifiant et le déterminant de l'aliénation, c'est la technique : elle aliène l'homme qui s'obstine à la croire neutre, voire la sacralise, et dans cet aveuglement, « *le conformisme est parti pour devenir le totalitarisme de demain* ». Ou encore Fabrice Madouas qui analyse l'aliénation, seulement à travers la pornographie instrumentalisée par la société marchande et profiteuse, comme une sorte d'enfermement de l'homme et de la femme tout en feignant de les libérer.

Plus globalisants sont les travaux de Stéphane Haber sur le concept d'aliénation objective qui voit dans certaines forces sociales, certaines institutions (l'argent et la technique notamment), un détachement du monde social qui se met à fonctionner selon une logique autonome et nuisible, livrant ses « objectivités détachées » à un accroissement sans fin, s'opérant bien souvent au détriment de la vie. Quant au géographe marxiste David Harvey, il nous montre que l'accumulation par l'exploitation n'est qu'un des visages du capitalisme et que si nous la prenons de façon exclusive, elle risque d'occulter ce qu'il nomme « l'accumulation par dépossessions », qui n'est autre que la privatisation des entreprises publiques, la restitution au privé des droits collectifs comme la retraite, etc. Son paradigme, dont nous avons déjà parlé, ne rend pas suffisamment compte ici du contenu concret du passé et du présent de l'aliénation historique. Car objectivement, qu'est-ce qui a changé dans la pratique du capitalisme aujourd'hui (que certains nomment néo-capitalisme) qui exigerait une lecture plus fine de l'aliénation que celle qu'en a donné Marx, même si nous en élargissons le concept au travail de l'esclave qu'il distinguait du travail du prolétaire ? Peut-être, comme il a été souligné dans *l'enjeu parabole*, le fait qu'en plus de l'exploitation par dépossession de la force de travail de l'homme producteur, le capitalisme cherche à entremêler sa logique d'accumulation-consommation à l'existence même de l'homme. C'est-à-dire un dépassement du seul contrôle de la dynamique expansive du capital au profit de l'idée selon laquelle le sens intrinsèque de la vie ne serait autre que la recherche permanente d'un enrichissement pécuniaire.

Après ce bref rappel liminaire et avant d'en venir aux succès et aux échecs du combat pour l'émancipation humaine, rappelons combien, selon les conditions historiques il est difficile de l'entreprendre. Car si nous sommes libres aujourd'hui de nous associer en groupe pour changer les conditions sociales et politiques de la société (tout du moins dans les « démocraties » capitalistes) n'oublions pas que les classes dominantes ont pu contraindre nos aînés en mettant leur capital financier et leurs multinationales au service de la pire idéologie aliénatrice : le nazisme. Tel pourrait être le point de départ de notre constat sur l'ampleur et la difficulté de la chose.

En effet, même si les tentatives d'émancipation de l'homme au cours de l'histoire n'ont pas fait défaut, depuis la révolte de Spartacus, esclave de la Rome antique et de ses coreligionnaires, jusqu'à la Révolution de 1789 en passant par la Commune de Paris en 1871, leur victoire pour sortir l'Homme du joug des classes dominantes est toute relative. D'ailleurs, ces combats tendent à montrer que l'émancipation ne saurait se réduire à la seule révolte ou aux révolutions bourgeoises. Pour que l'émancipation humaine soit effective, il faut qu'elle émane d'une véritable action collective, consciente et maîtrisée des travailleurs, soutenue par un projet révolutionnaire clair. Et si le communisme de Marx et d'Engels définissait la base d'un idéal sur lequel la réalité devait un jour se régler, les partis communistes, qui historiquement s'en voulaient les porteurs, non seulement n'ont pas permis d'avancer dans la voie de l'émancipation humaine, mais en ont en quelque sorte reflété la négation. Devons-nous en conclure que leur limitation ou leur échec sont essentiellement le fait d'un combat qui ne liait pas suffisamment les dimensions économiques, sociales et culturelles (certains diraient aujourd'hui sociétales), aux pratiques émancipatrices énoncées ? Ou bien que l'émancipation humaine ne peut être réduite à sa seule dimension économico-politique, quand bien même cette dernière prend un caractère international ? Ou encore que l'abolition de la propriété privée – appropriation concrète par la classe bourgeoise du travail de l'homme – ne doit pas être comprise comme une simple dépossession matérielle, mais comme une dépossession ayant un caractère universel qui s'approprie la vie de l'être humain en tant qu'être total ? À moins que ne s'ajoute à tout cela l'idée non réductible chez Marx, dont nous avons déjà parlé, que l'émancipation de l'homme ne peut être que l'œuvre de l'homme lui-même et qu'elle ne saurait dépendre des partis ou États (quel que soit le contenu de leurs projets) qui s'en prétendent les porteurs. L'affaire est bien trop sérieuse et urgente pour en différer l'objectif. Et les millions de prolétaires à travers le monde, du Bangladesh, du Cambodge, d'Afrique du Sud et d'ailleurs, dont la pression drastique à la baisse des coûts de production imposées par les multinationales se solde par des conditions d'exploitation et de vie proches de l'esclavage, ne sauraient attendre, pas plus que les peuples des pays arabes en lutte contre les dictatures despotiques et les intégrismes religieux. Dans ce contexte, la recherche croissante d'une emprise globale du capital et de ses superviseurs sur les masses surexploitées des pays émergents ne peut déboucher à terme que sur de nouveaux cycles de contestation qui, à travers la remise en cause des conditions d'exploitation et d'aliénation, interpellent le capitalisme lui-même. Et pour peu que les forces authentiquement révolutionnaires éclairent politiquement et idéologiquement la situation générale, sans se substituer aux masses en luttes, un nouveau front de classe pour l'émancipation humaine devient alors objectivement possible.

Pour autant, malgré l'alternative concrète que représente une telle perspective, nous ne devons pas oublier l'ensemble des luttes des travailleurs des pays « développés » qui subissent eux aussi l'exploitation sociale, économique et culturelle, dans une situation également dégradée. Ou d'autres formes de luttes citoyennes, tout aussi contestataires, à l'intérieur de la société civile. Ou encore celles fomentées par la petite paysannerie tiers-mondiste, voire occidentale. Ainsi, ce cadre de classe convergent étant enfin proposé, l'idée qu'une démocratie authentique et transitoire serait apte, malgré sa dualité non apparente avec l'action hors tutelle des instances étatiques actuelles, à se substituer à l'ordre capitaliste existant, pourrait bien devenir à terme l'axe facilitateur de ce réel et exaltant combat pour l'émancipation humaine.

De la nécessité de mettre en œuvre l'écomunisme

Notre idée d'*écomunisme* se veut étape nécessaire pour atteindre la nouvelle phase historique que parvient encore à contenir le capitalisme prédateur. À la question pourquoi avoir créé le mot *écomunisme*, j'ai répondu : « Parce qu'il n'existait pas de terme pour désigner : la terre de la mise en commun des biens et des services. » Cela va à l'encontre des théories sociobiologiques d'un capitalisme inévitable parce qu'il correspond à la nature même de l'individu et la réponse sur la fausseté du concept pseudo scientifique contrevenant aux connaissances anthropologiques modernes qui valident pour l'essentiel l'idée qu'il y a bien eu dans les sociétés primitives et qu'il existe encore dans certaines communautés actuelles des groupements humains capables de vivre entre eux sans aucune notion de hiérarchie ou d'intérêt. Ainsi, l'idée selon laquelle le destin naturel de l'homme serait celui d'une espèce animale condamnée à vivre dans la compétition ou le darwinisme social est écartée. Le communisme primitif nous montre que l'homme peut vivre au-dessus de sa condition animale et n'est nullement gouverné par ses pulsions de mort, de possession ou de domination.

Mais alors, pourquoi serait-il utile d'outrepasser le concept de communisme qui nous donne déjà à comprendre que l'homme n'est pas soumis à une nature humaine permanente dominée par l'égoïsme et l'esprit de concurrence et que la notion d'altruisme et de partage construit l'être social ? Parce que dans sa version étatique, il a fait le choix d'un parti unique autour du culte du chef, du rôle quasi exclusif de la production dans la construction du « socialisme réel », de la verticalité dictatoriale de sa gouvernance politique, du refus d'impliquer pleinement les travailleurs dans la construction de la société nouvelle, de la centralité réductrice qui tend à niveler l'homme autour du concept d'égalitarisme accompli par la pseudo dictature du prolétariat ou de la révolution culturelle. Cela va à l'encontre de la nécessité de mettre en œuvre un combat de classe s'appuyant sur une pratique respectant la diversité humaine et sur l'émulation de tous dans le strict respect des libertés de chacun.

Sans revenir sur les fondements de l'*écomunisme*, disons que plus qu'un idéal dans le prolongement de la pensée marxienne, il se veut d'abord praxis révolutionnaire de l'incontournable nécessité d'agir dans le respect de la diversité des divers courants révolutionnaires, tout en s'appuyant sur notre égale différence qui fait de chacun d'entre nous une égalité et une singularité dans l'émulation constructive qui nous relie positivement à tous. Il entend mettre en œuvre, sans attendre d'avoir surpassé la société de classe, le réapprentissage du partage libérateur qui s'appuie sur l'esprit de laïcité dans la construction d'une pluralité citoyenne capable de surmonter les limites du volontarisme et de l'étatisme autour de nouvelles solidarités à construire ; il veut contribuer sans délai à la préservation des équilibres biosphériques à la base des états naturels de la planète et s'appuyer sur les éléments du peuple les plus aguerris : ouvriers, employés, techniciens, ingénieurs, intellectuels, petits paysans, etc., en capacité de créer une force dynamique et consciente nécessaire à l'émergence d'une action de masse susceptible d'accélérer la fin du capital. En clair, il s'agit de faire de l'*écomunisme* la pratique du quotidien de chacun et de tous aux combats de classe pour commencer à changer la vie sans attendre. L'*écomunisme* est donc d'abord une théorie et une pratique qui cherche à rendre les individus non étrangers à eux-mêmes et non réductibles à l'exploitation du capital, mais il est aussi conscient de *l'immense dérive* marxisante du « socialisme réel ». Tirant les leçons de l'histoire et de la réalité des rapports sociaux dévoyés par une marchandisation mondiale sur laquelle les peuples exploités ont très peu de prise, il cherche à construire collectivement la nouvelle société désaliénée. L'alternative concrète de confrontation de classe que propose l'*écomunisme*, n'est autre que l'action consciente de tous les acteurs de la vie politique rejetant la vision exclusivement économiste du monde et permettant la mise en œuvre de modes de coopération et de solidarité hors du seul choix permanent de la soumission des hommes aux lois du marché et du profit.

Dans ce cadre, et avec la démocratie impérative comme boussole des forces sociales qui visent l'émancipation humaine, nous ne saurions nous interdire d'engager une lutte déterminée contre toutes les règles de l'organisation sociale, économique et politique qui entravent la lutte des classes et les libertés publiques. Entreprendre un combat sur ces bases, par des actes locaux, nationaux, internationaux non de résistance, mais dans la version postmoderne d'un changement de paradigme révolutionnaire qui prend acte de l'effondrement du communisme étatique et inscrit sa démarche à un niveau global, cela revient à reléguer le capitalisme à l'arrière-plan dénaturalisé de son caractère indestructible et à ouvrir grande la porte à un nouvel épisode politique confortant toutes les forces d'auto organisation collective, capables de nous libérer des contraintes intérieures et extérieures du Capital-État. Même si nous engageons sans attendre toutes ces alternatives émancipatrices, notamment en mettant en place d'autres bases de coopération économique, politique et sociale entre des individus volontaires et aguerris, le chemin pour acquérir une audience de masse ne saurait se passer de toutes les autres forces et formes d'actions plus traditionnelles : syndicales, électives, juridiques, en un mot constitutionnelles, même si nous en connaissons les limites. Il est temps de contrecarrer les idées du libéralisme libertaire et autres idéologues néo-libéraux qui polluent le champ intellectuel et ouvrier et font le lit du vrai totalitarisme imposé par le capital. Cela suppose de passer outre le collaborationnisme, le sectarisme et l'esprit pragmatique de tous ceux qui se réclament d'une gauche en dehors de la lutte des classes et dont les frontières politiques et les perspectives sociales n'ont d'autres fins qu'une réforme à la marge de l'économie de marché. La privatisation des moyens de production et d'échange qui s'impose encore aux travailleurs, avec ses dégâts et son inefficacité sociale, économique et écologique, nous conduit à revenir sur la nécessité de leur appropriation collective et à rechercher de nouveaux moyens d'élaboration d'une rationalité économique et sociale fondée sur une autogestion planifiée et participative des besoins. La question dont nous sommes les porteurs est celle-ci : comment faire pour émanciper les individus et les peuples dans un même mouvement qui tisse lui-même un lien social nouveau dont l'humanité a besoin, sans accepter les médiations du capital qui polluent les valeurs de liberté et d'égalité à l'origine de notre véritable dimension historique ? Faute de comprendre la nécessité de devenir acteur de ce potentiel d'émancipation populaire, qui doit parvenir à résoudre par la dialectique de l'universel et du particulier le choix « communautariste de classe » susceptible de nous délivrer de l'univers glacial et uniformisé du marché, l'idéal *écomuniste* ne sera qu'une lumière théorique parmi d'autres sans prise directe sur la réalité du capitalisme absolu.

La nouvelle phase historique

Les signes de la décadence bien réelle du capital, évoqués tout au long de ce livre, sont-ils suffisants pour avancer l'idée d'une nouvelle phase historique ? Après tout, la décadence de Rome ou de la royauté a longtemps survécu aux changements politiques annoncés qui amenèrent à la féodalité et aux révolutions. Mais avant de répondre plus complètement à la question : qu'entendons-nous concrètement par nouvelle phase historique ? L'ouverture à la nouveauté, par exemple lorsque le progrès de la science a permis à Copernic d'abandonner la représentation géocentrique du cosmos (Système de Ptolémée) pour une construction héliocentrique de l'univers, selon laquelle la Terre n'était plus le centre du monde, annonçait-elle pour autant une nouvelle phase historique ? Car les progrès scientifiques et technologiques qui ont caractérisé la naissance de la « modernité », favorisant la transformation de la vie économique, sociale et politique, tout en permettant de passer graduellement à l'industrialisation à la source des nouvelles formes de production et de distribution, n'ont en rien contribué à supprimer les valeurs mercantiles et marchandes de l'exploitation et de la propriété privée. Certes, est apparue sur le plan proprement philosophique la notion nouvelle d'individu rationnel plus autonome, affirmant de plus en plus sa liberté de conscience et d'action face au pouvoir religieux et politique, mais ce n'est pas suffisant pour supprimer des intérêts de classe. Tout au plus, comme en 1789, les valeurs qu'elle sous-tend ont été codifiées.

Il faudra une longue et douloureuse expérience de la nouvelle réalité industrielle et capitalistique du monde pour que la classe ouvrière et les paysans les plus pauvres, éclairés par les idées marxiennes, en arrivent à créer les conditions d'un réel changement historique dont la Révolution bolchevik de 1917 et la Révolution maoïste de 1949 sont les principaux marqueurs. Je veux dire par là qu'on ne saurait confondre modernité et révolution. D'ailleurs, ceux que l'on nomme parfois à tort les penseurs postmodernes du XXe siècle, insuffisamment écoutés, ont déjà cherché à nous démontrer que si la pensée rationnelle a pu produire à partir des progrès de la science une vraie modernité technologique, celle-ci n'est pas pour autant libératrice. La modernité, nous dit Baudelaire, « *c'est le transitoire, le fugitif, le contingent, la moitié de l'art, dont l'autre moitié est l'éternel et l'immuable* » ; un éternel immuable transposable au conflit de classes auquel il ne peut être mis fin qu'à partir d'une nouvelle phase historique, celle dont j'entends vous parler ici.

Alors en quoi le projet d'une société post-capitaliste, sans frontière ni échange marchand, est-il plus perceptible et envisageable aujourd'hui malgré l'échec du « socialisme réel », la mondialisation du capital, la crise économique, les bouleversements des équilibres écologiques, le développement exponentiel de la technologie, en particulier les techniques de l'information et de la communication ? Tout d'abord, parce que tout cela contribue à faire grandir l'idée que cette logique capitaliste désastreuse ne peut demeurer éternellement la seule possible (comme l'atteste l'ensemble des actions et des contestations en cours à travers le monde contre le système) ; voilà pourquoi (et malgré l'absence de réelle visibilité d'un projet révolutionnaire qu'il nous faut rapidement reconstruire) l'idée que nous vivons dans la moins mauvaise des sociétés perd peu à peu du terrain. Ensuite, parce que l'idée selon laquelle la mise en réseau de l'extension de la sphère d'intervention du capital annonce un nouveau progrès (laissant croire qu'avec l'automatisation de la production et la communication planétaire, il n'y aura jamais plus de révolution) est en contradiction totale avec le nombre croissant des exclus et la barbarisation des rapports sociaux. Et ce n'est pas l'apparente technophobie ambiante, très en vogue dans cette période de crise généralisée, tendant à attribuer aux machines les responsabilités qui reviennent au système capitaliste lui-même, qui affaiblira le mouvement de con-testation montant à travers le monde. C'est donc assurément la compréhension timide, mais bien réelle, des dégâts capitalistiques qui permet de commencer à travailler à un projet débarrassé des lois capitalistes et d'élargir les luttes ou-vrant la voie à une nouvelle phase historique.

Ces éléments succincts, directement tirés des conditions économiques et sociales dans lesquelles le capital entend nous maintenir, doivent nous inviter à comprendre que les travailleurs seront bientôt prêts à faire leur propre histoire. Et même si les conditions objectives d'une transformation politique qui dépend de la conscience des hommes et des nouvelles pratiques rendues possibles pour changer les bases du système marchand ne sont pas encore réunies, la générali-sation d'une conscience révolutionnaire anticapitaliste est en marche.

Alors, c'est bien au rythme des effondrements financiers, des occupations des grandes places des capitales du monde, des révoltes et des insurrections, que nous devons analyser les défis contemporains que les classes travailleuses ont commencé à relever contre l'exploitation du travail humain ou le pillage des ressources naturelles. Et, plus généralement, contre tous ces nouveaux méca-nismes de prédation et d'oppression et ces ruses du capital que les classes domi-nantes s'évertuent à mettre en place, y compris sur le plan militaire. C'est bien en cernant toutes ces réalités de classe du mouvement de contestation mondial en marche qu'on parviendra à mieux comprendre la vraie nature des nouveaux changements qui s'annoncent. Tout l'enjeu est donc de bien saisir l'ampleur du redéploiement en cours opéré par le capitalisme en crise, avec ses tentatives de conquêtes des temporalités humaines et des espaces territoriaux et agricoles, à la fois dans le domaine de la production de « richesses », qui ne correspondent pas aux vrais besoins des hommes et des femmes, et surtout à travers la priva-tisation et la captation de toutes les ressources disponibles par un nombre tou-jours plus restreint de profiteurs.

La nouvelle phase historique discutée ici n'est donc autre que celle de la sortie d'un système qui exploite et aliène les hommes, qui détruit les emplois, plonge des millions de gens dans la misère, défigure les paysages, pollue les eaux, les sols et l'atmosphère, épuise et pille les matières premières des pays tiers, cherche à briser l'homme producteur… Dans ce cadre ignominieux, qui voit se constituer les empires marchands contre les peuples, une nouvelle dyna-mique, certes composite, mais bien réelle, a commencé à mettre en cause l'im-posture du capital séculier, qui touche à sa fin.

Conclusion
Non, le capitalisme n'est pas la fin de l'histoire

Et si sa propre fin ne peut être accélérée par cette farce que l'on retrouve à travers ce mot d'ordre trompeur : « *Il faut sortir de la crise* », elle peut l'être par la nécessité d'un changement historique. Au spectacle du capitalisme malfai-sant, nous devons opposer l'idée de la sortie du capitalisme par le mouvement conscient et combiné des peuples autour d'un idéal *écomuniste*, renforcé par l'idée d'une émancipation humaine qui le dénonce comme puissance qui avilit et prostitue. En allant rechercher dans les théories de Marx ce qui permet de réinventer une souveraineté populaire en rupture avec le capitalo-parlemen-tarisme, nous rendons à la pensée organisée sa légitimité révolutionnaire. Le monde capitaliste, nous venons de le voir, n'est pas un monde civilisé. C'est un monde de profit et d'oppression, d'inégalité féroce assumée comme une néces-sité naturelle ; c'est le monde de la barbarie. Vieux lion gravement touché par les contradictions fondamentales de son propre système, il n'en est que plus dangereux aujourd'hui. Et si nous pouvons avancer l'hypothèse de sa fin probable, cela ne signifie pas qu'il est condamné à mourir de sa belle mort.

Les inégalités monstrueuses, qui accompagnent sa décadence, placent l'obs-cène exploitation de l'homme par l'homme et l'émancipation humaine en équi-libre instable sur la balance qui peut pencher à tout moment vers la peste brune ou la révolution. Tant que ne s'installera pas dans les têtes la conviction pro-fonde qu'on ne saurait continuer à confier l'organisation de la société à la con-currence des égoïsmes, la propriété privée et le profit, l'opposition sociale des travailleurs et des intellectuels se fera à la marge et les résistances, quand bien même elles seraient des plus courageuses, ne pourront faire plier le capitalisme grabataire et prédateur. D'autant plus que sa démocratie de surface masque la nécessité d'aller vers un mode de représentation du peuple plus légitime. Mais l'échec partiel de toutes ces tentatives fait néanmoins partie d'une expérience historique que l'on ne peut ignorer. Même si elles ne peuvent supprimer le problème dont elles ne proposent d'ailleurs pas la solution, l'essentiel est que celles-ci ne contribuent pas à obscurcir l'horizon de la démarche révolutionnaire nouvelle que nous pensons déjà engagée ou, pire encore, à conforter les néo-fascismes tapis sous le manteau d'un capital moribond.

Certes, l'idéologie est nécessaire, et s'il plaît à l'homme d'être porté par des mots et des projets justes et forts, ce qui demeure déterminant n'est autre que la dimension des conditions sociales et productives que le capital parvient présen-tement à lui imposer. Dans ce contexte, le travail politique et intellectuel est difficile. Mais plus difficiles encore sont les luttes et le développement des organisations de masse qui doivent être mises en œuvre pour que le capitalisme soit stoppé. Leur attribut n'en incombe ni exclusivement à la philosophie ni à la politique, mais aux masses travailleuses elles-mêmes. Et bien que l'hégémonie du capital et la démocratie falsifiée pèsent lourdement sur le monde du travail, ces difficultés ne parviennent pas à empêcher que s'installent sur la scène natio-nale et mondiale grèves, protestations, mouvements, révoltes, situations prérévolutionnaires, etc. Tout cela est de bon augure pour l'avenir et pour peu que la solidarité de classe s'organise à l'échelle locale, nationale et internationale, les potentialités de lutte s'en trouveront renforcées. Nous voilà donc au commencement d'une nouvelle séquence qui rend à la fois possible d'avancer au niveau philosophique et idéologique et au niveau d'une nouvelle pratique du combat de classe, à condition, bien évidemment, que ce mouvement naissant ne se laisse distraire ni par des diversions millénaristes dont l'écologie réformiste est un des dignes représentants, ni par l'affirmationnisme d'une gauche gangrenée par le courant social-démocrate, ni par les visées nationalistes et xénophobes d'un néofascisme montant ou d'un intégrisme religieux embusqué. La barbarie qui grandit sous nos yeux, c'est-à-dire toutes ces représentations ostentatoires de la richesse prélevée sur le dos et la liberté des peuples, et qui ne sont autres que les fruits contaminés d'un capital en crise généralisée, fortifie, malgré elle, les raisons qui pousseront les travailleurs au développement probable du combat de classe encore passablement en souffrance aujourd'hui. Par conséquent, tout ce qui a été écrit dans ce livre ne résulte pas d'une vague intuition ou d'un fonctionnement mal compris du système capitaliste, mais d'une analyse politique, économique et philosophique, qui est tout le contraire d'une forme vague et dont le champ d'expérimentation n'est autre que la réalité elle-même. C'est sur les fondements de cette anticipation expérimentée, consubstantielle de la nais-sance d'une nouvelle phase historique, révélée par de pointilleuses recherches sur les ruses alternatives du capital et les données disponibles sur l'état du monde, que nous pouvons affirmer sans ambages le dépérissement d'un système obsolète qui nous renvoie à une autre condition essentielle pour en sortir : faire vivre sans attendre tout le possible de l'*écomunisme*. La question aujourd'hui n'est donc pas de savoir quel est le rapport entre l'universalité de ces vérités et la figure d'une humanité empirique, mais d'être en capacité de faire en sorte que ces vérités se surimposent au fond collectif humain, tel qu'il est dans son existence effective, et qui le conduit à chercher, parfois même inconsciemment, à s'émanciper du capital.

Sanary/sur/Mer, Juin 2014

LIVRE V

POUR UNE CRITIQUE DE LA MARCHANDISATION
Société, Santé, Environnement

Il faut comprendre l'homme en société comme on comprend les passions. S'il existe une solution, elle sera l'œuvre de la seule raison qui élève à la hauteur du savoir les faits de la « praxis » quotidienne dans la société. Seul le savoir positif peut décider si, et à quelles conditions, l'homme peut être libre dans et par la société.

Baruch Spinoza

(...) Le capitalisme prospère. Il a bien « accroché » sa clientèle. Il vend son propre conditionnement, les moyens de soumission à la temporalité et à la finalité qu'il propose. On achète, dans le même acte, la maladie et le remède.

Michel Clouscard

Trafiquer la terre : la terre qui est la condition première de notre existence, notre hen kai pan *– a été le premier pas vers notre transformation en objet de trafic.*

Friedrich Engels

Préface
Ne pas désespérer de la revolution

André Prone est un scientifique de formation, mais aussi un essayiste et théoricien engagé dans la critique de notre société. Il nous présente avec cet ouvrage l'achèvement d'une trilogie centrée sur le renouvellement d'une pensée-action de l'émancipation pluridimensionnelle et ouvrant sur une perspective révolutionnaire. La critique de la marchandisation qu'il développe montre comment la production néocapitaliste se détermine comme production d'une consommation qui définit à la place des intéressés eux-mêmes les besoins populaires sans souci de leur valeur d'usage effective. Cette définition est en fait une production de ces besoins qui est inséparable de la rentabilité attendue de leur satisfaction et de la croissance du profit. Elle prend la mesure de ce que l'auteur nomme la révolution culturelle technologique libérale et dont il montre en quoi elle est simultanément une contre révolution : si les capacités humaines d'innovation sont surmultipliées, c'est non seulement au profit des couches dirigeantes de l'économie financiarisée et de ses agents, mais en fonction d'une désappropriation des puissances émancipatrices populaires et d'une capture de leur plasticité. La consommation et la marchandisation induites par le capitalisme mondialisé comme condition de sa reproduction toujours élargie prive les masses populaires de leur propre inventivité en les enchaînant à des besoins non prioritaires et en les endettant à vie. Cette perversion aliène le désir d'être et le retourne contre lui-même. André Prone sait ici joindre à la critique de l'économie politique de Marx les recherches trop oubliées de Michel Clouscard sur *Le capitalisme de la séduction,* opportunément publiées par les Éditions Delga.

La critique de la marchandisation est concentrée en cette étude sur les dimensions biopolitiques de la santé et les dimensions écologiques de l'environnement. Avec une grande richesse d'analyses singulières fondées sur des informations précises, André Prone confirme que désormais le capital, comme l'avait anticipé Marx, ruine les deux bases de l'existence historique, l'homme et la nature, et oriente, si une révolution inédite n'intervient pas, l'histoire vers une catastrophe tout autant inédite. Le paradoxe est que la catastrophe annoncée s'effectue au sein d'une multiplication sans précédent de la puissance humaine de transformer l'humain, la nature et leurs rapports. Cette multiplication est surdéterminée par la soumission réelle étendue – au-delà de la soumission de la seule force de travail dans le management entrepreneurial – à toutes les activités humaines, notamment les plus basiques et les plus vitales comme se soigner et vivre en tant qu'être naturel-socio-historique au sein de processus naturels.

La question de la santé est particulièrement significative en ce que la perversion néocapitaliste est l'envers injustifiable et intolérable aussi bien des progrès formidables de la médecine, de l'inventivité pharmacologique, que des capacités et institutions hospitalières. Cette perversité a un double visage. Le premier est celui classique de l'inégalité d'attention et de traitement réservée aux maladies en fonction de leurs aires territoriales et sociales de manifestation. Aux maladies de pauvres dans des nations incapables (pour diverses raisons) de mettre en oeuvre les moyens adéquats de cure, de pauvres soins et une pauvre recherche médicale, comme l'atteste la dévastatrice épidémie du virus Ebola en Afrique. Aux maladies des riches ou plus simplement des couches sociales bénéficiant encore de systèmes de santé publique, une richesse de soins et de traitements fondée sur une recherche médicale effective, comme le prouvent les progrès dans la guérison des cancers et du sida. La seconde forme de perversité est réellement paradoxale et originale : André Prone ne se borne pas à rappeler que les maladies naissent, vivent, reculent et réapparaissent historiquement en fonction de conditions sociales inégales. Mais il fait voir comment désormais l'essor extraordinaire des colossales entreprises capitalistes du médicament réussit à produire des maladies plus ou moins fictives ou imaginaires à partir du stress social de populations rongées par l'incertitude – maladies inventées par l'industrie pharmaceutique laissée sans contrôle par des pouvoirs publics irresponsables et/ou corrompus aux mains de prédateurs de la santé, des médicaments inutiles ou nuisibles et la gestion lucrative d'une addiction médicamenteuse extraordinairement rentable. La corruption s'étend au corps médical et aux institutions et pèse sur les organismes de sécurité sociale.

La gravité de la question écologique s'enchaîne à la question de la santé. Là encore la perversité néocapitaliste s'impose avec cynisme puisque le capitalisme se verdit en multipliant les colloques qui avec une hypocrisie consommée soulignent les progrès des déséquilibres dans la reproduction de l'environnement mais n'imaginent aucun remède, sauf celui d'industries soi-disant écologiques qui aggravent la situation. La déforestation de l'Amazonie, la multiplication des agrocarburants, les détournements des eaux, la confiscation des terres, la destruction de cultures qui permettaient la subsistance de populations au profit de la production de produits marchandises qui ruinent ces populations, en sont des exemples. L'horizon ne peut être que celui de nouvelles inégalités qui s'ajoutent au scandale d'un monde où un pourcentage minime de capitalistes, de financiers et de spéculateurs et prédateurs divers possèdent plus du quart de la richesse mondiale. Les catastrophes écologiques seront inévitablement « surmontées » avec de grandes inégalités sociales : aux uns la survie en des niches écologique préservées, aux autres l'enfer de la destruction du milieu de vie et la mort.

André Prone ne se limite pas à cette analyse qui est aussi enquête. Il est de ceux qui pensent que le moment de la critique et de la dénonciation, que le moment de la résistance ne peuvent pas être éternisés sous peine de faire de la critique le triste savoir de la tristesse et de ses causes. Il brosse dans la seconde phase de sa réflexion des éléments pour un programme, celui d'une autre révolution. Il est vain d'espérer du capitalisme financiarisé et de sa religion, le néo-libéralisme, une issue. Il faut interroger les raisons du double échec du socialisme démocratique et du communisme soviétique. Le premier s'est laissé réabsorbé sans résistance dans le néo-libéralisme en devenant un de ses partis ; le second n'a pu ni se réformer dans sa stratégie et ses pratiques ni maintenir ses liens réels aux couches populaires et au travail. L'effort critique doit porter certes sur la théorie de Marx qui a dominé le mouvement ouvrier et une grande fraction de la culture entre 1945 et 1975. Il s'agit évidemment d'une réappropriation critique d'une oeuvre incomparable mais finie en ses limites. Il importe du même mouvement aussi de s'approprier une riche critique sociale qui s'est manifestée ces dernières années mais demeure confinée en des cercles étroits dépourvus d'effectivité politique.

Cette réélaboration implique deux tâches prioritaires. La première tâche est la remise en cause devenue classique – depuis l'émergence de la possibilité d'une écologie politique – de l'économisme. Elle est celle de la réorganisation de la place du travail et de la production à la lumière de la valeur d'usage. Comment produire après la domination du capital ? Que produire ? Quels collectifs de travail ? Comment articuler travail et non travail par delà le fléau de l'homme devenu inutile ? La seconde tâche consiste à relier égalité et partage, car il est impensable de croire possible la généralisation des tendances dominantes. Cette tâche a une dimension cultuelle qui doit devenir hégémonique. André Prone soutient que cette culture ne peut naître que de la relance du désir d'être, d'agir et de penser singulièrement et collectivement. C'est là une thématique qui unit Spinoza et Rousseau et elle est féconde. Elle implique une démocratie – processus qui fasse confiance au « populaire » à reformer et sache ne pas se perdre dans la seule démocratie régime aujourd'hui épuisée.

De là résulte la proposition d'une révolution visant un « écomunisme », un communisme de l'*oikoumenè*, du monde social-naturel commun où l'écologie aurait sa place, où le développement humain de la majorité des humains ne serait plus sacrifié à la démesure infinie de la valeur capital, où seraient intégrés des éléments de l'éthique antique de la modération dans la définition et le contrôle des besoins prioritaires. Là serait articulé le primat du désir d'être pleinement dans la joie. Là serait posée l'affirmation de la puissance d'agir et de penser singulière et collective si bien pensée sous des modes différents par Spinoza et Rousseau. Certes il reste à préciser et définir les aspects complexes de ce programme de révolution écomuniste.

Deux difficultés, en effet, se profilent à l'horizon. La première concerne la question des classes sociales aujourd'hui, anciennes et nouvelles, saisies dans leurs rapports à des sociétés où l'État nation est déstabilisé par son insertion dans d'autres espaces géopolitiques en transformation. La seconde difficulté est celle que constitue la prise en compte de l'hyper violence contemporaine.

Celle-ci brouille la légitimité de la contre violence des luttes de classe en la surdéterminant dans un déchaînement de violences identitaires nouvelles, de divers niveaux : la généralisation mondiale du capitalisme néolibéral est parfaitement solidaire de la multiplication de conflits identitaires pour l'hégémonie de puissances géo-économico-politiques impériales et sous-impériales, de guerres de religion se mêlant à des stratégies de domination politique et économique, mais aussi de luttes pour des indépendances et des dignités nationales populaires irréductibles. C'est là un problème ouvert pour la révolution écomuniste qui joue surtout sur la civilité.

La proposition d'André Prone est parfaitement réaliste. Elle a le réalisme du courage historique et éthico-politique, celui de remettre en circulation deux mots concepts qui ont été ostracisés et rejetés soit du côté des utopies spectrales soit de celui des totalitarismes du passé, le mot de révolution et celui de communisme devenu écomunisme. Cette proposition entend lier analyse critique et programme effectuable. Elle s'énonce dans un langage serein et apaisé, singulier, avec la tranquille certitude que la situation est trop grave pour se dissoudre en termes de réformes limitées. C'est bien d'une transformation du capitalisme pour un au-delà du capitalisme qui est en jeu. Que cela soit dit sans rhétorique avec une modestie qui unit résolution et analyse est une preuve que les temps peuvent changer.

André Tosel
Philosophe, Professeur émérite

Avant-propos

Ce livre : *Pour une critique de la marchandisation, Société, Santé, Environnement*, tout en gardant la spécificité d'un ouvrage à part entière, est la suite des quatre essais précédents écrits entre 2005 et 2014 : *L'Humanité retrouvée, La Reconquête du partage, Pour sortir du capitalisme* et *La Fin du capital.* C'est donc au rythme des prétentions néolibérales et des dégâts d'une révolution culturelle techno-économique qui entend dépasser un passé arriéré – alors qu'elle anéantit toute alternative humaine d'avenir – que se construit la critique de la marchandisation et s'analyse sa dimension de totalité.

Ainsi apparaît la manière dont l'évolution de la société, de la santé et de l'environnement, est pré-inscrite dans la contradiction de la négativité du capital. C'est aussi en partie grâce à cette démarche que l'on peut comprendre pourquoi – avec pour complice l'État – il est inutile d'attendre une quelconque activation pacifique et prospère des incalculables potentialités humaines d'un système qui détruit la vraie nature des liens sociaux, qui promeut la compétitivité de l'hyper-rentabilité du profit, et empêche l'épanouissement salutaire d'un éco-partage pionnier. En cela, tous les îlots de résistance ou propositions écologistes animées par le respect de la vie, voire aspirant à une autre vie, n'ont de sens que s'ils remettent en cause la nature même du capitalisme. D'autre part, en choisissant d'investiguer au cœur même du fétichisme de la marchandise, notre constat, sans mauvais jeu de mots, devient capital.

Toutefois, d'autres qualificatifs donnant à notre essai une dimension plus globale auraient pu être retenus dans le titre. Je pense en particulier à l'art et la culture, et plus encore à l'éducation. Mais ils sont traités dans le texte à partir de la notion de refondation d'une société du progrès, notamment en développant l'idée d'une innovante « école corrélative » qui sous-tend l'inter-connexion entre savoir/créatif et savoir/vie. Par ailleurs, en proposant d'ouvrir la dimension spinoziste du désir nourri par la raison à une nouvelle éthique prenant à contre-pied l'idéologie marchande et aliénatrice du désir/profit, il devient possible de répondre à la dimension passionnelle de l'homme sans porter atteinte au bonheur des autres ou verser dans le désir égocentré.

Enfin, l'évaluation des conséquences sur l'homme et la nature de sa subordination au progrès marchand régressif fait non seulement émerger une critique plus complète du capitalisme, mais permet une analyse plus exigeante de la lutte des classes sans laquelle aucun changement de société n'est permis. Quant aux conditions sociales, économiques et politiques par lesquelles un tel changement pourrait s'opérer, tout est dit dans la deuxième partie de ce livre : *Une autre*

Révolution est possible. Ainsi, en prônant une société de refondation du progrès ouverte à une nouvelle éthique du désir et à l'école corrélative, à la dimension altruiste d'un partage bénéfique à la santé humaine et la restauration d'un environnement sain, l'idée d'un écomunisme émancipateur et d'une révolution maîtrisée trouvent leur aboutissement.

PREMIÈRE PARTIE
Les dégâts de la révolution culturelle techno-économique libérale

I
Société : la subordination moderne au progrès marchand régressif

Sept ans après la plus grande crise du capitalisme depuis 1929 et sa suite financière et économique : l'effondrement de la banque Lehman Brothers en 2008, les idées néo-libérales semblent plus vigoureuses que jamais et plus que jamais enracinées dans les esprits.

Par quel mécanisme économique, social et politique en est-on arrivé là ? Car si la plupart des individus paraissent s'accommoder d'un système qui mène le monde à sa perte, il a bien fallu qu'un long travail de subordination historique au progrès marchand régressif imprègne peu à peu presque toutes les populations. Participer à ce décryptage, c'est avant tout chercher à mettre en pièces les présupposés conduisant à épargner par le mensonge le capital prédateur, malgré la généralisation de la marchandisation qui détruit des sociétés entières. Cela commence bien avant le mythe d'Adam Smith d'une économie vue comme une science exacte par laquelle les lois du capitalisme relèveraient du droit naturel et ne sauraient donc être discutées autrement que comme un ordre immuable des choses. À quoi bon, disent les « bons esprits », se rebeller contre la gravité universelle ou remettre en cause le meilleur des mondes possibles ? C'est donc sous couvert de science soi-disant exacte que « d'imminents » économistes évacuent tout débat contradictoire et feignent d'être en dehors du monde politique. Alors que d'autres supplétifs du capital s'exécutent, tel Pascal Lamy, ex-directeur général « socialiste » de l'OMC, qui n'hésite pas à déclarer : *Il faut choisir entre le libre échange et la Corée du Nord.* C'est sans doute pour cela qu'Anton Wilhelm Amo, ancien esclave noir affranchi par son maître allemand au XVIIIe siècle, docteur en droit et en économie, dont les travaux de recherche dénoncèrent avec force la prétendue rationalité économique qui réduit les hommes en marchandises, est mort au Ghana dans l'oubli alors que l'instigateur de la fameuse *main invisible du marché* cité plus haut, qui ne fait aucune référence à l'esclavagisme dans son livre *La Richesse des nations*, bien qu'il ne pût ignorer la traite des esclaves, demeure encore de nos jours la référence des économistes inféodés au capital. Voilà bien un terrible silence qui marque encore l'économie aujourd'hui. Ainsi, au cours de l'histoire, de révisions en omissions, depuis le principe d'avidité moteur de toutes les actions humaines émis par Milton Friedman, jusqu'aux concepteurs modernes qui prônent la suprématie du libre marché sur l'étatisation, tout a été fait pour nous donner à croire que le profit est inhérent à la nature humaine. Nous avons donc un devoir de vérité face à ces thuriféraires du capitalisme. Car contrairement à leurs affirmations, il y a eu à d'autres époques, comme le soulignent les historiens et les anthropologues, d'autres modes d'organisations sociales et « politiques » qui pratiquaient l'échange et n'avaient pas pour but la cupidité. Analyser la société marchandisée du XXIe siècle ne peut donc se concevoir sans revenir sur les étapes majeures qui ont construit son historicité.

Pour comprendre comment s'est structurée au fil du temps la société de consommation de masse, nous devons l'analyser en tout premier lieu comme production de masse dans un système de masse qui suppose une disponibilité toujours plus grande de biens et de services à travers une culture privilégiant peu à peu l'achat et la vente d'objets non nécessairement utiles, le désir, la frivolité d'individus dépolitisés et consuméristes. Pour autant, nous n'analyserons pas la totalité du lent déroulement historique de la marchandisation des sociétés humaines. Les quatre *ordres* principaux des sociétés pré-antiques, antiques et moyenâgeuses : Chef, Rituel, Devin, Monnaie (déjà à l'œuvre avant que *l'empire civilisateur marchand* n'advint), ont déjà fait l'objet d'un long développement dans le livre I : *L'Humanité retrouvée,* publié en janvier 2007. Nous nous en tiendrons donc au dernier épisode de la société marchande qui conduit, avec la révolution industrielle de la fin du XVIIIe siècle, à l'émergence du capitalisme au sens marxien du terme, caractérisant la lutte des classes et symbolisant le triomphe de la bourgeoisie sur la noblesse.

Pour ce faire, nous nous appuyons sur l'histoire du modèle américain de consommation de masse, à la fois comme phénomène national aux États-Unis, mais aussi comme élément de diffusion transhistorique d'une culture-monde et de pratiques matérielles et culturelles de masse à l'échelle du globe. Car c'est en réponse aux problèmes du surplus de production et de la nécessité pour le capital de trouver sans cesse de nouveaux débouchés susceptibles d'endiguer les contradictions économiques créées par le cycle de dépression qui a débuté dans les années 1890, que le modèle américain a choisi non seulement d'élargir son propre marché intérieur à ce type de consommation, mais aussi de le transférer peu à peu à l'ensemble du monde. En cela, les capitalistes américains se sont positionnés en contradiction des discours pseudo-scientifiques dominants des économistes européens et plus généralement ceux des milieux d'affaires et des politiciens qui proposaient de freiner la production pour juguler la crise et non de la transformer et de l'élargir à certains « biens de la rareté » afin d'asseoir la nouvelle consommation de masse. Ainsi, pouvait s'ouvrir un nouveau processus de « civilisation globale » par lequel il devenait possible, grâce à la révolution industrielle et l'innovation publicitaire, d'orienter la production états-unienne vers les nombreux marchés potentiels tant à l'étranger qu'à l'intérieur de la nation pour assurer la prospérité et relancer la croissance économique.

L'absence d'une noblesse héréditaire et un système de classe trop rigide ont sans doute favorisé ce nouvel *ethos* d'acquisition matérielle comme facteur dominant d'appartenance sociale à l'Amérique et permis l'étalage ostentatoire de la richesse sans craindre, comme dans les pays d'Europe connaissant une plus grande disparité sociale et un conflit noblesse/bourgeoisie non entièrement soldé – surtout en France, malgré la Révolution –, d'être assimilé à la prétention ou au mauvais goût. En outre, la plus grande diversité de population, de langue, de coutume, d'histoire, que dans chacun des pays européens, a poussé les États-Unis à créer une identité nationale à partir d'une « communauté imaginaire ». De 1880 à 1930, près de 30 millions d'immigrants entrèrent aux États-Unis et furent confrontés à cette diversité culturelle. De ce point de vue, la consommation de masse apparaissait en quelque sorte comme une référence d'ensemble leur permettant de s'identifier en tant qu'Américains ; phénomène que Charles McGovern a appelé le *nationalisme matériel*, qui deviendra plus tard *le rêve américain*. Mais, contrairement aux attentes de ses protagonistes, ce système s'est avéré incapable d'enrayer la dépression des années 1890 – « purgée » par la Première Guerre mondiale. Et si la crise de surproduction, même réorientée autour « des biens de la rareté », n'a pas pu être endiguée par ce nouveau modèle consumériste, elle n'en a pas moins connu un regain d'activité après la grande crise de 1929 – « purgée » à son tour par la Seconde Guerre mondiale, et surtout dans la période de reconstruction de l'après 1945. Dopé par la publicité, il prit son essor en promettant des niveaux de plus en plus élevés de richesse matérielle et en présentant les biens de consommation comme des marqueurs culturels de l'identité nationale et individuelle et des instruments efficaces d'américanisation, notamment pour les immigrants ouvriers et employés de première ou deuxième génération. Les parcs de loisirs, les salles de cinéma et de danse, l'automobile, le confort ménager, la mode, l'hygiène corporelle, etc., devinrent, dès cette époque, des instruments d'intégration à la nouvelle communauté de la consommation.

Après la Seconde Guerre mondiale, le plan Marshall complète et élargit la panoplie consumériste américaine. Il est à fois outil de combat contre le communisme, moyen d'écouler le surplus de guerre et élément structurant de la stratégie d'exportation idéologique et marchande d'un empire états-unien à la conquête du monde. Une quantité toujours plus grande de produits américains sont exportés : matériels électriques, radios, réfrigérateurs, etc. Les industries automobiles, pétrolières et du caoutchouc accélèrent l'implantation culturelle de la voiture qui provoque à la fois fascination et peur face aux techniques de production à la chaîne, mises en œuvre depuis les années 1920. La nouvelle organisation fordiste du travail : *produisez plus, payez plus, vendez plus, prospérez davantage*, devient l'équation selon laquelle la consommation « *est la plus grande idée que l'Amérique ait donné au monde* ». Les techniques de publicité globale développent le concept de la femme moderne, athlétique, libre, s'intéressant aux boutiques, prenant soin d'elle, conduisant de belles voitures, portant des talons hauts, ayant une coupe à la garçonne et aimant par-dessus tout les plaisirs urbains. C'est donc forte de ces nouveaux paradigmes consuméristes que l'Amérique du « libre marché », des blue-jeans, du chewing-gum, des cigarettes blondes, de la famille heureuse, du prêt-à-porter, du bon marché, de l'automobile désirable, du Coca-Cola, du rock'n'roll et de la bombe atomique, s'apprête à la guerre froide. Ce que l'on a appelé à la fin des années 1940 la politique de *containment* n'est autre que la mise œuvre de cette productivité de masse et de consommation de masse dans le but de contenir le communisme et de stimuler les politiques libérales dans tous les autres pays par la pression du capitalisme américain. Empêcher que les quotas ou les restrictions ne ralentissent le développement économique et le niveau de vie élevé de ses ressortissants et concurrencer le communisme sur le terrain de la production économique et militaire devient le leitmotiv du gouvernement américain. C'est pourquoi il lui fallait rapidement restaurer après la guerre en Europe et en Asie une capacité de production assurant une consommation florissante à partir des régimes d'occupation en Allemagne, Autriche et Japon, contraints d'appliquer la « *politique de containment* » et de consumérisme global. Des techniques publicitaires nouvelles sont inventées afin de doper la consommation et faire de *l'American Way of live* (mode de vie américain) la référence à appliquer dans le monde entier. D'ailleurs, ce plan devint très vite une source essentielle de financement des revenus de la publicité pour de nombreux médias américains – les profits de ce secteur aux USA se sont élevés à 70 milliards de dollars en 2014 – et poussa l'Europe à accepter la publicité commerciale à la radio, permettant en retour d'ouvrir toujours plus d'espaces à la vente des produits nationaux à l'étranger. La compétition entre l'Union Soviétique, ses alliés et les forces de l'OTAN ou du Pacte Atlantique, au-delà des jours de prière instaurés par le gouvernement américain pour rappeler que la guerre froide est aussi un combat spirituel, demeure avant tout un enjeu matériel et politique au niveau planétaire. La pseudo-richesse des consommateurs confirmait plus qu'elle ne menaçait la piété et la mission providentielle des États-Unis dans le monde. Quant aux pressions politiques, et afin de limiter la portée de « l'État providence » du modèle européen, les entreprises privées et les compagnies d'assurances américaines proposèrent de vendre leurs propres programmes de santé et de loisirs prenant en charge certains besoins des travailleurs, d'où l'expression : « capitalisme social » (*welfare capitalism*) adaptable, selon ces mêmes protagonistes, à l'ensemble du monde. Comme nous pouvons l'observer, les politiques de privatisation et de désengagement public et social du capitalisme européen et mondial pris dans la tourmente de la crise généralisée d'aujourd'hui viennent de loin.

L'autre trait marquant de ces politiques de production et consommation de masse est qu'elles vont féconder une nouvelle évolution des mœurs qui s'exprimera dès le début des années 1950 et prendra son essor en 1968. Issues de l'esprit libéral-libertaire, introduit dans les années 1920 par un capitalisme américain en mutation, devenu aujourd'hui une sorte de « folklore » planétaire, véritable courant transculturel qui irrigue tout en les dépassant les différentes cultures nationales, ces politiques se complaisent dans le médiocre et tentent de bâillonner toutes les singularités. Grâce aux nouvelles techniques de marché qui ont pour mobile de créer des liens émotionnels entre les acheteurs et certains produits tout en s'appuyant sur le « crédit facile » et l'idée d'image associée à une entreprise particulière ou à une marque, le néolibéralisme réussit à capter des consommateurs cibles, adaptés à la segmentation d'une production susceptible de répondre à un style de vie. Le but ultime étant que démocratie capitaliste, « richesse » et diversité des biens forment un couple indissociable dans l'esprit d'un maximum de personnes, quel que soit leur revenu véritable ou leur position sociale, jusqu'à se sentir appartenir à l'imaginaire « classe moyenne » « heureuse et libre ». Ce capitalisme transnational n'hésite pas à transférer ses propres fêtes nationales à des cultures qui n'en avaient pas jusqu'alors la pratique – voire qui étaient en dehors de leur propre croyance – ou à en inventer de nouvelles. Il n'est qu'à voir avec quelle ferveur le commerce thaïlandais (pour ne prendre que cet exemple) s'adonne, au-delà de toute attente et avec un luxe inégalé de publicité, aux festivités de Noël sans aucun ancrage avec le bouddhisme qui est pourtant la religion de plus de 95 % des ressortissants du pays. En quelques décennies, le Noël de la religion chrétienne est devenu sur tous les continents la grande fête culte de la consommation. La négativité de cette idéologie apparaît avec d'autant plus de force que plus de 80 % de la population mondiale est exclue de ce type de consommation et participe seulement à son illusoire imaginaire collectif, notamment à travers l'image télévisuelle – véritable *enjeu parabole* de perversion de masse – alors qu'elle n'a même pas la possibilité de satisfaire ses besoins les plus élémentaires. Se nourrir, se loger, se soigner, s'éduquer, avoir accès à l'eau potable ou l'assainissement des eaux usées, n'est pas suffisamment glamour pour faire rêver la nouvelle communauté consumériste bien-pensante. Tout au plus répondra-t-elle à la détresse des laissés-pour-compte du capital par l'acte charitable ou quelques « émissions télévisuelles » capables de faire vibrer leur « généreuse » fibre émotionnelle.

Bien que cette politique néfaste soit célébrée par les hommes d'affaires, politiciens de tout poil, et même par une majorité de la population américaine, et au-delà, elle suscitera néanmoins des critiques et dès le XXe siècle, des voix discordantes se feront entendre dans et hors les États-Unis. Mais disons tout de suite que même les velléités anti-consuméristes les plus radicales ne dénonceront qu'à la marge la nature des vrais enjeux de classe. Tout au plus s'en tiendront-elles à réclamer une régulation gouvernementale pour modérer les effets négatifs de la consommation. Ou encore à revendiquer une plus grande vérité dans les publicités, voire à dénoncer le gaspillage suscité par de telles stratégies économiques et le vide spirituel laissé par des slogans capitalistes qui poussent le public à se comporter comme « une horde sauvage ». À Paris notamment, certains artistes et écrivains exprimèrent également des critiques esthétiques et artistiques contre la sous-culture nourrie par la consommation de masse. Les maux et excès de la consommation centrée sur la « femme objet » et les attributs de la féminité furent aussi dénoncés. Enfin, des communautaristes, des progressistes et des communistes tentèrent de rappeler le sort de ceux que la société de consommation laissait sur le carreau, tout en dénonçant la façon dont l'abondance des biens privés côtoyait la misère des plus démunis et la pénurie des équipements publics. Malgré tout cela, et même si les publicitaires sont présentés comme des hommes froids et manipulateurs, indifférents aux valeurs morales et familiales, aux dysfonctionnements sociaux, nationaux et psychologiques des peuples matérialisés et manipulés, les fausses promesses de plénitude, de plaisir et de divertissements matériels ont été plus fortes que l'isolement des individus et les dangers bien réels de la désintégration progressive de la société multiculturelle. À tort, la plupart de ces critiques de la société de consommation de masse se sont positionnées sur « l'anti-américanisme » sans dénoncer la nature même du système capitaliste.

Durant la période de guerre froide, la lutte à mort entre le capital et le camp communiste n'a pas été qu'un affrontement politique, géostratégique, militaire et spatial, ni une recherche de différenciation fondamentale sur la nature des besoins et des désirs humains à satisfaire dans le cadre d'un système étatique ou capitaliste ; c'est avant tout une course technologique et économique qui avait pour mobile principal « d'élever le niveau de vie » en prenant pour premier critère l'augmentation de la productivité et de la consommation. Il est évident qu'à ce petit jeu, le gouvernement américain, et plus généralement le capitalisme mondial, a toujours eu une longueur d'avance. Dans le camp communiste, passé le tout premier foisonnement culturel et artistique de l'immédiat après révolution de 1917, il est très vite apparu que la « normalisation » stalinienne n'en ferait pas une de ses priorités. Il naviguait d'autant plus à contre-courant que l'Amérique noyait le reste du monde sous sa production cinématographique, musicale et son style de vie égocentré, obligeant le camp soviétique à réagir par la censure ou à tenter de présenter ces activités comme autant de preuves de la décadence avérée du capitalisme.

Pour autant, et même si le camp communiste dénonça « les gadgets capitalistes », il ne trouva d'autre choix pour asseoir sa légitimité que de chercher à satisfaire les besoins des travailleurs en maintenant des niveaux les plus élevés possible de consommation. Les dirigeants est-allemands ont bien tenté de créer une société de consommation qui pourrait rivaliser avec le système capitaliste, tout en restant différente, par la création des produits pas chers, pratiques et élégants pour la maison sans pour autant verser dans l'ostentation. Mais la population, grâce à la télévision captée de l'autre côté du mur, pouvait comparer la profusion et l'abondance des biens de consommation en Allemagne de l'Ouest avec sa propre production, en particulier en ce qui concerne la voiture moderne à laquelle elle n'avait pas accès. La censure officielle des produits occidentaux, alors que la nomenklatura est-allemande pouvait y accéder par la bande, et surtout la culture rock en plein essor planétaire fin des années 1970 et au début des années 1980, créa un fossé générationnel et fournit les hymnes d'une nouvelle vision dissidente lourde de conséquences dans la « contre-révolution » de 1989. En Pologne, suite au mouvement *Solidarnosc* des années 1980, le gouvernement tenta de répondre en vain à certaines revendications en lançant une politique d'emprunts à l'ouest susceptible de répondre à la demande de consommation par l'importation des biens occidentaux.

Comme nous venons de le voir, les publicités pour le marché américain et la « culture » américaine ont aidé à la définition du nationalisme états-unien en réussissant le syncrétisme entre symboles nationaux et valeurs propres à l'ethos de la nouvelle consommation. Bien que globales au départ, mais conçues pour la seule Amérique, elles se sont rapidement étendues sans tenir compte vraiment des conditions de réception culturelle des autres pays et n'ont pas pu éviter certaines hostilités. Peu à peu, en effet, les individus assimilèrent et adaptèrent la consommation de masse à leur propre tradition. Ce qu'il faut retenir, au-delà de ces hostilités culturelles le plus souvent de pure forme, c'est l'acceptation du principe même de la consommation de masse. Chaque pays a donc adopté ses propres mécanismes de « filtre » pour emprunter, adapter et quelquefois rejeter le modèle américain. Cependant, il est plus pertinent de concevoir l'américanisation comme un processus global et quasi unilatéral de transfert d'une contre-culture bricolée au reste du monde, qu'une véritable hybridation ou fusion avec les autres cultures traditionnelles. Mais tout n'alla pas sans contradiction. Si la consommation entretint la production dans le reste du monde, le flot de biens de consommation importés au cours de la crise dite pétrolière, à la fin des années 1970, provoqua une augmentation sans précédent de la dette des États-Unis et détériora sa balance commerciale.

Durant les années qui suivirent, alors que les puissances communistes : Chine et Union Soviétique, se battaient sur la manière d'adapter les mentalités du consumérisme global à la sauce étatiste, la lutte d'influence dans le tiers-monde tourna au seul avantage du modèle américain et des autres pays occidentaux. Alors que les dirigeants soviétiques avaient obtenu une série de victoires en constituant de nouvelles alliances avec l'Afrique, l'Asie, l'Amérique latine et le Moyen-Orient, leur stratégie d'extension et leur influence dans l'ensemble du tiers-monde et des pays non alignés tournèrent court. À partir de leur intervention en Afghanistan, qui sapa plus encore leur force idéologique, économique et militaire déjà en déclin, les réformateurs soviétiques, sous la houlette de Gorbatchev, renonçant à toute intervention militaire, signaient de fait la fin de la guerre froide. La boucle était bouclée. Et même si l'anti-mondialisation relaya l'anti-américanisation, l'idéologie de la consommation de masse avait déjà conquis la quasi-totalité de la planète. Sans sous-estimer l'ensemble des autres facteurs à l'origine de l'effondrement du « socialisme réel », l'histoire du consumérisme qui débuta dès le début du XIXe siècle aux États-Unis est « l'isme » qui remporta la bataille idéologique mondiale et sociétale du XXe siècle.

Contrairement au postulat d'Adam Smith, la métaphore de la « main invisible » et les « lois » du marché n'ont pas conduit à l'harmonie sociale mais au chaos social. En balayant toutes les vraies valeurs de « *la grande économie humaine* », l'idéologie du désir et de la consommation de masse s'est structurée en levant tous les interdits et les limites qui pouvaient faire obstacle à l'assouvissement sans fin des égoïsmes. La montée en puissance de cette idéologie, notamment en ce début de XXIe siècle, contribue à la multiplication des comportements pervers, symptomatiques de cette injonction « immanente » à jouir par la consommation. La nouvelle crise structurelle généralisée du capitalisme en 2008, qui perdure de nos jours, prouve une fois de plus que l'idéologie de la production et de la consommation de masse lancée au début du XXe siècle a non seulement été incapable de juguler les contradictions inhérentes à l'accumulation sans fin du capital, mais a montré, au contraire, que la nature est en train de se venger en actes des dégradations sans limites du capital. Certes, la reconnaissance de l'individualité était un paradigme de la philosophie des Lumières, mais la corruption engendrée par l'idéologie libérale-libertaire a littéralement conduit à incruster dans la cellule familiale une mosaïque de petits ego qui, une fois agrégés, massifiés et formatés par le *divin marché*, poussent l'individu à dépenser au lieu de penser. La télévision, et tous les nouveaux outils de communication, deviennent en quelque sorte « *le troisième parent* », alors qu'ils sont de véritables outils de propagande et de contrôle idéologique. Des géants du Web et de l'informatique : Google, Apple, Microsoft, Facebook, Yahoo, Amazone… stockent via le Net, les PC, iPad, iPhone, tablettes, Smartphones, e-mails, Mac, Dropbox, etc., toutes nos données personnelles sur des serveurs aux États-Unis, collaborant avec la NSA, sous prétexte de lutte contre le terrorisme. Ces milliards d'informations nourrissent le *Cloud* – nuage informatique – et sont autant de traces indélébiles de nos vies privées et autres actions politiques et professionnelles dont nous n'avons plus la maîtrise. Une nouvelle forme de pouvoir totalitaire s'est donc concentrée entre les mains des multinationales et des États sans que les individus en soient réellement conscients. Par ailleurs, en levant tous les interdits, la « morale » capitaliste va au devant des désirs les plus fous, rendant possibles le choix de son genre et de son sexe et tous les délires postmodernes qui font du programme libéral-libertaire l'anti-démiurge de l'esprit. Ce commandement à jouir introduit des aspects pervers dans la société post-moderne tels que l'effondrement des références symboliques fondatrices de la construction de l'individu équilibré et solidaire. La nouvelle croyance n'est plus de cultiver le sens du partage, mais de vouer à l'achat et à la vente le culte de l'objet matériel. Le Je remplace le Nous et l'autre devient Moi. Ainsi, à travers la dislocation du vrai rapport à l'autre, naît une nouvelle forme de barbarie.

Malgré tout cela, la logique de domination du capital doit nous rendre d'autant moins pessimistes qu'elle provoquera inéluctablement, tôt ou tard, la riposte des travailleurs. Après un hiver que l'on croyait sans fin, suite à la crise structurelle de 2008, n'assiste-t-on pas au retour de certaines formes de résistance mondiale, certes non encore contre le capitalisme en tant que tel, mais tout du moins contre la financiarisation de sa variante néolibérale ? Et même s'il y a en contrepoint de ces luttes un sentiment de frustration par rapport à une consommation de masse non encore accessible à la plupart des travailleurs, ce qui demeure déterminant, c'est que les ressources pour satisfaire leurs besoins primordiaux n'ont jamais été aussi faibles depuis ces trente dernières années. Ce qui vient de se passer en Grèce à propos de la victoire électorale de Syriza, et qui n'exclut pas un possible essaimage dans d'autres pays européens, résulte de cette contradiction fondamentale du capital à générer de l'exclusion et de la pauvreté indépendamment de ses objectifs de massification de la consommation. Mais passé le moment d'euphorie que de telles victoires électorales suscitent, si les peuples ne s'en mêlent pas vraiment, il y a fort à parier que la pâte ne retombe et que le capital prédateur puisse digérer ce petit coup de semonce. Car le vrai paradoxe de la situation d'aujourd'hui tient surtout à la dénaturation des syndicats et des partis « de gauche », y compris ceux qui se réclament de la gauche radicale. Vidés de leur conception de classe par l'idéologie et les pratiques du capital, ils se rendent complices, bien qu'ils s'en défendent, de l'économisme du marché mondial avec son cortège de reculs sociaux sans précédent à l'échelle de l'humanité. À terme, leurs défaites s'accumuleront de telle sorte qu'elles laisseront place à un nouveau pilonnage médiatique et intellectuel qui tendra à fustiger le sens même de leur piètre « radicalité » politique. L'idéologie libérale-libertaire, combinée à l'influence des théories structuralistes et post-structuralistes imprégnées de néo-libéralisme, a réussi à faire suspecter la base même des vraies traditions révolutionnaires. Ainsi, la structure coercitive générale du consumérisme capitaliste qui pèse sur chaque individu, et à laquelle s'ajoute l'abandon de la notion de lutte des classes par les forces politiques qui en devraient être porteuses, dénature et contient l'émergence d'une nouvelle économie authentiquement collective. Aujourd'hui, les mots d'ordre des forces dites « de progrès » traduisent ce renoncement général à sortir du capitalisme et à verser dans le collaborationnisme. Le triste drame humain de la tuerie de *Charlie Hebdo*, avec sa levée en masse des peuples indignés, est révélateur de l'insidieuse ambiguïté avec laquelle gouvernants et réformistes, en appelant à « la France debout », et même à « l'union nationale et internationale », cherchent à faire prendre la particularité d'un attentat odieux, dont ils sont les premiers responsables, pour une donnée universelle. Les actes barbares ne tombent pas du ciel, même si leurs protagonistes en appellent à celui qui, paraît-il, nous observerait des cieux. Ils sont nourris par la crise généralisée du capitalisme qui ethnicise pour des raisons géopolitiques le conflit entre les éléments plus radicaux d'un islam meurtri par ceux qui, au nom d'Allah, se présentent armes au poing ou ceinturés d'explosifs comme les principaux contradicteurs des excès de l'idéologie libérale-libertaire du jouir et de la frivolité consumériste mondiale.

Au-delà de ces épisodes sanglants, l'offensive contre les forces du capital a changé de bannière. La tradition marxiste a cédé la place à une vaste constellation de théoriciens réformistes et conservateurs occidentaux auxquels s'ajoutent ceux venus d'Asie du Sud et d'Amérique du Sud, dont le point commun est non seulement le rejet de la tradition universaliste de l'esprit des Lumières, mais celui de l'universalisme de classe du capitalisme lui-même. Sous prétexte de l'aveuglement intellectuel du marxisme, qui tendrait à affaiblir la spécificité des cultures régionales, prônant l'idée que les notions de classes sont valides en tout lieu et dans toutes les cultures, les tenants de ces théories, nées pour l'essentiel de l'anti-colonialisme et d'une partie de l'alter-mondialisme, prétendent pour les uns que l'universalisme ignore l'hétérogénéité du monde social, et pour les autres qu'il permet seulement d'appréhender les rapports sociaux dans le monde occidental. Or, nous le savons bien, la tradition politique née de Karl Marx et de Friedrich Engels postule que le capitalisme occidental s'étendra à la surface du globe en imposant ses contraintes et ses contradictions quelles que soient les cultures des autres continents pris dans ses filets. Et que si les modalités du développement économique et le rythme de croissance varient selon les pays ou le type de culture nationale ou régionale, non seulement ils n'en dépendront pas moins des mêmes contingences inscrites dans la profondeur des structures marchandes du capital, mais elles pourront également lui servir de base pour parfaire l'asservissement général des travailleurs en les opposant les uns aux autres. Enfin, leur postulat implique que les innombrables luttes contre la prédation du capital aux quatre coins du monde se développent indépendamment des identités religieuses ou culturelles, comme le démontre l'universalité des actions pour un meilleur bien-être et celles pour la satisfaction des besoins les plus élémentaires : nourriture, logement, éducation, etc. Toute tentative de répudiation de la lutte des classes n'est donc qu'une nouvelle forme de perversion ou de ruse du capital et des réformistes pour tenter de priver une fois de plus les travailleurs du monde entier de bâtir leur propre avenir. Voilà pourquoi la logique du capital ne peut laisser indemnes les économies nationales, régionales et locales des pays sous-développés, ou en voie de développement, contraints de s'accommoder de la pression consumériste, ni celles des pays dits développés du monde occidental, en crise de surproduction. Alors, quel meilleur cadeau offrir au capitalisme qui piétine les droits des peuples de l'ensemble des continents, si nous laissons croire que les cultures locales sont inhibées par l'universalisme de la pensée marxienne alors que c'est le capital mondial qui impacte la totalité du patrimoine humain ? La subordination au progrès marchand régressif de nos vrais besoins économiques, sociaux et culturels, est la preuve que la multitude des victimes des contradictions congénitales du capital à travers le monde qui aspire à ne pas mourir de faim, de froid ou de désespoir, deviendra le ferment du combat de classe international bien avant que la consommation de masse, la production de masse et les capitulards du réformisme social ne réussissent à pervertir toute l'humanité.

II
Santé : l'invraisemblable fléau de la dérive thérapeutique et médicamenteuse

Nous pourrions commencer ce second chapitre par une petite maxime chère aux grandes firmes pharmaceutiques : *Tout être bien-portant est un malade en puissance.* Mieux même, de nos jours, les bien-portants intéressent tout autant, sinon plus, ces grandes firmes que les malades. Un certain Henry Gadsden, très vindicatif directeur de la société Merck, proche de la retraite, ne déclarait-il pas en substance au magazine *Fortune* voici une quarantaine d'années : *Depuis très longtemps, je rêve que Merck puisse produire des médicaments destinés aux bien-portants.* Quatre décennies plus tard, le rêve de feu Gadsten est devenu réalité.

La duplicité des « capitalisants », qui cherchent par tous les moyens à pervertir les individus en formatant leur conscience et leur désir pour les faire entrer progressivement dans le moule des « capitalisés », participe de cette invraisemblable dérive thérapeutique et médicamenteuse. N'ayant que peu d'espoir d'améliorer leur condition, une partie des travailleurs finissent par accepter le miroir que leur tend le capital pour duper leur psychisme. Ainsi, l'illusion momentanée d'un mieux-être personnel par la consommation de médicaments ou d'activités « thérapeutiques » leur apparaît comme une sorte d'anticipation sociale à leurs maux, un moyen d'endurer les tensions et les anxiétés de leur exploitation moderne afin de se maintenir coûte que coûte en bon état physique et psychique. La stratégie du capital est de contenir ce « modèle social » sous une double forme, d'un côté, le carcan des institutions, des entreprises, les tromperies des appareils politiques et médiatiques, les codes et réglementations, de l'autre, la culture narcissique, les inclinations personnelles, les modes vestimentaires, la frivolité, l'adhésion à l'idéologie du désir. Dans ce contexte, croire qu'il suffit de déclarer notre hostilité économico-politique au capitalisme pour que nos critiques soient entendues par les travailleurs revient à ignorer cette partie cachée et intériorisée du système marchand en chacun d'eux. C'est-à-dire tout ce qui contribue à faire fonctionner la production et la consommation de masse et concerne une thérapie prétendant combler la solitude, guérir la maladie, l'insatisfaction sexuelle, la fatigue au travail, la déprime, etc. Lorsque l'on lutte pour un vrai changement, si l'on ne veut pas que le capitalisme revienne avec plus de force – comme cela fut le cas au cours du « socialisme réel » –, alors il nous faut œuvrer pour une vraie transformation culturelle et morale de société en même temps que se construit et se déroule le mouvement révolutionnaire susceptible de l'éradiquer. Le sentiment de vide tenace et douloureux, l'angoisse sourde par rapport à la dictature du présent conduisent l'individu au constat désabusé de la perte de légitimité des grands récits collectifs. Il se sent impuissant devant la réalité économique, politique et sociale, dont les médias font leurs choux gras. Misère, chômage de masse, guerres, attentats, arrogance des nantis, accidents nucléaires, dérèglement climatique, etc., lui donnent le sentiment que le monde est passé de la « *lutte finale aux catastrophes finales* ». Voilà pourquoi l'individu « moderne » est plus en recherche d'un accomplissement personnel à travers l'acte thérapeutique que d'une victoire collective qu'il perçoit comme étant entachée de douleur même si, selon les circonstances, il accepte encore de monter sur les « barricades » de la liberté d'expression juste le temps de quelques cris : « *Je suis Charlie* ». Passé le moment éphémère de l'émotion partagée, il est d'autant moins en capacité de réagir à une épreuve plus sérieuse que le projet social qui lui est présenté magnifie à longueur de journée : l'idée de gratification, de décorations, de culture du moi, etc., à partir de quoi l'avènement du narcissisme névrosé remplace la lutte des classes. Ce nouveau Narcisse rêve d'une vie grandiose, admire les stars, les gagneurs, et s'identifie à eux. Ce qu'il recherche n'est pas un mieux-être commun, mais une espèce de tropisme thérapeutique sous influence moderniste et scientiste de la résurrection du Moi. Il devient adepte des soins du corps et de l'esprit, promus par les nouveaux prédicateurs du bien vivre et du jouir. C'est dans cet immense vide culturel, politique et social orchestré que la nouvelle civilisation marchande cherche non seulement à éradiquer toute forme d'altérité et de diversité humaine, mais empêche tout épanouissement réel des individus contraints à une véritable aliénation de masse et une paupérisation accrue. Dans ce cadre complexe de possession/dépossession/aliénation, le capitalisme tend à reproduire les mêmes logiques consuméristes pour la santé humaine que celles qu'il met en œuvre pour l'ensemble de la consommation de masse égocentrée. Ainsi, le désir et le jouir de la nouvelle injonction consumériste ne peuvent s'accomplir que par l'exclusion massive des plus faibles. De même, l'accomplissement du culte du corps et de l'esprit ne peut se concevoir sans leur marchandisation généralisée et la liquidation à terme de tous les services publics de santé. Pré-inscrit dans ce vaste processus de domination, le capital cherche à élargir la racine de l'oppression du champ politique et économique au champ thérapeutique et comportemental en prenant appui sur le culte de la performance et l'injonction du résultat. Puisque ce système exerce désormais son emprise idéologique sur la santé humaine, il convient de mettre à jour, en lieu et place des appareils politiques, de l'État et des contestataires déficients, une nouvelle stratégie révolutionnaire apte à faire échec à cette dangereuse et inacceptable dérive. C'est donc en partant de ce cadre général, tout en forgeant notre analyse révolutionnaire, que nous allons découvrir, au fur et à mesure de son déroulement, les politiques mises en place par le capital pour imposer sa dérive médicamenteuse et thérapeutique.

Nous n'exagérons pas lorsque nous disons qu'en quelques décennies seulement les questions de santé se sont transformées en un immense marché transnational, tant sur le plan thérapeutique que pharmacologique. Jusqu'aux années 1980, la recherche et la santé publique tenaient peu ou prou la route ; puis, elles ont été transférées vers le secteur privé à travers des contrats de recherche avec l'industrie pharmaceutique et la privatisation progressive des établissements publics de soins. Ces politiques de privatisation du secteur de la santé et de l'industrie pharmaceutique impactent surtout les populations fragiles, même si des protections concernant la marchandisation de la vie humaine existent dans certains pays. Ainsi, se côtoient dégradation de la santé publique et conquête thérapeutique égocentrée du corps à des fins de mieux-être et de profit. Même si les patients perçoivent la dégradation thérapeutique en cours, ils sont loin d'imaginer la dérive qui est en train de s'opérer au niveau mondial et ses conséquences à terme sur leur santé physique et mentale. Cette vie qui devient marchandise au nom du libéralisme et du sacro-saint droit de propriété ne se dirige pas seulement vers la privatisation de la santé humaine, mais vers la privatisation de toute la production végétale et animale. Ces questions ne relèvent pas de la science-fiction et sont d'autant plus inquiétantes qu'elles tendent à échapper à tout débat démocratique. Une des données du problème est la généralisation du système de brevetabilité de tout le vivant. Le premier médicament faisant l'objet d'un brevet est inscrit à la pharmacopée des États-Unis dès 1940, malgré la désapprobation générale des médecins et des fabricants de médicaments adhérents à la convention de la pharmacopée estimant qu'un brevet sur un médicament essentiel est moralement indéfendable. Pourtant, en 1950, les brevets feront partie du mode normal de fonctionnement de l'industrie pharmaceutique. Même la pénicilline, le premier antibiotique mis au point grâce à la recherche publique, qui révolutionna la pratique médicale et conditionne la vie ou la mort de certaines personnes atteintes de graves maladies infectieuses, fera l'objet d'un brevet et sa vente sera assurée par l'industrie privée. Les valeurs marchandes vont rapidement balayer les scrupules éthiques antérieurs et en 1980, la Cour suprême des États-Unis, par l'arrêt Chakrabarty, rompt avec le principe jusqu'alors affirmé : « *Puisque c'est vivant, cela ne peut être breveté.* » Cinq ans plus tard, en 1985, le Bureau américain des brevets accorde le premier brevet sur une plante et en 1987 celui sur un animal : une souris génétiquement altérée pour la rendre sensible à une certaine forme de cancer. Même si ce bureau des brevets rappelle que « *le droit de brevets ne s'applique pas aux humains* », nous ne sommes même plus en droit de nous poser la question jusqu'à quand, puisque grâce à un brevet délivré en septembre 2014, l'entreprise américaine 23andMe affirme qu'il sera bientôt possible aux couples engagés dans un processus de procréation médicalement assistée aux États-Unis de sélectionner certaines caractéristiques de leurs enfants. Dans une tribune parue dans *Nature* le 11 juillet 2013, la directrice du Centre pour la génétique et la société de Berkeley, Marcy Darnovsky, adoptait sur ce sujet une position tranchée : « *Autoriser cette technique ouvrirait grand la porte à la manipulation germinale, impulsant une dynamique sociale d'eugénisme hightech* ». Malheureusement, voilà qui est fait.

On se doit de souligner que l'industrie pharmaceutique se place, en fonction de l'évolution de la production mondiale, au 1er ou au 2e rang de toutes les activités industrielles et bancaires. Aucun ministre, aucun gouvernement, aucun État ne peut résister à ses pressions s'il ne se dégage pas de la tutelle des marchés financiers capitalistes. La logique libérale prend donc le pas sur la première valeur humaine : la vie. Et la guerre des médicaments intensifie la marchandisation de soins. Pendant que les multinationales augmentent leurs profits, la liste des assauts contre l'accès pour tous à la santé s'allonge. Déremboursement et franchises touchent à présent certains médicaments indispensables, alors que la pénurie de soins pour les travailleurs les plus démunis côtoie la hausse des forfaits, le laxisme des dépassements d'honoraires et la destruction programmée du service public hospitalier. La preuve est donc faite, malgré la couverture universelle santé, que le recours à l'assurance privée et à la fermeture des hôpitaux de proximité n'a jamais autant profité à la dictature des marchés. La finalité de l'investissement privé comme moyen d'entretenir artificiellement la fabrication de médicaments coûteux pour la collectivité et parfois inutiles, voire dangereux, apparaît en même temps que prolifère la désinformation des industries pharmaceutiques sur l'efficacité réelle de leurs médicaments. Par ailleurs, investisseurs bancaires, systèmes de prévoyance par capitalisation et cliniques privées sont les véritables bénéficiaires de ce détournement de l'investissement public qui n'est plus destiné à l'élément le plus évident du Bien Public : la santé des citoyens. Paradoxalement, les pays occidentaux ayant un niveau socio-économique relativement élevé, malgré les très fortes inégalités sociales, connaissent une amélioration relative de l'état de santé de leur population, comme l'attestent deux indicateurs principaux de la santé publique : l'allongement de l'espérance de vie et le recul de la mortalité infantile. Et même si l'espérance de vie est en moyenne inférieure de sept ans pour les ouvriers par rapport aux cadres et les déterminants sociaux de classe incontestablement plus importants que les comportements individuels à risque, elle demeure nettement plus élevée que dans les pays du Sud. D'ailleurs, les situations de pauvreté, de précarité, d'exposition aux risques liés à la nature et la pénibilité du travail, directement en lien avec les rapports de classe, favorisent ces comportements individuels à risque (parmi lesquels le tabagisme, l'alcoolisme, la malbouffe et la mauvaise hygiène de santé) et accentuent cette morbidité plus élevée chez les ouvriers que dans les « classes supérieures ».

Des études épidémiologiques récentes tendent à montrer que le rôle de ces déterminants sociaux individuels, responsables de pathologies clairement identifiées comme causes de décès tels les cancers et les pathologies cardio-vasculaires, ne peut expliquer à lui seul les différences sociales de santé. Les principaux déterminants sociaux de santé résultent en premier lieu des inégalités sociales et des activités non protégées des travailleurs soumis aux travaux dangereux (n'oublions pas le scandale de l'amiante), lesquelles naissent avant tout dans l'organisation sociale et politique de chaque pays. Il s'agit donc bien de déterminants structurels des inégalités sociales de santé auxquels s'ajoutent des déterminants « intermédiaires » tels les comportements individuels à risque qui renvoient non seulement aux conditions sociales, mais aussi aux facteurs psychologiques, biologiques, génétiques et aux difficultés d'accès au système de santé. Pour ne pas être en reste, l'actuel président de la Commission européenne, Jean-Claude Juncker, annonce vouloir réorganiser les compétences de santé au sein de ladite commission. Cette réorganisation, loin d'être anodine, transfère le secteur des médicaments et des technologies médicales de la Direction Générale de la Santé vers la Direction Générale de l'industrie et du Marché Intérieur. Il est clair que celle-ci vise à renforcer les intérêts privés des entreprises pharmaceutiques et biotechnologiques au détriment de la santé publique. Ainsi, la protection des citoyens européens est plus que jamais subordonnée aux règles du marché et du profit.

Pire encore est la situation sanitaire des pays non développés où les épidémies infectieuses et virales font des ravages. Le Sud n'est pas solvable, donc il n'est pas soigné. « Riche et bien soigné ou pauvre et malade », telle est la devise du néo-libéralisme aujourd'hui. Chaque jour, sur la planète, plus de 40 000 enfants meurent de faim ou de maladies qui ne sont pas soignées, faute d'infrastructures de soins ou d'argent. La Sierra Leone et le Liberia, qui se relèvent à peine de deux longues guerres civiles destructrices sur fond de corruption et de népotisme entretenu par le capital financier, doivent faire face quasiment sans moyens médicaux – il n'y a que cinquante médecins au Liberia pour une population de 4 millions d'habitants – au virus Ebola, au sida et autres épidémies.

Alors que les populations les plus paupérisées ne bénéficient pas suffisamment (ou pas du tout) des avancées scientifiques et technologiques dans le domaine médical et voient leur espérance de vie amputée, un processus capitalistique de *médicalisation* tous azimuts, consistant à transformer des contraintes naturelles « en maladies », est enclenché. Non seulement les patients deviennent des clients, les médecins des entrepreneurs et les hôpitaux publics des entreprises, mais l'homme sain doit muer en homme malade par le simple fait qu'il est potentiellement voué à la marchandisation. Ainsi, s'organise une sorte de thérapeutique perverse dont le développement se nourrit de l'invention de maladies inscrites dans une approche idéologique, totalement imbriquée dans la logique de marché et la course ignominieuse aux profits. Ce concept de *médicalisation* n'est pas récent. Aux États-Unis, dès le milieu du XIXe siècle, une maladie mentale imaginaire, « *la drapétomanie* », est inventée pour décrire le comportement des esclaves en fuite. Considérer être atteint de maladie mentale par le simple fait de vouloir fuir la terrible position d'esclavage qui nous contraint, alors qu'il s'agit d'une réponse parfaitement saine à une situation éminemment anormale, ne pouvait germer que dans l'esprit du capitalisme. Ce concept a d'ailleurs débordé la question des esclaves en fuite et a été appliqué aux femmes, lesquelles furent médicalisées pour avoir combattu le sexisme, le racisme, le colonialisme et autres oppressions. Aujourd'hui, la « néo-médicalisation » qui tend à l'individualisation des questions de santé s'inscrit dans ce processus états-unien d'invention de maladies, mais son approche devient globale et s'étend à toutes les populations, quelle que soit leur condition physique et mentale. Comme le néolibéralisme est le terreau de la néo-médicalisation, la santé doit se concevoir comme une marchandise et les personnes en santé comme des ressources potentiellement nécessaires à la vie économique et au développement sans fin du marché. Cette individualisation de la santé est particulièrement lucrative et touche à des logiques qui ont un rapport avec le corps et l'esprit (gestion du « bien-être), mais aussi avec le corps social (contrôle social des individus), ainsi qu'avec le mode de vie (alimentation, activité physique, etc.).

Alors que ces objectifs pourraient faire sens dans le cadre d'une véritable politique de santé publique et de prévention des risques, en fait, il ne s'agit ici que de détourner les problèmes sociaux de leurs racines réelles, dans un contexte d'inégalité sociale où l'ensemble des ressources ne sont pas équitablement réparties. En mettant l'accent sur ce que doivent faire les individus pour rester en forme, gérer les risques et faire les « bons » choix, ce concept de médicalisation individuelle renforce le sentiment de culpabilité des populations tenues responsables de leur mauvaise santé, tout en dédouanant les gouvernements et les politiques de leur responsabilité. Or, en France, parmi les nouveaux « droits » issus de l'Accord National Interprofessionnel (ANI), conclu en janvier 2013, la généralisation de la couverture complémentaire des frais de santé à tous les salariés est proposée en contrepartie d'une plus grande flexibilité pour l'employeur. En pratique, cela signifie une augmentation continue de la part des dépenses de santé financées par les patients ou les organismes complémentaires d'assurance santé à la place d'une réelle prise en charge des frais de santé par la Sécurité sociale. Depuis plus de deux décennies, la part des soins remboursés par le système public diminue, si bien que 55 % de ces soins courants sont seulement remboursés par l'assurance maladie obligatoire. Nous assistons donc à une politique de désengagement des pouvoirs publics au profit d'une « marchandisation » toujours plus grande de la santé des travailleurs, des chômeurs, des retraités et des étudiants. Le transfert du financement de la santé vers le secteur des assurances privées et des organismes de prévoyance, dont les contraintes de gestion sont différentes, rend possible la sélection des clients en fonction de leur risque. Ainsi, à ce rythme, les inégalités d'accès aux soins ne cesseront de s'amplifier.

L'autre versant de la marchandisation de la santé touche au business du bien-être qui ne s'est jamais aussi bien porté. Nutrition, régime alimentaire, médecine alternative, soins anti-âge, massage, drainage, spa, fitness, etc., sont en plein essor et s'adressent plus spécialement aux couches moyennes et aux retraités. Ce secteur, nous assure un rapport du centre de recherche indépendant SRI International, a généré quelque 3400 milliards de dollars en 2013 au niveau mondial. Les spas auraient dégagé pas moins de 94 milliards de dollars, estime de son côté la Global Spa and Wellness Economy Monitor et l'Europe reste la principale région pour ce type de profit, devant l'Asie-Pacifique et l'Amérique du Nord. Le secteur des cures thermales n'est pas en reste, puisqu'il a dégagé pour la même période 50 milliards de dollars de revenu. En plein boum, le tourisme du bien-être a capté à lui seul 494 milliards de dollars et pèserait désormais près de 15 % du volume global des dépenses touristiques. Quant au secteur des compléments alimentaires, les profits pour les grands groupes pharmaceutiques : Merck, Sanofi, Phythéa, Arkopharma, etc., sont évalués pour l'Europe à quelque 14 milliards d'euros. L'ensemble du marché du bien-être donne à penser qu'il possède encore une grosse marge de progression, notamment au niveau de la phytothérapie et de la micro-nutrition. Selon l'étude publiée par XERFI en 2015, un retour de croissance pourrait affecter ce secteur dopé par la préoccupation grandissante des ménages pour la santé, le vieillissement de la population occidentale ou encore par l'image positive des produits naturels. Mais nous ne saurions clore la question du business du « bien-être » sans parler des stratégies managériales intégratives et profiteuses du bien-être au travail. Alors que les conditions de travail se dégradent, que le mal-être grandit et que les suicides au travail se banalisent, une nouvelle frange du patronat estime qu'il est urgent de bouleverser l'approche de l'entreprise afin d'allier augmentation de la productivité du travail et bien-être des salariés. Leur credo est que pour s'épanouir au travail, il faut faire confiance à l'intelligence des travailleurs. Pour ce faire, ils doivent non seulement trouver leur mode d'épanouissement personnel, mais aussi apprendre à connaître leurs attentes, leurs limites, mieux gérer leurs rapports aux autres et, bien sûr, à l'entreprise. Activités de détente pendant le temps de travail, coachs, consultants, psys, conseils d'experts en tous genres doivent être mobilisés pour mettre de l'harmonie dans la vie professionnelle des travailleurs et de l'entreprise. Dans ce cadre, résister à la crise revient à faire cohabiter, par des méthodes de bien-être au travail, salariés et managers dans un même élan d'exigences émotionnelles fortes en faveur de l'entreprise et de la réduction des conflits de classe : être bien dans sa peau et en accord avec sa hiérarchie pour éviter le clash, tel est le versant collaborationniste de cette stratégie intégrative à l'esprit d'entreprise. Le géant américain Google promeut cette forme de retour sur soi pour parvenir au bien-être, au bonheur et à la créativité du travail. Dans ce type de stratégie, on ne laisse pas forcément sa vie privée au vestiaire et les techniques de relaxation, qui s'intègrent parfaitement à l'univers professionnel, permettent de prendre du recul et de faire baisser les niveaux de tensions. Ainsi, le travail rend d'autant plus heureux que la finance en est responsable et que l'entreprenariat social permet la correction de la faible estime de soi grâce au coaching... Ce sujet, qui taraude de plus en plus les responsables des ressources humaines et le patronat, apparaît comme un levier d'efficacité et de performance pour l'entreprise en crise, tout autant qu'il est un moyen de minimiser les impacts négatifs d'un travail déshumanisé qui n'a jamais été autant générateur de stress et d'insécurité.

Comme le disent si bien les thuriféraires du pouvoir à Bruxelles : « *À long terme, les restructurations devraient contribuer à l'objectif de la stratégie Europe 2020 pour une croissance inclusive visant non seulement à améliorer la production économique, mais aussi à atteindre des objectifs sociaux, comme une plus grande cohésion sociale, le bien-être et la réduction des inégalités en matière de santé. À cet égard, la crise a démontré que les pouvoirs publics, les employeurs et les travailleurs partagent le même intérêt pour des mesures visant à maintenir l'emploi autant que possible pendant le ralentissement économique* (…) *Dans beaucoup de pays, les problèmes psychosociaux sont maintenant devenus une cause importante d'incapacité de travail. Bien qu'il s'agisse avant tout d'un problème de santé publique, et surtout d'un problème de sécurité et de santé au travail, il ne faut pas sous-estimer ses conséquences économiques.* »

D'autres dérives ayant trait à la marchandisation de la santé, relayée par les instances gouvernementales, sont à l'œuvre dans l'industrie agroalimentaire. Celle-ci investit le champ de la bien portance et se prétend « experte » en conseils nutritionnels. Ses publicités dans le domaine alimentaire deviennent vérités premières : les laitages renforcent la solidité des os ; pour maigrir, il faut diminuer les graisses ; les vitamines peuvent être dangereuses ; il faut manger cinq fruits et légumes par jour et consommer des produits antioxydants, etc. Quant à l'État et aux instances européennes, non contents de céder au poids des intérêts privés, ils se complaisent dans le retard réglementaire et la mise en place d'organismes de contrôle réellement indépendants alors que leurs propres experts, dotés de pouvoirs exorbitants, sont de plus en plus inféodés aux lobbies industriels. Plutôt que d'accompagner ces politiques et publicités mensongères, les pouvoirs nationaux et européens seraient mieux inspirés de combattre sans concession les dérives de la traçabilité et la qualité des produits alimentaires, à commencer par la mise en œuvre d'une réglementation rigoureuse sur l'épandage des pesticides, fongicides et autres herbicides utilisés dans l'agriculture intensive, véritable poison pour la santé publique, qui polluent nos assiettes et contaminent nos organismes. En matière de produits alimentaires, le contenant et l'emballage alléchant cachent bien souvent un contenu malsain et peu ragoûtant.

Alors que l'utilisation des nouvelles technologies médicales augmentent la demande de soins, pour des raisons essentiellement économiques, juridiques, politiques, voire d'insuffisance en ressources humaines qualifiées, les services de santé publics de certains pays développés ne sont pas toujours en mesure d'apporter des réponses appropriées à cette demande croissante et laissent de nombreux patients sans solution adaptée dans leur propre pays. Concomitamment, la libéralisation accrue du marché international a conduit les pays émergents à développer des services de santé privés d'un haut niveau de spécialisation dans le but de répondre à une demande étrangère à des prix très attractifs, ouvrant la voie à une nouvelle offre médicale pour des patients étrangers qui n'hésitent pas à se déplacer ou à s'expatrier pour se soigner. Par ailleurs, cela permet au personnel de santé des pays encore plus pauvres de trouver des emplois mieux rémunérés que dans sa propre région. Ce double mouvement, que d'aucuns appellent trivialement « tourisme médical », est la dérive la plus incroyable de la nouvelle industrie mondialisée de la santé. Cela ne touche pas que la médecine classique ou la chirurgie dentaire, mais englobe des secteurs aussi pointus que ceux de l'oncologie, la chirurgie cardio-vasculaire, la procréation médicalement assistée, les transplantations, etc., tout cela étant favorisé par une législation sans aucune contrainte éthique et l'existence d'une population socialement très vulnérable et donc susceptible d'alimenter à bas prix la demande en ressources nécessaires : organes, mères porteuses, sang et autres produits humains. À ce stade, la marchandisation des éléments du corps humain des individus les plus pauvres atteint un tel niveau d'immoralité que seul un système aussi pervers que celui du capitalisme néolibéral pouvait l'imaginer et le tolérer. Cette économie florissante, qui repose sur l'accroissement des inégalités sociales dans la plupart des sociétés à l'échelle de la planète, s'apparente non seulement à une économie néocoloniale, mais aussi à un cannibalisme thérapeutique digne des plus sordides films d'horreur. Afin de tenter d'évaluer les conséquences pour le présent et le futur de telles stratégies économiques, un colloque international et multidisciplinaire a eu lieu à Genève les 6 et 7 février 2014. Il ressort des analyses de ses participants que pour apporter un éclairage nouveau sur la marchandisation du corps à des fins médicales, qui reste des plus opaques à ce jour, il est nécessaire de créer sans tarder un réseau international de chercheurs en sciences sociales sur l'ensemble de ces thématiques, à commencer par la commercialisation de la procréation médicale assistée et la gestation pour autrui et les prélèvements d'organes qui nourrissent le marché de la transplantation. Mais cela ne saurait suffire. La réduction des inégalités sociales de santé et de la marchandisation éhontée du corps humain passe par la mise en œuvre d'un combat de classe qui ferme définitivement la boîte de Pandore et entend sortir du capitalisme. Cela nous renvoie donc aux capacités d'agir des personnes, à savoir leur participation consciente et active à l'ensemble de la vie sociale et politique au niveau local, national et international, pour la prise en main de leur destinée. Ces marchands de « santé » tendent à transformer le vivant en marché transnational, tant sur le plan légal et social que technique : donneurs paupérisés de tissus, d'organes, de sang, de cellules souches, de gamètes et de sujets à tests pour l'industrie pharmaceutique, effectuent à partir de leur propre corps un « travail clinique » non pris en compte, comme une sorte de sous-traitance du risque biologique. Ces pratiques médicales, qui se déroulaient il y a peu de temps encore dans les hôpitaux ou les prisons sous contrôle de l'État, ont été transférées vers le secteur privé à partir de contrats de recherche avec l'industrie pharmaceutique. Ainsi, les possibilités médicales augmentent, tandis que les valeurs éthiques diminuent. D'un point de vue moral, un moyen quel qu'il soit n'est pas neutre, il est porteur de sens. En laissant aujourd'hui le progrès technique entre les mains de ceux qui ont pour objectif de faire du profit sur la marchandisation de la santé humaine, les gouvernants engagent notre responsabilité pour l'avenir. La normalisation du vivant est en route. Contrairement à l'esprit des Lumières, les sciences entre les mains du capital s'aliènent. Et si le concept de progrès est remplacé par celui de la dérive éthique en une sorte de reproduction et de fabrication du désir et du jouir en vue du profit, alors la science et la recherche, en acceptant de se perdre dans le capital, risquent de s'écarter de la morale universelle et de verser à terme dans l'immoralité absolue. Tout comme la consommation « responsable » ne changera pas la nature de la production industrielle et agricole polluante, les changements dans le mode de vie ne permettront pas à eux seuls la transformation indispensable de la société pour une réelle prise en charge de la santé publique. Nous devons certes résister à la néo-médicalisation, mais les privilèges qui sont au cœur du capitalisme : classes sociales, exploitation des travailleurs, discriminations raciales ou sexuelles, demeurent le vrai fond politique et sociétal des changements structurels à entreprendre pour combattre efficacement cette inquiétante dérive. Démédicaliser et désindividualiser les conceptions de santé en dehors de la prise en charge par la santé publique de la maladie elle-même, c'est mettre en évidence le rôle causal et structurel des politiques sociales marchandes dans l'apparition des maladies véritables. Pour déterminer en connaissance ce qui constitue une vie saine, et pouvoir la vivre pleinement, réclamons la création d'organismes indépendants de régulation des médicaments et contraignons les gouvernements à prendre leurs responsabilités, tout en sachant que la sortie de la marchandisation de la santé suppose celle du capitalisme.

III
Environnement : l'impact terrestre et humain d'une catastrophe annoncée

Arrivons-nous vraiment, comme le laisse entendre Noam Chomsky dans son article : « La fin de l'histoire », paru dans *In These Times* en septembre 2014, à ce moment fatidique où « *L'ère de la civilisation humaine, aussi courte et étrange fût-elle, semblerait tirer sa révérence* » ? C'est pourtant bien ce que s'apprête à annoncer un nouveau projet de rapport du Groupe d'experts intergouvernementaux sur l'évolution du climat (GIEC) – évaluateur généralement prudent de ce qui arrive au monde physique –, lequel réaffirme également la nécessité de conserver la grande « majorité » des réserves connues d'énergies fossiles sous terre, afin de prévenir des risques intolérables pour les futures générations. Au même moment, les grandes compagnies pétrolières annoncent leur intention d'exploiter au maximum ces réserves et d'en trouver d'autres, alors que des quantités considérables de céréales pourrissent sur pied au MidWest pour que les produits du boom pétrolier : gaz et pétroles de schistes du Dakota du Nord, aient priorité dans l'acheminement par train vers l'Asie et l'Europe.

Cela nous renvoie à l'incrédulité, pour ne pas dire à la désapprobation, des étudiants et autres participants du colloque « Si'Nergies » de l'Université d'Aix-Marseille en décembre 2012, où je faisais l'hypothèse que l'enjeu financier et les importants profits que pouvait générer cette « nouvelle ressource » seraient plus forts que les piètres et hypocrites jérémiades des gouvernants malgré les énormes risques environnementaux encourus. Car non seulement les États-Unis dopaient déjà le marché pétrolier avec leurs gaz et pétroles de schistes, mais le Brésil, l'Allemagne, la Chine, L'Estonie, la Russie, Israël s'apprêtaient à les suivre, et pour certains même, comme le Canada, les avaient déjà précédés dans l'extraction des schistes bitumineux et autres sables bitumineux (pyro-schistes et schistes kéro-bitumeux) ou encore le Venezuela, avec l'extraction du pétrole extra lourd. Depuis, de nouveaux candidats, tels la Pologne, le Danemark, l'Algérie, la Tunisie et l'Afrique du Sud, s'apprêtent à extraire à leur tour gaz et pétroles de schiste. Pour en revenir à cette conférence, j'entendais démontrer que la problématique de la transition énergétique, loin d'être une question technique, est à la fois enjeu de société et enjeu géopolitique liés à la crise économique mondiale et à la course vertigineuse aux profits, et qu'il est donc illusoire de faire confiance aux États et aux industriels pour gérer les problèmes environnementaux. Mais aussi, que la pression des peuples n'était pas assez forte pour espérer, dans l'immédiat, une véritable révolution énergétique apte à faire les bons choix.

La grande question aujourd'hui n'est pas seulement la hausse des températures atmosphériques, attribuée aux activités anthropiques ayant pour conséquence le réchauffement ou le dérèglement climatique et le dégel des zones du permafrost prêtes à relâcher de grandes quantités de gaz à effet de serre actuellement emprisonné dans ce sol gelé depuis des millénaires, ou encore à la fonte des glaciers générant l'augmentation du niveau des mers, mais au réchauffement des océans eux-mêmes susceptibles de libérer des quantités autrement considérables d'hydrate de méthane contenu dans les sédiments sous les fonds marins. D'ailleurs, l'océan Arctique émet déjà ce gaz dans l'atmosphère, lequel s'échappe au travers des failles parcourant la banquise. Sans vouloir jouer les Cassandre, l'impact humain de l'actuel réchauffement du climat global condamne d'ores et déjà une partie du milieu vivant et tergiverser sur la nécessité de stopper ce productivisme profiteur est tout aussi irresponsable que les faux-semblants du capital qui en est pourtant la cause.

Mais alors, comment se fait-il, dans ce contexte de catastrophes annoncées, que la pression des peuples ne soit pas au niveau des enjeux ? Parce que tout d'abord, selon que l'on est pauvre ou riche, avec ou sans travail, bien ou mal payé, très peu ou fortement impacté par la crise... bref, que l'on soit ou pas en situation de satisfaire ses besoins vitaux, la question environnementale ne présente pas la même acuité. Pour les uns, la priorité, c'est survivre ; pour les autres, c'est mieux vivre. Voilà pourquoi l'idéologie du désir et du consumérisme global n'incite pas tous ceux qui ont les moyens de consommer à placer les questions environnementales parmi leurs priorités. D'autre part, la nouvelle idéologie du « *capitalisme vert* » peut donner l'illusion que ce dernier entend prendre le problème au sérieux. Enfin, capital, médias et « bien-pensance » écologique ont réussi à culpabiliser les populations, faisant peser en grande partie la question de l'échec ou pas de la prise en charge des problèmes environnementaux sur leurs épaules ou, pour mieux dire, sur leur comportement. Pour ne prendre qu'un seul exemple : celui des déchets ménagers. Les consommateurs sont astreints au tri et invités à ne pas acheter des produits préemballés et si nous reconnaissons que cela a du sens, ça ne représente au mieux qu'une économie de déchets de l'ordre de 2 % au niveau mondial, alors que l'effort principal du conditionnement en revient aux industriels. C'est pratique. En faisant reposer l'essentiel du problème sur les consommateurs, on évite de désigner les véritables coupables de la dégradation environnementale.

Disons que la gestion politique de la crise climatique et écologique globale fait partie des défis majeurs que doit relever et gagner l'humanité. En outre, la catastrophe de Fukushima est venue rappeler le danger de l'énergie nucléaire – surtout quand la gestion en est confiée au privé – et certains travaux sur la « bulle de carbone » ont permis de mieux comprendre l'imbrication du lobby énergétique avec le capital financier. C'est donc à partir du productivisme profiteur et de la spécificité « écocidaire » du capitalisme que la question d'un développement humain respectueux de la nature et de l'environnement doit être posée. Marx ne rappelait-il pas dans « Grundrisse » que « *le capital, en tant qu'il représente la forme universelle de la richesse – l'argent –, est la tendance sans borne et sans mesure de dépasser sa propre limite. Sinon il cesserait d'être capital, l'argent en tant qu'il se produit lui-même* ».

Nous voyons bien qu'on ne saurait se satisfaire d'un simple mot d'ordre : « préservons la nature », raccourci qui bloque toute pensée révolutionnaire, obscurcit la question de ses différents états, de l'autonomisation des lois du marché et empêche la critique de classe d'un capitalisme qui soumet la société à la logique de la quantification marchande en dehors de toute valeur qualitative. La rationalité du calcul économique soumise au règne total de la valeur marchande empêche la satisfaction des besoins sociaux et nous ramène au fait que la marchandise masque les questions concrètes de la préservation de la nature. Si la biodiversité a toujours été une ressource utilisée par les indigènes, elle était, et est encore avant tout pour eux ressource commune, coproduction et partage entre tous les membres des différentes communautés. Ils ne la considèrent pas en termes de propriété privée ou d'héritage, mais en termes de possession commune et de responsabilité individuelle. À vouloir taire la vraie question de classe que sous-tend la préservation des équilibres biosphériques, on s'empêtre dans un discours dichotomique : social/politique, science/politique, vie/savoir, nature/culture, risque/technologie, etc., qui nous poussent à prendre pour probable la grande fiction écologique majoritaire et consensuelle du mot d'ordre : « sauvons la planète », indépendamment de la responsabilité première du capital.

Sans sous-estimer les autres problèmes, en plaçant au cœur de la question environnementale la saturation des gaz à effet de serre, nous découvrons l'exemple le plus flagrant d'une gestion capitaliste manifestement insensée, de sorte que l'exploitation pétrolière et gazière, la production intensive et la consommation de masse apparaissent en leur finalité, de façon claire et incontournable, génératrices d'une pollution non maîtrisée par un système marchand exclusivement profiteur. Ainsi, le productivisme capitaliste se distingue des autres systèmes coopératifs par sa tendance permanente et non contrôlée à dépasser les besoins du marché, nécessitant de créer des besoins nouveaux et non prioritaires pour l'humanité. Cela implique d'optimiser l'exploitation des hommes et des femmes et leur force de travail par le maintien d'une surpopulation relative sur laquelle pèsent de façon éhontée, d'une part la pression de leur survie et, d'autre part, celle sur les salaires et les conditions de travail. La sortie du capitalisme est donc incontournable pour sortir du productivisme pollueur et avancer une stratégie de transition énergétique qui prenne en compte les lignes de clivage de classe nourri par l'action collective et la planification concertée. L'ensemble des problèmes avancés ici traduisent bien la volonté du capital de saigner la nature à blanc et durcir sa politique néolibérale contre le monde du travail des pays en voie de développement et des pays occidentaux : jeunes, femmes, classe ouvrière, petits paysans et peuples indigènes.

Si le réchauffement et le dérèglement climatiques sont révélateurs de l'ensemble de ces politiques, ils s'accompagnent de bien d'autres actions contre la nature qui les nourrissent et les amplifient. Mais pour que tout cela ait lieu, il faut que l'État accepte et accompagne le capital dans ses agissements. Prenons le cas de la déforestation, qui consiste à supprimer des forêts primaires dans le but de commercialiser les bois précieux et à laisser la place à la culture agro-forestière : palmier pour l'Indonésie ou agrocarburants avec la canne à sucre pour le Brésil. Non seulement un tel processus accentue la crise alimentaire, aggrave le bilan énergétique et la pollution en général, mais il détruit les zones riches en humus et en essences rares, ce qui contribue à la dégradation des sols tout en appauvrissant la diversité floristique et faunistique.

La liste de toutes les nuisances et pollutions générées par l'intensive activité capitalistique serait longue et fastidieuse. Notre but n'est pas de les énumérer toutes, même si on ne saurait omettre la montée du niveau des mers, révisée à la 18e conférence de l'ONU sur le climat à Doha en 2012 et portée à 0,50 à 1 mètre d'ici 2100, impactant en priorité les populations littorales des pays les plus pauvres. Ce qui nous importe, c'est de montrer en quoi cette société des gagneurs en milliards s'aventure vers le fétichisme « sans fin » de la marchandise et qu'il est illusoire d'attendre de sa part un quelconque sursaut raisonnable ou une solution écologique en dehors des enjeux strictement économiques et technologiques. De ce point de vue, il me vient en mémoire la réflexion d'un jeune étudiant fraîchement sorti d'une grande école française, aujourd'hui *trader* à Londres, pour lequel le système capitaliste n'a pas d'autre choix que d'aller jusqu'au bout de sa logique de marché et de sa spéculation financière, quitte à faire à sa suite un milliard de morts.

Les gouvernants nous présentent le nucléaire comme l'énergie du futur. Or, entre les mains des lobbies industriels, celui-ci n'est pas *secure*. Par ailleurs, le nucléaire est loin d'être propre : la gestion des déchets radioactifs n'a toujours pas trouvé de solution. De plus, croire qu'il est un moyen efficace pour lutter contre le changement climatique est un leurre. Loin de réduire de façon drastique les émissions de gaz à effet de serre, puisqu'en principe il n'en émet pas, l'Agence Internationale de l'Énergie avance l'hypothèse d'une réduction de 6 % seulement au niveau mondial jusqu'en 2050. La combinaison risque/efficacité/coût du nucléaire est donc discutable. D'autre part, en s'appuyant à terme sur l'industrie éolienne dans le seul but de réaliser des profits et d'augmenter la consommation de l'électricité, son impact sur la diminution de la pollution atmosphérique sera très limité, pour ne pas dire nul. Et puisque l'industrie pétrolière connaît une recrudescence d'activité avec l'effet pervers de l'exploitation de réserves énergétiques marginales, tels le gaz et le pétrole de schiste, la crise écologique va aggraver, avec son cortège de pollution des eaux, de pluies acides, d'émissions de CO_2, etc.

Finalement, nous proposons de tirer de tout cela cinq leçons essentielles :

1) aucune des techniques de production d'énergies renouvelables entre les mains du capital ne peut avoir comme finalité la préservation de l'environnement,

2) la technologie résoudra d'autant moins les problèmes environnementaux que le mode de vie consumériste des pays occidentaux s'accentue,

3) la consommation d'énergie croîtra d'autant plus que la croissance du PIB mondial s'amplifiera,

4) le changement climatique est le problème, mais les profits économiques que le capital espère en tirer, loin d'être la solution, en sont l'accentuation,

5) la survie de l'espèce humaine et du monde vivant ne peut être reliée à des paramètres économiques qui s'opposent à la logique écologique, elle passe par la lutte des travailleurs pour sortir du capitalisme.

Mais avant d'en revenir à cette question du capital, je voudrais vous donner un exemple de la duplicité de l'appareil étatique et gouvernemental – accompagné de sa cléricature médiatique – à propos des questions environnementales. Voilà peu, la voiture diesel nous était présentée comme le *nec plus ultra* des véhicules propres. Or, en l'espace de quelques jours, celle-ci est devenue la dernière de la classe. Chantre de la pastille verte en 1998 et des bonus antipollution en 2012, la voilà désignée dès 2013 comme le principal « *pollueur tueur* ». Que s'est-il donc passé ? Le diesel, à l'instar de certains malades atteints par le rétrovirus de la grippe annuelle, aurait-il était frappé par la maladie gouvernementale du *rétropédalage* ?

Tout comme vous adepte du bon sens, j'ai cherché à comprendre d'où venait « l'erreur ». Parmi les polluants responsables de la dégradation de l'air et du réchauffement climatique, sept d'entre eux sont particulièrement redoutés : l'ozone de surface (O_3) – *indicateur de la pollution photo-oxydante résultant de réactions chimiques sous l'effet de la lumière solaire entre plusieurs polluants précurseurs* –, les hydrocarbures (COV), les hydrocarbures aromatiques polycycliques (HAP), le dioxyde de soufre (SO_2), le dioxyde de carbone (CO_2), les oxydes d'azote (NOx), les particules fines (PM10 et PM2,5), les deux derniers (NOx et particules fines) étant les principaux « coupables » désignés.

Soulignons tout d'abord qu'il n'existe pas une pollution atmosphérique, mais une « soupe » de polluants de composition et de concentration variées dans l'espace et dans le temps. Pour faire court, on peut analyser les différentes typologies de la pollution atmosphérique selon trois échelles spatiales spécifiques : *locale, régionale, planétaire,* avec des effets à court et long termes ayant des conséquences sur la santé des populations, la végétation et le climat.

Si nous recherchons quelles sont les sources principales de pollution et *leur part respective pour chacun des polluants* ainsi que leur impact sur la pollution atmosphérique « totale », trois enseignements principaux peuvent être tirés :

1) le % total de la pollution cumulée des voitures diesel incriminées arrive en troisième position, bien après l'industrie manufacturière, les résidences et le secteur tertiaire ;

2) le % des particules fines (PM10 et PM 2,5) pour lesquelles les voitures diesel sont les plus stigmatisées est bien inférieur au pourcentage relevé pour l'industrie manufacturière, résidences et secteur tertiaire, voire le secteur de l'agriculture et de la sylviculture ;

3) le % de NOx est supérieur pour les voitures diesel aux autres sources de pollution, même si le pourcentage total cumulé de l'industrie manufacturière, les résidences et le secteur tertiaire (voire l'agriculture et la sylviculture) est plus important.

Si les voitures diesel sont la principale source d'émission du NOx, alors en quoi la prime à la conversion, un moment avancée pour les véhicules de plus de 12 ans – aujourd'hui pour ceux de plus de 15 ans – améliorerait-elle la situation, puisqu'on affirme par ailleurs que la filtration des gaz d'échappement des véhicules diesel, même les plus récents, n'est pas opérationnelle ? En réalité, les progrès des FAP (filtres à particules) et des pots catalytiques améliorent périodiquement l'abattement en particules fines (PM 2,5 compris) et du NOx, déjà élimé à plus de 80 % (et sans doute plus encore lorsque la technique par piégeage sous forme de nitrates sur des solides de type Pt/alumine dopée au baryum aura progressé). Même à supposer que l'on remplace progressivement les moteurs diesel par des moteurs essence, comme semble le suggérer la ministre de l'Écologie, le problème du NOx et des particules fines sera loin d'être résolu puisqu'il en restera encore 70 % et 74 % d'émis par l'industrie, l'agriculture, la transformation d'énergie, les résidences et autres secteurs tertiaires. Pour comprendre les vraies raisons qui motivent la cabale actuelle contre le diesel, il convient d'aller voir du côté des pétroliers raffineurs et des mesures fiscales progressives réitérées à chaque alerte à la pollution sur la capitale. De quoi s'agit-il ? La marge de raffinage sur le distillat moyen (diesel), techniquement distincte de celle du distillat léger (essence et super) et distillat lourd (fioul industriel et produits parapétroliers), a littéralement flambé dès 2008 et se trouve à l'origine à elle seule d'une augmentation de ±10 centimes sur le prix payé par le consommateur. Depuis quelques années, 41 % de l'augmentation du prix du diesel à la pompe provient de cette marge de raffinage. Celle-ci résulterait d'un marché sous tension au niveau européen lié au rapport déficitaire entre la demande des consommateurs et les capacités de raffinage (très proches du maximum technique des installations) – d'où le recours aux raffineurs extérieurs, russes notamment – et au refus d'investissement des groupes pétroliers dans les capacités de raffinage en Europe. La tension sur l'outil de raffinage se traduit en monnaie sonnante et trébuchante sur le prix du baril de brut prenant en otage les consommateurs et les travailleurs des raffineries que les groupes pétroliers tentent progressivement de limiter dans leur capacité de production. La fermeture de Pétroplus sur le site de Petit-Couronne fait partie de cette stratégie globale. Décidément à l'offensive, les compagnies pétrolières revendiquent auprès de l'État un alignement de la TIPP (taxe intérieure sur les produits pétroliers) du gazole sur celle de l'essence et une réorientation du marché de la construction automobile en direction de véhicules à essence. Voilà en partie pourquoi la future norme Euro6 compte introduire une notion de nombre de particules émises par les moteurs diesel en plus de la limite de masse pour les véhicules neufs. Certes, le diesel n'est pas la panacée, d'autant plus que les transports en commun mieux adaptés et moins polluants tardent à être développés. Mais pourquoi alors les normes européennes ne prennent-elles pas en compte toutes les sources de pollution à l'origine des émissions de particules fines ? Pourquoi n'interdisent-elles pas l'adjonction d'additifs dans le gazole, à l'origine de la toxicité des particules, pour rendre plus performants les moteurs ? Pourquoi l'Europe des marchés n'oriente-t-elle pas tout de suite la recherche et la production vers la limitation généralisée des sources de pollution afin de produire mieux pour répondre aux vrais besoins humains ? Sans doute est-il préférable en l'état de se servir de cette vraie fausse question du diesel pour renflouer les caisses de l'État et conforter les pétroliers et les industriels de l'automobile dans leurs agissements contre les peuples et l'environnement. Alors, les émissions de particules fines et du NOx des voitures diesel, seulement un problème de santé publique et d'enfants asthmatiques ?

La collusion capital/État, sans laquelle aucune politique de ce genre ne pourrait voir le jour, me ramène à une expérience vécue en Asie du Sud-Est. En 1994, coordonnateur avec une collègue du contrat européen Reward sur la « *valorisation des ordures ménagères par une technique propre associant pressage, incinération par voie humide et méthanisation* », impliquant notre laboratoire universitaire de Chimie et Environnement et d'autres instituts de recherche cocontractants, forts du rapport final et de nos publications sur le même sujet, nous espérions pouvoir confirmer par des applications le résultat de ces recherches. En 1998, je fus sollicité par une société industrielle suisse pour un transfert de technologie concernant le pressage haute pression des ordures ménagères en Thaïlande. Sans entrer dans les détails d'une technologie pour laquelle nous sommes encore astreints à la confidentialité, disons que les autorités thaïlandaises, après avoir investi en pure perte dans l'incinération des ordures ménagères – sauf pour les hommes politiques qui touchaient des pots-de-vin et les industriels qui réussissaient à implanter des usines totalement inopérationnelles concernant des déchets à fort taux d'humidité –, se sont intéressées à nos travaux de recherche : la valorisation des affinats en aval du pressage et des « galettes » solides. Il s'agissait donc d'expérimenter le traitement et la valorisation par pressage haute pression de tous les déchets ménagers de la ville de Khon Kaen, qui compte plus de 600 000 habitants.

Passons sur l'impossibilité d'implanter un pilote expérimental sur un site français – malgré le soutien technique de notre partenaire DCN INDRET –, ayant pour cause le refus des services de l'État français d'apporter leur aide à une technologie susceptible de porter ombrage à la politique du « tout incinération », pourtant nocif pour les populations et l'environnement. Passons également sur les désaccords entre chef du district thaïlandais, industriels locaux et l'entreprise suisse à propos du montant respectif des dessous de table à percevoir, pour en venir à une question plus essentielle encore concernant les enjeux publics et environnementaux.

La caractérisation des déchets nous avait permis de comprendre qu'avec plus de 95 % de matière organique, le traitement par pressage haute pression était inutile. Il suffisait de composter sur site la matière brute pour obtenir un produit d'épandage apte à être valorisé dans la réhabilitation des sols dégradés par la déforestation en cette région pauvre du nord-est de la Thaïlande. Mais là, bien sûr, point de « veau gras », cette technologie de compostage ne demandait que peu d'investissement et cela était suffisant pour que pouvoir politique et industriels s'en désintéressent malgré son utilité en agriculture. Faute de véritable soutien des pouvoirs publics, nous avons continué dans cette voie quasiment sans moyens nos recherches et pu obtenir d'excellents résultats dans la culture du riz, du manioc et de la canne à sucre. La morale de l'histoire, c'est qu'État et patronat font toujours passer les intérêts privés avant l'intérêt public et les enjeux environnementaux. Cela ne les empêche pas de discourir en grandes pompes et cérémonies dans les fort nombreuses conférences internationales sur le climat, dont la prochaine en date aura lieu en novembre et décembre 2015 à Paris. D'ailleurs, combien en comptons-nous depuis la première description de « l'effet de serre » en 1827 par le physicien français Jean-Baptiste Fourier ? La liste présentée ci-dessous, bien qu'elle ne soit qu'indicative, vous en donnera une idée :

- 1979. 1re Conférence mondiale sur le climat à Genève,
- 22 mars 1985. Convention de Vienne sur la protection de la couche d'ozone,
- Décembre1989-janvier 90. 2e conférence mondiale sur le climat : La Haye,
- 3-14 juin 1992. Sommet de la Terre de Rio de Janeiro,
- 28 mars-7 avril 1995. 1re conférence des Parties à la convention sur le climat : Berlin,
- 8-19 juillet 1996. 2e conférence des Nations unies sur les changements climatiques : Genève,
- 23-27 juin 1997. 2e sommet de la Terre : New York,
- 1er-12 décembre 1997. 3e Conférence des Nations unies sur les changements climatiques : Kyoto,
- 2-14 novembre 1998. 4e Conférence des Nations unies sur les changements climatiques : Buenos Aires,
- 13-24 novembre 2000. 6e Conférence des Nations unies sur les changements climatiques : La Haye,
- 13 mars 2001. Les États-Unis renoncent à limiter leurs émissions de gaz à effet de serre,
- 29 octobre-10 novembre 2001. 7e Conférence des Nations unies sur les changements climatiques : Marrakech,
- 22 octobre 2004. La Russie ratifie le protocole de Kyoto,
- 28 novembre-10 décembre 2005. 1ère réunion de suivi sur le protocole de Kyoto et 11e conférence des Nations unies sur les changements climatiques : Montréal,

- 11-12 janvier 2006. 1ère réunion du partenariat Asie-Pacifique sur le développement propre et le climat : Sidney,
- 7-17 novembre 2006. 12e Conférence des Nations unies sur les changements climatiques : Nairobi,
- 2 février 2007. Publication à Paris du 1er volume du 4e rapport sur le changement climatique : les bases scientifiques physiques,
- 6 avril 2007. Publication du 2e volume du 4e rapport : Bilan 2007 des changements climatiques à l'intention des décideurs,
- Mai 2007. Création du Forum des économies majeures sur le changement climatique,
- 4 mai 2007. Publication du 3e volume du 4e rapport sur « le changement climatique 2007 : les mesures d'atténuation »,
- 12 octobre 2007. Le prix Nobel de la paix est attribué à l'ancien vice-président américain Al Gore et au GIEC,
- 17 novembre 2007. Publication du 4e volume du rapport du GIEC sur le changement climatique et les mesures politiques,
- 3-14 décembre 2007. 13e Conférence des Nations unies sur les changements climatiques : Bali,
- 31 mars-4 avril 2008. Ouverture de nouvelles négociations internationales sur le changement climatique : Bangkok,
- 1er-13 décembre 2008. 14e Conférence des Nations unies sur le climat : Postdam,
- 12 décembre 2008. Adoption du « paquet énergie climat » par le Conseil européen,
- 1er-12 juin 2009. 2e session de négociations du futur accord sur le changement climatique : Bonn,
- 7-18 décembre 2009. Le sommet des Nations unies sur les changements climatiques, réuni à Copenhague, s'achève sur un accord a minima,
- 10 décembre 2010. Accord au sommet de Cancún (Mexique) sur le climat,
- 3-8 avril 2011. Conférence des Nations unies sur les changements climatiques : Bangkok,
- 28 novembre-11décembre 2011. Accord pour un nouveau pacte mondial sur le climat en 2015, lors de la conférence de Durban II en Afrique du Sud,
- 20-22 juin 2012. Sommet de la Terre dit « Rio + 20 »
- Novembre 2013. Conférence de Varsovie sur le changement climatique,
- Août 2014. La Conférence de Lima : un accord minimal,
- Décembre 2015. Paris, 21e Conférence des Parties de la convention cadre sur les changements climatiques.

Ce listage non exhaustif et quelque peu fastidieux a le mérite de nous montrer qu'États et capital sont d'autant plus dispendieux en conférences sur le climat que le résultat contre la production mondiale des gaz à effet de serre n'a jamais été aussi faible. Non seulement ils ne sont même pas parvenus à stabiliser les émissions de CO_2, mais celles-ci continuent d'augmenter au rythme de 3 % par an. De plus, vous aurez sans doute noté que les mesures prises au cours de ces conférences se rabougrissent au fur et mesure que la crise structurelle du capitalisme de 2008 s'étend. À ce rythme, les productions de CO_2 devraient doubler d'ici 2030. Alors, comment pourrait-on croire que le capital et ses sbires parviendront à les diminuer de moitié d'ici 2050 si les peuples ne s'en mêlent pas vraiment ? Nous sommes bien dans l'impact terrestre et humain d'une catastrophe écologique annoncée.

Pour en revenir à des considérations plus générales, disons, comme le rappelait Marx, que le potentiel du productivisme capitaliste découle du mode de production expansif autant qu'intensif et a pour but l'accumulation de capital sous la forme abstraite de l'argent et qu'il est donc incapable de prendre en compte spontanément la destruction des richesses naturelles, car celles-ci n'existent que comme valeurs concrètes d'usage. Cependant, tout cela ne va pas sans contradictions.

Premièrement, l'amélioration de la productivité du travail, résultant notamment des progrès informatiques et de l'automatisation des postes de travail qui permettent la réduction du coût de fabrication et du temps de traitement de l'information, même si elle contribue à la progression du niveau de vie matériel de certaines couches moyennes et supérieures, exclut une part de plus en plus grande de travailleurs de l'emploi, dope la surproduction et accélère le dérèglement climatique.

Deuxièmement, la dérégulation étatique amorcée dans les années 1980 facilite la déréalisation des marchés financiers, la spéculation et la fuite des capitaux, la généralisation de la corruption, l'évasion fiscale, les abus de biens sociaux, les conflits militaires, et génère une oligarchie solide, sans scrupule ni éthique, installée aussi bien à la tête des États que des entreprises.

Troisièmement, le triomphe du néolibéralisme accentue les inégalités sociales à l'échelle mondiale et creuse l'écart entre les plus riches et le reste de la société avec une paupérisation sans précédent des populations des pays du Sud. Cette économie monde, en perpétuelle quête d'une main-d'œuvre bon marché hors les pays « riches », accélère la compétition internationale, impose ses codes sociaux et culturels consuméristes, favorisant la surconsommation des couches les plus aisées et un appauvrissement général des classes ouvrières, une exploitation sans précédent et un gaspillage inouï des ressources naturelles des pays dits émergents.

Quatrièmement, cette surexploitation des hommes et des ressources naturelles (déforestation, agriculture intensive, activité minière et pétrolière, surpêche, etc.) tend à provoquer un déséquilibre irréversible des écosystèmes et rend de plus en plus difficile un retour à l'équilibre originel. Ce qui fait dire à certains géologues que nous sommes entrés dans une nouvelle ère géologiquement modifiable par l'homme, l'anthropocène.

Cinquièmement, l'idéologie de l'individualisme voulue par le capitalisme affaiblit la conscience collective et va parfois jusqu'à la négation de la société, donnant à penser que l'individu est responsable de son existence et mettant en concurrence chacun contre chacun. La conséquence immédiate en est la privatisation de l'espace public et un usage outrancier des objets censés mettre en valeur l'individu : voiture, téléphone portable, wi-fi, etc., et une exploitation privée non raisonnée des terres arables (OGM, etc.) en même temps qu'une privatisation des services publics et une perte de l'esprit de solidarité, jusque dans le milieu ouvrier. Les solutions apparaissent comme étant à trouver à l'échelle de l'individu et non de la collectivité et ont de sérieuses conséquences sur les familles : augmentation du nombre des divorces conduisant notamment à une hausse indirecte de la consommation (doublement des logements, augmentation des déplacements, augmentation de l'énergie et des nouveaux outils technologiques) et donc de l'impact sur l'environnement.

Sixièmement, tout se vend et tout s'achète et, comme nous avons pu le voir dans la partie *Santé*, le corps et l'esprit de l'homme lui-même deviennent marchandises. Dans le système capitaliste, vivre, c'est consommer. Cette course ostentatoire à la consommation favorise la frustration et l'espace public commun de celle-ci devient la grande surface. Dans ce temple de l'économie de marché, l'échange est souvent sans parole, les vendeurs étant de plus en plus remplacés par des machines.

Le « coût vérité » de l'ensemble de ces politiques ne sera pas payé par la Terre mais par les hommes et l'ensemble du monde vivant. Forêts, eau douce, océans, sol, sous-sol, atmosphère et tout le reste ne sont donc que ponction pour les profits réalisés par l'exploitation du travail salarié, seul producteur de valeur, et toutes les contradictions de ce système qui tend à élimer l'humain n'en sont que plus apparentes. Voilà pourquoi notre conception de la sortie de la crise écologique ne se conçoit qu'en sortant du capitalisme en crise. Elle présuppose l'unité de l'homme et de la nature (dans l'activité productive) autant que dans la lutte et nous permet de découvrir ou redécouvrir la pleine étendue de la contradiction biosphérique que représente le capitalisme en déclin.

SECONDE PARTIE

Une autre révolution est possible

I
Pour une société de refondation du progrès ouverte à une nouvelle éthique du désir et à « l'école corrélative »

Les croyants promettent le ciel et les révolutionnaires pensent qu'un autre futur est possible et que cet autre possible passe par la révolution. Mais d'où tirons-nous cette certitude ? L'analyse des dégâts de la révolution culturelle techno-économique libérale proposée dans la première partie de ce livre est en soi un élément de réponse. En traduisant le présent selon les conditions propres à l'économie capitaliste globalisée et ses insupportables conséquences sur la majorité des hommes et des femmes du monde, la preuve est faite que la classe au pouvoir doit être renversée. Mais cela ne suffit pas. La révolution maîtrisée que nous proposons relève d'un processus qui n'a que peu à voir avec la logique des évidences historiques et doit se comprendre comme une totalité de l'action transformante et non comme un niveau particulier économique et idéologique. En tant qu'action intégrée à un tout, elle va, bien évidemment, susciter de fortes réactions sans pour autant sous-tendre l'idée d'un changement qui repose sur la dimension du grand soir. Il lui faut pour cela bâtir un futur sur le présent et construire une société nouvelle sans que ses conséquences s'apparentent au chaos. La révolution dont nous parlons n'est donc pas une abstraction sans aucune réalité avec le monde moderne et sa mise en œuvre n'a rien de commun avec « l'action directe ». Cela passe par un certain nombre d'étapes, sur lesquelles nous reviendrons, et par la nécessité de refonder une société de progrès qui nous permettent de sortir par le haut de l'actuelle révolution culturelle techno-économique libérale. C'est-à-dire en proposant de s'émanciper de l'appropriation privée de la richesse produite érigée en règle par les cercles omnipotents de la nomenclature bien-pensante, tout en montrant que ce combat est au moins autant politique et culturel qu'économique, car la peur du manque ne saurait se réduire à l'économie. Et si la première des raretés entretenues, voire provoquées pour des raisons politiques, économiques, idéologiques et militaires, est bien celle de la nourriture et de l'eau potable, l'idée générale soustendue par la refondation d'une société de progrès est d'abord de produire des biens utiles à suffisance avant de songer à les marchandiser. En effet, il est toujours possible aux humains de bien se nourrir si un processus social, politique et idéologique ne s'oppose pas à leur capacité de production collective, de gestion raisonnable et équitable des biens et des ressources et, bien sûr, de partage. L'idée d'une infrastructure économique capitaliste discriminante à dépasser est soulignée par le fait que le travail productif ne doit pas être réductible au capital mais aux seuls besoins humains. D'où l'importance de redéfinir la notion de besoins utiles en liant non seulement la question des ressources naturelles et des ressources humaines, mais en veillant aussi à ne pas refabriquer artificiellement de la rareté et faire de cette fabrication artificielle un outil de domination économique et sociale. Ceci explique pourquoi, dans la société capitaliste, on en vient à placer au cœur du lien social des activités qui sont en réalité secondaires. C'est donc précisément par de nouveaux moyens de production et d'échange non monétaires que nous devons ouvrir le débat politique, social et culturel pour aller dans le sens d'une refondation du progrès, et non par de stériles et inutiles discussions techniques ou comptables.

À ce stade de la réflexion, nous ne pouvons occulter le fait que pour en arriver là, il a bien fallu que le progrès tel que nous le concevons encore aujourd'hui se constitue comme entité au cours de l'histoire. Et que ce progrès, tout du moins dans le cadre de la technicisation de la vie des hommes dans laquelle les objets techniques forment des systèmes toujours plus complexes, réponde à une attente mue par un désir de matérialité. Du premier galet éclaté du paléolithique supérieur, à l'échelle du million d'années, au système thermodynamique ou thermonucléaire, de l'ordre de la centaine d'années, le progrès technique est devenu pour tous une évidence. Mais, comme nous l'avons déjà souligné au chapitre I de la 1re partie de ce livre, ce n'est pas un hasard si le XVIIIe siècle, qui voit la naissance de la machine à vapeur, opère – au sens moderne du terme – une révolution technique et industrielle répondant aux attentes de satisfaction des désirs d'une classe bourgeoise montante et si la nouvelle théorie de l'innovation technologique du XXe siècle prend naissance aux États-Unis dans le chantre du capitalisme, qui fait du progrès matériel la réponse suprême à l'idéologie bourgeoise du désir et du profit. Certes, la philosophie a en quelque sorte anticipé le devenir historique et industriel. Avant l'esprit des Lumières, le projet cartésien a préparé le tournant où prend corps la montée en puissance de la bourgeoisie qui permettra la rencontre de la science et de la technique, par laquelle adviendra la révolution industrielle, jusqu'à devenir la réalité sociale quotidienne d'aujourd'hui. Mais l'âge de la technologie moderne n'est pas que le prolongement de nouvelles possibilités fondées sur les savoirs scientifiques et techniques, il devient fondement du changement social par l'exploitation du travail de l'homme producteur, contraint à l'anticipation du développement industriel comme émanation de la science du devenir et non comme émanation de la source primordiale du développement de l'être.

Cette prise de conscience de l'extension historique du progrès n'est donc pas uniforme et ne profite pas à tous de la même façon. Selon que l'on est fondateur ou cofondateur de l'État moderne qui fournit les administrations par lesquelles s'établissent les grandes écoles génératrices de compétences scientifiques et techniques ou simple « sujet » d'une puissance publique qui orchestre l'évolution de la société en fonction de cette progression technologique, son utilité ou son bénéfice ne sont pas ressentis par chacun à parts égales comme réelle source de progrès. Et même si les gains de productivité permis par le machinisme ou la révolution technologique et informationnelle ne sont plus strictement réservés à la minorité de la minorité, ils profitent encore, toujours et avant tout, à la classe bourgeoise. Marx a bien sûr démontré que cela ne durera pas et que l'accélération de la dissémination technologique rend à terme l'investissement productif moins rentable et contribue de ce fait à la baisse tendancielle du taux de profit génératrice des crises successives qui secouent congénitalement le système capitaliste. Mais force est de constater qu'en dépit des guerres consécutives à ces crises, de la spoliation de la valeur produite par le travail humain, des dégâts de la surproduction sur l'environnement et la santé, des révolutions « communistes », des différents combats des travailleurs et des citoyens, l'idée du progrès tel qu'il se déroule dans le système capitaliste n'est pas globalement contestée par la société. Pour que l'idée du progrès « transcendant » fasse place au consumérisme de masse, il a bien fallu, au-delà de la puissance de feu de *l'enjeu parabole* qui s'adresse à notre inconscient et non à notre conscience pour nous inciter, entre autres, à consommer toujours plus, que la sublimation du désir de l'objet marchandise *via* l'industrie naissante rencontre, comme il a été analysé dans la première partie de ce présent ouvrage, le désir des consommateurs tout en devenant l'instrument de captation de leur quête permanente. Voilà pourquoi nous devons revenir sur la notion humaine du désir et en proposer une nouvelle éthique et esthétique qui s'articule avec l'idée de refondation du progrès. C'est en posant comme postulat que tout désir est un *pharmakon*, au sens platonicien du terme, c'est-à-dire à la fois remède et poison, que nous comprenons pourquoi on ne peut s'en remettre à la loi du profit qui ne s'épanouit qu'à travers les désirs régressifs de l'individu coupé de l'esprit de partage et de corrélation avec l'ensemble des autres systèmes sociaux.

Alors, le vrai désir humain, c'est quoi ? Pour répondre à cette question, et revenant à Platon pour lequel il faut distinguer les besoins naturels et nécessaires des désirs artificiels et superflus, disons que l'être générique, bien qu'il ne soit pas le strict résultat d'une détermination biologique, puisqu'en tant qu'être social, il interagit avec son environnement historico-sociétal, est aussi un être de pulsions et de besoins. Avancer l'idée que pratiques sociales et instincts naturels interagissent ne signifie pas que le désir chez l'homme est prédestiné à s'épanouir dans des rapports sociaux qui privilégient la dimension matérielle ou le pouvoir sur autrui. Seules les conditions historiques des sociétés esclavagistes et capitalistes, qui ont privilégié la pénurie et l'exploitation de l'homme par l'homme pour les unes et l'abondance pour les autres, ont conduit à ce que le désir se nourrisse plus de matérialité ou d'attente de matérialité que de préceptes fondés sur le partage, la solidarité et la satisfaction de la nécessité pour tous. S'il existe bien une essence humaine, les caractères qui traversent les âges et les sociétés ne sont en aucune manière anhistoriques. L'historicité de l'être détermine les désirs de l'être, même si ses besoins préexistent à son historicité.

Pour Spinoza, il est impossible que l'homme ne soit pas une partie de la Nature et ne puisse éprouver d'autres changements que ceux qui se peuvent connaître par sa seule nature et dont il est cause adéquate. De là, advient que l'homme est nécessairement toujours soumis aux passions, suit l'ordre commun de la nature et lui obéit, et s'y adapte autant que la nature des choses l'exige. Mais il affirme aussi que nos désirs éclairés par la raison nous apprennent l'impossibilité de se réaliser au détriment des autres. En cela, il n'existe pas de bonheur solitaire. Il est à fois individuel et collectif. « *Lorsque la pulsion de vie concerne le corps, on l'appelle appétit, lorsqu'elle concerne le corps et l'esprit, on l'appelle désir. Un désir éclairé par l'esprit ne veut jamais le malheur des autres. Rien ne peut être plus utile à l'homme pour conserver son être et jouir de la vie raisonnable que l'homme lui-même quand la raison le conduit* ».

Voilà une philosophie qui en dit long sur les errements des désirs des individus « sujets » de la société de profit d'aujourd'hui et sur la nouvelle éthique et esthétique conduite par la raison que nous devons faire émerger pour que l'idéologie capitalistique du désir n'ait plus d'emprise sur l'homme. Ce que nous apprend Spinoza, c'est que le désir perçu par l'homme peut être compris par la raison. Il est à la fois pulsions indispensables et passions raisonnables et dans ce monde, tout a une cause susceptible d'être comprise par l'entendement. C'est en cela que nous pouvons avancer l'idée que la nouvelle éthique du désir doit devenir à la fois connaissance par le sens, connaissance par la raison et connaissance intuitive et sociale par laquelle l'esthétique de la recherche du partage collectif devient aboutissement de la vérité humaine par l'épanouissement total de l'être social. La nouvelle éthique du désir que nous proposons n'est donc autre que l'expression raisonnée des besoins en fonction de la nécessité vitale du seul guide légitime de l'action humaine : le bonheur partagé. Quant à son expression esthétique, elle en devient le prolongement par la recherche d'une vie libre et heureuse en conformité avec la Nature, assumée pleinement et solidairement avec autrui en tant qu'individu à part entière. Pour rendre fertile le vivant, nul besoin de préférer la source du profit et ses objets consommables à la véritable source de la vie qui reçoit l'eau nourricière des mille chemins du cœur. L'unité de l'homme, c'est la réalisation des désirs fondés sur la liberté de penser la vie dans le foisonnement de son avenir émancipé.

Il nous faut passer de l'inflation du désir consommable, qui submerge la société d'aujourd'hui, au désir légitime qui consiste à transformer le désir ou le plaisir de la logique du capital en désir éthique humanisé qui va de pair avec le comblement du vide éducatif grandissant que nous a légué ce système marchand oppresseur, persuadé d'être le centre de tout et assuré de sa puissance absolue. Ainsi, nous pourrons de raison sûre donner acte à Spinoza lorsqu'il nous dit : « *Il faut comprendre l'homme en société comme on comprend les passions. S'il existe une solution, elle sera l'œuvre de la seule raison qui élève à la hauteur du savoir les faits de la "praxis" quotidienne dans la société. Seul le savoir positif peut décider si, et à quelles conditions, l'homme peut être libre dans et par la société* ». C'est parce que nous ne naissons pas citoyens qu'il nous appartient pour le devenir d'accepter que l'éducation par la raison jugule le désir aveugle du pouvoir et de l'argent et le transforme en désir bienveillant et heureux à la portée de tous. Et plus le désir de chaque individu formera alliance avec tous, plus nous aurons tous ensemble droit au désir. Il ne tient qu'à nous que cette œuvre de liberté transfère la toute-puissance de la société du profit à la souveraineté du commandement de tous.

Pour construire cette nouvelle éthique du désir, non seulement nous devons travailler à la refondation du progrès, mais offrir dans un même mouvement à tous et à chacun un nouvel *ethos* scolaire et éducatif par-delà la situation de crise économique et de standardisation de l'éducation qui pousse le groupe Pearson à faire livrer en kit par la *Bridge Academy* plan et matériel pédagogique aux écoliers africains, cobayes de l'école marchandise. Il ne s'agit pas de se cantonner à fournir de nouveaux matériaux au débat sur les rapports entre éducation, valeurs et dynamique du changement institutionnel, mais de pratiquer, dans et hors le système scolaire capitaliste, une nouvelle corrélation de l'utilité sociale de l'éducation comme outil de liberté et d'émancipation. Nous devons casser la logique d'autorité et d'inculcation libérale-libertaire de l'actuel système éducatif, qui n'aboutit qu'à reproduire une domination de classes et à mouler les individus soumis à une hiérarchie des valeurs élitistes au détriment de celles de liberté, d'égalité et de fraternité, pourtant encore inscrites au fronton de l'école publique.

Pour sortir du système éducatif actuel, dont les valeurs dominantes sont vouées à étouffer les valeurs coopératives, et convertir les savoirs théoriques en apprentissages appliqués à la vraie vie solidaire et à l'environnement naturel, il faut créer de nouveaux rapports sociaux, entre élèves, enseignants, parents et société, que nous appelons par extension : *principes de l'école corrélative*. C'est-à-dire une école qui doit s'ouvrir sur le monde social compris comme communauté démocratique en construction, sans que les apprentissages théoriques et pratiques soient strictement perméables au monde économique en mettant en place ces principes, on fait de la spécificité de l'école corrélative le premier apprentissage de la période révolutionnaire des formes radicales par lesquelles on cherche non seulement à supprimer le principe d'obéissance aveugle aux sacro-saintes lois du capital, mais à s'appuyer sur les intérêts généraux du mouvement de la vie, bien distingués des simples désirs marchands. Ainsi, on oriente la formation de telle sorte qu'elle contribue à développer la personnalité et l'esprit critique de l'élève tout en éduquant son sens des responsabilités envers lui-même et envers les autres et tout en ouvrant l'école au sens de l'expérimentation, qui permet de féconder l'enseignement par les derniers acquis de la pensée scientifique générique et d'une nouvelle pensée philosophique émancipatrice. Quant aux programmes, s'ils demeurent nationaux, ils ne doivent l'être qu'à titre indicatif, car le propre de l'épanouissement de l'école corrélative est la décentralisation généralisée des méthodes pédagogiques en phase avec le rythme d'apprentissage de l'élève et l'optimisation du travail collectif combiné au travail individuel et aux conditions géographiques, culturelles et socio-économiques environnantes.

Sans entrer dans le détail des mesures pédagogiques, disons simplement qu'un des moyens laissés à l'initiative de l'enseignant serait de choisir parmi les thèmes qui vont initier les élèves à la difficulté de l'apprentissage ceux qui, par leurs relations entre le monde naturel, les activités humaines et les rapports sociaux, vont rendre dynamiques et accessibles les diverses matières fondamentales, telles que la physique, les mathématiques, les sciences de la vie et de la terre, la philosophie et l'ensemble des activités culturelles, manuelles et artistiques, propres à produire un ensemble de connaissances polytechniques et corrélatives, préparant au signifiant humaniste de la vie présente et future. Sur ces bases, le sens profond de l'école corrélative devient outil collectif et individuel d'émancipation, d'anticipation et de consolidation de la révolution maîtrisée en construction. Comme j'ai déjà pu le souligner dans *L'Écomunisme*, une école républicaine qui évolue dans un système capitaliste ne peut être une école émancipatrice. Le poids des préceptes de la concurrence et du profit, inféodant culturellement et économiquement la société, rejaillit sur l'école, alors que dans l'école corrélative, l'émancipation de la société et celle de l'école vont de pair et se corrèlent pour devenir essence d'un nouveau possible au-delà du capital.

Prétendre ouvrir la voie à une société de refondation du progrès ne peut donc se concevoir sans une refondation de l'école et une nouvelle éthique du désir. Si comme le postule Spinoza : *exister, c'est désirer*, s'activer à la poursuite du désir d'objets pré-imposés par une puissance tierce, en l'occurrence le capital, qui a réussi au fil du temps à soumettre les individus au désir particulier de ses investissements marchands, ne peut que limiter l'essence de l'homme dans son élan désirant qui le porte à s'ouvrir à une configuration fraternelle des rapports sociaux avec les choses et les êtres, préfigurant ses véritables besoins objectaux. C'est parce qu'il détient le pouvoir de capter les impulsions naturelles du désir par la dynamique orientée d'un système exclusivement marchand que le capital réussit à pervertir la configuration générique désirante des êtres. En cela, il n'est prêt à aucun abandon pour maintenir le statut de l'argent dans son rôle crucial de généralisation marchande des désirs, y compris en utilisant les formes les plus brutales de coercition et reproduction du modèle exclusivement économique des rapports sociaux contingents. Mais c'est aussi à cause de ce statut passionnel négatif à l'argent que le capitalisme attracteur ne réussit pas à assouvir la totalité des désirs humains. L'histoire du capitalisme n'est autre qu'une histoire orientée autour du complexe passionnel pouvoir/argent, imposée au salariat au gré des transformations structurelles résultant des évolutions scientifiques et techniques, afin de garder toujours intact le pouvoir de mobilisation du capital. Dans sa phase néolibérale, la production de type fordiste a tenté d'élargir la consommation de masse en tant que puissance stratégique de captation des désirs des salariés censés élargir l'objectif d'accumulation sans fin du capital. Désormais, sollicités en tant que consommateurs par le capitalisme du désir marchand, les salariés sont soumis au diktat du marketing, des médias, de la publicité et de toutes les structures de diffusion des normes sans cesse renouvelées de la consommation. Le nouveau *capitalisme de la séduction* peut se présenter alors comme un système de fabrication et de réponse aux désirs individuels par l'accumulation de marchandises/objets, prétendument en adéquation avec les attentes du sujet. Ce schéma global relève de transformations profondes dans la structure productive et institutionnelle, qui va de la dérégulation concurrentielle des marchés de biens et de services aux nouvelles contraintes salariales par la transformation des tâches productives, impulsées par des rythmes d'innovation soutenus et déterminés par les seuls objectifs de rentabilité financière et les contraintes actionnariales. Cette logique systématique de production du désir est soutenue par un nouveau rapport de force entre capital et travail, qui voit peu à peu s'effondrer toutes les barrières de classe qui endiguaient jusqu'alors la poussée du capital vers une plus grande profitabilité. Quant aux structures politiques étatiques et supra-étatiques, en tout premier lieu la construction européenne, elles ne sont là que pour accélérer l'auto-affirmation du capital dans sa volonté de métamorphoser les différents besoins des individus en potentiel illimité de désirs. En réduisant au maximum l'écart entre désir du capital et désir des salariés, le néo-capitalisme devient le degré zéro de la coopération collective au service de la satisfaction des vrais besoins de l'homme.

La réponse de la société de refondation du progrès ne peut donc promouvoir la production d'objets utiles à l'accumulation monétaire ou à celle résultant d'un développement alternatif ou durable, exclusif au bien-être économique. Elle est d'abord liée au développement harmonieux des facultés physiques, morales, intellectuelles, politiques, civiles… qui permet de penser un développement partagé et pluriel par le moyen d'une nouvelle culture, d'une organisation productive respectueuse des hommes et de l'environnement naturel. Mais aussi par une perpétuelle formation corrélative, facilitant les aspirations aux désirs pluriels de chacun et de tous, sachant que nos facultés de développement ne peuvent être ni satisfaites, ni épuisées par la seule production ou la consommation imposée par les exigences profiteuses et prédatrices du capital. Ce concept est à rapprocher de la notion de relations humaines denses, répondant à l'épanouissement plein et entier de l'homme producteur écomuniste, raisonnable et responsable, collectif et solidaire. En ce sens, l'indicateur de progrès véritable n'est autre qu'un objectif de développement des citoyens pour les citoyens afin d'atteindre un bien-être commun par une vie saine, productive et culturelle. Dans cette prospective, le progrès peut donc désigner autre chose que la seule réalisation technique permise par la science utilitaire. Comme fin suprême, identique et consécutif de l'essence humaine, il ne peut ignorer le sens concret de la vie. Cependant, les religions, refusant les avancées de la science moderne qui venait contredire leurs dogmes, ont contribué bien malgré elles (et plus particulièrement la religion catholique) à magnifier ces « théories sacrilèges » capables de produire, grâce au transfert technologique, des objets matériels de plus en plus complexes jusqu'à en faire une toute-puissance instituée. C'est pourquoi le capitalisme a choisi de reconnaître dans la science la source privilégiée des « vérités » productives et des richesses, alors que celle-ci, devenue technoscience, n'est ni neutre ni universelle. En ce sens, la « vraie richesse » pour le capitalisme n'est que l'établissement d'un processus de développement qui maintient et administre la richesse monétaire détenue et définie par le capital comme étant la somme de l'exploitation de l'homme par l'homme et des ressources naturelles, qu'il s'approprie et transforme avec l'aide de la technologie aliénée.

Ainsi, la confusion est grande entre progrès technologique et progrès humain. Si le premier va croissant, il en est nécessairement de même pour le second. C'est cet aphorisme stupide qui inhibe toute critique, y compris politique, vis-à-vis de la technoscience, laissant croire que l'idéologie du « progrès » n'a pas de parti pris. La toute-puissance de la technoscience au service de l'économie capitaliste et du productivisme du « socialisme réel » de l'époque soviétique s'est trouvée atomisée dans l'esprit de tous comme la meilleure réponse aux besoins humains, alors qu'elle n'est capable que de répondre aux problèmes qu'elle crée elle-même par les moyens qu'elle déploie sans résoudre ceux inhérents à l'humanité. En laissant le privilège de la technoscience la fois à la classe dominante pour les pays capitalistes et à la course au rattrapage technologique sur le même modèle pour le système soviétique, le piège s'est peu à peu refermé sur les partis communistes et les syndicats de classe de l'époque qui laissaient croire que toute analyse critique de l'hégémonisme technologique n'était qu'objection petite-bourgeoise ou passéiste. Or il existe à présent l'idéologie écomuniste qui s'évertue à montrer que la notion de progrès est relative et qu'il n'y a rien d'irrationnel à s'opposer au progrès univoque d'une vision industrielle et marchande, mue exclusivement par un projet scientiste et marchand, en opposition avec un développement économique, social, culturel et artistique, susceptible de répondre aux véritables besoins humains. Voilà pourquoi il convient de redéfinir ces vrais besoins et d'intégrer aussi à la nécessité de satisfaire impérativement ceux qui nous procurent vie, ceux qui nous ouvrent à la vie.

De cette propension au scientisme marchand, naît un conflit entre besoins artificiels et besoins naturels. Dans le cas de l'instrumentalisation technologique, l'innovation se réfère à la mise en œuvre de méthodes qui transfèrent l'objet matériel aux besoins naturels, alors que, dans la démarche culturelle et artistique, on se réfère exclusivement aux valeurs et aux objets créatifs qui satisfont le désir inné de la découverte et de la conscience humaine. Ainsi, on peut établir une distinction entre les objets fabriqués pour le profit et la chose créée par un processus naturel de contentement et d'ouverture d'esprit. L'objet matériel produit pour le profit aliène, alors que l'objet culturel né de l'art et dépourvu d'intention mercantile libère, dynamise et désaliène. L'art et la culture sont les supports de l'épanouissement du peuple. Avec l'éducation, ils sont à la fois souffle de vie et outils fondamentaux de l'expression populaire authentique, savoir/créatif et savoir/vie. Ils ne sont pas loisirs. En permettant à l'être social de se construire et de se projeter dans l'avenir, c'est-à-dire dans ce que l'on se doit d'appeler le vrai projet de vie, ils deviennent intrinsèquement les supports d'une contre-culture.

Contre-culture dans le sens d'une désaliénation générale qui n'a que peu à voir avec le dadaïsme ou tout autre « contre-culture » petite-bourgeoise, qui n'ont pas vocation à émanciper l'individu mais à « libérer l'art » en refusant le culte de l'œuvre et en faisant exploser le cadre dans lequel on entend enfermer la beauté. Il ne s'agit donc pas de nous placer dans la critique kantienne de la faculté de juger et de distinguer les belles choses, ni de s'attacher exclusivement à cultiver notre goût pour une vision proprement imaginaire, activités auxquelles s'occuperait l'esprit tant il serait continuellement tenu en éveil par la diversité qui frappe notre regard. Certes, la beauté est partout. Et la déconstruction de l'idée d'un art conventionnel par les impressionnistes et plus tard par les dadaïstes n'était pas simple tentative subversive, ni œuvre déconnectée d'une véritable valeur esthétique. Mais à l'époque de la marchandisation et de l'industrialisation de l'art, cette tâche trouve ses limites dans l'expression de l'art contemporain qui ne fait, au mieux, que singer les dadaïstes et, au pire, divertir les foules abruties par l'expression marchande de l'œuvre. Au bluff s'ajoute parfois la nullité qui force les gens à donner de l'importance à ce qui n'en a pas, sous prétexte que ça ne peut pas être nul. En jouant sur l'incertitude du jugement esthétique, ils spéculent sur la culpabilité de ceux qui n'y comprennent rien. Le destin de « ces contestations artistiques » est d'autant plus éphémère que le geste iconoclaste de l'art contemporain devient simple idole du capital et se retrouve investi d'une valeur marchande qui annule sa soi-disant portée subversive. Poursuivre l'idée selon laquelle « *la beauté est partout* » et qu'on peut la trouver dans un objet apparemment quelconque, pour peu que l'on décontextualise celui-ci en lui ôtant sa valeur d'usage, ne va pas plus loin que de ridiculiser le concept de l'œuvre d'art elle-même.

La contre-culture que nous proposons n'a bien évidemment rien à voir avec cette comédie de la subversion ou avec l'art/propagande rendant étrangère la participation émotionnelle des sentiments individuels à la « *beauté pure* ». Elle est une porte ouverte au besoin de savoir ce qu'est éprouver un plaisir à laisser aller nos sentiments humains à l'essence même de la sensibilité objective d'une expérience proprement imaginative et poétique, collective et individuelle, en dehors de tout asservissement humain. C'est pourquoi toute notre analyse sur la nécessité de refonder le progrès humain n'est autre que la recherche du dépassement de la domination absolue du désir aliénateur du capital par une mise en perspective nouvelle de la satisfaction des vrais besoins, de l'éducation, de la culture et l'art.

II
La dimension altruiste du partage et ses conséquences bénéfiques à l'action et la santé

S'il est vraiment possible qu'en travaillant à restaurer la dimension altruiste du partage et de la fraternité, nous puissions favoriser l'émergence d'une nouvelle citoyenneté qui pèserait en retour favorablement sur notre capacité à agir et notre santé, alors, autant y regarder de plus près. Concernant la santé, cela suppose que patient et corps médical parviennent à s'émanciper d'une relation séculaire de soignant/soigné pour aller vers une responsabilité partagée et que les structures étatiques d'organisation de la santé soient transformées pour atteindre une nouvelle relation sanitaire aux différents âges de la vie. Ainsi, les soignants ne seraient plus des prestataires de services, mais des accompagnateurs/partenaires et dispensateurs de soins qui font sens et qui aident le soigné à distinguer l'essentiel de l'accessoire dans la maladie. Cela suppose également que nous soyons sortis de la marchandisation du corps et de la conception anglo-saxonne qui fait passer la relation à l'Avoir avant la relation à l'Être, allant jusqu'à proposer l'indicateur QALY qui se réfère non pas à la vie humaine indéterminée, ni à l'année vie, mais à l'année vie ajustée par la qualité de vie en tant qu'indice de choix coûts/avantages dans l'investissement hospitalier. Le Royaume-Uni n'en est plus à se demander s'il faut « marchandiser » les biens non marchands, mais comment en faire plus sans autre forme de procès.

Pour en revenir à notre questionnement initial relatif à la philosophie altruiste du partage et ses conséquences bénéfiques à l'action et la santé, il nous semble intéressant de montrer en quoi un tel corpus pourrait peser plus lourdement sur la politique des acteurs du grand marché transnational qui s'étend à présent à toute la sphère industrielle. Ne cachons pas cependant que le concept d'altruisme ne va pas sans générer ambivalence et ambiguïté. En effet, celui-ci a été utilisé dans la gestion des conflits sociaux. Dans ce cadre, il s'accomplit à travers la *méditation bouddhiste*, technique semble-t-il de plus en plus populaire et au-dessus de tout soupçon. Et si nous ne sommes pas obtus au point de ne pas percevoir de similitudes entre la méditation et certaines techniques de relaxation, le fait qu'elle puisse servir au maintien des liens de subordination dans l'entreprise ou être proposée à l'individu comme moyen global pour se sortir de tous les tracas grands ou petits de la vie, à commercer par celui du stress au travail, n'en fait pas *a priori* une alliée. Mais dans le système capitaliste, tout est transformable en profit. Voilà pourquoi la pensée altruiste ouvrant sur le partage a été dévoyée pour devenir, entre les mains du patronat, un concept « compatible » avec l'économie de marché.

De nombreux économistes anglo-saxons mettent en avant l'idée selon laquelle la voix de la raison ne serait pas la seule valable en économie et qu'il faudrait s'appuyer sur un des proches parents de l'altruisme : le *care*, puisqu'il est plein de sollicitude et permet d'imaginer un système qui ne soit pas fondé exclusivement sur la maximisation des intérêts égoïstes, tout en créant du lien dans la société sans remettre en cause la nécessité du marché. L'altruisme ou le *care* seraient même « *le fil d'Ariane qui relie le court terme à l'économie, le moyen terme à la qualité de la vie et le long terme à l'environnement.* » Selon eux, cultiver l'altruisme revient à exposer régulièrement son cerveau à une manière empathique de penser pour donner plus d'allant à l'économie consensuelle, jusqu'à la rendre positive. C'est dans le contexte actuel de crise généralisée que les lieutenants et autres petits caporaux du capital, cherchant de nouvelles alternatives intégratives sans toucher au sacro-saint marché, en sont arrivés, comme le sieur Attali, au concept *d'économie positive.* Comme notre intention n'est pas de caricaturer sa pensée, donnons-lui directement la parole : « *Comment trouver une voie de sortie à la crise systémique que nous traversons ? En passant à un nouveau modèle : l'économie positive. Une économie où les richesses créées ne sont pas une fin en soi, mais un moyen pour servir des valeurs supérieures, altruistes. Une économie au service des générations à venir, et qui favorise une croissance responsable, durable et inclusive. Une économie respectueuse de l'environnement, qui sera, enfin et avant tout, au service de la société.* »

L'autre versant du dévoiement de l'altruisme consiste à raviver l'esprit de charité en proposant une manière d'être qui conforte l'entraide au niveau individuel. Toutes les religions s'appuient sur ce précepte et, de ce point de vue, nous pouvons dire sans coup férir, citant Victor Hugo : « *On fait la charité quand on n'a pas su imposer la justice.* » Mais « ces nouveaux économistes » s'appuient aussi sur l'évolutionnisme et la neurologie en passant par la psychologie cognitive et l'analyse de données pour montrer en quoi la gestion des conflits sociaux peut être améliorée par l'altruisme car bien qu'inné chez l'homme, il peut aussi être créé de toutes pièces et aller dans le sens voulu par l'économie de marché.

Même si nous observons comme eux que la science est en mesure de montrer que l'altruisme est inné chez l'homme, voire présent chez certains animaux, l'intérêt que nous portons à la dimension altruiste du partage et à ses conséquences bénéfiques à l'action et la santé humaine n'implique pas d'aviver l'égoïsme à des fins mercantiles. Voilà pourquoi nous discuterons ce concept à partir des préceptes spinosistes et rousseauistes de *joie* et de *bonheur* que nous proposons d'apparenter à l'altruisme dont le terme, originellement employé par Auguste Comte pour décrire l'une des caractéristiques nécessaires d'une société meilleure, était inconnu à nos deux auteurs. Ainsi, Spinoza transcende la joie tout en se demandant comment mieux nommer celle qui naît du bien : « (...) *Cette proposition nous explique ce qu'est la Pitié, que nous pouvons définir comme étant la tristesse née du mal subi par autrui. Quant à la joie qui naît du bien qu'éprouve autrui, je ne sais comment l'appeler.* » Alors que Rousseau proclame à propos du bien : « *Je sais et je sens que faire du bien est le plus grand bonheur que le cœur humain puisse goûter.* »

La joie, contrairement à l'idée qu'on se fait du bonheur en tant qu'idéal, serait-elle simplement un vécu ? La joie selon Spinoza est bien un état, mais un état dynamique, non statique comme le bonheur. Et puisque ce sentiment a le mérite de se répéter, ne serait-il pas l'ingrédient déterminant du bonheur ? Une joie répétée ne ferait-elle pas, en quelque sorte, office de bonheur durable ? Si l'idéal du bonheur réside parfois dans un avenir lointain perçu comme une utopie, ou dans un passé mythique lui-même idéalisé, la joie appartiendrait-elle au présent comme une intensité vécue ? Selon Spinoza, si l'homme éprouve de la joie, c'est parce qu'il est capable d'acquérir de la perfection : « *La joie est le passage de l'homme d'une moindre à une plus grande perfection...* » En privilégiant ce que Descartes appelait déjà « *la joie intellectuelle* » en tant que connaissance – ou plutôt accroissement de la connaissance, qui procure la joie –, le savoir constitue la vraie liberté, l'autonomie, le bonheur, et devient, à travers elle, la seule dignité de l'homme. Voilà pourquoi, d'un point de vue spinoziste, il n'y a pas vraiment de différence entre la morale, le devoir et l'éthique du bonheur : « *Autant que le comporte la vertu humaine (l'homme libre) s'efforcera de bien agir et d'être heureux dans la joie* » (L'éthique IV). Ce « bien agir » (qui me semble fondamental) n'est autre que la recherche de ce que Spinoza nomme « l'utile propre ». Il ne s'agit pas de biens empiriques, imaginaires et aliénants, tels « les plaisirs, les honneurs et les richesses » issus de l'idéologie consumériste, mais au contraire d'un bien qui accroît la puissance de l'individu, qui rend possible la réalisation de soi selon un désir qui passe par la raison. Mieux que la jouissance brève, la connaissance débouche sur la joie qui se déploie comme une sagesse en perpétuel progrès. Il y a en Spinoza une recherche intellectuelle vivante et matérielle à éprouver de la joie comme le prolongement d'un espoir par rapport à notre propre existence, qui tisse un lien étroit avec l'action de créer, nous donnant une puissance de faire et d'être au-delà de la béatitude et de la contemplation. Parce que par la joie nous créons justement l'être, nous donnons à l'existence sa plénitude et sa plus grande dimension. En même temps que cette recherche de « l'utile propre » nous éloigne de l'égoïsme et nous rapproche d'autrui, l'accord avec autrui se fait dans la félicité instaurée par la seule raison, c'est-à-dire par une éthique rationnelle dont la vertu n'est autre que la générosité : « *Le bien que tout homme recherchant la vertu poursuit pour lui-même, il le désirera aussi pour les autres...* » (Ethique IV). Ainsi s'effectue exemplairement chez Spinoza le passage de l'individuel au collectif. On est alors autorisé à remplacer le mot générosité par altruisme et ceux de « l'utile propre » par vrais besoins, éclairant peu à peu la dimension spécifique à la joie qui augmente notre puissance d'agir pour répondre à des désirs utilement humains. L'altruisme du partage, tout comme la joie, augmente notre « force d'exister » et de lutter. En même temps qu'il pousse le corps et l'esprit vers l'action pour atteindre la félicité, il nourrit notre santé.

Si l'on regarde du côté de Rousseau, le bonheur serait-il seulement cette recherche de sérénité constante tournée vers un idéal difficilement réalisable ? En fait, il nous invite à faire l'histoire de l'égalité dans l'histoire de l'humanité et c'est dans cette démarche historique qu'il va préciser le lien entre égalité et bonheur. Pour lui, la conscience d'être égaux peut conférer aux individus une profonde satisfaction. Il y aurait donc un bonheur propre à l'égalité. Dans une longue dédicace au début du *Discours sur l'origine de l'inégalité*, il s'adresse à la République de Genève et y vante le bonheur qu'apporte à tout citoyen « *un gouvernement démocratique sagement tempéré qui sauvegarde autant que faire se peut une certaine égalité* ». Rousseau se plaît à évoquer le bonheur serein qu'engendrent les relations égalitaires et à propos de son père, un artisan genevois dont il fait un portrait idéal, il écrit : « *Mon père, je l'avoue avec joie, n'était point distingué parmi ses concitoyens, il n'était que ce qu'ils sont tous* ». Et s'adressant aux magistrats de la ville, il rappelle que : « *Des hommes de cette trempe sont vos égaux par l'éducation ainsi que par le droit de la nature et de la naissance* ». L'égalité de Rousseau invite au bonheur commun des citoyens. Par ailleurs, il met à nu la souffrance liée à l'inégalité, surtout la souffrance morale, et place le bonheur dans l'expérience de relations égalitaires même rares, décrivant les situations où elles peuvent s'établir. Avec Rousseau, le bonheur est pensé comme un idéal politique naissant de l'égalité, laquelle apparaît comme étant le statut naturel de tous les hommes. Le questionnement de Rousseau nous porte vers un autre questionnement, celui de la difficulté de mettre en œuvre à l'échelle du monde réel les projets qu'échafaude la raison. Mais son idée de bonheur égalitaire se limite-t-elle à un espace défini par l'îlot d'une égalité pratiquée comme simple expression d'un vœu dans un univers hostile à cette idée ? Lorsqu'il nous dit, parlant d'un État virtuel : « *Celui dont chaque membre peut être connu de tous* », cela ne signifie pas qu'il cantonne le bonheur né de l'égalité à de petits territoires. Son souhait de retourner *à l'éden perdu et à l'âge d'or,* à l'état de nature *comme havre de paix propice à l'épanouissement de l'homme*, n'est pas lié qu'à la lyre du passé. Il ouvre l'être vers un bonheur, certes fugitif, mais précieux : *une vie simple et paisible* vécue comme une aptitude à être heureux en harmonie avec la nature et en bonne santé dans un monde d'égalité.

Cette ouverture de l'être vers le bonheur me semble contenue dans cet extrait de l'*Émile ou De l'éducation* : « *Tout sentiment de peine est inséparable du désir de s'en délivrer ; toute idée de plaisir est inséparable du désir d'en jouir, tout désir suppose privation, et toutes privations qu'on sent sont pénibles, c'est donc dans la disproportion de nos désirs et de nos facultés que réside la misère. Un être sensible dont les facultés égaleraient les désirs serait un être absolument heureux (...). En quoi donc consiste la sagesse humaine ou la route du vrai bonheur ? Ce n'est pas précisément à diminuer nos désirs ; car, s'ils étaient au-dessus de notre puissance, une partie de nos facultés resterait oisive, et nous ne jouirions pas de tout notre être. Ce n'est pas non plus à étendre nos facultés, car si nos désirs s'étendaient à la fois en plus grand rapport, nous n'en deviendrions que plus misérables : mais c'est à diminuer l'excès des désirs sur les facultés, et à mettre en égalité parfaite la puissance et la volonté. C'est alors seulement que, toutes les forces étant en action, l'âme cependant restera paisible, et que l'homme se trouvera bien ordonné.* » Ainsi, pour Rousseau, ce qui rend les hommes malheureux est déduit des causes de notre « misère » et des moyens de parvenir au bonheur, ce dernier résultant de l'état de satisfaction sans reste que ne peut ressentir un être dont la puissance égale les désirs. Alors, il faut et il suffit de travailler à régler nos désirs sur nos facultés, c'est-à-dire de chercher à ne désirer que ce qu'il est en notre pouvoir d'être acquis ou d'être accompli. Après Aristote et Spinoza, Rousseau souligne qu'il y a une joie à être dans l'action, à déployer tout son potentiel, à faire passer à l'acte toute la puissance qui est nôtre et que l'effort même par lequel on déploie sa puissance est en lui-même source d'un plaisir de vivre et d'être soi qu'un désir trop facilement satisfait ne permet pas de connaître. Le bonheur de Rousseau est à la portée de tous, car il réside dans la vie courante. Il dépend de l'intensité avec laquelle l'évènement est vécu et non de l'évènement en soi. Voilà bien deux éthiques de la joie et du bonheur qui confortent notre intuition de départ quant à la dimension altruiste du partage et ses conséquences bénéfiques à l'action et la santé. En exerçant notre esprit doué de raison au partage qu'est l'égalité, les affects deviennent positifs autant qu'actifs, puisqu'ils résultent de causes adéquates, c'est-à-dire conformes à la nature du sujet. Ils sont à la fois un événement du corps et de l'esprit et expriment notre vraie nature. Cela ne nous empêche pas d'analyser, sur un autre plan que celui de la réflexion philosophique, l'effet de l'altruisme et du bonheur sur nos comportements, en allant voir du côté de la science – bien que philosophie et science soient complémentaires –, puisqu'il semblerait que ces sentiments encouragent l'expression de gènes favorables à la santé, alors que ceux des égoïsmes feraient l'inverse. Plusieurs études ont montré que le bonheur influence divers paramètres physiologiques comme l'activité cardiaque, la durée de vie et la défense contre les infections. Les mécanismes impliqués dans cette relation restaient encore obscurs jusqu'au jour où une équipe scientifique de l'université de Californie à Los Angeles a réussi à éclaircir en partie le mystère. Ses résultats, publiés dans la prestigieuse revue américaine *Pnas*, établissent un lien entre le fait d'être heureux, mais aussi la manière d'être heureux, l'expression des gènes et le fonctionnement des cellules. De précédents travaux avaient seulement souligné que les sentiments « négatifs » comme la peur ou le désarroi modifiaient des gènes dans les cellules immunitaires et permettraient de dégager un profil génétique, appelé « profil transcriptionnel face à l'adversité » *(Conserved transcriptional response to adversity)* CTRA, caractérisé par une augmentation des gènes impliqués dans la réponse inflammatoire et une diminution pour ceux jouant un rôle dans la réponse antivirale. Dans une nouvelle étude, ces scientifiques ont étudié l'effet d'émotions positives sur le profil CTRA, à partir de 80 adultes considérés pour les uns comme eudémonistes « altruistes » et pour les autres comme hédonistes « égoïstes », sur l'expression génomique de leurs cellules immunitaires. Les résultats sont d'autant plus surprenants que généreux et narcissiques présentent des profils CTRA opposés. *A contrario* des émotions « négatives », le bonheur génère une baisse de l'expression des gènes responsables de l'inflammation et une hausse de celle des gènes antiviraux. Alors que les heureux égocentrés présentent un profil CTRA similaire à celui provoqué chez des individus affectés par des sentiments noirs. Ce qui fait dire à Steven Cole, directeur de l'équipe de recherche : « *Les deux types de personnes sont sur le même plan émotionnel, mais leurs profils d'expression génétique sont différents. Le génome humain serait donc plus sensible à la manière dont nous atteignons le bonheur que notre cerveau lui-même.* » Le sentiment de bien-être agit donc sur nos gènes et stimule notre système immunitaire, mais le « bonheur » se différencie en deux types distincts. Et seul l'altruisme serait capable d'influencer le génome humain. Nous voyons bien en quoi ces résultats scientifiques, qui valident la fameuse expression de Voltaire : « *J'ai décidé d'être heureux parce que c'est bon pour la santé* », peuvent être utilisés par les adeptes de « l'économie positive pour accroître la politique intégrative « du bon salarié » dans l'entreprise, mais en quoi ils peuvent aussi conforter notre volonté d'agir à partir de la dimension altruiste du partage pour un véritable changement de société.

III
La restauration et le développement d'un environnement sain

« *Nous assistons actuellement* (...) *à une aggravation de la pauvreté, de la faim, de l'état de santé et de l'analphabétisme, et à la détérioration continue des éco-systèmes* (...) *Mais si nous intégrons les questions d'environnement et de développement et si nous accordons une plus grande attention à ces questions, nous pourrons satisfaire les besoins fondamentaux, améliorer le niveau de vie de tous, mieux protéger et mieux gérer les écosystèmes et assurer un avenir plus sûr et plus prospère.* » (...) « *Les êtres humains sont au centre des préoccupations relatives au développement durable. Ils ont droit à une vie saine et productive en harmonie avec la nature* (...) *Pour parvenir à un développement durable, la protection de l'environnement doit faire partie intégrante du processus de développement et ne peut être considérée isolément.* »

À qui pensez-vous pouvoir attribuer ces belles et généreuses déclarations ? Je vous le donne en mille ! Aux gouvernements présents à la Conférence des Nations unies sur l'environnement et le développement de Rio de Janeiro en juin 1992 : *Principes 1 et 4*, conférence mondiale qui en précéda bien d'autres (dont la liste non exhaustive vous a déjà été présentée) et dont la 21e, qui se tiendra à Paris en novembre et décembre prochains, nous abreuvera aussi, soyons-en sûrs, de belles et généreuses déclarations de principe. L'enfer n'est-il pas pavé de bonnes intentions ? Le crédit que nous pouvons accorder aux gouvernements, quant à leur capacité à protéger les écosystèmes et à nous assurer un avenir plus sûr, est si faible que nous serions bien inspirés de chercher ailleurs notre « salut » si nous aspirons réellement à obtenir de nouveaux droits économiques, sociaux, culturels et environnementaux, indispensables à notre dignité et notre intégrité.

Cependant, la nature quelque peu superfétatoire de ces déclarations ne doit pas nous conduire à occulter un aspect important de la question : la nécessité pour tous les êtres humains de disposer d'un droit inaliénable à un environnement sain. La première tentative d'instaurer un droit international de l'environnement au XIXe siècle était exclusivement focalisée sur la conservation de la vie sauvage. Et ce n'est qu'en 1972, à la Conférence de Stockholm, que ce droit a été consigné dans un document connu sous le nom de *Déclaration de Stockholm*, au demeurant jamais concrètement appliqué malgré ses 26 principes, 109 recommandations de son alléchant préambule : « *L'homme a un droit fondamental à la liberté, à l'égalité et à des conditions de vie satisfaisantes, dans un environnement dont la qualité lui permette de vivre dans la dignité et le bien-être. Il a le devoir solennel de protéger et d'améliorer l'environnement pour les générations présentes et futures.* » On croit rêver.

En juin 1992, vingt ans après Stockholm, la conférence de Rio de Janeiro ne s'en tint pas qu'à de vaines déclarations d'intention. Elle donna lieu à la participation sans précédent – en marge de la conférence – de milliers d'organisations non gouvernementales altermondialistes venues du monde entier, qui soulignèrent l'aggravation de la pauvreté, notamment dans les pays du Sud, les inégalités et le chômage massif qui accompagnaient les problèmes environnementaux, et firent des propositions alternatives contre la globalisation néolibérale ; ce type d'initiatives a toujours cours dans les conférences internationales sur le climat. Par ailleurs, plusieurs conventions cadres, signées entre 1985 en 1992, connurent quelques applications concrètes, notamment l'arrêt des substances chimiques qui appauvrissent la couche d'ozone et le contrôle partiel des mouvements transfrontaliers de déchets dangereux et leur élimination. Quant à la convention concernant la stabilisation des concentrations de gaz à effet de serre dans l'atmosphère à un niveau qui empêche toute perturbation anthropique du système climatique, ou bien celle consistant à conserver la diversité biologique ou à encourager l'usage d'une répartition juste et durable des bénéfices tirés des ressources génétiques, elles furent et ne sont toujours que vœux pieux. En 1989, le PNUE (Programme des Nations unies pour l'environnement) dresse une liste de 139 traités et conventions, dont la plupart n'ont pas encore été mis en œuvre à ce jour. Quoi qu'il en soit, ces dispositions ont peu de valeur dans la mesure où on ne peut les faire valoir devant les tribunaux. Donc, la dégradation de l'environnement causée par les activités économiques et sociétales se poursuit d'autant plus qu'elle est accompagnée dans de nombreux pays de violations des droits civils et politiques, incluant le non-accès des citoyens à l'information et à la liberté d'expression et d'association. Dans la plupart des cas, le développement industriel et l'exploitation des ressources pétrolières, gazières ou minières se sont faits au détriment des populations, allant parfois jusqu'à l'assassinat des membres de certaines communautés, l'expropriation sans indemnisation, le harcèlement ou l'intimidation. Souvenons-nous de l'exécution en 1995, par le régime militaire nigérian, de Saro-Wiwa et huit de ses collègues, coupables d'avoir tenté d'empêcher le saccage écologique et économique de leur pays, avec ses terribles conséquences sur les populations les plus déshéritées, et de lutter contre la rapacité des compagnies pétrolières. Ces quelques exemples prouvent, s'il en était besoin, que les peuples ne sauraient s'en remettre aux gouvernants et aux multinationales pour sauvegarder leurs droits économiques, sociaux et écologiques. Le droit à l'environnement sain ne sera vraiment un droit que lorsque les peuples en mouvement seront prêts à chasser les usurpateurs du capital et leurs sbires de la sphère publique et industrielle de chaque pays.

Donc, à ce jour, aucune avancée significative n'a eu lieu concernant l'application du droit à un environnement sain et son réel assainissement, malgré les actions et les luttes des peuples et des associations non gouvernementales pour que de nouvelles mesures soient prises, notamment sur :

- la planification spatiale de la gestion des risques,
- l'évaluation participative des impacts de toutes les activités anthropiques sur l'environnement,
- la création d'un système de suivi des activités préventives et de développement contre la dégradation de l'environnement,
- l'implantation, locale et nationale, d'un mécanisme juridique permettant à tous les citoyens de porter plainte concernant la violation de leur droit à l'environnement sain,
- la participation des citoyens à tous les stades du processus de décision concernant l'environnement et l'accès à l'information sans restriction, etc.

Mais en tentant de faire tenir ces mesures dans le cadre même de l'impact du capitalisme sur l'environnement, on ne fait que déplacer les problèmes. Le fait que le capitalisme utilise la planète comme une ressource propre au capital et une immense poubelle, et qu'il soit capable d'abandonner un écosystème après l'avoir irrémédiablement dégradé pour se réfugier dans un autre, signifie que la nature n'est pour lui qu'une source de profits. Et il n'y a aucun espoir que cela change sans changer de système économique et politique. Car le capitalisme ne peut fonctionner que si certains de ses coûts fondamentaux ne sont pas acquittés. Le rapport de l'administration Bush en 2002, intitulé *Climate Action Report*, en est un bon exemple, puisqu'il stipule en substance que : « *L'absence de liens de causalité clairs entre dégâts environnementaux et dégradation des conditions de production économique a contribué, via l'analyse standard coûts bénéfices, à justifier une politique d'adaptation au réchauffement climatique, plutôt qu'une politique d'adoption de mesures destinées à ralentir la progression du réchauffement climatiques (qui auraient augmenté les coûts de production).* »

Alors, que faire ? Car démontrer que l'oligarchie profite du système capitaliste et n'a aucun intérêt personnel à modifier ce modèle de consommation pour améliorer l'environnement ne saurait suffire. Pas plus qu'une dévalorisation grossière des théories d'abandon du capitalisme ne laisse supposer que nous serions favorables à un retour à l'âge de pierre ou à la bougie. Des alternatives pour remplacer le modèle capitaliste par un système politique, économique et social fondé sur le partage et la solidarité et non sur l'individualisme et le profit sont donc nécessaires, au-delà des revendications visant à obtenir des améliorations dans les mesures environnementales dont nous venons de parler. Et, pour utiles que soient les sociétés coopératives de production, les jardins partagés, les groupes d'épargne solidaire, etc., ils ne sauraient prétendre à changer fondamentalement la situation.

Certains proposent de sortir du capitalisme mais pas de la société de marché. Outre le fait que nous nous sentons peu armés pour l'action à la lecture de ces diatribes et à répéter que l'économie de marché sans profit n'est pas l'économie de marché, que le profit induit le capitalisme, et que le capitalisme n'est pas réformable, nous ne sommes pas plus avancés. Nous devrions même dire : nous sommes d'autant plus égarés. Taxer les hauts revenus, réclamer plus de justice et d'harmonie sociale, améliorer l'efficacité des produits, inclure dans le prix des biens produits l'impact écologique, diminuer la production... soit, mais en quoi cela nous prépare-t-il à sortir du capitalisme si la clé du vrai développement durable passe par là ?

Il ne s'agit pas non plus de se réfugier dans la politique du tout ou rien car nos propositions ne sont nullement exclusives des actions que nous venons de lister, mais plus intrusives à l'égard du capital, en ce sens qu'elles entendent le combattre sur et hors son propre terrain. Il ne suffit donc pas de « peindre la chambre en vert dans la maison de gauche », qu'elle soit « plurielle » ou « durable ». Ou de dire que malgré la croissance de la richesse produite dans le monde, la pauvreté explose, ou encore de montrer que le productivisme débridé que nous subissons conjugue parfaitement croissance, inégalités sociales et mise en cause de l'écosystème. Car comme Marx l'a déjà souligné : « *À une masse croissante de richesse matérielle peut correspondre un décroissement simultané de sa valeur* », et sa valeur se rapporte non pas à son usage, mais aux rapports sociaux qui déterminent la production et la mise en circulation de la marchandise. Le constat pour nous est donc très clair : un mode de production et de développement durable et soutenable pour la satisfaction des vrais besoins humains n'est possible qu'à la condition de s'affranchir du capitalisme.

L'hésitation face à cette question n'est pas permise. Démonstration est faite par rapport au vécu de tous les peuples exploités par le capital, que le productivisme et le pseudo-consumérisme ne peuvent conduire ni à la désaliénation des hommes, ni à leur droit à un environnement sain pourtant proclamé d'une manière solennelle par la quasi-totalité des gouvernants du monde entier. C'est parce que le capital est congénitalement incapable de respecter les cycles écologiques, leurs rythmes et la vitesse de reconstitution des ressources, la dignité et le respect des êtres humains et de l'ensemble du monde vivant, que l'expression même d'un capitalisme écologique est un oxymore. Il n'y a pas de troisième voie possible. Les tentatives d'améliorer le dérèglement climatique par des mécanismes de marché ou par des avancées technologiques étalent tous les jours un peu plus leur inefficacité et leur injustice sociale. L'antagonisme entre capital/travail et entre capital/environnement, qui est au cœur de la crise actuelle, n'est pas évident à percevoir pour les « citoyens lambda » en raison des masques et des ruses que le capitalisme utilise pour les tromper. D'autre part, une décroissance absolue prônée par certains écologistes qui restent dans le cadre d'une économie de marché ne ferait qu'entériner, voire aggraver les inégalités actuelles sans pour autant résoudre les questions environnementales. Cela exprime bien, à l'encontre de la majorité des penseurs écologistes et réformistes de tous poils, le fait que ni la technologie ni l'aménagement par la décroissance dans le cadre de ce système ne peuvent être la solution au problème. Celle-ci viendra seulement de notre capacité à changer la nature et la logique capitaliste comme mode de production spécifique. Et de notre faculté à expliquer et à faire partager dans les luttes l'idée que l'équilibre harmonique entre l'homme et l'environnement ne peut être résolu sans travailler à une nouvelle révolution contre le capital.

Voilà pourquoi nous disons avec force qu'il n'y a pas d'autre chemin que le combat conscient et coordonné de tous les opprimés contre l'ennemi de classe. Dans ce combat, la mise en œuvre par les travailleurs et les peuples d'un éco-munisme émancipateur et d'une révolution maîtrisée, tels que nous allons l'expliciter dans le prochain chapitre, a toute sa place.

IV
La lutte pour la mise en œuvre d'un écomunisme émancipateur et d'une révolution maîtrisée

La révolution sera la floraison de l'humanité
comme l'amour est la floraison du cœur.
Louise Michel

Esquisse d'une polémique idéologique

Soyons francs. En pleine crise économique et montée des droites, la lutte pour la mise en œuvre d'un écomunisme émancipateur au cœur même du capitalisme mondialisé semble un truisme. Nous sommes plus près du néofascisme et d'un troisième conflit mondial que d'une révolution prolétarienne. À ceci près que la révolution maîtrisée que nous proposons s'inscrit dans un processus atemporel qui ne conforte pas l'illusion d'une transformation gravée dans le marbre. Et même si les peuples que le capital contraint semblent se tourner – tout du moins dans certains pays de la zone euro les plus durement frappés par la crise – vers des partis condamnant les politiques d'austérité, leur niveau de conscience politique n'est pas encore suffisant pour changer la donne. Certes, chaque étape du combat social est une expérience de plus pour les travailleurs. Mais le vrai combat révolutionnaire contre le capital est fait d'avancées liées à l'éclosion de la conscience de classe, tout autant qu'aux actes et aux pratiques mises en œuvre pour changer la vie. Il préexiste quelles que soient les circonstances historiques. Il doit pénétrer à l'intérieur du moralisme économique libertaire bourgeois ou du néofascisme montant comme un suc salvateur, prêt à essaimer au cœur du mauvais fruit. En ce sens, nous appelons révolution la réalité modifiée de l'ensemble des logiques de l'idéologie dominante comme un tout établi sur l'action de la conscience de classe maîtrisée.

La question qui nous est posée n'est donc pas de savoir s'il faut s'en tenir à l'action républicaine ou à la lutte armée pour sortir du capitalisme, mais de comprendre que l'idée de la pratique démocratique doit dominer tous nos actes libérateurs, quelles que soient les contraintes que le capital fait peser sur les travailleurs pour s'imposer. La pertinence de l'écomunisme émancipateur tient à sa capacité à placer la démocratie au premier plan de la révolution maîtrisée et à en faire l'arme essentielle de l'inter-pouvoir contre l'antidémocratie.

Cela est d'autant plus vrai que ceux qui devraient œuvrer pour un changement de société – je veux parler des partis de gauche dont le mot même est aujourd'hui inapproprié – n'ont plus pour objectif de sortir du capitalisme. L'internationale socialiste et ses sbires ont non seulement travaillé à déplacer les luttes sociales sur le terrain sociétal, mais mis en cause, aux côtés de la droite, les acquis sociaux issus des luttes de 1945, affaibli la nation sous prétexte d'intégration européenne, encouragé l'individualisme dans et hors le procès de production, fustigé la morale révolutionnaire qui articule production collective et satisfaction des besoins fondamentaux, tout en remettant en selle les adeptes du néofascisme. Quant à ceux que les médias présentent comme la gauche radicale, ils proposent seulement d'aménager le capitalisme à la marge. Or l'histoire nous montre que le capitalisme n'est pas aménageable et que le temps des intercrises, pendant lequel il est possible aux travailleurs de préserver ou de consolider leurs acquis sociaux, suppose un haut niveau d'organisation syndicale sur des bases de classes et la présence d'un mouvement politique révolutionnaire en prise avec les travailleurs de leurs pays et des autres pays. Mais, bien évidemment, nous ne nous trouvons plus dans ce champ particulier de l'histoire. C'est pourquoi il est assez pathétique d'entendre le président du mouvement de la gauche européenne reprocher aux socialistes d'opter pour un libéralisme à tout crin, alors que le mouvement qu'il préside ne fait que prendre la place de la social-démocratie qui a progressivement abandonné sa propre idéologie pour verser purement et simplement dans le libéralisme. La question que ce mouvement devrait se poser, c'est quel est le bilan des politiques réformistes à travers l'histoire et en quoi ont-elles contribué à faire reculer le capitalisme au niveau national et international ? La réponse étant contenue dans la question, la seule conclusion logique à tirer de cette situation est que malgré la pseudo-radicalité de ces nouveaux réformistes, leurs tentatives de moins mauvaise répartition des richesses sans chercher à sortir du système marchand en crise généralisé n'apporteront au mieux qu'un court répit pour les travailleurs en voie de paupérisation absolue et un « recul » conjoncturel consenti par les mentors européens pour désamorcer les révoltes sociales des peuples durement frappés par les mesures d'austérité, et au pire, une tactique du capital, comme cela fut le cas dans les années 1930, pour aiguiser les couteaux du néo-fascisme montant, prêt à prendre le pouvoir le moment venu.

Je dis tout cela sans acrimonie, surtout après avoir tenté de démontrer combien il est difficile de changer les bases de la nouvelle société capitaliste marchande et surtout quelle est sa capacité à affaiblir, voire à pervertir ses ennemis de classe. Il ne s'agit donc pas d'un simple point de vue, mais d'une analyse politique, économique, sociale et culturelle qui cherche à tirer des enseignements des conditions dans lesquelles se déroule l'histoire. Il n'est pas exclu, compte tenu de la situation mondiale particulièrement dégradée dont les travailleurs sont les principales victimes, que leur soutien électoral, se portant conjoncturellement sur cette gauche dite « radicale » aux propositions sociales-démocrates de type keynésien, fasse provisoirement illusion au niveau européen. Pour autant, ni la crise du capitalisme n'en sera atténuée, ni le système de production et de consommation de masse sélective n'en sera affecté. Par conséquent, rien ne sera réglé sur le fond.

Mais qu'on ne s'y trompe pas, la réalité est tenace, et l'espoir, à terme, d'inverser la tendance est permis, malgré ce travail de déconstruction des acquis et signes révolutionnaires, magistralement analysé par notre camarade et ami Michel Clouscard en 1981 dans son livre *Capitalisme de la séduction* – qui prend encore du champ aujourd'hui et atteint un niveau que même un Pétain en son temps, tenant Juin 36 pour responsable des faiblesses du pays, n'aurait peut-être pas imaginé. À condition, bien évidemment, que derrière cette revanche de l'« individuel » contre le collectif et le glissement réformiste des communistes ou anciens communistes, s'ouvre un nouveau champ idéologique de lutte de classe. Si la grande bourgeoisie égoïste, hypocrite et inculte, a réussi à ringardiser les luttes révolutionnaires par un renversement inédit de l'histoire, le détricotage de la lutte des classes au profit de la lutte des *ego* – en particulier à travers la « *middle-class* » – n'est pas irréversible. Même s'il est déjà fortement entamé et conforté par les réformistes devenus libéraux.

« L'enjeu parabole » avancé dans le livre III *L'écomunisme* et les dérives nouvelles analysées ici rendent compte de cette déconstruction fondamentale qui porte le capital à s'appuyer sur la toute-puissance de l'image et sur l'attrait de la consommation de masse pour illusionner et façonner l'individu à l'idéologie mercantile et nombriliste libérale-libertaire malgré la dure réalité de sa condition humaine et les conséquences désastreuses sur la santé et l'environnement. Ruses parmi les ruses, elles n'en sont que plus dangereuses, compte tenu de la place occupée par les nouveaux médias dans l'hyper concentration des moyens de communication et de propagande entre les mains quasi exclusives des grands groupes aujourd'hui. L'idéologie capitaliste balise aux quatre coins du monde l'inconscient humain de ses nouveaux signes. Ce coup de génie de la bourgeoisie, qui entend réduire la dynamique révolutionnaire de classe à l'idéologie libérale-libertaire ex-soixante-huitarde en lâchant du lest sur le terrain des mœurs en échange d'un libéralisme économique débridé, ne réussit pas pour autant à endiguer la crise structurelle. Quant aux autres ruses, si nombreuses soient-elles : colonialisme, barbarie, taylorisme, fordisme, keynésianisme, crédit, surendettement, financiarisation, accaparement des terres et des principales sources énergétiques, « tourisme des déchets », nouvelle gouvernance mondiale, etc. – largement analysées dans *le livre IV* –, elles ne font, au mieux, que retarder l'inéluctable déclin du capitalisme sans signifier pour autant le début d'un changement de société. Il faudra pour cela, comme en tout temps et en tout lieu, une longue et dure guerre de position des peuples pour que nous puissions nous engager sur le vrai chemin de l'émancipation humaine.

Ce qui est avancé ici ne fait que résumer la pensée de la plupart de ceux qui se positionnent sur des bases révolutionnaires. Alors pourquoi y revenir ? Parce que beaucoup parmi nous ne sont pas encore sortis de l'idée du parti unique, du marxisme convenu, du suivisme et de la pensée du Chef. Pour tous les autres, la stratégie du *Compromis historique* a cheminé dans les têtes plus que dans la vraie vie et débouché, à la grande satisfaction de la bourgeoisie italienne et mondiale, sur la fin annoncée du PCI et de la plupart des partis communistes. Le regret, si regret nous devons avoir, n'est pas tant dans la perte quasi irréversible d'une sorte de contrefaçon historique du communisme que dans la perte progressive de toutes les bases militantes sans lesquelles tout changement de société semble exclu. Ce retour critique sur la dérive idéologique sectaire ou sociale-démocrate du communisme au niveau mondial ne doit pas nous faire oublier celui, plus nécessaire encore, sur les pratiques, l'abandon des enjeux de classes et le sens concret de tous ces objectifs. Car il ne suffit pas de dire « plus jamais de réformisme » pour appréhender la trahison sociale-démocrate, « plus jamais de Staline » pour cerner les errements du stalinisme, « plus jamais de socialisme réel » pour percevoir l'ampleur des dérives de l'ancien bloc de l'Est. Le « prêt-à-porter » de l'idée même de révolution vient de loin et doit être déconstruit pour pouvoir à nouveau avancer. Sans quoi, comme l'a déjà dit Clouscard, la polémique ne saurait servir « de prolégomènes au sérieux de l'étude théorique ». Voilà pourquoi j'avais déjà cherché à approfondir ce sujet dans *les livres II, III et IV* : *La Reconquête du partage, l'Écomunisme* et *La Fin du capital*. D'ailleurs, notre critique ne plaide pas pour une reconstruction du marxisme, mais plutôt pour un prolongement de la pensée marxienne à partir de nouvelles temporalités qui n'étaient pas présentes chez l'auteur du *Capital*. S'employer à transformer les bases d'une organisation révolutionnaire ne peut être qu'une entreprise périlleuse, j'en conviens. Et ce sentiment m'habite au moment même où l'idée de la création d'un mouvement d'alternative écomuniste semble de plus en plus nécessaire. Sans doute est-ce pour cela que m'apparaît plus indispensable que jamais la nécessité du faire ensemble.

Cependant, la véritable polémique idéologique dont je veux parler ici concerne plus précisément les forces du capital qui opposent sans faiblir l'idéologie du désir et du profit aux forces productives plutôt que ces porteurs de la vieille distinction « gauche/droite » dont l'essentiel de l'idéologie se réduit, comme nous venons de le voir, à une hypothétique meilleure « répartition des richesses » et une improbable réduction des inégalités. Pourtant, l'idéologie est plus que jamais le cœur historique du combat de classe. Pour comprendre en quoi celle-ci est portée par le seul capital et à travers lui par cette sorte d'homogénéisation de la classe politique assistée par sa cohorte médiatique, il faut revenir sur la question de la vraie nature du capitalisme contemporain. Car si l'histoire du capitalisme, comme nous l'avons vu, n'est qu'une longue suite de crises, entrecoupées de périodes plus « fastes » : crise de 1873-1890 (suivie de la « Belle Époque », 1890-1914, qui aboutit à la Première Guerre mondiale et la révolution russe), crise de 1929-1939 (avec les tentatives avortées des fronts populaires et sa « clôture » par la Seconde Guerre mondiale, la révolution chinoise et l'embellie des Trente Glorieuses de 1946-1970), crise de 1977-1991, dite « pétrolière » (avec sa petite accalmie de 1991-2008, terminée par la crise des « *subprimes* » qui se poursuit et se poursuivra inexorablement bien au-delà de la décennie), cela signifie qu'au stade actuel de la crise généralisée, sa probable implosion n'est pas une vue de l'esprit.

Ce qui change fondamentalement avec le capitalisme contemporain, c'est que sa forme antérieure : *le capitalisme monopoliste d'État,* décrit par Rosa Luxembourg et Lénine, a évolué en un temps très court vers un gigantesque processus de concentration du capital productif et surtout vers la centralisation du contrôle des capitaux indépendamment de la nature de leur propriété, sans que les États à leur botte cherchent à en limiter la portée. Contrairement aux apparences, il n'existe plus de diversité entrepreneuriale indépendante ou proprement nationale. Désormais, ces activités sont réduites au rôle forcé de sous-traitants des grands groupes internationaux dominants. Cette stratégie d'unicité des monopoles à l'échelle mondiale sert essentiellement à canaliser, orienter et optimiser la rente monopoliste qui, ne pouvant plus s'investir dans la production compte tenu de la crise de suraccumulation du capital à l'origine des déséquilibres fondamentaux entre l'offre et la demande, entretient le pompage général des profits au détriment de la croissance économique. C'est ainsi que les conséquences de la crise sont très douloureuses pour les travailleurs, notamment à travers l'austérité et le chômage, alors que la finance tire bénéfice de cette situation en se nourrissant de la dette publique qui devient une véritable rente pour elle. Prétendre, dans ces conditions, sortir de la crise, est aussi ridicule qu'imaginer faire vivre le système capitaliste en dehors de toute possibilité de profit.

Dans ce contexte, non seulement les pays développés animés par la « Triade » États-Unis, Europe, Japon, connaissent un ralentissement net de leur croissance, mais les pays émergents (Chine, Russie, Inde, Brésil, etc.), dont on nous dit qu'ils constituent le redéploiement du capitalisme et la nouvelle construction d'un monde « multipolaire », rentrent en réalité en conflit avec eux dans la mesure où ils travaillent de leur côté à la construction d'un système national souverain. Ces pays émergents (principaux pourvoyeurs de matières premières) sont, au même titre que la Triade, intéressés par l'innovation technologique et les ressources naturelles énergétiques et minières. Et pas seulement d'un point de vue commercial – toujours négociable –, mais d'un point de vue militaire. Guerres du Golfe, Irak, Lybie, Syrie, Ukraine, et à présent le Yémen, ne sont que les prémices d'un conflit larvé plus global au centre duquel s'articule cette nouvelle stratégie. Quant aux pays du tiers-monde, en pillant leurs ressources minières et pétrolières, en accroissant la paupérisation, en entretenant la corruption et en instrumentalisant l'éthnicisation et les explosions populaires, le capital les contraint à une sorte de « *lumpen-développement* ».

Sans prétendre ici à l'analyse géostratégique – pour laquelle le lecteur est utilement renvoyé au chapitre II du livre III : *L'écomunisme*, et chapitre III du livre VI : *La fin du capital* –, disons que la liste de ces conflits peut à tout moment s'élargir compte tenu de l'évolution de la crise et de la nécessité pour la Triade de maintenir son *leadership* mondial. Le temps présent n'a donc que l'apparence d'un temps désorienté dans la mesure où il ne propose à la jeunesse et aux travailleurs qu'une entrée limitée et précaire dans l'entreprise ou son exclusion. L'axe fondamental du système capitaliste n'est autre que la soumission de tous les travailleurs et acteurs de la vie civile aux principes de l'aliénation de classe à travers l'exploitation humaine et le profit.

Cette orientation majeure, bien que plus caractéristique encore dans les périodes contre-révolutionnaires, comme celle que nous vivons depuis l'approfondissement de la crise structurelle camouflée en crise pétrolière et bancaire, est en fait le propre de la vision du capitalisme historique. Voilà pourquoi nous sommes face à ce paradoxe inédit de l'histoire : l'urgente nécessité pour le capital d'intégrer tous les éléments de vie sociale et productive à l'idéologie libérale-libertaire du consumérisme et du désir tout en se gardant bien de parler d'idéologie, ou mieux, en fustigeant toutes les idéologies et plus particulièrement l'idéologie communiste.

Dans le fond, mis à part l'idéologie libérale-libertaire pratiquée et non assumée en tant qu'idéologie par le capitalisme des monopoles, que reste-t-il de l'idéologie révolutionnaire – je veux parler de cet idéal porté par les peuples dans ces séquences antérieures où s'exprimait leur volonté d'émancipation ? Peu de chose. Ou plutôt si, toutes ces vérités et contre-vérités qui font qu'il se réduit aujourd'hui à une simple hypothèse. La Révolution française, la Révolution d'octobre, la Longue Marche, portaient un bloc idéologique qui parlait aux hommes et femmes opprimés de leur temps. Il s'articulait autour de concepts et projets concrets qui avaient pour ambition de changer le monde. Et l'idée égalitaire, la nécessité de mettre un terme à la royauté ou aux États coercitifs, ainsi que celle de s'appuyer sur l'action populaire et révolutionnaire organisée, s'imposaient.

Que sont devenus ces principes fondateurs ? Car n'allons pas dire qu'en ces temps les choses étaient plus simples et que les peuples avaient plus de ressources intellectuelles et organisatrices pour renverser la table. C'est tout le contraire. Sauf sur un point : leur conviction inaliénable à vouloir sortir du système féodal et, plus tard, du capitalisme. Voilà pourquoi ce dernier s'ingénie à rendre illisibles toutes ces séquences antérieures. Aussi, ne tombons pas dans ce piège. Les incontournables leçons, que nous devons tirer des errements parfois dramatiques de ces périodes révolutionnaires, ne sauraient se réduire à une sorte de pathologie criminelle de quelques soi-disant « buveurs de sang » interdisant toute véritable compréhension politique comme nous y invite le capital corrupteur. Rendre ces périodes lisibles est tout autre chose. Et doit être entrepris sans tabous, comme nous avons tenté de le faire dans l'ensemble de nos analyses, avec l'intime conviction que seule la vérité historique est apte à nous aider à remédier à leurs impasses.

Par conséquent, posons-nous la question de leur visibilité, indépendamment du jugement tendancieux que portent sur elles ses ennemis irréductibles. Et surtout posons-nous la question plus essentielle de l'impact réel de ces falsifications historiques sur la conscience de classe et l'acceptation par les peuples des nouvelles orientations libérales-libertaires avancées par le capital prédateur. Certes, le marxisme-léninisme doit être dépassé par l'écomunisme, mais comme celui-ci a dépassé à un certain moment de l'histoire la Révolution française, c'est-à-dire sans pour autant jeter aux orties l'esprit des Lumières.

La question qui nous est donc posée n'est pas tant de savoir si ce communisme là continue d'avoir ou pas une valeur humaniste (notamment en ce qu'il nous aide à penser la sortie de l'exploitation de l'homme par l'homme), mais de reconnaître dans son interprétation ses limites historiques à nous sortir de la base matérielle de la disparition des classes et des hiérarchies sociales, face à un capitalisme manipulateur.

Le communisme avancé par les tenants du « socialisme réel » est donc bien un précepte à dépasser sur la base d'orientations nouvelles qui nous permettront d'élever le niveau de conscience politique et la responsabilisation des peuples pour sortir du capitalisme afin d'aller plus sûrement vers une société d'émancipation humaine. Ainsi apparaît plus clairement la nécessité de gagner la bataille idéologique. Et quel meilleur moyen pour y parvenir que de chercher à prolonger le paradigme de la pensée marxienne qui formalise l'authentique altruisme du communisme, tant vilipendé et combattu par les forces de domination agraire et marchande depuis la fin du néolithique, en plaçant à nouveau au cœur des luttes : *la reconquête du partage.*

Définition, enjeux et fondements de l'écomunisme émancipateur

Sur plan le lexical – nous l'avons vu, la formation du néologisme *écomunisme* s'appuie sur le préfixe *éco* tiré du grec ancien *oîkos* (signifiant « maison ») et d'une racine latine dérivée du substantif *munus* (renvoyant au devoir, à l'office, à l'emploi, mais évoquant aussi « la fonction » ou la « tâche »), lui-même issu d'une racine indo-européenne *mei* (signifiant « changer », « aller », « échanger », se référant aux échanges de biens et de services dans une société selon les lois et les règles établies), auxquels s'ajoute le suffixe – *isme* (dans le sens de « doctrine »). C'est donc à partir de ce nouveau paradigme que nous avons pu introduire l'idée de la maison (la terre) de la mise en commun des biens et des services dépassant la conception dirigiste du « communisme » avancée par le marxisme-léninisme. Quant à sa définition, nous pourrions la résumer en trois axiomes principaux :

- Tout d'abord, l'idée que si l'évolution est inéluctable, le progrès, lui, l'est d'autant moins que l'idéal du bonheur ne peut advenir dans un monde en conflit ni dans la progression technique portée par la concurrence et le profit qui font avancer la communauté humaine à reculons, alors que le sens du progrès est d'être utile à la satisfaction des vrais besoins de l'homme.
- Ensuite, et sans nier la portée de l'idée égalitaire, cette vérité fondamentale de l'égale différence qui permet à tout être humain d'adhérer au principe d'égalité tout en affirmant sa différence non dans la concurrence haineuse qui nous sépare des autres, mais dans la coopération fraternelle qui nous relie positivement à eux.

- Enfin, la conviction que pour sortir du système d'exploitation et d'aliénation du capitalisme, nous devons construire ensemble, dans les luttes, les conditions de notre propre émancipation par l'apprentissage du partage.

Le sens concret que nous accordons à la notion d'écomunisme peut donc tenir dans cette définition lapidaire : *L'écomunisme est la recherche du progrès utile à la satisfaction des vrais besoins de l'homme dans le strict respect du milieu naturel, la reconnaissance de son égale différence et la mise en œuvre de l'apprentissage du partage collectif des biens et des services.*

L'écomunisme entend donc être cette réponse nouvelle aux enjeux de classe de la marchandisation absolue d'un capitalisme contemporain en crise généralisée et à la caricature de tous les pseudo-socialismes. Il ne s'agit donc pas de clouer au pilori « le socialisme réel », comme le font ignominieusement la cléricature médiatique et la plupart des gouvernants du capital, mais de montrer en quoi il est utile d'en cerner les errements afin de revenir dans le courant de l'histoire.

Pour préciser ces enjeux, reprenons et développons les trois axiomes qui définissent l'écomunisme :

- le progrès vraiment utile à l'homme,
- l'égale différence,
- l'apprentissage du partage.

Hormis la satisfaction des besoins fondamentaux de l'homme : travailler, se nourrir, se loger, se soigner, s'éduquer, mise en place dans la première phase socialiste « *de chacun selon ses capacités à chacun selon son travail* », notre philosophie se différencie de la seconde phase du communiste de l'abondance « *de chacun selon ses capacités à chacun selon ses besoins* » qui sous-tend un mode de développement productiviste ne tenant compte ni de la contrainte environnementales, ni d'une approche culturelle nouvelle du vrai sens de progrès. De cette non-limitation productive vient sans doute l'empressement du capitalisme à nous donner à croire que richesse et abondance sont les seuls piliers de la nécessité humaine. N'oublions pas la période de guerre froide où la compétition entre les tenants du « socialisme réel » et le capitalisme portait essentiellement sur les questions de la production économique, technologique et militaire. D'ailleurs, n'est-ce pas cette compétition qui a fait naître dans l'esprit des travailleurs l'acceptation de l'abondance spéculative tirée de la plus-value générée par leur travail comme un pas néanmoins accompli vers un meilleur monde matériel, les emmenant peu à peu à ne revendiquer qu'une plus juste répartition des richesses produites et non un réel changement de société ? Voilà pourquoi l'objectif du capitalisme de remplacer la lutte des classes par le consumérisme libéral libertaire (le frivole au détriment du sérieux) s'en est trouvé facilité. Là était le piège de la nouvelle bourgeoisie que l'idéologie communiste n'a pas su ou voulu contrecarrer malgré l'alerte de Clouscard dès le début des années 1970. Qu'on se comprenne bien, il n'y a pas d'un côté la joie rabattue par l'écomunisme et de l'autre l'abondance du communisme ou l'hyper joyeuseté capitaliste qui confine à la jouissance du banquier et de ses ouailles spéculant sur le dos des travailleurs. Le retour vers une philosophie ouverte à la recherche du vrai sens de la vie suppose de ne pas la cantonner aux seules contingences matérielles, mais de l'ouvrir sur l'idée « d'hégémonie culturelle » (chère à Gramsci) afin de la rendre plus exaltante que le triste sort réservé à *homo oeconomicus* et de faire en sorte qu'elle nous permette de construire une vie dans laquelle le bouleversement de la superstructure culturelle et politique capitaliste soit mise en œuvre. Cela nous pousse à réfléchir à une nouvelle organisation des tâches, en particulier la suppression de la différenciation oppressive entre travail intellectuel et travail manuel qui est la base concrète de la disparition des classes et des hiérarchies sociales. Mais aussi à organiser l'action politique sans qu'elle soit soumise à un pouvoir d'État, issu de la seule représentation du peuple par des élections, et à substituer à la propriété bourgeoise la gestion socialisée d'une propriété collective qui tente d'approfondir sans fin l'invention démocratique. À ce stade de la réflexion, et pour éclairer plus avant la notion du vrai sens de progrès humain, nous reprendrons à notre compte la citation d'Engels selon laquelle « *La liberté, c'est savoir reconnaître ce qui est nécessaire.* » Ainsi, en remplaçant simplement le mot liberté par celui de progrès, s'ouvre un champ de réflexion qui va bien au-delà du singulier concept : « *À chacun selon ses besoins.* »

En ce qui concerne le concept d'égale différence avancé par l'écomunisme, il révolutionne celui d'égalité de la théorie communiste qui confond égalité et égalitarisme dans une sorte de pensée monolithique nous privant de la richesse de toute la diversité humaine. Poussé à l'extrême, on en arrive aux gardes rouges de la Révolution culturelle et au-delà, à l'insupportable épisode génocidaire de la révolution cambodgienne. Sans doute cela vient-il des origines de l'histoire révolutionnaire, à commencer par cette centralité jacobine qui fonde la Révolution française. Il est des moments de l'histoire où le recul ne permet pas de comprendre que tous et chacun n'égalent pas un lorsque l'on veut chasser le roi ou l'empereur. Des moments de l'histoire où il est plus important de considérer le nombre que l'individualité. Mais l'unique sans le nombre n'est pas apte à être unique. En cela, le concept d'égale différence n'affadit pas le mythe égalitaire, mais cherche au contraire à le transformer en une réalité concrète sans dénaturer l'individu.

Enfin, venons-en à la question de l'apprentissage du partage avancé par l'écomunisme. Comme nous l'avons souligné dans les livres II et III, le partage n'est pas un acte de foi, mais une fonction. À la fois suppression de l'objectif de la propriété privée et de la concurrence marchande, avec leurs corollaires douloureux (la guerre, les injustices, l'exploitation humaine, l'aliénation sous toutes ses formes), il est surtout le passage sans lequel rien de vraiment humain ne peut être accompli ou celui à partir duquel se formalise l'idée de libération et de révolution. Dans notre esprit, le partage est l'essence même de la valeur humaine. C'est l'art de penser la vie à travers la part de l'autre et l'apport pour l'autre. La fonction du partage dépasse la seule symbolique du pauvre, éternel exploité du monde face au riche, par laquelle la rédemption se ferait par le rachat de leurs fautes passées. Elle va bien plus loin qu'un simple toilettage de la logique révolutionnaire sur le déshérité et la métamorphose de l'ennemi sous les traits exclusifs de l'actionnaire spéculateur. Elle ne s'en tient pas à l'idée qu'un système est haï parce qu'il génère la paupérisation sur la base d'inégalités qu'il convient de rétablir par une décroissance qui aurait la vertu de rapprocher les sans-terre du tiers-monde des petits paysans occidentaux. Non ! Si la fonction du partage peut créer une société plus vertueuse, c'est uniquement parce qu'elle est la contradiction la plus aboutie de deux pôles irréconciliables de la réalité humaine : le capital et le travail. De ce point de vue, les « communistes du socialisme réel » n'en ont pas compris toute la portée. En privilégiant dans leur conception étatique la centralisation des pouvoirs pour accélérer la production, non seulement ils ont réduit l'émancipation des travailleurs aux objectifs du parti, mais ils ont cru que seul le productivisme pouvait satisfaire les besoins des travailleurs et générer l'adhésion des masses à l'idée du communisme. Ils s'en sont tenus aux clichés théoriques sur les bienfaits supposés du collectivisme sans imaginer la nécessité d'un apprentissage progressif de l'expérience collective s'appuyant sur la diversité des capacités individuelles de chacun pour nourrir la démarche générale. Car nous aurions tort de considérer qu'il suffit de changer les règles de fonctionnement du pouvoir et de socialiser la production des biens et des échanges pour que disparaissent tous les stigmates du capitalisme. Il faudra pour cela un long réapprentissage de l'appropriation collective et la mise en œuvre de règles communes qui intègrent une nouvelle éthique et esthétique du désir. Voilà pourquoi nous avançons l'idée que la libération authentique de l'homme ne peut advenir qu'à travers la singularité humaine de l'épanouissement de tous les autres et que l'acte consenti de l'apprentissage du partage en est la forme la plus achevée.

Mais pour comprendre pleinement toutes les raisons de la conceptualisation de l'écomunisme, il nous faut revenir également sur tous les enjeux qui bloquent aujourd'hui l'avancée révolutionnaire, en particulier :

- cette perversion permanente des signes révolutionnaires réduits à une caricature et pas seulement au nom de la défaite des pouvoirs verticaux qui incarnaient le marxisme-léninisme, mais avec la volonté d'empêcher le surgissement de toute pensée alternative ;
- cette volonté farouche d'imposer à l'ensemble de la vie civile et productive une forme de gestion prétendument juridique qui est celle de la propriété privée, de la concurrence sauvage, des égoïsmes, donnant à l'économie et à l'argent une place omnipotente ;
- cette usurpation des mots, véritable abus de langage de la classe bourgeoise à travers sa cléricature médiatique, pour ne pas dire le double sens permanent que celle-ci s'ingénie à leur donner et qui tient lieu de propagande honteuse en ce qu'elle est foncièrement non assumée.

Nous devrons revenir aussi :

- sur ce qui nourrit le temps des crises, avec la montée des intégrismes, des néofascismes, et sur l'exigence morale que suppose toute avancée émancipatrice, en montrant en quoi le capitalisme ne peut échapper au jugement moral de l'histoire ;

- sur l'abandon de la lutte des classes par ceux-là mêmes qui en revendiquaient la charge.

Analyser toutes les méthodes et les pratiques de perversion que le capitalisme met en œuvre, c'est se donner les moyens de comprendre ce qui se cache sous le masque de la duplicité de son idéologie et de sa propagande. Notamment à travers ce double sens des mots, dont nous venons de parler, qui nous renvoie au travestissement orchestré de la réalité des temps obscurs de l'irrationalité.

Là se trouve la source d'un danger que nous aurions tort de prendre à la légère. Car bien que ceux qui en véhiculent l'esprit ne soient pas à proprement parler des ignares, ni même de simples fabricants d'anglicismes ou de vils tortionnaires de la langue française, tous, sans exception, sont de pervers sophistes au service exclusif de l'idéologie du capital. Celle qui avance masquée pour travestir, abâtardir, contourner, esquiver, nier, dénaturer la réalité objective. Les luttes et signes révolutionnaires de tous les temps historiques, qui furent porteurs – certes, avec leur part d'ombres et de turpitudes – d'espoir et d'utopie, parfois réalisée, sont caricaturés et vilipendés. Bien sûr, ils n'osent pas encore faire les choses en grand et portent, à travers leurs mots biaisés, la part de vices et de mensonges distillée avec parcimonie, tant est qu'ils se doivent de bien servir le régime des crapules qui les ont adoubés. Il n'est qu'à voir ces marionnettes politiques, d'un bord et de l'autre, n'ayant pour mobile que le m'as-tu-vu, sorte de lutte des glaces en lieu et place de la lutte des classes, s'adonner sans retenue à cette vile et dégradante politique spectacle. Ainsi, à travers le mélange des genres, le sérieux devient frivole, alors que le frivole ne deviendra jamais sérieux.

Dans cet espace maquillé, la propagande gouvernementale communiste diffusée par les petits haut-parleurs du coin des rues, encore en œuvre dans certains pays d'Asie, paraît bien dérisoire face aux nouveaux moyens de communication entre les mains d'un capital prédateur et déterminé qui, avec le concours de sa cléricature médiatique et de ses intercesseurs politiques, veut en finir une bonne fois pour toutes avec la lutte des classes. Certes, ce formatage idéologique et pervers ne fonctionne que parce qu'il est nourri par d'autres supports technologiques et industriels en amont de la révolution informationnelle autorisant la fabrication en série de produits dits de « grande consommation » et répondant à la demande libérale-libertaire de l'après 68. La chute du mur de Berlin et l'abandon progressif de la lutte des classes par le principal parti, qui était censé l'incarner, ont contribué à nourrir cette ligne libérale-libertaire et donné du champ à tous ceux qui avaient intérêt à détruire les véritables signes révolutionnaires, à commencer par le capital. La verticalité saisissante du fonctionnement des pays de l'Est et des différents partis communistes, doublée du culte de la personnalité, n'a fait qu'ajouter à la caricature et conduit ces derniers à changer par pur mimétisme leur structure interne. Un peu comme s'il fallait donner des gages à la ligne libérale-libertaire, alors que la plupart des structures étatiques portent la marque du culte du chef à travers les diverses constitutions qui accordent des pouvoirs exorbitants au président de la République ou au Premier ministre que la plupart des partis communistes, aux côtés des sociaux-démocrates, ont finalement cautionnés.

En fait, le fond de la question, au-delà de la dévire sociale-démocrate de toute la gauche et de l'avancée du courant libéral-libertaire, c'est l'évolution de la gestion de la propriété privée imposée par les contradictions de l'accumulation capitaliste qui portent la concentration du capital à un niveau de plus en plus élevé, passant outre l'hypothétique régulation étatique. L'ère de « l'État providence » entre deux crises structurelles n'est plus de mise. Avec la révolution culturelle techno-économique, il faut que le capital avance sans faiblir ses propres signes et surtout ceux qui étaient jusqu'à présent les plus éloignés des classes laborieuses : l'individualisme, l'égoïsme et la compétition tous azimuts, donnant à la réussite personnelle, à l'économie, au consumérisme, au désir égocentré et à l'argent roi le label de la modernité. En quelques décennies, le capitalisme a réussi à pervertir l'anarchie, dénaturer le communisme, mettre en concurrence les travailleurs au niveau local, régional, national, international, réduire les plus fragiles d'entre eux à l'esclavage. Il a instrumentalisé tous les intégrismes et signes religieux, allant jusque et y compris à pactiser avec les plus despotiques, se servant même de certains d'entre eux pour affaiblir en son temps l'Union soviétique et tenter de détourner les travailleurs aujourd'hui des véritables raisons et enjeux de la crise. Voire à s'appuyer sur des dictatures pour garantir sa consommation pétrolière, minière et gazière afin d'asseoir son hégémonie économique et militaire tout en réduisant par la force celles qui n'entendaient pas céder à son diktat, créant ainsi les conditions du développement des guerres fratricides entre des factions religieuses rivales. C'est cette politique délibérée qui exacerbe le fanatisme religieux, lequel essaime à présent à travers tous les continents, entraînant son lot de radicalités ostentatoires et culturelles, d'attentats terroristes, de misère et d'immigration, qui nourrissent à leur tour d'autres extrémismes et permettent le retour des nationalismes haineux et xénophobes, sans compter la paupérisation des peuples des pays les plus impactés par la crise et les impérialismes, en particulier ceux du continent africain ou du Proche et Moyen-Orient. C'est dans ce contexte que l'idée perverse et désastreuse de la dédiabolisation des néofascismes a vu le jour et que la décadence civilisationnelle du capital entend remplacer les véritables signes révolutionnaires par le chaos et le néant. Revenir sur l'essence profonde du temps des crises, c'est donc non seulement se donner les moyens de mieux combattre ce système pervers, mais c'est aussi nous aider à mieux comprendre pourquoi, en instrumentalisant les intégrismes et les néofascismes, il entend se donner les moyens d'empêcher toute perspective alternative au changement de société, tout en s'ouvrant la possibilité d'une sortie de la crise par la confrontation des peuples et la contrainte.

Voilà pourquoi on peut dire que le capitalisme est l'instrument de profit et de cupidité entre les mains duquel l'esprit de fraternité et de solidarité de l'espèce humaine risque le plus de mourir. C'est tout cela qui nous pousse à ne plus le laisser agir sans lui demander des comptes. D'autant que notre exigence d'émancipation recèle les signes qui fondent le sens moral de l'homme : l'altruisme et le partage. Reculer sur ces valeurs humaines fondamentales serait donner du champ à celui d'entre tous qui en a le plus manqué à ce jour ; ce serait permettre au capital d'échapper au juste jugement de l'histoire.

Pour creuser plus avant les fondements du concept d'écomunisme qui cherche comment s'émanciper de ce monde avilissant et prédateur du capital tout en proposant à chacun et à tous de devenir les acteurs conscients du nécessaire changement de société, reprenons, en les synthétisant, les dix idées fortes développées dans le chapitre V du livre III : *L'Écomunisme.*

1- *L'évolution est inéluctable mais pas le progrès.* L'évolution est un compromis entre la mécanique implacable de la répétition du patrimoine génétique et l'environnement. Le poids de l'histoire y joue un rôle tout aussi important que sa logique interne. Voilà pourquoi l'inéluctable évolution du vivant ne recoupe pas spontanément la notion de progrès. Pour mieux éclairer ce qu'est le progrès, montrons tout d'abord ce qu'il n'est pas. Revisitions l'époque de l'Allemagne nazie où le capitalisme prédateur s'en est retourné aux âges les plus sombres de la barbarie et témoignons d'un présent qui fait du progrès, non pas un projet pour améliorer la condition de tous, mais un objet de jouissance personnelle. La preuve est donc faite qu'une communauté humaine peut avancer à reculons. Or le progrès, comme nous l'avons déjà souligné dans la partie *Subordination moderne au progrès marchand régressif*, ne peut s'exprimer qu'à travers un mouvement collectif qui l'engage vers un dessein réellement humain. Alors que sciences et techniques entre les mains du capital peuvent se développer en une sorte de croissance accumulative qui s'inscrit dans une logique de concurrence et de profit, condamnée à la seule nouveauté qui n'est que progression technique et non progrès véritablement utile à l'homme.

2 – *L'idéal du bonheur ne peut advenir dans un monde mercantile et concurrent.* Seul l'homme collectif, libéré de la société de classes et d'un ordre fondé sur la recherche exclusive du profit, peut faire fi de l'argent et partir à la découverte d'un monde dans lequel il y a plus à gagner à être mieux ensemble qu'à avoir plus, seulement pour soi ; un monde dans lequel l'homme ne se cantonne pas aux seules contingences économiques et matérielles, mais aspire à forger un progrès transcendant ouvert sur la culture, la connaissance du vivant et la réalité cosmique.

3 – *La pensée marxiste est incontournable, mais sa compréhension erronée et sa mauvaise interprétation, réduites aux seules réalités économiques, ont montré leurs limites pour nous sortir du capitalisme.* En effet, les conséquences de la crise sur la vie des travailleurs ne se cantonnent pas aux seules questions économiques, elles interagissent avec les aspects sociaux, sociétaux, culturels, moraux et politiques, lesquels se traduisent, sous la pression du courant libéral-libertaire, par un affaiblissement de classe et une paupérisation accrue.

4 – *Les contradictions des divers courants révolutionnaires doivent être surmontées si l'on veut sortir du capitalisme.* D'autant que *l'écomunisme* se refuse à croire que le Parti unique serait le garant d'une révolution maîtrisée. C'est pourquoi nous proposons de rassembler dans un espace collectif tous les courants de pensée révolutionnaire : organisations politiques, culturelles, associations citoyennes, etc., dont l'objectif est de sortir du capitalisme, afin de poursuivre ensemble les divers projets et actions régissant tous les aspects de la vie publique, sociale et sociétale.

5 – *Les expériences révolutionnaires communistes nous montrent les limites du volontarisme, de l'éducation, et les contraintes de l'étatisme pour changer la société.* Changer durablement la société ne saurait se limiter à l'action économique et moins encore à s'en remettre, après un vote, à un ordre étatique. La construction de l'être social dépend tout autant de ses rapports sociaux, de son savoir et de ses expériences concrètes, que de la capacité qu'a la nouvelle société révolutionnaire à l'ouvrir ou pas à la participation pleine et entière de tous les aspects de la vie civile et politique. C'est pourquoi l'organisation sociale et l'école ne peuvent être émancipatrices que dans la mesure où les valeurs dominantes du capital sont contraintes par les valeurs collectives, et les savoirs théoriques et appliqués, subordonnés à la vie solidaire et à la préservation de l'environnement naturel. Pour en permettre l'expression, nous devons nous appuyer sur une éthique et esthétique nouvelle du désir et une *école corrélative* ouverte sur un monde social compris comme une communauté démocratique en construction dans laquelle l'organisation politique et gouvernante s'appuie sur un *communalisme* impliquant la participation de tous à la gestion de la cité et le recensement des vrais besoins humains grâce à des associations et des mouvements de citoyens, tout en promouvant le mandement impératif comme outil politique.

6 – *Il faut s'appuyer sur l'égale différence coopérative pour refonder la société humaine.* En tant qu'espèce, nous sommes tous égaux. À la naissance, notre patrimoine génétique est équivalent à celui de n'importe quel autre individu, pourtant nous sommes tous différents. Le marxisme-léninisme proposait à partir de la dictature du prolétariat une révolution intronisant l'égalitarisme. Il fonctionnait comme une sorte de concept d'uniformisation et un parti centralisé qui avait la charge de décréter le bonheur tout en contraignant l'individu. L'*écomunisme*, au contraire, propose de s'appuyer sur l'expression naturelle de notre égale différence et la participation de tous à l'élaboration collective et la réalisation de nos projets d'émancipation pour construire une société de partage sans classe et sans État.

7 – *Pour atteindre cette société sans classe et sans État garante des libertés humaines, le réapprentissage du partage est incontournable.* Or, dans la société néolibérale, l'idée de partager plus équitablement les fruits de la croissance

semble retenir l'attention de certains idéologues prétendument progressistes, et même celle du mouvement de la gauche européenne et du mouvement des Indignés. Ce marché de dupes ne rendra pas le capitalisme plus réformable aujourd'hui qu'hier. Dans notre esprit, comme nous l'avons déjà souligné, le partage n'est pas un acte de foi, mais une fonction. Il formalise l'idée de libération de l'homme et la suppression de la propriété privée. Son potentiel de solidarité remarquable, avec ses deux fonctions principales : mutualisation de nos compétences et activation de l'entraide indispensable pour faire face aux dégâts générés par le capitalisme, permet de se familiariser avec la réalité du non-profit. Il s'agit donc de mettre en œuvre sans attendre, à l'intérieur même du capitalisme, de nouveaux rapports sociaux et humains entre citoyens dans lesquels les notions d'argent et de profit n'ont pas cours, avec comme point central l'idée de consolider les liens de solidarité aptes à nous préparer à la sortie de ce système prédateur et au-delà. Cela n'a donc rien de commun avec l'économie « solidaire » ou « collaborative » qui n'est qu'un versant de l'économie marchande.

8 – *Pour construire la pluralité citoyenne d'une société sans classe et sans État, il faut que grandisse l'esprit de la laïcité.* Cela suppose de l'engager bien au-delà d'un simple cantonnement arbitral de la liberté de conscience liée à l'égalité de traitement de celui qui croit au Ciel et de celui qui n'y croit pas. Et cela jusqu'au point où, devenue une force active et conciliante, elle nous aide concrètement dans notre quête d'émancipation humaine.

9 – *Il ne peut y avoir de développement harmonieux des sociétés sans la préservation des équilibres biosphériques qui régissent les états naturels de la planète.* Pour autant, nous n'entendons pas utiliser la nature comme un argument d'autorité ou un principe de sauvegarde n'autorisant qu'un avenir en régression. Nous prenons simplement acte que la multiplicité des usages du monde nous oblige à une articulation plus raisonnable entre l'homme et la nature. C'est pourquoi l'impact significatif sur l'écosystème de l'ensemble des activités anthropiques nous conduit à réfléchir à une nouvelle façon de produire pour répondre aux besoins fondamentaux des hommes et des femmes.

10 – *Pour aller vers la révolution maîtrisée, l'appui du peuple aguerri est nécessaire.* Sans entrer dans un débat sibyllin, disons simplement que le mot peuple sous-tend la dimension d'une multiplicité d'hommes et de femmes agissant ensemble et recelant une charge politique qui lui vaut d'être mobilisée pour envoyer des messages forts. Cependant, nous avons conscience combien le capital, avec tous ses moyens de corruption médiatique et marchands, peut fragiliser certaines couches populaires ou moyennes et les éloigner de la lutte des classes. Voilà pourquoi, même si toute action révolutionnaire ne peut réussir qu'avec l'assentiment et la participation du plus grand nombre, le peuple aguerri, qui a déjà une expérience militante et citoyenne, a un grand rôle à jouer dans

la prise de conscience et la participation active de tout le peuple pour nous sortir du capitalisme. Enfin, disons que même si la rencontre de l'expression révolutionnaire et du peuple n'obéit pas au seul volontarisme, elle demeure cependant étroitement liée aux rapports de classe imposés par le capitalisme et progresse plus encore quand l'évènement politique et social apparaît. Mais pour que ce dernier survienne, il ne suffit pas de l'attendre. Il faut collectivement y travailler.

Par conséquent, il nous faut nous atteler à la création d'un mouvement alternatif *écomuniste*, capable à mettre en œuvre un mode d'organisation permanent, associant tous ceux qui veulent :

- sortir du capitalisme et lutter pour l'avènement d'une société émancipatrice, laïque, solidaire et internationaliste ;
- se réapproprier collectivement tous les moyens de production et d'échange ;
- combattre le néofascisme, le racisme, la xénophobie, l'intolérance et l'atteinte à la liberté d'expression,
- contribuer à l'autodétermination des peuples et à la fraternisation entre tous les hommes et les femmes quelles que soient leur ethnie, leur communauté, leur croyance ;
- rejeter toutes les guerres, toutes les formes de subordination, toute exploitation de l'homme par l'homme et tout asservissement humain ;
- placer la dignité, le respect de la personne humaine, la culture, l'esprit de la raison et de la vraie démocratie au centre de leur combat ;
- construire en commun une société nouvelle sans classe et sans État dans le prolongement de la pensée marxienne, fondée sur la recherche du progrès vraiment utile à l'homme, l'égale différence et l'apprentissage (ou réapprentissage*) du partage.

Pour autant, nous devons savoir que nous ne luttons pas à armes égales avec un capitalisme dont la crise systémique s'aggrave et la révolution culturelle techno-économique s'approfondit. De plus, nous savons que ce dernier tente d'inféoder l'ensemble des peuples au consumérisme et à l'idéologie du désir par une aliénation de masse au progrès marchand régressif. Voilà pourquoi, sans refuser tous les autres moyens politiques, syndicaux, juridiques et constitutionnels à notre portée pendant la période que nous qualifions « d'inter-pouvoir », il est impératif, pour atteindre une nouvelle phase historique, de décaler notre combat sur le plan d'une solidarité de classe non marchande en capacité de gripper progressivement la société dite de libre marché.

Sans verser dans l'optimisme béat, soyons confiants dans l'avenir, car nous arrivons à un carrefour de l'histoire où l'émancipation et la dignité humaine

---

*C'est pour des raisons de commodité de langage que nous avons généralement utilisé le terme *« d'apprentissage »* concernant la notion de partage plutôt que celui, pourtant plus approprié, de *« réapprentissage »*, dans la mesure ou nous avons pu montrer dans le Livre II *« La reconquête du partage »*, que l'acte de partager était inné chez l'homme.

sont la seule possibilité pour l'homme de retrouver sa véritable humanité. C'est donc en apprenant à vivre cette inversion des codes sociaux et sociétaux, et à combattre ceux imposés par le capitalisme au plus grand nombre, et en organisant sans attendre nos solidarités actives dans un vaste mouvement d'émancipation humaine, que pourra se faire notre avancée vers la future société. En agissant ainsi, nous pourrons réellement mesurer, à travers tous les préceptes de cette nouvelle démarche, l'utilité de l'action de groupe pour l'humanité et valider, ou pas, la dimension révolutionnaire de *l'écomuniste*.

Conclusion

Drapée dans les miroitants habits de la subordination du monde au progrès marchand régressif, la nouvelle révolution culturelle techno-économique libérale, entamée dès le XXe siècle, est au cœur d'une déconstruction qui tente d'inhiber la conscience de classe des travailleurs contre toute alternative d'avenir. C'est en partant de cette perversion fondamentale quasiment ignorée des analyses marxiennes que notre posture idéologique s'enrichit.

Ainsi, la suprême ruse du capitalisme qui tente de surmonter la contradiction fondamentale entre surproduction et suraccumulation du capital par la mise en œuvre de la marchandisation absolue est démasquée. Notamment, la séquence qui injecte au cœur de la consommation de masse les produits dits de la rareté et l'ensemble des moyens matériels et humains de communication de très haute technologie répondant à l'idéologie formatante de la jouissance et du désir, y compris en direction des plus démunis, touchant même ceux qui fuient leurs pays gangrenés par la misère et la corruption pour un hypothétique eldorado occidental. Cette stratégie, supposée contenir à la fois la lutte des classes des travailleurs les plus impactés par la crise et limiter la surproduction des produits industriels dits classiques, ne fait qu'amplifier la paupérisation et les problèmes liés à la santé humaine et aux déséquilibres biosphériques, sans pour autant juguler la crise généralisée.

À l'opposé d'un processus écomuniste qui a comme valeur universelle la libération de l'individu de tout assujettissement marchand, la « modernisation » capitaliste n'est autre que la colonisation et la satellisation des esprits par la culture des égoïsmes et l'omnipotence du profit. Mais, paradoxalement, cet espace d'aliénation globale, qui creuse un fossé de plus en plus grand entre des centaines de millions d'êtres humains privés de ressources minimales pour satisfaire leurs besoins vitaux (si ce n'est à rêver à travers l'image virtuelle véhiculée par l'enjeu parabole de l'autre côté du jouir) et la minorité de ceux qui ont fait de la fonction d'acculturation et de déshumanisation générale le principe même de leur prospérité, entraînera à terme un retour massif et plus exigeant de la lutte des classes.

Alors que le couple marchandisation générale et *objectivation d'une nouvelle aliénation de masse* cherche à pérenniser le capital, la paupérisation massive qu'il génère pousse inéluctablement les exclus du système à la révolte. Ce double mouvement n'est pas une vue de l'esprit. L'actualité sociale, politique, économique et militaire en témoigne. Et même si trop nombreux sont encore ceux qui s'accommodent de ce système, voire l'adoubent, la voie de la contestation est ouverte. Il ne tient qu'à nous de la transformer en révolution maîtrisée.

Toute la question est donc contenue dans cette contradiction fondamentale : la marchandisation aliène, mais l'aliénation ne résiste pas à l'élan vital des plus paupérisés qui se révoltent plus pour échapper à la mort qu'à la marginalité, même si brille encore au fond de leurs yeux la quête d'une consommation de masse dont ils sont pourtant exclus.

Là se trouve l'essence même de la compréhension de l'autre révolution du possible : désaliéner l'individu par le combat contre le capital et désaliéner le combat contre le capital par l'apprentissage d'un partage non marchand sans attendre que le capitalisme soit tombé. Grâce à cette dialectique de l'interaction et de l'ordonnancement des priorités humaines, apparaît tout d'abord l'urgence de la satisfaction des besoins vitaux par l'entraide et la solidarité active et vient ensuite, mais dans un même mouvement général, la mise en perspective d'une recherche collective de la reconnaissance de ce qui nous est réellement nécessaire, au-delà du jouir formaté, pour atteindre la véritable éthique du désir.

C'est de cet apprentissage collectif, fraternel et humain, du raisonnable et du possible non marchand qu'adviendra la révolution *écomuniste*. Ainsi, à partir de ce nouvel espace historique, les enjeux globaux n'étant plus subordonnés au progrès marchand régressif, ceux de la santé, déconnectés des questions de profitabilité et ceux concernant l'environnement naturel non exclusivement cantonnés aux exigences économiques, la société débarrassée du capital pourra alors gonfler les voiles de Protée en direction de l'avenir.

Sanary/sur/Mer, Juin 2015

LIVRE VI

La raison ou le chaos

Rien ne peut-être plus utile à l'homme pour conserver son être
et jouir de la vie raisonnable que l'homme lui-même
quand la raison le conduit.

Baruch Spinoza

Préface
Une reformulation de l'alternative socialisme ou barbarie

Avec *La raison ou le chaos* André Prone dresse un ultime tableau de sa vaste fresque théorique intitulée « *Capitalisme et Révolution* », consacrée à une critique des divers aspects du capitalisme mondialisé et à la proposition de ce qu'il nomme un écomunisme combinant l'apport du mouvement communiste d'inspiration marxienne et l'écologisme. Nourri d'une culture fondée sur une connaissance effective des sciences de la nature, attentif à la transformation des rapports sociaux d'un capitalisme déchaîné, André Prone n'a cessé de montrer et démontrer que ce système universalisé au monde et pénétrant toutes les pratiques, loin d'être rationnel comme il le prétend, reproduit obstinément l'infini irrationnel de la valorisation du capital au profit de castes féroces, en dominant des masses immenses par des méthodes alternant une sophistication extrême et une brutalité accrue.

L'originalité de la recherche d'André Prone s'exprime dès son titre. « La raison ou le chaos », cette alternative définit notre situation historique. Elle prend la place de l'alternative devenue lieu commun dans la tradition des mouvements d'émancipation quand ils s'affrontaient à des crises de grande envergure. C'est Rosa Luxemburg qui a formulé cette alternative en recourant aux termes « socialisme ou barbarie » dans les années de la crise du début du XXe siècle. Alors que la social-démocratie, parvenue au sommet de sa puissance électorale, de sa conquête de réformes et de son expérience d'organisation, se révélait incapable de produire un système économique, social et politique effectivement supérieur au mode de production capitaliste, effectivement « transmodal ». Les réformes réelles avaient pour contre partie la nationalisation des masses populaires, leur renoncement à surmonter le dualisme entre réforme et révolution, leur enfermement dans une politique colonialiste qui leur laissait quelques bribes. Le choc des nationalismes qui embrigada les classes ouvrières dans un carnage fratricide en 1914, la généralisation des violences inouïes de la guerre au cœur des nations qui se targuaient d'être les porteurs exclusifs de la civilisation, la soumission des populations subalternes à l'état d'exception, tout cela révéla que la barbarie était inscrite dans la matrice de cette civilisation pour autant que ses composantes se divisaient pour le partage du monde et la direction de l'infini de l'accumulation du capital.

Face à cette barbarie la seule réponse était le socialisme qui devait conjuguer émancipation des masses, sauvegarde des acquis de la civilisation et universalisation du « progrès » à la dimension des autres pays et nations encore soumis au joug de l'impérialisme, cette forme actuelle et dernière venue dans le temps du capitalisme. Lénine s'inscrivait aussi en cette alternative en substituant au socialisme failli le jeune communisme qui avait brisé l'ordre du monde capitaliste, essayait de construire une civilisation de libres producteurs, – ouvriers, paysans, nouvelle intellectualité – et impulsait des luttes anticoloniales et anti-impérialistes inédites. On sait que la révolution bolchevique a échoué définitivement après une terrible histoire qui est encore à écrire. Pour pouvoir écrire « communisme ou barbarie » aujourd'hui, il faudrait réexaminer les causes de cet échec, les formes du capitalisme néolibéral vainqueur après la fin de l'URSS en 1989. Certes, André Prone ne renonce pas à la perspective communiste, mais il la reforme en prenant en compte l'écologie et il propose le néologisme d'écomunisme qu'il préfère à celui d'éco-communisme. Ce terme sonne un peu étrange dans la mesure où le « *é* » de « *l'écommunisme* » pourrait renvoyer aux technologies nouvelles de l'information et des réseaux de l'internet (on parle bien de l'eéconomie).

Là n'est pas cependant l'essentiel. Si le communisme est bien présent sous cette forme modifiée, il n'est plus le terme de l'alternative qui définirait l'époque parvenue au cœur d'une nouvelle barbarie qui serait celle produite par la crise systémique du capital que Prone nomme « crise paroxysmique ». Le terme qui substitue à la fois ceux de socialisme et communisme est apparemment surprenant, car c'est le concept le plus classique de la philosophie, celui de raison. La raison ne renvoie pas directement à un mode de production et à la pensée qui le soutient, ou plutôt elle surdétermine l'écomunisme en un sens rationnel universaliste qui congédie l'irrationalité avérée du capitalisme mondialisé. Elle est un mode générique du penser et de l'agir qui habite un mode de produire, de consommer, de vivre selon la raison. Celle- ci est devenue praxis de la raison commune au sens spinozien. Partage et socialisation ouverte de la connaissance libératrice sont le contenu de l'écomunisme.

Une autre surprise encore nous attend. André Prone en même temps remplace l'autre terme de l'alternative classique, celui de barbarie, et lui préfère le terme de chaos, issu lointainement des cosmogonies et plus près de nous des sciences de la nature – physique et biologie –, avec référence à la thermodynamique des énergies anti-anthropiques telle que la développe Prigogine. La barbarie est un concept historique polémique, une catégorie agoniste qui désigne l'opposé de la civilisation véritablement humaine et humanisante : elle rassemble à la limite les formes de l'inhumanité proprement humaine, celles qui au-delà de leur étrangeté détruisent l'humain. Cette catégorie se caractérise en ce qu'elle peut être usée de manière rétorsive, être réciproquée : ceux qui sont les barbares pour ceux qui entendent incarner la civilisation peuvent à leur tour accuser de barbarie les civilisés qui les nient. Au contraire, par son objectivité scientifique, la catégorie de chaos entend échapper à cette rétorsion relativiste. Elle a pour objet de décrire et d'expliquer rationnellement les phénomènes qui produisent la société comme un chaos. Ce dernier est l'ensemble de phénomènes intelligibles à la fois déterminés et imprévisibles dont l'accumulation dans le temps et la convergence en certains points finissent par déstabiliser l'ordre qui régit l'ensemble. Une bifurcation est alors possible vers un autre ordre qui peut soit être supérieur, plus consistant et durable que le précédent, soit au contraire plus catastrophique au sens de contradictoire et de fragile. Paroxysme de la crise, cataclysme, telles seraient les figures qui remplacent la barbarie qui ne disparaît pas, mais serait re-déterminée en termes de cosmologie sociale à la hauteur de l'époque du capitalisme mondialisé. La raison pense le chaos, elle conçoit dans l'immanence les bifurcations que la théorie du chaos repère aujourd'hui en leur actualité. L'écomunisne n'a rien à redouter de se formuler en termes d'une raison qui n'est pas une abstraction bourgeoise légitimant un ordre étatique et les formes du chaos capitaliste. Il se corrèle avec une raison concrète unissant raison raisonnante des savoirs et raison raisonnable des pratiques. Cette raison est capable de se rectifier, de composer avec un imaginaire positif. Elle n'est pas la raison absolue, fin de l'histoire ; elle est raison finie, capable de rectification, qui se sait raison d'un être qui n'est pas un empire dans un empire, ni un maître et possesseur de la nature. Elle s'articule à une praxis de l'être en commun et se fait praxis d'une raison commune. L'écomunisme n'est qu'une étape – urgente et non garantie – d'un processus qui se veut nouveau commencement. Il se donne pour tâche la construction d'une émancipation plurielle et universelle

On doit donc prendre au sérieux la transition logique et politique qui soutient le passage de la formule « Socialisme ou barbarie » à la formule « La raison ou le chaos ». Elle est celle d'une nouvelle donne historique possible dans le présent de la crise paroxystique qui engendre pour les sociétés humaines une bifurcation qu'il est vital de savoir emprunter pour éviter le pire et qui devrait être le centre d'une politique émancipatrice.

Citons un texte de l'ouvrage, la page 60 : il offre la synthèse de cette démarche transformatrice du paradigme révolutionnaire.

« *Si nous appliquons le fameux point de bifurcation de Prigogine au niveau de l'idée de raison et de sagesse, alors nous pouvons dire que cette proposition philosophico-politique d'apprentissage non marchand correspond à un changement de cap de l'ordre du particulier à l'intérieur du système capitaliste en déclin, et qu'il devient raisonnable d'imaginer que cette perturbation, en apparence mineure compte tenu de la dimension tentaculaire du capitalisme puisse provoquer une succession d'évènements capables, en arrivant au point critique, d'engendrer des changements gigantesques. Si par hypothèse l'idéologie de l'écomunisme de la sagesse, dont nous sommes porteurs, engendre à son tour des déséquilibres, ils devront être surmontés par une sagesse plus grande encore qui nous rendra plus puissants. (...) La crise généralisée d'aujourd'hui peut nous conduire à ce point de rupture et de changement de cap.* »

André Prone peut ainsi en deux moments reconstruire « les raisons du chaos » (première partie) et exposer les « raisons de la raison » (seconde partie) et structurer ce changement de paradigme qui entend renouveler la thèse de l'émancipation.

1. Le mouvement de pensée de la première partie commence par une réflexion abrupte et inattendue sur la question du sacré et du profane telle que la pose l'exhumation des faits montrant « la perversité d'un système marchand » : cette perversité sacralise sa logique pour mieux aliéner la sphère du profane humain qui devrait être notre seul sacré. On peut ici regretter que ce départ à partir de la dualité sacré-profane ne soit pas davantage explicité. On semble soutenir que le sacré retombe du côté du capital comme mauvais sacré de la sacralisation idéologique et que le profane désigne le *laos*, le peuple en sa vérité selon le présupposé d'une laïcité simplifiée. Cette exhumation qui se veut archéologique fait apparaître un riche ensemble de six éléments caractéristiques du capitalisme mondialisé que seule la notion scientifique de chaos – définie en rapport à l'historico-social – peut adéquatement concevoir, à la condition d'être transposée et modifiée depuis son acception rationnelle issue de la thermodynamique.

Il est impossible de résumer cette archéologie de la perversité du système marchand. Il suffira d'en relever les six éléments. Prone analyse, avec une réelle pertinence, les conséquences qui aujourd'hui suivent de l'exploitation du travail et de la dévastation anthropologique nouvelle : a) les laissés pour compte, voués à la misère, la maladie, la famine, la guerre ; b) l'augmentation de la violence des détenteurs du capital envers le monde du travail, des abus de pouvoir et de l'esclavage sous toutes ses formes et sur tous les continents ; c) l'abrutissement des masses par le consumérisme, la culture du mensonge et du secret qui permet au couple Capital/État de tromper les peuples ; d) les pseudo progrès des modèles « rupturistes » de la nouvelle production marchande « frivoludique » ; e) l'instrumentalisation par le couple Capital/Etat de la trilogie acquisition-destruction-reconstruction engendrant surexploitation, chômage, immigration, xénophobie et fascisation ; f) le dérèglement des équilibres systémiques. C'est ce dernier point qui fait franchir le seuil qualitatif à la perversité marchande et justifie le recours à la notion de chaos comme concept explicatif de la cosmogonie sociale d'un capitalisme de catastrophe.

L'explicitation du concept de chaos apparaît alors comme le pivot de la démarche. Elle est spécifiée dans un sens social-historique. Le chaos s'impose avec l'apparition de deux phénomènes qui rendent pour le capital ingérable et invivable notre monde. Le premier phénomène concerne l'altération des équilibres écologiques qui signifie les limites de la maîtrise exercée par l'activité hyper-productiviste transformant la nature en matériau objet d'exploitation infinie. Le second se corrèle avec le premier dans la mesure où l'hyper-productivisme devient hyper-consumérisme de masse dans les pays riches. Le « sombre désir » envahit les subjectivités et empêche tout partage. Le désir d'accumulation qui rend toute la jouissance de castes capitalistes de plus en plus cyniques et irresponsables se réfléchit dans la jouissance consommatrice réservée aux masses. Une anthropologie de la « jouissance en toc » (selon la belle formule de Lacan) menace de détruire le désir authentique qui est de « faire avec » le manque à être en commun que suscitent la coopération dans le travail et la joie de l'usage des oeuvres du génie humain. Prone s'inspire ici des recherches trop oubliées de Michel Clouscard en insistant sur cette capture du désir qui devient le ressort du chaos marchand et de sa déraison.

Il montre du même mouvement que l'État, loin de se transformer autour de la thématique du bien commun, se fait l'État de l'ordre irrationnel. Il légitime le chaos. Il encourage de fait ce que Prone nomme la production par les médias de « l'omnisciente futilité », de « la fabrique des ignorants et du savoir orienté ». Le chaos se généralise ; il se fait anti-monde dans le monde même et cette généralisation fait apparaître l'irrationalité croissante du système qui capture ainsi les connaissances, pervertit les techniques, aggrave l'irréversibilité des désastres écologiques, rend possible l'émergence de néo-fascismes et des intégrismes. La crise devient « paroxysme » et à nouveau la guerre montre son mufle. L'horizon se bouche avec menace de ce qui serait une « guerre-monde ».

2. C'est bien cette caractéristique d'irrationalité qui commande l'orientation de la seconde partie, enfin reconstructrice, sur la thématique de la raison par delà les limites des rationalismes abstraits des Lumières et les rationalismes intempérants de l'idéalisme spéculatif. Prone revient à cette thématique de la raison dans un geste de conservatisme révolutionnaire qui fait paradoxalement aujourd'hui par temps de destruction partie des transformations effectivement révolutionnaires. En fait, il s'agit d'une conception de la raison bien singulière, la raison selon Spinoza qui est forme et expression de la vie et se traduit en praxis du bien commun. L'union de la connaissance et de la puissance fonde une praxis de la raison commune qui se partage pour promouvoir des pratiques généralisées de partage. Spinoza complète ainsi Marx. L'écomunisme est l'expression de la raison qui doit se faire commune. On pourrait regretter que parvenu en ce point de bifurcation Prone ne complique pas davantage sa reprise de Spinoza, en prenant en compte la pensée spinozienne des affects, celle de la politique structuralement partagée entre l'imaginaire des multitudes et du pouvoir et la pression de la raison. Ici la proposition est esquisse stimulante de mettre au centre de la pensée la liaison entre la raison raisonnante et raisonnable et l'écomunisme. C'est une proposition forte. Son incomplétude actuelle ouvre sur des perspectives de travail sérieuses et orientées sur des luttes de classes de dimension raisonnante et raisonnable. Les conflits nouveaux et anciens doivent être repensés à partir de leur teneur et de leur productivité en raison. André Prone n'a pas reculé devant la tâche et il s'est ainsi fait ouvreur de pistes à parcourir.

André Tosel
Philosophe, Professeur émérite

Introduction

Les travaux de Domenico Losurdo « *Nietzsche, le rebelle aristocrate* » présentés au cycle de conférences de la Sorbonne « Marx au XXIe siècle » m'ont mis sur la voie. Losurdo parvient à nous éclairer sur les contradictions retrouvées parfois dans la même page d'un même texte de Nietzsche en partant de l'idée qu'il faut non seulement resituer l'œuvre dans son contexte historique, mais aussi considérer ce philosophe comme un réactionnaire éminemment politique. Losurdo voit dans ces contradictions la séparation entre deux mondes bien distincts dans laquelle Nietzsche inscrit sa démarche : *le profane et le sacré*. Contrairement aux idées révolutionnaires de Marx, qui prend une posture de classe en faveur des profanes, Nietzsche entre en rébellion, certes, avec le cercle de la classe aristocratique symbolisant le sacré, mais il se positionne également comme « exterminateur » des profanes exclus de ce cercle. Je n'ai pu m'empêcher, à l'écoute de cette conférence, de trouver d'autres échos au sens que cherche à donner Losurdo à la philosophie de Nietzsche. Par exemple : « *le civilisé et le sauvage* » de Rousseau ou « *qui est le Barbare* ? » de Lévi-Strauss ou encore « *la barbarie et le choc des civilisations* » de Tosel et, plus modestement, notre idée de « *la raison ou le chaos* » (la raison du profane le chaos du sacré, pourrions-nous dire). Mais ce qui sépare fondamentalement le sacré et le profane, c'est cette dimension de classe que l'on retrouve dans l'opposition : maîtres/esclaves, riches/pauvres, intégrés/exclus, exploiteurs/exploités, patrons/ouvriers, etc. Dans ce cadre, la prise en compte de la question de *« l'émancipation universellement humaine* » de Marx et de l'idée que « *la raison libère la puissance d'agir* » de Spinoza structure la réflexion de classe autour d'une transcendance nouvelle qui désaliène et construit l'homme. Il nous faut donc mettre en avant, dans cette succession de faits pervers au nom du sacré, le mobile principal corrélateur du Tout sans écarter pour autant les autres éléments fondateurs des rapports économiques et sociaux avant et après les différentes grandes récessions et crises structurelles du capital ; ce que nous pourrions appeler *les nouveaux rapports de classe*. Voire les nouvelles analyses à la marge de la pensée marxienne, tel le concept de *Capitalisme de la séduction* développé par Michel Clouscard après 68 ou bien, par exemple, *La Technique ou l'Enjeu du siècle de* Jacques Ellul dans les années 50. Ou encore, l'idée de l'émergence d'un néo-conformisme fascisant, à partir de nous ce que nous nommons *« L'idéologie du désir sombre »* que l'on voit poindre depuis quelques années dans de nombreux pays arabes, d'Amérique latine ou d'ailleurs. En veillant, bien sûr, à ne pas tomber dans le piège des multiples pensées réformistes qui sévissent ou ont sévi durant ces mêmes périodes à la recherche de l'improbable 3e voie.

Si l'on transpose ce Tout et ses « satellites » à la situation actuelle, on constate que le sacré se présente sous la forme d'un vaste système économique technicien, financier et politique régissant l'ensemble des échanges planétaires : un capitalisme pris comme totalité. Ce « point d'entrée » de notre recherche dans le prolongement de la pensée marxienne, à partir de quoi nous avons pu formuler le concept d'écomunisme, aurait pu tout aussi bien être celui de la question de « classe », de la « force de travail », de « l'aliénation » ou un autre paradigme marxien, mais il nous a semblé que l'idée de la vandalisation du monde par *la marchandisation absolue* pouvait les englober tous et que cette dernière, ravageuse pour le profane (le peuple) et accapareuse pour l'exploiteur (le nanti), est bien la source du *Chaos*. En effet, la marchandisation fondatrice des diverses sociétés historiques a généré le pillage des ressources naturelles, ainsi que l'exploitation humaine sur tous les continents, fragilisant l'humanité de l'Homme et détruisant l'équilibre biosphérique global. Taraudée par ses propres démons, elle a utilisé toutes sortes de stratagèmes pour parvenir à ses fins, n'hésitant pas à pratiquer *la politique de la terre brûlée*. Quant à sa perpétuation, avec sa réalité mondialisée d'aujourd'hui, elle nous montre, à travers ce capitalisme de la totalité, l'étendue de sa crise et de sa démesure, et en quoi sa stratégie et ses actes sont le signifiant même de la déraison. Je mets au défi quiconque de prendre en défaut tous les arguments que j'avance dans ce livre pour décrire le chaos qu'engendrent sa soif de cupidité et sa forfanterie. C'est quand l'inutile, le dérisoire, la bêtise, l'incommensurable frivolité, l'hypocrisie, l'égoïsme, l'individualisme, le narcissisme pervers, le consumérisme compulsif, le technicisme exponentiel, l'inculture, la surexploitation de l'homme et de la nature, l'injustice, l'immoralité et la cruauté deviennent la règle qu'il est urgent de contrecarrer de façon concrète et durable sa fausse légitimité.

Depuis toujours, une minorité contestataire, appuyée par l'esclave ou le peuple (les profanes), tente de mettre en cause ce sacré système marchand capitaliste et de sortir de la ronde infernale qui dénature toute l'histoire de l'humanité. Mais force est de reconnaître qu'aucun de leurs combats n'a réussi à ce jour à bloquer durablement sa capacité malfaisante et à produire une autre forme pérenne de société. Notre postulat est que l'on ne peut sortir du capitalisme sans changer le sens que l'on donne à la vie et que, pour y parvenir, la raison raisonnante est nécessaire mais non suffisante. Il faut y ajouter la lutte des classes nourrie par la raison raisonnable porteuse d'une nouvelle phase historique. Changer l'homme par la *Raison,* cela revient à transformer notre rapport à l'autre et à la nature et à œuvrer pour une révolution capable de nous sortir définitivement du chaos. Mais pour donner corps à cette idée il conviendra de dire quel sens concret nous accordons à la notion de chaos et en quoi il est possible d'en relier le concept à celui de profane et de sacré et quel est, au-delà de la notion commune de raison, le contenu philosophique de notre paradigme de raison raisonnable, mais aussi de définir la concrétude qui se cache derrière l'idée de profane et de sacré.

Sur la base d'un tel raisonnement sera-t-il possible de parfaire l'éclairement du conflit de classe entre les forces du travail et celles du capital, sachant que *la Grande mutation techno-économique* en cours, impulsée par les organisations patronales, va induire de profonds chamboulements dans la gestion de l'employabilité des producteurs et l'extorsion de la plus-value, laissant entrevoir des modifications sans précédent des rapports sociaux d'exploitation ? Ou bien devrons-nous convenir qu'il y a trop de facteurs, trop d'interactions, trop de variables imprévues dans la conduite humaine pour en conserver, même en intégrant le concept de déterminisme chaotique, les lois du développement socio-économique du matérialisme historique ? Quoi qu'il en soit, dans ce monde en crise généralisée, rien n'est pire que le spectacle indécent des profiteurs qui poussent les peuples à la démesure tout en les contraignant à la misère. Et rien n'est plus exaltant que la contribution à l'éclosion d'une philosophie de l'éthique et de la praxis construite à partir de cette lucide injonction : *la Raison ou le Chaos*.

PREMIÈRE PARTIE

Les raisons du chaos

I
Questionnement sur les différentes étapes de la perversité du système marchand dans la sphère du sacré et sur les diverses formes d'aliénation du profane au cours du temps

1. Questionnement sur l'émancipation universellement humaine de Marx et la notion de profane et de sacré

Dans *La Question juive*, Marx intervient dans le débat bien au-delà du domaine des droits civiques du Juif dans « l'État chrétien ». Il l'inscrit dans celui, plus large de l'émancipation de tous les hommes du marché montant qui confine au dédoublement entre la société civile et l'État, entre l'homme et le citoyen, entre le privé et le public. Cette controverse n'est pour lui qu'un prétexte pour dépasser la question des rapports entre l'émancipation limitée aux droits politiques et l'émancipation humaine, entre l'aliénation religieuse et l'aliénation sociale. L'émancipation, pour Marx, n'est donc pas la suppression de telle ou telle aliénation, mais de toutes les aliénations, c'est-à-dire celle de « *l'émancipation universellement humaine* » selon la célèbre formule de 1843.

Marx n'aborde pas cette question à partir d'une politique idéelle théorisée : justice, bien commun, liberté politique, droits légitimes, etc., mais à partir des rapports de force qui structurent la société capitaliste que nous reprendrons dans ce livre sous la forme de rapports de classe historiques entre le Sacré et le Profane ; rapports qui, pris sous cet angle et compte tenu de la dimension de totalité du capitalisme aujourd'hui, élargissent la question critique de l'émancipation. Cela revient à envisager la perspective de l'émancipation humaine à la manière d'un processus qui a pour fondement l'inversion de la réalité du *marché-monde* en *monde sans marché* dans lequel l'émancipation humaine se construit à côté et en dehors de toute marchandisation, jusqu'à devenir « universellement humaine ». Cette stratégie de transformation du réel hors des errances essentiellement utopiques n'est pas en dette d'une « faillite » du marxisme-léninisme qui n'a qu'imparfaitement réussi à sanctionner l'histoire du capitalisme. Pas plus qu'elle ne veut s'appuyer sur une sorte de désespérance de l'action meurtrière. Elle cherche plus précisément à ouvrir le combat de classe sur l'inversion organisée des rapports marchands libéré de toute posture totalitaire et débarrassé du malentendu qui pousse à la confusion entre les consciences meurtries et les perfections imaginaires. Ce mouvement libérateur à construire, que nous appelons *écomunisme*, devra donc se dégager des impasses eschatologiques et revenir à Marx en faisant porter les rapports de classe sur la question du combat entre Profane et Sacré.

Pour en faire le tour, discutons tout d'abord la notion de Sacré et Profane en replaçant ces deux paradigmes dans l'axe de la principale question : la contradiction la plus aboutie entre le capital et le travail.

Habituellement, le sacré se comprend comme faisant partie d'une anthropologie culturelle permettant à une société de créer une séparation axiologique entre les différents éléments qui la composent, la plaçant en dehors des choses ordinaires, banales, communes, essentiellement en opposition aux usages utilitaires du profane. Ce qui fait dire à Platon : « *Laissez les profanes à la porte du temple* ». La séparation entre le profane et le sacré se résumerait donc à la création d'un espace dans lequel le vulgaire n'entre pas. Ainsi conçu comme un invariant universel, le sacré se manifesterait dans les images, les symboles et les comportements voués à une élite qui inscrit ses actes dans des formes transcendantes et capitales *a contrario* d'autres hommes qui peuvent seulement penser et agir de façon ordinaire.

La notion de profane quant à elle est dépourvue du caractère religieux sacré et a trait au domaine humain, temporel, terrestre. Le profane est exclu du groupe fondé sur une initiation ou une révélation par laquelle le sacré désigne ce qui touche au divin, alors que les non initiés sont considérés comme des individus voués au commun. Cette division s'inscrit dans un monde séparé, réservé, inviolable mais où paradoxalement, « *en vertu de la Création, et, plus encore, de l'Incarnation, rien n'est profane, ici-bas, à qui sait voir. Tout est sacré, au contraire, pour qui distingue, en chaque créature, la parcelle d'être élu soumise à l'attraction du Christ* » (Teilhard de Chardin 1955).

Il y aurait donc deux formes de soumission : l'une, réglée et offerte de manière transcendante et capitale à la minorité initiée qui fait allégeance au divin, et l'autre, réglée par le monde basique, imposée au profane par ceux adoubant le sacré et se reconnaissant en lui. Le sacré et le profane sont donc deux notions qui n'ont de sens que si on les oppose. *Ce qui est sacré est ce qui n'est plus profane. Ce qui est profane est ce qui n'a pas encore été consacré. Les hommes qui ne sont pas initiés sont des profanes, parce qu'ils n'ont pas été initiés : ils sont étrangers*. Le profane, c'est le vulgaire (au sens latin : vulgus = « le peuple »). Pour utiliser un vocabulaire philosophique un peu trivial, on pourrait dire qu'il est réduit à la notion d'utilité hors de toute position ou emploi sacrés auxquels l'accès « aux choses et aux objets transcendants » lui est interdit. On peut dire que le profane est le sacrifié (étymologiquement, « sacré » vient de *sacer*, qui a donné « sacrifice »).

Mais qu'est-ce qui permet à une personne d'accéder aux choses et aux objets du sacré et à une autre d'être sacrifiée (sacrifice pouvant aller jusqu'à la mort) alors que, curieux paradoxe, le sacrifice est présenté au profane comme lui étant salutaire ? Dans l'esprit des rituels anciens, ce sacrifice est même invoqué pour l'accession à la pureté. Il s'agit donc de se débarrasser de quelque chose qui est souillé au contact du monde ordinaire, de quelque chose qui pourrit l'individu non sacré soumis par le sacré, permettant de présenter le sacré à partir de croyances organisatrices : religieuses ou mythologiques (simples ou complexes) qui supposent une classification réelle ou idéelle, se représentant les hommes séparés en deux classes, en deux réalités opposées, désignés par deux termes distincts : *profane et sacré* lesquels traduisent parfaitement cette séparation. Tout cela nous montre que le sacré et le profane n'ont pas disparu de notre monde moderne et qu'on nous en cache toujours la nature spécieuse pour n'en laisser paraître que le côté enchanteur. Une sorte de « magie sociale » domine alors le monde de l'économie, de la politique, du droit, de la science ou de la culture autant que celui de la mythologie et de la religion, faisant passer les gardiens du sacré de l'état d'exploiteurs et de détenteurs de pouvoirs au statut de dispensateurs éclairés et sélectifs des biens et des choses les plus convoités produits par les profanes (les travailleurs) qui n'y ont pas accès. Par son effet d'enchantement, la « magie sociale » du sacré instille son pouvoir auprès de tous ceux qui en reconnaissent tacitement l'autorité ou sont contraints/forcés de la reconnaître. Voilà pourquoi elle peut exploiter et aliéner le travailleur sans vergogne et transformer le réel en totem ou un morceau de métal en monnaie.

Grâce à ce questionnement radical, la notion de profane et de sacré nous donne à voir sa dimension anthropologique, sociologique et politique et nous pouvons la relier au socle plurimillénaire de toutes les croyances dominatrices sur lequel repose sa pérennité historique. Ainsi se découvre sous son vrai jour la forme de domination et de subordination qui se cache derrière ces deux paradigmes.

Le sens que nous accordons donc à la notion de profane et de sacré dérive certes de cette opposition axiologique dont nous parlions au début de notre questionnement, mais doit surtout se comprendre comme une injonction faite au peuple de ne pas transgresser certaines règles ou certains interdits dont la fonction principale a pour but de maintenir et renforcer la dimension du sacré en la transposant à l'idée d'inviolabilité par le profane des structures de classe de la société capitaliste. Ainsi considéré, le travailleur doit accepter par devers lui cette dichotomie du monde dans le domaine économique, politique et social, mais aussi la perpétuation absolue, non négociable, des formes de pouvoir politiques que la société de classe sécrète et qui empêchent tout changement de structures sociales et sociétales mettant en cause la sacro-sainte société du marché.

2. Archéologie d'une exhumation des faits en tant que marqueurs de la perversité du système marchand dans la sphère du sacré

Parmi tous les éléments consubstantiels à la compréhension de la perversité du système marchand dans la sphère du sacré, nous avons choisi ceux qui permettent à la fois d'en mieux comprendre le fonctionnement général : c'est-à-dire les faits susceptibles, à partir d'une présentation graduelle et synthétique, d'en restituer la totalité, et ceux contributifs à la définition de concepts permettant la compréhension de la fabrique du chaos.

a - Bases générales

Comme dans la Rome antique, doit-on jeter aux lions les profanes pour accroître le plaisir de la classe dominante ? Tel pourrait être le début de la question à propos de la perversité du système marchand dans la sphère du sacré. Quant à la réponse elle pourrait tenir dans cette seule remarque : le capitalisme n'est pas tenu à la solidarité, à la loyauté, au devoir universellement moral de la justice et du partage des biens envers l'ensemble des membres de la communauté historique, voilà pourquoi le cadre général de son action s'inscrit dans la perversité. Son activité est portée par l'exécution de desseins obscurs, faits de contraintes et de passions sordides, d'exaltations excessives et factices, d'exploitation ouvrière sans bornes qui abaissent continûment la condition humaine.

Au-delà de la contestation nécessaire et salutaire du système marchand dans la sphère du sacré, ce qui nous importe ici est de découvrir la réalité du terrain et les horreurs commises en son nom. La situation des victimes de ce système est telle que nous pouvons, en décortiquant son implication sur plusieurs théâtres d'activité au cours du temps, l'affubler sans exagération aucune de l'appellation de *système du désastre*. En montrant comment les néolibéraux avec leur idéal « de marché parfait » en sont venus à appliquer dans chaque pays *la stratégie des potentats*, nous sommes en capacité de cerner son mode de fonctionnement, de pénétrer le cœur même de ses plus profonds mobiles et de démontrer que ce système est indissociable des formes les plus viles d'exploitation des travailleurs, de violence sociale, de violation des droits de l'homme, de torture, de répression, d'inégalité sans bornes, de guerres et de massacres pouvant aller jusqu'au génocide. Pour qui l'aurait oublié, rappelons qu'historiquement, à l'issue de chaque grande crise structurelle, le capitalisme a toujours présenté la guerre et sa préparation comme étant légitimes et que rien ne vient contrarier le fait qu'il en ira autrement pour « purger » la crise généralisée qui sévit aujourd'hui, plus profonde encore que les précédentes. Mais pour bien comprendre l'inhumanité de *la stratégie des potentats*, il ne suffit pas de résumer son idéologie par la loi de la jungle, la loi du plus fort ou par les dérives de sa manipulation marchande. Il faut la replacer au cœur de l'inéluctable affrontement de classe entre les forces du travail et le capital, quelle qu'en soit la forme, et des combats et des mouvements sociaux qui se manifestent et se manifesteront encore tôt ou tard pour en sortir.

La première criminalisation du capital en tant que premier potentat stratégique de l'ensemble des conflits sanglants dont il est le porteur, c'est l'exploitation du travail humain comme source de plus-value ; c'est-à-dire comme système qui se nourrit de la subordination et de l'aliénation de la force de travail pour acquérir le profit. Quant au second potentat de la perversité du système marchand dans le monde du sacré : l'État, il fait ami-ami avec le Capital, lui offre des cadeaux, le laisse dissimuler l'argent du fisc, le laisse exploiter sans vergogne les travailleurs de tous les continents, mais voudrait qu'on l'aime, qu'on loue sa « droiture » ; il cherche à nous faire croire qu'il a toutes les qualités pour appliquer le droit et la justice, qu'il est là pour protéger les citoyens alors qu'il les asphyxie. Afin d'évaluer l'impact de la *stratégie des potentats* sur la vie réelle, nous avons pris quelques exemples des terribles forfaits mis en œuvre par les deux principaux géniteurs du chaos présentement démasqués.

b - Les laissés pour compte, voués à la misère, la maladie, la famine, la guerre et la mort sont légion alors que l'humanité est arrivée à un tel stade de développement qu'il serait possible d'y remédier

En effet, malgré les progrès de la connaissance et les capacités techniques dont nous disposons, près de la moitié de la population mondiale est confrontée quotidiennement à la réalité ou à la menace de la pauvreté la plus extrême. D'après un rapport sur *L'état d'insécurité alimentaire dans le monde* publié en *2015* (que nous reprenons pour donner une tendance générale tout en sachant que la réalité est minorée), 795 millions de personnes souffrent de la faim dans le monde, soit 1 personne sur 9. La grande majorité des personnes souffrant de la faim vivent dans des pays en développement où 12,9% de la population est sous-alimentée. L'Asie comprend deux tiers des personnes sous-alimentées dans le monde. Le pourcentage en Asie du Sud a diminué ces dernières années mais il a légèrement augmenté en Asie de l'Ouest. L'Afrique sub-saharienne est la région avec la plus forte prévalence de la faim. Une personne sur quatre y est sous-alimentée. La malnutrition provoque la mort de 3,1 millions d'enfants de moins de 5 ans chaque année, soit près de la moitié (45%) des causes de décès. Un enfant sur six, soit 100 millions d'enfants, souffre d'insuffisance pondérale dans les pays en développement. Un enfant sur quatre souffre de retards de croissance. Dans les pays en développement, ce chiffre peut atteindre un enfant sur trois (…). Dans le monde en développement, 66 millions d'enfants en âge d'aller à l'école y vont le ventre vide, dont 23 millions rien qu'en Afrique. Selon les estimations du PAM, il faudrait 3,2 milliards de dollars par an pour nourrir les 66 millions d'enfants en âge d'aller à l'école qui ont faim.

Ce cycle infernal, directement lié à *la stratégie des potentats*, se transmet de génération en génération et si la pauvreté et la misère tuent ou mettent en danger de mort des centaines de millions d'individus, la contrepartie de tout cela est d'assurer le bien être et la prospérité d'une minorité de crapules dans la sphère du sacré. Plusieurs enquêtes en témoignent. Selon le classement annuel du magazine *Forbes*, révélé en mars 2016, il y avait 1 810 milliardaires dans le monde en 2010.

Avec une fortune personnelle de 90 milliards de dollars, l'américain Bill Gates serait l'homme le plus riche de la planète et devancerait de peu l'Espagnol Amancio Ortega (67 milliards), ce dernier distançant le Mexicain Carlos Slim Helu (50 milliards), au palmarès des 20 capitalistes les plus riches du monde. Mais ce qui m'a semblé intéressant dans cette sorte de cotation, c'est que nous retrouvions 13 Américains parmi cette liste des 20 premiers, loin devant les Chinois Wang Jianlin et Li ka-Shing et le Brésilien Jorge Paulo

Lemann (28 milliards), ou la Française Liliane Bettencourt et le Français Bernard Arnaud (environ 35 milliards). Ce qui tend à prouver que l'impérialisme américain n'est pas une vue de l'esprit.

Selon *l'Observatoire des inégalités*, les 10 % les plus riches du monde détiennent 86 % de la richesse mondiale alors que la moitié de la population mondiale ne dispose que de 0,5 % de cette richesse. Tout en haut de l'échelle, les ultra-fortunés qui ne représentent qu'une petite frange de 0,7 % de la population, détiennent plus de 41 % du patrimoine mondial – soit 31,7 millions d'adultes, dont 30,3 millions ont un patrimoine compris entre 1 et 50 millions de dollars et 98 663 personnes dont la fortune est supérieure à 50 millions de dollars. À l'opposé, les 50 % des individus les moins fortunés, détiennent à peine 1 % du patrimoine mondial. En réalité, près de la moitié des habitants de la planète ne possèdent tout simplement quasiment rien, ou des biens de valeur monétaire presque nulle : un habitat de fortune, quelques têtes de bétail… Ces écarts indignes de revenus se retrouvent aussi à l'intérieur des pays. Par exemple au Brésil, les 10% les plus pauvres ont 0,7% du revenu, les 10% les plus riches 47%. Pour l'ensemble des pays en voie de développement, l'espérance de vie à la naissance par rapport aux pays développés les plus riches est aussi inégale. Par exemple, au Burkina Faso, l'espérance de vie à la naissance est inférieure de 35 ans à celle des Japonais. Pour les pays appartenant à la catégorie de développement humain faible (31 pays dont 28 sont en Afrique sub-saharienne), à savoir 9% de la population mondiale, l'espérance de vie à la naissance est de 46 ans, soit 32 ans de moins que dans les pays à indicateur élevé (notons que l'indicateur du développement humain, *IDH*, permet d'évaluer le bien-être de manière plus complète que le *PIB* puisqu'il tient compte du revenu en parité de pouvoir d'achat, du taux d'alphabétisation des adultes, du niveau d'instruction et de l'espérance de vie à la naissance). Ainsi, certains pays pauvres n'ont pas les moyens de s'offrir les denrées alimentaires dont ils ont besoin, puisque leurs prix sont trop élevés pour eux. Ces données sous-estiment le niveau de patrimoine des plus fortunés, car dans ce contexte, mesurer la distribution de qui possède combien relève de la prouesse. Les données, déjà difficiles à obtenir dans les pays riches, sont quasi inexistantes dans les pays pauvres. La notion de propriété même est parfois difficile à estimer, par exemple dans des parties de villes sans réel cadastre – à l'image des bidonvilles.

Famine, misère, pauvreté, non accès aux soins médicaux, à l'eau potable, au traitement des eaux usées et au ramassage des déchets, analphabétisme, absence de revenu, exode massif, expropriation, utilisation des populations les plus vulnérables par les potentats de l'industrie pharmaceutique comme cobayes humains, confiscation des terres, refus d'application du droit coutumier de la culture locale de survie, empêchement de la pratique de pêche de subsistance pour cause d'eaux polluées par l'agriculture intensive et contaminées par les activités industrielles légales ou illégales, etc., ne sont malheureusement pas les seules calamités dont sont victimes les peuples les plus déshérités de la planète. Dans le prolongement de ces terribles souffrances et humiliations, ils sont aussi confrontés à la corruption des gouvernants, au chômage massif, à l'exploitation sans bornes des grands groupes industriels, sous-traitant leur activité à des patrons locaux véreux, hors de toute règle de sécurité, du droit du travail et du respect de la personne humaine. Quant à l'autre calamité, plus meurtrière encore que toutes les autres : la guerre, il n'est qu'à prendre des exemples récents pour comprendre l'ampleur du chaos et la monstruosité de ceux qui la génèrent et l'instrumentalisent pour garantir leurs profits et assurer la pérennité de leurs besoins énergétiques et miniers. Depuis 2010, plus de soixante pays ont été le théâtre de conflits armés, pour la plupart « non internationaux », dans lesquels les populations civiles ont été la cible d'attaques (délibérées ou non) et de destructions du peu de biens indispensables à leur survie, d'expatriation, de parcage dans des camps de fortune indignes de la condition humaine, de viols de masse comme arme de guerre et arme économique et/ou d'esclavage sexuel, voire d'enrôlement forcé… les enfants étant les toutes premières victimes de ces violations du droit humanitaire, aussi bien de la part des États que des acteurs non-étatiques. Ces massacres consentis, présentés comme des conflits ethniques ou résultant essentiellement de conflits entre les peuples qui aspirent légitimement à plus de liberté et leurs oppresseurs (dirigeants protégés voici peu par les États et les puissances militaires occidentales qui les ont combattus ou les combattent encore aujourd'hui), ne sont que théâtres d'ombres, manipulation des masses et stratégies géopolitiques entre les mains de ces mêmes États et puissances militaires occidentales qui pendant des décennies avaient adoubé ces « oppresseurs gentleman » devenus subitement des despotes sanguinaires ou des dictateurs invétérés. Quant aux génocides, à l'exemple de celui des Tutsis en 1994 au Rwanda, ce sont les mêmes superviseurs généraux dont nous venons de parler qui furent à la manœuvre par colonialisme, intérêts profiteurs, « minerais du conflit » : or et étain, vente d'armes et milices locales interposées. Rappelons que ce sont plus d'un million de femmes, d'hommes, de vieillards et d'enfants qui trouvèrent la mort dans des conditions les plus barbares ou furent parfois atrocement mutilés ; sans compter les représailles et les autres conflits ouverts que ce génocide a générés, en particulier cette guerre dite du Congo (1996-2005) qui a fait pas moins de 4,5 millions de morts, essentiellement civils et qui perdure encore sous d'autres formes aujourd'hui. Cela dit, je ne me défilerai pas pour affronter une réalité génocidaire de tout autre nature. Je veux parler du génocide perpétré au Cambodge par les Khmers rouges dans les années 1970 dans lequel le capital ne semble pas directement impliqué. Comment interpréter cette barbare et impardonnable dérive des dirigeants d'un parti se réclamant du communisme, si ce n'est en affirmant que leur lecture de Marx et d'Engels était à ce point perverse qu'ils ont pu se fixer comme dessein d'anéantir une partie de leur propre peuple ? Ces bourreaux indignes ont trahi et sali la pensée d'une philosophie révolutionnaire tout entière tournée vers l'émancipation humaine, la fraternité, la solidarité et le partage. Puissions-nous savoir tirer sans haine les leçons de cette terrifiante histoire, et condamner sans retenue aucune cette inhumaine extermination au nom de l'idéal communiste.

c - La violence des détenteurs du capital envers le monde du travail, les abus de pouvoir et l'esclavage sous toutes ses formes ne cessent d'augmenter sur tous les continents

Nous pourrions asseoir l'essentiel de notre démonstration sur des situations extrêmes qui font blêmir d'angoisse nos petits et grands médias rien qu'à l'idée qu'ils devront pendant quelques secondes seulement mettre à mal leur bon ami le Capital tant le scandale est grand et les atrocités commises envers les travailleurs insensées. Ainsi, nous devrions revenir dans le détail sur ces dizaines de milliers d'ouvrières et d'ouvriers brûlés vifs récemment au nom de la cupidité du patronat et du pouvoir dans leurs usines vétustes et insalubres du Bangladesh supervisées par l'État, le commerce international, les banques, les fonds de pension, les rapaces de la finance, les nantis, les voyous étatiques et autres mafieux… lâches profiteurs et organisateurs en tous genres de la misère humaine.

Ou encore, ces autres travailleurs et travailleuses, eux aussi du Bangladesh, contraints par le chômage, la misère et la pauvreté, aux côtés de leurs camarades népalais, de s'expatrier en Malaisie dans les usines des grandes marques internationales de l'électronique : Panasonic, Sony, Hitachi ou Samsung, etc., se retrouvant enfermés dans les dortoirs par leurs agents recruteurs, véritables ordures soutenues par les États, et amenés à l'usine dès 6 heures du matin et ramenés le soir vers 20 heures et à nouveau cadenassés dans leurs dortoirs crasseux pour quelques dollars par jour. Ainsi, plus de dix millions de travailleurs, victimes du travail forcé au nom de l'hyper-rentabilité des composants électroniques ultra-sophistiqués destinés aux systèmes de défense du gouvernement américain, sont traités comme des animaux avec l'aval du patronat, des gouvernants corrompus et de l'impérialisme yanqui. Oui ! nous aurions pu, de Dubaï à Bangkok, de Riyad à Jakarta – la liste serait longue –, décliner, malgré les luttes et la résistance parfois héroïque des travailleurs, cette inhumaine exploitation exportée par le capital à travers tous les pays émergents au nom de la profitation et du sacro-saint marché. Mais il nous a semblé tout aussi probant d'insister sur le quotidien des travailleurs dans les pays dits socialement protégés afin de montrer à quel point la violence du patronat a atteint aujourd'hui, dans ces zones à économie dite occidentale, des dimensions également alarmantes.

Non seulement la pression des mauvaises conditions de travail (de moins en moins contrôlées par les services de l'État déficitaires en personnel), les bas salaires (la pauvreté aux États-Unis concernerait officiellement 49 millions de personnes) et le travail précaire pèsent de plus en plus sur la qualité de vie des travailleurs, mais les conséquences sanitaires de la chronicité du chômage et les coupes budgétaires dans le secteur de la santé contribuent à une surmortalité par cancer mise en évidence par plusieurs équipes de chercheurs. Si le cancer est la cause principale des décès dans le monde (8,2 millions en 2012), il est clair, selon ces études, que la dégradation sociale en général liée à la crise structurelle du capitalisme est directement corrélable à une augmentation de la mortalité par cancer ; moins dévastatrice il est vrai dans les pays où la couverture de santé générale permet de ralentir l'hécatombe (mais pour combien de temps encore), notamment pour les cancers du sein, de la prostate et du colon, pour lesquels il existe un traitement plutôt efficace. Pour les seuls pays de l'OCDE, entre 2008 et 2010, la hausse du chômage a provoqué plus de 500 000 morts supplémentaires (dont 160 000 pour l'Union européenne). Dans le détail, cela signifie qu'une hausse de 1% du chômage est associée à 0,37 mort par cancer supplémentaire pour une tranche de 100 000 travailleurs. Ce travail scientifique confirme également que le chômage est à l'origine de 45 000 suicides chaque année dans 63 pays de l'économie dite occidentale. Par ailleurs, l'Institut français pour la santé et la recherche médicale (Inserm) a mis en évidence en mars 2015 une « surmortalité très importante chez les chômeurs, presque trois fois supérieure à celle des non-chômeurs ». Si nous ajoutons à cela les centaines de milliers de dépressions liées au harcèlement patronal envers les salariés, et plus particulièrement, les femmes, les techniciens et les cadres, ainsi que les suicides frappant les petits paysans écrasés par l'agro-industrie, nous avons là quelque idée de la violence des détenteurs du capital envers le monde du travail et la petite paysannerie.

Mais qu'en est-il (car la démonstration serait incomplète) des abus de pouvoir et de l'esclavage sous toutes ses formes sur tous les continents ? Certes, légalement l'esclavage a été aboli, mais ce n'est pas parce qu'une loi ou une convention l'interdisent que ce dernier n'a pas cours. Sinon comment expliquer qu'un organisme de l'ONU soit toujours en charge des questions relatives aux formes « modernes » de l'esclavage si cette plaie de l'humanité avait été éradiquée ? Sur cette question aussi nous pourrions mettre en exergue les ateliers de la mort et de la souffrance extrême des travailleurs et des enfants (parfois âgés de moins de 8 ans) en Inde, en Asie du Sud-Est et ailleurs, vendus comme esclaves producteurs au patronat par des mafias patentées (qui nous renvoient aux heures les plus sombres du début du capitalisme industriel) contraints de travailler douze heures par jour (parfois plus) sept jours par semaine, dépouillés de leur passeport et empêchés physiquement de sortir, sans aucun salaire et broyés par des conditions de travail inhumaines pires encore que celles de nos vaillants canuts. À ce propos, on a pu assister à des reportages iniques de communicants à la langue fourchue, viles marionnettes consentantes des multinationales de la distribution et autres industries de l'électronique, de l'agroalimentaire et d'ailleurs, niant que le problème puisse exister, se cachant derrière leur cahier des charges, leurs chartes, normes et autres audits entièrement pipés, jurant leurs grands dieux qu'ils ont une éthique et que tout manquement, s'il était avéré, serait corrigé. Sans oublier, bien sûr, l'esclavage qui sévit aux portes mêmes de nos « grands » pays occidentaux, notamment celui des travailleurs agricoles immigrés. Ces ouvriers se trouvent en bout de chaîne d'une production intensive que le capitalisme mondialisé entraîne vers des conditions d'exploitation de plus en plus inhumaines, faites d'humiliations et de soumission brutale. Sans parler de l'exposition massive et assassine aux pesticides et autres intrants chimiques et d'un racisme envers ces travailleurs qui dégénère parfois en violences physiques. Cette nouvelle domination coloniale, nous pourrions même dire négrière, confine aux réalités les plus sordides faites d'hébergements indignes, d'absence de toute protection sociale, de misère, de souffrance, d'intimidations allant parfois jusqu'au meurtre. Que dire enfin de ces millions de réfugiés des guerres militaires et économiques, nouvelle manne d'une exploitation patronale débridée venue de ces pays que le capital a volontairement décapités : Afghanistan, Irak, Syrie, Libye, Erythrée, Nigeria, Yemen, etc., sur l'autel de ses cupides et déments intérêts. Le chaos, c'est tout cela : un système capitaliste qui assassine et affame, qui exploite et humilie, qui subordonne et corrompt, qui pille et moralise, alors qu'il viole et prostitue y compris les petites filles ou les jeunes garçons ; un système qui consacre 1 600 milliards de dollars à l'achat d'armes mais ne daigne pas dégager 30 milliards pour nourrir les millions d'enfants mourant encore de faim dans le monde, car la misère et l'exploitation humaine sont le principal vecteur de ses prétentions hégémoniques et de son pillage planétaire.

d - L'abrutissement des masses par le consumérisme n'a d'égal que la culture du mensonge et du secret par laquelle le couple Capital/État trompe les peuples

Un autre phénomène, moins général et en apparence sans gravité, tient à la propagande « esthétique » de l'économie consumériste, visible notamment à travers la publicité, le marketing, les *mass média*, et autres communicants de tout poil, qui tentent de formater les populations à travers ce travail de persuasion incessant, camouflé en frivolité clandestine. Il trouve sa pleine mesure à travers l'importance accordée aux effets conscients ou inconscients de l'image s'appuyant sur les travaux scientifiques de l'imagerie cognitive qui postule que le consommateur achète davantage une image qu'un produit. Ce qui permet d'ouvrir un nouveau champ industriel à la production « esthétique », sphère qui ne s'adresse pas qu'aux consommateurs mais s'intéresse aussi à la dimension politique et même citoyenne ? Ainsi, le capitalisme fait entrer le champ de l'inutile dans sa nouvelle dimension marchande.

Dans ce cadre, les expressions artistiques au départ minoritaires et dissidentes ne sont pas épargnées. Surtout celles qui s'adressent aux masses populaires comme la culture rock ou pop. Alors que la culture révolutionnaire refuse la réappropriation et la récupération pour s'opposer au monde marchand, la culture rock ou pop admet l'idée de cette réappropriation.

Si ce type d'expression est récupéré, ce n'est pas parce qu'il est vicié par nature, mais parce qu'il accepte de subordonner son processus contestataire initial au monde marchand qui le soudoie. Plutôt que de s'intégrer dans la bourgeoisie, il préfère l'art populaire joyeux et frivole et c'est précisément grâce à ce choix de spontanéité massive que ce type d'expression peut devenir un produit de consommation de masse. Ce refus des préjugés, des discriminations et des libertés sans bornes dérange d'autant moins le capital que la posture frivole, l'artifice de l'anticonformisme, voire même la pop culture sombre, deviennent particulièrement ravageurs et vendeurs. Il en va de même pour le mythe du cinéma de l'étrangeté et du mystère qui est censé permettre de sortir du monde ordinaire ennuyeux. Car non seulement il est porteur d'une sorte de « dimension thérapeutique », mais il touche aussi un public jeune plus facilement formatable, que le capital peut transformer en fan hagard et citoyen passif qui accepte la république totalitaire de *Star Wars* à travers une symbolique cinématographique où des élites « éclairées », désignées par leur naissance, prennent des décisions arbitraires contre le peuple ; dimension dans laquelle la technique, la science-fiction et l'absence de toute dimension critique sont la règle. Rien à voir avec le parcours de l'ouvrier privé de travail et de ressources dans le film *Moi, Daniel Blake*, tourné avec rage par Ken Loach, dans lequel son personnage n'a pas besoin de Minotaure pour être mortel. Ou encore ces nouveaux livres à la diffusion planétaire, tel *Harry Potter*, dont le héros se caractérise par sa faiblesse relative par rapport à son ennemi. Surtout s'il renonce à sa puissance au moment même où il semble y accéder. Ce monde des sorciers faillis est celui de la séduction médiatique, dans lequel le monde humain est celui de la fragilité qui s'éduque, les bons sorciers sont les civilisés qui respectent les humains. Le hic c'est qu'avec l'humilité et l'obéissance, on n'apprend rien. Pire même, avec ces préceptes, on est toujours prêt à admirer un « plus supérieur » encore et à se soumettre d'autant plus que ces anti héros ne demandent que cela. Mais là aussi, avant d'être le « jeune machin » de la super modernité, cette pseudo culture attrayante du désir de révolte par procuration demeure avant tout une stratégie marchande, un calcul industriel alimenté par deux grandes obsessions capitalistiques : le profit et l'infantilisation des masses dans les moindres recoins de leur vie. Cela suppose, bien évidemment, que le capital/État puisse tromper le peuple sans le dire et maintenir le corps social dans la politique du secret.

Le secret innervait le corps social bien avant que la sagesse diaphane des oracles interprète ou organise les mystères dans la Grèce antique. L'architecte du roi Salomon ne préféra-t-il pas mourir plutôt que de livrer les « mots de passe » à ses trois compagnons félons indignes de les posséder ? Durant le Moyen Âge, et même au-delà, l'exercice du pouvoir revendiquait clairement l'opacité : *« Qui ne sait pas dissimuler ne sait pas régner. »* De nos jours, comme le résume le chercheur Wolfgang Kaiser, spécialiste de l'histoire des mondes modernes : « *Le secret social trace une démarcation. Il structure la société selon le principe de l'inclusion et de l'exclusion en dressant des barrières entre ceux qui savent et qui ont accès à un savoir et à des informations et ceux qui ignorent le secret pour lesquels de telles informations demeurent inaccessibles. Le secret établit, d'un côté, une barrière entre des groupes ou des systèmes de communication. De l'autre côté, la garantie de garder le secret ouvre, voire crée un espace de communication à l'intérieur d'un groupe de personnes qui sont "dans le secret "* ». C'est ce que dénonçait déjà Spinoza à propos du gouvernement monarchique et qui vaut pour toute sorte de gouvernement, même au sein des « démocraties » dites instituées : *« Le plus grand secret du gouvernement monarchique et son intérêt principal consistent à tromper les hommes (...)* », même s'il se trouve que les passions fomentées par l'État dans le but de maintenir l'unité du peuple ont toujours pour limite à long terme leur relative inefficacité.

Intéressons-nous donc à ce champ politique des gouvernants et du capital qui pratiquent le secret avec cynisme, conduisant leur action de telle sorte qu'elle tend à faire croire à un idéal qui nous ferait oublier quel type d'hommes ils sont réellement. L'analyse objective permet de découvrir les conséquences du recours au secret dans l'exercice du pouvoir – spécialement dans la pseudo-démocratie – allant jusqu'à un basculement progressif vers une politique de domination, politique qui tourne le dos à l'État républicain prétendument garant de toutes les libertés. Capital/État qui n'use pas du secret uniquement dans les procédures institutionnelles où il est nécessaire d'assurer une certaine protection : le vote du citoyen ou le verdict du juge par exemple, mais dont les intérêts profiteurs portent à la dissimulation et à la duplicité, bien loin de la politique de transparence et de confiance dont par ailleurs il se réclame.

Voici un exemple de cette analyse objective des faits, dont je parlais plus haut, qui montre que la tromperie et le secret sont les plus sûrs moyens auxquels le capital/État a recours pour gouverner. Si bien qu'il n'a pas de peine, sous couvert de légitimité, de nous faire adorer ses mensonges comme des dieux et de nous faire aimer ses fléaux permanents comme des nécessités du genre humain. Pour commenter une actualité pas très ancienne, on remarquera que les principaux motifs de la guerre américaine en Irak ont été de cet ordre. Selon le pouvoir aux mains du capital/État, la chaîne causale était la suivante : les attentats du 11 Septembre 2001 avaient créé un climat de crainte aux États-Unis engendrant à son tour un climat d'insécurité dans la population. Il fut ensuite possible, même si cela n'était pas aisé, de convaincre la population états-unienne de se battre pour sauvegarder sa liberté contre un ennemi éloigné dont elle ne savait pas grand-chose dans son ensemble (si ce n'est qu'il y avait eu une guerre dans ce pays dans les années 1990, que ce pays lui était hostile et qu'il était en possession d'armes de destruction massive). On parlait alors d'un « axe du Mal », c'est-à-dire qu'on s'éloignait d'un discours de vérité pour entrer dans celui de la tromperie d'État, réitéré à la tribune de l'ONU, enfermant les peuples dans une sorte de superstition nourrie par ce mensonge éhonté. Après quoi il fut plus simple au capital/État de s'engager dans une guerre à laquelle personne auparavant n'avait pensé.

L'autre exemple, plus actuel, concerne la guerre en Syrie et les prolongements de la guerre en Irak. Est-il utile de rappeler les véritables causes de ces deux conflits ? Sans entrer dans le détail, notons qu'ils s'inscrivent dans le cadre de la géostratégie internationale, dont les grandes voies de transit, depuis les grands gisements pétroliers et gaziers de l'Asie centrale et du Proche-Orient, ou bien *la feuille de route* affichée par les États-Unis d'Amérique pour le Proche et le Moyen-Orient forment le socle. Mais mon propos est ailleurs. Je voudrais seulement souligner en quoi la cléricature médiatique occidentale, à propos des conflits en Irak et en Syrie, cherche à instrumentaliser les peuples pour le compte du capital/État en délivrant un message mensonger qui n'est que propagande et parti pris. Il suffit d'une comparaison de la couverture médiatique de l'intervention militaire étrangère de la coalition occidentale à Mossoul en Irak et celle de la Russie à l'est d'Alep en Syrie pour relever la supercherie. Alors que les deux villes sont assiégées par les forces pro-gouvernementales soutenues par une puissance aérienne étrangère, les médias internationaux traitent différemment des situations pourtant similaires. Ainsi que le souligne l'analyste britannique Patrick Cockburn : « *Dans le cas de Mossoul, contrairement à Alep, les insurgés sont traités de terroristes par l'Occident, et sont accusés de mettre en danger les civils en les utilisant comme boucliers humains et en les empêchant de quitter la ville* », alors qu'à l'est d'Alep, les médias occidentaux ne parlent pas de la présence de terroristes mais de rebelles et se concentrent sur l'intervention russe présentée comme crimes de guerre et sauvagerie barbare. Quant à l'armée, n'a-t-elle pas pour surnom « la grande muette » ?

Comme le dit Spinoza : « *Bien entendu, le grand secret du régime monarchique et son intérêt vital consistent à tromper les hommes, en travestissant du nom de religion la crainte dont on veut les tenir en bride ; de sorte qu'ils combattent pour leur servitude, comme s'il s'agissait de leur salut, et pensent non s'avilir, mais s'honorer au plus haut point lorsqu'ils répandent leur sang et sacrifient leur vie, pour appuyer les bravades d'un seul individu* ». En d'autres termes le discours de la crainte et de l'imagination sur la mort peut lui-même conduire à d'autres morts. La méditation sur la mort appelle la mort non plus à une simple échelle individuelle, mais à une échelle politique.

e - Les pseudo-progrès des modèles « rupturistes » de la nouvelle production marchande frivoludique

Dans un colloque organisé en juin 2014 par le MEDEF en partenariat avec The Boson Project, portant pour titre *La grande Mutation, proposition d'un Nouveau Monde*, il est dit en préambule : « *La nouvelle génération est porteuse d'une véritable mutation des modèles traditionnels. Elle est l'émanation, le symptôme, le signal et le catalyseur d'un changement de paradigme majeur. Partout sur la planète des " builders " inventent des modèles alternatifs pérennes, proposent des solutions, transforment l'éducation, réinventent la finance… changent la donne ! (…) Pour la première fois, nous allons donner la parole exclusive à la jeune génération de " mutants ". Le but, faire passer le message : une nouvelle histoire est en train d'être écrite. Sur scène, ces jeunes vont se retrouver en face de décideurs qu'il va falloir convaincre car leur compréhension et adhésion sont indispensables à la construction de modèles rupturistes.* »

Ce colloque était organisé autour de trois thèmes majeurs :

1 - Le renouveau politique : comment fait-on de la politique sans dire ni concevoir qu'on en fait ? Quelles sont les nouvelles formes d'expression de cette 1ère génération mondiale ?

2 – Le renouveau économique : comment mettre en œuvre de nouvelles formes organisationnelles plus fluides, plus transversales, plus engagées, comment cette nouvelle génération réinvente-t-elle l'économie et quelles réalités se cachent derrière les concepts de l'open source, de l'économie sociale et solidaire, de l'économie collaborative, des bitcoins et maxcoins ;

3 – L'homme nouveau : la nouvelle génération, c'est l'Homo Numericus dans un monde où les liens sociaux sont délités. Alors comment ce nouvel homme apprend-il, comment inter-agit-il avec autrui, comment aime-t-il ? Comment se dessinent ou se redessinent les contours du féminin et masculin quand toutes les frontières se brouillent : celles du genre, de l'immatériel et du matériel, de l'individualisme et du collaboratif. Assiste-t-on à l'avènement d'un 3e genre ?

Et enfin, pour terminer, le mot de la présidente :

« *Nous sommes entrés dans un monde en crise qu'il faut reconstruire, réinventer, ré-enchanter. Cela pourrait être l'enfer sur Terre, mais c'est aussi une formidable opportunité, un terrain presque vierge, un extraordinaire espace de liberté. Le numérique nous donne le pouvoir et le contexte de la légitimité. Nous sommes en train de muter. (...) Ce colloque marque l'avènement des "mutants". Il n'y aura sur scène aucun représentant de "l'ancien temps", que des jeunes, des acteurs, des agitateurs, des bâtisseurs. Un seul mot d'ordre : avoir moins de 35 ans et représenter, incarner, développer des modèles alternatifs au système actuel, des modèles futuristes, innovants... des modèles d'avenir.* »

Quant aux intervenants, je m'en tiendrai à un bref résumé dans le carrefour « *Citoyen du monde, l'homme nouveau s'engage autrement* », de l'intervention d'un jeune anthropologue et professeur très actif dans de multiples organisations à but « non lucratif » en faveur des femmes et des filles, boursier de Rotary International, titulaire d'un mastère en journalisme et d'un post-mastère en écriture de documentaire à l'Université catholique de Santiago du Chili, actuellement directeur général de programmes nationaux Girl Rising :

« *Il aime sensibiliser les audiences à l'importance de l'éducation des filles et a parlé au TEDxBarcelonaWomen, au TEDxUnisino (1*), à la Social Mesia Week à Bangalore et à New York City (2*) et à la Google Latin American Leadership Conférence Google Plus ... La Conférence latino-américaine des leaders d'opinion et des praticiens chargés de découvrir les façons d'améliorer nos écoles et nos systèmes pour nous conduire sur le chemin de la réussite ! Il siège au conseil d'administration d'AGALI (planification et stratégies territoriales dans la société actuelle) et inspire les citoyens à pousser les jeunes filles à atteindre leur potentiel en faisant de nombreuses apparitions à la radio et à la télévision.* »

À présent revenons sur ces fallacieuses considérations anglophiles et regroupons-en successivement quelques mots clés judicieusement choisis afin de vérifier s'il est possible de faire apparaître une cohérence, une sorte de concentré de l'orientation vers laquelle le patronat entendrait se diriger : « *La grande mutation pour un nouveau monde est le signal et le catalyseur d'un changement de paradigme majeur, vers des modèles alternatifs pérennes qui transforment l'éducation, réinventent la finance, donne la parole exclusive à la jeune génération de mutants, et font passer le message : une nouvelle histoire est en train d'être écrite, indispensable à la construction de modèles rupturistes : comment fait-on de la politique sans dire ni concevoir qu'on en fait pour permettre de nouvelles formes d'expression de cette 1ère génération mondiale et de nouvelles formes organisationnelles plus fluides, plus transversales, plus engagées ? Quelles réalités se cachent derrière les concepts de l'open source, de l'économie sociale et solidaire, de l'économie collaborative des bitcoins et maxcoins (*3 et 4§*) : c'est l'Homo Numéricus dans le monde où les biens sociaux sont délités, où se dessinent et se redessinent les contours du féminin masculin quand toutes les frontières se brouillent : celles du genre, de l'immatériel et du matériel, de l'individualisme et du collaboratif. On doit travailler à l'avènement d'un 3e genre dans un monde en crise qu'il faut reconstruire, réinventer, ré-enchanter. Cet enfer sur Terre, c'est une formidable opportunité pour l'avènement de mutants sans aucun représentant de l'ancien temps, que de jeunes acteurs, des agitateurs, des bâtisseurs. Un seul mot d'ordre : avoir moins de 35 ans, représenter, incarner, développer des modèles alternatifs du système actuel, des modèles futuristes, innovants, dans lesquels les jeunes filles sont poussées à atteindre leur potentiel en faisant de nombreuses apparitions à la radio et à la télévision.* »

Grâce à ce petit montage, les lignes de force de l'orientation patronale se détachent clairement : la grande mutation n'est autre que la récolte de ce qui a été déjà semé par le modèle américain dès le début du XXe siècle en réponse à la grande dépression des années 1890 (que nous avons qualifiée d'élargissement

---

*1 - **TEDx** : Dans l'esprit de la mission de TEDx, « les idées méritent d'être diffusées », le programme TEDx aide les collectivités, les organisations et les individus à produire des événements TED style au niveau local. Les événements TEDx sont planifiés et coordonnés de façon indépendante, sur une base communautaire par la communauté, sous une licence libre de TED.

2 - Social Media Week est une plate-forme de médias de premier plan et événement mondial avec une présence locale de portée mondiale sur les cinq continents.

3 - Bitcoin utilise la technologie peer-to-peer pour fonctionner avec aucune autorité centrale ou des banques ; la gestion des opérations et l'émission de bitcoins sont réalisées collectivement par le réseau. Bitcoin est un open source ; son design est public, personne ne possède ou contrôle Bitcoin et tout le monde peut participer. Grâce au grand nombre de ses propriétés uniques, Bitcoin permet des utilisations intéressantes qui ne pourraient pas être couvertes par un autre système de paiement existant.

4 - MaxCoin est l'une des monnaies cryptographiques les plus sûres, à la fois parce qu'il est basé sur le chiffrement de la prochaine génération, SHA-3, mais aussi parce qu'il est open source. Le logiciel est ouvert à l'inspection et à l'amélioration par les meilleurs esprits de sécurité sur la planète de sorte qu'il est mathématiquement sûr. Si vous ne voulez pas payer les frais bancaires, si vous ne voulez pas l'argent, sont créés par les banques, sans frais pour eux, puis prêté avec intérêt, des MaxCoin qui ouvrent la voie à une nouvelle monnaie.

de la consommation de masse aux biens de la rareté dans notre livre III (*L'écomunisme*). Ce modèle, au sein duquel figure la « lobotomisation » des citoyens et des jeunes par des méthodes de plus en plus sophistiquées de publicité, ne pouvait que nourrir cette sorte d'individualisme consumériste qui ravage la plus grande partie de la jeunesse, principalement issue de la bourgeoisie et des couches moyennes aujourd'hui. L'appel à cette jeune génération de « mutants » (les moins de 35 ans) comme force active, agissante, innovante et futuriste, répond à la nécessité pour le capital de saisir, à travers l'enfer généralisé de la crise, l'opportunité d'une agitation récréative capable de fluidifier les conflits de classe et de conduire la plupart des véritables producteurs dans l'impasse. D'où la nécessité pour lui d'aller plus loin encore, en transformant l'éducation, en pervertissant la notion politique, en réinventant la finance, en s'appuyant sur *de nouveaux contours du féminin masculin, dans un monde en crise qu'il faut reconstruire, réinventer, ré-enchanter*. Tout cela converge vers une sorte de nouveauté frivoludique *où se cache, derrière les concepts de l'open source, de l'économie sociale et solidaire, de l'économie collaborative des bitcoins et maxcoins, un Homo Numéricus dans le monde où les liens sociaux* seront plus délités et dans lequel la jeunesse ne pourra se construire qu'à travers la trompeuse et perverse réalité de *l'enjeu parabole*, support et moyen d'une intense propagande médiatique, télévisuelle, radiophonique et numérique contre la véritable émancipation de classe.

Cette nouvelle forme de capitalisme, que certains qualifient de « Capitalisme Cognitif », prend son essor dans la Silicon Valley et a pour gangue l'ancrage d'une mondialisation néo-libérale s'appuyant quasi-exclusivement sur l'évolu tion technologique afin de créer de nouvelles conditions d'existence qui s'acheminent vers une société où l'immatériel et la connaissance technicienne prendront le pas sur une société économique plus classique, et entend réduire à néant un matérialiste dialectique en devenir susceptible de répondre à la satisfaction des vrais besoins humains.

Les bouleversements en cours, liés à l'arrivée des technologies de l'information et de la communication, créent un nouvel espace révolutionnaire pour le capital lui permettant de décupler sa propagande orientée tout en donnant l'illusion aux forces dites de progrès qu'elles pourront prendre concurremment leur place dans ses nouveaux réseaux hyper connectés. Tout comme autrefois l'invention de la machine à vapeur a décuplé la force musculaire et préparé la révolution industrielle, l'hyper-connection numérique prépare l'arrivée d'un capitalisme décervelant en capacité de décupler la production frivoludique doublement profiteuse, au détriment d'une production plutôt axée sur les besoins, une sorte « d'hédonisme » de l'activité libertaire du jeu cognitif contre le salariat et les travailleurs. Cela est confirmé par la nouvelle approche du progrès technique et de l'ensemble des innovations prônée par les « grandes » écoles de la finance et du commerce, pour lesquelles les gains de productivité et le profit sont la seule raison d'être. Dans ce type d'économie, ce sont plus les effets du progrès technique sur l'accumulation du profit qui importent que la nature du progrès technique lui-même. Dans ce cadre, la maîtrise du progrès technique par le capital est un élément essentiel de sa domination mondiale.

f - L'instrumentalisation par le couple capital/Etat de la trilogie acquisition/ destruction/reconstruction engendrant sur-exploitation, chômage, immigration, xénophobie et fascisation

En effet, comment expliquer l'étrange survie du capital/État pourtant responsable de la crise économique de 2008, l'une des pires depuis 1929, si ce n'est à travers cette trilogie acquisition/destruction/ reconstruction ? Au moment de son déclenchement, nombre d'économistes parmi les plus célèbres avaient même, sans doute un peu hâtivement, annoncé sa « mort ». Ils n'ont vu dans la poursuite des politiques néolibérales que le résultat d'un entêtement doctrinal. Mais le néo-libéralisme n'est pas qu'un simple dogme. Condamné à la crise structurelle par sa capacité systémique de suraccumulation du capital engendrant la surproduction et la concentration de surpuissantes multinationales, il est un véritable système politico-institutionnel obéissant à une logique d'auto renforcement à partir de l'inique trilogie de perpétuation à tout prix de sa propre nuisance. Loin d'être une rupture, la crise devient pour lui un mode de gouvernement. Elle cristallise et solidifie un verrouillage de tous les conquis sociaux capable d'entraver certaines tentatives de correction de trajectoire par la désactivation progressive du républicanisme d'apparat et le renforcement de la surexploitation des travailleurs, du chômage, des guerres régionales militaires et économiques qui exacerbent l'intégrisme religieux et leur instrumentalisation ethnique, avec leur cortège d'immigration massive. Tout cela pèse sur le niveau de vie et la conscience de classe des travailleurs nourrit la xénophobie et le racisme et peut conduire à la sortie de la pseudo démocratie au profit d'une gouvernance expertocratique fascisante soustraite à tout contrôle. Pourtant, rien n'est encore joué. Le réveil des classes laborieuses, que l'on voit se dessiner dans les mouvements sociaux et expérimentations politiques des dernières années, est le signe que l'affrontement politique avec le système capitaliste et son bloc oligarchique a déjà commencé.

L'ensemble de ces mécanismes guerriers de régression, consubstantiel au capital et au pouvoir en tant qu'animateurs du système marchand ultralibéral, déracine et décime les populations les plus vulnérables. Par ailleurs, il s'ingénie à en dénaturer la conscience sociale et civique, à faire surgir les pulsions égoïstes, à « fabriquer » de plus en plus de fans et d'accros à l'abêtissement humain, au consumérisme, à la futilité, à la perversion narcissique, au désir égocentré et à l'apothéose des jeux agressifs ou débiles porteurs d'idolâtrie. Ce système, dans lequel baignent quasiment tous les peuples de la planète, fournit un cadre à un *marché-monde* fondé sur l'appât du gain, l'agressivité, les envies, les pulsions, la résurgence de l'instinct grégaire, la compulsion et la cupidité. Il est de fait l'ennemi de la conscience de classe, de la mesure et de la raison. Placé sous le signe de la dérive morale et éthique, il produit, par son goût du pouvoir et du luxe, l'élitisme ségrégatif et le clanisme, une compétition ravageuse et une concurrence sans bornes s'appuyant sur le principe du profane subordonné à une minorité intronisée et dominatrice, promouvant les pulsions primaires aux dépens des véritables valeurs de partage, de fraternité, d'échanges non marchands, de protection et de respect de l'autre. Bref, il est l'instrumenteur de la dénaturation humaine où les bases mêmes du capital/État génèrent la manipulation des peuples et tendent à faire du *sacré régressif* la nouvelle norme mondiale.

g - Les bases capitalistiques du dérèglement des équilibres écosystémiques

Dans son analyse de la transition du féodalisme au capitalisme comme procès d'appropriation des ressources naturelles par la classe dominante, Marx s'appuie sur la rente foncière et minière et le fait que la rupture du cycle des nutriments présente une menace pour l'épuisement des sols pour souligner l'impact négatif du capital sur le milieu naturel. Le même constat peut être fait à propos du passage du bois à la houille au XIXe siècle et de la perturbation capitaliste sur le cycle du carbone par l'exploitation outrancière de l'ensemble des énergies fossiles qui engage l'humanité dans une impasse écologique.

Dire aujourd'hui que le productivisme et la logique de marchandisation de la société capitaliste ont un impact négatif sur les équilibres écosystémiques peut sembler une évidence. Mais dire que cette stratégie écocidaire peut être corrigée par une action politique dans le cadre d'un système ne recourant pas aux mécanismes de l'économie marchande est loin de faire l'unanimité. On pourra nous objecter que la course à la productivité amène *de facto* le capital à être plus économe en ressources et donc en quantité d'énergie nécessaire à la production d'un point de PIB. Mais ce serait faire peu de cas des contradictions liées aux bases mêmes du processus d'accumulation du capital qui génère concomitamment la surproduction et la marchandisation tout azimut. Cet impact est surtout mesuré à partir du « réchauffement climatique », lequel serait, selon la plupart des membres de la communauté scientifique (à laquelle on me rattache), directement en lien avec l'activité anthropique (tout en considérant que certains membres de cette même communauté en réfutent parfois les conclusions). Par ailleurs, non seulement tous les écosystèmes naturels seraient touchés, mais aussi ceux aménagés par l'être humain. L'exemple du vaste réseau d'irrigation de gestion des eaux de l'Indus alimenté par des barrages et des digues conçu par le colonisateur britannique en fonction de ses intérêts impérialistes se révèle présentement menacé par la perturbation inopinée du régime des moussons semble-t-il également en lien avec l'activité anthropique.

Alors, est-il possible malgré les convergences scientifiques :

- premièrement, d'accorder foi aux thèses « climatosceptiques » qui prétendent que ce réchauffement climatique n'est pas d'origine anthropique ?
- deuxièmement, de considérer que l'activité humaine a pour seule conséquence le basculement climatique ?

- troisièmement, d'affirmer que l'activité capitalistique est à elle seule responsable de la dégradation environnementale ?

Comme nous le disions précédemment à propos de l'attribution des perturbations sur le cycle du carbone de l'exploitation outrancière de l'ensemble des énergies fossiles, prendre le problème par ce bout revient non seulement à se poser la question de la bonne cohabitation homme/nature, mais de l'impact d'un type de société donné sur l'homme et la nature et, plus concrètement, de l'impact capitalistique probable sur l'homme et la nature.

Concernant la première question : *Certitude ou incertitude de l'origine anthropique du réchauffement climatique* ?, il est possible, en l'état actuel de nos connaissances scientifiques, d'affirmer, malgré les allégations des climatosceptiques, que l'activité anthropique se surajoute à l'activité tellurique et solaire dans le sens d'une accélération des processus contributifs au réchauffement climatique. Par exemple : la Terre a connu de profonds bouleversements climatiques à l'échelle des temps géologiques, passant par différents états (Terre boule de neige et Terre dépourvue totalement de glace).

Cette histoire longue et complexe nous montre que le système climatique est un système à l'équilibre avec un certain nombre de « forçages » (constante solaire, facteurs paléogéographiques, composition chimique de l'atmosphère, paramètres orbitaux, état de surface des continents, etc.). Modifier l'un de ces paramètres revient à déstabiliser le système climatique qui va évoluer vers un nouvel état d'équilibre. Ces déstabilisations successives vont se traduire par des changements climatiques sur différentes échelles de temps. Cette histoire complexe, qu'il nous faut déchiffrer à travers l'enregistrement des contraintes géologiques, géochimiques, cosmologiques et leur modélisation, nous montre que l'échelle de temps pour modifier ces processus est de l'ordre du million d'années ou de la dizaine de milliers d'années. Or, ce que nous observons présentement ne peut résulter que de l'ajout d'une contrainte anthropique à celles déjà existantes puisque les changements enregistrés sont de l'ordre de la centaine, voire de la dizaine d'années.

Pour ce qui est de la deuxième question : *L'activité humaine a-t-elle pour seule conséquence le réchauffement climatique ?,* l'affirmation négative de la réponse contient une bonne part des enjeux que le système capitaliste cherche à occulter en nous laissant croire que maîtriser la production de CO_2 est la priorité des priorités. Certes, si juguler la production de CO_2 est bien la clé de la maîtrise du réchauffement climatique et de la montée du niveau des mers, le réchauffement climatique n'est pas la seule clé de la maîtrise du dérèglement environnemental. Polluer massivement les océans, polluer et épuiser les réserves naturelles d'eau douce à travers le globe, polluer l'atmosphère, dégrader de façon quasi irréversible les sols à l'échelle planétaire, couper massivement les forêts primaires, réduire de façon drastique la biodiversité sous toutes ses formes, etc., sont des facteurs tout aussi déterminants pour conserver la biosphère dans un état d'équilibre susceptible de garantir notre survie et épanouissement en ce monde. Et cela d'autant plus que chaque facteur contributif du dérèglement biosphérique est étroitement dépendant de l'ensemble des autres facteurs.

Enfin, s'agissant de la troisième question : *L'activité capitalistique est-elle, à elle seule, responsable de la dégradation environnementale ?*, la nature de la réponse que nous pouvons apporter conditionne la réponse aux deux questions précédentes. Elle est, en quelque sorte, le nœud gordien du tout. Alors, pourquoi peut-on dire que le système de production/consommation capitaliste ne peut être que le problème et non la solution du dérèglement environnemental ? Revenons donc sur le fait, au sens de Marx, que l'accumulation est le fondement même du capital et que celui-ci ne saurait se passer de l'hyper-productivisme profiteur qui débouche sur la surproduction. Le profit, généré par l'activité productive des travailleurs, est sous la dépendance exclusive de la reproduction élargie du capital qui pousse inéluctablement à la crise et à la barbarie. Rappelons aussi que ce système connaît une crise généralisée qui va bien au-delà des crises de surproduction classiques. Et que celle-ci affecte la totalité des rapports économiques, sociaux, sociétaux, culturels et environnementaux. Dans ce contexte, comment imaginer qu'un tel système puisse opter pour un mode de développement qui cherche à préserver les équilibres biosphériques régissant les états naturels de la planète ?

Le vrai défi environnemental que nous devons relever est un défi de classe qui ne se limite pas à la polémique stérile entre les tenants des dégâts écosystémiques liés aux activités anthropiques et les climatosceptiques. Car le « coût vérité » de l'ensemble de ces politiques ne sera pas payé par la Terre mais par les hommes et l'ensemble du monde vivant. Forêts, eau douce, océans, sol, sous-sol, atmosphère et tout le reste, ne sont donc que ponction pour les profits réalisés par l'exploitation du travail salarié, seul producteur de valeur, et toutes les contradictions de ce système qui tend à élimer l'humain n'en sont que plus apparentes. Voilà pourquoi notre conception de la sortie de la crise environnementale ne se conçoit qu'en sortant du capitalisme en crise. Elle présuppose l'unité de l'homme et de la nature (dans l'activité productive et culturelle) autant que la lutte de classe et nous permet de découvrir ou redécouvrir la pleine étendue de la contradiction biosphérique que représente le capitalisme en déclin. Je porte donc ce constat que le capitalisme est incompatible avec les nécessaires équilibres écologiques puisqu'il est présentement clairement établi un lien de causalité entre sa déraisonnable activité marchande et les dégâts environnementaux.

3. Formes d'aliénation du profane au cours du temps

a - Formes traditionnelles et plus « modernes » du concept d'aliénation

Est-il utile de revenir sur ce parti pris althussérien à propos du concept d'aliénation qui lui fait dire en 1965 dans son livre *Pour Marx* : « *L'histoire, c'est l'aliénation et la production de la raison dans la déraison, de l'homme vrai dans l'homme aliéné. Dans les produits aliénés de son travail (marchandises, État, religion), l'homme, sans le savoir, réalise l'essence de l'homme. Cette perte de l'homme, qui produit l'histoire et l'homme, suppose bien une essence préexistante définie. À la fin de l'histoire, cet homme, devenu objectivité inhumaine, n'aura plus qu'à ressaisir, comme sujet, sa propre essence aliénée dans la propriété, la religion et l'État, pour devenir homme total, homme vrai. »* ? Ou plus dérangeant encore, ce mot de Ricœur en 1968 dans *Aliénation* : *« Le mot aliénation est, aujourd'hui, (...) un mot malade. (...) La question qui se pose à propos de ce malade est de savoir s'il faut le tuer ou le guérir. »*

L'intuition des auteurs serait donc qu'il y aurait une ambivalence essentielle du développement historique pris dans son ensemble, plus particulièrement sensible dans les sociétés « modernes », c'est-à-dire celles qui sont marquées de façon spécifique par l'emprise totale de l'économie marchande et d'un pouvoir d'État fonctionnellement différencié. Comme s'il était bon de chercher à opposer l'implication économique des forces du capital/État qui déterminent les rapports de classe et la disponibilité croissante et néfaste des nouveaux moyens de production comme résultat d'un pseudo-progrès.

Il n'y a aucune limite à l'aliénation dans un système fondé sur l'exploitation humaine. Et quand bien même le néolibéralisme, gouverné par des impératifs endogènes et non par des puissances exogènes, a besoin de développer la société de consommation et la « culture » industrialisée pour tenter de franchir le gué de ses crises structurelles, il n'en demeure pas moins qu'à la source de notre critique sociale de la civilisation « moderne », la question de l'hyper consommation ne saurait se substituer à celle plus essentielle encore du nécessaire affrontement de classe. Autrement dit, il est malsain d'opposer le fait que l'orchestration des pulsions consuméristes par le capital/État tend à empêtrer globalement les hommes dans un mouvement d'auto-aliénation et celui non moins important qu'un nombre grandissant de travailleurs ne peut en consommer que l'image virtuelle exclu qu'il est de plus en plus de la vitale satisfaction des vrais besoins humains. Le champ de l'aliénation aujourd'hui est à comprendre et combattre à partir de ce double mouvement : la critique de l'aliénation du travail subordonné au régime capitaliste et celle de la société du consumérisme de masse comme vecteur d'une sorte d'aliénation enchantée dont les désillusions du « progrès » ne tarderont pas de battre en brèche l'idée d'obsolescence de la problématique concrète de la paupérisation accrue. Cette mécanique infernale de régression et de paupérisation générale est inévitable tant que nous acceptons que la marchandisation absolue soit au pouvoir, car elle est intimement liée aux moteurs d'aliénation globale qui animent le système capitaliste aujourd'hui.

b - Nouveau champ d'aliénation social et sociétal : le néo-conformisme et l'idéologie du sombre désir

Je pars de l'idée fondamentale de Marx : « *Ce n'est pas la conscience des hommes qui détermine leur être ; c'est inversement leur être social qui détermine leur conscience.* » L'indispensable nécessité pour le capital de colmater les brèches ouvertes par ses crises congénitales a été suffisamment développée dans nos ouvrages antérieurs pour ne pas avoir à détailler ici toutes les ruses qu'il a déployées pour tenter d'y remédier. Soulignons simplement que l'ensemble de ces ruses est non seulement générateur de massacres humains et d'épreuves pour la nature, mais qu'il participe à la modification des nouveaux rapports sociaux et des relations humaines. De ce point de vue, le chemin de la *marchandisation absolue* et du *marché-monde*, qui débouche sur ce que j'appelle *le système capitaliste de la totalité*, se veut à la fois remède aux crises congénitales du capital et fruit d'une transformation sociale et sociétale qui forge et reconstruit les mentalités sans forcément parvenir à les maîtriser toutes. Mais pour le capital, ce qui lui importe le plus, ce ne sont pas les aspects de la fabrication des nouvelles mentalités en tant que telles, mais le fait que celles-ci soient globalement compatibles avec la nécessité d'un hyper consumérisme orienté, supposé pérenniser le processus d'accumulation. Si la base des rapports sociaux demeure plus que jamais dépendante de l'appropriation privée des rapports de production et d'échanges, les transformations sociales et sociétales que le capital génère au fil du temps pour tenter de maîtriser ses crises de surproduction se déploient parfois de façon erratique, à la manière du chaos déterministe qui laisse toujours place au hasard annonciateur de déséquilibre. L'idée que le système capitaliste en crise soit à la fois en capacité de maîtriser les éléments consécutifs à son infrastructure (c'est-à-dire tout ce qui est relatif à sa production : conditions de production, forces productives et moyens privés de production et d'échanges confortés par l'accompagnement d'un système étatique entièrement acquis à sa cause) n'implique pas pour autant qu'il soit en capacité de maîtriser (même s'il s'y emploie) tous les aspects de la superstructure (c'est-à-dire l'ensemble des idées de la société : religion, mentalité, morale, culture, institution politique). Cependant, certains moyens de pression du capital sur la superstructure semblent avoir fait leurs preuves, en particulier *l'idéologie du désir* explicitée par notre camarade Michel Clouscard à laquelle j'ai proposé d'adjoindre le concept *d'enjeu parabole*. Mais le néo-conformisme émergeant à travers ce que je nomme : *l'idéologie du sombre désir*, aura-t-il le même effet sur les mentalités (et par contrecoup sur l'élargissement du consumérisme), que le précédent moyen d'aliénation et celui qui le complète que nous venons de citer ?

Le premier moyen : *l'idéologie du désir*, voulue et jusqu'alors bien maîtrisée par le capital, remonte à la tentative d'enrayer la première grande dépression capitaliste des années 1890. Elle fut mise en œuvre par les Américains à partir de l'idée de l'accès au plus grand nombre aux *biens dits de la rareté* prenant leur essor en 1920*, après que la crise de 1890 a été « purgée » par la Première Guerre mondiale. Elle sera poursuivie en 1945 avec le plan Marchal, après que la crise de 1929 a été à son tour « purgée » par la Seconde Guerre mondiale, mais prendra surtout son essor lors de la « révolution » des mœurs de l'après 68 ouvrant la voie à ce que Clouscard appellera *la consommation permissive*.

Le deuxième moyen : *l'idéologie du sombre désir*, en action dès les dix premières années du XXIe siècle, pareillement concocté mais non entièrement maîtrisé par le capital, consiste à élargir le consumérisme en exhumant le désir enfoui du rigorisme et de la sobriété vestimentaire. Cela touche non seulement les pays du Golfe déstabilisés pour pérenniser les ressources énergétiques des puissances mondiales, mais aussi l'Afrique, l'Asie, les États-Unis et surtout l'Amérique latine (jusqu'alors majoritairement catholiques), qui connait une forte poussée des églises réformées (cas du Brésil) et d'autres pays à travers le monde, à l'exception de l'Indonésie essentiellement islamique. On appelle cela la "*modest fashion*" ou "mode pudique" en français. Ce sont principalement les femmes qui se procurent ces vêtements, mais certains hommes s'y intéressent aussi. Ce marché, a séduit principalement les trois grandes religions monothéistes comme les chrétiens évangélistes et certains catholiques, les juifs ultra-orthodoxes et des musulmans pratiquants, mais également une partie de la population non pratiquante vaguement rattachée à une culture religieuse. Globalement, la « pudeur » varie en fonction des personnes – il n'est pas seulement question de *hijabs*, il s'agit de trouver des tenues amples et plus couvrantes, en particulier dans les cols et les manches. Pour les femmes, l'idée est de couvrir les épaules, le décolleté, les cuisses, en bref tout ce qui se trouve au-dessus du genou et du coude. Le géant japonais Uniqlo a anticipé cette tendance. Après avoir lancé en juillet 2015 sa première collection de mode pudique en Asie, il s'attaque désormais au marché américain. Selon une étude menée par Thomson Reuters, les musulmans dans le monde dépensent 266 milliards de dollars en vêtements et chaussures par an, soit plus que les Japonais et les Italiens réunis*. Cette nouvelle mode semble à première vue rassembler plus qu'elle ne divise les femmes croyantes et très pratiquantes. Mais ce serait un peu vite oublier que ces règles vestimentaires sont toutes du même ordre : cacher le corps de la femme. Les adeptes de cette mode sensuelle, secrète ou même sexy, sont convaincues que la vraie beauté est faite de plusieurs couches de vêtements. Certaines créatrices américaines n'hésitant pas, par un étrange renversement de valeurs, à affirmer que s'habiller ainsi est un signe de liberté, une liberté que les femmes dans les sociétés occidentales auraient perdu. Voilà deux moyens apparemment contradictoires affectant la superstructure : *l'idéologie du désir* et *l'idéologie du sombre désir*, contraints de cohabiter au même moment de l'histoire. En effet,

* Le poids estimé du marché total de « la mode pudique » pourrait s'élever sous peu à environ 1000 milliards de dollars, soit ± 1,6% du PIB mondial.

s'il est possible de rattacher les modes de consommation alimentaire halal, casher ou autres, à l'observance d'un pieux rituel, le phénomène de mode, lié au rigorisme religieux prenant corps présentement à partir de *l'idéologie du sombre désir*, est quant à lui déconnecté de la ritualisation *stricto sensu*. Il répond directement à un état d'esprit communautaire traversé par un désir impérieux de consommation, lui-même en lien avec l'idéologie du bien-être paradoxalement sous la dépendance du libéralisme libertaire. Cette résurgence *du désir sombre*, qui s'accompagne d'une plus grande rigueur dans les mœurs et d'une remise en cause des droits de la femme, en particulier le droit à l'avortement, est contradictoirement à la fois combattue et supporté par le néoconservatisme montant, mais aussi par les « droites républicaines » elles mêmes. C'était déjà le cas pour la Hongrie, la Pologne, les Balkans, etc., mais cela touche aujourd'hui, avec l'élection en 2016 d'un ultra conservateur à la tête de la Maison-Blanche, les États-Unis et, avec l'arrivée massive du courant Fillon en tête de la droite décomplexée et le courant lepéniste pour les présidentielles de 2017, également la France. Une telle situation risque d'accroître les tensions déjà palpables entre les populations des pays occidentaux questionnés ou directement affectés par le terrorisme issu de l'intégrisme islamique ou par l'exacerbation du phénomène migratoire résultant de la déstabilisation, orchestrée par la triade États-Unis- Europe-Japon, des pays arabes ou de certains pays africains ; situation dont les néo-conservateurs (toujours prompts à invoquer la République et la laïcité, qu'ils ont pourtant continûment malmenés), se sont immédiatement emparés. Voilà pourquoi l'on peut se poser légitimement la question de savoir si nous sommes face à une nouvelle ruse du capital ou à une nouvelle contre-tendance au libéralisme libertaire générée par la recrudescence d'un phénomène religieux rigoriste insuffisamment maîtrisé par le capital et nourri par les contradictions de sa crise généralisée l'incitant à marchandiser, quelle qu'en soit la nature, tous les aspects de la vie sociale, sociétale, économique, politique et culturelle. Ces derniers, venant renforcer, par une sorte d'effet d'aubaine, un néofascisme de plus en plus embusqué, pour peu que les nouveaux adeptes de *l'idéologie du sombre désir* en viennent à combattre les préceptes des tenants de *l'idéologie du désir libertaire,* comme cela semble être le cas pour le nouveau président américain ultralibéral conservateur, Donald Trump. Mais *l'idéologie du désir sombre* n'est pas qu'un effet de mode, c'est aussi un effet de système. Libéraux libertaires contre ultralibéraux conservateurs, tel pourrait être « l'affrontement » de toutes les droites et de la « gauche » libérale pour déporter l'actualité sociale sur la question des mœurs afin de soulager le capital déclinant dans sa tentative de gestion de la crise généralisée contre la partie la plus éclairée des travailleurs en lutte. Cette contradiction apparente de deux visions sociétales arriverait alors bien à propos pour tenter de détourner plus fortement encore l'ensemble des prolétaires de la lutte des classes et accroîtrait les arrière-pensées du capital, toujours enclin à choisir la route de la guerre mondiale purgative, quand sa crise systémique lui paraît ingérable.

II
De l'exhumation des faits à la définition de nouveaux concepts constitutifs du chaos

1. Définition de nouveaux concepts

Pour ce que l'on pourra en juger, la notion de « nouveauté » dans la définition de ces concepts emprunte beaucoup aux philosophes matérialistes et en particulier à la pensée de Spinoza dans l'éthique.

a - La notion de chaos

Au commencement était le chaos... Ainsi se pense traditionnellement, dans une conception métaphysique et religieuse qui nous vient des Anciens, la notion de chaos auquel aurait succédé l'ordre. C'est le chaos primitif présenté par Hésiode, dans sa Théogonie de l'origine du monde ou le *tohu-bohu* de la genèse qu'ordonne le Démiurge qui, par son acte de création, opérerait le passage du chaos au cosmos. Ici, point de hasard, seule la Providence divine organise le monde selon la loi de l'harmonie. Ainsi créé par Dieu, chaque être dispose d'une place qu'il doit respecter pour bien vivre et se conformer à cette harmonie qui le dépasse. Galilée n'affirmait-il pas que *« La mathématique est l'alphabet dans lequel Dieu a écrit l'univers »* que l'homme doit déchiffrer pour dévoiler cet ordre caché et accéder enfin au monde rassurant ? Sur un autre plan, la mécanique classique newtonienne nous proposa en quelque sorte une conception d'un monde déterminé par les lois de l'attraction universelle à partir desquelles il est possible de tout prédire. Tout comme l'idée de la relation de causalité de Laplace lorsqu'il écrivait : « *(...) nous devons donc envisager l'état présent de l'univers comme l'effet de son état antérieur et comme cause de celui qui va suivre.* » Plus tard, la théorie du chaos et les observations des chercheurs tels que Poincaré ou Lorenz firent obstacle à l'affirmation de ce déterminisme scientifique à toute épreuve, montrant qu'il existe une dépendance sensible aux conditions initiales faisant barrage à toute prédiction exacte et qu'il convient de regarder les choses en moyenne, de faire des statistiques indépendamment du point de départ en acceptant de ne pouvoir jamais disposer d'une intelligence infinie qui connaîtrait l'ensemble des conditions initiales. C'est ce que Poincaré appellera la « *sensibilité critique aux conditions initiales* » et Lorentz « *l'effet papillon* ». Un peu plus tard, dans les années 1970, Prigogine s'est intéressé au fait que le non-équilibre pouvait jouer un rôle organisateur. Ses travaux feront date dans l'histoire et révèleront une théorie parallèle à la théorie du chaos : « *La science classique considérait les phénomènes comme déterminés et réversibles, ce qui est en contradiction avec l'expérience courante.* » Selon lui, l'irréversibilité des phénomènes temporels caractéristique de la thermodynamique (non linéaire) réconcilie la physique avec le sens commun et bat en brèche l'idée de « *deux représentations aliénantes, celle d'un monde déterministe et celle d'un monde arbitraire soumis au seul hasard (...)* laissant penser que *"la certitude n'a jamais fait partie de notre vie"* ». Que l'on ne saura jamais de quoi demain sera fait. Alors, *« Pourquoi penser que la certitude est la condition même de la science (...) la science traditionnelle identifiait raison et certitude, et ignorance et probabilité. Il n'en est plus ainsi aujourd'hui (...) On avait tendance à croire que l'évolution vers l'équilibre était synonyme de perte d'information, d'une uniformisation du système. Or dès que l'on s'éloigne un tant soit peu de l'équilibre, on assiste à la coexistence de phénomènes d'ordre et de désordre (...) S'éloigner de l'équilibre réserve des surprises (...) Il est impossible de prolonger ce que l'on a appris de l'équilibre, on découvre ainsi de nouvelles situations, parfois plus organisées qu'à l'équilibre. Cela se produit en des points particuliers, qui correspondent à des changements de phases de non-équilibre, ce que j'appelle des points de bifurcation ».*

Ce changement de cap, que Prigogine nomme *point de bifurcation*, peut être provoqué par une succession d'évènements, qui, en atteignant un point cri-tique, font prendre des proportions gigantesques à une perturbation apparem-ment mineure, rendant impossible toute prédiction quant à l'évolution du sys-tème. Donc, si le monde qui nous entoure paraît souvent imprévisible, plein de désordre et de hasard, une partie de cette complexité nous est maintenant scientifiquement compréhensible grâce à la théorie du chaos déterministe. En analysant quantitativement les limites de la prédictibilité d'une évolution temporelle déterministe, nous observons qu'une faible incertitude initiale donne lieu dans certains cas à une incertitude croissante dans les prévisions, et que cette incertitude devient inacceptable après un temps plus ou moins long. On comprend ainsi comment le hasard s'introduit inévitablement dans notre description du monde. L'exemple des prévisions météorologiques est à cet égard le plus frappant. Ainsi résumées, nous voyons comment les idées à ce sujet ont évolué d'Hésiode à Poincaré et pourquoi le battement d'ailes du papillon de Lorenz peut affecter la météo, donnant lieu à des ouragans dévastateurs des milliers de kilomètres plus loin. Ainsi, la notion de chaos déterministe contribue non seulement à notre appréciation pratique des incertitudes du monde qui nous entoure, mais encore à la conceptualisation philosophique de ce que nous appelons cause et de ce que nous appelons hasard.

Au milieu de ces nouveaux progrès de la connaissance, la science du XXe siècle a vu ses fondations bouleversées. Le déterminisme absolu classique, si utile autrefois, a montré ses limites et toutes les branches de la physique et même de l'astronomie sont devenues un mélange de déterminisme classique et de hasard intrinsèque irréductible au déterminisme. D'autre part, les problèmes éthiques, entraînés par les mauvais usages de la science, ont complètement modifié le point de vue des scientifiques sur les questions philosophiques. Et si, concernant la biologie, dont l'évolution est fatalement plus lente, la théorie du chaos ne semble pas véritablement opérationnelle, nul doute que l'on finisse un jour par comprendre dans le domaine du vivant comment on peut faire surgir malgré tout sur ce plan des idées nouvelles. Certains en concluent que le matérialisme n'est plus une obligation, la liberté, la volonté, le libre arbitre (ces piliers essentiels de la dignité humaine) ne seraient plus à considérer comme des illusions. Or le matérialisme philosophique englobe l'efficacité de la pensée dans l'analyse de la réalité et de son évolution en tant que causalité non transcendante mais autonome de la production des phénomènes et du réel. Il n'est donc pas lié au déterminisme classique tel que nous avons tenté de le synthétiser. Par ailleurs, les sciences dites modernes ont élargi la notion de déterminisme au déterminisme statistique et au chaos déterministe, sans vraiment le supprimer.

Ainsi, si nous appliquons le fameux point de *bifurcation* de Prigogine au niveau de l'idée de raison et sagesse, alors nous pouvons dire que notre proposition philosophico-politique d'apprentissage non marchand du partage correspond à un changement de cap de l'ordre du particulier à l'intérieur du système capitaliste en déclin, et qu'il devient raisonnable d'imaginer que cette perturbation, en apparence mineure compte tenu de la dimension tentaculaire du capitalisme, puisse provoquer une succession d'évènements capables, en arrivant au point critique, d'engendrer des changements gigantesques. Si, par hypothèse, l'idéologie de l'écomunisme de la sagesse, dont nous sommes porteurs, engendre à son tour des déséquilibres, ils devront être surmontés par la mise en œuvre d'une sagesse plus grande encore qui nous rendra alors plus puissants.

La crise généralisée d'aujourd'hui peut nous conduire à ce point de rupture et de changement de cap. À chaque étape historique, bien que le système apparaisse stable alors qu'il est au bord du chaos, un évènement en apparence mineur précipite la crise. Ce fut le cas pour les deux guerres mondiales et pour les grandes dépressions économiques et ce sera encore le cas pour la crise généralisée d'aujourd'hui.

Sur le plan purement scientifique : la caractéristique de la présence du chaos dans le système quel qu'il soit signifie que pour n'importe quelle précision donnée avec laquelle nous décrivons les conditions initiales, il arrivera finalement un moment où nous perdrons la capacité de prédire comment ce dernier se comportera. En d'autres termes, la découverte du chaos n'abolit pas le déterminisme de la physique pré-quantique, mais il nous force à être un peu plus prudents lorsque nous disons ce que nous entendons par ce déterminisme. La mécanique quantique n'est pas déterministe dans le même sens que la mécanique de Newton ; le principe d'incertitude de Heisenberg nous avertit que nous ne pouvons pas mesurer précisément en même temps la position et la vélocité d'une particule, et, même si nous effectuons toutes les mesures qui sont possibles à un moment donné, nous ne pouvons émettre que des probabilités pour ce qui est des résultats d'expériences à un tout autre moment. Néanmoins, dans la physique quantique, il y a toujours un sens dans lequel le comportement de n'importe quel système physique est entièrement déterminé par les conditions initiales et les lois de la nature. Par conséquent, pour nous, la notion de chaos ne contredit pas le matérialisme historique.

b - Le chaos marchand

Le premier axe du chaos marchand tient au développement à un rythme foudroyant de l'innovation technologique, de la guerre économique, des guerres géostratégiques (minières, pétrolières et gazières) et de la concentration des capitaux à la conquête de nouveaux marchés dans le but d'obtenir des gains de productivité de plus en plus élevés, lesquels multiplient les faillites, les restructurations, les « rationalisations », la casse industrielle, les fermetures d'usines et les délocalisations.

Cette fuite en avant dans la mondialisation et la globalisation, poussée par la crise structurelle du système capitaliste, aiguise plus encore la lutte à mort entre entreprises, secteurs économiques, nations et continents, avec des conséquences sociales et environnementales d'une ampleur inégalée. Tout cela pousse le capital à accélérer plus encore le développement de l'introduction de nouvelles technologies dans la production et sur les marchés de masse, nous faisant passer en quelques décennies d'une économie de production de produits de base à une économie de marchandisation productive de produits de masse pseudo-personnalisés de la futilité permissive. Il a fallu 60 ans à l'avion pour conquérir 25% de son marché, 30 ans pour le téléphone, 25 ans pour la télévision, alors que l'ordinateur personnel, lui, a conquis son marché potentiel en moins de 15 ans, le téléphone portable en une douzaine d'années, Internet en 7 ans seulement et sans doute mois de 5 ans seront nécessaires pour que l'industrie de la robotisation personnalisée trouve sa pleine mesure. Ainsi, l'environnement économique, industriel, technologique et social est devenu plus instable, plus chaotique qu'il ne l'a jamais été. L'horizon de prévisibilité et de stabilité économique se perd irrémédiablement dans les méandres de la crise généralisée.

Le deuxième axe du chaos marchand concerne l'évolution et la perte du travail productif global, qui se traduisent par un chômage massif, une excroissance de l'emploi précaire, des petits boulots, du travail « au noir » et de la remise en cause des statuts, des droits du travail et, pire encore, par la remise en cause du fondement même du salariat à travers l'ubérisation et la numérisation de l'économie. Pendant qu'on nous donne à croire que « la nouvelle économie » requiert un nombre toujours croissant d'informaticiens, d'ingénieurs, de spécialistes en entretien de parcs informatiques et en gestion de réseaux (nourrissant parfois la désalarisation), on insiste beaucoup moins sur l'autre aspect de cette évolution : la croissance plus explosive encore des emplois à faible niveau de qualification. Aux États-Unis, fin des années 1990, le rapport FAST II sur l'emploi a montré clairement qu'on trouvait en tête des professions au taux de croissance le plus fort : les nettoyeurs, les aides-soignants, les vendeurs, les caissiers, les serveurs, les manœuvres, les livreurs... alors que les seuls emplois à composante technologique dans le secteur de la mécanique arrivaient en vingtième et dernière position. En 2010, une nouvelle étude prospective du ministère américain de l'Emploi a souligné que cette tendance se renforcera dans les années à venir. Certes, les postes d'ingénieurs et les métiers liés aux technologies de l'information et de la communication (TIC) connaîtront la plus forte croissance en pourcentage. Mais pas en volume. Ainsi, sur les trente emplois pour lesquels cette étude prévoit la plus importante croissance nominale (c'est-à-dire en nombre absolu d'emplois), on en compte 16 du type « *short term on the job training* » (formation de courte durée sur le tas). On y trouve, en vrac, des postes de vendeurs, de gardiens de sécurité, d'assistants sanitaires, d'agents d'entretien, d'hôtesses d'accueil, de conducteurs de camion ou encore de remplisseurs et distributeurs de boissons et d'aliments. Sur un total escompté de 20 millions de nouveaux emplois aux États-Unis au cours de la décennie 2000, 7,6 millions devraient être de ce type, contre 4,2 millions de « *bachelors* » (formation supérieure de courte durée). La dualisation devrait être également perceptible dans le domaine des revenus. Tout cela est présentement confirmé. Ainsi, 35% des nouveaux emplois sont constitués de catégories appartenant au quartile de revenus supérieurs (les 25% les plus riches). Mais 39 autres pourcents font partie du quartile inférieur (les 25% les plus pauvres). Seuls 14% et 11%, respectivement, appartiennent aux deux quartiles intermédiaires, classe ouvrière traditionnelle et couches moyennes. En d'autres termes, les extrêmes progressent et le milieu se creuse.

Enfin, le troisième axe, également caractérisé par un environnement économique et social dégradé, est la conséquence d'une sévère exacerbation des nouvelles luttes de positionnement entre multinationales et d'une courbe de croissance chaotique, assortie du désengagement des États dans les services publics. Les milieux économiques pressent les gouvernants de diminuer la pression fiscale sur les bénéfices des entreprises et les revenus de capitaux, mais également sur les revenus du travail puisque cela augmente leur propre marge de manœuvre dans la négociation salariale. Selon la table ronde des industriels européens en 2013, il convient d'utiliser ce montant d'argent public comme catalyseur pour soutenir et stimuler l'activité du secteur privé. Ces cadeaux fiscaux, en pure perte pour l'État, ont pour conséquence d'augmenter la crise récurrente des finances publiques et la précarité des travailleurs, mais aussi l'instabilité et l'imprévisibilité des évolutions économiques et la dualisation des qualifications requises sur le marché du travail et donc *in fine* d'accroître la crise. Tels sont les trois axes qui caractérisent le chaos marchand.

Après deux cents ans de luttes anticapitalistes, le XXIe siècle voit donc un monde dans lequel domine sans partage la marchandise et où toutes les expériences de renversement du système marchand ont au bout du compte échoué et où le capitalisme s'est installé quasiment partout, y compris dans les bastions apparemment les plus inexpugnables du « socialisme réel ». Ce développement, qui a certes contribué à *booster* les forces productives, s'est fait au prix de centaines de millions de morts et de laissés-pour-compte, entraînant misères, famines, pandémies, pillage des ressources naturelles, allant jusqu'à la manipulation génétique d'organismes vivants susceptibles de contaminer certaines espèces de l'écosystème. Ce qui fait dire au philosophe *Georges Gastaud* que nous sommes en présence d'un système exterministe. Tout cela forge les contradictions du système capitaliste qui, comme tous les systèmes avant lui dans l'histoire, engendre décadence et chaos.

c - L'État de l'ordre

Nous pourrions commencer notre réflexion sur la notion d'État de l'ordre par cette citation de Spinoza dans son *Traité théologico-politique*, chapitre XX : *« Personne ne peut faire ainsi l'abandon de ses droits naturels et de la faculté qui est en lui de raisonner librement et de juger librement des choses ; personne n'y peut être contraint. Voilà donc pourquoi on considère comme violent un gouvernement qui étend son autorité jusque sur les esprits ; voilà pourquoi le souverain semble commettre une injustice envers les sujets et usurper leurs droits, lorsqu'il prétend prescrire à chacun ce qu'il doit accepter comme vrai et rejeter comme faux, et les croyances qu'il doit avoir pour satisfaire au culte de Dieu. »* Alors, puisque l'État est à la fois une réalité historique et une construction théorique, comment élaborer, à partir de la notion d'ordre, une critique faisant sienne ce postulat spinozien qui considère comme violent un gouvernement qui étend son autorité jusque sur les esprits et celle de la conception marxienne de l'État par laquelle le primat des rapports de classe, dont l'existence découle des rapports de production, supplante les différenciations de la société civile et son rôle à travers l'étatisation qui n'est là que pour permettre le maintien des rapports d'exploitation ? Et cela, quelles que soient les mutations du champ d'action de l'État dans les sociétés contemporaines, qui ne se limite plus aux seules fonctions liées à l'existence de la souveraineté ou aux nombreux domaines où pourrait exister un intérêt général, non satisfait *a priori* par des intérêts particuliers : éducation, santé, logement, transports, emploi, culture, recherche, etc., qualifié à tort d'État-providence ou mieux encore, parce que l'État serait contraint d'accompagner le processus capitalistique de mondialisation. Mais aussi, en nous écartant des conceptions wébériennes qui cherchent à séparer l'économie et la politique. La première selon lui étant caractérisée par la satisfaction des besoins, et la seconde par la domination de l'homme sur l'homme par laquelle l'État apparaît comme une institution qui, sur un territoire donné, dispose du monopole de la violence physique légitime. Comme si l'on pouvait séparer la violence physique « légitime » de l'État et celle de l'économie capitaliste qui pèse et oppresse le travailleur/citoyen. D'ailleurs, aujourd'hui, l'imbrication entre le Capital et l'État est telle qu'il serait tout aussi légitime de parler de Capital/État de l'ordre que d'État de l'ordre.

Ce que nous pourrions qualifier d'âge nouveau des sociétés capitalistes pseudo-démocratiques trouve sa source non seulement dans la glorification de l'ordre sécuritaire prenant son essor dans la déstabilisation des États/dictatures riches en ressources énergétiques et minières (Irak, Libye, Syrie, etc.), qu'elles avaient jusqu'alors adoubés, mais dans les mutations du mode de régulation du système capitaliste lui-même et par la technicisation poussée des mécanismes de pouvoir qui fait entrer la place de l'ordre capitaliste dans le champ politique institutionnel, y compris jusque dans ses fonctions régaliennes. En ce sens, nous pouvons dire que nous sommes en présence, à travers la mondialisation capitaliste, d'une évolution marquante du traitement social, économique et politique des « classes dangereuses », au sens de Marx, laissant apparaître des mutations profondes, à la fois dans le système de production et dans l'approche antisociale et recentrée d'un mode de régulation étatique plus coercitif, plus punitif et plus disciplinaire.

Ainsi, le passage d'un régime d'accumulation monopolistique de type fordiste dans l'intervalle dit des « Trente Glorieuses » (marqué par une période de croissance relative, essentiellement liée à la nécessité de reconstruction tout azimut après l'hécatombe meurtrière et destructrice de la Seconde Guerre mondiale déclenchée par le capital pour se sortir de sa propre crise structurelle de 1929), à un autre régime d'accumulation plus déstructurant encore compte tenu de la nouvelle crise structurelle généralisée de 2008, change la nature même de la réponse que l'État de l'ordre doit apporter pour maintenir toujours vivant le processus de capitalisation. Passer d'un système productif partiellement régulé, fondé sur certaines fonctions redistributives de l'État, essentiellement générées par l'action des travailleurs (appuyés par leurs organisations syndicales et politiques et un rapport de force animé par le camp du « socialisme-réel » contre celui du capital à travers la « guerre froide »), à celui d'un bouleversement structurel fomenté par son bras armé néo-conservateur états-unien et anglo-saxon (ou social-démocrate contre révolutionnaire) rendu possible par l'affaiblissement des forces anticapitalistes, puis par l'effondrement du système communiste, ouvre une nouvelle ère de remaniement institutionnel du capital/État.

Le nouveau mode d'accompagnement étatique du capital dans les sociétés dites occidentalisées a cherché dans un premier temps à imposer la flexibilité du travail dans une économie tertiarisée (marquée par le déclin des activités industrielles, l'avènement d'une économie de services, le chômage et la précarisation de masse) et dans un deuxième temps, à faire éclater l'homogénéité organisationnelle du travail salarié par le remplacement progressif des unités de production centralisées dans lesquelles pouvait se construire la conscience ouvrière, voire à recourir à la mobilité permanente de l'emploi telle que pratiquée aux États-Unis. Tout cela au bénéfice de nouvelles structures productives en réseaux, rendues possibles par la révolution numérique, à partir de laquelle pourront s'épanouir, mieux encore que par le passé, les idéologies individualistes et consuméristes fonctionnant comme autant de composantes atomisées permettant un mode de régulation sociale centré exclusivement sur l'individu.

Ainsi, le remplacement progressif du travail salarié par le travail non salarié jouerait un rôle de renforcement d'une nouvelle normalisation sociale par déconsidération et atomisation de la classe ouvrière de plus en plus privée d'emploi et contrainte au repli dans l'ubérisation, l'auto-entreprenariat, l'économie collaborative et autres avatars de l'intégration productive au *marché-monde* où patronat et gouvernance hiérarchisée exerceraient une pression accrue sur de nouveaux producteurs contraints d'exercer un travail désalarisé. Cette déstructuration salariale s'accompagnerait, bien évidemment, d'un resserrement des aides de l'État accordées aux plus démunis, type RSA, aides au logement, etc. (y compris par une remise en cause de l'allocation chômage) au bénéfice d'une prestation de base unique, dite *revenu universel*, d'ailleurs déjà adoubée par les réformistes de tous bords et autres néo-conservateurs.

Ce nouveau mode de régulation étatique, que nous qualifions *d'État de l'ordre*, requiert à la fois une dimension de marginalisation progressive des « classes dangereuses » par une occultation du champ traditionnel des lieux de production centralisés et un mode de contrôle renforcé des producteurs à partir d'un nouvel ordre ultra sécuritaire fondé sur la surveillance citoyenne de masse, rendu possible par le traitement lié à l'insécurité d'un nouveau travail productif indirectement sous la coupe des multinationales mais hors du champ traditionnel des protections sociales, le tout étant renforcé par l'insécurité attachée aux actions barbares d'un intégrisme instrumentalisé. Nouveaux producteurs et citoyens devraient donc être soumis à l'arbitraire du pouvoir d'État par une flexi-insécurité et un contrôle étatique exacerbé touchant tous les aspects de leur vie et induisant un maillage policier des quartiers populaires, une répression syndicale ciblée, un autoritarisme et une ré-orientation idéologique de l'enseignement, de la recherche et de la culture, renforcée par une attaque sans précédent des droits en général et des solidarités nationales sous toutes leurs formes. Situation d'un État de l'ordre d'autant plus constitué que les forces productives anticapitaliste seraient progressivement muselées.

En ce qui concerne les pays « émergents », en particulier ceux d'Amérique latine, où l'État, sans changer radicalement de camp, a modifié les règles des dispositifs de régulation étatiques tendant à les éloigner quelque peu des contraintes sans bornes de l'impérialisme états-unien, il semblerait que le capital s'appuie à nouveau sur ce qu'il a déjà utilisé en son temps pour déstabiliser des pays en voie de démocratisation, à savoir : *la stratégie du choc*, révélée par Naomi Klein (journaliste canadienne) dans son essai de 2007. Cette doctrine préconise de s'appuyer sur les catastrophes naturelles, les changements brutaux de régimes, voire les attentats, qui conduisent à des chocs psychologiques pour permettre aux chantres du capitalisme d'appliquer la doctrine de l'école de Chicago ; l'économiste américain Milto Friedman, l'un de ses représentants les plus connus, présente comme salutaire la réduction drastique du rôle de l'État dans une économie de marché et comme seul moyen d'atteindre la liberté politique et économique. Cela permet d'imposer des réformes économiques ultralibérales brutales, telles que la dénationalisation globale : privatisation du secteur de l'énergie, de la santé, de l'éducation, de la recherche, de la culture, de l'ensemble des secteurs de la finance et de la production, etc., permise grâce à l'ingérence impérialiste par coups d'État militaires fascistes interposés (Pinochet au Chili, Suharto en Indonésie, Hugo Banzer Suárez en Bolivie, etc.), mais aussi de liquider ou de déporter hors du champ national l'ensemble des forces révolutionnaires, tout autant que d'encourager des réformes antisociales, comme celles prises après la crise asiatique de 1997, le tsunami de 2004 et l'ouragan Katrina en 2005. Ou bien de diviser des capitales régionales en deux zones, comme ce fut le cas à Bagdad, La Nouvelle-Orléans, Beyrouth : l'une en zone verte, riche et protégée des dangers, et l'autre en zone rouge, dangereuse et misérable. N'est-ce pas ce qui est en préparation aujourd'hui encore dans plusieurs pays en voie de déstabilisation étatique par le capital mondial, je veux parler du Brésil, du Venezuela et par un autre biais de Cuba ? Sans parler de ce qui se trame au Moyen-Orient, en Afrique de l'Est, en Ukraine et ailleurs... ou encore du retour à l'islamisme fascisant sous prétexte de coup d'État manqué, tel que tente de le faire la Turquie aujourd'hui. Cela n'est cependant pas en contradiction avec le fait que la pratique du choc puisse considérer parfois nécessaire, afin d'asseoir l'hégémonie du capital dans une zone de crise aggravée, d'augmenter les prérogatives de l'État de l'ordre pour venir soutenir l'état du marché.

d - L'omnisciente futilité

Dans l'esprit du capital, le sort qui doit être réservé à *l'homo economicus* moderne ne peut être autre que celui qui le maintient dans le flot du sort de la fatalité qui l'enferme dans de stupides désirs possessifs à la fois frivoles et dominateurs. En ce sens, notre concept d'omnisciente futilité tend à nourrir l'absurdité d'un monde clos dans lequel tout comportement raisonnable, parce qu'il pourrait nuire à l'acte de consommation, est proscrit. C'est cette volonté d'occultation de la nécessaire satisfaction des besoins irréductibles des hommes qui propulse l'inutile futilité consommatrice d'énergie, gaspilleuse, polluante et annihilatrice de raison, hors du champ de l'éthique du développement de la production utile. Mieux même, le capital cherche à créer une confusion entre l'utile nécessaire et l'inutile nuisible. Voilà pourquoi nous devons travailler à cultiver l'idée d'un retour à la production de l'utile non marchand et renoncer à l'omnisciente frivolité décervelante des nouveaux marchés. Sans quoi, pour une époque comme la nôtre, qui croit à l'éternité de la croissance et vénère l'inutile profiteur comme le prince du progrès, l'omnisciente futilité deviendra la source de l'inutilité marchande que le capital en crise n'aura de cesse d'imposer.

Comme pour *« la loi » de la trivialité* du chercheur anglais Parkinson, selon laquelle le système donne une importance disproportionnée à des questions insignifiantes, allant jusqu'à opposer les délibérations d'un comité sur l'installation d'un réacteur nucléaire à celles sur un abri à vélo dont le débat tourne en boucle sur des questions secondaires consistant à savoir si le meilleur choix serait de peindre le toit en bleu ou en gris, l'omnisciente futilité génère une perte de sérieux et d'authenticité qui rapproche les formes non fondées de l'inutile du vide culturel et intellectuel véhiculé par des informateurs porteurs de messages formatés et dégradants, propres à nourrir les fausses croyances du primat de l'individualité sur la collectivité. C'est aussi pourquoi des stars du show biz, grassement payées et vénérées comme des dieux, sont mieux considérées que les paysans sans lesquels nous ne pourrions manger. Quand le futile envahit à ce point nos sociétés, comment s'étonner que la raison recule ? « Du pain et des jeux », disaient les Romains. N'est-ce pas ce que met en œuvre le capital pour hypnotiser les foules aveuglées afin qu'elles ne puissent plus voir les priorités et seulement grogner quand les choses vont mal ? Si elles deviennent esclaves de leurs désirs et des mirages de la société consumériste, alors elles seront prêtes à accepter les suggestions les plus débilitantes du bon mercaticien capitaliste capable de vendre du sable en plein désert à un bédouin. Cependant, arrive toujours le moment où l'on s'aperçoit que le sable ne peut se manger. Et même si ce flux d'intoxication cérébrale planétaire ne déroute plus l'individu, ce dernier ne pourra fuir indéfiniment la réalité.

Mais, dans l'attente d'une raison plus raisonnable le phénomène ne cesse de s'amplifier et accorde un crédit grandissant aux effets conscients et inconscients d'une futilité qui nous pousse à consommer davantage une image qu'un produit avec un effet accru sur la nature de la production industrielle. Cela tend à montrer que contrairement à ce qu'affirme la « science » économique, tout ne peut être traité indépendamment de la nature du produit final et des structures de production et d'échange. Vient toujours le temps des comptes où la logique de la « dématérialisation » de l'économie rencontre les mêmes contraintes de suraccumulation du capital, inhérentes à la logique traditionnelle de l'économie. Dans ce cadre, l'économie de l'omnisciente futilité, qui refuse l'opposition entre les biens matériels et immatériels, le durable et le périssable, le raisonnable et le déraisonnable, est irréconciliable avec le défi de la connaissance que doit relever l'homme pour répondre aux besoins irréductibles des centaines de millions de laissés pour compte du capital et ne fait que cacher la pauvreté d'une pensée incapable de concevoir autre chose que le reflet de sa propre négativité.

À voir comment l'ultralibéralisme se conjugue avec un projet libéral libertaire sous l'égide du seul désir égocentré, on voit se profiler, avec la question d'une frivolité tapie au cœur même de l'économie capitaliste, la limite qui réside dans ces profits volatils, fluctuants et flottants, hors de toute « convertibilité » pérenne, décrochée des vraies valeurs humaines au regard des conditions historiques. Il semble donc que ce modèle économique, voué à formater les esprits à sa domination, ne puisse perdurer au-delà de sa seule « persuasion clandestine » qui repose quasi-exclusivement sur une sorte de fausse esthétisation de l'économie portée par la publicité, le marketing, les cohortes de *mass media* et autres médiocres communicants. En ces jours où tout où presque est à vendre et où la logique de l'achat et de la vente ne s'applique pas qu'aux biens matériels et façonne de plus en plus la totalité de notre existence, il est grand temps, au-delà de l'échec économique annoncé, de nous demander s'il est vraiment raisonnable de vouloir vivre ainsi.

e - La fabrique des ignorants et du savoir orienté

L'utilité du savoir orienté pour le capital est purement économique et politique. Il tue progressivement la nécessité des savoirs généraux : ceux ouverts sur la mémoire du passé, les disciplines humanistes, les langues classiques, la libre recherche, l'art, la pensée critique et les conditions mêmes de l'émancipation humaine qui devrait être l'horizon de toute civilisation qui tend vers la démocratie. Sans gratuité de l'accès à la connaissance et sans liberté de la recherche fondamentale, sans promotion d'un système qui place la science pure et les sciences humaines hors du champ de la dictature du profit, point de libération pour l'homme. En cherchant à orienter exclusivement le savoir vers « une finalité économique immédiate », la connaissance émancipatrice reste pour les populations maintenues volontairement dans l'ignorance un objectif inaccessible.

La question de l'ignorance et du savoir est donc centrale. Si l'État capitaliste prétend ouvrir le savoir à tous, il limite *de facto* son accès aux classes laborieuses et oriente sans le dire son contenu vers un savoir utilitaire et techniciste qui relègue la connaissance fondamentale à la portion congrue. Par ailleurs, en raison de la complexité des phénomènes naturels et des savoirs technologiques indispensables à la concurrence entre forces du capital, ce dernier considère que les masses productives doivent apprendre à vivre et agir dans une sorte d'ignorance minimum et d'incertitude permanente. D'où le nécessaire éclairement de la notion *de fabrique des ignorants et du savoir orienté*, afin de saisir leur dimension relative au regard des différents stades de développement des sociétés données. Ainsi, celles-ci peuvent accepter une part plus ou moins importante de ce que certains doivent ignorer et ce que d'autres doivent savoir.

Sans aller jusqu'à revenir sur le secret industriel ou les secrets d'État, la méconnaissance des aspects importants du fonctionnement de la société : économie, droit, etc., et tous les autres aspects importants de la vie en communauté, renvoie alors à une répartition plus ou moins inégale d'un savoir fiable et pose la question du préjudice (intellectuel, sanitaire, éthique, politique...) qui est causé quand une partie des citoyens d'une société donnée n'a pas accès à ce savoir. L'ignorance peut revêtir un sens plus fort encore lorsqu'elle renvoie à des attentes vis-à-vis d'une connaissance que personne ne possède à un temps donné, mais dont on pense qu'elle pourrait être produite et qu'elle serait utile pour trancher des questions économiques ou conforter des revendications. Tout programme de recherche orientée est une délimitation de l'ignorance en même temps qu'une limitation de la connaissance. La mobilisation doit donc se dérouler autour de l'annihilation de toute absence de connaissance et d'une ignorance qui nous affaiblit en tant que travailleur ou intellectuel. Et c'est bien dans un cadre capitalistique que les formes relatives de l'ignorance sont le plus délibérément choisies à chaque étape de la vie des individus et du fonctionnement des institutions en fonction des rapports de classe, des intérêts commerciaux, politiques et culturels créant ainsi des parcours de moindre connaissance dans des zones dites de non-droit.

Sur un autre plan, la mise en doute de l'origine anthropique du réchauffement climatique par des acteurs ayant des intérêts dans les énergies fossiles s'est appuyée sur le non savoir des climatosceptiques. Cette mise en doute équivaut, en pratique, à de l'ignorance, car elle rend inopérante une connaissance pour en déduire d'autres connaissances afin de pouvoir déconstruire des actions en gestation. Dans un cadre voisin, la journaliste française Stéphane Horel a livré une analyse saisissante de la controverse autour des perturbateurs endocriniens. Dans tous ces cas, une connaissance corroborée a été masquée ou rendue inopérante, ce qui a créé une forme d'ignorance chez les décideurs ou le public non averti. Stratégique dans certains cas, émergence d'un savoir tronqué dans d'autres, l'ignorance produite et le savoir orienté ne se présentent pas toujours sous un aspect tranché.

L'un des fronts les plus emblématiques de la recherche actuelle en sciences humaines se concentre autour de la question de l'intention : dans quels cas sommes-nous fondés à estimer qu'une ignorance résulte d'une stratégie plutôt que d'effets structurels et institutionnels ? Et à qui revient la responsabilité à l'égard de ces angles morts de la connaissance ? Si la réponse intéresse en priorité les communautés scientifiques concernées, l'éclairage qu'elle nous donne des mécanismes de production de l'ignorance est d'un précieux secours, non seulement pour les sciences de la nature et les sciences réglementaires face aux instrumentalisations étatiques, mais pour que grandisse l'indispensable débat public et citoyen porteur d'actions et de luttes sans concession contre *la fabrique des ignorants et du savoir orienté*.

f - L'irrationalité du désir marchand

La marchandisation est par excellence un système fondé sur des désirs présentés comme des besoins par lesquels les dimensions objectives et subjectives de toute recherche de satisfaction sont fusionnées. Du point de vue de sa démarche pragmatique, il est clair que l'idéologie capitaliste, contrairement à ce qu'elle prétend dans sa théorie classique, admet la dimension irréductiblement subjective du désir, mais tente de l'objectiver en la présentant comme une réponse nécessaire à l'efficacité naturelle, sociale et exclusive des individus. Inversement, elle présente toujours les besoins objectifs ou d'efficacité objective (performances physiques, chimiques et/ou biologiques des produits) comme l'expression de désirs subjectifs en termes d'image valorisante et symbolique de soi. C'est pourquoi elle conçoit principalement les marchandises comme des objets de transfert des pulsions et des désirs plus ou moins conscients, d'où l'omniprésence de la publicité dans l'espace économique et social. Vendre, c'est vendre d'abord pour répondre à l'attente d'un désir d'auto-satisfaction d'un individu qui cherche à renvoyer aux autres une meilleure image de soi. Si l'on entre dans ce système pervers, alors il n'y a pas pire frustration que celle provoquée par le sentiment de se trouver dévalorisé aux yeux des autres à travers l'exclusion de « la normalité » qui imprègne la sphère de consommation.

En tant que socle de l'exploitation et de l'enrôlement salarial, l'irrationalité du désir marchand doit être comprise comme la recherche par le capital d'une double « *servitude volontaire* ». Mais le rapport salarial montre qu'il y a des désirs qui ne s'imposent nullement sur le mode du libre choix. C'est ce que sous-tend la conception spinoziste du désir pour laquelle ce dernier doit être compris non pas comme du désirable préexistant mais comme une poussée du conatus (*de l'effort d'exister*) qui investit les choses et les institue objets de désir. En conséquence, le mécanisme de l'irrationnel désir marchand ne fonctionne pas sur la base d'un simple consentement de volontés autonomes, la servitude volontaire n'existe pas car « *les véritables chaînes sont celles de nos affects et de nos désirs* » conditionnés par le contexte politique et social dans lequel les êtres humains sont plongés.

Si, comme le suggère Marx, le premier moteur de la mobilisation des salariés fut « *l'aiguillon de la faim* », la longévité du capitalisme tient dans sa capacité à enrichir « *le complexe passionnel* » dans le rapport salarial où le développement de la consommation devient une étape obligée. Ainsi, l'aliénation au désir de la marchandise est portée par tout le système du désir marchand : marketing, médias, publicité, etc. La nouvelle étape qui caractérise le capitalisme contemporain consiste à faire entrer les salariés dans un rapport actif de collaboration : il s'agit pour le patronat d'amener le désir « des enrôlés » à côtoyer le désir du maître et de faire de leur nouvelle aliénation le prolongement de sa propre puissance. Ce nouveau projet de mobilisation totale des individus au service de l'entreprise trouve sa raison d'être dans le basculement du rapport de force capital/travail qui tient aux nouvelles ruses du patronat pour tenter de juguler la crise structurelle d'un système venant gonfler la financiarisation de l'économie, amplifier le pouvoir actionnarial, la mise en concurrence du marché des biens et des services et la transformation des activités productives de type fordiste au bénéfice d'un développement flexible et flou de la nouvelle économie de services.

Le système marchand manipulateur séduit sa victime en se montrant « attentionné et prévenant ». Cette séduction perverse, qui se met en place sur plusieurs années, consiste à influencer, fasciner le travailleur jusqu'à ce qu'il adhère aux objectifs capitalistiques de l'entreprise, le privant pour un temps de son combat de classe. En agissant ainsi, le producteur est amené à penser, à décider, à agir autrement que pour ses propres intérêts de classe et suit peu ou prou les objectifs profiteurs du système manipulateur. Cette manœuvre conduit à ce que l'être humain est non seulement pour le capitaliste une puissance d'achat ou de travail, mais un objet. Pervers narcissique aux manettes, le capital pendant cette période d'ultra-libéralisme s'impose aussi grâce à la manipulation médiatique. Gavés au nombrilisme, les *mass media* patentés se déguisent en clown, en objet de marketing, en tigre de papier, en provocateurs et autres révolutionnaires de salon, et servent de propagandistes de l'irrationalité du désir marchand à toute une génération.

C'est finalement de façon relativement récente que la production du désir marchand a progressivement remplacé l'ensemble des signifiants de la valeur d'échange par le reflet trompeur d'une profitation sans limites, qui n'est que la sublimation par l'image d'un marché sanctifié de plus en plus voué à l'appel du désir. Si le luxe et le gâchis demeurent, dans cette nouvelle ère marchande, le seul mode de survie des anciens comportements d'exubérance (toujours réservés comme par le passé à une infime minorité), ils s'adressent à présent hypocritement à tout un chacun tout en sachant que les classes laborieuses, maintenues dans la précarité, en seront exclues. Malgré toutes les mascarades organisées par l'industrie de la publicité, la réalité profane de la marchandisation du désir peine à masquer que le sacré de cette époque se situe dans le capital comme pouvoir et profit accru par la survie des autres. Car on ne peut vivre dignement que dans un monde où tout un chacun jouit de la même qualité, alors que le capital, qui parie sur l'hypothèse inverse, veut que la vie des nantis se nourrisse de la non-vie des autres. L'irrationalité marchande tient donc dans cette médiation postulant l'identité entre la vie des uns et la non-vie des autres et comme relevant uniquement d'une différence de degré et non d'une différence de classe. Ainsi, le salaire porte sur des objets de besoin artificiellement masqués en objets de désir dont seul le capital est en capacité de pleinement profiter sur le dos du travail vivant des salariés. C'est finalement pour réaliser les désirs d'une entité impersonnelle à laquelle il doit se soumettre lui-même que le capitalisme pousse le travailleur à s'adonner à l'irrationalité du désir marchand tout en le maintenant dans un monde dégradé de non satisfaction de ses véritables besoins perpétuant sans le dire la dialectique fondatrice du maître et de l'esclave dans la mesure où les affrontements ont lieu exclusivement au profit d'un tiers privé de vie. Le système marchand repose depuis son origine sur le désir et sur la privation. C'est pourquoi il tend à détruire le sens commun qui devrait accompagner une production de satisfaction des désirs rationnels et des besoins fondamentaux. Au nom du profit, il évacue l'inscription socio-culturelle de l'humain caractérisant l'objet hors de toute valeur monétaire du désir.

Mais le capitalisme ne tolère aucune entrave à la circulation des marchandises et fait en sorte que l'utilitarisme concerne le plus grand nombre et gagne sur tous les tableaux, réduisant le bonheur individuel à l'irrationalité du désir marchand de l'appropriation exclusive des objets. Il propose une vie basée sur des sujets toujours disponibles à de nouvelles propositions marchandes, à travers lesquelles la souplesse, la flexibilité, la misère de ceux qui les produisent sont la règle. Le sujet postmoderne qu'il entend générer est un être précaire, flottant, fluctuant, souple, branché sur des identités multiples, dans un marché-monde sans limites. Tout cela est l'indice d'une crise généralisée qui touche plus particulièrement les jeunes générations que le capital cherche à entraîner plus précocement encore que leurs aînés dans l'irrationalité du désir marchand.

g - Occultation et nivellement des classes sociales

Après « l'implosion » de l'Union soviétique, qualifiée par le capitalisme d'Empire du mal, et le ralliement enthousiaste des anciens apparatchiks aux délices de l'économie de marché, la plupart des politologues se plaisaient à imaginer que les forces impérialistes, détenant tous les pouvoirs essentiels et tirant en quelque sorte les principales ficelles du jeu politique et social à l'échelle mondiale, n'auraient plus besoin d'exprimer leur haine à l'égard des prolétaires tant leur position semblait indépassable. L'indifférence ou le mépris devait suffire. On nous annonçait la fin de l'histoire, l'avènement d'une société apaisée où la lutte des classes ne serait plus qu'un mauvais souvenir ; une société dans laquelle des patrons dynamiques et des syndicats raisonnables discuteraient autour d'une table de solutions « gagnant-gagnant », que le gouvernement mettrait en œuvre de sages réformes structurelles pour « libérer les énergies ». Mais nul analyste révolutionnaire digne de ce nom ne pouvait bien sûr les croire.

Non seulement nous assistons aujourd'hui à une exacerbation de la haine de classe mais, curieux paradoxe, le capital s'ingénie à occulter l'idée même de classe ouvrière et tente de niveler l'ensemble des classes populaires. Les classes sociales seraient-elles solubles dans le néolibéralisme ? Tel pourrait donc être le questionnement du concept *d'Occultation et nivellement des classes sociales*. En effet, comment expliquer que la montée des inégalités depuis la fin des années 1970 s'accompagne d'une dilution, voire d'une occultation de la notion de classe ? Pour y répondre, nul besoin de s'appuyer sur les nouvelles thèses de la sociologie, par exemple l'exclusion, le lien social ou les questions de la « multitude ». Cet examen critique des « discours de substitution » conduit à l'hypothèse selon laquelle l'offensive néolibérale tous azimuts travaille à forger l'idée d'une homogénéisation des classes sociales tout en cherchant à articuler rapports de classes et rapports de sexes conçus comme « entremêlés » dans leurs « antagonismes » ou encore à orienter les aspects conceptuels de la bourgeoisie féministe sur les inégalités hommes/femmes quasi-exclusivement autour de la question de la hiérarchie des cadres en entreprise (comme le fait l'association *les Glorieuses* qui a appelé à cesser le travail le lundi 7 novembre 2016 à 16 h 39 pendant 14 minutes, pour protester contre les inégalités hommes/femmes : le patronat en tremble encore) au lieu de mettre en avant la question fondamentale de la discrimination par le salaire et la déclassification qui touche l'ensemble des travailleuses. Tout cela n'est qu'imposture. L'émergence de la problématique du genre à partir de la fin des années 1970 a coïncidé avec le recul de la problématique des classes et ce basculement correspond à une manifestation de la tendance récurrente des thèses d'une partie de la recherche sociologique, mais aussi des médias et des discours réformistes, tendant à expliquer le mouvement des sociétés à partir d'un seul aspect des rapports sociaux, écartant ceux ayant trait aux rapports de classe.

« Pas de sexe sans classe », mais aussi « pas de classe prolétaire asexuée ». Telle pourrait être la première invitation à penser dans un même mouvement la dynamique des classes et l'oppression spécifique des femmes travailleuses. Voilà pourquoi il est important d'analyser l'ensemble des rapports qui se nouent entre les divers groupes sociaux, et en premier lieu, entre classe exploitée et classe dominante, quand bien même la question des inégalités entre sexes n'est pas une question subsidiaire. Dans ce cadre, il est des contradictions que certains chercheurs en sciences sociales ne devraient pas contourner, car prendre en compte les divers facteurs du clivage social, longtemps invisibles (tels que le genre, l'âge, la génération ou ce que l'on désigne improprement sous le vocable « d'appartenance ethnique ») ne devrait pas leur faire oublier l'importance première d'une analyse de la structure sociale en termes de nouveaux rapports de classes, même s'il n'est pas inutile d'étudier le caractère multi-dimensionnel des clivages qui traversent le monde social. Quant à ceux qui vont dans ce sens, qu'ils ne se croient surtout pas obligés de s'excuser de remettre au goût du jour des « gros mots » sortis tout droit du répertoire marxien. Car en revenant sur le concept de *rapport social* hérité de Karl Marx, qui permet notamment d'insister à la fois sur les dimensions réciproques, collectives et dynamiques de la stratification sociale, ils seront en bien meilleure voie que ceux qui font leurs les analyses fonctionnalistes ayant fleuri dans les États-Unis d'après-guerre, représentant la société comme un système intégré pacifié, voire celles des sociologies britanniques qui cherchèrent à supprimer purement et simplement les classes sociales de leurs discours dans les années 1970-80.

Le paradoxe est ici plus patent encore. Cette période est marquée par le « tournant néolibéral », autrement dit une polarisation des politiques en faveur des dominants au détriment des plus défavorisés, et plus généralement par un creusement des inégalités sur plusieurs fronts (revenus, logement, école, santé, emploi...), après la période de combat social et de guerre froide mettant le patronat en posture de compromis de classe, partiellement incarné par les « Trente Glorieuses ». C'est à cette époque que l'on voit par exemple émerger les analyses sociologiques en termes de « sociétés postindustrielles », sociétés au centre de l'évolution desquelles se situeraient désormais de « nouveaux mouvements sociaux » dont la base ne serait plus classiste mais exclusivement culturelle. Ou encore, certaines de ces analyses biaisées, trompeusement classistes, à commencer par celle de Pierre Bourdieu, dont d'aucuns lui reprochent un certain déterminisme, un « profond pessimisme », alors que ce qui ressort surtout de ses thèses est la quasi-absence de dimension matérialiste, notamment l'analyse de classe des nouvelles évolutions du procès de travail. D'où l'importance de revenir sur la question de l'occultation des classes sociales dans le nouveau combat à engager contre les forces du capital et de « déterrer » le combat de classes qui se cache derrière les inégalités et la tentative de nivellement social vers le bas de l'ensemble du monde du travail, sans pour autant se refuser à l'examiner dans sa quadruple dimension processuelle de *segmentation*, de *hiérarchisation*, de *tentative d'intégration* et d'*opposition conflictuelle* par le fait qu'aucun domaine de l'activité sociale n'est exempt d'inégalités profondes entre catégories sociales et que c'est l'ensemble de ces inégalités qui forment le système de classes.

Aujourd'hui comme hier, nous devons nous interroger à la fois sur la transformation des classes sociales liée aux évolutions technologiques et industrielles, sur la volonté du patronat de liquider à terme la fonctionnalité même du salariat, et sur l'écart entre leur existence objective et leur existence subjective, la non-concordance entre « classes en soi » et « classes pour soi », autrement dit sur la difficulté pour certains dominés d'identifier en termes de classes la dimension collective de leur exploitation en tant que travailleurs. Classe ouvrière invisible, nivellement par le bas de l'ensemble du salariat, tel est l'objectif du capital en crise que nous devons dénoncer et combattre sans concession.

III
Compréhension dialectique de la fabrique du chaos

1. Éléments consubstantiels à la fabrication du chaos généralisé

Comprendre la dialectique de la fabrique du chaos généralisé, c'est comprendre le fonctionnement générique du capitalisme, c'est-à-dire sa capacité à mettre en œuvre, lorsque sa propre crise atteint un niveau paroxysmique, un mode de fonctionnement qui transgresse les règles de sa pseudo-démocratie pour aller vers d'autres formes de pouvoir et de gestion. C'est-à-dire celles qui, bien au-delà des mesures antisociales prises au cours de crises structurelles plus classiques comme à l'époque de Reagan et de Thatcher, vont vers des formes de pouvoir et de gestion adaptées à la crise paroxysmique en gestation que les « vainqueurs » tentent de maîtriser coûte que coûte, afin de perpétuer le système et de préserver leur fortune et leurs biens.

a - Le technicisme absolu

Le technicisme absolu appartient à cette panoplie de modification du pouvoir et de gestion adaptée à la crise généralisée par sa capacité à reconvertir et à élargir le mode de production capitaliste. À l'ère de la révolution informatique, il prend la forme d'une totalité en vue de nous faire accepter la numérisation globale de nos existences de façon non coercitive, capable de séduire et de stimuler notre appétence pour la marchandisation des désirs. Selon Jacques Ellul, ce serait une erreur d'analyse que de confondre « la technique » avec « les machines » ou « les techniques », qui n'en sont que les manifestations les plus spectaculaires, entendant rappeler en cela une thèse très ancienne, mais parfois oubliée, consistant pour le capitalisme à rénover sans cesse l'organisation industrielle ou « post-industrielle », comme la société technicienne ou informatisée, dans le but non pas de produire des biens de consommation pour répondre aux besoins des populations, ni d'améliorer leur bien être, mais de produire exclusivement pour le profit. Néanmoins, il considère que tout système, quelle que soit son idéologie, ne poursuit d'autre but que de perfectionner sans cesse la technique afin d'accroître sa productivité. Et même si c'est bien dans le système capitaliste actuel en crise généralisée que la technologie a pris une importance décisive au point qu'il semble que ce soit elle la maîtresse de l'avenir du capitalisme, l'essentiel résiderait dans les consciences à travers le monde, sachant que dans ce système, l'homme serait moins opprimé par les puissances financières que par un idéal bourgeois de confort, de sécurité et d'assurance. C'est ainsi que le développement exponentiel de la technique (en particulier la robotique et l'informatique) conditionnerait l'ensemble de l'économie. La technique ne se résumerait donc plus au seul machinisme : l'appareil d'État capitaliste tout entier constituerait son mode de fonctionnement et toute la loi de cet appareil ne serait autre que la recherche de nouvelles formes de productivité. D'autres détracteurs prétendent qu'on assisterait à notre époque au diktat du « tout technologique » qui transforme l'homme en appendice de la machine, de l'ordinateur et de l'ensemble des nouveaux moyens de communication. Certains allant jusqu'à voir dans ce tout technologique la cause de la crise actuelle par l'effondrement de l'emploi dont ils accusent la robotisation et l'informatisation du travail.

Tout d'abord, commençons par distinguer la science de la technologie. La science (en grec épistèmê) a pour mission de produire de la connaissance. C'est-à-dire un savoir partagé, cumulatif et non marchand qui ne peut pas se perdre. La science, dans son essence même, s'oppose au capitalisme et entend enrichir la connaissance des hommes sans l'idée a priori de vendre ou d'acheter quoi que ce soit. Et quand bien même les opérations de marchandisage de la connaissance tiennent aujourd'hui le haut du pavé, la science demeure dans son fondement un bien commun au bénéfice de tous. Mais le capital, en la forçant à répondre aux exigences du marché et aux prétendues attentes sociétales de l'idéologie du désir, cherche à lui ôter son caractère intrinsèque de savoir social partagé. L'injonction à l'utilité immédiate et à la contribution *sine die* de compétitivité des entreprises faite à la science par le capital à travers des résultats quantifiés et classifiés suivant des critères de profitabilité est une véritable forfaiture. Et c'est bien au nom du profit que l'on demande à la science de renoncer à son apport essentiel au progrès humain pour devenir un instrument mercantile au service exclusif du capital. Voilà pourquoi, malgré toutes les contraintes que le capital entend faire supporter à la science, elle ne saurait être confondue avec la technologie qui n'est qu'un ensemble de savoirs pratiques dans un certain nombre de domaines techniques fondés sur les acquis scientifiques.

Alors peut-on dire que la mise en œuvre de la technicité absolue est un diktat du capital imposé au monde entier pour soutenir sa course au profit ou que son « tout technologique » contribue à la satisfaction des vrais besoins des hommes ? Non seulement nous ne pouvons nier que le diktat du « tout technologique » existe, mais socialement, il est loin d'être établi qu'il représente dans tous les cas un intérêt pour l'homme et la nature, ni même que le type de développement qu'il sous-tend est un gage de progrès, voire un gage de satisfaction pour la société écomuniste future, à supposer que les prolétaires agissent en ce sens. Nous aurions donc tort de croire que dans le système capitaliste, ce « tout technologique » puisse servir à la fois les intérêts des capitalistes et l'intérêt social et environnemental de l'ensemble des travailleurs. Car dans le contexte actuel de post-crise paroxysmique, ce sont bien les capitalistes et leurs propagandistes patentés qui poussent la société à ressentir comme « utile » tel ou tel

« faux » besoin en fonction de ce qui est financièrement nécessaire à sa propre logique d'accumulation. S'il est vrai qu'après la crise du Moyen Âge, l'essor sans précédent des moyens techniques et de la domination de l'homme sur la nature a donné à penser que la bourgeoisie n'en fut pas la seule bénéficiaire, c'est oublier que cela résultait non seulement d'une réelle utilité des progrès techniques mis en œuvre à cette étape de développement des sociétés humaines, mais que la capacité des travailleurs à révolutionner à cette époque les régimes en place n'a pas connu d'équivalent à ce jour. Cela ne veut pas dire que le capital ait toujours choisi de développer tout ce qu'il était possible techniquement de développer, car malgré un rapport de force parfois moins favorable pour lui, comme nous venons de le voir, il a toujours privilégié les découvertes qui répondaient à sa propre logique de développement et non à celles qu'il eût fallu mettre en œuvre pour aller dans le sens du vrai progrès humain. C'est donc ce processus contradictoire dans lequel a lieu la confrontation permanente avec l'intérêt des travailleurs ou de l'ensemble des citoyens qui transforme technologiquement la poussée continuelle des découvertes de la science et non une poussée de l'avancée continuelle des découvertes. Si nous voulons en venir ou en revenir à un progrès réellement utile pour l'homme et la nature, alors nous devrons faire en sorte que la question de la transformation sociale et humaine grâce au progrès de la science ne soit ni entravée par les objectifs marchands et exclusivement profiteurs du capital, ni par les aventures de la connaissance qui refusent de donner aux scientifiques et aux travailleurs les moyens de leur efficacité.

b - L'irréversibilité écologique

Le capitalisme est arrivé à un stade de développement qui questionne nos certitudes quant à son rapport raisonnable au monde naturel. Alors que nous étions sous l'effet de conditions biogéoclimatiques relativement stables, mises en place pendant l'holocène il y a de cela environ 11 500 ans, depuis la révolution thermo-industrielle du XIXe siècle nous filons exponentiellement vers des états de déséquilibre planétaire à un rythme que le système Terre n'a jamais connu. En un peu plus de deux siècles, le système de production capitaliste est devenu une force géologique majeure à l'origine d'une crise environnementale profonde pouvant aller jusqu'à l'irréversibilité écologique. Ce constat que nous dressons sur l'impact négatif du développement de la production capitaliste sur les équilibres biosphériques, nous invite à rompre avec une société dans laquelle domine la logique de marchandisation de toutes les activités humaines et où le devenir de l'humanité se discute malheureusement et sans conteste au présent.

Comme nous l'avons déjà souligné, alors que (essentiellement concentré au Sud) plus d'un milliard d'habitants vivent dans des bidonvilles et sont frappés par l'insécurité alimentaire, la malnutrition, le déficit en eau potable, le manque d'assainissement, d'accès aux soins et d'éducation, etc., une infime minorité exploite sans vergogne les travailleurs, vit dans l'opulence, pille et gaspille les ressources énergétiques non renouvelables, les ressources marines, agricoles, pollue l'atmosphère, détruit les forêts, dégrade et bétonne les sols, etc., en vue de s'offrir un mode de vie d'opulence et de luxe, préjudiciable aux équilibres écologiques et à l'homme. Nous savons aussi que cette intensité productive orientée ne pourra baisser que si cette baisse ne constitue pas une menace pour l'accumulation du capital et que seules les multinationales pourraient conférer aux changements de production une échelle suffisante pour qu'ils soient significatifs. Dans ce système, autant le dire sans détour : cela n'adviendra jamais. Nous voyons bien que la question n'est pas d'imaginer un stade nouveau du capitalisme mais d'en sortir au plus vite. Pour échapper à l'irréversibilité écologique en préparation, cette sortie du capitalisme, que nous avons caractérisée à partir du concept d'*écomunisme*, doit être couplée à des innovations sociales et citoyennes concrètes, qui transforment en profondeur les modes de production et de consommation de l'insoutenable concurrence, soi-disant libre et non faussée, du capital en crise généralisée.

c - L'irraisonnable déraison

Dans son poème *Le Roman inachevé*, Aragon écrivait : « *C'était un temps déraisonnable on avait mis les morts à table (...) On prenait les loups pour des chiens (...)* » Dans ce système de déraison où, de l'aveu même d'un constructeur, la beauté d'une Bugatti réside dans l'irraisonnable pour lequel l'exercice de la technologie est dénué de raison, ne risquons-nous pas, en cherchant à raisonner sur l'irraisonnable déraison, d'être à notre tour déraisonnables ? Sans doute trouve-t-on ici une contradiction essentielle de notre temps qui, d'un côté prétend nier la pensée magique et irrationnelle sous toutes ses formes et, d'un autre côté, ne fait qu'en reconstituer les attendus à travers le puissant mythe d'un tout technologique ouvert à l'exponentiel marché. Mais ces nouvelles croyances du capital, aussi implicites et cachées qu'elles puissent être, nous coûtent très cher puisqu'elles cherchent à nous assujettir à de nouveaux préceptes et aux nouvelles idoles de la prétendue modernité que nous devrions accepter comme la loi naturelle. Pour autant, quel que soit le tissu de contradictions dans lequel le système capitaliste tente de nous enfermer, nous ne nous résoudrons pas, *a contrario* du cynisme de Foucault, à considérer le raisonnable dans sa position la plus simple et apparemment la plus évidente : « *Le mieux est l'ennemi du bien* ». Pour nous, le raisonnable ne peut être fait d'hypocrisie nécessaire à l'exigence d'un consensus empreint de mentalités supplétives qui consiste à s'entendre sur le plus petit dénominateur commun des revendications sociales. Notre conquête sociale, bien au contraire, ne saurait se contenter d'acquis en régression sous prétexte qu'elle risquerait de provoquer une « dissonance » au milieu d'un concert de mensonges et d'iniquités. Quant à l'irraisonnable déraison, qui consiste à vouloir vivre « excessivement » au détriment d'autrui et à cajoler la fracture sociale, comme si pour le capital, le social n'était que le fondement concret et inévitable d'une pensée magique, elle est toute contenue dans le « rêve américain ».

Ce qui n'est pas raisonnable, c'est l'excès de la vie des nantis, sous l'emprise insatiable de leurs pulsions et de leurs envies (qu'ils cultivent comme une gourmandise), une luxure et une volonté hors de la raison commune. La question n'est certes pas de faire ici la liste de leurs « péchés capitaux », mais d'admettre définitivement que s'il n'y a aucun intérêt à savoir s'ils sont ou non des pécheurs sans confession, leur propension à promouvoir l'excès sous toutes ses formes comme modèle de vie d'une minorité d'accapareurs ne peut être acceptée. Pour eux, le raisonnable revient à gérer non le possible mais l'impossible. Si bien que l'on peut dire que toutes leurs positions déraisonnables sont inévitablement générées par le mirage de l'excès. Alors comment peuvent-ils prétendre vivre dans le raisonnable à partir du moment où ils acceptent d'être ensevelis dans le trop ? Il s'agit là d'une logique qui oppose l'altruisme du partage, porteur de valeurs intrinsèques toujours fondées et explicitées, à la débilitante et irraisonnable déraison. La stratégie principale du système capitaliste consiste donc à faire croire à tous ceux qui acceptent d'être les complices d'une « rationalité » si diabolique, qu'ils pourront échapper un tant soit peu à son carcan conceptuel. Finalement, la question est de savoir quel est, de celui confronté à l'épreuve de l'irraisonnable déraison et de celui qui en refuse l'alliance, le mieux à même de devenir véritablement *Sapiens* ? Nul doute que les philosophes qui prennent congé d'une situation aussi précaire pour se rapprocher du point déterminé d'un concept raisonnable trouveront sans plus tarder la bonne ligne de partage entre la déraison de l'excès et la raison de la sagesse. Le lecteur comprendra alors pourquoi il est utile de trancher définitivement ce débat, car ne pas trancher serait accepter cette logique indéterminée de la déraison sans nous interroger sur sa provenance, son mode de fonctionnement et sur ses non-valeurs qui en limitent, heureusement pour nous, la temporelle pérennité.

d - L'irrationalité et l'obscurantisme

Nous pourrions commencer notre questionnement sur l'irrationalité et l'obscurantisme en citant Platon, car cela revient à revisiter cette opposition entre le croire qui s'en tient à l'apparence et le savoir qui vise le réel. Dans l'allégorie de la caverne, *livre VII de La République*, Platon décrit des hommes enchaînés au fond d'une caverne regardant un mur où se reflètent les ombres d'objets fabriqués qui sont portées derrière eux et qu'éclaire un feu lointain. Ces hommes ont des croyances. Certains même arrivent à deviner plus vite que les autres quelles ombres vont arriver. Mais aucun ne pense qu'il ne s'agit là que d'apparences. Tel est le lieu de la croyance qui, à l'opposé du savoir, ne cherche pas à rompre avec l'irrationnel pour aller vers le réel.

Au sens premier du terme, il s'agit de considérer l'irrationalité comme étant en dehors du champ de la raison ; c'est-à-dire ce qui n'est pas raisonné, par

opposition à la rationalité définie comme entièrement vouée à la raison. Dans la société capitaliste, malgré les apparences, irrationalité et obscurantisme tiennent une grande place. Au-delà des sciences occultes et des superstitions (non franchement combattues par l'État), tout ce qui donne l'illusion d'échapper à la « Raison » : la création artistique, l'amour, la croyance, la mort, etc., sert de faire-valoir à l'idée selon laquelle rationnel et irrationnel peuvent cohabiter et tend à entretenir le besoin de spiritualité porté par un fait religieux d'autant plus vivace qu'il n'a nulle vocation affichée à questionner le champ politique, pas plus que le champ matériel de l'organisation générale de la vie en société dont il conforte le maintien sous la coupe exclusive des dominants. Ce fut également le débat de la science contre l'ignorance inauguré en son temps par les Lumières et réactualisé sous la forme du combat contre l'irrationnel sur plusieurs plans :
- celui de son modèle, comme paradigme scientifique rationnel d'explication de la Nature contre les interprétations obscures tels l'anthropomorphisme, le finalisme, le créationnisme, etc. ;
- celui de l'idéologie, pour faire valoir les acquisitions du savoir objectif dont la vocation est l'universalité contre tout ce qui n'en n'est pas.

Et la liste n'est pas close : les critiques contre « les sagesses » traditionnelles, les philosophies subjectives, l'ésotérisme, les pseudo-sciences (ce que certains rationalistes ont appelé les *pata-sciences* comme l'alchimie, l'astrologie, la numérologie, la chiromancie, etc.), peuvent aussi s'y ajouter. Cependant, les critiques ne suffisaient pas, encore fallait-il exprimer positivement l'idéal scientifique de la rationalité que l'on revendiquait. La science, depuis ses débuts, afin de se développer, a dû expliciter, démontrer et enseigner des paradigmes explicatifs. Pareillement, elle a dû combattre l'irrationnel en donnant des figures exemplaires de son idéal, montrer ce qu'est le Scientifique et ce dont il est capable et en quoi il se démarque fondamentalement du charlatan.

Mais justifier la rationalité par la science ne saurait se limiter à livrer un combat contre l'obscurantisme galopant sans revisiter les éléments fondamentaux qui font que non seulement le capital ne prend pas directement le parti de la raison, mais cherche à rapprocher l'irrationnel et le rationnel. Car si la méthode cartésienne, à laquelle il semble se résoudre, nous a appris à n'accorder de valeur qu'aux idées claires et distinctes et à nous méfier des idées obscures, comment comprendre que ce dernier éprouve malgré tout ce besoin d'entretenir « l'obscur », si ce n'est à vouloir faire de cette contradiction un instrument idéologique de vassalisation du peuple.

Pour matérialiser ce qui constitue cette ligne idéologique, il suffit de revenir sur la justification du colonialisme, fondé selon le capital sur les mérites de la civilisation occidentale à éduquer les peuples « sauvages, primitifs et barbares », alors que l'objectif réel était de piller leurs ressources et de les réduire à l'esclavage. Quant à l'activité missionnaire qui l'accompagnait, chargée de convertir les païens à la religion catholique, elle coïncidait avec la mission d'imposer « les lueurs » de la science chez des populations « encore dans l'enfance de la raison », selon l'expression méprisante des colonisateurs, conjuguant simultanément obscurantisme et savoir pour détruire la validité des cultures traditionnelles et asseoir leur vision manichéenne du monde.

Cela fonctionne d'autant plus aujourd'hui que la crise généralisée dans laquelle nous sommes génère chômage massif, insécurité sociale, multiplication des conflits internationaux et attentats couplés à une absence quasi totale de perceptives constituant ainsi un terrain propice pour cultiver irrationalité et obscurantisme. Dans ce contexte, le suffrage universel, au lieu de servir de moyen au rétablissement d'une démocratie plus sociale, sert l'électoralisme politique le plus vil, les lobbies et les multinationales, tout en maintenant le cap de la privation pour les travailleurs et l'abondance pour les nantis ; mieux même, en cherchant à maintenir leur emploi, les travailleurs deviennent le désordre et le chancre de la planète. Ainsi, au lieu que les progrès du savoir et de la connaissance concourent à traquer les discours erronés et les supercheries, ils sont récupérés pour faire accepter aux producteurs l'irrationalité de l'état de dépendance dans lequel les maintient le capital corrupteur.

e - Le néofascisme et l'intégrisme

Comme toute société, le capitalisme est en mouvement et le plus grave à mes yeux est de combattre un système que l'on peut décrire déjà comme un vestige du passé. C'est quand sa crise se fait paroxysmique et que son mode de fonctionnement devient de plus en plus inquiétant qu'il est utile de se remémorer cette prophétie de Marx selon laquelle : « *La société bourgeoise moderne, qui a mis en mouvement de si puissants moyens de production et d'échange ressemble au magicien qui ne sait plus dominer les puissances infernales qu'il a invoquées.* » Au fil des ans, l'histoire même du capitalisme a démontré la justesse de cette affirmation, laquelle contient d'ailleurs les prémices du marasme dans lequel nous nous retrouvons aujourd'hui. À l'image de ces révolutionnaires petits-bourgeois des années soixante qui s'en sont retournés chez papa, le capitalisme en crise nous resservit la pièce du jeu prométhéen, mais à l'envers. Il vola la science et le savoir pour les donner aux nantis et ce furent ses propres enfants prétendant avoir repris le marxisme au prolétariat, mais adeptes du libéralisme libertaire, qui s'en retournèrent à des préceptes éculés : le religieux, le mafieux, la fascisation, les guerres et, finalement, firent chuter malgré eux le capital.

Cette mise en orbite du capitalisme déclinant n'a donc rien à voir avec une quelconque modernité, il ouvre à nouveau ses bras aux vieilles lunes réactionnaires, accros de la liquidation sociale et la politique de la terre brûlée, génériquement nommée néofascisme. Cette analyse heurtera sans doute tous ceux qui pensent que la crise actuelle du capitalisme n'est pas sa crise ultime et que l'heure n'est pas à craindre son agonie mais sa recomposition. Si j'avais une proposition à faire, elle serait simple : revenons à la critique de Clouscard sur le freudo-marxisme d'inspiration libertaire qui mobilisa Marcuse.

Avant, nous dit Clouscard « *nous avions un affrontement classe contre classe qui ramenait à la dualité bourgeoisie/ classe ouvrière. Depuis, le capita-*

lisme a créé un second front, celui de la troisième voie, avec la suprématie des nouvelles couches moyennes, du marché du désir. Ces nouvelles couches moyennes, longtemps embryonnaires, sont devenues hégémoniques. Aujourd'hui, nous avons un nouveau clivage : production/consommation. » C'est cette mutation sociétale plus permissive, nourrie par la production en série des multinationales, rendue possible par l'avancée technologique, qui a activé le caractère libéral libertaire de la société et généré le néofascisme actuel, au moment où la crise généralisée s'accélère. Comme le souligne encore Clouscard, nous avons déjà connu, au cours du long cheminement capitalistique occidental, des variantes du néo-fascisme selon les spécificités historiques : « *Il y a d'abord le poujadisme, populisme des commerçants qui veulent lutter contre les multinationales de la production en série* (…) puis *le second populisme, c'est celui de la fin de l'Empire colonial, de l'OAS (...) il exprime la nostalgie de la consommation parasitaire inhérente au colonialisme (...) puis on a le troisième populisme : le populisme estudiantin (...) quand il n'y a plus d'Empire, quand les surplus démographiques et culturels s'accumulent à Saint-Germain. L'étudiant est le principe même de la médiation. Le problème de l'étudiant, c'est de ne pas être un ouvrier, de ne pas tomber dans la paupérisation. C'est par eux que se développent les couches moyennes, avec de nouvelles catégories d'expression qu'on leur donne que sont la sociologie, la psychologie, l'ethnologie, les sciences humaines, constitutives des métiers du tertiaire et du quaternaire. Un nouveau corps soda est alors constitué sur lequel peut se fonder un nouveau mode de production. Le populisme estudiantin marque alors le passage de l'économie de la rareté à la société de consommation, l'accès à un potentiel de jouissance.* » C'est ce que Clouscard appelle la promulgation du nouveau désir et en même temps l'impossibilité révélée par la crise de l'accomplissement de ce désir.

Voilà, à présent, tout cela est à la fois derrière et devant nous et la contradiction bat son plein. Les couches moyennes, à leur tour paupérisées, pourraient bien, si un nouveau front de classe ne parvient pas à s'ouvrir, venir nourrir le néofascisme montant au côté d'une partie des forces du travail écartées de l'appareil productif ou en voie de l'être, et à laquelle viennent s'ajouter les populations les plus fragiles déjà marginalisées par la crise.

Certains libertaires font le reproche à l'anthropologie de la modernité de Clouscard de ne pas distinguer les pires défauts du sexe oppressif institutionnalisé via le capitalisme de la séduction ordinaire qui fait le miel des rencontres humaines et du plaisir sexué. Mais c'est précisément ce qui fait la force de la thèse de Clouscard : sa critique unilatérale des oppressions de l'être humain par l'aliénation de la marchandisation du monde. Notre humaine propension à jouir ne nous empêche certes pas de travailler à une nouvelle éthique du désir éclairée par la raison hors des contingences sordides de l'idéologie bourgeoise du désireux profit. Quant au fait que cette impasse laisserait tout à la fois le champ libre à l'intégrisme religieux et à ses pseudo détracteurs d'extrême droite qui cherchent seulement à ethniciser le conflit pour dédouaner le capital, nous pourrions répondre qu'aucun régime fascisant ou islamiste n'a cherché à remettre en cause la société de marchandisation dans sa forme ancienne ou moderne à ce jour. Quant à l'intégrisme guerrier en action, s'il trouve sa pleine mesure dans la dénonciation de la liberté des mœurs et sa violence à l'encontre des femmes, il n'a pas pour intention non plus d'abandonner le sacro-saint marché capitaliste. N'est-ce pas le rêve et la guerre pour un retour à l'époque mythique de la domination de l'empire arabe qui ont fait dire à Ali Belhadj, dirigeant du FIS algérien, au journal *El Watan* le 27 juillet 1990 : *« Notre but stratégique ultime est d'instaurer le califat islamique sur la terre. »* Ce discours, en partie prémonitoire, n'était pas le fait d'une force sociale grandissante susceptible de menacer l'ordre mondial, mais bien plutôt celui d'une classe sociale économiquement inféodée à la bourgeoisie impérialiste, vivant en période faste des retombées financières de ses propres ressources énergétiques et incapable d'offrir au peuple d'autre perspective que celle d'une économie capitalistique mondialisée en crise, c'est-à-dire la misère et le diktat intégriste. Mais soulignons aussi que le terrorisme islamiste n'a pas toujours été la cible de l'impérialisme américain. Souvenons-nous du soutien des USA pendant la guerre civile d'Algérie au gouvernement du Front Islamique du Salut dans les années 1990 et à celui des talibans contre le régime « communiste » afghan dans les années 1980 soutenu militairement par l'URSS. Quant à rattacher l'intégrisme islamique au fascisme, la philosophe et sociologue algérienne Marieme Helie Lucas note pour sa part que si « *les historiens puristes refusent généralement le terme fascisme, au motif que l'on ne saurait comparer deux périodes historiques, deux stades de développement économique et deux aires géographiques dissemblables* », il convient de pointer ce que l'islamisme et le fascisme ont en commun : pour le premier, le prétendu « âge d'or de l'islam » des intégristes qui l'autorise à éliminer les « mécréants » et pour le second, le mythe des origines aryennes du nazisme qui légitime à ses yeux le droit d'éradiquer une partie de la population (les Juifs, les Tsiganes ou encore les homosexuels). Mais si le néo-fascisme et l'intégrisme s'accommodent tous deux du capitalisme, la relative tolérance des gouvernements occidentaux à leur égard n'explique pas tout. L'émergence de ces deux idéologies se comprend surtout par l'accélération de la crise généralisée annonciatrice d'un effondrement du système, que le capital tente d'endiguer en mettant en selle des régimes autoritaires aptes à s'appuyer sur la guerre pour purger les quantités colossales de capitaux accumulés ne trouvant plus à s'investir économiquement compte tenu de la chronicisation de la crise de surproduction.

« *Vous n'aurez pas ma haine* », a écrit avec force et courage le journaliste Antoine Lieris à qui les ignobles barbares de l'attentat du Bataclan ont volé *la vie d'un être d'exception, l'amour de sa vie, la mère de son fils*, faisant écho au poème de Juan Gelman, *La Lettre ouverte*, écrit fin des années 1970 en hommage à son fils mort sous les coups de la junte militaire fasciste argentine : *« Je ne descends pas aux enfers/je monte vers mon fils enclaustré dans sa bonté/sa beauté/son vol et torturé/séquestré/assassiné/dispersé à travers les douleurs du pays.* » Alors agissons pour que ce cri du cœur et ce poème militant trouvent leur prolongement dans les réponses à apporter aux légitimes interrogations des peuples sur la responsabilité des États et du capital dans les actes sinistres et aveugles des soi-disant combattants de Dieu et des néofascistes en herbe qui portent *l'enfer pourri de leurs jours* comme *la nuée porte l'orage.*

f - La paroxysmique crise du capital

Elle est à la fois cause et conséquence de la fabrique du chaos tel que nous venons de l'évoquer. Cause, car c'est elle qui entraîne une extrême situation chaotique. Conséquence, car elle est la résultante des crises structurelles antérieures non entièrement purgées par les rebonds cumulés du capital durant les périodes « d'inter crise ». La paroxysmique crise, « *entre déjà plus et encore à venir* », est le signe tangible d'une amorce irréversible du déclin du capital ; c'est le début de la fin.

En tant que prolongement de la crise de production de la nouvelle économie de la numérisation et du marché global, la paroxysmique crise débouche à l'évidence sur un monde dont on ne peut deviner tous les contours, mais dont le cœur principal, quels que soient les plans de « sauvetage » mis en œuvre, n'est que misère et chaos. À cette étape, il ne s'agit plus de croire à la répétition des formes capitalistiques de développement historique, mais à l'abolition pure et simple de l'état présent des choses en accord avec les anticipations marxiennes, léniniennes et luxemburgiennes de l'impérialisme comme stade suprême du capital. Il ne s'agit pas uniquement de la crise de croissance d'un modèle fondé sur la montée inexorable de l'endettement due à la conjonction d'une gouvernance capitalistique tournée exclusivement vers la création de valeur au profit d'actionnaires majoritairement occidentaux après l'effondrement de l'URSS et la montée des pays émergents, créant un vaste marché du travail avec un excès de main-d'œuvre ou d'une productivité déconnectée des salaires décents entraînant une baisse de l'épargne et de la consommation à crédit, mais d'une crise globale de surproduction dans laquelle les forces sociales collectives s'enlisent, et ne parviennent plus à jouer un rôle de contre pouvoir et de régulation empêchant l'émergence d'une nouvelle pensée politique. Ce tout, qui est encore perçu comme simple unité de parties conflictuelles mais régulatrices d'un procès de développement sans sujet, au sein duquel les prolétaires a priori ne constituent plus la classe décisive, sonne le glas de deux mondes, celui d'une transformation graduelle du capitalisme et celui d'un système historiquement condamné par son ingérable accumulation exponentielle de capitaux.

Pour qu'un nouveau capitalisme pérenne et plus efficace puisse fonctionner, il faudrait une remise en cause des concepts mêmes de marchandisation des biens, de propriété des moyens de production et d'échanges, de non-exploitation de la force de travail des hommes et des femmes producteurs de richesse, mais alors ce ne serait plus le capitalisme. Au lieu d'adopter un idéal réformiste qui nous enfonce dans la crise et dont l'objectif principal théorique et politique réside dans le soutien du *statu quo ante*, il faut aiguiser la pointe critique contre l'illusion de la régulation de la mondialisation et ouvrir un nouveau front d'anticipation de la véritable action de classe salutaire et accélératrice de la fin du capital. Loin de nos barricades d'idées qui ont échoué dans le temps long à nous sortir définitivement du capitalisme, nous devons explorer de nouvelles possibilités sociales, au cœur desquelles la nécessité historique du dépassement de la société bourgeoise porte la marque d'une transformation radicale de l'activité humaine.

2. Vers la guerre-monde

Le concept de guerre-monde, inspiré de la notion d'économie-monde, autrefois élaborée par l'historien Fernand Braudel, se trouve aujourd'hui réactualisé par une périodisation élargie de conflits militaires s'établissant sur l'interdépendance de théâtres d'opération à large dimension régionale géostratégique, mais dont le fondement résulte des mutations économiques, technologiques, politiques et idéologiques liées à la crise généralisée de tout le système capitaliste, rendant possible l'engagement des États en position de leadership dans une guerre plus totale, censée relancer l'économie mondiale sinistrée, en reconstruisant les infrastructures détruites et en regonflant la profitation des immenses capitaux accumulés, non possiblement valorisables en dehors d'une nouvelle économie de guerre.

Rappelons, durant la période de perpétuation de la crise structurelle de la fin des années 1970 (déguisée par le capital en crise pétrolière), la vision de Ronald Reagan à propos des relations États-Unis/Union soviétique : *« Nous gagnons ; ils perdent. »* Douze ans plus tard, George Bush, son successeur à la Maison-Blanche, pouvait se féliciter du chemin accompli : *« Un monde autrefois divisé entre deux camps armés reconnaît qu'il n'y a qu'une seule super-puissance prééminente : les États-Unis d'Amérique. »* Telle fut la fin officielle de la guerre froide. Depuis, un nouveau glas a sonné. La Russie ayant mesuré que son abaissement programmé risquait de toucher le fond et voyant ses voisins attirés (ou soudoyés) dans une alliance économique et militaire dirigée contre elle par la triade Etats-Unis- Europe-Japon, laquelle soulignait à Bruxelles voilà peu, par la bouche de son représentant Barack Obama : *« Les avions de l'OTAN patrouillent les cieux au-dessus de la Baltique, nous avons renforcé notre présence en Pologne et nous sommes prêts à faire davantage. »* Poutine, échaudé, a immédiatement assimilé cette disposition à la *« politique infâme de " l'endiguement "* qui oppose son pays aux puissances occidentales depuis fort longtemps. Mais, différence de taille, comme l'a d'ailleurs souligné le président Obama : *« Contrairement à l'Union soviétique, la Russie ne dirige aucun bloc de nations, n'inspire aucune idéologie globale. »* Fini donc le concept « d'empire du Mal » avec son athéisme affiché (mais l'eau du bain a coulé depuis lors) et quand Poutine lance le référendum en vue du rattachement de la Crimée à la Russie, il rappelle d'emblée qu'elle est le lieu *« où saint Vladimir fut baptisé* (...) *; un* *baptême orthodoxe qui détermina les notions de base de la culture, des valeurs et de la civilisation des peuples russe, ukrainien et biélorusse».* États-Unis et Europe, partisans du grand réarmement, surenchérissent : proclamations martiales, avalanche de sanctions hétéroclites, sans faire plier l'autre camp.

Mais cette pseudo-guerre froide est-elle vraiment celle de la recette éprouvée qui pourrait conduire à tous les dérapages ou bien le prétexte du capital pour maintenir plusieurs fers au feu dans l'hypothèse ou la crise paroxysmique prendrait le pas sur la crise généralisée ? Depuis, de nouveaux fronts ont été ouverts suite au « Printemps arabe » : Libye, Syrie, voire la réactivation du conflit irakien, sans compter le vieux front israélo-palestinien non soldé à ce jour, plus tous ceux ouverts plus récemment dans la péninsule d'Arabie et dans d'autres pays africains. D'autant que de nouvelles forces ont fait leur entrée sur la scène syrienne. Forces qui ont notamment permis de repousser l'échéance de la fin de la guerre, et de changer les plans d'autres nations qui avaient prévu d'en finir avec le régime libyen. Et de nouveaux territoires sont prêts à s'embraser à tout moment, profitant du chaos engendré en Irak et en Syrie par les forces de « l'État islamique » prêtes à opérer sur d'autres théâtres régionaux.

Ces quelques rappels, sans aucune prétention exhaustive (pour approfondir la question, il eût fallu y adjoindre d'autres enjeux géostratégiques majeurs, en particulier les rapports de la triade à la Chine et plus généralement à l'ensemble de l'Asie, Corée du Nord et du Sud et Inde comprises), nous permettent toutefois de percevoir que si pour l'heure rien n'indique un début franc des hostilités entre les USA et leurs alliés d'une part, et la Russie et ses alliés de l'autre, un « incident » vite arrivé pourrait servir de prétexte au déclenchement de la guerre-monde. Alors peut-on dire que la stratégie de la nouvelle guerre froide n'est pas très différente de la précédente ? Sans imagination, la presse atlantiste applique les mêmes clichés à la Russie d'aujourd'hui qu'à l'URSS d'hier bien que les situations soient fort différentes. Londres, qui hébergeait jadis des dissidents, est devenu le refuge des oligarques mafieux en fuite. Le Pentagone déploie un prétendu bouclier anti-missiles comme il le fit avec les Pershing II, l'OTAN s'élargit à l'Est et ouvre de nouvelles bases dans le Grand Nord pour encercler l'ennemi de toujours, etc. Et même si, de Barack Obama à Donald Trump, l'interventionnisme selon leurs dires ne ferait plus recette, et à supposer les États-Unis et leurs alliés soient réellement fatigués de toutes leurs guerres interrégionales, cette apparente situation de repli ne pèserait pas lourd le jour où le déclenchement brutal de la paroxysmique crise les mettra en face d'une situation géostratégique mondiale inédite ; et soyons sûrs que l'immense chaos généré par celle-ci ne manquera pas de les « réveiller ». Quand, enfin revenus de leurs premières émotions et rapidement remis dans « le droit chemin » par le capital transnational, la guerre-monde (qui nous semble imminente) leur apparaîtra une fois de plus salutaire, alors, entraînant sous leur bannière décatie les faibles, les confus, les indécis, les traîtres, les obtus, les lâches, les naïfs, les incohérents, les inexpérimentés, etc., ils préfèreront faire mourir les profanes plutôt que de renoncer à leur immense fortune. Voilà pourquoi présentement le capital n'a de cesse de faire grandir les néofascismes et d'instrumentaliser tous les intégrismes radicaux de par le monde. Puisse l'ensemble des mouvements anticapitalistes être assez forts et assez vigilants pour faire échec à cette machination exterministe qui pourrait bien être sans retour.

Prémisse

Après avoir développé les différentes étapes de la construction de cette perversité du système marchand dans la sphère du sacré et les diverses formes d'aliénation du profane au cours du temps, rassemblons l'ensemble des bases nécessaires à leur survenue afin d'en mieux saisir le mouvement général. Ce qui nous frappe, dans ce long déroulement historique, c'est cette capacité du sacré à parfaire l'exploitation humaine et à produire une telle inféodation des masses au système marchand qu'elles finissent au bout du compte par s'y inscrire malgré le fait qu'il leur en coûte bien plus de l'accepter que de le combattre. Et c'est cet ensemble de faits générés par le sacré en tant que marqueurs de cette perversité qui nous permet d'en mieux comprendre les attendus et d'entrouvrir la porte du chaos à travers laquelle se profilent les facteurs qui en fabriquent la pérennité. C'est-à-dire la violence du pouvoir à l'égard des producteurs, la culture du secret et du mensonge vecteur du sacré, le pseudo-progrès décervelant de la production marchande frivoludique, l'instrumentalisation par le capital/État de tous les intégrismes liés au triptyque acquisition/destruction/reconstruction, le dangereux dérèglement des équilibres éco-systémiques, auxquels on doit ajouter l'investissement des nouveaux champs d'aliénation néo-conformistes de l'idéologie du désir et du sombre désir. C'est à partir de tout cela que la nature profonde du chaos peut se construire et générer l'implacable déstructuration humaine permettant le maintien des masses travailleuses dans la sphère du profane. Là se trouve le bon axe de recherche pour débusquer les éléments fondateurs de la déconstruction de la raison et, au final, de la déshumanisation. Quant à l'exhumation de ces faits, après avoir montré que la notion de chaos quantique n'abolit pas le déterminisme de la physique pré-quantique dans la mesure où il y a toujours un sens dans lequel le comportement de n'importe quel système physique est entièrement déterminé par les conditions initiales et les lois de la nature (en conséquence de quoi elle ne saurait contredire le matérialisme historique), nous avons cherché à les rattacher dialectiquement à notre proposition de nouveaux concepts constitutifs du chaos: le chaos marchand, l'État de l'ordre, l'omnisciente futilité, la fabrique des ignorants et du savoir orienté, l'irrationalité du désir marchand, l'occultation et le nivellement des classes sociales. Et c'est en cela qu'il est permis d'inscrire dans le présent cette notion quantique et de vérifier que les concepts que nous avançons sont à la fois vecteurs des diverses formes d'aliénation du profane au cours du temps et source jaillissante de l'instable et dépravante capitalisation cumulative résultant de l'ensemble du processus historique de la marchandisation du monde. Enfin, c'est grâce à cette compréhension dialectique de la fabrique du chaos généralisée, nourrie par les éléments consubstantiels à sa contingence chaotique que l'on découvre pourquoi le système capitaliste, malgré son déterminisme technologique, ses prises de risques défiant la nature, ses ruses obscures et ses dérives autoritaires guidées par le néofascisme et la *théorie du choc*, est dans l'incapacité de gérer sans profonde casse son inéluctable processus d'accumulation et s'appuie sur l'exterminisme pour tenter d'en purger le solde avec le secret espoir de repartir pour un tour. À présent, nous voyons combien il est utile, après avoir cherché à cerner *les raisons du chaos*, de tenter de comprendre la genèse *des raisons de la raison* et, par un retour à Spinoza, de montrer en quoi la *Raison est la nécessité de l'homme.*

DEUXIÈME PARTIE
Les raisons de la Raison

I
Les raisons de la Raison viennent de loin

1. Éloge de la raison

a - La raison est la nécessité de l'homme

Parmi ce qui distingue l'homme des autres espèces animales la raison occupe une place fondamentale. Mais d'où nous vient cette faculté et comment sommes-nous devenus un animal rationnel ? Durant plusieurs siècles, l'explication de l'origine de la raison était soumise à la divine transcendance. Ce n'est qu'après la révolution copernicienne et le développement de la science anthropologique moderne entamée au XIXe siècle que la compréhension de l'origine de la raison s'inverse, ouvrant la connaissance à la dimension matérielle de notre condition humaine au cœur de laquelle se développe la raison. Le résultat des travaux de la sélection naturelle darwinienne nous a délivrés d'autant plus de cette contingence divine transcendantale que l'on comprend dès lors que la filiation évolutive de notre animalité se construit à partir et dans un environnement terrestre en perpétuel mouvement, lui-même dépendant de la rationalité d'un univers en constante évolution. Sans cette rationalité universelle du monde, la rationalité de la raison humaine n'aurait pu voir le jour et se développer.

Alors pourquoi cette rationalité du monde à la source du développement de la raison humaine n'a-t-elle pas empêché le capital/État de continuer à cultiver l'irrationalité et l'obscurantisme ? Comme nous l'avons déjà souligné dans le *Chapitre I*, il faut en chercher les raisons dans la place qu'occupe l'irrationnel dans la société marchande au cœur de laquelle les passions et la cupidité tiennent la plus grande place. Ce que l'usage de la raison rejette, ce sont ces dérives qui traversent le monde marchand, lequel a besoin du fanatisme, du religieux, du sectarisme et de la superstition pour entretenir sa mystification, alimenter les peurs et l'ignorance et empêcher la diffusion de la connaissance au plus grand nombre afin de le maintenir sous sa coupe ; alors que, paradoxalement, le monde de la marchandise se nourrit des avancées de la connaissance rationnelle. Par son inique culture du secret, le capital/État entend écarter au maximum les travailleurs de l'accès aux principes de vérité en ce sens qu'il cherche à contenir toute possibilité de dire le vrai : qu'il s'agisse des objectifs réels de sa production et de son organisation ou des motivations qui traversent son discours politique. Affirmer que la vérité n'est pas intrinsèquement rationnelle est pour lui la condition nécessaire au maintien du monde dans l'aveuglement et la domination de la marchandise.

Est-ce pour cela que le philosophe Hegel, affirmant que la raison est nécessairement rationnelle et écrivant avec enthousiasme sur la Révolution française à ses débuts : « *Les vieilles institutions n'avaient plus de place dans le sentiment développé de la liberté consciente (...). On se comporta destructivement contre ce qui était déjà détruit intérieurement.* », « *La liberté devient un état du monde, elle se raccorde à l'histoire du monde, dont elle devient une époque* », finira sa vie en parfait réactionnaire, rajoutant plus tard à ses premières nobles pensées sur la Révolution : « *Les deux mondes sont réconciliés ; le ciel est descendu et transporté sur la terre.* » ? Mieux vaut s'en tenir à Spinoza quand il fait appel à la raison pour définir le désir : « (…) *un désir qui naît de la raison, c'est-à-dire qui est engendré en nous en tant que nous agissons, est l'essence ou la nature même de l'homme, entant qu'on le conçoit comme déterminé à faire ce qui se conçoit adéquatement par la seule essence de l'homme.* » Spinoza nous propose aussi d'essayer d'accroître notre puissance par des affects joyeux, sachant que la raison est le seul moyen d'y parvenir. Dans son livre *La Politique ou la raison désirable chez Spinoza*, André Martins en résume ainsi la pensée : « *En un mot, la raison doit être attirante, convaincante, pour être effectivement transmise et acquise. Elle doit se servir des images et de l'imagination, mais non pas des idées fausses et trompeuses, y compris celle d'un libre arbitre ou d'une raison formellement universelle, abstraite et détachée du monde, comme si l'État était l'esprit éclairé de la collectivité et la multitude, son corps. La question n'est donc pas d'être pour ou contre la diffusion attrayante d'une idée, d'une prise de décision ou d'un plan d'action, mais il s'agit de comprendre que par la même voie de la communication attrayante d'une idée, un État peut, il est vrai, tromper les personnes, mais aussi les aider à devenir critiques et autonomes et donc à être à même de chercher ce qui leur est utile par des idées de plus en plus adéquates – même si cela ne mènera jamais à une harmonie absolue entre les individus, vu que chacun gardera toujours sa singularité, son ingenium, ses désirs, et d'une façon ou d'une autre toujours des passions et des appétits.* »

Si « *c'est à l'État de rendre les hommes plus raisonnables et non d'attendre qu'ils le soient* », il faut comprendre qu'un État cultivant une certaine forme d'irrationalité pour les besoins du capital ne peut, bien entendu, « *rendre les hommes plus vertueux* ». Seule peut être admise la phase transitoire d'un État entre les mains des travailleurs qui, par la force du libre arbitre ou des actes volontaires, apporte partiellement confort à la raison et favorise des décisions planifiées momentanément efficaces dans la pratique, car comme le souligne Spinoza « *La fin de l'État est donc en réalité la liberté.* » C'est en ce sens qu'un État démocratique entre les mains des travailleurs ne peut être qu'un moyen de gouvernance transitoire, car il ne saurait fonctionner continûment de la façon la plus éthique et la plus vertueuse. Voilà pourquoi, même si la lutte de classe, seule capable de faire reculer l'inféodation des travailleurs au capital, ne conçoit meilleure société que celle qui exempte la puissance de penser le devoir d'obéir dans l'État, doit admettre aussi, puisque les masses réagissent parfois de manière passionnelle, qu'on ne peut vivre et s'épanouir et être pleinement dans notre droit naturel qu'en augmentant notre puissance propre d'agir par la Raison qui stimule les affects rationnels, pour atteindre les affects actifs de l'éthique et de la vertu.

Quant au Désir marchand : sujet principal du capital/État en ce sens qu'il n'a de cesse d'orienter et formater le désir humain hors de la raison, il n'est que pour régner et déshumaniser le cœur des hommes sans qu'apparaissent les raisons archaïques et profiteuses qui le motivent et menacent les citoyens. Hors de la raison, cette immoralité publique permet que le citoyen se frappe lui-même d'interdiction de liberté et se sanctionne sans qu'ait à intervenir le principe éculé de mauvaise conscience. Car les moyens que met en œuvre le capital/État : radios, télévisions, médias, nouveaux outils de communication, etc., sont faits pour que le désir soit au service de l'aliénation de masse, *a fortiori* lorsqu'elle donne l'illusion que toute violence institutionnelle ou policière n'est pas nécessaire pour assurer sa gestion marchande anti-citoyenne. La manipulation par l'image, le slogan, la publicité généralisée, le discours politique calibré par la loi du marché, le management d'entreprise comme faire valoir de la pseudo-liberté – en un mot tous les attributs de *l'enjeu parabole* –, comptent parmi les formes les plus raffinées de la propagande contributive à l'asservissement des travailleurs. Contrôler le désir humain, c'est régner sur les êtres et les conformer au plus profond de leurs aspirations intimes. Aujourd'hui, à travers le capital/État, ce n'est plus seulement la religion qui les asservit, mais la marchandisation du monde et la permanence d'une avilissante et mensongère désinformation vectrice de l'embrigadement dégradant et déstructurant de *l'idéologie du désir*. Pour que la totalité des moyens d'action destinés à réprimer et à endoctriner les hommes puissent être bannis, il faut que l'impératif catégorique des Lumières : le droit humain à la liberté, sorte du dogme de la propriété privée et de l'irrationnelle déraison du marché du désir et puisse être remplacé par un autre impératif : la liberté et le désir de l'homme conduits par la seule raison. C'est donc grâce aux anticipations de Spinoza que nous pouvons faire l'éloge de la raison et en comprendre la véritable portée révolutionnaire et dire à travers lui qu'*elle est la nécessité de l'homme.*

b - Raison raisonnante et raison raisonnable

Dans un des passages de son panégyrique en forme de biographie « *Éloge historique de la raison* », Voltaire nous dit : « *Ma fille, disait la Raison à la Vérité, voici, je crois notre règne qui pourrait bien commencer à advenir après notre longue prison. Il faut que quelques-uns des prophètes qui sont venus nous visiter dans notre puits aient été bien puissants en paroles et en oeuvres, pour changer ainsi la face de la terre. Vous voyez que tout vient tard ; il fallait passer par les ténèbres de l'ignorance et du mensonge avant de rentrer dans votre palais de lumière, dont vous avez été chassée avec moi pendant tant de siècles. Il nous arrivera ce qui est arrivé à la Nature ; elle a été couverte d'un méchant voile, et toute défigurée pendant des siècles innombrables. À la fin il est venu un Galilée, un Copernic, un Newton, qui l'ont montrée presque nue, et qui on ont rendu les hommes amoureux. »* Au regard de ce que nous avons précédemment développé, les propos de Voltaire peuvent paraître très optimistes et ne préjugent en rien de ce qu'il adviendra réellement de la raison dans les années qui suivront sous la houlette du capital malgré l'ouverture sur le monde rationnel des travaux *de Galilée, de Copernic, de Newton et de Darwin.* De là à dire que dans ce système marchand, l'exacerbation du désir et la cupidité réussissent à contenir la *raison raisonnable* pour s'en tenir à la *raison raisonnante* laissant supposer que rationalité et irrationalité sont compatibles, il n'y a qu'un pas. Un peu, curieux paradoxe, à la manière de ces philosophies asiatiques qui ne proposent pas d'entrer directement dans la rationalité, mais d'inscrire leur questionnement dans la finalité d'une sagesse qui s'en tient à la recherche d'une certaine vérité. Mais on a beau faire, la promotion d'une valeur allusive à la vérité ne peut déboucher que sur l'argumentation d'une sagesse sans idée véritable qui nous éloigne de la vérité rationnelle. Il est vrai que la contestation du rationalisme se fait toujours avec des arguments rationnels, que la contestation du dualisme se fait dans les termes mêmes de ce dualisme, que la suspicion portée à l'encontre de la vérité se fait encore au nom d'un certain accès à la vérité. C'est pourquoi il est important de faire la distinction entre *la raison raisonnante* d'une part, qui ne mobilise pas nécessairement la rationalité pour exprimer sa raison et *la raison raisonnable*, qui ne peut se construire en dehors d'elle.

Le cerveau, réceptacle de nos sensibilités esthétiques purement émotionnelles des choses et des êtres, confine à l'art et à la raison par l'interaction du corps et de l'esprit sans lesquels toute humanisation eût été impossible. Seule l'éviction de la beauté, de la répulsion, de la séduction, de l'indignation, de la connaissance, pourrait nous empêcher d'accéder au raisonnement raisonnant. La raison raisonnante en tant que source de l'intelligence et de l'activité conceptuelle visant à la connaissance discursive n'est pas tenue de faire appel à la rationalité. En cherchant à en conceptualiser ici la fonction, nous entendons souligner que sa faculté de saisir la raison des choses, ou l'ordre suivant lequel les faits et les rapports aux choses et aux êtres, objets de notre connaissance, s'enchaînent et interagissent, n'implique pas forcément la production d'une pensée raisonnable. Cela nécessite seulement la possibilité d'acquérir un savoir qui vaut pour tous, parce qu'il met en œuvre ce qu'il y a de plus commun en nous : notre capacité à raisonner pour échanger. Ainsi, accéder à la raison raisonnante grâce à nos facultés émotives et interactives du corps et de l'esprit ne débouche pas nécessairement sur la raison raisonnable.

Mais alors pourquoi, si l'acte raisonné est propre à l'homme, puisqu'il est le seul parmi l'ensemble des êtres vivants à avoir pleinement conscience de son existence et du monde qui l'entoure, accroître sa connaissance sur lui-même et sur le monde n'élargit-il pas nécessairement son esprit de responsabilité ? Car à l'évidence, il ne semble pas exagéré de dire que la fulgurante progression des savoirs n'empêche pas l'égarement de la majorité qui les porte. À n'en point douter, cela signifie que les valeurs sur lesquelles ils s'appuient ne sont pas en harmonie avec l'esprit de raison qu'ils devraient porter au vivant et au monde. La machine neuronale, à travers le corps et l'esprit qui l'habitent, n'est que l'outil de la conscience. Cette dernière forge ses valeurs à la réalité des contingences environnementales avec lesquelles elle doit composer et interagir. Mais puisqu'il n'y a aucune prédétermination dans nos actes à être utiles ou condamnables, cela signifie donc qu'ils se construisent à partir de notre capacité à comprendre les conséquences de la souffrance et du plaisir sur nous-mêmes et sur les autres ainsi que celles susceptibles de porter atteinte à leur intégrité. Dans ce cas, la souffrance et la tuerie pourraient préfigurer l'incompréhensible négation de la vie, et le respect et la félicité le raisonnable positif. Vouloir garder son intégrité stimule, la faire perdre à l'autre si la nôtre est menacée peut se comprendre, mais la lui ôter pour accroître sa propre félicité est inacceptable. Contrairement à la cupidité et aux passions du désir marchand qui confinent à la concurrence entre les êtres, la raison raisonnable ne nuit en rien à notre intégrité ni à notre plaisir, pas plus qu'à notre joie et à celle des autres. Voilà pourquoi l'esprit de la raison raisonnable se construit d'autant mieux que grandissent en nous les idées de solidarité et de partage.

Mais, *a contrario* de Descartes qui enjoint à la raison de dominer les passions sans les nier afin d'en user mieux, n'est-il pas possible, avant d'en juger la prééminence, de distinguer dans la diversité qui les porte leur vraie nature ? D'ailleurs, il ne dit pas « la passion » mais « les passions », car, somme toute, elles sont différentes, et c'est non seulement la passion en soi qui est déraisonnable, mais la raison ou l'absence de raison à la base des valeurs qui la fondent. Tout un chacun est capable de comprendre, de la raison du partage ou de la passion criminelle, laquelle est néfaste ou non au développement de l'humanité. En fait, le champ propice à l'action véritablement humaine de l'homme n'est autre que le combat permanent contre la vision réductrice de la pensée rationnelle et les menaces que font peser les idéologies absolutistes, religieuses ou réactionnaires sur nos libertés créatrices générées par la raison raisonnable. C'est pourquoi il est difficile d'accepter l'idée de taire ce qu'il nous semble le plus juste pour accéder à un monde meilleur, quitte à violer la conscience de ceux qui contre toute raison s'épanouissent au détriment des autres. Certes, toute violence faite à l'esprit est dictature, mais il est cependant possible, hors du champ de la pseudo-démocratie capitaliste, de mettre en œuvre à partir de la raison et du partage une gouvernance qui respecte les hommes et la conscience humaine. Car la véritable machine à fabriquer de l'absolu n'est autre que la démocratie formelle illustrée par le bipartisme politique américain, qui affecte bientôt tous les pays, avec ses moyens modernes de conditionnement idéologique fonctionnant selon le principe de l'adhésion de chaque personne à ce qui lui est proposé, voire imposé, dès lors qu'elle s'imagine avoir été en mesure de l'accepter ou de le refuser. Le paradoxe de cette intoxication mentale, véhiculée par la raison raisonnante du marché-monde, est que celui qui la reçoit devient malgré lui vecteur de cette propagande ; une fois la « machine » enclenchée : le phénomène idéologique de « clonage intellectuel » fonctionne. Alors, puisque l'homme a besoin du désir pour se construire, agissons pour qu'il le trouve au cœur de la raison raisonnable et fasse de toutes ses actions une grande sagesse.

II
Pour une philosophie au service de la raison

1. Le bien agir comme but de l'action

« *La raison libère la puissance d'agir* », nous dit Spinoza dans *l'Éthique*. Dès lors, une action sera « correcte » si elle conduit au bien-être des hommes et provoque un accroissement de leur puissance portée par la seule raison. Ce qui revient à dire que la puissance (l'effort) de l'homme dirigée par la seule expérience sensible et l'imagination ne peut qu'être inadéquate. Seule l'action portée par la connaissance adéquate accroît la vertueuse puissance d'agir. Agir sous la conduite de la raison rationnelle ou raisonnable est donc susceptible d'éclairer l'effort naturel de l'homme fondé par son *conatus* (son désir) agissant lui-même sous la conduite de la raison. Une des premières choses que la raison réclame est qu'il nous faut aspirer à l'action vertueuse pour elle-même et qu'il n'y a rien qui vaille mieux que de chercher à vivre sans avoir à commercer avec des choses qui sont hors de sa conduite et dont le fondement est extérieur à la recherche de l'utile propre ; seule la raison sait ce qu'il nous est vraiment bon d'acquérir.

Cette façon spinozienne du bien agir de l'individu guidé par la raison agira nécessairement à l'égard des autres. Et s'il est possible d'adopter des actions altruistes grâce à la raison, elles ne dérivent pas pour autant d'une motivation altruiste. Spinoza insiste sur ce point : « *Il est dans l'intérêt de chacun de traiter les autres de telle sorte que leur propre puissance et effort soient accrus, et c'est cela qui motive l'action vertueuse. Autrement dit, la personne rationnelle (ou raisonnable) et vertueuse agira de façon à aider les autres à devenir rationnels (ou raisonnables) et vertueux uniquement parce qu'elle voit que les personnes qui sont comme elle, qui partagent sa nature, sont ce qui lui est le plus utile* ». Le bien agir de l'action n'est rien d'autre que l'action d'une personne guidée par des idées adéquates qui désire faire en fonction de la vertueuse raison. Et une action est vertueuse quand elle consiste précisément en ce que la personne qui s'y emploie sait que cette action mène à un accroissement de sa puissance d'agir accroissant ainsi la puissance des autres. Il ne s'agit pas d'action accomplie par la pitié conduisant à la tristesse, mais d'un accroissement de la puissance d'agir par la raison qui procure la joie et devient ici une action vertueuse. En ce sens Spinoza, définit d'un point de vue pratique l'action vertueuse comme une action motivée d'une certaine manière par des idées adéquates : « *Il s'ensuit donc que se montrer bienveillant envers les autres en étant motivé par la raison et les idées adéquates est une action vertueuse ; en revanche, se montrer bienveillant envers les autres en étant motivé par la pitié n'est pas une action vertueuse, mais mauvaise* (...) *dans la mesure où elle affaiblit la puissance* ». Mais ce caractère bon ou mauvais de l'action réside dans le fait que l'une dérive d'idées adéquates portées par la connaissance et l'autre par l'ignorance, et donc, si l'une consiste en un accroissement de la puissance de l'être, l'autre ne peut consister qu'à une diminution de cette puissance. Comme le dit Spinoza dans un énoncé qui révèle à quel point il importe de tenir compte de la motivation dans l'évaluation : « *Le Désir de faire du bien qu'engendre en nous le fait que nous vivions sous la conduite de la raison, je l'appelle Moralité.* » Si, selon Spinoza, tous les individus dans la nature pâtissent d'affects ou de changements dans leur *conatus*, dans son analyse des passions et leur rôle dans la motivation, il se limite principalement à la manifestation du désir chez les êtres humains. Et après avoir remarqué que « *nous accomplissons nos actions de deux manières, à savoir avec ou sans passions* », il conclut que *« si nous réalisons sans passion les choses que nous avons à faire, aucun mal ne peut en provenir. Et puisqu'entre bien et mal il n'est pas d'intermédiaire, nous voyons donc que s'il est mal d'agir avec passion, il doit être bien d'agir sans elle.* » Rien à voir avec le questionnement de Kant sur ce qui rend une action bonne et au cours duquel il ne se soucie pas du contenu de l'action mais seulement de ce qu'elle est bonne par souci d'obéir à la loi morale quelles qu'en soient les conséquences : « *Ce qu'il y a (dans l'action) d'essentiellement bon consiste dans l'intention, quelles que soient les conséquences.* »

Nous voilà éclairés, grâce à cette philosophie spinozienne, sur les passions et les désirs qui nous font souffrir en sagesse en ce sens qu'ils sont dominés par les idées qui viennent d'une opinion extérieure à la raison. Et acquis à cette pensée forgée par une éthique de la compréhension raisonnable du bien agir afin d'être dans la joie « *active* », hors des joies « *passives* » qui nous rendent esclaves. Car c'est par la raison et la connaissance que surgira ce nouveau désir raisonnable généré par le bien agir dans l'action libératrice de toute notre puissance. Et c'est par la mise en mouvement de cette nouvelle dialectique de l'action que nous parviendrons à trouver le chemin du large mouvement social et politique que nous devons construire pour sortir du carcan capitaliste. Si nous voulons nous désaliéner du capital, alors nous devons penser notre action pour gagner et faire vivre à travers la raison raisonnable les solidarités utiles entre actifs et retraités, jeunes et seniors, travailleurs et étudiants, ouvriers et intellectuels, producteurs et citoyens, etc., afin de créer la nouvelle communauté de destin ouvrant la voie à l'action d'un bien agir commun.

2. La connaissance libératrice

a - Connaissance et puissance

Spinoza distingue trois genres de connaissance. Celle du premier genre est empiriste et sensualiste, c'est une apparence à la source de toutes les illusions. Celle du deuxième genre est rationnelle, elle procède par enchaînement déductif. Mais la connaissance suprême est celle du troisième genre : la science intuitive. Elle n'a rien de mystique, c'est une appréhension intellectuelle immédiate du lien entre les réalités singulières et la Nature infinie qui les fonde : *« La Connaissance adéquate comme source de libération. »* Pour Spinoza, il n'y a pas de volonté et le seul moyen d'éviter les passions est la connaissance adéquate. C'est elle qui, par l'exercice de la Raison, permet d'éviter les passions. La Raison n'est pas une entité extérieure à l'Esprit ou une entité particulière mais l'exercice même de cet esprit. La connaissance adéquate est celle qui permet de discerner les véritables causes des affects, et donc d'identifier l'égarement produit par l'imagination. La plus haute forme de connaissance étant celle qui confirme l'appartenance profonde et l'inter-connexion de l'homme avec la Nature. La philosophie de Spinoza n'est pas une volonté de puissance, c'est-à-dire la recherche du pouvoir, mais la recherche d'un accroissement de la puissance intérieure, seule à même de combattre la servitude et de construire la liberté. Pour lui, l'Esprit humain « *agit en certaines circonstances et, en d'autres, il subit* ». Il est actif quand il a les idées adéquates, claires, évidentes et il est passif quand il a les idées inadéquates, mutilées et confuses. La passivité et donc *les passions* sont une tristesse à combattre ainsi que la servitude qu'elles engendrent. La lutte contre *les passions* n'est pas destinée à restaurer une intégrité morale mais à restaurer l'autonomie de la personne, c'est-à-dire sa liberté, sa joie et sa puissance d'agir. Son enjeu est d'instaurer une vraie liberté et la véritable puissance est celle de l'entendement et de la connaissance, une connaissance soumise à la règle de l'utilité. Dans le *Traité de la réforme de l'entendement*, toutes les sciences sont orientées vers un seul but, la perfection humaine et l'acquisition d'une nature supérieure. Spinoza ne vise pas une connaissance achevée et exhaustive de la Nature mais borne la recherche à ce qui est nécessaire et suffisant pour parvenir à ses fins. « *Tout ce qui dans les sciences ne nous rapproche pas de notre but devra être rejeté comme inutile.* » Mais loin d'être absolue, la restriction est relative à l'objectif visé et répond à un souci méthodique d'éviter à l'entendement des efforts superflus. Elle ne vise pas à une limitation de droit mais prescrit « *d'instituer un ordre pour nous épargner d'inutiles fatigues* ».

Selon Spinoza, la libération de l'homme de la servitude de ses passions ne peut être obtenue que par la puissance de l'entendement. Mais cette puissance ne provient pas de la connaissance abstraite, connaissance du vrai en tant que vrai : « ... *les imaginations par lesquelles l'esprit est trompé, qu'elles indiquent l'état naturel du corps, ou signifient que sa puissance d'agir est augmentée ou diminuée, ne sont pas contraires au vrai et ne s'évanouissent pas par sa présence...* », mais de la connaissance nantie d'une force affective : « *Un sentiment ne peut être contrarié et supprimé que par un sentiment contraire et plus fort que le sentiment à contrarier.* » On ne détruit pas ou on ne dissipe pas une illusion en connaissant sa cause si la présence de l'illusion est une information positive sur ma situation par rapport à ce que je vois ou ce que j'éprouve : « *Rien de ce qu'une idée fausse a de positif n'est supprimé par le vrai, en tant que vrai.* » La simple connaissance des causes de mon état change cet état. Pourtant, Spinoza affirme aussi : « *Un sentiment qui est une passion cesse d'être une passion sitôt que nous en formons une idée claire et distincte.* » En un sens, il y a bien une connaissance des causes de la passion qui nous en libère, mais cette connaissance n'est pas une connaissance abstraite, c'est une connaissance qui est elle-même affective et distincte de la puissance d'agir de l'esprit. En effet : « *Lorsque l'esprit se considère lui-même et sa puissance d'agir, il se réjouit, et d'autant plus qu'il s'imagine lui-même et sa puissance d'agir plus distinctement.* » Ainsi, lorsque l'esprit découvre les causes de sa passion, il développe sa puissance d'agir qui est de comprendre et, en prenant conscience de cette puissance, il éprouve une joie accompagnée de l'idée de cette connaissance conquise et que l'amour est cette connaissance. La connaissance est ainsi devenue affective et transforme la passion en action. Nées de l'ignorance, les passions ne peuvent être vaincues que par la connaissance.

En ce sens, l'action du capital cherchant à renforcer les raisons objectives et subjectives de la domination de certains êtres humains sur d'autres conduit les dominés à engager un travail politique qui leur permette de se dégager à terme de ladite domination. De fait, les pouvoirs établis, les groupes dominants sans la société, n'ont guère envie de voir diffusés par le biais d'une institution comme l'école ou l'université, des savoirs qui pourraient rappeler que leur domination ne va pas de soi, qu'elle n'est ni « naturelle » ni « immuable ». Le long combat du patronat pour avoir de l'influence sur l'ensemble des programmes de formation motive également l'action des enseignants qui cherchent à conserver un enseignement fondamentalement objectif. Ainsi, il existe une volonté de nos ennemis de classe de faire en sorte que ce que l'on enseigne à la jeunesse leur importe. Et plus généralement, que ce qui se dit dans l'espace public déterminera à terme leur sort encore incertain à ce stade de la lutte des classes. Ainsi, par son incursion dans les contenus des programmes scolaires et universitaires, le capital cherche à mettre en place une politique qui s'apparente aux régimes autoritaires ou dictatoriaux, dans lesquels le pouvoir n'autorise la diffusion que d'un seul message, le sien. Ce simple exemple confirme, s'il en était besoin, le rôle de la connaissance comme puissance d'être et la nécessité pour les masses de mettre en œuvre l'action du bien agir pour l'acquérir.

3. Nous devons tous avoir accès à la connaissance

Parmi les sujets de terminale du baccalauréat de philosophie l'un d'entre eux portait sur ce questionnement : *« L'ignorant peut-il être heureux ? A contrario* des animaux qui ne connaissent ni la morsure du remords ni l'angoisse, l'homme, parce qu'il est doué de conscience et capable de penser, est voué à l'inquiétude, en sorte qu'il en vient souvent à considérer sa condition comme étant difficile. Tout donne alors à penser que la connaissance doit s'accompagner de la conscience de notre propre malheur, comme si, en d'autres termes, la connaissance devait être une malédiction et le signe d'une sorte de condition déchue. Si connaître, c'est aussi prendre conscience de la misère de notre propre condition, alors l'ignorance serait-elle le secret d'une vie heureuse ? Mais pour naturelle qu'elle puisse paraître, cette question est-elle fondée en raison, c'est-à-dire rationnellement ? Car si le bonheur se conquiert dans un combat douloureux contre l'illusion, la connaissance n'est-elle pas en son fond un moyen de combattre toute servitude ? La réponse spinozienne, nous l'avons vu, est positive : *Ignorer les causes qui nous déterminent, ce n'est pas être plus libre pour autant, c'est au contraire accepter d'en être le jouet passif.* Si la connaissance ne nous affranchit pas du déterminisme naturel, elle nous permet de comprendre les causes qui agissent sur nous : la seule liberté véritable est alors cette libération du poids de l'ignorance, qui nous condamne à la passivité. Pour être heureux, il faut être actif et non passif ; et l'activité dans laquelle notre nature s'accomplit, c'est la connaissance. Voilà pourquoi, pour Spinoza, c'est l'ignorance qui est une malédiction et la connaissance une délivrance. Elle seule peut nous promettre le bonheur, parce qu'en connaissant les causes qui nous déterminent, nous accomplissons le sens de la liberté véritable qui n'est autre qu'une libération de la passivité.

Le capital n'a pas attendu Spinoza pour en retenir la leçon et la réalité n'est pas que l'ignorance puisse nous rendre heureux, mais que l'exclusion de la connaissance du plus grand nombre accroisse l'exploitation humaine. Selon un rapport sur l'éducation, la science et la culture publié par l'Unesco en 2001, on estimait à environ 872 millions le nombre total d'adultes analphabètes dans le monde. Dans les pays les moins avancés, qui comptent près d'un dixième de la population mondiale, ils représentaient près de 50 % de la population, contre 20 % en moyenne dans le monde. La majeure partie des personnes privées d'éducation sont des filles ou des femmes. Sur les 113 millions d'enfants en âge d'être scolarisés dans le primaire qui n'allaient pas à l'école, 41 % vivaient dans les pays les moins avancés.

Dans la France d'aujourd'hui, le nombre de jeunes désengagés à la fois du monde du travail et du système éducatif représente plus de 16,3 % des 15-29 ans, et ce taux s'élève en moyenne à 15,7 % pour l'Europe. La corrélation entre l'absence de formation et le taux de chômage se trouve ici confirmée et même si la structure du chômage diffère d'un pays à l'autre, ces chiffres ne sont pas seulement les symptômes de difficultés économiques profondes, ils révèlent l'intérêt pour le capitalisme de maintenir l'inopérance croissante des systèmes éducatifs face à sa crise généralisée. Parce que le chômage touche davantage les jeunes ayant un très faible niveau d'éducation et de compétences, y remédier passe nécessairement par une transformation du système éducatif. Élargir et prolonger l'accès de tous à la connaissance générale et à la formation polytechnique est non seulement la clé du travail pour la jeunesse, mais la certitude d'élargir sa capacité à combattre son exclusion de toute servitude dans le monde du travail.

Cette question essentielle a déjà fait l'objet d'une proposition approfondie dans le Livre V « *Pour une critique de la marchandisation* ». Afin de sortir du système éducatif actuel, dont les valeurs dominantes sont vouées à étouffer les valeurs coopératives, et convertir les savoirs théoriques en apprentissages appliqués à la vraie vie solidaire et à l'environnement naturel, nous proposons de créer de nouveaux rapports sociaux, entre élèves, enseignants, parents et société, que nous appelons par extension : *principes de l'école corrélative*. C'est-à-dire une école qui doit s'ouvrir sur le monde social compris comme communauté démocratique en construction, sans que les apprentissages théoriques et pratiques soient strictement perméables au monde économique. C'est sur ce projet, hérité de l'humanisme des Lumières, que doit se fonder la transmission nouvelle des connaissances. Le savoir doit s'inscrire dans la pensée sociale d'aujourd'hui, comme il s'inscrivait déjà dans le débat lancé par l'encyclopédiste Condorcet ; pour lui, l'instruction ne devait pas *« abandonner les individus au sortir de l'école »*, mais « *embrasser tous les âges de la vie* » ; car il n'y en a aucun où il ne soit « *possible et utile d'apprendre* ». Voilà qui témoigne d'une confiance dans l'humanité car la transmission et le partage des savoirs doivent être universels, c'est-à-dire s'étendre à tous les citoyens. Il ne s'agit donc pas d'un simple déplacement symbolique de l'acte éducatif, mais de redonner aux apprenants le pouvoir sur eux-mêmes. En fournissant à tous des capacités d'action propices à l'acquisition de connaissances les plus larges, capables de faire de l'acte d'apprendre un moteur de la désaliénation, nous augmentons du même coup la puissance de notre humanité.

4. La raison du partage

Pour la chrétienté, le partage est une valeur humaine qui nous enseigne comment secourir les pauvres et invite les croyants à se montrer d'autant plus charitables que Dieu étant source de notre humanité, c'est lui que nous honorons en nous montrant « humains ». Mais la raison du partage à laquelle nous souscrivons n'a rien de commun avec cette conception du partage. Pas plus d'ailleurs qu'avec celle avancée dans les années 50 par le psychologue américain Abraham Maslow (connu pour sa pyramide des besoins et du développement personnel) qui nous dit : « *Tout être humain ayant compris l'importance de se tourner vers les autres atteint le stade ultime de son développement.* »

Dans l'approche chrétienne, l'action de partager a pour fondement la nécessité d'honorer Dieu à la source de notre humanité. Quant à l'approche de Maslow, cette action est liée à la nécessité de se tourner vers les autres pour atteindre son ultime et individuel développement. Nous nous sentons bien plus proches de l'idée de *force du partage* qui prend le contre-pied de celle de la concurrence et plus proche encore de celle d'Éluard, lorsqu'il nous invite à *partager nos rêves et nos soleils*. La vraie raison du partage ne serait-elle pas plutôt dans l'acte de partager avec l'ensemble des personnes un seul et même bien commun ? Si nous avons l'habitude de penser, par une sorte de jeu de langage, que partager et échanger sont une seule et même chose, on se doit de les distinguer fondamentale par le fait que, dans le cas du partage, c'est le même bien qui est divisé équitablement, et c'est donc par ce processus (par exemple) que les travailleurs reçoivent en même proportion les fruits du travail commun. Alors que dans le cadre de l'échange, ce même travail capitalisé peut être divisé de façon asymétrique. Si l'échange et le partage supposent tous deux une norme de justice et d'équité, au risque sinon de les réduire à néant, il n'en reste pas moins que l'échange vise la sphère de l'individu tandis que le partage vise celle de la communauté. S'il peut y avoir effectivement inclusion conceptuelle entre l'échange et le partage, il n'en reste pas moins que l'échange restreint la sphère du partage à l'aune d'une vision essentiellement individuelle.

Sur un autre plan, la société de consommation tente de créer une confusion quant au sens qu'on se doit d'accorder à la notion de partage. En effet, cette conception erronée, récemment introduite entre les consommateurs, est présentée comme une distribution de prestations fournies sans attente de réciprocité. La volonté malicieuse de glisser la notion de partage dans ce nouvel échange marchand est, dans le contexte capitalistique de la culture des consommateurs d'aujourd'hui, une idée qui peut séduire. Selon la logique du marché, omniprésente dans les relations sociales, cette colonisation indue de la notion de partage a une influence marchande cachée même sur la plus innocente des rencontres sociales. Cette approche repose donc sur un fondement pervers et introduit un ensemble de biais qui cherchent à tordre le cou au vrai paradigme du partage. La première de ces nouvelles motivations marchandes est à rechercher dans *l'intérêt* pour soi et non l'intérêt pour l'autre en tant que personne et en tant qu'intérêt de tous. Tout ce courant de pensée néolibéral entend donc ramener ces différentes formes d'intérêt à une seule : l'intérêt personnel.

Alors comment distinguer l'idée *d'intérêt souverain* que l'on trouve chez Spinoza : *l'Effort* (le conatus), que chacun déploie pour persévérer dans son être et qui *est aussi fondamentalement intérêt,* de l'intérêt de la persévérance du partage entre tous les êtres, c'est-à-dire le maintien dans l'existence et dans l'activité de chacun de la part propre à l'intérêt de tous ? Si tel n'était pas le cas, alors cet intérêt « égocentrique » constituerait un grave danger pour la société, car « le geste » de *prendre pour soi* en est l'expression la plus élémentaire. Mais pourquoi donc le conatus individuel de chacun et le désir de prendre se heurteraient-ils aux autres Efforts individuels, dans la mesure où le partage et l'association avec « l'Effort de l'ensemble du groupe » pourraient rendre plus forts l'individu et le groupe ? Notre postulat est que ce qui en résulte permet de faire apparaître comment, dans une *société du partage*, il n'y a pas d'un côté la bienveillance et de l'autre la réciprocité, mais que la bienveillance (l'intérêt pour l'autre) est à la source aussi bien de la reconnaissance de l'autre que de la réciprocité dans tous les modes de partage. De même, la malveillance (le mépris de l'autre) peut se retrouver dans toutes les formes de relations humaines, y compris dans le don lorsque celui-ci a pour but d'humilier et de dominer.

Finalement, la solidité du lien qui unit les hommes entre eux dans leur vie quotidienne, l'obligation morale qui incite chacun à être responsable de lui-même et des autres, la joie engendrée par la solidarité, le plaisir d'être utilement plus *puissant* (au sens de Spinoza), font du partage la raison manifeste et concrète de la fraternité humaine. C'est pourquoi la raison du partage ne permet pas d'échapper aux exigences de cette fraternité ni à la vie sans amour. Cette double exigence donne corps à notre compréhension de la notion de partage conçue à la fois comme acte de raison et comme acte d'amour.

Puisque la concordance entre les hommes passe par la raison du partage, alors le bien suprême d'une communauté doit être commun à tous. Ainsi, la conduite vertueuse et éthique des hommes en vue du bien-être collectif nourri par la raison du partage devient la clé de l'Effort de chacun augmenté par l'Effort de tous.

III
Les nouveaux paradigmes révolutionnaires pour sortir du chaos

1. L'écomunisme comme étape d'une émancipation universellement humaine

C'est sous la forme d'une approche générale que nous revenons ici sur le concept d'écomunisme qui a déjà fait l'objet de longs approfondissements dans les livres III, IV et V. Rappelons tout d'abord que l'écomunisme ne prétend pas à l'universalisme dans la mesure où aucune idéologie, fût-elle très utile à un certain moment de l'histoire, ne saurait borner le développement de la condition humaine qui, par essence, demeure infini. En conséquence, il doit être compris comme un paradigme nécessaire au franchissement d'une nouvelle phase historique – que ne parvient pas encore à empêcher le capitalisme prédateur – et non comme une finalité de l'histoire humaine. Ce que nous voudrions mettre en avant ici, c'est la dimension éminemment révolutionnaire de l'écomunisme en tant que moyen de franchissement conditionnel des diverses étapes susceptible de nous conduire vers l'émancipation universellement humaine.

En réponse aux terribles épreuves que fait subir aux peuples le capitalisme mondialisé, les révoltes grondent sur tous les continents, mais comment passer de la protestation désespérée à la construction d'un projet révolutionnaire maîtrisé ? Comment contrecarrer les ruses du capital sans ignorer la technologie qui accompagne et accélère l'aliénation ? L'histoire des révolutions nous enseigne que celles-ci ne peuvent réussir si elles se cantonnent au seul volontarisme étatique. L'expression révolutionnaire ne peut naître que de la maturité d'une idéologie et de la rencontre d'un événement, mais pour qu'elle soit durable, l'action responsable de tous, autour d'un projet collectif commun, est incontournable. Or nous sommes présentement entre deux mondes : celui de la crise du capitalisme et celui de la crise de la pensée de l'émancipation humaine, et c'est à partir de ces deux dimensions de la crise que nous devons tirer les leçons du passé. Mais empêtré dans ses propres contradictions, dont il pourrait bien ne pas pouvoir se sortir, le capitalisme lui aussi, à sa manière, entend tirer les leçons de l'histoire. Puisant dans sa vaste panoplie ravageuse, il tente de mettre en œuvre ce que Michel Clouscard appelait fort justement *le capitalisme de la séduction*, complaisamment relayé par le réformisme libéral libertaire. Quant à la révolution civique de « l'ancienne droite », que l'on retrouve aujourd'hui sous la forme de la révolution conservatrice *de l'idéologie du sombre désir* incarnée par le candidat Fillon, elle a également pour but la mise en pratique à l'échelle nationale de cette stratégie de séduction/action portée par une droite d'autant plus aventureuse qu'elle s'affiche décomplexée. Quant à l'extrême droite, ne prétend-elle pas proposer une nouvelle stratégie idéologique fondée sur la civilisation et l'ordre, obligeamment qualifiée par la cléricature médiatique de dédiabolisation ? Sur un autre plan, l'islam politique travaille lui aussi, et depuis fort longtemps, sur ce concept de séduction/action idéologique des masses à partir de l'assistance charitable des peuples trompés jusqu'alors par des despotes du Moyen-Orient se disant porteurs de l'essor national. Et c'est en raison de ce contexte général dégradé et complexe que les travailleurs ont intérêt à s'emparer de l'esprit révolutionnaire de l'idéologie écomuniste refondatrice de la nécessité de transformation de la société.

Au plan théorique, celle-ci postule que la manière la plus efficace, raisonnable et utile de contrer la barbarie du capitalisme ne se trouve pas dans l'exclusive acceptation du cadre de la démocratie pipée qu'il nous offre, mais dans le débordement de son grand marché libéral par le jeu ouvert et subtil de notre volonté de vivre, à travers notre égale différence, tout le possible de l'idéal du partage. La philosophie écomuniste propose donc de mettre en œuvre, à l'intérieur même du système capitaliste, des espaces collectifs agissants, capables d'impulser des modes de fonctionnement alternatifs ouverts à l'esprit non marchand de solidarité, susceptibles de démystifier la soi-disant contrainte individualiste interne de l'homme et d'avancer concrètement vers une nouvelle phase historique émancipatrice. L'écomunisme se propose donc de construire ou reconstruire un mouvement révolutionnaire alternatif, capable d'ordonnancer et de coordonner des expériences collectives nouvelles, dont l'objectif est de faire grandir une autre façon de vivre et de lutter contre les codes sociaux et sociétaux dévastateurs de l'actuelle propriété privée des moyens de production et d'échange.

Alors comment l'écomunisme aborde-t-il la question fondamentale de la propriété ? Pour lui, le capitalisme mondialisé est l'expression achevée de la propriété privée institutionnalisée en ce sens qu'elle apparaît comme étant universelle. Il s'agit donc d'agir contre ce tout qui est anti bien commun au cœur de quoi se trouve la propriété privée. Ainsi, les conditions d'une production collective des travailleurs sont étendues à tous. Le système écomuniste est donc la négation de la propriété privée. Pour autant, la vision écomuniste ne se cantonne pas à une simple communauté de travail où règne l'égalité du salaire payé par le capital collectif, mais a pour ambition de construire une société dans laquelle le travail collectif autogéré est redistribué en tant qu'universalité et puissance émanant de la raison commune sous la bienveillante autorité gouvernante de l'ensemble de la communauté raisonnable. Et tout cela, comme le disait Marx, parce que « *le mouvement de l'histoire est conçu et devenu conscient dans sa totalité* ». Cette philosophie de la transformation historique se retrouve dans l'idéologie écomuniste en ce sens que l'espace collectif nouveau qui se construit fait du rapport de propriété à la source de l'aliénation un espace obsolète et banni de la condition humaine. L'écomunisme, parce qu'il aspire à avoir une base éthique fondée sur la raison, c'est-à-dire un matérialisme propice à l'émancipation humaine, à la reconquête de l'humanité de l'homme et à l'ouverture d'un post-capitalisme raisonnable, ne peut être qu'un auxiliaire utile au développement d'une histoire collective émancipatrice. Mais si l'écomunisme est la forme nécessaire et le principe fondateur d'un autrement proche, il n'est pas en tant que tel le fondement transcendant de l'évolution humaine, ni la forme achevée de la société humaine. De même que l'homme évoluant dans la propriété privée n'est que l'expression sensible du fait qu'il devient à la fois objectif pour lui-même et en même temps un objet étranger et non humain pour lui-même, sa vie n'est pas pour autant indéfiniment vouée à être soumise à l'aliénation du capital. Si l'homme réussit à s'approprier son être universel d'une manière universelle, alors l'on peut dire qu'il tendra à devenir un homme total. En ce sens, l'écomunisme permet de sortir de la conception spéculative de l'émancipation humaine pour aller vers l'utilité concrète et pratique d'une désaliénation qui se veut première étape solide et raisonnable du passage d'un rapport de classe entre les hommes à un rapport de partage entre tous les biens produits par la communauté humaine sous l'égide de la Raison. Cette inversion entre rapports de classe et objectif d'une production partagée raisonnable contribue à amplifier un phénomène historique et social qui est, dans ses formes actuelles, exclusivement lié au mode de production capitaliste. En agissant à la fois sur le tarissement de ce cœur marchand objectif et sur la prise de conscience de classe raisonnée du travailleur collectif, l'écomunisme devrait nous permettre de mettre fin au capital et de nourrir généreusement les racines de l'émancipation universellement humaine.

2. La praxis de la raison commune

L'action exercée par le travailleur et le peuple sur le système économique et politique qui les menace et les avilit n'est autre que l'application de la praxis d'une raison commune. Cette action cherche à mettre fin à ce système oppresseur par la mise en œuvre d'une raison émancipatrice qui agit pour conserver l'intégrité organique et conceptuelle du peuple travailleur. En d'autres termes, la praxis de la raison commune doit se comprendre comme une réaction de défense contre le système capitaliste qui menace les travailleurs producteurs de valeur et comme un moyen théorique et pratique de la sortie de cette totalité oppressive. La praxis de la raison commune s'appuie sur un projet général, l'écomunisme, qui cherche à transformer les conditions actuelles d'existence pour aller vers une éthique du désir qui désaliène l'être et la société du chaos marchand. Sa raison constituante se veut principe logique de la nécessité dialectique de la liberté de l'individu et du groupe. C'est à partir de ce point de départ, qui implique de repenser la notion de pouvoir en fonction des problèmes sociaux, environnementaux et historiques, que cette pratique fait naître la compréhension dialectique du désir propre à chaque travailleur historique, lequel peut alors dépasser sa simple détermination désirante particulière, pour l'inscrire comme élément d'un désir/partage commun ouvrant la voie à une nouvelle aventure humaine.

Dans le monde actuel, les lois qui gouvernent la vie se disent morales et actives en tant qu'elles promeuvent la « liberté » d'entreprendre en pleine propriété individuelle pour produire, à partir de l'exploitation des travailleurs, des biens destinés à autrui. Cette norme institutionnelle implique que la grande masse des producteurs sont contraints de se mettre au service du capital et d'accepter que leur vie soit dirigée à la fois par cette norme et par la réglementation d'une légalité qui conforte et accompagne les rapports de classe ainsi créés. Dans ce cadre, l'honnêteté et la vertu sont soumises aux lois de la déraison capitaliste qui réglementent les principes d'une exploitation humaine jamais nommée en tant que telle. Et tous ceux qui en voudraient dénoncer l'absurdité s'exposent à subir les foudres de la loi. Quant aux autres, ils n'ont comme choix que de subordonner leurs désirs à ces lois ou « périr ». Ces lois, en tant que règle commune imposée par la bourgeoisie universelle, qui a accaparé la quasi-totalité des moyens de production et d'échange, sont l'antithèse de la moralité de la praxis de la raison commune que l'écomunisme entend mettre en œuvre. En respectant ces lois, nous nous enfonçons dans la contrainte et perdons notre liberté potentielle. C'est ce que nous dit Spinoza dans l'Éthique : « *Le contraire de la liberté n'est pas la nécessité c'est la contrainte. Libre, l'être agissant selon la nécessité de sa nature, contraint celui qui est déterminé à agir par une cause extérieure.* (…) *Seul celui qui vit sous le commandement de la raison, qui comprend la nécessité des choses et la sienne propre peut être libre et heureux (...) L'homme réfléchi s'efforce d'affirmer la nécessité de sa nature et de l'accorder à celle des autres car rien n'est plus réjouissant que de vivre dans l'adéquation à soi et dans l'adéquation aux autres.* »

La praxis de la raison commune, comme mouvement d'émancipation qui refuse la contingence imposée par l'inique norme de la propriété individuelle des moyens de production et d'échange, se pense donc doublement désaliénante, d'une part parce qu'elle agit pour nous sortir de la totalité de l'exploitation des travailleurs par le capital, et d'autre part, parce qu'elle se vit comme raison éthique intériorisée dans le mouvement même de l'action pour la désaliénation générale de l'idéologie du désir marchand. Toute recherche d'une dialectique historique hors des passions malsaines de la réalité marchande devra donc fonder le primat d'une nouvelle éthique du désir hors des contingences déstructurantes et illégitimes du monde de la marchandise, sans pour autant se donner *a priori* comme loi universelle, mais comme meilleur moyen de l'ouverture des portes de la liberté à *l'émancipation universellement humaine*. Et ceci nous renvoie au Marx des manuscrits de 1844 lorsqu'il nous dit : « *La propriété privée nous a rendus si sots et si bornés qu'un objet n'est nôtre que lorsque nous l'avons, qu' [il] existe donc pour nous comme capital ou qu'il est immédiatement possédé, mangé, bu, porté sur notre corps, habité par nous, etc., bref qu'il est utilisé par nous, bien que la propriété privée ne saisisse à son tour toutes ces réalisations directes de la possession elle-même que comme des moyens de subsistance, et la vie, à laquelle elles servent de moyens, est la vie de la propriété privée, le travail et la capitalisation.* » Tel est bien le sens de la praxis de la raison commune qui se nourrit de la pensée de Marx et de Spinoza.

C'est grâce à ce principe dynamique chargé d'organiser et de structurer les pratiques qui contestent la politique globale de privatisation et de marchandisation du monde que nous pourrons atteindre la liberté et ouvrir notre désir à la raison. C'est pour cela qu'il nous faut penser la communauté en tant que principe d'une politique d'émancipation démocratique qui agit pour se frayer un chemin par delà l'alternative biaisée du marché et de l'État. Ceci implique de rompre impérativement avec la société de classe et avec un traitement de la question qui ne renvoie pas à ce dont il faut partir, c'est-à-dire une activité politique qui fonde l'émancipation humaine à travers la raison et ne réduit pas l'interrogation à un simple problème de gestion de biens ou d'objets. C'est dans cet espace nouveau, libéré des liens de classe et des désirs conduits par les seules passions, que nous pourrons aller vers le « vivre-ensemble » de la mise en commun des biens utiles et des désirs désaliénants. C'est en se situant dans la filiation des mouvements de lutte de classe qui ont cherché à instaurer des rapports sociaux fondés aussi bien sur la coopération que sur le partage, que nous pourrons construire un véritable et profond rapport commun à l'humain.

Certes, ce bonheur que nous cherchons a quelque chose à voir avec la politique et l'idéologie. Du côté des partisans de l'écomunisme, bien peu en douteront. Mais, comme il vient d'être dit, il existe des objections classiques et sérieuses opposées à cette prétention. À commencer par cette objection de classe de la propriété des biens et des personnes qui entend faire du bonheur une affaire strictement privée dans et pour la propriété privée ; un « bonheur » pétri de cupidité et d'exploitation humaine qui ne peut conduire qu'au chaos et qu'il convient de juguler. La politique capitaliste de la crise généralisée est d'autant plus nourrie par les contraintes de l'ultra-libéralisme qu'elle a pour finalité la liberté individuelle d'entreprendre sous l'égide aliénante de l'exploitation/profit pouvant aller jusqu'au désastre. Sa grande peur est que la volonté des travailleurs de partager un bonheur commun sous la conduite de la raison menace à jamais la sphère de son inique liberté de classe.

Après avoir mis à jour les représentations dominantes faites de subversion de la raison et des raisonnements rationnels conformes aux dynamiques de déréalisation sociale commandée par le tout économique, il est grand temps, à partir d'une praxis de la raison commune, de combattre les causes de cet affaiblissement social et idéologique de façon structurée. En mettant sans cesse en exergue la nature de ces raisons de classe et ses fausses idées, de plus en plus portées par les pratiques institutionnelles de désolidarisation de masse, nous contribuons à démanteler la déshumanisation qui s'affaire à reproduire et à développer la domination des « impératifs marchands ».

Voilà pourquoi la praxis de la raison commune nous invite à lutter sans relâche pour acquérir les nombreuses « choses » qui sont encore hors de portée de la plupart des profanes et qui sont pourtant essentielles : l'éducation, la culture, le travail, la santé, le logement, le droit à un environnement sain... Et pour le dire autrement, en quoi, sous la conduite de la raison, l'action intelligente et efficace du monde du travail peut nous permettre de discerner ce qui est véritablement bon pour le bien-être de tous, et ce qui ne l'est pas.

Épilogue

En exhumant les faits désastreux générés par le grand marché mondial nous avons pu dégager les éléments constitutifs de la fabrique du chaos. Ces faits induisent chez les profanes un double mouvement : celui de la répulsion et du combat contre l'enfoncement d'une exploitation sans bornes et, paradoxalement, celui de l'acceptation d'un imaginaire sociétal capitaliste qui, sous l'effet de *l'idéologie du désir* et de *l'enjeu parabole*, tend à les séduire et à les détourner de la lutte des classes. C'est à ce prix que le sacré, à travers la contrainte exercée par le capitalisme et son oligarchie sur les travailleurs, cherche ou parvient à se maintenir, les empêchant d'apporter les bonnes réponses quant aux stratégies qu'il faudrait déployer pour faire aboutir un projet de transformation radicale de la société en vue d'une émancipation individuelle et collective. La sortie de cette contradiction est donc un préalable nécessaire à toute démarche politique ayant pour objectif de combattre les aliénations instituées grâce à quoi peut progresser toute autonomie individuelle et collective inscrite dans un projet global.

Voilà pourquoi il nous semble plus juste que jamais de faire avancer l'idée que ce qui importe vraiment, c'est de sortir du système capitaliste. Ceux qui chercheront à relativiser le rôle d'une praxis de la raison qui s'appuie sur l'écomunisme comme projet général commun, et tenteront d'en reléguer la perspective de changement de société au royaume des illusions, en seront pour leurs frais. Son importance, comme paradigme de la compréhension des phénomènes sociaux et historiques, ainsi que sa capacité à augmenter la dimension raisonnable de la collectivité humaine au côté de la raison dialectique, en font un point d'appui essentiel pour sortir des interrogations stériles sur la nécessité d'aller ou pas vers un post-capitalisme. Il est fort probable aussi, par le fait que ses applications pratiques sont propices à l'augmentation de l'intelligence renouvelée d'un réel social et historique, que la praxis de la raison vienne renforcer le désir collectif d'aller vers un écomunisme ouvert sur un nouveau développement humain respectueux de l'environnement.

Mais notre volonté de mettre en œuvre une praxis de la raison commune pour qu'advienne le temps de la vraie liberté se trouve aussi en résonance avec la pensée de Spinoza lorsqu'il nous dit dans l'Éthique : « *Qu'allons-nous faire sous le commandement de la Raison ? Les mêmes choses, en un sens, que nous faisions déjà sous l'emprise de la passion : sages ou ignorants, nous agissons toujours selon les lois de notre nature, et celles-ci demeurent immuables ; puisque le désir de connaître et de faire connaître est la vérité du conatus, il reprend à son compte toutes les actions particulières qui découlent de notre structure biologique et par lesquelles, lors même que nous étions la proie du monde, nous nous efforcions de nous conserver en nous accordant à nos semblables. (...) En devenant raisonnables, par conséquent, nous ne perdrons rien et nous gagnerons beaucoup : plus nos idées se clarifieront, plus notre conatus fonctionnera efficacement ; à plus forte raison pourrons-nous faire tout ce à quoi la passion nous déterminait déjà.* » Autrement dit : l'homme libre est celui qui se laisse gouverner par sa raison.

Puisqu'il devient possible, à partir d'une exhumation raisonnable des faits, de mieux cerner les phénomènes sociaux et historiques à partir desquels le capital développe de nouveaux concepts constitutifs du chaos, le dialogue avec tous ceux qui en combattent les causes et les effets, même s'ils viennent de courants révolutionnaires différents, prend tout son sens. Voilà pourquoi il importe de relancer un dialogue constructif sur la modernité de cette injonction philosophique : *la raison ou le chaos*, afin d'en approfondir la compréhension avec l'ensemble des travailleurs et des citoyens les plus aguerris, et lutter sans relâche à la construction d'un rapport de force en mesure de mettre un terme à la ténébreuse crise généralisée du capitalisme en déclin quelles qu'en soient les difficultés. En effet, nous arrivons à une étape du capitalisme où la forme masque le fond. C'est à ce moment précis de l'histoire, où tous les conquis sociaux et sociétaux sont déconstruits par les forces réactionnaires, qu'il importe de mesurer le désarroi qui va s'emparer des classes populaires (en particulier des couches moyennes) à la conscience de classe affaiblie et de savoir que l'on peut s'appuyer sur une praxis de la raison pour affronter ce nouveau chaos.

Sanary/sur/Mer, Janvier 2017

Épilogue général de l'ouvrage

Comme nous l'avions indiqué dans le prologue général, deux problématiques majeures doivent encore être approfondies pour compléter la dimension polilique de cette vaste fresque théorique : - *la question de la marchandisation absolue et de la désaliénation générale* ; - *la question du fondement d'une nouvelle praxis écomuniste comme axe central de la raison face au chaos.*

a. La question de la marchandisation absolue et de la désaliénation générale

Nous n'hésitons pas à dire que la marchandisation absolue est le stade ultime du déclin du capital. Elle porte la marque froide, irréversible et non contrôlée de son exponentielle expansion qui la conduit vers une mort annoncée. L'économie capitaliste de marché est devenue au fil de l'accumulation et de la confrontation productive, des crises structurelles, des guerres mondiales et régionales et de l'implosion du « socialisme réel », une forme structurante de l'ensemble des échanges économiques, des flux financiers et du nivellement culturel mondial. C'est-à-dire un système global de production et de consommation orientée, poussé à son paroxysme et mû par les instincts égoïstes et conquérants de la jouissance individuelle d'une poignée de prédateurs qui tentent d'imposer leur vice comme moteur du développement humain à tous les peuples de la planète.

Contrairement aux adeptes de la voie médiane, qui proposent *l'économie sociale* comme remède à « l'ambivalence » née de la pseudo confrontation entre « libéralisme de développement » et « économie administrée », nous pensons qu'un *tiers secteur :* entreprises coopératives, mutuelles et prestataires associatifs de services, complémentant et équilibrant la création de richesses de l'ensemble des activités économiques du secteur privé, risque d'être une illusion de plus pour nous donner à croire qu'il est possible d'aller vers un réel développement social et humain sans s'émanciper pleinement de la dimension totalitaire du capitalisme de la marchandisation absolue.

Cette *économie plurielle*, prônée également par la plupart des partis politiques qui se réclament encore du communisme, n'est qu'un *remake* de la panoplie néoréformiste qui a déjà fait ses preuves comme outil de transition soluble dans le capital durant les périodes de crises et d'inter-crises. Ce qui doit être mis à l'ordre du jour, c'est bien la sortie de la logique capitaliste qui repose sur la propriété privée des moyens de production et d'échanges dans le but d'accumuler des richesses pour les seuls détenteurs du capital et la question non moins essentielle de la production de biens utiles. D'autant que le capitalisme ne présente pas une forme d'irrationalité le faisant dévier d'une rationalité capitaliste bien comprise, il est par nature irrationnel.

L'accumulation du capital et la maximisation des profits pour satisfaire l'ego d'une oligarchie monopolisatrice ne peut s'apparenter qu'à une forme d'aliénation qui surpasse la maladive déraison du fou. Pourtant, le capitalisme ne perd pas vraiment la tête. Il n'a pas de réelles intentions humaines et c'est en cela qu'il est vraiment monstrueux. Il n'a jamais eu non plus une grande lucidité et si une fraction infime des penseurs de la bourgeoisie la moins aveuglée par les profits à court terme se questionne, c'est qu'elle fait le constat qu'à ce rythme le capital ne peut que *s'autodétruire*. Les conditions de sa reproduction élargie sont telles que plus ses contradictions s'accroissent, plus les peuples souffrent. Voilà pourquoi le capital devra un jour rendre des comptes sur sa destructrice « logique » d'accaparement.

À l'ère de l'impérialisme – déjà développée en son temps par Rosa Luxembourg et Lénine – les bases même de sa reproduction anéantissent et englobent tout ce qui lui reste extérieur, aussi bien dans son extension géographique (allant jusqu'aux guerres de territoires) que dans son expansion idéologique, en particulier aujourd'hui à travers *l'idéologie du désir* et *l'enjeu parabole* qui confine à la marchandisation toutes les sphères de l'activité humaine et du milieu naturel. Dans le même temps, quasiment plus aucun espace de contestation n'est accordé à la mise en œuvre de politiques antilibérales potentiellement porteuses d'une dynamique anti-capitaliste, ni même aux politiques accompagnatrices du capital de type keynésien ou de régulation marchande. Quant aux revendications légitimes des travailleurs : augmentation des salaires, réduction du temps de travail, suppression de la précarité et des licenciements, etc., elles suscitent une levée de bouclier du patronat, relayée par la cléricature médiatique et gouvernante, au prétexte qu'elles ne feraient qu'affaiblir plus encore les entreprises déjà fragilisées par la crise. Il n'y aurait donc plus aucun moyen de s'opposer à ce modèle de société aliénante, sauf à discuter de mesures susceptibles d'améliorer la profitabilité du capital.

Dans ces conditions, la perspective de démarchandisation du monde et d'un autre monde possible semble être reléguée aux calendes grecques. Pourtant, l'émancipation humaine du capital ne saurait attendre. Cela signifie qu'on ne pourra s'en tenir au seul combat pour la défense des services publics ou une protection sociale collective mettant en avant quelques domaines de gratuité, voire des biens communs de l'humanité qui passent par la seule dimension institutionnelle. Il faut avant tout chercher à déployer des moyens de lutte qui cassent la logique du capital au cœur même de son existentialité : la marchandisation absolue. C'est-à-dire tout un ensemble de rapports sociaux dont l'arrière-plan structuré, bien au-delà du suffrage universel, se met au service d'une totalité sociale en dehors des échanges strictement marchands. Rapports sociaux au centre desquels l'organisation de la lutte des classes devient entraide et mise en œuvre d'un mode de fonctionnement associatif et politique en vue de saper à la base la logique du capital, mais aussi apprentissage de nouveaux codes de fonctionnement sociétaux, économiques, éducatifs et culturels non marchands, construits par toute une kyrielle d'actions et de coopérations conduisant marche après marche à s'émanciper définitivement du capital. À ce jour, le capitalisme a atteint un tel niveau de concentration des capitaux qu'il est illusoire d'imaginer autre chose, pour satisfaire les besoins fondamentaux des peuples, qu'une mise en œuvre de la démarche *écomuniste* fondée sur le progrès vraiment utile à l'homme, l'égale différence et le réapprentissage du partage non marchand dans et hors le système capitaliste en sursis. Et ce n'est pas les ultranationalistes, ni les intégristes – d'où qu'ils viennent – qui nous « détrôneront » pour mettre un terme au capitalisme mondialisé. Car au-delà, pour les uns, de la rhétorique religieuse qui confine au terrorisme – dont le pire est encore à venir – et pour les autres, de l'idéologie politique sectaire et puritaine appuyée par des visées fascisantes qui nourrissent l'exclusion et la xénophobie, leur propension commune et ancestrale au commerce et à l'économie de marché ne les distingue pas des acteurs de la marchandisation absolue qui instrumentalisent leur barbare fanatisme ou leur nationalisme éculé.

Voilà bien un ensemble d'analyses qui ne néglige pas les aspects théoriques. Mais ne nous y trompons pas, les implications sociales et politiques à la base de celles-ci s'appuient implicitement sur la dure réalité de ceux qui ont à pâtir quotidiennement du système et dont nous avons déjà grandement parlé. D'ailleurs, tous les hommes et les femmes qui vivent exclusivement de leur travail présent ou passé peuvent se compter du nombre. Ainsi, sous la double bannière de l'esprit de compétition et de transformation des désirs humains en besoins égocentrés, la marchandisation absolue emmène le monde à sa perte. Alors ne nous étonnons pas de l'émergence hideuse de cet apartheid économique, social et culturel qui creuse les inégalités et accroît la misère sous toutes ses formes.

Pas facile néanmoins de porter, sans véritable base organisée et sous l'opprobre quasi général, une dénonciation aussi radicale des promesses fallacieuses de la nouvelle religion consumériste. Mais le risque de ne pas en supporter l'arrogance est heureusement tempéré par le fait que « le paradis » consumériste n'est pas réellement triomphant. La place dominante du système marchand dans notre société, bien qu'il tende à détourner l'homme d'une vie raisonnable, à le réduire à l'état de marchandise, à inféoder le système éducatif à l'utilitarisme et au mercantilisme, à pervertir la culture, à placer le marché au-dessus de l'intérêt des peuples, à faire de la guerre un instrument au service des profits, des pouvoirs et des crises…, ses faiblesses et ses perversions le condamnent, à terme, à l'agonie du Narcisse impuissant.

Venons-en à présent à la question de la désaliénation générale. Selon Marx, celle-ci n'est pas une appropriation individuelle, mais une réalisation dans laquelle intervient l'interdépendance des membres d'une collectivité. C'est dans ses rapports avec les autres au cours de la production et du travail que l'individu accède à son humanisation. En plus du pouvoir moral que Marx accorde à ce processus historique, il comprend que la désaliénation ne peut pas être le produit de l'individu isolé : elle tient avant tout dans la suppression du rapport social émanant du clivage radical entre les moyens de production de la propriété privé du capital et les travailleurs qui ne possèdent que leur force de travail pour vivre. Et que seule la fin de l'exploitation de l'homme par l'homme pourrait conduire à la possible émancipation générale. Mais si le capital est une puissance dominatrice et destructrice qui fonde l'aliénation des travailleurs et des citoyens, *a contrario,* la société du communisme de Marx, en explicitant l'élimination du capital et la suppression des rapports marchands et de l'État, ambitionne de parvenir à la désaliénation générale de tous les êtres humains

Bien que nous partagions l'essentiel de cette analyse marxienne, nous introduisons cependant, à travers notre concept *d'égale différence*, l'idée que l'homme fait partie du tout agissant sur lui, mais qu'il est aussi un individu à part entière agissant sur le tout. D'autant que l'histoire nous enseigne combien l'homme a à y perdre lorsqu'on l'invite à sacrifier sa personne au « bénéficie exclusif du Tout ». Par ailleurs, les conditions nouvelles de la marchandisation absolue élargissent quelque peu le mode opératoire de l'aliénation. On passe d'une aliénation essentiellement liée à l'exploitation des travailleurs comme producteurs de valeur à une nouvelle forme d'aliénation plus générale, liée à la mise en œuvre de la révolution culturelle techno-économique libérale d'un consumérisme de masse ravageur et orienté.

D'un point de vue concret, le concept d'aliénation pourrait se définir comme une sorte d'inhibition des processus vitaux qui altère notre espace personnel : déplacements, dynamiques, actes, désirs créateurs… Cet état survient lorsque notre volition consciente est éloignée des moyens de réaliser ce qu'elle souhaiterait accomplir pour assumer, obtenir ou manifester la spécificité initiatrice de ce que nous considérons comme le fondement de notre humanité. Dans ce cadre, si le premier aspect de l'aliénation est bien la privation, le deuxième aspect est celui de la distanciation : défaire ou desserrer un lien avec ce qui pourrait garantir notre propre créativité. Ainsi, la personne humaine se retrouve aliénée de ou dans quelque chose. Paradoxalement, ce contexte s'apparente à celui dans lequel se trouvait le citoyen lambda de la RDA d'antan privé d'une libre création artistique ou de se déplacer dans un espace autre que celui des pays dans lesquels le pouvoir « socialiste » l'autorisait à se rendre – dénommés pourtant Républiques démocratiques. Pour restreindre l'espace vital des citoyens, on s'appuyait ici sur un certain manichéisme : la perspective d'une société communiste en construction dans laquelle la liberté individuelle et collective serait bien plus grande que celle que l'Allemagne démocratique pouvait présentement leur accorder.

Dans la sphère capitaliste, la dimension de contrainte apparaît totalement inversée : la réalité humaine dépend de l'espace de liberté qui la lie à la pseudo possibilité d'entreprendre, alors que le système ne peut perdurer que dans la mesure où il enchaîne et subordonne la masse des travailleurs au cupide objectif de la capitalisation pour un nombre toujours plus restreint de privilégiés. Une telle situation relève de l'aliénation mentale. Par la volonté d'une minorité de profiteurs, le travailleur supposé libre est aliéné au système ou exclu de la communauté. En ce sens, l'aliénation du travailleur est un processus de désappropriation de son statut de personne au bénéfice d'une liberté formelle. Quant à la soi-disant liberté d'auto entreprendre, très en vogue aujourd'hui, elle oblige l'ex, ou futur chômeur, à accepter le cadre de l'entreprise privée au détriment d'une entreprise collective, ce qui revient à admettre que décider, pour lui, c'est sauter dans un train en marche sans se rendre compte qu'il y a été poussé. Dans cette forme d'aliénation déterministe, l'entreprise privée théorique ou pratique n'est intelligible que si l'on pose comme intangible la vocation première de la capitalisation. C'est-à-dire une situation préétablie constituant une motivation de fait elle-même immotivée.

Le machiavélisme du consumérisme de masse est plus cynique encore. En élargissant notre désir à l'achat égocentré, il prend l'apparence d'un nouvel espace de liberté. Le désir de vouloir quelque chose sans en avoir réellement besoin, mais uniquement parce qu'il suscite aussi le désir chez les autres, est sur le plan rationnel une aliénante déviation névrotique. Mais l'esprit du consumérisme de masse ne se limite pas à cette simple peur du manque par rapport à l'autre. Pour garantir l'achat compulsif d'un objet, d'un produit, il faut que le désir conditionné devienne « besoin vrai ». C'est par ce tour de passe-passe psychologique que l'idée même du consumérisme n'est pas socialement rejetée. À partir de ce nouveau conditionnement des besoins et des valeurs humaines, des interventions à caractère publicitaires s'instaurent dans la standardisation cachée des comportements sociaux tendant à limiter sans le dire la singularité de la personne humaine et les initiatives collectives. Ces réseaux techno-médiatiques au service des désirs et des faux besoins font des ravages. En jouant sur l'appétence égocentrée des plaisirs et l'instinct grégaire des individus, ils augmentent l'insécurité psychologique de chacun d'entre eux sans répondre véritablement à leurs attentes.

Pour que la médiation aliénante et faussement personnalisante soit crédible, il faut que les « bénéficiaires » croient qu'au-dessus d'eux, « l'élite » sensée les représenter, en accordant une valeur normative et gratifiante à la consommation de masse, fournit la preuve que leur attrait pour les nouveaux objets du désir n'altère en rien leur statut de personne et leur dignité. Bien au contraire, ces achats doivent apparaître comme de nouveaux espaces de liberté en même temps que des supports concrets de leurs supposés vrais besoins existentiels. En agissant ainsi, le capital et ses sbires tentent de canaliser la croyance naïve du consommateur pour la transformer en entités économiques et sociétales « médiatrices » de ses crises de surproduction congénitales. Dans le même temps, l'espérance de l'individu pour un objet quel qu'il soit tempère sa désespérance face à une situation de faillite générale qui, par ailleurs, l'accable. C'est ainsi qu'il se retrouve par devers lui doublement aliéné : une fois par sa participation directe à la fabrication de l'objet convoité – ou par sa contribution productive indirecte – et une autre fois par l'espoir d'un achat futur ou l'acquisition immédiate de l'objet produit qui ne répond pourtant pas à ses vrais besoins. De ce fait, en s'appuyant sur la déconstruction progressive du lien social exacerbée par la concurrence malsaine, la compétition entre les individus (depuis leur naissance à leur mort), véhiculée sans cesse par *l'enjeu parabole*, la mise en réseau Internet/Extranet/Intranet, l'idéologie du désir égocentré, le consumérisme de masse, et en pervertissant à travers l'économie faussement solidaire ou « l'économie verte » le sens même de l'esprit de solidarité et la nécessaire préservation du milieu naturel, le capital espère trouver une échappatoire à son ultime crise d'accumulation. Cependant, le pire est encore à venir. Ce qui est en préparation à partir de ce que nous pourrions qualifier de *révolution techno-numérique* touche le cœur même du travail social et de la protection sociale et tend non seulement à élargir les zones de non droit de la sphère économique, mais à transformer et dénaturer le *travail vivant*. Il ne s'agit pas uniquement de la capacité technologique à accélérer la robotisation des postes de travail, voire dans un futur proche à remplacer le maximum de travailleurs par des robots, mais à emmener le salariat collectif vers une nouvelle forme d'employabilité et de contractualité s'ouvrant sur un travail privatisé, atomisé et désocialisé. L'incapacité du capital à gérer sa profonde crise structurelle le pousse à chercher, à travers ce scientisme technologique en perpétuelle évolution et la marchandisation absolue, une voie de transformation radicale du rapport au travail et de nouvelle forme de travail. Voici pourquoi, une nouvelle employabilité – surtout dans le secteur des services – va condamner les futurs contractualisés, toujours plus paupérisés et privés de sécurité au travail et de droits du travail, à prendre en charge la totalité de leurs cotisations sociales. Elle cohabitera avec l'ancienne employabilité encore en œuvre dans le secteur productif – généralement délocalisé dans les pays émergents – et la masse des chômeurs contraints à la déshérence, frappés par la privation de leurs besoins fondamentaux. Ce tableau bien noir, qui pourrait devenir la réalité de demain, ou tout du moins celle à laquelle travaille l'ultra-libéralisme en action, commence à émerger dans de nombreux secteurs de la réalité entrepreneuriale. Le système Uber (né aux USA) est, entre autres « start-up », un des modèles de ce terrorisme technico-économique et social en train d'essaimer sur presque tous les pays que les experts du capital nomment déjà péremptoirement *ubérisation* ou, plus trompeusement, « *économie de l'accès* ».

Pousser toujours plus loin l'idéologie de la marchandisation absolue jusqu'à inculquer ses règles au premier âge de la vie, tel semble également l'objectif du libéralisme aujourd'hui. C'est ainsi qu'a été créé en 1999 à Mexico le premier parc d'attraction *La Ciudad de los Niños* (la ville des enfants), dont chacune de ses activités est sponsorisée par une marque (Mc Donald's, Sony, Walmart, Waitrose, Epson, DHL, Olay, Renault, Mitsubishi, H&M, British Airways, etc.) afin de les initier au monde de l'argent dans un « temple du consumérisme », véritable vision cauchemardesque du capitalisme. Dès le début de l'expérience, chaque enfant reçoit un chèque et se voit accueillir par un encouragement : « *Que ta journée soit productive !* » (slogan voisin de *Arbeit macht frei* « le travail rend libre », au lieu et au temps le plus sombre de l'histoire humaine).

Ce chèque peut être ensuite encaissé dans une mini-banque contre une monnaie d'échange, « le KidZos », qui servira à acheter de la nourriture et autres produits. Selon les dires de Joël Cadbury, initiateur du projet, *« il s'agit d'ouvrir les yeux des enfants aux réalités de la vie ».* Ceux-ci peuvent ensuite jouer à travailler en choisissant parmi plus de 60 rôles : livreur DHL le matin, pizzaïlo à l'heure du déjeuner et banquier l'après-midi (un établissement comme la Royal Bank of Scotland, sauvé par les contribuables à travers l'État en 2009, pourrait leur faire comprendre les réalités du système bancaire), etc. et sont rémunérés en « monnaie de singe » par les entreprises distributrices associées au parc. Ainsi, ses enfants, supposés augmenter leur capital en travaillant, s'initient à l'achat des marques sponsors et peuvent même ouvrir un compte en banque. Ce concept, développé depuis dans d'autres mégapoles : *Tokyo, Osaka, Jakarta, Doubaï, Séoul, Kuala lumpur, Koweït, Mumbaï, Djedda, Doha, Le Caire, Istanbul, Sao paulo, Santiago, Lisbonne, Moscou, Bangkok, Londres, etc.* (et en passe d'essaimer sur tous les continents), a pris le nom de *KidZania* (la cité des gamins) – sans doute en référence à la radieuse Zania de Ptolémée, ville de l'intérieur de la Médie au Nord-Ouest de l'Iran à la fin du IIe millénaire. Installés exclusivement près des grands centres commerciaux, tous ces parcs *KidZania* s'inscrivent dans un vaste plan marketing dont la vocation n'est autre que de formater les enfants dès l'âge de 4 ans à l'image des grands groupes internationaux tout en invitant les parents à suivre, grâce à un bracelet équipé d'une puce électronique, leurs tribulations depuis un *Clubhouse* qui n'a d'autre but que de les perfectionner à leur tour aux arcanes du capitalisme. À ce jour, plus de 50 millions d'enfants à travers les diverses capitales du monde ont transité dans ces nouveaux « incubateurs du capital ». Quant à la France, elle attend, semble-t-il, un de ces grands « philanthropes » de l'aliénation ludique pour se lancer.

Pour passer de l'idée d'ouverture d'un compte fictif, à travers le jeu, à la réalité quotidienne, un autre *manager* a mis au point au Royaume-Uni le système *Osper* : un service bancaire pour les enfants. Il est constitué d'une carte de débit prépayée, fournie par Mastercard, qui relie à iOS ou Android, leur permettant des achats dans n'importe quel magasin et des retraits dans tous les distributeurs ou d'ajouter instantanément de l'argent via leur premier smart-phone. Comme la gestion de l'argent n'est pas encore enseignée à l'école (mais cela ne saurait tarder), l'apprentissage au consumérisme par le « brave » *Osper,* bientôt étendu à toute l'Europe, risque fort de conditionner ces gamins qui, sans expérience concrète, ont encore du mal à matérialiser le monde obscur de la finance.

Dans ce contexte de ruses et tromperies, nul besoin d'être grand clerc pour comprendre qu'il n'est d'autre choix pour se désaliéner du capital que la ré-appropriation par les travailleurs du produit du travail dont ce dernier les ont dépossédés pour les dominer. Et que toute création de richesse doit résulter de l'objectivation des diverses virtualités qui existent en chaque individu pour qu'émerge le cadre d'une communauté basée sur la production de biens utiles et l'esprit de partage. En d'autres termes, l'idée d'une Révolution maîtrisée ne peut s'en tenir à la seule sortie du capitalisme – qu'elle passe ou non par la voie démocratique – si elle ne prend pas en compte dans un même mouvement la nécessité d'un réapprentissage dans et hors le système marchand, d'une désaliénation générale qui intègre les nouveaux processus de travail susceptibles de répondre aux vrais besoins humains et à une nouvelle éthique du désir sans laquelle toute idée de liberté reste vaine. D'autant que la voie parlementaire peut être un appui mais pas un outil de transformation de la société et qu'il n'y a rien d'utopique à chercher à battre le capitalisme en crise sur le terrain où il nous attend le moins : la mise en œuvre organisée des échanges non marchands entre citoyens. Cet objectif révolutionnaire n'est autre que celui de l'*écomunisme* qui cherche à éviter les deux écueils historiques aliénants dont nous avons précédemment parlé : celui du « socialisme réel » qui, soucieux d'égaler le productivisme de marché, entendait – entre autres – restreindre provisoirement l'espace territorial des citoyens dans l'attente d'une hypothétique libération communiste, et celui du capitalisme qui aliène le travailleur et la nature à la production, ainsi que le citoyen à la marchandisation absolue de l'ensemble de son espace vital, tout en prétendant leur accorder la liberté d'entreprendre. Dans les deux cas, l'homme ne peut s'émanciper puisqu'on naturalise sa liberté.

À présent, il est clair que ce *dressage anthropololique* de l'individu, à travers l'impitoyable dépendance consumériste que le capital tente de nous imposer dès la prime enfance, a une influence concrète sur la façon de nous accomplir. Et si l'on cherche à sortir de cet enfermement inhibiteur de notre bonheur commun, uniquement par une meilleure répartition des « richesses » produites, sans en changer la visée et sans supprimer la propriété privée, alors, ce prétendu dessein émancipateur ne sera qu'une imposture de plus. Mais l'*écomuniste* évite de tomber dans ce piège. Par sa capacité à transformer la nature même des rapports sociaux et des relations humaines, par son innovant esprit de coopération et de partage, par son aptitude à contrer la déstructuration collective, sociale, culturelle et morale en cours, les luttes et la *Révolution maîtrisée* qu'il propose de mettre en œuvre permettront d'atteindre la désaliénation générale malgré l'arrogance et l'entêtement de la marchandisation absolue, concoctée par la révolution techno-économique libérale du capitalisme en déclin.

b. La question du fondement d'une nouvelle praxis écomuniste comme axe central de la raison face au chaos

Le concept philosophique de *praxis*, qui vient du grec ancien, a été particulièrement théorisé par Aristote dans *l'Éthique à Nicomaque* et la *Métaphysique* et désigne la pratique ou l'action. Il fut largement exploité par les philosophes marxiens. Pour Antonio Gramsci, la philosophie de la praxis désigne sa propre conception du marxisme opposée au déterminisme économique. Ce concept n'est donc pas seulement théorique, mais a pour objectif de transformer le sujet comme finalité interne à l'action non séparable de l'action. Ainsi, par exemple, pour l'écomunisme « *le bien agir commun est le but même de l'action* ». Pour Michel Clouscard, l'éthique de la praxis se veut morale citoyenne et sociale de l'action de faire : « *Le genre humain, pour devenir autonome dans l'être, se fait d'abord « intentionnalité », projection dans le temps, vers un but, une fin. Cette intentionnalité doit se faire puissance pratique du faire – praxis – au moins égale à celle de l'être – de l'ontique, de l'existant – et non moins égale à son logos, sa logique. L'intentionnalité s'exprime par la position d'un impératif catégorique : « tu dois faire » qui contient à la fois l'acte et l'obligation de réalisation de faire. Alors apparaît cette liberté de la praxis qui est la morale : dans l'action de faire, la participation des individus à la réalisation d'un but se transmue en relation entre sujets. En produisant du blé nécessaire à leur survie, les hommes co-construisent leurs propres relations humaines. La morale citoyenne et l'expression sociale des valeurs d'un groupe réel, alors que l'éthique de la praxis est l'élaboration raisonnée de la loi de la production du genre humain.* » Nous retrouvons dans ce concept philosophique notre idée de questionnement *du fondement d'une nouvelle praxis écomuniste comme axe central de la raison face au chaos* ; c'est-à-dire l'action sous-tendue par une idée saine vers un résultat pratique pour transformer les rapports sociaux et culturels ou produire tout en préservant le milieu naturel, rejoignant aussi en cela l'idée d'Antonio Gramsci que la praxis est la pratique qui se reconnaît elle-même par la théorie. Pour l'écomuniste, le réel est une construction qui n'a pas recours à une rationalité extérieure ou indépendante de la praxis. Il est l'identification d'une durée qui naît du travail et d'une chronologie qui n'est autre que raison de la mise en forme d'une nouvelle manière de produire et de partager. La praxis de la raison écomuniste se veut ici et maintenant la mesure de toute chose pour transformer efficacement et utilement le réel.

Pour étayer notre propos, prenons l'exemple de la nécessité d'endiguer la montée de l'extrême droite en France ou en Europe, aux États-Unis et plus généralement un peu partout dans le monde. Se positionner dans le débat par rapport au néofascisme montant sans combattre au quotidien avec les citoyens et les travailleurs les causes et les conséquences profondes de la crise du système capitaliste est contreproductif. Agir comme le font généralement la plupart des partis sociaux-démocrates et libéraux ou la droite dite classique, en accompagnant la crise systémique, ne permet pas de mener une lutte idéologique et pratique saine contre l'ultranationalisme. Bien au contraire, cela revient à amplifier la crise et à raccourcir l'agenda de reconquête du pouvoir fixé par le néofascisme qu'ils prétendent empêcher. Non seulement ces social-traîtres libéraux ne combattent pas le capitalisme et le servent sans vergogne, mais ils s'appuient sur la cléricature médiatique pour « dédiaboliser » les forces néofascistes en vue de leur donner une légitimité républicaine qu'ils vont s'empresser de leur retirer au cours des échéances électorales, s'en servant de repoussoir pour culpabiliser les classes paupérisées qu'ils avaient jusqu'alors objectivement poussées dans leurs bras. Le soutien au capitalisme de cette clique social-libérale ne doit pas se comprendre seulement d'un point de vue idéologique : *la nécessité pour le capi-*

tal du grand marché mondial, mais comme la conséquence assumée des contradictions du système en crise avec ce que çà implique de dégradation sociale, économique, industrielle, de problèmes de sécurité, de santé, d'éducation, de culture. Sans oublier que tout cela s'opère sur un fond de théâtre de guerre et de pillage de l'ensemble des ressources énergétiques, minières, agricoles et humaines des pays tiers. Mais aussi d'ethnicisation religieuse et raciale, dont le but est de fabriquer un nouvel ennemi intérieur et extérieur comme nouveau lien social occidental national et international. Et il en va de même de toutes les forces dites de gauche se positionnant contre le néofascisme (surtout pendant les périodes électorales), tout en repoussant l'étape fondamentale du nécessaire combat de classe contre le système capitaliste, cause et conséquence de la crise. Cette apparente schizophrénie n'est que ruse et leurre pour gagner du temps face aux ravages de la crise paroxysmique parmi les classes laborieuses et permettre, lorsqu'ils jugeront que celle-ci ne peut plus être « gérée » par le seul social-libéralisme, d'en appeler au néofascisme ayant depuis lors largement infiltrer la vie politique grâce à leur perfidie et leur duplicité.

Dans ce cadre, l'utilité de la praxis écomuniste de la raison face au chaos est d'être en capacité d'apporter, avec l'ensemble des peuples concernés, des réponses concrètes aux préoccupations des citoyens et des travailleurs qui jusqu'ici n'avaient pas de réponse. En agissant avec eux sur un terrain de classe contre le capital, plutôt que de répondre théoriquement et électoralement aux électeurs potentiels des néo-fascismes, la question de la praxis écomuniste, porteuse de la sortie du capitalisme pour sortir de la crise, devient à la fois axe central du changement de société et endiguement efficace contre l'ultranationalisme. Mais comme le démontre prémonitoirement Clouscard dans sa *Lettre ouverte aux communistes* rédigées en 1976, le néofascisme ne naît pas seulement des conditions ravageuses de la crise systémique du capitalisme, il croît également sur le terreau de l'idéologie social-libertaire ex soixante-huitarde contre le Mai 68 des prolétaires, prenant elle-même naissance sur la pratique des mœurs et des nouveaux modes de consommation à la suite du plan Marchal propulsé dès 1947 selon ses quatre relais : l'idéologie du désir, la consommation frivoludique, le décervelage, la publicité.

Pour poursuivre le questionnement sur la bonne pratique du combat de classe face au capitalisme et ses avatars néofascistes, revenons sur l'un des points centraux de l'histoire contemporaine : *Le changement de société*. La rétrospective du passé historique invite à reconnaître qu'aucune force politique ou révolutionnaire n'a permis ce changement dans la durée. Toutes ont fini ou finiront par avorter, qu'il s'agisse de forces agissant par la voie pacifique en respectant les institutions républicaines, dont certaines, encore en action au Venezuela, Brésil, Bolivie, Équateur, sont en mauvaise posture ou qu'il s'agisse de la force pacifique qui fut la mieux à même d'avancer sur la voie de la transformation socialiste au Chili (écrasée militairement par le sinistre Pinochet après un affreux bain de sang) ou de celle de la deuxième République espagnole tombée aux mains du sordide Franco ou bien encore de la Révolution des œillets au Portugal mettant fin au fascisme salazarien. Et nous pourrions multiplier les exemples de l'Afrique à l'Occident en passant par l'Asie, découvrant ainsi les multiples coups d'États militaires qui mirent un terme aux timides et plus vigoureuses tentatives de gestion démocratique à la recherche d'une voie autre que celle des sociaux-libéraux ou des droites classiques. Même à considérer la Révolution prolétarienne Soviétique et les autres révolutions communistes à travers le monde, elles ont toutes fini par revenir, d'une manière ou d'une autre, dans le giron du capital (parfois même après un terrible génocide, comme cela fut le cas au Cambodge). Ce revirement vaut aussi pour la Chine, le Vietnam ou le Laos, qui n'ont de communiste que le nom du parti bureaucratique qui leur reste aujourd'hui encore attaché. Mise à part la Corée du Nord, dont le prétendu communisme encore en cours n'est que caricature et cœrcition de la dictature du prolétariat au sens de Marx, et l'originale expérience cubaine, plutôt finissante, aucune de ces tentatives n'aura duré plus de trois quarts de siècle.

Si l'on fait fi des contradictions locales et stratégiques, toutes ces tentatives révolutionnaires pacifiques ou armées ont comme point commun six facteurs essentiels : 1) *la verticalité des décisions inhérentes à l'action, 2) le bureaucratisme, 3) l'absence concrète de participation en conscience de classe des travailleurs et des citoyens à la nouvelle construction démocratique, 4) la corruption progressive de la sphère dirigeante, 5) la perméabilité à l'idéologie du capital en même temps que sa capacité à peser négativement sur le nouveau processus démocratique, 6) le refus de toute critique de la ligne du parti au pouvoir (pouvant aller parfois jusqu'à la liquidation physique et de masse de ses opposants)*. Il est donc temps, au-delà du nécessaire et profond réexamen cas par cas de ces tentatives avortées, de proposer une nouvelle praxis révolutionnaire face aux nouvelles formes du capitalisme néolibéral vainqueur après la fin de l'URSS en 1990.

Alors qu'en est-il concrètement de cette nouvelle praxis écomuniste de la raison ? Tout d'abord, souvenons-nous que le matérialisme prémarxiste considérait le problème de la connaissance sans tenir compte de la nature sociale des hommes et du développement historique de l'humanité. De ce fait, il était impuissant à comprendre que la connaissance est étroitement dépendante de la pratique sociale et de la place occupée par l'homme dans la production. Les idées marxiennes ont permis de comprendre que l'activité de production des hommes et des femmes constitue la base même de leur activité pratique et qu'elle détermine par conséquent l'ensemble des autres activités. Ainsi, c'est au cours de leur activité de production matérielle qu'ils vont appréhender les phénomènes liés à la nature, à ses lois, et ce faisant, aux rapports de l'homme avec le milieu naturel, mais appréhender aussi, à des degrés différents et d'une manière progressive, les rapports déterminés existant entre les hommes. De toutes ces connaissances, aucune ne saurait s'acquérir en dehors de l'activité de production. Dans le communisme primitif, tous les individus joignaient leurs efforts aux autres membres pour résoudre les problèmes relatifs à la vie matérielle du groupe. Dans la société de classe dans laquelle nous sommes, les individus entrent également, et sous des formes variées, dans des rapports de production déterminés, mais la nature des biens produits est le fait non de la collectivité mais du capital détenteurs des moyens de production et d'échange. Voilà pourquoi le développement de la production humaine échappe encore globalement à ceux qui sont pourtant au cœur des forces productives : les travailleurs/producteurs. C'est ce que l'écomunisme appelle le développement contraint de la connaissance productive par le capital.

Certes, la pratique sociale des hommes ne se limite pas à la seule activité productive. Elle revêt bien d'autres formes : lutte de classes, vie politique et culturelle, apprentissage des savoirs et des savoir-faire, activités scientifiques et artistiques, etc. Bref, même pris dans le carcan de l'exploitation capitaliste, l'homme en tant qu'être social participe à tous les domaines de la vie pratique de la société. C'est pourquoi le capital s'évertue à formater idéologiquement ce versant tout aussi fondamental de la vie des hommes et des femmes, contraints d'exercer leur activité globale uniquement dans le cadre d'une « liberté » conditionnelle. Or le contenu de la pratique et de la connaissance, que nous devons mettre en œuvre collectivement pour aller vers la société écomuniste, s'élève à un niveau bien supérieur au cadre formel dans lequel le capital tente de nous contraindre. Telle est donc la réalité de classe dans laquelle doit agir la nouvelle praxis écomuniste comme axe central de la raison face au chaos pour espérer sortir du capitalisme.

Il est donc clair que si notre action ne trouve d'expression qu'en parlant au futur, elle sera entraînée dans une activité qui ne se justifie que dans l'avenir et non dans le présent lui-même. On pourrait même dire que dans ce cas, la pensée écomuniste ne trouverait de signification que par la distance « infinie » qui sépare son projet de l'action elle-même. Toutefois, une telle chute « pratico-inerte », tournée quasi exclusivement vers une cristallisation des institutions pendant les campagnes électorales (comme le font encore aujourd'hui les appareils de la gauche dite radicale), ne pourrait se retrouver que dans une sorte de révisionnisme de la pensée révolulutionnaire, voire dans un pseudo stalinisme. Or, dans la situation contemporaine, l'homme producteur ne peut être émancipé par l'image préconçue de l'homme dans la société, mais par son action (sa créativité continue : sa praxis), comme le furent avant lui l'homme de la Commune, de la Révolution d'octobre et de la Longue marche, c'est-à-dire avec tous ceux qui s'impliquent concrètement dans une entreprise collective et se déterminent expressément en fonction d'un changement de structure globale afin d'établir une nouvelle rationalisation dans les relations humaines de production et d'échange, tout en gardant bien vivace l'expression de sa propre conscience de classe. Dans ce contexte, la conscience d'appartenir collectivement à une histoire commune, mais conflictuelle d'un point de vue de classe, la coexistence forcée avec d'autres systèmes de croyance ou de pensée politique et idéologique rivaux, sont bien le cœur des contradictions qu'il convient de surmonter pour avancer vers l'écomunisme. La tâche est immense. C'est pourquoi elle doit être confiée à l'homme producteur/citoyen lui-même, en tant qu'être social conscient de son égale différence émulatrice, comme fondement de la nouvelle société de classe en cours de construction, sans que ne s'intercale de façon directive, entre lui et sa volonté anti-capitaliste, une verticalité hégémonique d'appareil politique, fût-il communiste, même si l'organisation politique en tant que telle est éminemment nécessaire.

Pour être efficace, il importe donc d'analyser ce qui nous différencie fondamentalement de ces périodes révolutionnaires, à la fois du point de vue des pratiques partisanes, des conditions de production et des rapports sociaux. Et c'est grâce à ces distinctions que nous rendrons à la réalité différentielle ses nouvelles perspectives sociales et culturelles. Nous en avons déjà exhumé un certain nombre, à commencer par *les six facteurs essentiels* à la source des échecs relatifs aux diverses tentatives révolutionnaires au cours de l'histoire, auquel il convient d'ajouter la ravageuse *idéologie du désir* des années 60, dont nous avons déjà parlé, et celle plus contemporaine encore du *sombre désir*. Mais pour échapper concrètement aux errements de l'histoire, encore faut-il distinguer dans cette nouvelle réalité différentielle ce qui est fondamental de ce qui est secondaire. Si nous avions à retenir parmi l'ensemble de ces éléments ceux qui matérialisent le mieux cette objective différentiation : *l'absence de responsabilisation politique des acteurs potentiels du changement* et la *marchandisation absolue* en seraient le pivot. C'est donc sur ces deux aspects que devra porter la base de *la refondation d'une nouvelle praxis comme axe central de la raison face au chaos*.

Dans cet objectif de la transformation du monde, nous devons inclure et responsabiliser tous les travailleurs (quels qu'ils soient et d'où qu'ils viennent) pour lesquels il est impératif de passer de l'étape du vouloir faire sans connaissance approfondie du système capitaliste (sauf à connaître la dureté de leur place dans le procès de production) à l'étape d'une réelle conscience politique acquise à partir de la lutte des classes, et les aspects théoriques liés aux conditions objectives de la dimension capitaliste dans laquelle se développe l'action, le but étant, bien sûr, de découvrir la réalité du monde capitaliste grâce à cette pratique et comprendre, grâce à la théorie, les vérités propres à ce monde pour pouvoir mieux le transformer. Cette forme cyclique n'a pas de fin et à chaque cycle le contenu pratique de la lutte et de la connaissance théorique s'élève à un niveau supérieur. Telle est dans son essence la théorie du matérialisme-dialectique de la praxis écomuniste de l'unité du savoir et de l'action.

Alors pourquoi y ajouter le concept de raison face au chaos ? D'une part, parce que s'il y a interaction entre la raison et la conscience de classe, encore faut-il que soit discuté l'objectif des raisons de la production pour qu'une production plus utile soit mise en œuvre ; et notre idée ne s'entend pas uniquement dans le sens d'une production plus écologique, mais dans celui d'une nouvelle approche de la notion de besoins et de désirs en capacité de nous accompagner dans notre inlassable quête d'émancipation humaine. D'autre part, parce que nous savons depuis Spinoza qu'il n'existe pas une connaissance (une raison) –

et un agir – entièrement émancipée des affects, et que, par là, cette « position » n'est pas qualitativement distincte de celle de l'homme producteur du commun ou de la multitude écomuniste. En cela, la praxis écomuniste doit se rapprocher de la pratique qui tient compte des affects dans les objectifs de la production et dans les rapports sociaux, ainsi que dans ceux des relations humaines en général. Les combinaisons des trois affects primaires tels que les conçoit Spinoza : *le désir, la joie et la tristesse*, ne sont donc pas déconnectés de nos propres instruments théoriques qui ont pour objectif de mettre en œuvre des « communautés d'actions », autant dans leur forme « spontanée » et organisée que dans leur expression à travers les mouvements sociaux tels qu'ils existent dans la réalité de l'État et du marché capitaliste aujourd'hui. Selon Spinoza, les affects influent par les sens, le corps, en même temps que le mental. De la sorte, ils modifient la puissance d'agir de l'être. Les affects « déterminent » donc les individus. Et selon qu'ils sont portés par la raison ou pas, leur puissance d'agir sera augmentée ou diminuée. En transformant les affects « tristes » en affects « joyeux », la raison augmente notre puissance d'agir par la connaissance des rapports de causalité du déterminisme des affects sur l'esprit. Ainsi, Spinoza entend opposer ce que d'aucuns appellent à tort le « libre arbitre » à ce qu'il considère être la « libre nécessité » qui doit s'entendre comme la compréhension de la place de l'homme dans l'ordre universel du monde. En sortant de l'illusion d'être « un empire dans un empire » au-dessus des rapports de causalité en action dans la société et la nature, l'homme de la raison raisonnable dépassera l'homme de la simple raison raisonnante et pourra cheminer en conscience vers l'écomunisme de la raison universelle face au chaos de la déraison capitaliste.

Si l'on devait tenter de faire une approche plus concrète de tous ces préceptes philosophiques qui manquent encore cruellement à la nécessaire transformation des rapports sociaux aujourd'hui, rien ne serait plus utile que de revenir sur les raisons à la source de l'échec de tous les mouvements révolutionnaires passés. Car, comme nous l'avons déjà souligné, s'ils ont échoué dans leur tentative de prise de pouvoir ou après la prise du pouvoir, c'est parce qu'ils se sont appuyés sur une conception erronée de la dictature du prolétariat ou sur un électoralisme foncièrement centré autour de programmes et de plateformes revendicatives hors du champ idéologique anti-capitaliste ou d'un réel projet de transformation de la société porté par un large mouvement de masse et de classe. Mais c'est aussi parce que les forces révolutionnaires avaient une idée idéalisée du peuple et de la classe ouvrière, très éloignée de la nécessaire compréhension du fonctionnement du système capitaliste à l'étape de l'impérialisme, d'autant que celui-ci les avait affaiblies socialement, économiquement, politiquement et culturellement pour agir de façon éclairée et qu'elles s'étaient égarées à suivre un chef ou un parti lui-même adepte du culte de la personnalité. Après la chute du Mur, le matraquage idéologique est venu renforcer une autre tendance déjà perceptible chez l'ensemble des travailleurs (et plus encore chez ceux de l'ancien bloc de l'est), selon laquelle le capitalisme était peut-être le moins mauvais des systèmes. Plus tard, l'amplification du formatage et la subtile propagande économico-politico-médiatique arrimée au libéralisme libertaire prônant la frivolité, la concurrence entre les individus et l'ultra consumérisme, ont fait le reste.

C'est en grande partie parce que l'ensemble des forces productives ont été frappées par l'échec du système soviétique et par toutes ses variantes « post coloniales » (même si la plupart des militants accordent encore leur soutien au régime castriste en sursis) que le mouvement révolutionnaire a du mal à se séparer de l'idée de « nécessité » du marché. Quand au régime « communiste » chinois ou les autres régimes prétendument communistes des pays d'Asie du Sud-est (même le Vietnam qui eut tant à souffrir de la guerre que lui imposa l'impérialisme américain, alors qu'il fut capable de lui infliger une défaite historique au prix d'un sacrifice humain sans précédent), la plupart des peuples et des travailleurs qui les vivent de l'intérieur, ont bien compris que seul l'aspect bureaucratique et autoritaire subsiste et que ces régimes politiques ont déjà rejoint l'esprit du capitalisme avancé.

Présentement, hormis quelques îlots radicalisés par l'intégrisme religieux, la majorité des peuples adhère peu ou prou au libéralisme libertaire et ne lutte, au mieux, que pour un meilleur partage « des richesses » accompagné de quelques aménagements à la marge. Sans doute est-ce aussi parce que ce dernier a su gagner à sa cause une fraction importante des couches moyennes. De plus, la casse industrielle dans les pays développés et la délocalisation de la production dans les pays émergents ou dans les anciens pays du bloc de l'Est ont changé la donne. Amplifiant l'hostilité au « socialisme réel », elles ont grandement contribué à marginaliser les forces productives anciennement sensibles à l'idéologie communiste. Sur un autre plan, la transformation du procès de production, en changeant le rapport de l'homme au travail à travers la révolution technologique et numérique, est venue modifier et élargir la nature des forces productives sans que le mouvement révolutionnaire n'en perçoive toute la portée. Plutôt que de repenser la question en termes de collectif de production et non en termes de rapprochement des couches moyennes et de la classe ouvrière *stricto sensu*, un champ a été ouvert aux forces réformistes pour entraîner à nouveau les travailleurs dans l'impasse. Sans tout cela, nous ne pourrions comprendre pourquoi les mouvements qui se réclament encore du communisme ont si peu d'influence parmi les peuples et l'ensemble des forces productives aujourd'hui.

Dans les pays occidentaux, les seuls mouvements organisés, qui donnent encore l'illusion d'un certain changement possible dans l'ordre du système en place, sont ceux ayant uniquement une base électorale montante en dehors de toute assise idéologique claire ou projet réellement anti-capitaliste. Je veux parler de tous ces mouvements issus de coalitions d'indignés : Podemos, Syrisa, France insoumise, Die Linke, Nouvelle coalition, etc. Dans ces conditions, ces mouvements, sans réelle base de classe, peuvent-ils être porteurs d'idées nouvelles, sachant que leur expression, surtout articulée autour d'un leader « charismatique », ne prône pas la sortie capitalisme ? Sous les habits neufs de la social-démocratie libertaire et écologiste, seule une résurgence de l'avatar réformiste aux couleurs arc-en-ciel semble en pouvoir émerger. À ceci près que la réalité nous montre qu'une grande partie de la jeunesse présente dans ces mouvements n'est pas *a priori* hostile à la sortie du capitalisme et qu'en travaillant à ses côtés, on peut espérer en cultiver plus concrètement l'idée. Voilà pourquoi, il nous faut revenir à l'idéologie de classe et au fondement d'un communisme renouvelé tel que le propose l'écomunisme tout en changeant notre façon de nous organiser, de concevoir et de pratiquer la politique.

En guise de conclusion, disons que tout ce que nous avons mis en évidence dans cet ouvrage va dans le sens d'une compréhension nouvelle de la réalité des forces révolutionnaires à travers l'histoire et tend à montrer que ce n'est jamais la classe ouvrière seule qui a pu transformer la réalité politique, pas plus que ce n'est l'entièreté du peuple qui y est parvenu. Soit la bourgeoisie ou la petite bourgeoisie y fut associée (voire fut globalement à la manoeuvre), soit ce que nous appelons aujourd'hui les couches moyennes y ont joué un rôle important. Quant au fond idéologique commun, porteur de cet avenir partagé, il fut rarement, pour ne pas dire jamais, acquis réellement à l'idéal communiste ; et quand il l'a été, comme cela fut le cas pour la Révolution d'octobre, il s'agissait d'un idéal le plus souvent réduit à ce que l'on pourrait appeler trivialement « la foi du charbonnier ». Ainsi, la mobilisation consciente des forces dites intermédiaires (que nous devrions plutôt qualifier de forces numériquement majoritaires) aux côtés de la classe ouvrière, au sens de Marx, est donc essentielle pour espérer transformer les bases de la société capitaliste.

En cela, *le fondement de la praxis écomuniste* peut nous aider à construire cette nouvelle étape vers un inter-pouvoir où la question du réapprentissage du partage favorise non seulement l'implication la plus large du peuple et des travailleurs dans la construction d'une nouvelle société, mais devient expérience pratique de la mise en œuvre d'une éthique de la raison face au chaos. Dans ce cadre, toutes les forces impliquées directement ou indirectement dans la production sont concernées. Mais il serait utopique de penser que cette mobilisation puisse avoir lieu uniquement parce que la crise du système capitaliste s'approfondissant, les couches moyennes, de plus en plus nombreuses, boutées hors des petites profitations du système, viendraient rejoindre spontanément les autres travailleurs bien plus impactés et un peu plus actifs syndicalement et politiquement.

Il faudrait pour cela une longue et complexe bataille idéologique, couplée à une concrète solidarité collective ayant pour base essentielle la remise en cause de la notion de marché et la valorisation du partage fraternel, appuyée par les travailleurs et la fraction du peuple la plus aguerrie à la lutte et à la pratique du vrai combat de classe. Car s'il est vrai que la conscience de classe s'acquiert toujours dans la confrontation du travailleur/producteur avec les forces du capital qui l'exploitent et ne naît pas de la seule connaissance théorique de ses profondes nuisances, pour autant, sans idéologie politique et base théorique solide pour en matérialiser le fonctionnement et formaliser la possibilité d'en sortir, aucune perspective concrète d'émancipation de l'homme n'est possible. C'est grâce à cet éclairement du plus grand nombre sur le fonctionnement structurel du capitalisme, mis à jour par une philosophie écomuniste propice au développement des idées révolutionnaires et à la transformation des mentalités par l'action en amont du véritable changement de société (pouvant même redevenir front populaire à la faveur d'un grand évènement social pendant les périodes de gestion apparente de la crise paroxysmique) que nous pourrons amener les travailleurs à l'idée de la nécessité de s'émanciper du capital.

Par conséquent, nous n'avons rien à gagner à croire qu'il suffirait seulement de changer la nature des rapports de production et d'échange (même si cela demeure essentiel) pour changer durablement la société. Si la priorité de la lutte des classes doit toujours être celle qui permet d'améliorer la situation matérielle, car majoritairement l'homme souffre plus de non satisfaction de besoins vitaux que d'inculture, la production imposée par le *marché-monde* ne lui apporte que des affects tristes déguisés en joie. De ce fait, le débat sur la nature des autres besoins matériels et culturels à satisfaire doit trouver place aux côtés de la satisfaction de ceux qui lui sont vitaux. C'est donc dans l'immanence de la raison pour une production de biens utiles face au chaos généré par la marchandisation absolue et le partage des savoirs au service de tous, guidés par l'éthique de la connaissance, que nous pourrons concrètement cheminer vers la pérennité du changement de société et l'émancipation universellement humaine.

Certes, nous n'en sommes pas là et devons prendre acte que si la majorité des masses populaires se réfugient encore trop souvent dans l'attentisme, c'est que l'esprit du capitalisme porté par le formatage médiato-politique confinant au consumérisme, pèse plus sur elle que l'oppression sociale et économique. Mais, en même temps que l'éducation des masses, c'est la société elle-même que nous devons éduquer. Parmi les forces impactées, il n'y a pas que les couches moyennes ou les jeunesses (diplômées ou pas), mais aussi la classe ouvrière. Surtout, écœurées par les affaires politico-économiques et désertant de plus en plus le processus électoral ou n'en usant qu'émotionnellement, ces forces, bien que potentiellement mobilisables, sont d'autant plus éloignées d'une réelle conviction idéologique que « les gauches » ne leur proposent rien de mieux que d'aménager le capitalisme à la marge. Voilà pourquoi, plutôt que d'attendre la sacro-sainte élection présidentielle prétendument capable de les sortir de la crise, dans laquelle une part montante de petits laudateurs formatés et de plus en plus versatiles vont à la pêche au sauveur suprême comme l'on va choisir à la criée le meilleur poisson frais, elles devront, en toute raison de classe, repenser la pratique et l'organisation des luttes.

Mais, heureusement, toutes les forces ne sont pas dans l'expectative. Selon une enquête de l'université Harvard, 51% des Américains âgés de 18 à 29 ans ne soutiennent pas le capitalisme. Depuis « Occupy Wall Street » en 2011 à « Nuit debout en 2017 », les rangs du mécontentement face au néolibéralisme dominant ne sont pas totalement déserts, même si les individus plutôt jeunes qui y militent, sont sur une trajectoire dans laquelle pèse la perte d'hégémonie du marxisme et où domine une nouvelle manière de militer dans une situation politique, économique et sociale très dégradée. Le nouveau monde dans lequel ils se projettent contient un paysage du désir d'une réalité différente de celle du 20e siècle. Ils luttent contre le système, mais manquent d'idéologie et de projets précis. Ces militants veulent des lieux de démocratie participative, prônent l'élaboration collective, mais l'idée même qu'un autre système est possible s'est diluée avec l'effondrement de l'URSS, le communisme n'étant plus la référence. Par ailleurs, la précarisation du monde du travail dans lequel ils évoluent les atomisent et les fragilisent, érodant même leurs capacités de résistance. À ce stade, ce qui nous semble important de souligner, c'est que parmi ces jeunes couches plutôt diplômées en mouvement, la jeunesse populaire n'est pratiquement pas représentée. Or sans l'ensemble des autres forces productives, il n'est pas possible de construire un mouvement révolutionnaire efficace. Voilà pourquoi notre nouvelle pratique doit veiller à remobiliser la classe prolétaire aux côtés des autres couches moyennes et intellectuelles.

C'est donc avec tous les travailleurs, à partir d'un idéal porteur de réelles transformations sociales et de valeurs humaines, que pourra être remise en cause la futilité productive du capitalisme faussement triomphant. Cessons donc de livrer un combat réformiste quasi exclusif et erroné qui engendre néo-fascisme, opportunisme et aventurisme électoral, sépare la connaissance théorique de la pratique tout en occultant la rupture entre le subjectif et l'objectif, pour aller, en pleine puissance de tous nos moyens humains, vers le *fondement d'une nouvelle praxis écomuniste comme axe central de la raison face au chaos.*

Sanary/sur/Mer le 2 septembre 2018

TABLE

Prologue général **11**

Préambule
Amorce d'une théorie déjà ouverte sur l'idée de partage
et d'émancipation
L'espace clos **27**

LIVRE I
L'Humanité retrouvée **33**

Avant-propos 35

I. De l'aube de l'humanité à la civilisation de l'ordre 37

Égal et Différent 37

L'Univers a ouvert la dimension du possible 39

La valeur 41

Le commerce 42

L'ordre civilisateur 45

II. Du temps des créations au temps de l'expansion 48

Le temps des créations 48

Le temps des annonciations 53

Le temps des objections 56

Le temps des révolutions 63

Le temps des exterminations 69

Le temps des libérations 75

Le temps de l'expansion 85

Le temps du déclin 93

En guise de prémisse 102

Épilogue 117

LIVRE II
La reconquête du partage **119**

Avant-propos 121

Apostrophe 123

I. L'homme, cet apprenti marchand 124
II. Concurrence ou partage : il nous faut choisir 128
III. La « douce » concurrence 131
IV. Le « terrifiant » partage 137
V. L'égale différence 143
VI. La raison raisonnable 147
VII. L'amour 153
VIII. La Haine 158
IX. Le fascisme civil 161
X. L'antagonisme environnemental 170
XI. L'inter-pouvoir 175
XII. La révolution maîtrisée 180
XIII. L'homme global 185
XIV. L'avenir retrouvé 188
Épilogue 192

LIVRE III
L'Écomunisme 195

Préface 197
Avant-propos 199
I. Bases et développements du communisme 202
1 - Quelques repères 202
Le communisme primitif 202
L'idée du communisme en tant que rêve des opprimés 203
Les premiers mouvements du prolétariat 205
2 - La philosophie communiste 206
3 - Vie et mort du « socialisme réel » 208
L'expérience est-allemande 214
4 - Le côté utile et réducteur du communisme historique 224
II. Origines et essor du capitalisme 229
1 - Axes majeurs 229
Les origines du capitalisme 229
Le siècle de l'industrie 230
Une diffusion planétaire 230

2 - La dérive fasciste 233
La tare congénitale du capitalisme 233
III. La social-démocratie 237
1 - Bases historiques et évolutions 237
Naissance de la social-démocratie 237
2 - Rôle historique jusqu'à nos jours 237
L'impossible réforme 238
IV. L'écologie politique 241
1 - Naissance de l'écologie politique 241
2 - Anticapitalisme ou réformisme ? 243
V. L'écomunisme 246
Préambule 246
1 - Prémices d'un nouveau courant de pensée révolutionnaire 246
2 - Les fondements du concept d'écomunisme 253
1) L'évolution est inéluctable, pas le progrès 253
2) La complétude de l'idéal du bonheur ne peut advenir dans un monde mercantile et concurrent 256
3) La pensée marxiste est incontournable mais non suffisante pour démonter tous les ressorts du capitalisme 257
4) Les contradictions surmontables des divers courants révolutionnaires 261
5) Les limites du volontarisme, de l'éducation et les contraintes de l'étatisme 264
5) L'égale différence émulatrice comme fondement de la société humaine 267
7) L'apprentissage du partage, moyen d'atteindre la société non étatique, sans classe et garante des libertés humaines 269
8) La recherche plurielle d'une conscience laïque universelle 271
9) Pas de développement harmonieux des sociétés sans préservation de l'équilibre biosphérique 273
10) Le peuple aguerri, base de l'action pacifique de la nouvelle phase historique 274
Conclusion 278

LIVRE IV
La fin du capital.. 281
Pour une société d'émancipation humaine.. 281
Préface de Samir Amin 283
Avant-propos.. 285
Introduction 287
I. Le temps des crises et des ruses 289
Crise de sens ou sens de la crise ? 289
Cruauté, dureté et limites des ruses du capital 297
Le colonialisme 298
La barbarie...300
Taylorisme, fordisme, keynésianisme 306
Classe ouvrière et « classes moyennes »...309
Crédit, endettement et financiarisation 314
L'ethnicisation 319
Accaparement des terres, enjeux énergétiques et environnementaux 322
L'enjeu parabole 325
La nouvelle gouvernance mondiale...327
Les conséquences 329
II. L'hypothèse de la fin du capital 333
Ce que les autres ont déjà dit... 333
Les données tirées de l'état du monde.. 335
Les signes du déclin irréversible du capital.. 342
III. Prémices d'une nouvelle conscience sociale.. 346
Qu'est-ce qui fait avancer ou reculer la conscience de classe ? 346
Les outils à la disposition des masses.. 350
Rien ne sera plus comme avant 354
IV. Pour une société d'émancipation humaine.. 357
Rôle historique du combat pour l'émancipation humaine : succès et échecs jusqu'à nos jours 357
De la nécessité de mettre en œuvre l'écomunisme................................. 359
La nouvelle phase historique 362

LIVRE V
Pour une critique de la marchandisation
Société, Santé, Environnement 367

Préface
Ne pas désespérer de la revolution 369

Avant-propos 373

PREMIÈRE PARTIE
Les dégâts de la révolution culturelle techno-économique libérale 375

I. Société : la subordination moderne au progrès marchand régressif 377

II. Santé : l'invraisemblable fléau de la dérive thérapeutique et médicamenteuse 387

DEUXIÈME PARTIE
Une autre révolution est possible 409

I. Pour une société de refondation du progrès ouverte à une nouvelle éthique du désir et à « l'école corrélative » 411

II. La dimension altruiste du partage et ses conséquences bénéfiques à l'action et la santé 420

III. La restauration et le développement d'un environnement sain 426

IV. La lutte pour la mise en œuvre d'un écomunisme émancipateur et d'une révolution maîtrisée 431

Esquisse d'une polémique idéologique 431

Définition, enjeux et fondements de l'écomunisme émancipateur 437

Conclusion 448

LIVRE VI
La raison ou le chaos 451

Préface 453

Une reformulation de l'alternative socialisme ou barbarie 453

Introduction 458

PREMIÈRE PARTIE
Les raisons du chaos 461

I. Questionnement sur les différentes étapes de la perversité du système marchand dans la sphère du sacré et sur les diverses formes d'aliénation du profane au cours du temps 463

1. Questionnement sur l'émancipation universellement humaine de Marx et la notion de profane et de sacré 463

2. Archéologie d'une exhumation des faits en tant que marqueurs de la perversité du système marchand dans la sphère du sacré 465

a - Bases générales 466

b - Les laissés pour compte, voués à la misère, la maladie, la famine, la guerre et la mort sont légion alors que l'humanité est arrivée à un tel stade de développement qu'il serait possible d'y remédier 467

c - La violence des détenteurs du capital envers le monde du travail, les abus de pouvoir et l'esclavage sous toutes ses formes ne cessent d'augmenter sur tous les continents 470

d - L'abrutissement des masses par le consumérisme n'a d'égal que la culture du mensonge et du secret par laquelle le couple Capital/État trompe les peuples 472

e - Les pseudo-progrès des modèles « rupturistes » de la nouvelle production marchande frivoludique 475

f - L'instrumentalisation par le couple capital/Etat de la trilogie acquisition/ destruction/reconstruction engendrant sur-exploitation, chômage, immigration, xénophobie et fascisation 479

g - Les bases capitalistiques du dérèglement des équilibres écosystémiques 480

3. Formes d'aliénation du profane au cours du temps 482

a - Formes traditionnelles et plus « modernes » du concept d'aliénation 482

b - Nouveau champ d'aliénation social et sociétal : le néo-conformisme et l'idéologie du sombre désir...484

II. De l'exhumation des faits à la définition de nouveaux concepts constitutifs du chaos.. 487

1. Définition de nouveaux concepts.. 487

a - La notion de chaos 487

b - Le chaos marchand 490

c - L'État de l'ordre 492

d - L'omnisciente futilité..495

e - La fabrique des ignorants et du savoir orienté 497

f - L'irrationalité du désir marchand..498

g - Occultation et nivellement des classes sociales 501

III. Compréhension dialectique de la fabrique du chaos.......................... 504

1. Éléments consubstantiels à la fabrication du chaos généralisé.......... 504

a - Le technicisme absolu 504

b - L'irréversibilité écologique 506
c - L'irraisonnable déraison..507
d - L'irrationalité et l'obscurantisme 508
e - Le néofascisme et l'intégrisme...510
f - La paroxysmique crise du capital 513
2. Vers la guerre-monde 514
Prémisse.. 516
DEUXIÈME PARTIE
Les raisons de la Raison.. 519
I. Les raisons de la Raison viennent de loin...................................... 521
1. Éloge de la raison 521
a - La raison est la nécessité de l'homme..521
b - Raison raisonnante et raison raisonnable 523
II. Pour une philosophie au service de la raison................................. 527
1. Le bien agir comme but de l'action... 527
2. La connaissance libératrice... 529
a - Connaissance et puissance...529
3. Nous devons tous avoir accès à la connaissance 531
4. La raison du partage 532
III. Les nouveaux paradigmes révolutionnaires pour sortir du chaos 535
1. L'écomunisme comme étape
d'une émancipation universellement humaine 535
2. La praxis de la raison commune 537
Épilogue 541
Épilogue général de l'ouvrage 543
a. La question de la marchandisation absolue
et de la désaliénation générale 543
b. La question du fondement d'une nouvelle praxis écomuniste
comme axe central de la raison face au chaos 550

PHILOSOPHIE
AUX ÉDITIONS L'HARMATTAN

Dernières parutions

DE L'UNIVERS ÉTERNEL À L'ÉTERNITÉ DE L'HOMME
Jean-Jack Micalef
Cet ouvrage retrace l'odyssée de l'univers et celle du devenir de l'Esprit incarné dans l'homme. L'auteur postule un univers éternel n'ayant jamais fait l'objet d'une création. Il s'oppose à la cosmologie du Big Bang qui s'inscrirait dans la tradition religieuse d'une genèse du monde. Un univers éternel permet de penser l'essence éternelle de l'homme dont la naissance ne serait plus exceptionnelle dans le cosmos. En effet, le sens général de l'évolution aurait une seule finalité : accoucher de l'Esprit pour que l'univers se comprenne lui-même à travers l'esprit de l'homme.
(Coll. Ouverture Philosophique, 230 p., 24,5 euros)
ISBN : 978-2-343-16813-5, EAN EBOOK : 9782140115073

AUGUSTE COMTE
La religion de l'Humanité : l'échec d'une transmission
Florian Uzan
Auguste Comte fut un grand philosophe, concepteur de la sociologie, du positivisme et de la théorie des trois états. On oublie cependant qu'il fut aussi à l'origine d'une religion personnelle, un culte des morts destiné à relier et rallier l'humanité tout entière. Mais que reste-t-il de son oeuvre ? Si son influence quasi mondiale n'est plus à démontrer, comment expliquer l'échec de sa religion ?
(Coll. Ouverture Philosophique, 288 p., 29 euros)
ISBN : 978-2-343-16499-1, EAN EBOOK : 9782140114533

DÉCONSTRUIRE L'IMPOSTURE IDENTITAIRE
Humanisme et éthique de la déconstruction
Hamdou Rabby Sy
Ce livre invite à ne jamais céder à la tentation du repli identitaire avec tous ses dérivés sectaires. Comme opium de toutes les sociétés, le repli identitaire est un péril mondial. Cette tentation inspire toutes les formes de haine, d'exclusion, d'intolérance. D'où l'urgence de renouer avec ce qui constitue l'identité humaine dans l'expression de sa dignité : penser. Et cela à partir de la déconstruction, pour porter un message d'espoir et d'avenir pour une humanité vivante et solidaire. Oser déconstruire est le seul impératif devant les périls de l'identitaire. Déconstruire, c'est nourrir la conviction et l'engagement pour l'impossible, condition de l'horizon de tous les possibles.
(Coll. Ouverture Philosophique, 236 p., 24 euros)
ISBN : 978-2-343-16825-8, EAN EBOOK : 9782140114915

MÉLANGES PHILOSOPHIQUES VOLUME 3
Christophe Yahot
Ce volume III se veut un creuset et un lieu de ralliement de recherches transdisciplinaires sur les problématiques contemporaines. En témoignent les débats sur les enjeux de la monarchie, de l'adaptation des médias au numérique, l'esthétique alimentaire. La vigueur scientifique des auteurs tient pour beaucoup à leurs capacités d'ouvrir des perspectives innovantes dans cette conjoncture de crises de la modernité. Les uns nous conduisent aux sources de la spiritualité pour le devenir de l'humain ; les autres nous invitent à explorer les pistes de la « philosophie éco-citoyenne » pour un développement durable.
(Coll. Harmattan Côte-d'Ivoire, 214 p., 22 euros)
ISBN : 978-2-343-16798-5, EAN EBOOK : 9782140114700

BOÎTES NOIRES ET GILETS JAUNES

Regards croisés sur la socialité à l'ère de l'anthropocène

Sous la direction de Jean-François Petit, Vincent Puig, Vincent Laquais

La période actuelle de l'anthropocène se caractérise par un bouleversement des équilibres systémiques. Cette situation nouvelle analysée par l'IRI et Ars Industrialis fait apparaître des questions nouvelles qui concernent, notamment, les réseaux sociaux, l'architecture du web, la gouvernementalité algorithmique, la contribution comme question politique, technologique et économique. Ces analyses croisent celles élaborées pendant trois ans au sein du groupe PHILOPRAT concernant l'identité collective dans une société d'individus, le statut des émotions et des peurs, l'enjeu des normes, le posthumanisme et le transhumanisme, le Buen Vivir et la capacitation, les Biens communs et les Commons.

(Coll. Ouverture Philosophique, 258 p., 26 euros)

ISBN : 978-2-343-16932-3, EAN EBOOK : 9782140114526

DARYUSH ASHOURI

Un intellectuel hétérodoxe iranien

Mohsen Mottaghi, Reza Rokoee

Préface de Farhad Khosrokhavar

Daryush Ashouri fait partie des intellectuels laïques qui s'appuient sur une tradition philosophique occidentale, pour éclairer quelques aspects des problèmes de la société iranienne. Ce livre se propose de mettre à la disposition des lecteurs francophones la traduction de quelques-uns de ses textes représentatifs des problématiques qui ont mobilisé les milieux intellectuels en Iran durant les cinquante dernières années. En regardant la trajectoire intellectuelle de Daryush Ashouri, on constate qu'il fait partie des quelques rares intellectuels iraniens qui ne se sont pas laissé influencer par les deux orthodoxies de leur époque que sont le marxisme et la religion musulmane.

(Coll. L'Iran en transition, 254 p., 25 euros)

ISBN : 978-2-343-16665-0, EAN EBOOK : 9782140112232

CROYANCE ET SOUMISSION

De la critique de la religion à la critique sociale

Réflexions à partir de Spinoza et Freud

Marie-Pierre Frondziak

Nous nous croyions sortis de la soumission. Pourtant, nous devons constater un retour en force de toutes les formes d'acceptation à des injonctions extérieures. Contre l'idée de servitude volontaire, l'auteur se propose, partant de Spinoza et de Freud, de comprendre ce qu'est l'essence même de la soumission et comment elle produit des croyances, dont les plus puissantes sont religieuses. Le progrès du savoir devait détruire les superstitions et donc l'asservissement. On propose ici l'inverse : c'est parce qu'ils sont d'abord soumis à leurs propres affects que les hommes croient en des superstitions. Seule la connaissance de cette mécanique affective peut laisser espérer une libération.

(Coll. Ouverture Philosophique, 212 p., 21,5 euros)

ISBN : 978-2-343-16365-9, EAN EBOOK : 9782140112379

À QUOI SERT LA CULTURE ?

Gilles Lévêque

La culture classique qui, pendant des siècles a nourri et élevé les esprits, était fondée sur une conception de l'homme désormais morte, notamment d'avoir subi les assauts de la science et du capitalisme. Elle n'est pourtant pas sans avoir laissé une héritière, à savoir la culture dite exigeante, celle qui est aujourd'hui diffusée dans les structures culturelles, mais dont on ne voit plus quelle fonction on pourrait lui assigner. Cette culture exigeante ne serait-elle au fond rien d'autre qu'un divertissement raffiné pour personnes distinguées ? Se réduirait-elle à n'être que l'expression identitaire, sans vérité ni universalité, d'un groupe social parmi tant d'autres ? Sa prétention à nous éclairer sur le monde et sur la vie ne serait-elle qu'une illusion ? Faudrait-il lui préférer la culture de masse, qui pour sa part échappe à l'accusation d'élitisme ? Autant de questions auxquelles cet ouvrage entend répondre.

(Coll. Pour Comprendre, 276 p., 28,5 euros)

ISBN : 978-2-343-16894-4, EAN EBOOK : 9782140114243

LA BIOÉTHIQUE AU XXIE SIÈCLE

Sous la direction de Abraham Rudnick. Traduit de l'anglais par Kouider Nizar. Préface de Bertrand Saint-Sernin

Cet ouvrage traite de questions aussi diverses que la fin de vie, la procréation médicalement assistée, la recherche sur les cellules souches, les nanotechnologies et la bioéthique spéculative. Comment prendre des décisions dans un contexte particulier de fin de vie où le traitement de maintien de vie prolonge la souffrance ? Comment élaborer une éthique des nanotechnologies ? Tels sont quelques-uns des enjeux éthiquement complexes que ce livre examine.

(Coll. Ouverture Philosophique, 288 p., 30 euros)

ISBN : 978-2-343-16924-8, EAN EBOOK : 9782140114281

VIVRE SUR TERRE

Comment dépasser le nihilisme contemporain

Julien Lebrun

En ce début de 21e siècle, malgré les catastrophes écologiques annoncées, aucun changement majeur n'a été mis en place. Nous semblons incapables de prendre en compte ce que les scientifiques ne cessent de nous répéter. Cette inertie ne s'explique pas par l'absence de solutions. Cette passivité repose en réalité sur notre conception du monde. Depuis l'avènement de la science moderne, nous percevons notre environnement comme un support inerte, taillable et corvéable à merci. Notre modèle social repose ainsi sur le déni d'une réalité pourtant évidente : nous n'existons pas sans environnement. Reprendre conscience de ce que nous sommes - comme du monde dans lequel nous vivons - constitue donc l'enjeu majeur de ce siècle. Il est temps de réapprendre à vivre sur terre.

(Coll. Questions contemporaines, 230 p., 23,5 euros)

ISBN : 978-2-343-16111-2, EAN EBOOK : 9782140112584

EDITH STEIN

De l'idéologie à la foi

Enoch Tompte-Tom

Avec Edith Stein, nous entrons dans une dimension où la quête de la foi n'est pas exclusivement du domaine de la philosophie ni de la théologie. Pour mieux comprendre Edith Stein, il n'est pas possible de parler de la foi en philosophie et en théologie en dehors de certains préalables. Ces préalables sont vus sous les approches de philosophes et théologiens afin de souligner la similitude entre la philosophie et la théologie par rapport à la quête de la foi. Le chemin de la croix poursuivi par Edith Stein est un chemin peu ordinaire. Malgré sa sympathie pour la philosophie de Thomas d'Aquin, elle prend position en ce qui concerne la philosophie chrétienne qui doit être envisagée comme une solution à un problème ontologique et épistémologique : celui de la Vérité et de la Foi.

(Coll. Ouverture Philosophique, 210 p., 19,5 euros)

ISBN : 978-2-343-16693-3, EAN EBOOK : 9782140112669

LA SUBSISTANCE

Pour une philosophie de la résurrection

Clotaire Bambi-Kimpoudi

Les questions de l'être, de la vérité, de la liberté, de la méthode et de la mort, qui rebondissent sous des colorations nouvelles, ne nécessitent-elles pas leur reconstruction en leur donnant un sens qui aborde les défis et dilemmes de notre temps ? N'exigent-elles pas de forger, à partir des nouveaux concepts fédérateurs, un système explicatif sur le sens de l'existence, au lieu de s'attarder à commenter et à critiquer les anciens systèmes de pensée ? Ce livre essaie de forger un système explicatif, le « subsistantialisme », qui assigne à la philosophie d'être une philosophie de la résurrection.

(Coll. Harmattan Congo-Brazzaville, 268 p., 27 euros)

ISBN : 978-2-343-16637-7, EAN EBOOK : 9782140112256

PHILOSOPHIE ET CIVILISATION
Considérations sur l'idée d'Occident
Mohamed Moulfi
Les éléments théoriques et historiques ici proposés sont en oeuvre chez les philosophes pour penser le rapport de la philosophie au processus de civilisation occidentale en interaction avec l'en-dehors. L'exercice consiste à rendre intelligible l'historicisme qui pose le rapport de la Grèce et de la philosophie comme une origine d'une histoire intérieure à l'Occident, pour faire en définitive de la philosophie un devenir-monde. La charge de la philosophie est immense ; elle se doit de figurer le projet de l'Occident. En contrepoint, il y a lieu de considérer le rôle décisif de l' « en-dehors », non pas de cet Orient exotique que crée l'Occident, mais plutôt de celui du geste inverse par lequel l'Occident devient.
(Coll. Ouverture Philosophique, 212 p., 21,5 euros)
ISBN : 978-2-343-16538-7, EAN EBOOK : 9782140112270

L'ÉTHIQUE D'ARISTOTE APPLIQUÉE AUX ENTREPRENEURS
Xavier Ragage
Guidée par un oeil entrepreneurial, la célèbre oeuvre morale d'Aristote L'Ethique à Nicomaque se révèle étonnamment moderne. A la lire, les entrepreneurs dans nos sociétés libérales répondent fondamentalement à la définition du vertueux et du prudent qu'évoquait la tradition grecque. L'auteur vise à mettre en regard ces descriptions précises des valeurs éthiques étudiées par le grand philosophe, de l'amabilité au courage, et leur mise en pratique dans l'activité économique, des entreprises aux startups. Il s'ensuit une heureuse rencontre visant à donner autrement les clés du succès.
(Coll. Questions contemporaines, 290 p., 30 euros)
ISBN : 978-2-343-16205-8, EAN EBOOK : 9782140110818

LA HOMO, KONSCIA ERO DE DIO=NATURO
La KorpoSpirito tra la okulvitroj de Spinoza
Robert Molimard
Cette traduction espéranto de L'Homme, avatar de Dieu (L'Harmattan) est de l'auteur même. Spinoza identifie Dieu à la Nature, substance unique qui constitue l'univers, dont matière et esprit sont deux facettes indissociables. Les trois correctrices, française, finlandaise et polonaises ont suggéré un autre titre (en français : L'Homme, parcelle consciente de Dieu=Nature). Cette vision du monde donne un sens à la vie. Professeur de médecine et physiologiste, l'auteur analyse ses conséquences pratiques sur l'Homme et son fonctionnement dans l'environnement. Toute cette étude, rédigée en espéranto, est accessible aux débutants.
(204 p., 20,5 euros)
ISBN : 978-2-343-16600-1, EAN EBOOK : 9782140111686

CORPS ET DÉCORS
Avatars de la philosophie du corps entre Orient et Occident
Sous la direction de Dandan Jiang, Jérôme Lèbre et Paolo Quintili, avec la collaboration de Laura Paulizzi
La philosophie contemporaine et la phénoménologie du corps, en visant à rendre le corps plus multiple, plus habité par l'altérité y compris technique (Derrida, J.-L. Nancy), ont fait évoluer profondément le problème du lien entre âme et corps. Ces perspectives ont introduit dans le débat d'origine cartésienne des variantes liées à l'art, l'écriture et l'environnement. Orient et Occident se retrouvent ainsi confrontés à un corps aux multiples « décors », qui le spécifient, l'entourent, l'enrichissent.
(Coll. Rationalismes, 290 p., 30 euros)
ISBN : 978-2-343-16197-6, EAN EBOOK : 9782140111365

STRUCTURES ÉDITORIALES DU GROUPE L'HARMATTAN

L'HARMATTAN ITALIE
Via degli Artisti, 15
10124 Torino
harmattan.italia@gmail.com

L'HARMATTAN HONGRIE
Kossuth l. u. 14-16.
1053 Budapest
harmattan@harmattan.hu

L'HARMATTAN SÉNÉGAL
10 VDN en face Mermoz
BP 45034 Dakar-Fann
senharmattan@gmail.com

L'HARMATTAN CAMEROUN
TSINGA/FECAFOOT
BP 11486 Yaoundé
inkoukam@gmail.com

L'HARMATTAN BURKINA FASO
Achille Somé – tengnule@hotmail.fr

L'HARMATTAN GUINÉE
Almamya, rue KA 028 OKB Agency
BP 3470 Conakry
harmattanguinee@yahoo.fr

L'HARMATTAN RDC
185, avenue Nyangwe
Commune de Lingwala – Kinshasa
matangilamusadila@yahoo.fr

L'HARMATTAN CONGO
67, boulevard Denis-Sassou-N'Guesso
BP 2874 Brazzaville
harmattan.congo@yahoo.fr

L'HARMATTAN MALI
Sirakoro-Meguetana V31
Bamako
syllaka@yahoo.fr

L'HARMATTAN TOGO
Djidjole – Lomé
Maison Amela
face EPP BATOME
ddamela@aol.com

L'HARMATTAN CÔTE D'IVOIRE
Résidence Karl – Cité des Arts
Abidjan-Cocody
03 BP 1588 Abidjan
espace_harmattan.ci@hotmail.fr

L'HARMATTAN ALGÉRIE
22, rue Moulay-Mohamed
31000 Oran
info2@harmattan-algerie.com

L'HARMATTAN MAROC
5, rue Ferrane-Kouicha, Talaâ-Elkbira
Chrableyine, Fès-Médine
30000 Fès
harmattan.maroc@gmail.com

NOS LIBRAIRIES EN FRANCE

LIBRAIRIE INTERNATIONALE
16, rue des Écoles – 75005 Paris
librairie.internationale@harmattan.fr
01 40 46 79 11
www.librairieharmattan.com

LIB. SCIENCES HUMAINES & HISTOIRE
21, rue des Écoles – 75005 Paris
librairie.sh@harmattan.fr
01 46 34 13 71
www.librairieharmattansh.com

LIBRAIRIE L'ESPACE HARMATTAN
21 bis, rue des Écoles – 75005 Paris
librairie.espace@harmattan.fr
01 43 29 49 42

LIB. MÉDITERRANÉE & MOYEN-ORIENT
7, rue des Carmes – 75005 Paris
librairie.mediterranee@harmattan.fr
01 43 29 71 15

LIBRAIRIE LE LUCERNAIRE
53, rue Notre-Dame-des-Champs – 75006 Paris
librairie@lucernaire.fr
01 42 22 67 13